디 자 이 너 를 위 한

KeyShot 2024

활 용 가 이 드

디자이너를 위한
KeyShot 2024
활용가이드

초판 1쇄 인쇄 2024년 6월 10일
초판 1쇄 발행 2024년 6월 15일

저 자	(주)코리안소프트 3D사업부
발행인	유미정
발행처	도서출판 청담북스
주 소	(우)10909 경기도 파주시 하우3길 100-15(야당동)
전 화	(031) 943-0424
팩 스	(031) 600-0424
등 록	제406-2009-000086호
정 가	35,000원
ISBN	979-11-91218-33-6 (13000)

※이 책은 저작권법에 따라 보호를 받는 저작물이므로 무단 전재나 복제를 금지하며,
　이 책 내용의 전부 또는 일부를 이용하려면 반드시 저작권자나 발행인의 서면동의를 받아야 합니다.

※잘못된 책은 구입하신 서점에서 교환하여드립니다.

디 자 이 너 를 위 한

KeyShot 2024

활 용 가 이 드

(주)코리안소프트 3D사업부

 청담북스

머리말

키샷은 전세계적으로 널리 사용되는 렌더링 소프트웨어로, 라이노, 크레오, 솔리드웍스, 3Dmax, Maya, ZBrush, SketchUp 등 많은 모델링 소프트웨어와 호환되고 가격적으로 저렴한 가성비 높은 제품입니다. 그동안 매년 버전업이 되면 서 기능이 향상되었으며 이번 2024버전에서는 GPU 작업향상, 네트웍렌더링 작업 자동정리, 카메라 키프레임, 씬 압축시간 단축 등 새로운 기능이 추가 되었습니다.

디자인의 디지털화와 컴퓨터를 이용한 디자인교육이 보편화 된 오늘날 키샷은 매우 유용한 렌더링 도구입니다. 디자인, 시각화, 시제품생산, 문서화 등 제품 기획부터 마케팅까지 모든 단계에 사용이 가능합니다. 키샷은 이미 해외에서는 포춘 500 대 대기업을 비롯해 삼성 엘지와 같은 국내 대기업과 모든 분야의 중소기업에서 널리 사용되고 있습니다. 사용자 또한 날로 증가하는 추세이며 국내에서 디자인 수업에 키샷을 활용하는 대학 또한 날로 증가 하고 있습니다. 따라서 배우는 학생, 가르치는 선생님, 실무에 활용하는 디자이너 모두에게 필요하고, 배우기 쉽고 사용하기 쉬운 제품입니다.

코리안소프트는 지난 10년간 키샷의 한국대리점으로 국내에 키샷을 공급해 왔습니다. 더불어 키샷에 대한 소개와 기술지원도 해오며 정기교육을 통해 사용자 여러분께 키샷에 대한 사용법과 고급 활용법을 전달하기 위해 노력해 왔습니다. 그동안 키샷을 소개하는 책도 국내에 출간되어 왔으나 항상 최신버전의 활용서가 적절한 때 보급되지 못한 아쉬움이 있었습니다.

지난 7버전부터 교육에 활용하기 위해 한글 사용설명서를 매년 만들어 왔습니다. 그후 신버전이 나올때마다 내용을 수정하고 업데이트 하여 디자이너를 위한 키샷 10과 11 활용가이드를 펴냈습니다. 금년에는 키샷 2024버전의 출시에 맞춰 최신판 활용가이드를 출간하게 되었습니다. 기존의 내용을 업데이트 하고 실제 사용사례를 담은 유투브 동영상을 수록하여 기능을 쉽게 익힐 수 있습니다. 최신 버전의 기능과 사용법을 수록한 유일한 책 입니다.

이책은 기존의 책보다 더 상세하게 키샷의 모든 기능을 분야별로 상세히 다루고 설명하고 있습니다. 처음부터 하나씩 읽어가며 따라하다 보면 누구나 쉽게 키샷의 기능을 익힐 수 있습니다. 이미 키샷을 사용하는 분이라면 자기가 필요로 하는 부분만 읽어도 도움이 됩니다. 또한 www.Keyshot.com 에는 튜터리얼과 자료를 다운로드 할 수 있기 때문에 책과 같이 활용한다면 본인이 원하는 좋은 작품을 만들 수 있을 것입니다. 또한 이번에는 초급자를 위한 유투브 영상과 각 단계별로 상세한 활용가이드를 수록하여 키샷을 배우고 익히는데 큰 도움이 될 것입니다.

끝으로 바쁜 일과 중에도 시간을 나누어 함께 내용을 검토하고 교정을 한 코리안소트 직원 모두에게 감사드립니다. 또는 책이 출판 될 수 있도록 도와 주신 청담북스 김규철 대표님께도 심심한 감사의 말씀을 전합니다. 이 책을 읽고 공부하는 모든 분들께 많은 도움이 되길 바랍니다.

감사합니다.

2024년 5월 17일
㈜코리안소프트
대표 신재욱

목차

PART 01 키샷이란?
01. [키샷]이란? — 11
02. 새로운 기능 및 향상된 점 — 12
* 키샷 사용 사례 — 14

PART 02 시작하기
01. 키샷은 얼마나 쉽나요? — 16

PART 03 환경설정
01. 인터페이스 환경설정 — 20
02. 일반 환경설정 — 24
03. 폴더 환경설정 — 29
04. 플러그인 환경설정 — 31
05. 색상 매니지먼트 — 32
06. 핫키 환경설정 — 33
07. 설정 가져오기 — 36
* 키샷 사용 사례 — 37

PART 04 사용자 인터페이스
01. 실시간 뷰 — 40
02. 메인메뉴 — 43
03. 툴바 — 48
04. 리본 — 50
05. 작업영역 — 54
06. 라이브러리 창 — 55
07. 프로젝트 창 — 60
08. 애니메이션 타임라인 — 68
09. 지오메트리뷰 창 — 72
10. 재질 탬플릿 창 — 73
11. 시작대화 창 — 74
12. 핫키 — 75
13. 제스처 — 77

PART 05 가져오기와 모델설정
01. 개요 — 79
02. 지오메트리 추가 — 81
03. 가져오기 — 82
04. 키샷 플러그인 — 89
05. 라이브 링킹 — 90
06. 씬 단위 — 92
07. 씬 트리 — 94
08. 씬 트리 결합하기 — 96
09. 숨기기와 보이기파트 — 97
10. 모델과 파트 이동하기 — 99
11. 모델/파트 복제하기 — 101
12. 패턴툴 — 102
13. 라운드된 모서리 — 104
14. 리비전 관리자 — 105
15. 지오메트리 뷰 — 107
16. 디스플레이 스타일 — 108
17. 카메라 형식 — 110
18. 표준 뷰 — 112
19. 모델세트 — 113
20. 내보내기 — 115
21. 내보내기 파일 형식 — 117
22. USDz 및 GLB 파일 공유 및 임베딩 모범 사례 — 124
23. 프린팅을 위한 3MF 내보내기 모범 사례 — 127
24. 3MF 네임스페이스 사양 — 128
25. 라이브러리 모델 — 129
* 키샷 사용 사례 — 132

PART 06 재질

01. 재질 라이브러리	134
02. Poliigon 텍스처 재질	137
03. 재질 할당	140
04. 재질 편집	141
05. 재질 복사	142
06. 재질 저장	143
07. 인프로젝트 라이브러리	144
08. 중복 재질 링크	146
09. 일반적 매개변수	147
10. 재질 유형	150
11. 기본 재질	151
12. 고급 재질	164
13. 라이트 소스	193
14. 특수 재질	213
15. 엑솔타 페인트	221
16. 재질 그래프	223
17. 재질 그래프 유저 인터페이스	225
18. 재질 그래프 노드	228
19. 지오메트리 노드 유형	232
20. 애니메이션 노드 유형	244
21. 유틸리티 노드 유형	247
22. 다중 재질	266
* 키샷 사용 사례	268

PART 07 색상

01. 색상 라이브러리	270
02. 색상 편집	272
03. 색상 모드	276

PART 08 텍스처

01. 텍스처	279
02. 텍스처 라이브러리	282
03. 텍스처 유형	283
04. 맵 유형	313
05. 매핑 유형	316
06. 텍스처 이동	318
* 키샷 사용 사례	322

PART 09 라벨

01. 라벨	324
* 키샷 사용 사례	327

PART 10 환경

01. 환경	329
02. 환경 추가	330
03. 환경 설정	331
04. HDRI 편집기 (Pro 버전만)	333
* 키샷 사용 사례	344

PART 11 라이팅

01. 라이팅	346
02. 커스텀 라이팅 프리셋	349
03. 라이트 관리자	352
* 키샷 사용 사례	354

PART 12 카메라

01. 카메라 — 356
02. 씬 탐색 — 357
03. 카메라 목록 — 359
04. 위치와 방향 — 361
05. 렌즈 설정 — 365
06. 스테레오 (VR) — 370
07. 심도 — 371
* 키샷 사용 사례 — 372

PART 13 이미지

01. 이미지 — 374
02. 해상도 — 375
03. 이미지 스타일 — 377
* 키샷 사용 사례 — 384

PART 14 스튜디오

01. 스튜디오 — 386
* 키샷 사용 사례 — 389

PART 15 도구

01. 이동 툴 — 391
02. UV 래핑해제 — 394
03. 노르말 편집 — 399
04. 노르말 반전 — 400
05. 재테셀레이션 — 401
06. 물리 시뮬레이션 — 404
07. 메쉬 닫기 — 406
08. 오브젝트 서페이스를 분리 — 408
09. 별도 오브젝트 분리 — 411
10. 메쉬 단순화 — 413
11. 재질 템플릿 — 415
12. 재질 임포터 — 418
13. 재질 정보 관리자 — 420
14. 카메라 대상 설정 — 421
15. 원근감 일치 — 422
* 키샷 사용 사례 — 424

PART 16 렌더(Render)

01. 렌더 — 426
02. 렌더 출력 — 427
03. 이름 템플릿 — 428
04. 스틸 이미지 출력 — 431
05. 애니메이션 출력 — 433
06. KeyShotXR 출력 — 435
07. 구성기 출력 — 439
08. CMF — 442
09. 레이어및 통과 — 445
10. 영역 렌더링 — 458
11. 렌더 옵션 — 460
12. 렌더 큐 — 469
13. 렌더 출력 창 (이미지 편집기) — 472
14. GPU 모드 — 473

PART 17 스크립팅

01. 스크립팅 — 478
02. 빠른 시작 스크립팅 — 479
03. 스크립팅: 재질 그래프 — 481
04. 스크립팅: Import 파일 — 485
05. 스크립팅: 이미지 렌더 — 486
06. 스크립팅: 스크립트 취소 — 487

07. 스크립팅: 카메라 조작　　　　　488
08. 스크립팅: 사용자 정의 대화 상자　　　490
09. 스크립팅: 씬 노드 엑세스　　　　492
10. 스크립팅: 씬 노드 변환　　　　　494
11. 스크립팅 콘솔　　　　　　　　　496
12. 스크립트 예문　　　　　　　　　498
13. 헤드리스 스크립팅　　　　　　　502

PART 18 애니메이션(Pro 기능)

01. 애니메이션　　　　　　　　　　505
02. 애니메이션 유형　　　　　　　　506
03. 부분 애니메이션(Part Animations)　508
04. 환경 애니메이션　　　　　　　　513
05. 재질 애니메이션　　　　　　　　516
06. 카메라 애니메이션　　　　　　　518
07. 카메라 키프레임 애니메이션　　　523
08. 변형 애니메이션　　　　　　　　525
09. 스튜디오 전환 이벤트　　　　　　526
10. 애니메이션 마법사　　　　　　　528
11. 애니메이션 작업(Working with Animations)　530
12. 애니메이션 효과　　　　　　　　534
* 키샷 사용 사례　　　　　　　　　538

PART 19 KeyShotWeb

01. KeyShotWeb　　　　　　　　　540
02. 키샷XR　　　　　　　　　　　541
03. KeyShotXR 마법사　　　　　　542
04. KeyShotXR 애니메이션　　　　　547
05. KeyShotXR 변수　　　　　　　548
06. 웹 구성기　　　　　　　　　　　556
07. 웹 뷰어　　　　　　　　　　　　558
08. 워드프레스 내장하기　　　　　　560

PART 20 구성기

01. 구성기　　　　　　　　　　　　564
02. 구성기 마법사　　　　　　　　　566
* 키샷 사용 사례　　　　　　　　　574

PART 21 키샷 뷰어

01. 키샷 뷰어　　　　　　　　　　　576
* 키샷 사용 사례　　　　　　　　　581

PART 22 키샷 클라우드

01. 키샷 클라우드 사용자 인터페이스　583
02. 키샷 클라우드 검색　　　　　　　584
03. 리소스 업로드/다운로드　　　　　586
* 키샷 사용 사례　　　　　　　　　587

PART 23 네트워크 렌더링

01. 네트워크 렌더링　　　　　　　　589

PART 24 실습 예시

* 키샷 사용 사례　　　　　　　　　591

PART 01

키샷이란?

키샷은 3D 렌더링, 애니메이션과 인터랙티브 비주얼 제작을 위해 사용되는 실시간 레이 트레이싱, 글로벌 일루미네이션 프로그램 입니다. CPU 기반 아키텍처를 이용하여 특별한 그래픽카드가 없어도 Mac 과 PC에서 정밀한 실시간 렌더링을 구현합니다.

키샷은 다른 렌더링 소프트웨어들 보다 많은 3D 파일 형식을 지원하며 25개가 넘는 다양한 3D 파일 유형을 불러올 수 있습니다. 재질과 환경 프리셋, 인터랙티브 라벨링, 텍스처 매핑, 물리 조명, 애니메이션 등 많은 기능이 드래그 앤 드롭으로 실행되는 간결한 인터페이스를 제공합니다.

LESSON 01 : [키샷]이란?

01 | 빠르다

키샷의 모든 기능은 실시간으로 실행됩니다. 키샷은 독자적인 렌더링 기술을 사용하여 재질, 조명 및 카메라의 모든 변화를 바로 포착할 수 있습니다.

02 | 쉽다

당신의 3D 모델의 정밀한 이미지를 만들기 위해 렌더링 전문가가 될 필요가 없습니다. 간단히 데이터를 불러오고, 드래그 앤 드롭으로 모델에 재질을 적용한 후 라이팅을 하고, 카메라를 이동합니다. 그러면 끝입니다.

03 | 정확하다

키샷은 3D 데이터를 위한 가장 정확한 렌더링 솔루션입니다. 키샷은 과학적으로 정확한 재질 표현 및 전역조명에 대한 연구에 기반하여 룩시온사가 자체적으로 개발한, 물리적으로 올바른 렌더링 엔진입니다.

LESSON 02 : 새로운 기능 및 향상된 점

01 | 새로운 기능

네트워크 렌더링 작업 자동 정리

일정 기간 후에 네트워크 관리자가 작업을 자동으로 정리하여 작업 목록을 유지하고 디스크 공간을 확보할 수 있습니다.

AxF 소재 개선

AxF가 거칠기 텍스처 뿐 아니라 정 반사 텍스처를 지원하여 소재의 현실성을 향상시켰습니다.

GPU 개선

GPU 렌더링 모드가 최적화되어 더 빠른 결과를 얻을 수 있습니다.

이미지 선명도 효과

이미지 스타일 기능에 새로운 선명도 효과가 추가되었습니다.

소재 변경에 대한 실시간 응답 개선

소재 변경 사항이 실시간 뷰에 즉시 반영되어 보다 쉽고 완벽한 조정이 가능합니다.

빠른 노드 찾기

소재 그래프에서 "Q"를 눌러 추가하려는 노드를 빠르고 쉽게 찾을 수 있습니다.

RAL 색상 라이브러리

RAL 색상이 새로운 2024 라이브러리로 업데이트되었습니다.

씬 압축

새로운 씬 압축으로 로딩시간이 짧아지고, 파일 크기가 작아졌습니다. 참고: 2024.1로 저장된 씬은 이전 버전에서 열 수 없습니다.

스크립팅 빠른 실행

스크립트를 리본에서 직접 빠르고 쉽게 실행할 수 있습니다.

업데이트된 가져오기 기능

가져오기 기능이 다음을 포함하도록 업데이트 되었습니다.

- Rhino 8
- CATIA V6 / 3DEXPERIENCE 3D R2024x
- Solid Edge 3D 2024
- SOLIDWORKS 3D 2024
- NX 2306 시리즈 (2306.7000까지)

웹 뷰어 - 프레젠테이션의 선택적인 3D 부분

웹 뷰어 업로드를 통해 전체 씬을 업로드하지 않고도 렌더링 및 이미지를 업로드할 수 있습니다.

02 | 향상된 점

컷어웨이 재질

이제 컷어웨이 재질은 **GPU** 모드에서 지원됩니다.

GLB/glTF

GLB/glTF의 내보내기는 인스턴스를 사용하여 파일용량을 줄이도록 최적화되었습니다. 또한 유전체 재질의 투명 및 컬러 반사를 지원하도록 확장되었습니다.

키샷 사용 사례

PART. 01 키샷이란?

KeyShot은 3D 렌더링, 애니메이션 및 대화형 비주얼을 만드는 데 사용되는 독립형 실시간 광선 추적 및 전역 조명 프로그램입니다. CPU 기반 아키텍처를 사용하면 고급 그래픽 카드 없이도 Mac과 PC, 심지어 노트북에서도 사진처럼 사실적인 실시간 렌더링을 달성할 수 있습니다.

KeyShot은 다른 렌더링 소프트웨어보다 더 많은 3D 파일 형식을 지원하여 25개 이상의 파일 형식을 가져올 수 있습니다. 드래그 앤 드롭 재질 및 환경 사전 설정, 대화형 레이블 지정, 텍스처 매핑, 물리적 조명, 애니메이션 등을 갖춘 간단한 사용자 인터페이스가 있습니다.

PART 02

시작하기

LESSON 01 : 키샷은 얼마나 쉽나요?

키샷의 끌어놓기에 기반한 작업 흐름은 당신이 이미지를 수 분만에 렌더링할 수 있게 합니다. 각종 고급 기능과 실시간 피드백을 제공하는 간단한 인터페이스로, 디자인에 집중하면서 시간을 절약할 수 있습니다.

01 | 1단계: 3D 모델을 불러옵니다

키샷을 실행합니다. 파일, 불러오기… 에서 3D 모델을 불러옵니다. 키샷은 SketchUp, SolidWorks, Solid Edge, Pro/ENGINEER, PTC Creo, Rhinoceros, Maya, 3ds Max, IGES, STEP, OBJ, 3ds, Collada, FBX 등을 포함해 20개가 넘는 3D 파일 확장자를 지원합니다. 키샷 BIP 출력 및 라이브링크를 포함한 다양한 기능을 갖춘 플러그인을 포함하기도 합니다.

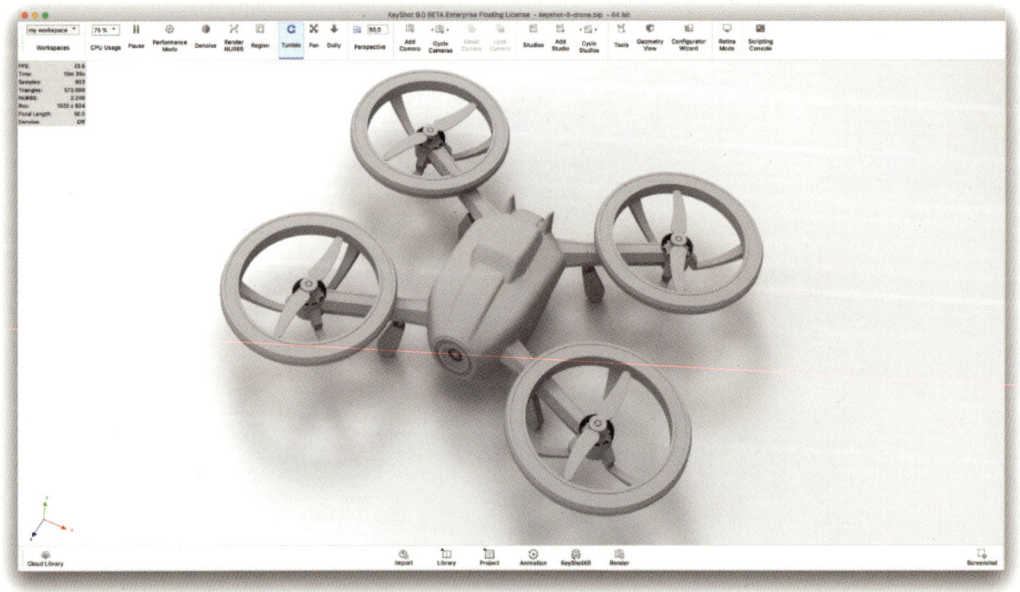

02 | 2단계: 재질을 적용합니다.

라이브러리 창에서 재질 탭을 선택합니다. 재질 라이브러리의 700개가 넘는 과학적으로 정확한 재질 중 아무거나 간단한 끌어놓기로 실시간 뷰에 있는 모델에 적용합니다. 변화는 현재 조명 조건에따라 정확한 색상 및 조명으로 모델에 즉시 나타납니다.

03 | 3단계: 환경을 선택합니다

환경 탭을 선택합니다. 인테리어, 야외, 스튜디오 조명 환경 중 하나 (HDRI)를 씬으로 끌어놓기 합니다. 이 과학적으로 정확하고 실제적인 조명에 즉시 변화가 생기며 색상, 재질 및 마감 외형에 어떤 영향을 주는지 알 수 있습니다.

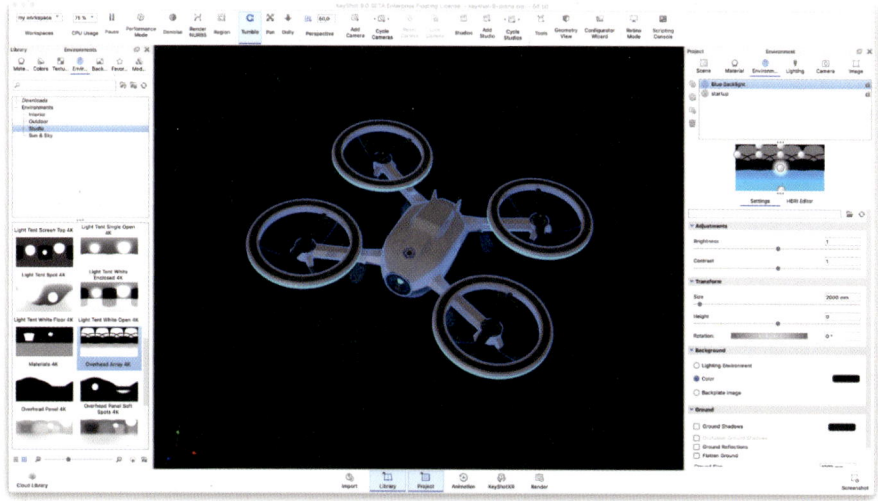

04 | 4단계: 카메라를 조정합니다

마우스를 사용하여 카메라를 조정합니다. 추가 설정은 프로젝트 메뉴의 카메라 탭에서 가능합니다. 각도와 거리를 조정하고, 초점거리와 시야 설정으로 시점을 제어하고, 씬에 쉽게 피사계 심도를 더합니다.

05 | 5단계: 완성된 이미지가 출력됩니다.

메인 툴바의 렌더링을 누릅니다. 기본 설정을 사용하거나 출력 옵션을 조정합니다. 렌더링 버튼을 눌러 눈 앞에서 당신의 이미지가 렌더링 되는 것을 확인할 수 있습니다.

PART 03

환경설정

키샷 환경설정 (옵션/설정)를 어디서 찾을 수 있고 이들이 무슨 역할을 하는지 알립니다.

키샷 환경설정 메뉴는 메인 메뉴의 키샷 환경설정에서 찾을 수 있습니다.
- **윈도우:** 편집, 환경설정 …
- **맥:** 키샷, 환경설정 …

수정 후 변경 된 내용을 저장하기 버튼을 누르는 것을 잊지 마세요. 일부 경우에서는 변경사항을 적용하기 위해 키샷을 재시작 해야할 수도 있습니다. 변경사항을 적용하고 싶지 않다면 취소 버튼만 누르세요.

다음은 환경설정 창의 각 탭에서 어떤 환경설정 옵션/설정을 사용할 수 있는지 알립니다.

LESSON 01 : 인터페이스 환경설정

01 | 인터페이스

1. 언어

메뉴에서 원하는 언어를 선택하십시오.
영어 외 선택 가능한 언어: 중국어 간체, 체코어, 프랑스어, 독일어, 이탈리아어, 일본어, 한국어, 폴란드어, 러시아어, 스페인어, 중국어 번체.

2. 테마

키샷 인터페이스에 사용될 원하는 색상을 선택합니다.

3. 폰트 크기

드롭 다운에서 원하는 폰트 크기를 선택하십시오. 시스템 배율을 적용하지 않고 고해상도 디스플레이에서 작업할 경우 유용합니다.

4. 고 DPI 지원

(Windows 한정) UI를 설정에 맞추기 위한 설정입니다. 고 DPI 모니터를 사용하지 않는다면 이 옵션을 비활성화하십시오.

5. 아웃라인 선택

선택된 파트 주위에 오렌지 아웃라인을 표시합니다.

6. 선택 아웃라인에 CPU 사용

선택아웃라인이 GPU 에서 안정적이지 않을 경우 이 옵션을 활성화합니다.

7. 실행 취소 / 재실행에 카메라 변경 사항 포함

이것은 실행 취소 스택의 모든 카메라 이동사항을 포함합니다.

8. 카메라 거리 스크롤링 반전

카메라 돌리를 할때 카메라에서 스크롤링을 반전합니다.

9. 실시간 뷰에서 서브메뉴 활성화

오른쪽 클릭 메뉴에서 기능의 목록을 보여주는 대신, 이 기능들이 논리적으로 서뷰 메뉴에 그룹이 됩니다.

10. 씬 트리 계층변경 끄기

이 기능은 드래그 앤 드롭 파트에서 씬 트리 하이어라키를 변경하는 것을 방지합니다.

11. 대상으로 피봇 잠금

이것이 활성화되면 카메라를 팬할때 대상과 함께 피봇이 움직입니다.

12. 씬 트리 오브젝트 미리보기 툴팁

이것이 선택되면 씬 트리에 위에 있는 오브젝트의 회전하는 OpenGL 음영 미리보기가 나타납니다.

13. 애니메이션 순서 준수

파트/그룹에서 애니메이션을 여러 번 하면 기본적으로 이동은 맨 마지막에 하고 피벗 포인트가 이동합니다. 이 설정을 사용하면 애니메이션이 씬 트리 (위쪽에서 아래쪽) 에 설정된 순서를 따르도록 할 수 있습니다.

14. GPU 사용 (효과 활성화)

체크 시, 프로젝트 창, 이미지 탭, 이미지 스타일 아래 블룸, 비네팅, 크로마틱 아브레이션 효과를 활성화 시킵니다.

15. 프로그레시브 이미지 샘플링

체크 시, 키샷은 씬을 다운 샘플링하는 반면 카메라가 더 빠른 성능을 위해 움직입니다. CPU코어가 많은 컴퓨터에서, 이 기능은 품질 저하없이 카메라 움직임을 부드럽게하기 위해 해제될 수 있습니다.

16. 대형 모델에 대한 외곽선 끄기

모델의 크기에 따라 윤곽선을 비활성화 선택할 수 있습니다. Auto는 사용 가능한 GPU 메모리를 기반으로 외곽선을 비활성화합니다. 커스텀은 모델이 설정된 양의 삼각형에 도달하면 윤곽선을 비활성화 시킵니다.

- **활성화 하지 않음:** 항상 선택된 윤곽선 표시
- **자동:** 사용가능한 GPU메모리에 근거한 아웃라인 비활성화
- **커스텀:** 미리설정한 값에 도달하면 윤곽선 비활성화

17. 렌더 출력 윈도우 메모리 한도

이 기능은 출력 창에서 이미지 버퍼 용으로 예약된 메모리의 양을 제어합니다. 렌더링 된 이미지가 이 한계보다 많은 메모리를 차지하면 한계 이하로 내려갈 때까지 축소됩니다. 기가 픽셀 이미지를 렌더링하고 씬이 많은 메모리를 사용할 경우 유용합니다. 출력 이미지 자체 (렌더 설정에서 지정한 대로) 에는 영향을 주지 않지만 출력 창에서 직접 저장한 이미지에는 영향을 줍니다.

02 | 재질

1. 재질 속성 탭 아래 in-project 재질 리스트 보기

모든 in-project 재질이 표시됩니다.

2. 재질에 대한 거칠기 대신에 글로스 사용

모든 거칠기 슬라이더를 글로스 슬라이더로 바꾸고 모든 거칠기 값을 광택 값으로 변환합니다. 글로스 미터를 사용하여 작업하는 경우 유용합니다.

3. UV 맵핑을 기본으로 사용

기본 맵핑 타입을 박스에서 UV-맵핑으로 교체.

4. 복제 파트들의 재질 링크

체크 될 경우 복제된 파트의 재질이 연결됩니다. **Assigning Materials**에서 더 많은 정보를 얻어보세요.

5. 라이브러리에서 할당할 경우 중복 재질 링크

체크 시, 씬의 파트에 적용된 재질의 모든 인스턴스가 링크됩니다. 재질 지정 페이지에서 링크된 재질에 대해 더 찾아보실 수 있습니다.

03 | 로그

로그는 키샷 메뉴 바의 도움말 메뉴에서 접근할 수 있습니다. 키샷을 실행하는 동안 발생한 모든 오류의 로그를 포함합니다.

- **임계점:** 이 드롭 다운 메뉴에는 로그에 기록되는 가장 낮은 경고 수준이 포함되어 있습니다. 경고 수준은 정보 (기본), 경고, 심각한, 치명적입니다.

- **주요 오류에 대한 로그 윈도우 표시:** 체크 시, 심각한 오류가 발생하자마자 로그 창이 자동으로 열립니다.

- **히스토리 백 버퍼:** 로그의 항목 수를 설정하십시오.

04 | 3Dconnexion 설정

키샷은 윈도우와 맥에서 3Dconnexion의 입력 장치를 지원합니다. 이러한 설정을 변경하려면 3Dconnexion 장치가 연결되어 있는지 확인하십시오.

- **3D 마우스 감도:** 3D 마우스 민감도 설정이 가능합니다.

- **무세 축에 제한:** 한 번에 하나의 축 이동만 허용합니다.

- **축 반전:** 카메라 이동 방향을 반전합니다.

- **전역 up 축 사용:** 선택되면 (기본값) 카메라가 항상 전역 up 축 주위로 회전하며 기울어져 있을 경우에도 마찬가지 입니다.

LESSON 02 | 일반 환경설정

01 | 일반

어플리케이션 시작 시 뉴스 창 보이기

시작 시에 최신 씬, 데모 씬, 뉴스와 새로운 기능을 보여주는 화면을 표시합니다.

종횡비를 백플레이트에 맞추기

실시간 뷰에 로드 되는 모든 백플레이트 이미지의 동일한 비율로 실시간 뷰의 크기를 자동으로 조정합니다.

자동 업데이트 활성화

신규버전이 나올 때 업데이트 설치 파일을 다운로드하고 실행하라는 안내가 나옵니다.

작업들을 네트워크 렌더링으로 보낼 때 keyshot 일시 정지

작업이 키샷 네트워크 렌더링으로 보내면 실시간 보기에서는 렌더링을 일시 정지하고 CPU 사용을 중지합니다.

렌더링 시간이 지나거나 샘플링 후 실시간 렌더링 일시 중지

렌더링할 시간 또는 샘플의 양을 정해 놓으면 실시간 보기에서 자동으로 렌더링을 멈추고 CPU 사용을 중지합니다.

02 | 노이즈 제거

시간 초기화

노이즈 제거의 재계산 간격을 설정합니다.

03 | 스크린샷

형식
저장할 스크린샷의 포맷을 선택합니다(JPEG, PNG, EXR, TIFF 또는 PSD).

품질
설정이 높을수록 압축을 적게 하므로 품질은 좋아 지고 파일크기는 커집니다.

알파(투명도) 포함
조명 환경을 숨기고 지면 그림자를 투명하게 만듭니다.

각 스크린샷을 어디에 저장할지 묻기
KeyShot은 실시간 보기에서 스크린샷을 저장할 때 위치를 지정하라는 메시지를 표시합니다.
선택하지 않으면 스크린샷이 기본 렌더링 폴더에 저장됩니다.

각 스크린 샷과 카메라 함께 저장
이 옵션을 선택하면 KeyShot이 저장되는 모든 스크린샷에 대한 카메라 보기를 저장합니다.
이러한 보기는 프로젝트 창의 카메라 탭에서 액세스할 수 있습니다.

각 스크린샷과 함께 메타데이터 저장
이 옵션을 선택하면 KeyShot이 스크린샷 옆에 메타데이터 파일을 저장합니다.
설정 드롭다운에서 ⚙ 메타데이터 형식을 선택할 수 있습니다.

04 | 기본 시작 씬

이것은 키샷을 시작할 때 기본 시작 씬을 설정합니다. startup.bip 씬이 기본으로 설정됩니다. 어느 키샷 씬이라도 기본값으로 설정될 수 있습니다. 변경하려면 폴더 아이콘 📁을 클릭하고 키샷이 시작될 때 로드하고 싶은 씬을 지정하면 됩니다.

> **TIP**
> 시작 씬을 변경하면 KeyShot이 시작되는 기본 설정을 사용자가 지정할 수 있습니다. 예를 들어, 활성 GPU 모드로 씬을 업로드하면 KeyShot이 GPU를 기본 렌더 엔진으로 설정하게 됩니다.

05 | 백업 리비전

각 저장과 함께 순서화된 백업 리비전 생성

이것이 선택이 되면 **리비전 매니저**가 활성화됩니다. 저장할 때 마다 씬을 덮어쓰기 하지 않고 키샷이 매번 순서대로 새로운 이름의 백업을 만듭니다. 이것은 원본 씬을 그대로 복사 저장하는 것입니다.

백업 히스토리 깊이

가장 오래된 사본을 덮어쓰기 되기 전에 얼마나 많은 씬을 인스턴스가 저장할지 결정합니다. 기본값은 5 입니다. 씬이 6번째 저장되면, 씬의 첫 번째 버전이 덮어쓰기 됩니다. 최대값은 99 입니다.

06 | 저장 알려주기

저장 알려주기 표시 간격

키샷이 선택된 간격마다 저장할 것을 알려줍니다. 지정하는 시간은 매 5, 10, 15, 30, 60분입니다. 저장 알려주기를 나타내고 싶지 않으면 활성화하지 않음을 선택하세요.

07 | 클라우드 라이브러리

클라우드 라이브러리는 키샷 클라우드 라이브러리 로그인 상태를 나타냅니다.

캐시 지우기

방문 링크, http 캐시 및 로컬 저장본을 삭제하여 키샷 클라우드 창을 기본상태로 리셋합니다.

씬에 클라우드 모델을 추가할 때 이동 도구 표시

클라우드 라이브러리의 모델을 씬에 추가할 때 마다 이동도구가 표시됩니다.

08 | 다시 보이지 않기 지우기

모든 메타데이터 및 경고 복원

"다시 표시하지 않음"을 표시하여 비활성화할 수 있는 모든 대화창은 필요할 경우 활성화하여 표시할 수 있습니다.

09 | 네트워크

이 섹션은 사용자가 Luxion 의 소프트웨어 업데이트 서버 및 키샷 클라우드 라이브러리와 통신하기 위해 프록시 설정을 구성할 수 있게 합니다. 키샷이 방화벽 보안이 엄격한 환경에 설치되었을 때 필요할 수 있습니다.

프록시 유형 드롭 다운

이 드롭 다운 메뉴는 네 가지 옵션을 제공합니다: 프록시 없음, 자동 프록시 감시, HTTP, SOCKS v5.

호스트

이 옵션은 HTTP 또는 SOCKS v5를 선택하면 사용할 수 있습니다. 네트워크에 인식된 프록시 서버의 호스트 이름 또는 호스트의 IP 주소를 입력하십시오.

포트

프록시 서버가 방화벽을 외부와 통신하는 데 사용하는 포트를 입력하십시오.

프록시 인증 활성화

서버 프록시 인증을 사용해야할 수도 있습니다. 필요할 경우, 체크박스에 체크하십시오.

사용자이름

프록시 서버와의 통신에 할당된 사용자 이름을 입력하십시오.

패스워드

프록시 서버 사용자 계정의 비밀번호를 입력하십시오.

10 | 라이브링킹

라이브 링크는 커스텀 플러그인을 통해 키샷을 모델링 프로그램과 연결합니다. 활성화 된 경우, 라이브 링크를 사용하면 지원되는 3D 모델링 소프트웨어와 함께 키샷을 실행하고 재질, 카메라, 조명 등이 소실되지 않고 키샷 내부의 지오메트리를 업데이트할 수 있습니다. 룩시온사 또는 파트너사에서 개발한 모든 플러그인은 플러그인 환경설정에서 찾을 수 있습니다.

라이브링킹 활성화

체크 (기본) 되면, 키샷이 시작되어 설치된 플러그인을 통해 지원되는 3D 모델링 소프트웨어에 연결합니다.
노트: 이러한 3D 소프트웨어용 플러그인은 환경 설정에서 설명한 키샷용 플러그인과 다릅니다.

라이브링킹 네트워크 포트 범위

이것은 설치된 플러그인이 사용하는 포트 범위입니다.

11 | 스크립팅

이 섹션은 키샷의 스크립팅 기능을 위해 로컬 python 라이브러리 설치를 활용하기 위한 설정을 제공합니다. 스크립트 섹션에서 스크립팅에 대해 더 알아보십시오.

로컬 python 경로 사용

체크되었을 경우, 또한 만약 사용자가 PIL 또는 SciPy 와 같은 python 라이브러리를 로컬에 설치했을 경우, 키샷 안에서 해당 라이브러리를 사용할 수 있습니다. 그러나, 키샷 안에 사용되는 버전과 동일한 버전인 버전 3.11만이 지원됩니다. 체크를 해제한 경우, 키샷 내 노출된 python 모듈 만이 내부에서 실행되는 스크립트에서 사용 가능합니다. 노트: 이러한 3D 소프트웨어용 플러그인은 환경 설정에서 설명한 키샷용 플러그인과 다릅니다.

12 | 충돌 보고

키샷 시작 시 새로운 충돌 보고서 확인

활성화 시, 새로운 오류를 발견한 경우 키샷이 오류 보고 대화창을 보여줍니다. 이 대화창에서 오류 보고서를 키샷에 공유할지, 오류가 발생하기까지 어떤 작업을 했는지 선택할 수 있습니다. 무슨 일이 일어났는지 설명하는 데 도움이 될 수 있는 장면이나 기타 파일을 첨부할 수도 있습니다. 키샷의 문제를 확인하고 고치는 데 도움이 됩니다.

LESSON 03 : 폴더 환경설정

폴더 탭에서 다음 키샷 리소스에 대한 폴더 및 공유 폴더 지정이 가능합니다.

- 텍스처
- 백플레이트s
- 환경
- 재질
- 렌더링
- 씬
- 애니메이션 (키샷XR 파일 포함)
- 재질 템플릿
- 색상
- 스크립트
- 플러그인
- 모델

01 | 모든 폴더에 대한 위치 지정

이 옵션은 모든 리소스 폴더의 기본 위치를 설정합니다.

> **주의사항:**
> 폴더 위치를 변경하려면 관리자 권한이 필요합니다.

리소스

폴더 아이콘 📂을 선택하여 키샷 리소스 폴더의 기본 위치를 설정합니다.

02 | 각 폴더 커스터마이즈

이 옵션은 각 리소스가 독립적으로 위치를 설정하거나 추가 폴더 또는 공유 디렉토리를 추가할 수 있게 합니다. 기본 설정에 의해 각 리소스 유형은 리소스 폴더 내의 관련 폴더에 매핑 되지만, 변경하고자 하는 유형 옆에 있는 📂 폴더 아이콘을 클릭하여 해당 설정을 변경할 수 있습니다.

03 | 추가 폴더

폴더 설정을 맞춤형으로 변경하기로 했을 때, 각 리소스 유형마다 추가 폴더를 추가하는 옵션이 있습니다.

1. 변경하고자 하는 유형 옆에 있는 📁 폴더 아이콘을 선택합니다.
2. 폴더 설정 창에서 추가 아이콘을 클릭합니다.

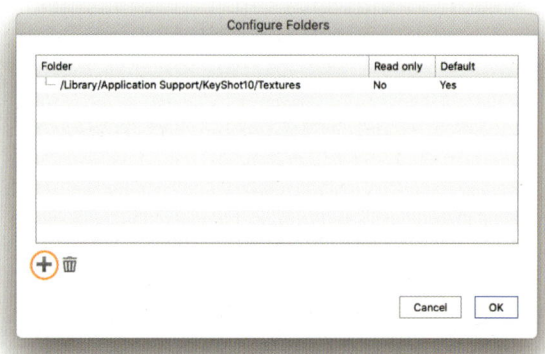

3. 추가하고자 하는 폴더의 위치까지 이동한 후 읽기 전용인지, 기본 설정 폴더인지 결정합니다.
   각 리소스 유형 별로 최소한 하나의 기본 설정 폴더가 필요합니다.

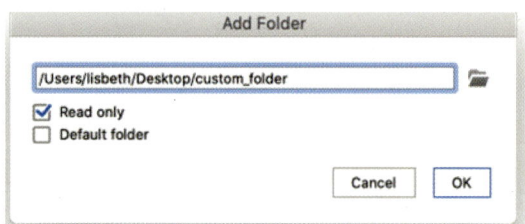

4. 폴더 설정 변경을 마치면 키샷이 다시 시작되며, 라이브러리에서 폴더를 찾을 수 있습니다.

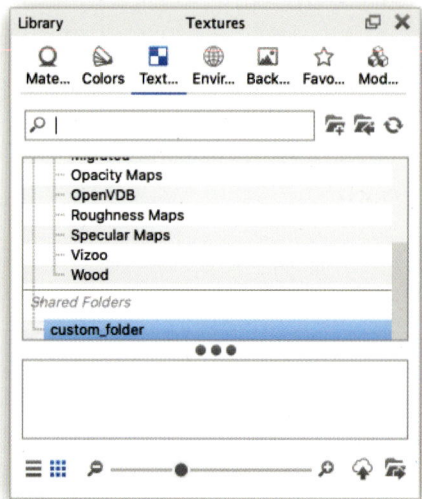

LESSON 04 : 플러그인 환경설정

플러그인은 키샷을 다양한 모델링 프로그램과 연결하는 데 사용됩니다. 대부분의 플러그인은 모델링 프로그램에서 실행되지만 일부는 키샷 (예시로, **OnShape**) 에서 실행됩니다. 플러그인 환경 설정은 키샷 내에서 실행되는 플러그인에만 관련됩니다.

사용 가능한 플러그인을 보려면 키샷 웹사이트의 플러그인 페이지를 방문하여 사용 가능한 플러그인을 확인하거나, 현 매뉴얼의 플러그인 부문을 방문하여 설치할 수 있습니다.

01 | 플러그인

활성화/비활성화
플러그인 창에서 모든 설치된 키샷 호환 플러그인을 나타내며, 체크박스로 키샷 시작 시 플러그인에 대한 활성화 또는 비활성화를 설정할 수 있습니다.

프로그램 삭제
플러그인은 윈도우용 또는 Mac OS X용 설치 파일을 통해 설치되며, 제어판에서 삭제 가능합니다.

LESSON 05 | 색상 매니지먼트

01 | 라이브러리 색상 적용 시 이미지 감마 보정

감마 보정 색상값이 색상 라이브러리에서 재질로 직접 적용됩니다. 이것은 라이브러리의 현상색을 유지하려는 시도를 합니다. 이 옵션이 선택되면, 색상을 적용한 후 이미지 감마를 변경하지 않는 경우에는 실시간 보기의 재질 색상과 라이브러리 내의 재질 색상이 항상 일치하게 됩니다.

02 | 화면 색상 관리

2023.1부터 KeyShot은 사용자가 OS 설정에서 설정한 색상 프로필을 사용합니다.
이로 인해 다른 소프트웨어와 일관성을 유지하는 데 도움이 될 것으로 예상됩니다.

LESSON 06 : 핫키 환경설정

키샷 내의 핫키를 모두 커스터마이즈할 수 있습니다. 핫키는 단순 핫키, 마우스 동작, 카메라 제어로 카테고리가 나뉘어 있습니다. 선택한 핫키의 유형에 따라 단순 핫키 또는 마우스 동작 입력 필드가 나타납니다. 카메라 제어는 항상 활성화되어 있습니다.

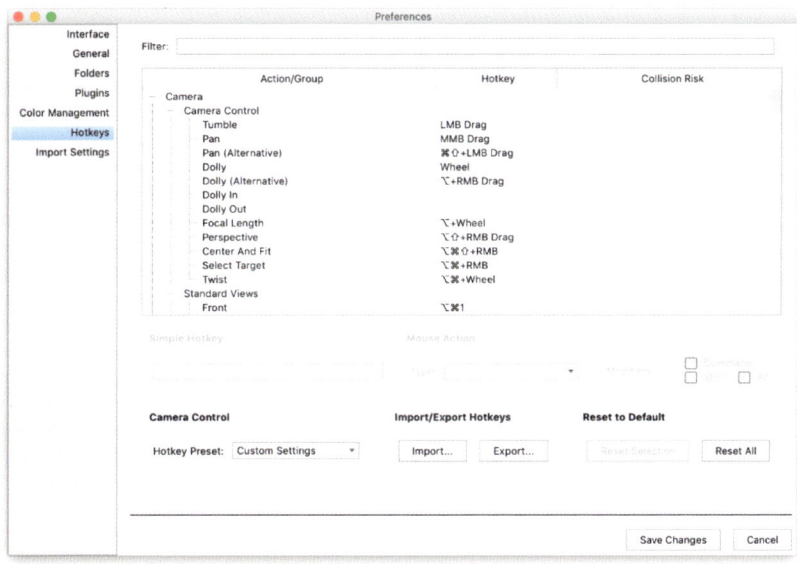

01 | 필터/핫키 목록

02 | 단순 핫키

단순 핫키를 선택하세요. 단순 핫키는 핫키 목록에서 마우스 동작을 포함하고 있지 않은 핫키입니다. 편집하려면 입력란에 타이프를 하세요. 기본값으로 리셋을 선택하면 언제든 핫키를 기본 설정으로 되돌릴 수 있습니다.

03 | 마우스 동작

목록에서 마우스 동작 핫키를 선택하고 풀다운 메뉴에서 마우스 동작을 변경하여 핫키 수정을 시작합니다. 조합키를 3개 까지 사용할 수 있습니다. (예. Alt, Shift, Ctr)

04 | 카메라 제어

이 기능은 사용자가 환경설정하는 모델링 어플리케이션에 기반하여 카메라 제어를 변경하게 합니다. 핫키 목록에서 카메라 제어를 변경하기 위해 어떤 어플리케이션이 선택되었는지 볼 수 있습니다.

핫키 프리셋

드롭다운 메뉴에서 3D 모델링 소프트웨어를 선택하고 모든 카메라 제어가 그에 따라 조절됩니다. 지원하는 프로그램은 다음을 포함하고 있습니다.

- 3ds Max
- Alias
- Alibre
- Fusion 360
- Maya
- NX
- PTC Creo
- Rhino
- Solid Edge
- SOLIDWORKS
- SpaceClaim
- ZBrush

05 | 가져오기/ 핫키 내보내기

가져오기

이전 키샷 버전에서 내보낸 커스텀 핫키 파일을 가져올 수 있습니다. 키샷 핫키 파일 형식은 .KSH 입니다. 마이그레이션 지원을 사용하면 KeyShot 7 이상 버전을 업그레이드할 때 사용자 정의 단축키가 마이그레이션됩니다.

내보내기

다른 기기에서 커스텀 핫키를 사용하려면 이 기능을 사용하십시오.

06 | 기본값으로 리셋

선택 항목 리셋

이 기능은 핫키 리스트에 현재 선택되어 있는 핫키를 리셋합니다.

모두 리셋

이 기능은 모든 핫키를 기본 설정으로 리셋합니다.

LESSON 07 설정 가져오기

설정 가져오기는 빠른 불러오기를 위해 사용되는 설정입니다. 빠른 불러오기를 활성화하려면 **불러오기**에서 설정하거나, 타입에서 불러오기 시 항상 불러오기 대화창 표시하기를 비활성화 하면 됩니다.

파일 타입

특정 파일 타입에 설정을 하기 위해 파일 타입을 선택합니다.

XX 파일 불러오기할 때 항상 불러오기 대화창 표시하기

활성화 시 어느 경로로 불러오기 대화창이 나타납니다.

설정

어느 파일 타입을 선택했는 가에 따라 설정 지역은 크게 달라집니다. 모든 설정의 자세한 안내를 보기 위해서는 **불러오기** 페이지를 보세요.

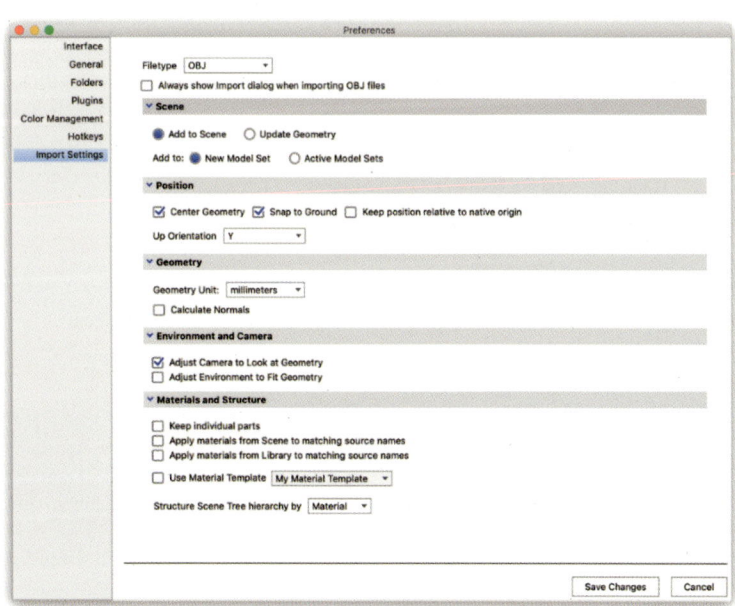

키샷 사용 사례

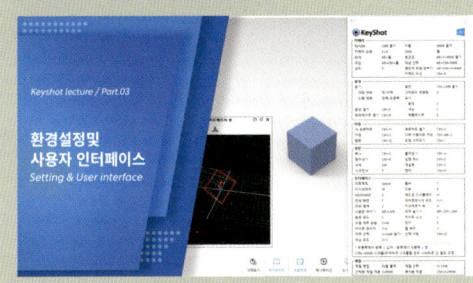 

PART. 03 환경설정 및 사용자 인터페이스
KeyShot의 기본 설정을 찾을 수 있는 위치와 그 기능에 대해 설명합니다.

PART 04

사용자 인터페이스

이 섹션은 키샷 사용자 인터페이스와 인터페이스 구성 요소(창, 메뉴, 명령)에 대한 정보를 제공합니다. 정보 제공의 목적은 다음과 같습니다.

1. 구성 요소의 위치
2. 구성 요소의 목적
3. 메뉴 및 명령
4. 커스터마이징

LESSON 01 : 실시간 뷰

키샷 실시간 뷰는 키샷 사용자 인터페이스의 중심이 되는 부분입니다. 모든 3D 모델의 실시간 렌더링이 여기서 작업됩니다. 카메라제어, 선택된 오브젝트, 오른쪽 마우스 컨트롤, 그리고 그 주위를 여러 방법으로 선택하여 씬을 탐색할 수 있습니다.

01 | 헤드업 디스플레이

메인 메뉴에서 뷰>헤드업 디스플레이로 들어가서 헤드업 디스플레이를 켜면 실시간 뷰에 관한 정보를 볼 수 있습니다.
헤드업 디스플레이는 실시간 뷰의 상단 좌측 모서리에 위치합니다. 헤드업 디스플레이는 실기간 뷰가 렌더링해 왔던 초당 프레임,샘플들의 시간과 개수를 보여주며, 씬에서의 삼각형과 넙스의 총계,실시간 뷰의 해상도와 카메라의 현재 초점거리를 보여줍니다.

- FPS: 초당 프레임 – CPU 모드의 렌더링 속도를 보여줍니다.
- F 초당 샘플: GPU 모드의 렌더링 속도를 보여줍니다.
- 시간: 실시간 뷰가 얼마나 오래 렌더링 하고 있었는지 보여줍니다.

- 샘플: 실시간 뷰에서 렌더링한 샘플의 개수를 보여줍니다.
- 삼각형: 숨겨진 파트/모델 세트를 제외한, 씬에 존재하는 삼각형의 수량입니다.
- NURBS: 숨겨진 파트/모델 세트를 제외한, 씬에 존재하는 NURBS의 수량입니다.
- Res: 실시간 뷰의 해상도입니다.
- 초점거리: 카메라의 현재 초점거리입니다.
- 노이즈 제거: 노이즈 제거기의 현재 상태를 보여줍니다.
- GPU 메모리: 전체 메모리 대비 GPU 메모리 사용량을 보여줍니다.
  GPU 메모리가 바닥나면 키샷은 다시 CPU 모드로 돌아갑니다.

02 | 코디네이트 레전드

실시간 뷰에서 피사체에 초점을 맞추려면, 코디네이트 레전드를 켜십시오. 현재 바라보는 곳의 X축 Y축 Z축을 보여줍니다. 메인 메뉴에서 뷰>코디네이트 레전드로 들어가서 코디네이트 레전드를 켤 수 있습니다.

03 | 솔로 모드 인디케이터

이 지표는 솔로 모드가 활성화될 때마다 표시됩니다.

04 | 인-뷰 인디케이터

일부 상황에서 인-뷰 지표가 실시간 뷰의 우측 상단에 표시됩니다.

- Nurbs 렌더링이 활성화되었고 버튼이 숨겨져 있을 때 Nurbs 렌더링 지표가 표시됩니다.
- 성능 모드가 활성화되었고 버튼이 숨겨져 있을 때 성능 모드 지표가 표시됩니다.
- 카메라가 잠겨있고 버튼이 숨겨져 있을 때 잠금 지표가 표시됩니다.
- GPU 모드에 들어왔고 GPU 버튼이 숨겨져 있을 때 GPU 지표가 나타납니다.
- 노이즈 제거가 활성화되었고 리본 버튼이 숨겨져 있을 때 노이즈 제거 지표가 나타납니다.

HDRI 편집기에서 변경사항이 있고 최대 해상도에서 아직 생성되지 않았을 때 환경 생성 지표 (pro)가 표시됩니다. 지표를 클릭하여 최대 해상도에서 환경을 생성할 수 있습니다.

씬이 아직 실행되지 않은 **지오메트리 노드**(이동/버블/플레이크) 또는 **RealCloth**의 지오메트리를 포함할 때 지오메트리 노드 실행 지표가 표시됩니다. 지표를 클릭하여 씬에서 모든 지오메트리 노드를 실행할 수 있습니다.

GPU 모드에서는 정확히 보이지 않는 것(예시: 단면 재질)을 씬이 포함한다면 경고 아이콘이 표시됩니다.

05 | 해상도

실시간 보기는 이미지탭의 해상도 화면보기 비율에 따라 표시 됩니다.

06 | 도킹 윈도우

리소스와 편집 옵션을 가진 윈도우들은 실시간 보기에서 도킹할 수 있습니다. 뷰의 측면과 하단부분에서,그리고 원하는 다수의 행/열에서 윈도우가 도킹할 수 있습니다.타이틀 바를 사용하여 윈도우를 사용자가 원하는 가장자리의 중간부분으로 드래그하여 윈도우를 도킹할 수 있으며,회색 도킹 지역이 확장되었을 때,윈도우를 그 곳에 내려 놓으면 됩니다. 윈도우를 도킹에서 분리하려면, 타이틀 바를 사용해 윈도우를 드래그해서 도킹 지역에서 멀어지게 하면 됩니다. 실시간 보기는 이미지 탭에서 설정된 해상도/상태를 유지하며, 도킹한 윈도우는 알맞게 크기가 재조정될 수 있습니다.

LESSON 02 : 메인메뉴

01 | 파일

1. 새파일: 키샷에서 새 비어 있는 씬을 엽니다.

2. 가져오기: 열려있는 씬 혹은 새로운 씬으로 3D 파일을 가져오기 합니다.

더 자세한 사항은 가져오기 섹션을 참조하세요.

3. 가져오기 대화창: 언제나 가져오기가 실행되어 현재 불러오기에 대한 불러오기 설정을 설정할 수 있습니다.

4. 열기: 키샷 씬을 열거나 가져오기 패널을 엽니다.

5. 최신파일열기: 최근에 열거나 저장된 10개씬의 목록을 보여주어 빠르게 열어볼 수 있습니다.

6. 저장: 키샷에 현재 열려 있는 씬 (.bip)를 저장합니다.

7. 다른 이름으로 저장: 현재의 씬을 키샷 (.bip)에 이름을 변경하여 저장 합니다.

8. 패키지저장: 해당 씬에 사용된 모델, 재질, 환경, 텍스처, 카메라와 백플레이트를 키샷 패키지 (.ksp)로 저장합니다. 씬을 다른 컴퓨터로 공유 또는 이동할 때 이 저장방법을 사용하는 것이 매우 중요합니다.

> **주의사항:**
> 서로 다른 컴퓨터 사이에서 씬을 공유 또는 이동할 때 패키지 저장 방법을 사용하는 것은 아주 중요합니다. 그러지 않으면 씬을 불러올 때 찾을 수 없는 텍스처 등으로 인한 문제가 발생합니다.

9. 키샷뷰어용으로 저장: 키샷 패키지 파일(.KSP)을 키샷뷰어에서 보기위해 저장합니다.

패스워드로 저장할 수 있고 키샷로고나 워터마크를 삽입할 수 있습니다.

10. 활성 모델세트 저장: Pro사용자가아닌 사람과 모델세트를 공유하기 위해 표시된 모델세트만 저장합니다.

11. 씬 콘텐츠 로컬화: 씬에 사용된 모든 리소스를 BIP 파일과 동일한 폴더에 복사합니다.

12. 리비전 관리자: 미리보기, 리비전 되돌리기 또는 삭제를 위해 리비전 관리자를 엽니다.

리비전관리자를 활성화하려면, 편집>환경설정>일반 (PC) 또는 키샷>환경설정>일반 (Mac) .아래의 백업리비전을 활성화하세요.

13. 출력 (Pro만): 파일을 OBJ, GLB/GLTF, FBX, STL, 3MF, ZPR(win 만) 및 USD파일형식으로 출력합니다.

14. 온셰이프 연결: Onshape에 연결 메뉴는 Onshape 플러그인이 설치되어 있을 때만 나타납니다. 이 플러그인을 사용하려면 Onshape 계정이 필요합니다. Onshape를 다운로드하고 관련된 내용을 확인하려면 이곳을 클릭하십시오.

15. KeyShot 웹 뷰어에 업로드하려면 (KeyShotWeb만 해당): KeyShotWeb 웹 뷰어에 업로드하기 위한 대화 상자를 엽니다.

16. 로그아웃 및 종료: 로그 아웃하고 keyShot을 종료합니다.

17. 끝내기: 키샷을 종료하고 나갑니다.

02 | 편집

1. 실행취소: 이전의 액션을 실행취소 합니다.

2. 재실행: 실행취소된 액션을 재실행합니다.

3. 지오메트리 추가: 이전 설치된 프리미티브를 씬으로 추가 합니다. 자주 사용되는 모델을 키샷 리소스 디렉토리의 "Models" 폴더에 위치 시킬 수 있습니다.

4. 지오메트리 편집: 지오메트리 편집자를 엽니다. 더 자세한 사항은 **지오메트리 편집**을 참조하세요.

5. 지오메트리 지우기: 씬의 모든 지오메트리를 지웁니다.

6. 라이트 추가: 3번의 클릭으로 광원을 추가합니다. 이 메뉴로 아래 조명에 빨리 접근할 수 있습니다.
- 에리어라이트
- IES 라이트
- 포인트라이트
- 스포트라이트

7. 씬 단위설정: 씬에서 사용되는 단위를 변경합니다. 정확한 결과를 위해 모델이 생성된 단위와 똑같은 단위를 사용하세요.

8. 환경설정: 키샷 환경을 설정합니다. 더 자세한사항은 **환경설정**을 참조하세요.

03 | 환경

1. 백그라운드: 라이팅 환경, 색상, 백플레이트 이미지간의 백그라운드 모드를 토글합니다. 더 자세한 사항은 백그라운드를 참조하세요.

2. 그라운드 섀도우: 그라운드 섀도우를 온/오프 토글합니다.

3. 어클루전 그라운드 섀도우: 어클루전 그라운드 섀도우를 온/오프 토글합니다. 이 옵션을 사용할 수 있으려면 그라운드 섀도우가 반드시 활성화 되어야 합니다.

4. 그라운드 리플렉션: 그라운드 리플렉션을 온/오프 토글합니다.

5. 그라운드 편평화: 그라운드 편형화를 온/오프 토글합니다.

04 | 라이팅

1. **성능모드:** 성능모드를 온/오프 토글합니다.
2. **기본, 제품, 인테리어, 보석류, 커스텀:** 사용자의 씬에 가장 적합한 라이팅 프리셋을 선택합니다. 만일 사용자가 커스텀 프리셋을 생성했다면 이 옵션은 Custom에서 사용할 수 있습니다.
3. **자체섀도우, 글로벌 일루미네이션, 그라운드간접조명, 커스틱스, 인테리어모드:** 이 세팅들을 온/오프 토글 합니다. 더자세한 사항은 라이팅을 참조하세요.

05 | 카메라

1. **카메라:** 저장된 카메라를 선택합니다. 사용자의 저장된 카메라목록에서 저장된 카메라는 이곳에 채워집니다.
2. **카메라 잠금:** 실시간뷰에 카메라를 잠급니다.
3. **카메라 추가:** 사용자의 저장된 카메라목록에 카메라를 추가합니다.
4. **Tumble/이동/돌리:** 왼쪽 마우스 버튼의 디폴트액션을 토글합니다.
5. **원근감/직교 그래픽/Shift/파노라마:** 카메라렌즈설정을 토글합니다. 더 자세한 사항은 **렌즈설정**을 참조하세요.
6. **표준뷰:** 프리셋 직교그래픽 카메라뷰에서 선택합니다.
7. **그라운드 위로 유지:** 카메라를 그라운드 위에 있도록 토글합니다.
8. **격자:** 그리드를 활성화합니다.
9. **그라운드 격자:** 그라운드 격자를 활성화합니다.
10. **백플레이트 일치:** 백플레이트 일치 툴을 활성화합니다.
11. **보행시선 모드:** 새 카메라를 추가하고 실시간뷰 내비게이션 콘트롤을 활성화합니다.
12. **VR 활성화:** 컴퓨터에 VR헤드셋이 연결되어 있는 경우, VR 사용은 '프로젝트'의 '스테레오섹션'의 '헤드마운트보기' 와 '카메라' 탭을 활성화하고, 카메라 목록에 파노라마 카메라를 추가합니다.
13. **어댑티브 성능모드:** 실시간 뷰에서 FPS값이20이하일 경우 실행모드 사용을 토글합니다.

06 | 이미지

1. **해상도 프리셋:** 실시간 뷰 해상도 프리셋 목록에서 선택합니다.
2. **종횡비 잠금:** 실시간뷰의 종횡비 잠금을 토글합니다.
3. **해상도 잠금:** 실시간뷰의 해상도 잠금을 토글합니다.
4. **노이즈 제거:** 실시간 뷰의 노이즈 제거 여부를 활성화합니다. 이미지 스타일이 잠금 상태인 경우 이 메뉴는 비활성화됩니다.

07 | 렌더

1. **실시간 렌더링 일시정지:** 실시간뷰의 일시정지를 토글합니다.
2. **GPU 모드:** (윈도우에서 GPU가 요구사항에 맞을 때만) GPU 모드를 켜거나 끕니다.
3. **NURBS 렌더링:** 실시간뷰의 NURBS 표시의 온/오프를 토글합니다.
4. **모션블러:** 애니메이션이 씬에 존재하면 모션 블러의 표시를 온/오프 토글합니다.
5. **스크린샷 저장:** 현재 실시간뷰의 이미지 파일을 생성합니다.
6. **큐에 추가:** 현재 렌더옵션을 사용하는 렌더큐 내에 렌더잡을 생성합니다.
7. **렌더:** 렌더옵션 윈도우를 엽니다.

08 | 뷰

1. **모델 세트:** 모델 세트를 순환하거나 목록에서 특정 모델 세트를 선택합니다.
2. **전체화면 보기:** 전체화면 모드를 토글합니다.
3. **프리젠테이션 모드:** 프리젠테이션 모드를 토글합니다.
4. **레티나 모드 (Mac만 해당):** 레티나 모드를 토글합니다.
5. **헤드업 디스플레이:** FPS, 시간, 실시간뷰 샘플수, 씬의 삼각형과 NURBS 수, 실시간뷰 해상도, 그리고 카메라의 현재 초점거리를 가지고 있는 헤드업 디스플레이를 숨기거나 보여줍니다.
6. **좌표범례 보이기:** 실시간 렌더링창의 왼쪽하단 코너에 좌표범례를 숨기거나 보여줍니다.
7. **아웃라인 선택:** 보여질 아웃라인 선택을 토글합니다.
8. **라이트소스 보이기:** 피지컬라이트 소스를 보이거나 숨깁니다.
9. **키프레임 경로 표시 (Pro 한정):** 키프레임 애니메이션의 경로를 표시하거나 숨깁니다.

09 | 윈도우

1. **툴바:** 툴바를 보이거나 숨깁니다.
2. **리본:** 리본을 보이거나 숨깁니다.
3. **클라우드 라이브러리:** 사용자의 디폴트 브라우저의 클라우드라이브러리를 보이거나 숨깁니다.
4. **라이브러리:** 라이브러리 윈도우를 보이거나 숨깁니다.
5. **프로젝트:** 프로젝트 윈도우를 보이거나 숨깁니다.
6. **애니메이션:** 애니메이션 윈도우를 보이거나 숨깁니다.
7. **라이트 관리자:** 라이트관리자 윈도우를 보이거나 숨깁니다.
8. **KeyShotXR:** KeyShotXR마법사를 엽니다. (적용 가능한 라이선스가 있어야만 가능합니다)
9. **지오메트리 뷰:** 지오메트리뷰 윈도우를 보이거나 숨깁니다.

10. 재질 템플릿: 재질탬플릿 윈도우를 보이거나 숨깁니다.
11. 스튜디오: 스튜디오 윈도우를 보이거나 숨깁니다.
12. 구성기 마법사: 구성기 마법사를 보이거나 숨깁니다.
13. 스크립팅 콘솔: 스크립팅 콘솔 윈도우를 보이거나 숨깁니다.
14. 도킹 활성화: 실시간 뷰어의 윈도우 도킹 허용을 토글합니다.
15. 창 도크: 열려있는 모든 윈도우를 디폴트위치로 토글합니다.
16. 탭 복원: 라이브러리와 프로젝트윈도우용 디폴트탭 순서를 복원합니다.

10 | 도움말

Luxion지원스탭, FAQ, 문제 해결 등에 신속히 접근하려면 **https://help.keyshot.com** 에 접속하세요.

1. 매뉴얼: PDF 매뉴얼의 다운로드링크를 포함하고 있는 키샷 온라인 매뉴얼을 다운로드하세요.
2. 핫키 개요: 키샷 핫키 패널을 표시합니다.(또는 K 키를 사용하여 오프/온을 토글합니다)
3. 시작 대화창: 최신 학습 및 최신 데모씬과 함께 제공되는 '새 소식' 콘텐츠에 액세스하기 위하여 시작 대화창을 표시합니다.
4. 학습: 튜토리얼, 웨비나, 빠른 팁을 위한 "키샷학습" 페이지를 엽니다.
5. 라이선스 활성화: (PC만 해당) Mac에서 라이선스 활성화…는 주 메뉴의 KeyShot 로고 아래에 있습니다.
6. Floating License Settings: (PC만 해당) Mac에서 라이선스 활성화…는 주 메뉴의 KeyShot로고 아래에 있습니다. Floating License Settings 창을 엽니다.

- **KeyShotWeb 활성화:** KeyShotWeb 애드온을 별도로 구입한 경우 클릭하여 활성화하십시오.
- **이 컴퓨터에서 라이선스 비활성화:** 다른 컴퓨터에서 사용할 수 있도록 라이선스를 비활성화합니다.
- **라이선스 정보 표시:** KeyShot 버전 및 활성 라이선스를 표시합니다.

7. 계정 관리(구독): 구독을 관리할 수 있는 브라우저 창을 엽니다. 추가합니다.
8. 고지사항: 키샷 파트너와 관계된 고지사항을 엽니다.
9. 업데이트 확인: 키샷 최신버전을 온라인으로 확인합니다. 인터넷 연결이 필요합니다.
10. 로그: 에러의소스를 보기위해 로그윈도우를 엽니다.
11. 정보: 키샷 버전번호와 고지사항 링크를 포함하고 있는 키샷 정보 윈도우를 표시합니다.
12. 열기 (복구 모두): 지오메트리 노드를 실행하지 않고 성능 모드로 씬을 엽니다.
13. 문제 신고하기: 키샷을 사용하면서 겪은 버그를 신고할 수 있는 신고 대화창을 실행합니다. 대화창은 문제를 서술하고 파일(예시: 버그를 겪은 씬)을 첨부할 것을 요구합니다. 이 신고는 기본적으로 익명이지만 문제와 관련된 질문을 Luxion으로부터 받아도 괜찮다면 연락처를 남겨도 좋습니다. 키샷이 응답 없음으로 인해 꺼질 경우, 다음에 키샷을 실행했을 때 이 대화창이 자동으로 실행됩니다.

LESSON

03 툴바

01 | 키샷 툴바

툴바는 대부분의 일반 윈도우와 키샷의 기능에 빠르고 쉽게 접근할 수 있도록 해줍니다. 중앙의 아이콘 그룹은 키샷에서 렌더링으로 불러오기 하여 작업을 할 때의 일반적인 작동순서를 보여줍니다. 아이콘 사이즈옵션과 텍스트 끄기 기능을 사용하려면 툴바에서 마우스 오른쪽 클릭을 하세요. 클릭하여 툴바 왼쪽편의 핸들을 드래그하고 메인 창에서 분리하여 별도의 창으로 떠있도록 두거나 상단 또는 어느쪽이든 붙여 나타나게 합니다.

1. 클라우드 라이브러리

디폴트 브라우저에서 **https://cloud.keyshot.com**를 엽니다.
더 자세한사항은 **클라우드 라이브러리**를 참조하세요.

2. 가져오기

씬을 가져오고 3D 데이터를 키샷으로 가져오기 위해 파일 다이얼로그를 엽니다.
더 자세한사항은 **가져오기**와 **모델설정**을 참조하세요.

3. 라이브러리

라이브러리 윈도우를 엽니다.
더 자세한사항은 **라이브러리 윈도우** 섹션을 참조하세요.

4. 프로젝트

프로젝트 윈도우를 엽니다.
더 자세한사항은 **프로젝트 윈도우**를 참조하세요.

5. 애니메이션

애니메이션 타임라인과 애니메이션 속성 윈도우를 엽니다.
더 자세한 사항은 **애니메이션 타임라인**을 참조하세요.

6. KeyShotXR

KeyShotXR마법사를 엽니다.
더 자세한사항은 **KeyShotXR**을 참조하세요.

7. 프리젠테이션

풀스크린 프리젠테이션모드로 들어갑니다.
이 버튼은 씬에 구성기가 설정되어 있다면 키샷 Pro사용자의 툴바에만 표시됩니다.
더 자세한사항은 **구성기**를 참조하세요.

8. KeyVR

KeyVR을 설치했다면 이 버튼은 당신의 모델을 원클릭으로 KeyVR에 불러옵니다.
더 알아보기 위해서 KeyVR 항목을 참고하세요.

9. 렌더

렌더 윈도우를 엽니다.
더 자세한 사항은 **렌더**를 참조하세요.

10. 스크린샷

실시간 뷰의 스크린샷을 잡고 사용자의 렌더링 **리소스 폴더**에 저장합니다.

LESSON

04 리본

01 키샷 리본

리본은 키샷에서 자주 사용되는 설정, 툴, 명령어 및 윈도우에 빠르게 접근할 수 있게 해줍니다.
워크스페이스에서 리본을 커스터마이즈하고 저장할 수 있습니다. 리본에 나타난 것을 커스터마이즈 하고 싶다면 우측 클릭 후 관련된 버튼을 활성화하면 됩니다.

1. 작업영역

미리 정의된 작업영역을 선택하고 사용자만의 작업영역을 생성하고 관리하거나 밝게 또는 어둡게 테마중 하나를 선택합니다.

2. CPU 사용

실시간 렌더 윈도우를 위해 사용되는 코어의 수를 선택합니다.

3. 일시정지

실시간 렌더링을 중지합니다.

4. 성능모드

빠른 처리 성능을 위하여 더 낮은 실시간 렌더설정을 토글온 합니다. 성능모드는 라이팅 탭에서도 액세스가 가능합니다.

5. GPU 모드

요구사항을 충족하는 GPU가 설치 된 컴퓨터라면 이 버튼이 리본에 존재하며 GPU 모드로 전환할 수 있게 합니다. 아이콘이 비활성화 되어 있다면 GPU 드라이버를 업데이트 해야합니다.

6. 노이즈 제거

노이즈 제거를 키거나 끕니다. 노이즈 제거는 이미지 스타일 옵션 중 하나로 그 상태는 현재 이미지 스타일을 따릅니다. 이미지 스타일이 잠겨있다면 리본의 노이즈 제거 버튼 역시 비활성화 되어 있습니다.

7. NURBS 렌더링 (Pro한정)

실시간 렌더링 윈도우에서 NURBS 데이터가 렌더링 되도록 합니다.

8. 영역 (Pro한정)

영역 렌더링을 켭니다.

9. 회전, 이동, 돌리

마우스 왼쪽 버튼에 설정된 작업을 선택합니다. 마우스가 없는 노트북에서 터치 패드만으로 작업하고 있을 때 특히 유용합니다. 마우스 휠을 누른 상태로 카메라를 회전하거나 스크롤 휠로 카메라를 이동할 수 있습니다.

10. 원근감

카메라 원근감 값에 빠르게 액세스합니다.

11. 카메라 추가

사용자의 저장된 카메라 목록에 새카메라를 추가합니다.

12. 카메라 순환

저장된 카메라 간을 순환합니다.

13. 카메라 리셋

현재 카메라를 저장되었던 상태로 리셋 합니다.

14. 카메라 잠금

현재 카메라의 속성을 잠급니다.

15. 스튜디오
스튜디오 창을 보여주거나 숨깁니다.

16. 스튜디오 추가
사용자의 저장된 카메라목록에 새카메라를 추가합니다.

17. 스튜디오 순환
저장된 스튜디오 간을 순환합니다.

18. 도구
편한 접근을 위해 여러 개의 도구를 하나로 묶었습니다.

이동 툴
이동 툴을 활성화하며 아무 것도 선택되어 있지 않을 경우 선택할 수 있는 상태가 됩니다.

재질 템플릿
재질 템플릿을 보이거나 숨김니다.

노르말 뒤집기
노르말 뒤집기 도구를 실행하며, 선택한 대상이 없을 경우 대상을 선택하도록 명령합니다.

노르말 편집
노르말 편집 툴을 실행하며 아무 것도 선택되어 있지 않을 경우 선택할 수 있는 상태가 됩니다.

재테셀레이션
재테셀레이션을 실행하며 아무 것도 선택되어 있지 않을 경우 선택할 수 있는 상태가 됩니다.

메쉬 닫기
메쉬 닫기 툴을 실행하며 아무 것도 선택되어 있지 않을 경우 선택할 수 있는 상태가 됩니다.

오브젝트 서페이스를 분리
오브젝트 서페이스를 분리를 시작하고 아무것도 선택하지 않은 경우 선택하라는 메시지를 표시합니다.

별도 오브젝트분리
별도 오브젝트분리를 실행하며 아무 것도 선택되어 있지 않을 경우 선택할 수 있는 상태가 됩니다.

메쉬단순화
Mesh Simplification 도구를 시작하고 아무것도 선택하지 않은 경우 선택하라는 메시지를 표시합니다.

재질 불러오기
재질 불러오기는 키샷에 .kmp, .mtl, .U3m, .AxF 또는 섭스턴스 페인터 텍스처 세트를 불러올 수 있게 합니다.

원근감 일치
원근감 일치 툴을 실행하여 뒤판 시점에 카메라를 맞출 수 있도록 합니다.

카메라 대상 설정하기
카메라 대상 설정하기 위젯을 실행합니다.

19. 지오메트리뷰
지오메트리뷰 윈도우를 보이거나 숨깁니다.

20. 구성기마법사
구성기마법사를 엽니다.

21. 라이트 관리자
라이트 관리자를 실행합니다.

22. 레티나 모드 (맥 한정)
레티나 모드를 켜거나 끕니다.

23. 높은 DPI 모드에서 렌더 (윈도우 한정)
환경설정에서 높은 DPI를 활성화했다면 이 버튼으로 일반 및 높은 DPI 모드 사이에서 전환할 수 있습니다.

24. 코딩 콘솔
코딩 콘솔을 실행합니다.

LESSON

05 : 작업영역

작업 영역은 자신에게 맞는 최적의 작업을 위해 키샷 UI의 사용자가 정의한 정렬을 저장하거나 프리셋 UI 정렬을 선택할 수 있습니다.

작업영역 :
- 창 실행 상태
- 위치 및 크기
- 라이브러리 및 프로젝트 탭 순서
- 탭 가시성
- 분리 탭 상태
- 툴바 및 리본 위치
- 리본 아이콘 가시성

01 | 작업영역 사용

키샷UI의 윗쪽에 있는 리본의 왼쪽 끝에 작업영역을 선택, 추가 및 관리를 위한 드롭 다운 메뉴가 있습니다. 위에서 말한 모든 항목들의 조정을 하는 커스텀 작업영역을 만들려면, 작업영역 드롭다운 메뉴를 클릭하고 추가하기를 선택한 후 이름 입력란을 열어서 이름을 입력한 후 저장합니다. 기존의 작업영역을 변경하고 저장하려면, 변경 적용하기를 클릭합니다. 표시순서변경, 가져오기, 출력 또는 작업영역을 삭제하려면 관리를 클릭합니다.

02 | 테마 옵션

키샷은 밝은 테마와 어두운 테마 옵션을 가지고 있습니다. 작업영역 드롭다운에서 테마 밝게 또는 테마 어둡게를 선택하세요.

06 라이브러리 창

키샷 라이브러리는 재질, 색상, 환경, 텍스처, 백플레이트 같은 프리셋 리소스가 저장 되어있는 곳 입니다.

폴더 위치
라이브러리의 파일은 컴퓨터에 저장되며 기본적으로 키샷 리소스 폴더로 공유됩니다. 다른 폴더에서 리소스를 가져오려면 키샷 환경 설정의 폴더에서 폴더를 지정하면 됩니다.

추가 리소스
클라우드 라이브러리에서 더 많은 재질, 텍스처, 환경, 백플레이트 및 모델을 다운로드할 수 있습니다.

01 재질 탭

재질 라이브러리은 라이브러리 윈도우에 위치하고 있으며 라이브러리에 저장 되어있는 재질과 모든 프리셋을 포함하고 있습니다.

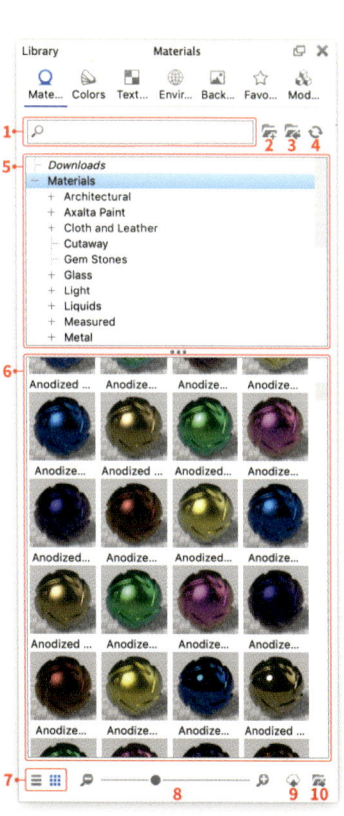

1. **검색:** 재질 이름 검색을 위해 검색어를 타이프 하세요.
2. **새폴더:** 이 버튼을 클릭하여 커스텀 재질 폴더를 추가하세요.
3. **가져오기:** MTL, AxF, U3M 및 KMP 재질 파일을 가져옵니다.
4. **리프레시:** 변경이 생긴 경우에 재질 목록을 리프레시합니다.
5. **폴더트리:** 재질 폴더의 폴더 구조를 포함합니다.
6. **재질썸네일:** 선택된 폴더의 재질 견본을 보여주는 볼.
7. **목록/아이콘뷰:** 목록뷰와 재질 썸네일표시간을 전환.
8. **줌 슬라이더:** 썸네일의 사이즈를 변경하는 슬라이드 단계별 변경은 +/- 키를 이용해도 됩니다.
9. **클라우드 라이브러리로 업로드:** 커스텀 재질을 클라우드 라이브러리에 업로드하려면 이 버튼을 클릭합니다.
10. **출력:** 저장된 재질을 KMP 파일로 내보냅니다.

02 | 색상 탭

색상 탭은 모든 프리셋 색상 라이브러리와 저장된 색상을 포함하고 있습니다.

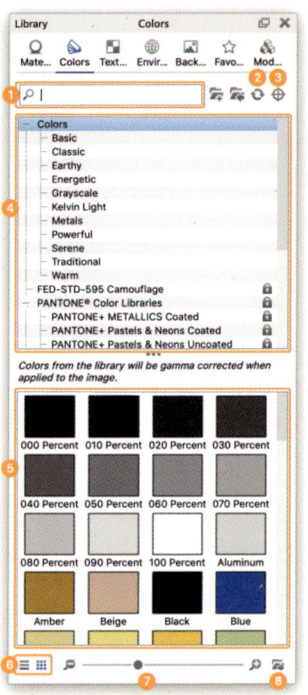

1. **검색:** 색상 이름 검색을 위해 검색어를 타이프하세요.
2. **새 폴더:** 이 버튼을 클릭하여 커스텀 색상 폴더를 추가하세요.
3. **가져오기:** KCP 또는 CSV 색상 파일을 가져옵니다.
4. **리프레시:** 변경이 생긴 경우에 색상 목록을 리프레시 합니다.
5. **색상 찾기:** 가장 근접한 색상을 찾기 위해 색상 선택기 패널을 엽니다.
6. **폴더 트리:** 색상 폴더의 폴더 구조를 포함하고 있습니다.
   RAL 과 팬톤 색상 라이브러리용 폴더를 포함하고 있습니다.
7. **색상 견본:** 선택된 폴더의 색상 견본을 표시합니다.
8. **목록/아이콘 뷰:** 목록 뷰와 색상 썸네일 표시 간을 전환합니다.
9. **줌 슬라이더:** 썸네일의 사이즈를 변경하는 슬라이드 단계 별
   변경은 +/- 키를 이용합니다.
10. **출력:** KCP 색상 파일을 출력 합니다.

03 | 텍스처 탭

텍스처 탭은 모든 프리셋 환경과 사용자 라이브러리의 저장된 텍스처를 포함하고 있습니다.

1. **검색:** 텍스처 이름 검색을 위해 검색어를 타이프하세요.
2. **새 폴더:** 이 버튼을 클릭하여 커스텀 텍스처 폴더를 추가하세요.
3. **가져오기:** 이미지 파일을 가져오기 합니다.
4. **리프레시:** 변경이 생긴 경우에 텍스처 목록을 리프레시 합니다.
5. **폴더 트리:** 텍스처 폴더의 폴더 구조를 포함하고 있습니다.
6. **텍스처 썸네일:** 선택된 폴더의 텍스처 썸네일
7. **목록/아이콘뷰:** 목록 뷰와 텍스처 썸네일 표시 간을 전환합니다.
8. **줌 슬라이더:** 단계적 변경을 위해 +/- 키를 사용하는
   썸네일의 사이즈를 변경하는 슬라이드
9. **클라우드 라이브러리로 업로드:** 커스텀 텍스처를 클라우드
   라이브러리에 업로드하려면 이 버튼을 클릭합니다.
10. **출력:** 이미지 파일을 출력 합니다.

04 | 환경 탭

환경 탭은 모든 프리셋 환경과 사용자 라이브러리의 저장된 환경을 포함하고 있습니다.

1. **검색:** 환경 이름 검색을 위해 검색어를 타이프하세요.
2. **새 폴더:** 이 버튼을 클릭하여 커스텀 환경 폴더를 추가하세요.
3. **가져오기:** HDR, HDZ, EXR, DDS 파일을 가져오기 합니다.
4. **리프레시:** 변경이 생긴 경우에 환경 목록을 리프레시 합니다.
5. **폴더 트리:** 환경 폴더의 폴더 구조를 포함하고 있습니다.
6. **환경 썸네일:** 선택된 폴더의 환경 썸네일
7. **목록/썸네일 아이콘뷰:** 목록 뷰와 환경 썸네일 표시 간을 전환합니다.
8. **줌 슬라이더:** 썸네일의 사이즈를 변경하는 슬라이드 단계 별 변경은 +/- 키를 이용합니다.
9. **클라우드 라이브러리로 업로드:** 커스텀 환경을 클라우드 라이브러리에 업로드하려면 이 버튼을 클릭합니다.
10. **출력:** 환경 파일을 출력 합니다.

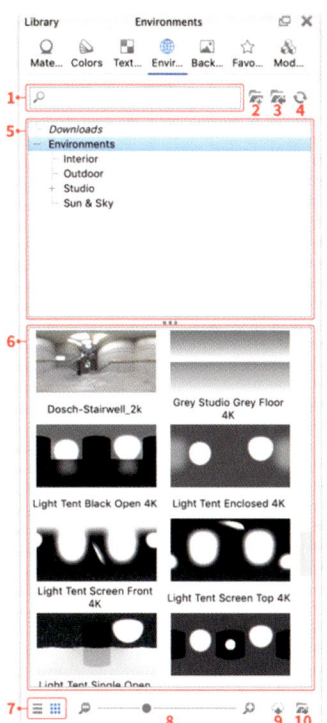

05 | 백플레이트 탭

백플레이트 라이브러리는 모든 프리셋 환경과 사용자 라이브러리의 저장된 백플레이트를 포함하고 있습니다.

1. **검색:** 백플레이트 이름 검색을 위해 검색어를 타이프하세요.
2. **새 폴더:** 이 버튼을 클릭하여 커스텀 백플레이트 폴더를 추가하세요.
3. **가져오기:** 이미지 파일을 가져오기 합니다.
4. **리프레시:** 변경이 생긴 경우에 백플레이트 목록을 리프레시 합니다.
5. **폴더 트리:** 백플레이트 폴더의 폴더 구조를 포함하고 있습니다.
6. **백플레이트 썸네일:** 선택된 폴더의 백플레이트 썸네일
7. **목록/ 아이콘뷰:** 목록 뷰와 백플레이트 썸네일 표시 간을 전환합니다.
8. **줌 슬라이더:** 단계적 변경을 위해 +/- 키를 사용하는 썸네일의 사이즈를 변경하는 슬라이드
9. **클라우드 라이브러리로 업로드:** 커스텀 백플레이트를 클라우드 라이브러리에 업로드하려면 이 버튼을 클릭합니다.
10. **출력:** 이미지 파일을 출력 합니다.

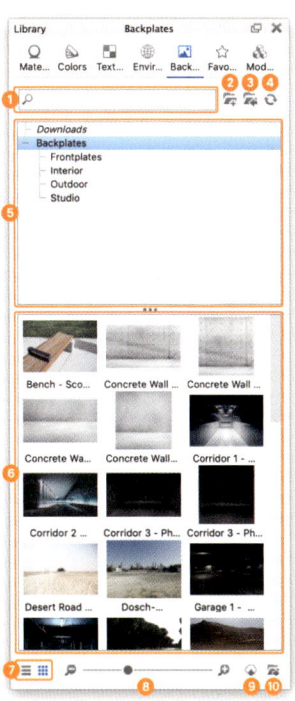

06 | 즐겨찾기 탭

즐겨찾기탭은 빠른 워크플로우를 위해 컬렉션내에 자주 사용되는 리소스를 정리할 수 있게 합니다.

1. **검색:** 리소스 이름 검색을 위해 검색어를 타이프하세요.

2. **즐겨찾기그룹 추가:** 이 버튼을 클릭하여 자주 사용하는 환경 폴더를 추가하세요.

3. **리프레시:** 변경이 생긴 경우에 자주 사용하는 환경 목록을 리프레시 합니다.

4. **폴더트리:** 자주 사용하는 환경 폴더의 폴더구조를 포함하고있습니다. 각각의 자주 사용하는 환경폴더는 백플레이트, 색상, 환경, 재질, 텍스처용 카테고리를 포함합니다.

5. **즐겨찾기 썸네일:** 선택된 폴더의 리소스썸네일.

6. **목록/아이콘뷰:** 목록뷰와 자주 사용하는 환경 썸네일표 시간을 전환합니다.

7. **줌 슬라이더:** 단계적 변경을 위해 +/- 키를 사용하는 썸네일의 사이즈를 변경하는 슬라이드.

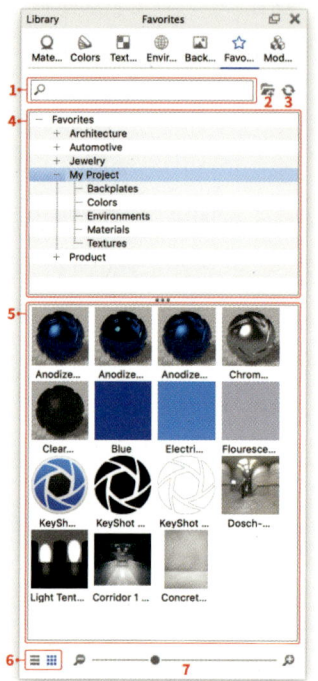

TIP

즐겨찾기에 리소스 추가
라이브러리에 리소스를 오른쪽 클릭하여 즐겨찾기에 추가를 선택하고서 리소스를 추가하고자 하는 폴더를 선택하거나, 새로운 폴더 묶음에 넣기 위해 새로운 즐겨찾기에 추가를 선택합니다.

07 | 모델 탭

라이브러리 창의 모델 탭은 씬에 맥락을 더하기 위해 사용할 수 있는 여러 개의 모델은 물론 당신의 제품을 전시하기 위해 사용할 수 있는 완전한 씬 역시 포함합니다.

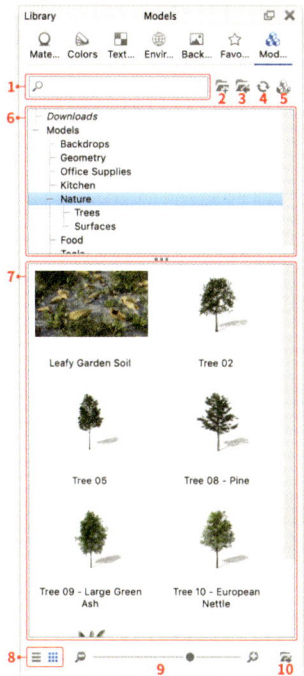

1. **검색:** 모델을 이름으로 찾기 위해 원하는 키워드를 입력합니다.
2. **폴더 추가:** 모델 라이브러리에 커스텀 폴더를 추가하고 싶다면 이 버튼을 클릭합니다.
3. **템플릿:** 라이브러리에 씬을 불러옵니다.
4. **리프레시:** 변화가 생겼다면 모델 목록을 새로 고침 합니다.
5. **추가하기:** 현재 씬을 라이브러리에 추가합니다.
6. **폴더 트리:** 모델 폴더의 폴더 구조를 포함합니다.
7. **모델 목록:** 현재 필터링 (폴더 및 검색) 조건에 맞는 모든 모델을 포함하는 목록입니다.
8. **리스트/썸네일 전환:** 모델 썸네일 전시를 목록 또는 그리드 뷰 사이에서 전환합니다.
9. **줌 슬라이더:** 썸네일 크기를 바꾸기 위해 슬라이드 합니다. 단계 별로 바꾸려면 🔍 아이콘을 누릅니다.
10. **출력:** 모델을 KSP 파일로 내보냅니다.

LESSON 07 : 프로젝트 창

프로젝트창은 사용자 씬의 모든 설정을 포함하고 있으며 여섯개 탭으로 구성되어 있습니다. 씬, 재질, 환경, 라이팅, 카메라와 이미지 입니다.
툴바의 프로젝트 아이콘 📋 또는 메인 메뉴의 윈도우의 프로젝트, 또는 스페이스 바로 프로젝트 창을 표시하거나 숨길 수 있습니다.

01 | 씬탭

씬탭은 사용자 씬의 모든 항목을 포함하고있습니다.

1. 씬트리:

씬트리는 사용자의 씬에서 아래순서대로 구성요소의 계층을 포함합니다.

- 모델 세트
    - 모델은 최상위 그룹으로, 여러 개의 그룹을 포함할 수 있습니다.
        - 그룹
            - 파트
- 카메라
- 환경

애니메이션(Pro 한정)은 애니메이션이 적용된 요소에 따라서 계층의 어느 단계에서도 나타날 수 있습니다.

검색 기능과 표시 드롭다운 메뉴를 사용하여 씬 트리에서 표시되는 내용을 필터링할 수 있습니다.

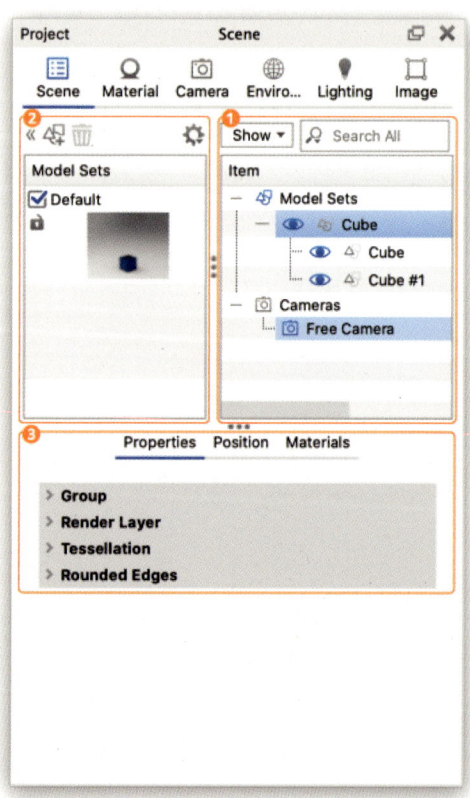

2. 모델세트(pro한정):

모델 설정으로 사용자는 자신의 파일안에 여러 독립적인 씬트리 변형을 줄 수 있고, 이를 통해 작품변형을 관리하기가 쉬워집니다.

- 《 》 모델 세트 목록 숨기기/표시하기

- 모델 세트 추가: 새로운 모델 세트의 이름을 작성하고, 다른 (활성화된) 모델 세트의 파트를 포함할지 여부를 선택할 수 있는 대화창을 실행합니다.

- 모델 세트 설정으로 모델 세트 썸네일의 표시 여부와 표시 크기를 전환하거나, 썸네일 렌더링 설정을 설정하여 선택한 모델 세트의 썸네일을 다시 렌더링할 수 있습니다.

모델 세트를 독립시키려면 더블 클릭합니다.

더 자세한 내용은 가져오기와 모델설정의 모델세트를 참고하세요.

3. 정보 및 설정:

이 부문은 현재 씬 트리에서 선택한 대상과 관련된 정보를 1개 이상의 탭으로 표시합니다. 더불어 재질 정보 탭이 항상 표시되어 씬에 사용된 모든 재질의 개요를 보여주는데, 이는 **재질 탭**에 있는 **인 프로젝트 라이브 러리**와 무척 흡사합니다.

씬 정보

선택 대상이 없거나, 카메라 목록, 환경 목록 또는 애니메이션을 선택했을 때 표시됩니다.
이 탭은 씬이 어떤 유닛 유형을 사용하는지, 씬의 컨텐츠가 무엇인지, 파트, 삼각형, 모델 세트 등이 몇 개 있는지 등, 씬과 관련된 일반적인 정보의 개요를 표시합니다. 씬 이름을 정하는 것도 가능합니다. 아래와 같은 경우에 이 이름이 사용됩니다.

- 씬을 저장할 때
- 이름 템플릿의 변수 중 씬 이름

모델 세트

모델 세트를 선택했을 때 표시됩니다.
이 탭으로 아래와 같은 작업이 가능합니다.

- 모델 세트 이름을 정하거나 바꾸는 것
- 항상 표시 상태를 전환
- 모델 세트 잠금/잠금 해제
- 모델 세트 썸네일 렌더링

더 자세한 설명을 위해 가져오기와 모델 설정의 모델 세트를 참조하십시오.

속성

속성 탭에서 그룹, 파트, 카메라 또는 환경을 선택했을 때, 선택 대상에 따라 다음과 같은 정보를 표시합니다.

- **그룹:** 그룹을 선택했을 때 그룹 이름을 다시 작성하거나, 잠금/잠금 해제를 선택할 수 있습니다. 그룹 크기 및 포함된 삼각형의 수도 확인 가능합니다. 그룹에서 연결된 재질을 연결 해제할 수 있습니다.

- **파트:** 파트 이름을 바꾸거나, 잠금/잠금 해제를 할 수 있습니다. 삼각형에 부여된 재질의 크기 및 개수를 확인할 수 있습니다. 현재 재질을 편집하거나 연결 해제하여 새로운 재질 인스턴스를 생성할 수 있습니다.

- **카메라:** 카메라의 이름을 변경하거나, 활성화하거나, 선택한 카메라의 설정에 접근할 수 있습니다.

- **환경:** 환경의 이름을 변경하거나, 환경의 설정에 접근하거나, 환경을 삭제할 수 있습니다.

- **레이어 렌더:** 렌더링 레이어에서는 특정 파트/그룹에 패스를 생성할 수 있게 합니다. 마스크를 생성하려는 파트를 선택하고, 레이어 추가를 클릭한 후 렌더링 레이어의 이름을 붙입니다. 더 자세한 설명을 위해 레이어 및 패스를 참조하십시오.

- **테셀레이션:** NURBS 정보를 포함하는 파트/그룹일 경우, 재테셀레이션을 선택하거나 항상 NURBS로 렌더링을 선택할 수 있습니다. 더 자세한 설명을 위해 테셀레이션 다시 하기 도구를 참조하십시오.

- **라운드된 모서리:** 파트에 필렛 시뮬레이션이 가능합니다. 더 자세한 설명을 위해 라운드된 모서리 페이지를 참조하십시오.

포지션

선택된 모델, 그룹 혹은 파트의 크기와 위치를 설정할 수 있습니다.
자세한 설명은 가져오기와 모델설정>움직이는 모델과 파트를 참고하세요.

02 | 재질 탭

재질 탭에서 사용자는 거칠기의 변화, 질감 혹은 라벨의 추가 등 재질의 속성들을 편집할 수 있습니다.

1. **재질의 이름:** 인-프로젝트 라이브러리에 나타난 재질의 이름 — 프로젝트가 재질은 동일하나 복수의 경우에는(링크되지 않은), 그 개수가 재질에 첨부됩니다.

2. **저장:** 재질 라이브러리에 재질의 복사본을 저장.

3. **프리뷰:** 현재의 재질을 프리뷰할 수 있습니다. 재질 라이브러리에서 프리뷰 위치로 다른 재질을 드래그 하여 현재의 재질을 대체할 수 있습니다.

4. **재질 그래프 (pro한정):** 재질 그래프는 별도의 윈도우에서 열리며, 복합 재질들 간의 연결과 관계를 보여주는 그래프 뷰에 노드들로 재질들, 질감들, 라벨들과 기타 내용들을 디스플레이 합니다. 자세한 설명은 재질 그래프 섹션정을 참고하세요.

5. **다중 재질 (pro한정):** 다중 재질 버튼을 클릭하여 현재 재질을 다중 재질로 변경할 수 있습니다. 다중 재질은 서로 교환 가능한 여러 개의 모습을 보여주기 위해 사용됩니다. 다양한 재질, 색상 사이에서 전환할 수 있습니다. 더 자세한 설명을 위해 다중 재질 부문을 참조하십시오.

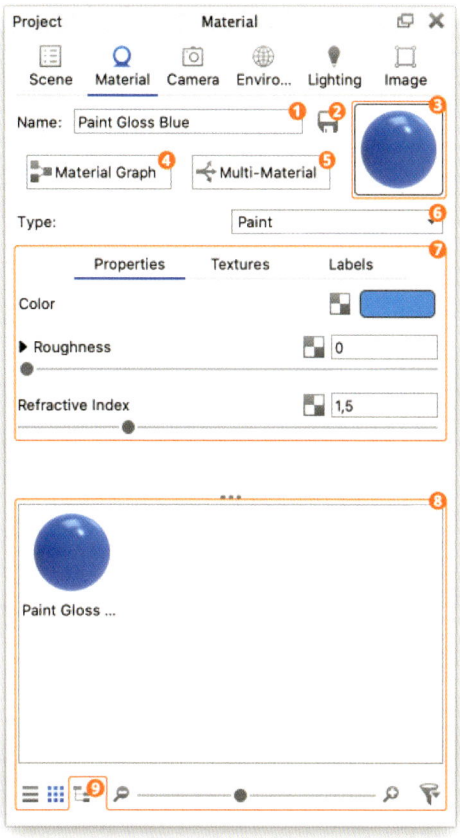

6. **유형:** 사용자는 선택된 분분에서 재질의 종류를 변경할 수 있습니다. 사용가능한 재질들에 대한 설명은 재질 종류를 참고하세요. 재질 종류를 변경할 때 키샷은 종류들 간에 번역될 수 있는 어떤 속성들을 이전합니다.

7. **속성/텍스처/라벨:** 재질의 개별 종류는 조절될 수 있는 속성 세트와 라벨들과 질감들을 추가하는 옵션을 가지고 있습니다. 질감 아이콘은 질감들이 적용될 수 있는 설정들을 나타낸다.

8. **인-프로젝트 라이브러리:** 현재 씬의 모든 재질들을 목록으로 나타낸다. 자세한 설명은 인-프로젝트 라이브러리 섹션을 참고하세요. 트리 뷰는 모든 라벨들/질감들 등등. 현재 재질의 노드들을 보여줍니다.

03 | 카메라 탭

카메라를 생성하고 설정할 때 사용됩니다.

1. 카메라 리스트:

카메라 리스트로 사용자는 씬에서 멀티 카메라를 설정/저장할 수 있습니다. 이 기능은 스튜디오에서 카메라를 재사용, 수정, 애니메이션 또는 사용이 용이하게 해줍니다. 카메라 리스트에서, 프리 카메라는 항상 이용 가능하고, 잠기거나 겹쳐 쓰기를 할 수 없고, 늘 선택될 수 있고 카메라 애니메이션과는 독자적으로 유지됩니다.

자세한 설명은 카메라 리스트 섹션을 참고하세요.

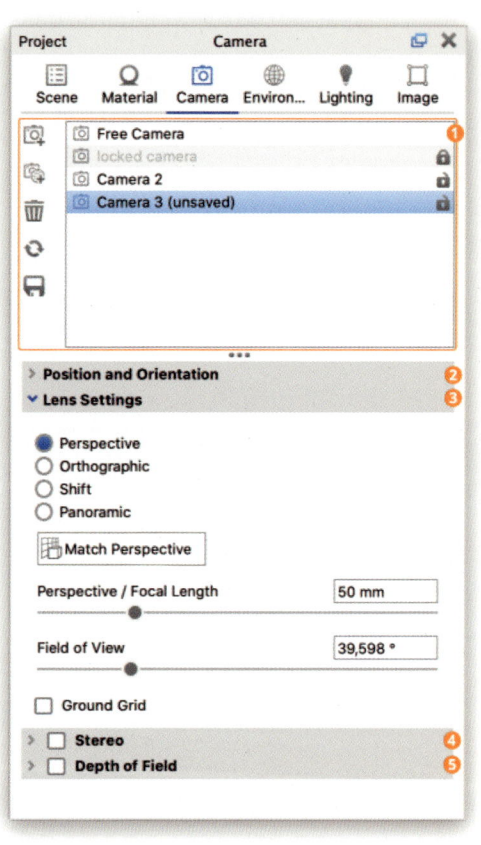

2. 위치와 방향:

씬을 클릭하고 드래그하여 카메라 위치를 변경할 수도 있지만, 이 섹션은 사용자에게 카메라 위치 지정을 보다 정확하게 하는 방법을 제시하고, 사용자가 카메라 타겟을 설정할 수 있게 도와줍니다.

자세한 내용은 위치 및 오리엔테이션 섹션을 참고하세요.

3. 렌즈 설정:

이 섹션은 사용자가 카메라 렌즈 설정을 변경할 수 있게 도와줍니다.

- 원근감
- 직교그래픽
- Shift
- 파노라마 (pro한정)

4. 스테레오:

스테레오 모드에서 사용자는 머리에 착용하는 VR 디스플레이를 통해 보여지는 VR 레디 이미지를 렌더하거나 OculusRift 또는 HTC vive 같은 VR 헤드셋을 통해 실시간 씬을 볼 수 있습니다. 자세한 설명은 스테레오 (VR) 페이지 그리고 가상 실제 섹션을 참고하세요.

5. 피사계 심도:

피사계 심도로 사용자는 초점 거리와 보통 카메라로 사용자가 할 수 있는 것과 같은 카메라의 f-stop을 설정할 수 있습니다. 자세한 설명은 피사계 심도 섹션을 참고하세요.

04 | 환경 탭

프로젝트 윈도우에 위치한 환경 탭에서 사용자는 배경과 그라운드 속성 뿐만 아니라 씬의 HDR 조명을 추가 및 편집할 수 있습니다.

1. 환경 리스트:

환경 리스트로 사용자는 프로젝트에서 멀티 환경들 간에 설정 및 토글을 할 수 있습니다.

2. HDRI프리뷰:

HDRI의 프리뷰. 프로 버전에서 라이트 핀이 HDRI 에디터 캔버스에서뿐만 아니라 여기서도 조정 가능합니다.

3. 설정:

환경 리스트와 HDRI 프리뷰 아래에 위치한 설정 탭으로 사용자는 선택된 환경의 속성들을 제어할 수 있습니다.
자세한 설명은 환경설정을 참고하세요.

4. HDRI 에디터(pro한정):

환경 리스트와 HDRI 프리뷰 아래에 위치한 HDRI 에디터 탭으로 사용자는 선택된 HDRI를 편집하고 조명 핀을 추가하며 배경 옵션을 변경할 수 있습니다. 자세한 설명은 HDRI 에디터를 참고하세요.

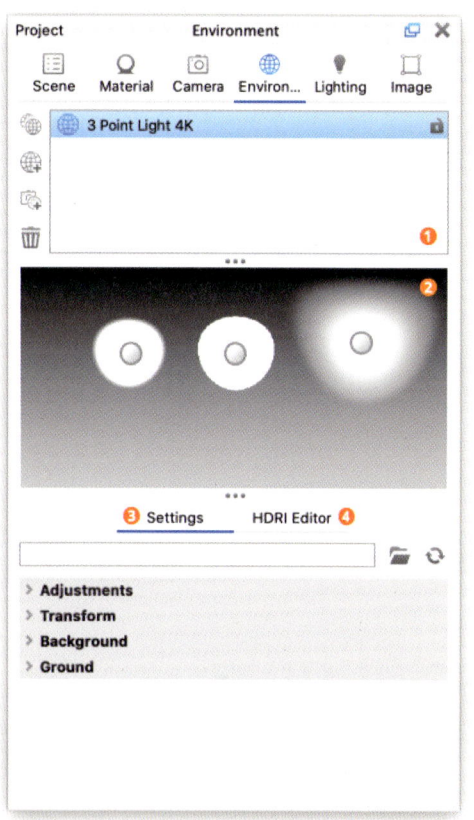

05 | 라이팅 탭

조명 탭에서 사용자는 씬의 조명 해석을 제어할 수 있습니다. 실제 광원은 조명 환경과 광원 재질을 거쳐 설정됩니다.

1. 조명 프리셋:

키샷에 장착된 다섯 가지 조명 프리셋들은 보다 신속한 글로벌 조명 설정을 가능하게 합니다. 사용자는 조명 섹션에서 개별 프리셋에 대한 자세한 설명을 볼 수 있습니다.

2. 커스텀:

사용자는 자신만의 커스텀 프리셋에 접근할 수 있습니다. 새로운 프리셋을 추가하려면 설정을 조정하고, '+' 심볼을 선택하세요.

3. 라이팅 설정:

조명 옵션을 완벽하게 제어할 수 있습니다. 커스텀 조명 프리셋 페이지에서 개별 설정에 대한 설명을 참고하세요.

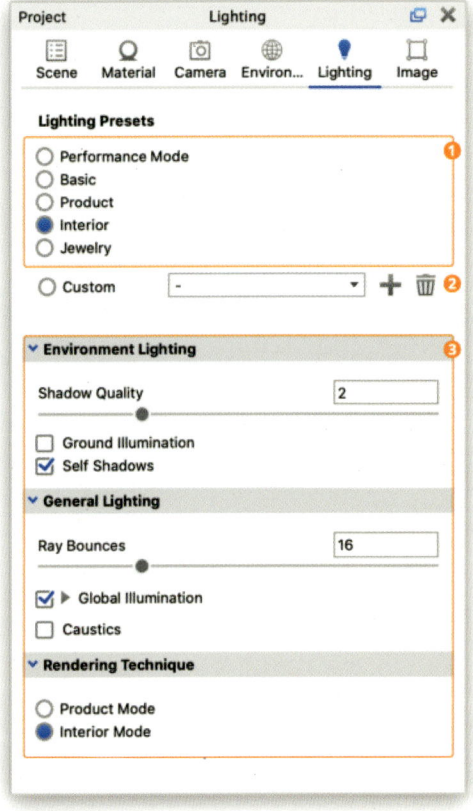

06 | 이미지 탭

해상도

해상도는 특정한 픽셀 또는 고정된 비율로 정해질 수 있습니다. 사용자는 기준 프리셋들의 개수로 선택할 수도 있고, 심지어 워크플로우에 적합한 자신만의 프리셋을 추가할 수도 있습니다. 자세한 설명은 해상도 페이지를 참고하세요.

이미지 스타일

1. 이미지 스타일 리스트:

이미지 스타일 리스트를 사용하여 사용자는 같은 씬에서 멀티 이미지 스타일을 생성할 수 있습니다.

기본 이미지 스타일 생성
새로운 이미지 스타일을 리스트에 추가합니다.

이미지 스타일 복제
현재 이미지 스타일의 복사본을 리스트에 추가합니다.

이미지 스타일 삭제
현재의 이미지 스타일을 삭제합니다.

2. 이미지 스타일 종류:

기본
기본 설정된 이미지 스타일이 씬에 적용되며, 노출/감마를 조정하거나 노이즈 제거, 블루밍, 비네트 또는 색수차를 추가할 수 있습니다. 더 자세한 설명을 위해 기본 이미지 스타일 페이지를 참조하십시오.

사진에 가깝게
톤 매핑과 곡선을 사용하여 다용도 조정이 가능합니다.

3. 속성:

사용자는 현재의 이미지 스타일을 설정할 수 있습니다. 자세한 설명은 이미지 스타일 섹션을 참고하세요.

LESSON 08 : 애니메이션 타임라인

01 | 애니메이션 타임라인 인터페이스

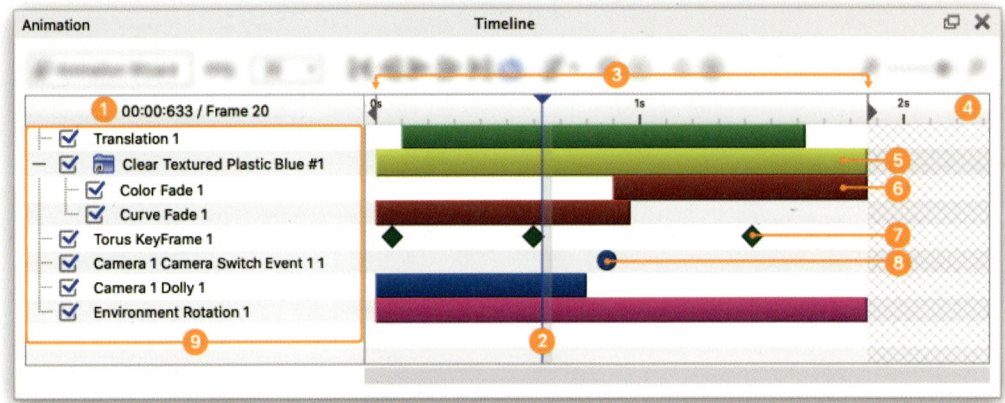

1. 시간 표시: 타임라인으로 현재 미리보기 라인이 어디에 있는지 보여줍니다.

2. 현재 시점 표시: 이 라인은 타임라인내의 실시간 렌더링 창이 렌더링 해오는 마커입니다. 실시간 미리보기를 실행하면 이 라인이 애니메이션 시간 동안 움직입니다. 라인을 클릭, 드래그 하여 미리보기하고 싶은 애니메이션에 스크럽 합니다. 인디케이터의 오른쪽 부분의 투명한 부분은프레임의 지속시간을 표시합니다.

3. 시작/끝 표시: 렌더링할 실제 애니메이션을 지정할 때 사용합니다. 이 마커들 사이의 공간은 "작업영역" 이라 합니다.

4. 시간 눈금: 선택된 단위(초 또는 프레임)의 타임라인을 보여줍니다.

5. 노드 폴더: 노란색 노드를 "노드 폴더"라 합니다. 노드 폴더의 기간과 위치를 변경하면 폴더에 포함된 모든 애니메이션 노드에 영향을 줍니다.

6. 노드: 각 애니메이션은 "노드" 라고 하는 컬러 바로 타임라인에 나타납니다. 대부분의 노드는 끝에서 선택하고 드래그하여 애니메이션시간을 변경할 수 있습니다. 노드 바디를 클릭하여 타임라인에 따라 움직입니다. 다른 노드로 스냅하기 위해 드래그 하면서 SHIFT를 누르세요.

- 그린노드- 파트애니메이션
- 파란노드- 카메라애니메이션
- 빨간노드- 재질애니메이션
- 핑크노드- 환경애니메이션

7.키프레임 애니메이션: 각 다이아몬드 모양이 키프레임을 표시합니다.

8.이벤트 전환: 타임라인 위 점으로 이벤트 전환을 표시합니다.

- 파란색 점 – 카메라 전환 이벤트
- 보라색 점 – 스튜디오 전환 이벤트

9.노드 목록: 모든 애니메이션 노드와 폴더의 목록입니다. 애니메이션 노드의 활성화상태를 토글 하기 위해 체크박스를 사용합니다.

02 | 타임라인 툴바

1. 애니메이션 마법사: 애니메이션 마법사를 엽니다.

2.FPS 풀다운: 비디오 제작에 사용되는 일반 프레임 레이트를 선택합니다.

3.실시간 미리보기 버튼

이 버튼은 애니메이션의 처음 또는 끝으로 빠르게 이동하고, 애니메이션을 한 프레임씩 스크럽하며 실시간 렌더링 창에 애니메이션을 실시간으로 미리 보기할 수 있게 해줍니다. 재질과 모션의 더 정확한 묘사는 애니메이션 툴바의 "미리보기" 버튼을 클릭하세요.

4. ⟲ **루프:** 실시간창에 재생할 때 애니메이션을 루프 하려면 이기능을 활성화합니다.

5. ▬ **모션 블러:** 렌더링된 애니메이션 출력물에 모션 블러를 적용하려면 이기능을 활성화합니다.

6. ⚙ **애니메이션 설정:**
설정 아이콘을 클릭하여 설정 패널을 열고, 프레임당 최대 초로 미리보기 렌더링 시간을 제한하거나 프레임 당 최대 샘플을 선택하여 미리보기의 품질을 제한할 수 있습니다. 마지막 프레임을 포함할지 제외할지 선택할 수 있고 지오메트리 노드가 애니메이션에서 실행될지도 선택할 수 있 습니다. **지오메트리 노드 타입** 페이지에서 더 많은 정보를 얻을 수 있습니다.

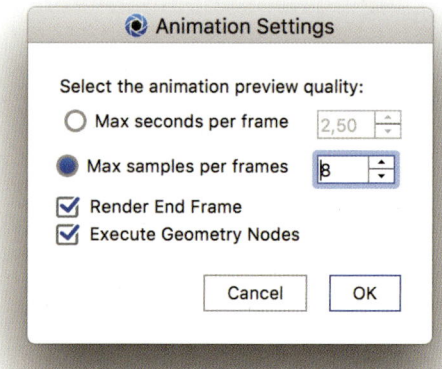

7. ▶ **렌더링 미리보기:**
이 버튼을 클릭하여 실시간 미리보기보다 더 정확한 결과로 애니메이션의 작은 비디오파일 렌더링을 시작합니다.

8. ◆ **키프레임 추가:**
이 버튼을 클릭하여 타임라인의 현재 시간에 키프레임을 추가합니다. 키프레임 애니메이션을 타임라인에서 선택하기 전에는 버튼이 비활성화됩니다.

9. ⦿ **키프레임 기록 모드:**
키프레임 기록 모드를 활성화하여, 키프레임 생성을 더욱 빠르게 작업할 수 있습니다.

10. **줌 슬라이더:** 이를 사용하여 애니메이션타임 라인의 배율을 변경합니다.

03 | 애니메이션 속성

타임라인에서 애니메이션 노드를 선택했을 경우, 애니메이션 속성 패널에서 해당 애니메이션의 속성을 표시합니다.

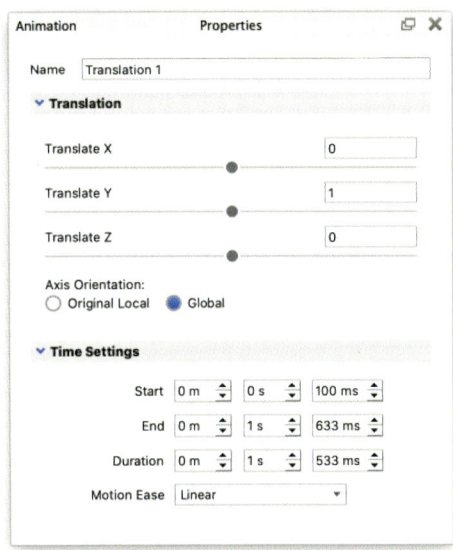

LESSON 09 : 지오메트리뷰 창

지오메트리뷰 창은 라이팅, 카메라 또는 애니메이션 설정용 보조 뷰로 사용하는 보조 **OpenGL** 뷰어를 제공합니다.

1. 지오메트리뷰 설정 보이기:
배경 색을 설정하고 무엇이 보여질지 사용자가 지정합니다: 그라운드 격자, 라이트, 카메라 등.

2. 디스플레이 스타일:
모델의 디스플레이 스타일을 제어합니다: 음영, 평면, 와이어프레임, 음영이 있는 와이어프레임, 바인딩.

3. 카메라 유형:
액티브 카메라와 동기화하거나 이 뷰에서 독립적으로 탐색하기 위해 선택합니다.

4. 표준 뷰:
미리 정의된 표준 카메라 보기로 스냅하세요: 앞, 오른쪽, 상단, 등.

5. 이동 툴:
이 버튼을 클릭하여 이동 툴을 실행합니다.

6. 지오메트리 편집:
이 버튼을 눌러 지오메트리 편집자를 실행합니다.

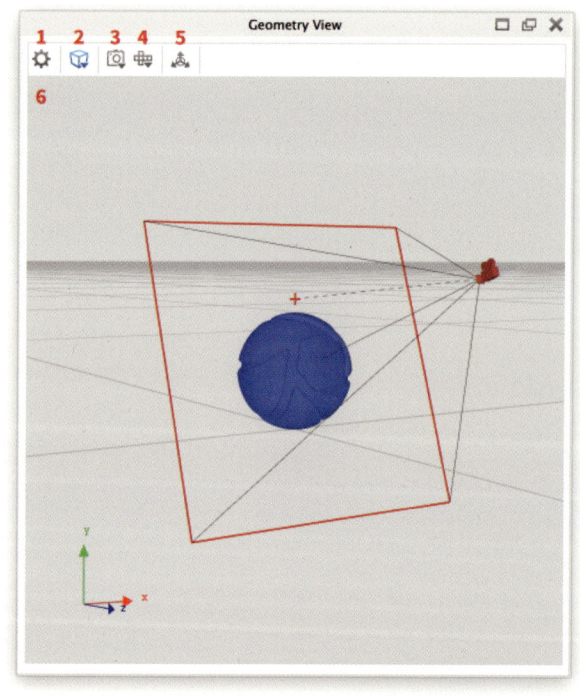

> **주의사항:**
> 이전 버전에서는 지오메트리 뷰에 포함되었던 지오메트리 툴이 리본의 툴 메뉴로 이동했습니다.

LESSON 10 : 재질 탬플릿 창

재질 탬플릿 창은 메인 메뉴의 윈도우나 리본의 툴섹션의 재질 탬플릿 버튼 으로 액세스 할 수 있습니다.

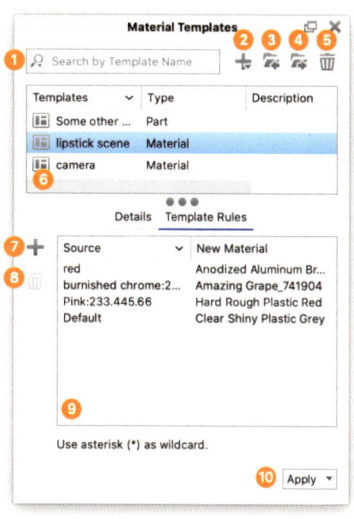

1. 검색:

재질 탬플릿을 검색하는 키워드를 입력 합니다.

2. 템플릿 추가:

이 버튼을 클릭하여 재질 탬플릿을 추가 합니다.

3. 가져오기:

KMTP 재질 파일을 가져옵니다.

4. 출력:

KMTP 재질 파일을 내보냅니다.

5. 삭제:

이 버튼을 클릭하여 재질 탬플릿을 삭제 합니다.

6. 재질 템플릿 목록: 리소스 폴더에서 가능한 모든 재질 탬플릿의 목록을 포함합니다.

7. 규칙 추가: 이 버튼을 눌러 규칙을 추가합니다.

8. 규칙 삭제: 이 버튼을 눌러 규칙을 삭제합니다.

9. 템플릿 규칙: 탬플릿 내 모든 규칙 목록을 포함합니다.

10. 적용: 씬이나 선택에 탬플릿을 적용합니다.

LESSON 11 : 시작대화 창

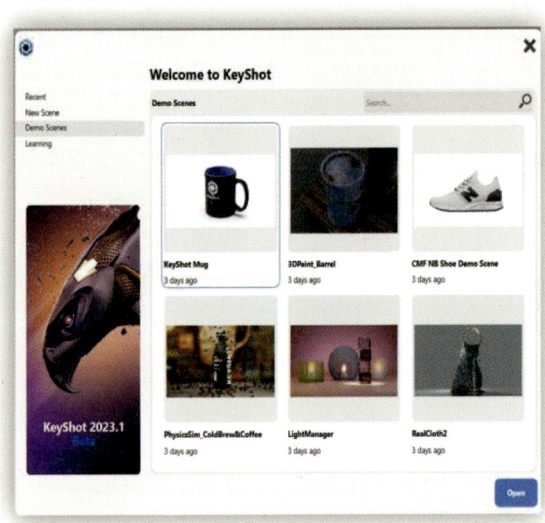

키샷을 실행하면 키샷 시작 대화창이 나타납니다.
시작 대화창에는 다음 내용이 보여집니다.

1. **최근 항목:** 최근에 사용한 씬을 여기에서 찾을 수 있습니다.
2. **새 씬:** 씬 템플릿을 생성하고 저장할 수 있습니다.
3. **데모 씬:** 데모 씬은 서버에 위치하며 처음으로 열 때 다운로드됩니다.
4. **학습:** 도움이 필요한 경우 매뉴얼, 포럼 또는 유튜브 채널로 이동합니다.

환경 설정의 시작에서 시작대화창을 비활성화할 수 있습니다. 핫키W 또는 도움말 메뉴의 시작대화창을 선택하여 시작대화창을 열 수 있습니다.

LESSON

12 핫키

키샷 핫키에 대해 알고 사용하면 키샷을 사용하여 작업하는 속도를 높일수 있습니다. PC 또는 맥에서 K키를 눌러 핫키 목록과 기능에 액세스할 수 있습니다.

01 | 핫키 개요

K키를 누르거나 도움말, 핫키 개요 (Windows)를 선택하여 핫키 개요 창을 표시합니다.

설정/디테일

핫키 환경설정 창을 열어 커스텀 핫키를 설정합니다.

다른 이미지로 저장

참조 또는 인쇄용 핫키 개요 이미지를 저장할 수 있습니다.

02 | 키샷 핫키 커스터마이징

키샷은 수많은 키샷 명령어를 위한 커스텀 핫키를 할당할 수 있습니다. 핫키 환경설정은 편집, 환경설정을 선택한 후 핫키 섹션을 선택하거나 K키를 눌러 아래의 오른쪽 구석에 설정/디테일 버튼을 볼 수 있는 핫키 개요가 보여지게 하여 액세스할 수 있습니다. 다음은 환경설정 페이지의 핫키 섹션으로 이동하게 됩니다. 여기서 모든 목록 액션의 커스텀 핫키를 설정할 수 있습니다.

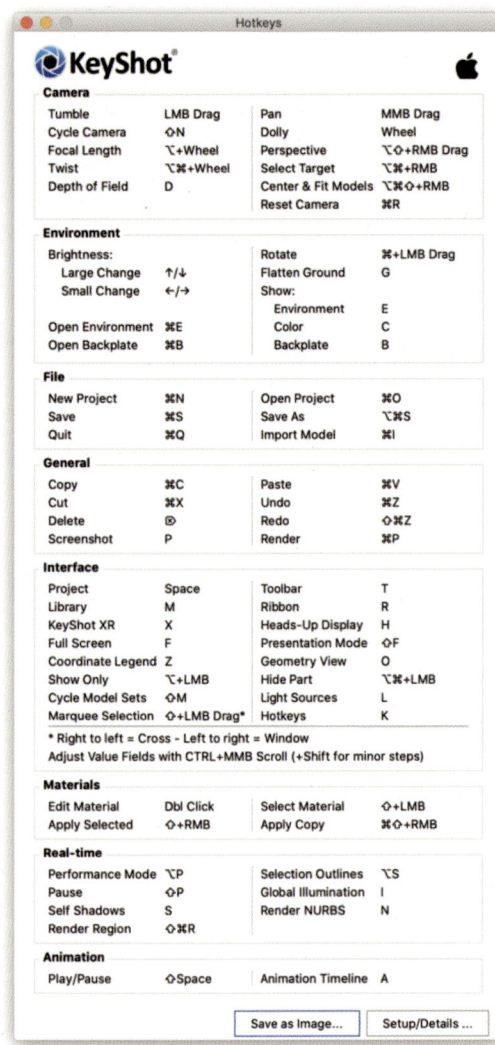 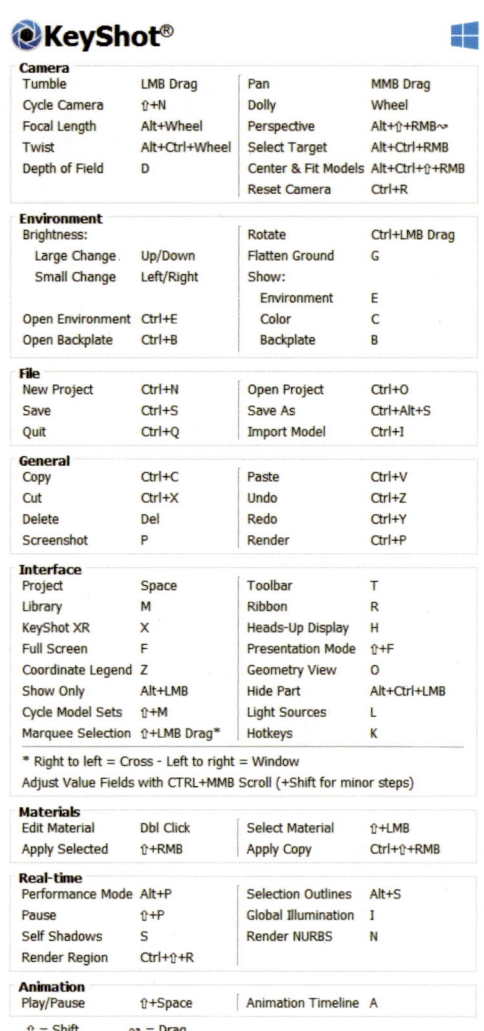

03 | 라이브러리 모델 핫키

라이브러리의 모델에 10개까지의 핫키를 더할 수 있습니다. 씬에 자주 더하는 모델을 손끝에 둘 수 있습니다. 기본 설정된 10개의 핫키는 모델 라이브러리의 지오메트리 폴더의 위에서부터 10개 모델에 자동설정 됩니다.

지오메트리 폴더에 모델을 더하면 자동으로 핫키가 설정됩니다.

알파벳 순서로 적용되는 핫키 부여를 피하고 싶거나 지오메트리 폴더 밖에 있는 모델에 단축키를 부여하고 싶다면 모델을 마우스 오른쪽 버튼을 클릭하여 핫키 부여를 선택할 수 있습니다. 이제 10개의 핫키 중 하나를 모델에 부여하고 메인 메뉴의 지오메트리 추가하기 목록에서 찾을 수 있습니다.

LESSON 13 : 제스처

01 | 터치 스크린

키샷은 터치 스크린 및 태블릿을 위한 다중 터치 입력을 지원합니다. 다음과 같은 제스처가 키샷을 실행하는 터치 스크린에서 사용될 수 있습니다.

- **한 손가락으로 드래그:** 활성 카메라 모드 (기본 설정은 텀블입니다)
- **두 손가락으로 핀치:** 초점거리 조정

02 | 트랙 패드

- **클릭 + 한 손가락으로 드래그:** 활성 카메라 모드 (기본 설정은 텀블입니다)
- **탭 & 누르기 후 드래그:** 팬 카메라 (일부 트랙 패드에서만 사용할 수 있습니다)
- **두 손가락으로 위/아래 움직이기:** 돌리 카메라
- **두 손가락으로 핀치:** 초점거리 조정
- **두 손가락으로 회전:** 카메라 트위스트

03 | 대안 카메라 제어

- **팬:** Ctrl+Shift 드래그 (윈도우) 또는 Cmd+Shift (맥)
- **돌리:** Alt+Shift 드래그

단축키 환경설정에서 커스텀 가능합니다.

PART 05

가져오기와 모델설정

LESSON 01 : 개요

이 섹션은 가져오기, 출력, 모델 설정 및3D CAD 데이터 작업에 대해 다룹니다.

키샷을 사용하면, 모든 주요 3D 파일 형식을 직접 가져올 수 있으며 키샷은 3D 모델링 소프트웨어용 무료 플러그인을 다수 제공합니다. 가져오기 시 키샷은 자동으로 사용자 모델의 오리엔테이션을 인식하여 배치합니다. 기타 가져오기 옵션을 사용하면 위치와 가져오기의 품질을 빠르게 조정할 수 있습니다.

키샷은 모델 유닛의 제어, 파트 표시/숨기기, 그룹, 파트/어셈블리 복제, 가져온 데이터의 패턴 생성 등을 제공합니다. 우선 모델을 가지고 온 뒤 네비게이션 탐색 후, 사용자 씬의 모델을 조작할 것입니다.

키샷프로는 내보내기 옵션을 제공하며, 다른3D모델과 3D프린팅소프트 제어에서 사용할 수 있는 포맷을 내보낼 수 있고, 웹브라우저로 볼수 있도록 업로드할 수 있습니다.

지원파일포맷

키샷은 맥과 PC에서 아래와 같은 3D 파일 포맷을 지원합니다.

- 3Ds Max (Windows 플러그인 전용)
- ALIAS 2022 및 이전버전 (설치필요)
- AutoCAD (.dwg 와 .dxf)
- CATIA v5-6 R2021x(R31) (.crg, .catpart, .catproduct, .catdrawing)
- Cinema 4D R24 (.c4d) 및 이전버전
- Creo 8.0 이하(.prt, .asm) Windows 전용
- Creo View(.pvz, .pvs, .edz, .ed, .c3di, .ol) Windows 전용
- Inventor 2022 (.ipt, .iam)및 이전버전
- Maya 2022 (.ma, .mb) 및 이전버전 (라이선스필요)
- NX 12 (.prt)및 이전버전
- NX Continuous Release 2000 and prior

- Onshape (플러그인 전용)
- Pro/ENGINEER Wildfire 2-5(.prt, .asm)
- Revit 2011 – 2022 (.rvt)
- Rhinoceros 7(.3dm)및 이전버전
- SketchUp 2021 (.skp)및 이전버전
- Solid Edge 2022(.par, .asm, .psm)및 이전버전
- SolidWorks 2022(.sldprt, .sldasm) 및 이전버전
- Acis(.sat)
- Alembic(.abc) (변형 메쉬포함)
- 3DS(.3ds)
- 3MF
- 3DXML(.3dxml)
- Collada(.ade)
- FBX (카메라애니메이션포함)
- GLB/glTF(.glb, .gltf)
- IGES(.igs, .iges)
- JT 10.7(.jt)및 이전버전
- OBJ (.obj)
- Parasolid 34.0(.x_t)및 이전 버전
- STEP (.step, .step)
- STL(.stl)
- USD(.usd, .usda, .usdc, .usdz)

플러그인

[1] 플러그인 전용
[2] 소프트웨어의 라이센스가 설치되어 있어야합니다.
[3] 애니메이션 포함

LESSON 02 : 지오메트리 추가

KeyShot에서 작업을 시작하려면 우선 씬에 지오메트리를 추가해야 합니다.

01 | 지오메트리를 추가하는 방법

다음과 같은 방법으로 씬에 지오메크리 추가를 할 수 있습니다.

1. 메인 메뉴 > 편집 > 지오메트리 추가로 이동하여 추가
2. 모델 또는 지오메트리 가져오기로 추가
3. 라이브러리 창 > 모델 탭을 통해 추가

02 | 지오메트리 추가

그러면, 그라운드 플레인 추가나 목록에서 지오메트리 추가를 선택할 수 있는 메뉴가 열립니다.

- 그라운드 플레인 추가는 모델이 배치되는 평면 지오메트리를 추가합니다.
특수재질의 지면을 참고하세요.

- 목록에는 모델 라이브러리에서도 찾을 수 있는 기본 지오메트리가 포함되어 있습니다. 각 지오메트리에 대한 단축키를 사용자 지정하여 목록에 표시된 지오메트리를 변경할 수 있습니다. 라이브러리 단축키에 대한 자세한 내용은 **라이브러리 모델**을 참조하십시오.

03 | 가져오기

모델을 KeyShot으로 가져오는 방법에는 여러 가지가 있으며 **가져오기** 페이지에서 더 자세한 설명을 찾을 수 있습니다.

04 | 라이브러리 모델

가져오기와 모델설정의 라이브러리 모델을 참고하세요.

LESSON 03 | 가져오기

01 | 가져오는 방법

키샷이 지원하는 파일 타입을 여러 경로를 통해 불러올 수 있습니다.

1. 툴바의 가져오기 누르기
2. 실시간 뷰로 끌어놓기
3. Ctrl+I/Cmd+I 단축키
4. 메인 메뉴 > 파일 > 가져오기
5. 메인 메뉴 > 파일 > 가져오기 대화창

02 | 빠른 가져오기

위의 방법 중 하나를 사용하여 가져오기를 처음 실행했을 때 가져오기 대화창이 나타납니다. 템플릿 대화창 좌측 하단에 빠른 가져오기 활성화 옵션이 있습니다. 이 옵션을 사용하면 1번~4번 방법을 사용하여 가져오기를 했을 때 가져오기 대화창을 건너 뛸 수 있습니다. 메인 메뉴 > 파일 > 가져오기 대화창은 여전히 대화창을 표시합니다.

환경설정에서 가져오기 설정을 편집하고 빠른 가져오기를 다시 비활성화할 수도 있습니다.

03 | 가져오기 대화창

키샷으로 여러 종류의 3D 파일 형식을 불러올 수 있습니다. 불러오는 파일 형식에 따라, 아래 옵션 중 일부는 **불러오기 대화창**에 표시되지 않을 수도 있습니다.

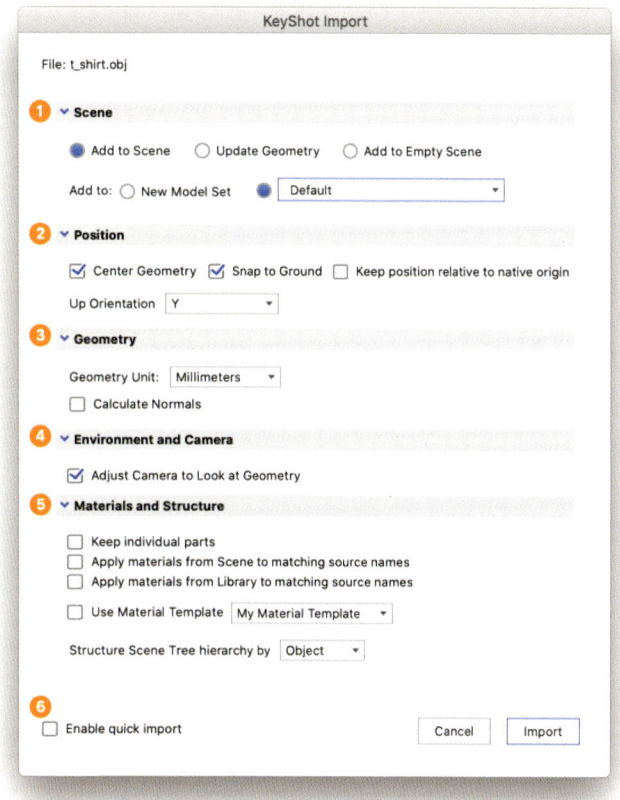

1. 씬(KeyShot Pro 한정)

씬에 이미 내용이 있을 경우, 불러오기 대화창에 아래와 같은 옵션이 표시됩니다.

- **씬에 추가:** 모델을 불러와 현재 씬에 추가합니다. 이 모델을 어느 모델 세트에 추가할지도 제어할 수 있습니다.
    - **새로운 모델 세트**: 새로운 모델 세트를 생성하고 그곳에 파일을 불러옵니다.
    - **모델 세트 선택하기**: 모델을 위치시킬 모델 세트를 선택합니다. 기본 설정으로 현재 활성화 중인 모델 세트가 선택됩니다.

- **지오메트리 업데이트:** 모델을 이미 한 번 가져오기 했다면 이 옵션을 사용할 수 있습니다. 키샷 씬을 새로 시작하지 않고도 모델의 변화를 업데이트할 수 있습니다. . 업데이트를 한다면 대화 창의 일부 옵션은 숨겨지고 키샷은 이미 씬에 존재하는 모델과 지오메트리를 비교한 후 차이를 없앨 것입니다. 이미 지오메트리를 툴 툴 등으로 수정했거나 키샷에서 부품의 일부를 변경했다면 지오메트리 업데이트 기능에 영향을 줄 것입니다.

- **빈 씬에 추가:** 현재 씬을 비우고 새로운 씬에 불러온 모델을 추가합니다.

2. 위치

- **중심 지오메트리:** 체크 시 "중심 지오메트리"은 모델을 가져와서 환경의 정중앙에 위치시킵니다. 중심 지오메트리를 선택했을 때 원래 설정된 3D 좌표는 제거됩니다. 이 옵션을 선택하지 않았을 때 모델은 원래 생성된 3D 공간의 같은 장소에 위치합니다.

- **바닥에 스냅:** 체크 시 "바닥에 스냅"은 모델을 불러와 바닥 평면에 직접 위치시킵니다. 이 역시 원래 설정된 3D 좌표 정보를 제거합니다.

- **기존 위치 유지:** 체크 시 원래의 위치에 지오메트리를 위치시킵니다. 이것은 공유된 CAD정보를 다중 가져오기 결합시 사용하면 됩니다.

- **위 방향:** 모든 모델링 어플리케이션이 위 축을 같은 방식으로 정의하는 것은 아닙니다. 어플리케이션에 따라 기본 "Y 위" 설정이 아닌 다른 방향을 설정할 수 있습니다. 키샷이 3D 모델링 소프트웨어의 위 방향을 확인한다고 해도 모델이 다른 방향으로 만들어질 수 있습니다. 모델이 여기에 해당된다면 다른 방향을 설정해 보세요.

3. 지오메트리

- **지오메트리 단위:** 이 드롭다운 메뉴로 첫 가져오기에서 지오메트리가 모델링 되었을 때의 정확한 단위를 선택할 수 있습니다. 다른 단위를 선택할 경우 모델 스케일은 두번째 가져오기부터 자동으로 적용됩니다. .wire, .3ds, .obj 및 .stl 파일 확장자에서만 사용 가능합니다.

- **테셀레이션 품질:** 이 슬라이더 또는 입력 상자에 지오메트리 테셀레이션 품질을 입력합니다. 낮은 값은 더 빨리 불러오고 높은 값은 더 느리게 가져옵니다. 기본 설정 값인 0.2를 사용하는 것을 추천합니다.

- **정확한 테셀레이션:** 이 옵션은 더 나은 성능을 위해 테셀레이션 삼각형 크기를 최적화합니다. 불러오는 파일포맷에 옵션을 사용할 수 있다면 활성화하는 것을 추천합니다.

- **NURBS 데이터 템플릿 (Pro):** 이 옵션은 NURBS 지오메트리를 불러와 모델에 매끈한 곡선을 위한 깎아내기가 발생하지 않도록 합니다.

- **지오메트리 캐시:** 이 옵션은 포함된 파트 파일을 제외한 묶음을 불러올 수 있게 합니다. SolidWorks와 SolidEdge만 사용할 수 있습니다.

- **노르말 산출:** .obj만 사용할 수 있습니다. 이미 파일에 노르말이 포함되어 있을 수 있으므로 처음에는 이 기능을 비활성화 한 뒤 가져오기를 실행하는 것을 추천합니다.

4. 환경과 카메라

- **지오메트리를 바라보도록 카메라 조정:** 체크되면 카메라가 가져오기 시 씬에서 가져온 지오메트리를 중심으로 맞춰집니다.

- **환경을 조정하여 지오메트리에 맞춤:** 체크되면 환경이 가져오기 시 씬에서 가져온 지오메트리에 맞춰 사이즈를 조정합니다.

- **카메라 가져오기:** 네이티브 CAD 카메라를 키샷 카메라 목록에 추가합니다. .fbx, .ma, .mb. 파일만 가능합니다.

5. 재질과 구조

- **파트 레이어로 재질 나누기:** 이 옵션은 각 재질 이름 앞에 파트 이름을 붙여 연결된 재질을 각 파트로 격리시킵니다.

- **개별 파트 유지:** 이 옵션은 문제 해결 목적으로 오브젝트의 병합을 방지합니다. 표면 과분리 방지를 위해 처음에는 이 옵션을 비활성화로 하고 가져오기할 것을 권장합니다. .wire, .dwg, .dxf, .igs, .obj, .skp 파일 전용입니다.

- **재질 유지:** 이 옵션은 업데이트와 씬에 추가하기가 네이티브 CAD 재질 이름이 맞는 경우, 이미 씬에 지정된 재질이 새로 가져오기에 적용되었음을 확인하기 위해 가져오기를 실행합니다.

- **그룹으로 레이어 가져오기:** 트리 구조를 정의하기 위해 마야의 레이어 설정을 사용합니다. .ma 과 .mb 파일만 가능합니다.

- **계층 초기화:** 씬 트리 구조를 초기화하여 간단하게 만듭니다. ma 및 mb 파일 형식에서만 사용 가능합니다.

- **라이브러리에서 재질 적용:** 이 옵션을 활성화하면, CAD 재질 중에서 키샷 라이브러리에 같은 이름이 있는 재질을 자동으로 적용합니다.

- **재질 템플릿 사용:** 키샷에 재질템플릿을 설정했다면 재질템플릿을 불러 올 수 있습니다. 재질템플릿은 각 부품의 원래 재질의 이름에 따라 블러들이 부품에 키샷라이브러리의 재질을 한꺼번에 적용할 수 있습니다.

- **씬 트리 계층 구성하기:** 씬 트리 계층을 설정하기 위해 이 드롭다운 메뉴를 사용합니다. 파일 포맷에 따라 다른 옵션이 나타납니다.

    - **대상 (이름)** – 정확성과 유연성을 위해 묶음 계층 및 이름을 유지합니다.
    - **재질 (타입)** – 각 재질마다 하나의 파트를 생성하는 것으로 더 간단한 트리 구성을 위해 계층을 단순화합니다.
    - **레이어** - 정확성과 유연성을 위해 묶음 계층 및 이름을 유지합니다.
    - **쉐이더** - 각 쉐이더마다 하나의 파트를 생성하는 것으로 더 간단한 트리 구성을 위해 계층을 단순화합니다.

6. 빠른 불러오기 활성화

이 설정을 활성화하면, 현재 불러오기 대화창의 설정이 저장되며, 다음에 같은 파일 형식의 모델을 불러올 때 적용됩니다. 빠른 불러오기에 관련된 설정을 비활성화하거나 편집하기 위해서는 환경 설정의 불러오기 설정을 편집하면 됩니다.

7. 추가적인 옵션

- **애니메이션:** 키프레임 변형은 비 변형 애니메이션을 가져오기 합니다. 특정 프레임 가져오기(예: 특정 프레임에서의 변형)는 애니메이션을 타임라인으로 가져오지 않습니다. .abc, .ma and .mb 파일만 가능합니다.

- **커브 출력 옵션:** 커브 반경 수정은 가져온 커브 두께를 조절합니다. .abc, .fbx, .ma and .mb 파일만 가능합니다.

> **알려진 제한사항:**
> Alembic 파일에서 NURBS 애니메이션 가져오기는 지원되지 않습니다.

04 | BIP 템플릿

먼저 파일을 열지 현재 씬에 불러올지를 선택합니다.

- **파일 열기:** 대화 창의 나머지 옵션을 숨기고, 현재 씬을 닫은 후 새로운 씬을 엽니다.

- **파일 템플릿:** 체크 시 템플릿 대화 창은 현재 씬에 모델을 추가하기 위한 다양한 템플릿 설정을 보여줍니다.

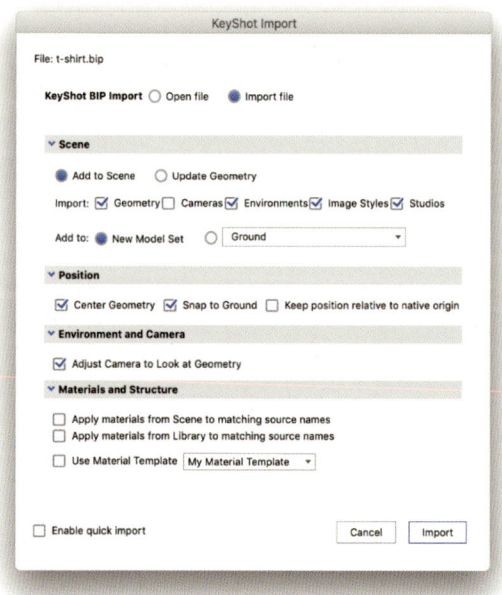

> **주의사항:**
> 파일 열기와 새로운 씬에 추가의 차이점은, 파일 열기의 경우 씬을 마지막으로 저장했을 때와 모든 설정이 같지만, 새로운 씬에 추가의 경우 시작 씬에서 관련된 모든 설정(지오메트리, 환경, 카메라 등)을 포함하여 모델을 불러온다는 점입니다.

위에 서술된 몇 가지 옵션 외에도 다음과 같은 옵션이 있습니다.

05 | 씬

- **템플릿:** bip 파일에서 무엇을 포함할지 선택합니다.

06 | 재질과 구조

- **일치하는 소스 이름에 씬의 재질을 적용**

지역 라이브러리에서 재질 이름을 공유할 경우 불러오는 모델의 재질을 업데이트 및 링크합니다.

- **일치하는 소스 이름에 라이브러리로부터의 재질을 적용**

지역 라이브러리에서 재질 이름을 공유할 경우 불러오는 모델의 재질을 업데이트 및 링크합니다.

두 옵션을 모두 활성화하고 라이브러리와 현재 씬에서 서로 다른 버전의 재질이 존재하는 경우, 불러온 지오메트리에는 씬으로부터의 재질이 적용됨에 주의하세요.

> **주의사항:**
> 씬을 열 때 잘못된 위치나 열리지 않는 문제를 발견한다면 복구 모드로 열어볼 수 있습니다. 성능 모드로 씬을 열면 어떤 지오메트리 노드도 실행되지 않습니다. 메인 메뉴 > 도움 > 열기 (복구 모드)에서 옵션을 찾을 수 있습니다.

07 | 찾을 수 없는 리소스

더 이상 씬의 리소스(예시: 텍스처)를 원래 찾으려던 경로에서 찾을 수 없는 씬을 불러들이거나 열 경우를 찾으면 찾을 수 없는 리소스 해결하기 대화 창이 나타납니다. 여기서 새로운 리소스 경로를 찾으면 모든 문제가 한번에 해결됩니다. 각 리소스를 수동으로 찾고 대체할 필요가 없습니다.

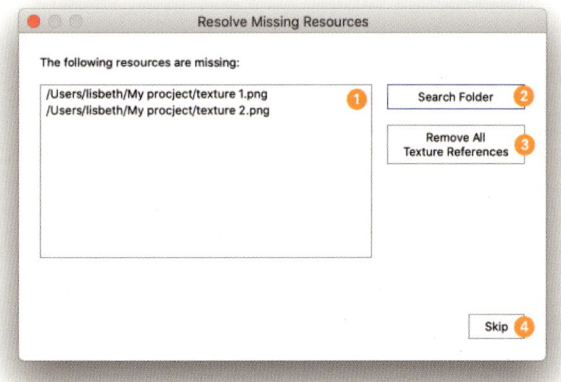

1. 목록:
키샷이 원래 찾으려던 경로에서 찾을 수 없는 모든 리소스를 표시합니다.

2. 폴더 찾기:

- 폴더 찾기를 클릭하고 리소스가 현재 위치한 폴더를 찾습니다.
- 폴더 경로를 찾은 후 열기를 누릅니다.
- 해당 리소스 이름에 기반하여 그 폴더에서 찾을 수 있는 모든 리소스의 링크를 갱신합니다.
- 모든 리소스를 해결하지 못했다면 a-b 단계를 반복합니다.
- 모든 리소스를 성공적으로 복구했다면 대화 창은 자동으로 닫히고 씬을 불러옵니다.

3. 모든 텍스처 참조 제거:
이 옵션을 선택하면 대화창이 자동으로 닫히며, 키샷은 씬에서 없어진 텍스처와 관련된 모든 참조를 삭제합니다.

4. 건너뛰기:
찾을 수 없는 리소스 목록을 해결할 수 없거나 해결하고 싶지 않을 경우 건너뛰기를 눌러 수동으로 리소스를 대체할 수 있습니다.

LESSON 04 : 키샷 플러그인

키샷은 CAD과 키샷 모두에서 원활하고 수월한 워크플로가 가능하도록 무료 플러그인을 제공합니다. 선택한 CAD 패키지용 플러그인을 설치하면 CAD 애플리케이션내에서 키샷으로 직접 활성화 지오메트리를 내보낼 수 있습니다. 당사에서 제공하는 플러그인을 다운로드하고 플러그인의 날짜 정보에 대하여 더알고 싶다면, 키샷 플러그인 페이지를 참조하세요.

01 | 라이브링킹

플러그인은 Luxion(그리고 일부 써드파티 플러그인)에 의해 개발되었으며 Luxion의 라이브 링킹 기술이 포함되어 있습니다. 라이브 링킹은 모델링 애플리케이션을 키샷과 연결하고, 키샷내 모델을 재질할당, 애니메이션, 라이팅, 카메라설정을 잃는 일없이 업데이트할 수 있습니다.

> **주의사항:**
> 모든 키샷플러그인은 라이브링킹(VStitchrer 제외)를 포함하고 있습니다.

LESSON 05 : 라이브 링킹

Luxion의 라이브 링킹 기술은 3D 모델링 소프트웨어와 키샷 사이의 링크를 생성할 수 있게 해줍니다. 이는 소프트웨어를 분리시켜주고, 모델을 CAD 애플리케이션으로 계속 작업 및 개선할 수 있게 해주며 클릭 한번으로 모든 변경을 키샷으로 전송해줍니다. 뷰, 재질, 텍스처 또는 애니메이션을 잃지 않고 이미 적용되었습니다. CAD 애플리케이션과 키샷 사이에 라이브 링킹을 생성하려면, 먼저 CAD 애플리케이션용 키샷 플러그인을 다운로드 및 설치해야 합니다. 각 플러그인에는 각각의 설치 관리자와 독특한 설정 지침서가 있습니다. 설정지침서에 대한 자세한 사항은 keyshot.com 의 플러그인 매뉴얼을 참고하세요. 라이브 링킹은 기본으로 활성화되고 이 설정은 환경설정 창에서 확인할 수 있습니다.

01 | 다운로드 플러그인

CAD 애플리케이션과 키샷을 라이브 링킹 하려면, 사용자는 우선 CAD 애플리케이션용 키샷 플러그인을 다운로드 하여 설치하여야 합니다. 개별 플러그인은 해당 설치프로그램과 설정 안내서를 포함하고 있습니다.

02 | 라이브 링킹 활성화

라이브 링킹은 기본값으로 가능합니다. 라이브 링킹을 변경하려면 편집, 환경설정, 윈도우 일반과 키샷 환경설정, 맥 일반으로 이동합니다.

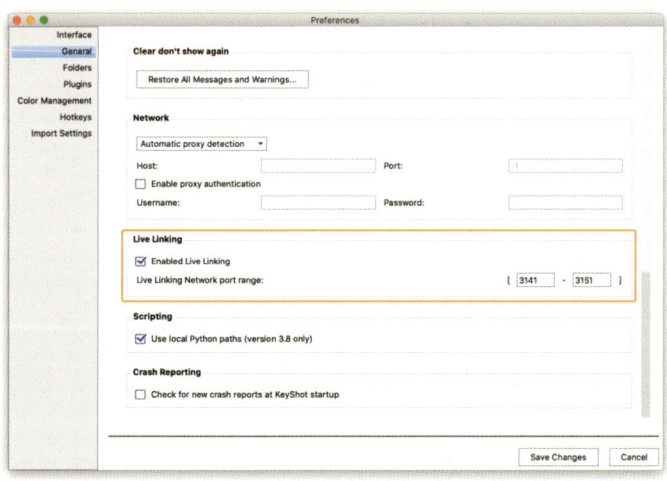

03 | 라이브링크 네트워크 포트 범위

키샷은 **포트 범위** 안에 있는 포트 중 하나를 사용하여 3D 모델링 소프트웨어의 플러그인과 키샷을 연결합니다.

3D 모델링 소프트웨어가 플러그인을 통해 키샷에 연결할 수 없을 경우, 표준 포트 범위를 다른 소프트웨어가 사용하는 중이거나, 방화벽에 의해 막히거나, 다른 방식으로 포트가 닫혀있을 수 있습니다. 이 때 키샷의 포트 범위를 다른, 비어있는 포트로 변경할 수 있습니다.

> **주의사항:**
> 씬 트리에서 계층을 변경하면 LiveLinking에 영향을 미치고 중단될 수 있습니다.

LESSON 06 : 씬 단위

씬 단위는 모델 스케일, 라이트 강도, 색상 농도, 텍스처 맵핑을 컨트롤합니다.

재질과 텍스처 설정의 물리적 정확도를 높이고 더 나은 컨트롤을 위해서는, 씬의 단위가 모델의 스케일과 맞아야 합니다. 예를 들어, 자동차를 렌더링하는 경우, 씬 단위를 미터나 피트로 설정해야 합니다. 한편으로, 선글라스를 렌더링 하는 경우, 씬 단위를 센티미터나 인치로 설정해야 합니다.

키샷에서 씬 작업을 시작하면 씬의 단위가 적용되지 않습니다. 작업을 안한 씬에 모델을 불러들이거나 씬 단위를 적용하거나 변경할 때 단위가 결정됩니다.

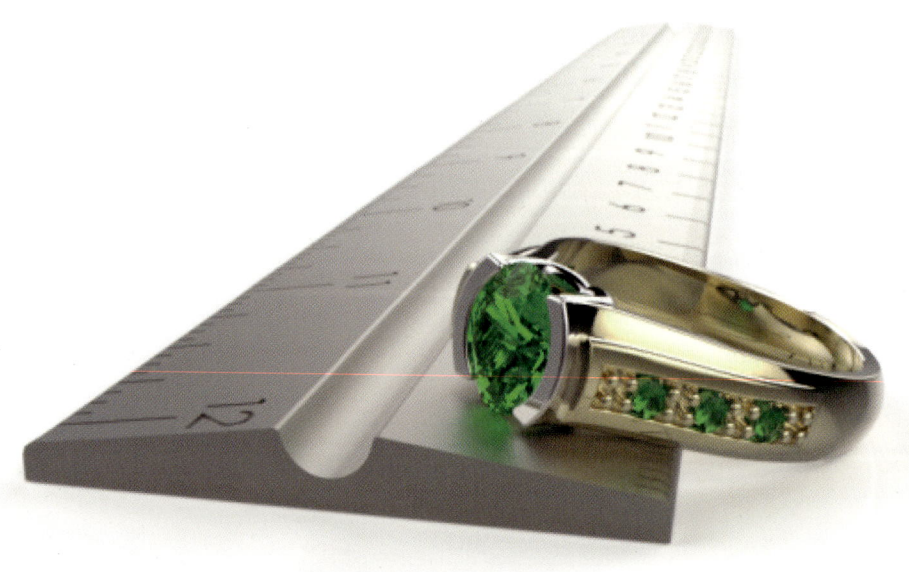

01 | 씬 단위 변경

1. 모델 단위를 변경하려면, 편집 > 씬 단위 설정으로 가셔서 새 단위를 선택하세요.
2. 두 개의 옵션 중에 하나를 선택합니다: 씬 크기 또는 씬 스케일을 유지합니다.

씬 크기 유지

모델과 키샷 환경에 적절한 단위변환 승수가 적용됩니다. 씬 단위를 변환할 때, 예를 들어 센티미터를 밀리미터로 변환한다면, 키샷에 1cm 모델을 10mm모델로 변경하여 생성하라고 해야 합니다. 물론 수학적으로 이들은 같습니다. 그러나, 키샷에서 모델은 이전보다 10배 더 많은 공간을 차지합니다. 모델 사이즈, 라이트 강도, 유리의 색상 농도 또는 카메라 거리 슬라이더를 수정할 때 이 옵션을 사용하세요.

씬 스케일

모델의 텍스처 매핑을 재보정 합니다. 씬 단위를 연관시킬 때, 예를 들어 센티미터를 밀리미터로, 텍스처 맵에 모델의 1cm가 이제 1mm로 처리된다고 해야 합니다. 모델은 크기를 유지하지만, 텍스처 이미지는 새 스케일에 따라 크기가 조정됩니다. 올바른 텍스처 단위를 원할 때 이 옵션을 사용하세요.

LESSON 07 : 씬 트리

씬 트리는 카메라와 함께 씬에 있는 모델 설정/모델들 및 그들의 하이어라키를 디스플레이 합니다. 애니메이션은 애니메이티드 파트, 그룹, 카메라 환경의 차일드 노드를 포함하는 소프트웨어 여러 버전의 씬트리에서 나타납니다.

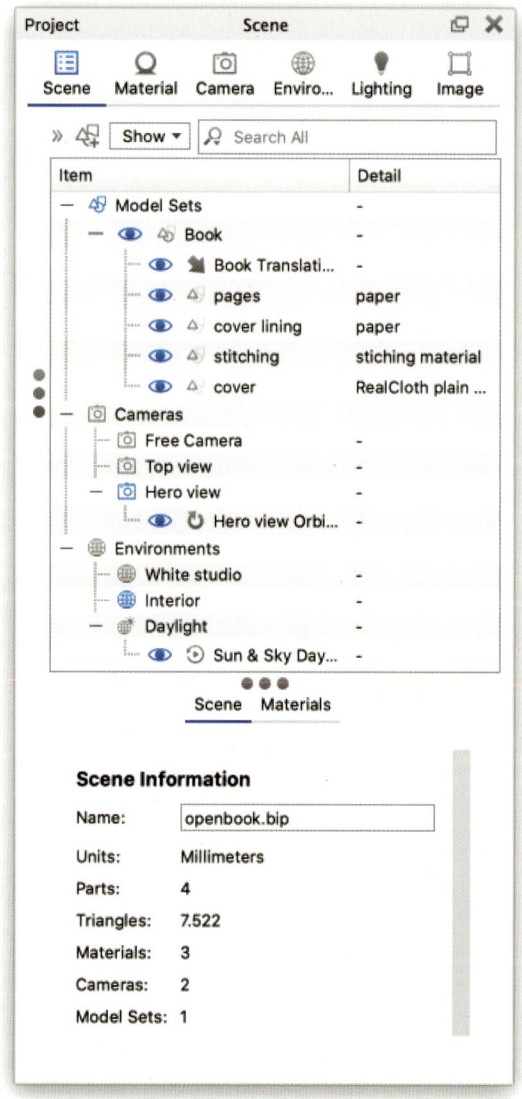

▪ **씬트리 접기:**
모델이 많은 파트를 가지면, 씬 트리 하이어라키를 접는 것이 매우 유용합니다. -/+를 클릭하여 사용자는 단일 그룹 또는 모델들을 접기/펴기할 수 있습니다. 접기를 원하는 섹션을 우측 버튼 클릭하여 "접기"를 선택합니다. "모두 접기"를 선택하면 전체 하이어라키가 접힙니다.

▪ **숨김/보이기:**
이름 옆에 있는 👁 아이콘을 사용하여 모델과 파트를 숨기거나 볼 수 있습니다. 애니메이션 옆에 있는 디스플레이된 👁 아이콘을 사용하여 적용된 애니메이션을 사용하거나 사용하지 않을 수 있습니다. 자세한 설명은 숨김 및 보기 파트를 참고하세요.

▪ **잠김:**
모델과 파트 옆에 있는 🔒아이콘이 표시된 경우, 지오메트리가 씬에 있다는 것을 의미하나 이동/편집을 할 수 있습니다. 파트/모델을 우측 클릭하여 잠김/풀림을 선택하거나 씬 트리 바로 아래의 속성 탭에서 아이콘을 클릭하여 모델/파트를 잠김/풀림을 선택합니다.

- **재정열:**

드래그와 드롭T를 통해 씬 트리에서 모델과 파트를 재정열할 수 있습니다.

- **이름 변경:**

씬 트리 바로 아래에 있는 속성 탭에서 모델과 파트의 이름을 변경할 수 있습니다. 속성 섹션은 항상 이름을 포함하여 선택된 파트/모델의 세부내용을 보여줍니다.

> **주의사항:**
> CAD에서 이름 붙이기와 오더링을 제어하는 방법이 최상이나 사용자가 키샷에서 이 것을 수행하기로 결정했다면, 맵핑이 쉬프트할지도 모르기 때문에 질감과 라벨을 배정하기 전에 수행할 것을 권장합니다.
> 씬 하이어라키를 변경하면 라이브 링킹과 업데이트 지오메트리가 깨집니다.

LESSON 08 : 씬 트리 결합하기

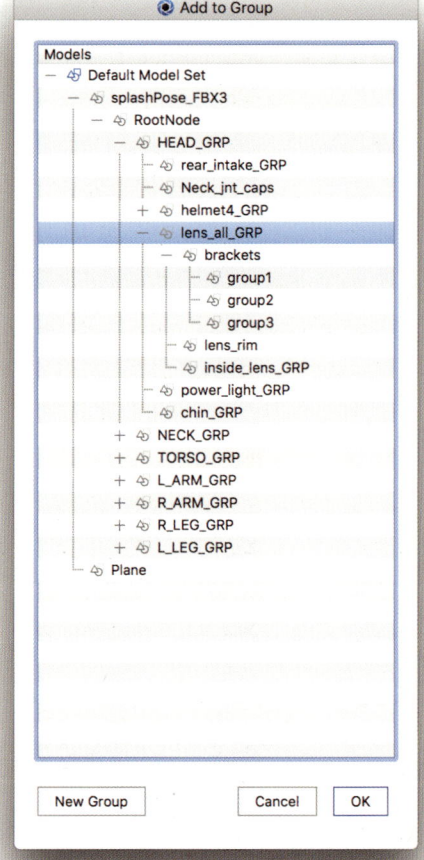

- **재배열:** 씬 트리를 끌어놓기로 재배열하거나 파트를 잘라 내기 및 붙여넣기할 수 있습니다.

- **묶기:** 묶기를 통해 씬 트리를 정리할 수 있습니다.

- **그룹으로 묶기:**
"그룹으로 묶기"를 사용하면 기존 그룹에 추가 하거나 원하는 위치에 새로운 그룹을 만들 수 있습니다.
   1. 씬트리에서 그룹으로 묶을 부분 또는 그룹(모델) 을 오른쪽 마우스로 클릭합니다.
   2. 그룹으로 묶기를 선택하면 - 그룹으로 묶기 대화창이 표시됩니다.
   3. 기존그룹에 묶기 : 추가할 그룹을 선택하고 확인버튼을 누릅니다.
   4. 새로운 그룹 만들기 : 새로운 그룹을 추가할 그룹을 선택한 후 "새로운 그룹"을 클릭합니다.
      - 새로운 그룹의 이름을 정하고 확인버튼을 누릅니다.
      - 확인버튼을 누릅니다.

- **하위그룹 추가하기:**
그룹을 다룰 때 하위그룹을 추가할 수 있습니다.
즉시 위치를 변경하지 않아도 되고 드랙 앤 드롭으로 나중에 위치를 변경할 수 있습니다.
   - 하위그룹을 추가할 그룹(모델) 을 오른쪽 마우스 버튼으로 클릭합니다.
   - 하위그룹추가 버튼을 선택합니다.
   - 하위 그룹에 이름을 정합니다.

> **주의사항:**
> 파트 와 하위 어셈블리를 다시 묶으면 라이브 링킹과 지오메트리 업데이트가 되지 않습니다.

LESSON 09 : 숨기기와 보이기파트

있는 파트에 재질을 부여해야 합니다. 이런 경우 파트/모델 숨기기를 어떤 경우에는 다른 지오메트리 부품 안에 들어있거나 뒤에 숨겨져 편의에 따라 이용할 수 있습니다.

두 가지 방법이 있습니다.
1. 예전 방식의 파트 또는 그룹 숨기기/표시하기
2. 솔로 모드에서, 선택한 지오메트리를 임시로 독립시킬 수 있습니다.

▪ 파트/모델 숨기기

1. 실시간 뷰에서 파트/모델의 파트/선택/모델을 우측 클릭하고 파트/묶음/모델 숨기기를 선택합니다.
2. 단축키 Ctrl+Alt+Click(윈도우) 및 Cmd+Alt+Click(맥)을 사용합니다.
3. 씬 트리의 👁 아이콘을 클릭합니다.
마우스오른쪽 클릭메뉴에서 이것만 표시하기를 클릭하면 하나의 파트의 파트/선택을 숨길 수 있습니다. 이를 통해 나머지 모든 파트를 씬에서 숨길 수 있습니다. (잠긴 파트 제외)

▪ 파트 표시하기

숨겨진 파트를 다시 표시하고 싶을 때
1. 실시간 뷰에서 우측 클릭하고 숨기기 취소를 선택합니다.
2. 씬 트리에서 👁‍🗨 아이콘을 클릭합니다.
실시간 뷰 컨텍스트 메뉴에서 모든 파트 표시하기를 선택하면 이전에 숨겼던 파트를 모두 다시 표시할 수 있습니다.

▪ 솔로 모드

선택한 파트에만 작업하기 위해 한 개 이상의 파트를 독립시킬 수 있습니다. 숨겨진 파트의 계층을 무너뜨리지 않습니다.
1. 독립하고자 하는 파트를 모두 선택합니다.
2. 오른쪽 클릭한 후 솔로 모드를 선택하거나, S 단축키를 누릅니다.
3. 활성화하면 실시간 뷰의 상단에 파란색 솔로 모드 라벨이 나타납니다.
4. S 단축키를 한 번 더 누르거나, 오른쪽 마우스 버튼을 눌러 표시되는 메뉴의 솔로 모드 종료하기 옵션을 통해 솔로 모드를 종료합니다.

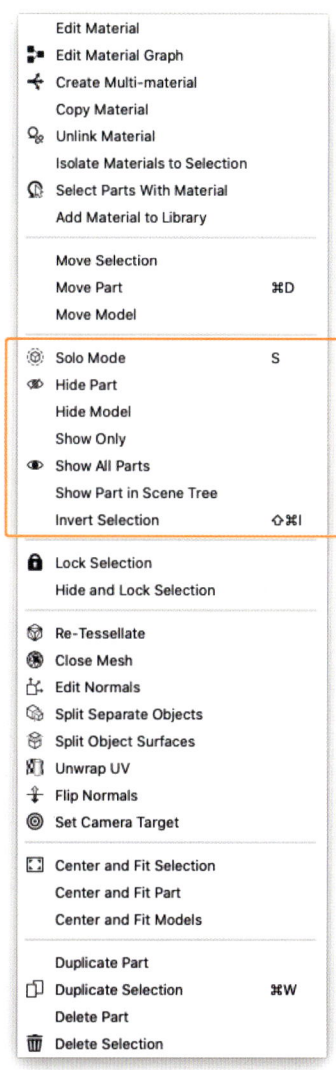

- **조명 솔로 모드**

조명 솔로 모드는 많은 면에서 솔로 모드와 동일하게 작동하지만 조명 객체에 특화되어 있습니다.

1. 분리하려는 빛을 선택합니다.
2. 마우스 오른쪽 단추를 클릭하여 ![icon] 조명 솔로 모드를 선택하거나, 단축키 S를 누르거나 라이트 관리자에서 ![icon] 아이콘 위에 클릭하여 환경에 적용합니다.
3. 활성화되면 실시간 뷰의 상단에 파란색 솔로 모드 라벨이 표시됩니다.
4. 다시 S 키를 누르거나 컨텍스트 메뉴에서 ![icon] 조명 솔로 모드 종료 옵션을 선택하여 조명 솔로 모드를 종료합니다.

LESSON 10 : 모델과 파트 이동하기

사용자는 모델, 파트 2가지방법으로 번역, 회전, 크기 변경할 수 있습니다.
이동 툴을 사용하거나 프로젝션 판넬의 씬탭의 씬트리밑의 모델과 파트의 위치를 변경하면 됩니다.

01 | 이동 툴 시작

이동 툴은 아래의 여러 다른 방법들로 시작할 수 있습니다.

- 씬 트리에서 선택된 파트/모델을 우측 클릭하고 이동 선택합니다.
- 실시간 뷰에서 파트를 우측 클릭하고 사용자가 원하는 대로 이동선택, 이동 파트 또는 이동 모델을 선택합니다.
- 리본에서 또는 프로젝트 패널의 씬 탭에서 이동 버튼을 클릭하세요. 파트가 선택되지 않으면 다이얼로그가 시작되며 여기에서 사용자가 이동하기를 원하는 파트를 선택할 수 있습니다.
- 윈도우에서는 핫키 crtl+d를 맥에서는 cmd+d를 사용하세요. 파트가 선택되지 않으면 다이얼로그가 시작되며 여기에서 사용자가 이동하기를 원하는 파트를 선택할 수 있습니다.

02 | 씬 트리 – 위치

- **XYZ 번역**
선택한 파트 또는 그룹의 중심 위치를 결정합니다.

- **XYZ 회전**
각각의 축의 대상 회전을 설정합니다. 지역 좌표를 사용합니다.

- **XYZ 스케일**
각각의 축 또는 모든 축에서 대상 사이즈를 조절할 수 있습니다. 이 요소는 현재 통합 스케일 요소와 관련되어 있습니다.

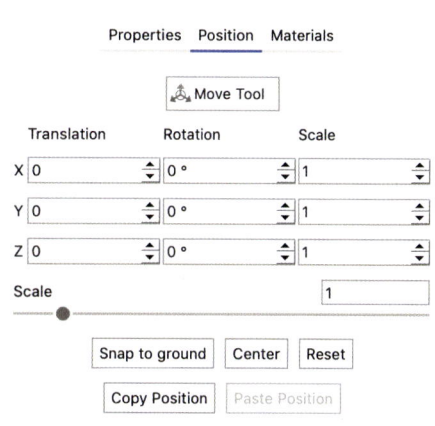

- **스케일 슬라이더**

모든 대상의 사이즈를 조절합니다.
이 요소는 대상을 처음 씬에 템플릿 했을 때의 크기와 관련되어 있습니다.

- **바닥에 스냅**

바닥에 스냅은 모델을 Y축 방향(수직 방향)으로 빠르게 움직여 모델의 가장 낮은 점을 바닥 평면에 붙입니다. 모델을 이동시켜 더 이상 바닥 평면에 닿지 않고 있을 때 유용합니다.

- **중심**

중심은 대상을 재배치시켜 X축 및 Z축에서 중심에 위치하도록 하지만, Y축 위치에 영향을 주지 않습니다.

- **초기화**

초기화는 해당 요소의 모든 변형을 취소하고 모델을 처음 불러왔을 때의 최초의 값을 복구합니다. 위치하기는 파트 및 그룹 레벨 모두에서 적용될 수 있습니다. 초기화는 현재 선택한 레벨에만 적용됩니다.

- **위치 복사/붙여넣기**

위치, 회전 및 스케일을 한 대상에서 다른 대상으로 복사할 수 있게 합니다.

> **주의사항:**
> 모델을 씬으로 불러올 때 위치는 그룹(모델) 레벨에 설정되어 있습니다. 이로 인해 씬의 중심에 위치하게 됩니다. 모델이 처음 만들어졌던 위치에 놓고 싶다면 모델을 선택하고 초기화를 누르세요.

LESSON 11 : 모델/파트 복제하기

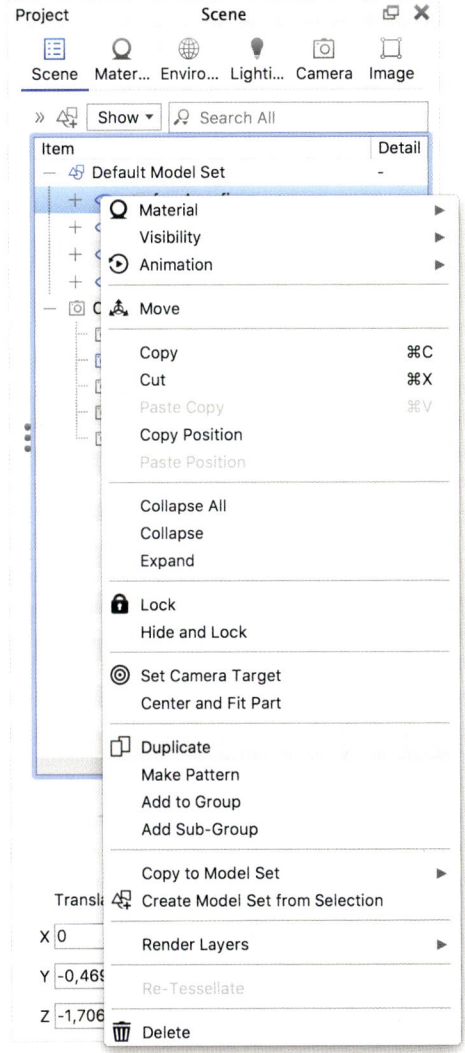

▪ 전체 모델/그룹 복제하기
1. 모델/그룹을 씬 트리에서 선택합니다.
2. 우측 클릭 후 복제를 선택합니다.

이 방법으로 모델은 부여된 재질 및 애니메이션과 함께 같은 레벨로 씬 트리에 복제됩니다.

▪ 파트 또는 선택된 파트
복제하기
실시간 뷰 및 씬 트리 모두에서 실행 가능합니다.

1. 복제하려는 파트를 선택합니다.
2. 우측 클릭 후 복제/복제 선택을 선택합니다.
각 파트를 그 원본이 위치한 그룹에 복제합니다.

▪ 단축키
복제를 위한 단축키(Ctrl+W/Cmd+W)가 생겼습니다. 위와 같이 파트를 묶음으로 복제하게 됩니다.

▪ 인스턴스 지오메트리
파트 또는 모델을 복제하면, 키샷이 인스턴스 지오메트리를 생성합니다. 키샷이 파트의 모든 인스턴스에 동일한 지오메트리 데이터를 사용한다는 뜻입니다. (불러오기 창 또는 라이브링크에서) 둥근 모서리, 지오메트리 업데이트와 같은 특정 기능들은 지오메트리의 모든 인스턴스에 적용됩니다. 다른 인스턴스에 대한 "연결을 해제"하려면 파트의 **지오메트리 도구** 중 하나를 사용하면 됩니다.

> **TIP**
> 전체 모델을 복사하고 싶을 경우 모델 변형을 시도해보는 건 어떨까요? **모델 세트**를 살펴보세요.

LESSON

12 | 패턴툴

패턴툴은 복사대신 인스턴스를 생성하여 속도를 높이고 파일사이즈를 줄입니다. 씬트리의 모델을 마우스 오른쪽 버튼으로 클릭하고 패턴 만들기를 선택하여 패턴툴 다이얼로그를 엽니다.

01 | 선형 패턴

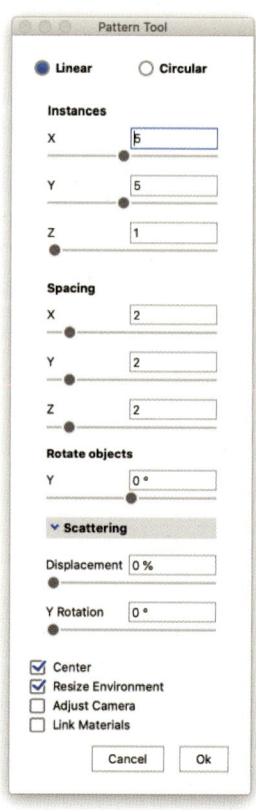

- **인스턴스(선형):** X, Y, Z 축에 만들 인스턴스의 수를 정합니다.

- **공간(선형):** X, Y, Z 축의 인스턴스의 면적을 정합니다.

- **오브젝트 회전:** 인스턴스를 Y축을 따라 회전하여 씬에 배열할 수 있습니다. Y 축을 따라 얼마나 많은 인스턴스를 회전시킬지 정할 수 있습니다.

- **분산:** 패턴오브젝트를 무작위로 배열할 수 있습니다.
  씬에 대상을 무작위로 배열하려고 할 경우 유용합니다.

    □ **재배치:** 원래 있던 패턴행렬로부터 얼마나 이탈시킬지 조정합니다.
    □ **Y축회전:** Y축에서 무작위로 회전시킬 대상의 양을 정합니다.

- **중심:** 패턴을 씬의 중심에 위치시킵니다.

- **환경크기 조절:** 모든 인스턴스를 수용할 수 있도록 자동으로 환경의 크기를 늘립니다.

- **카메라 조절 :** 뷰 안에 있는 모든 인스턴스를 포함하도록 자동으로 카메라를 이동시킵니다.

- **재질 연결:** 무늬 대상의 재질들을 연결하려면 활성화하십시오.

02 | 원형 패턴

- **설정:**

    1. **반경:** 사례부터 중심 혹은 패턴 축까지의 거리를 설정합니다
    2. **카운트:** 축 주위에 배열된 사례들의 개수를 설정합니다.
    3. **각도 채우기:** 사례들을 배열할지점에서의 각도.
       360도 원형 전체.

- **대상 회전:** 씬에서 사례들을 역동적으로 위치시키기 위해 각 로컬 액세스의 Y축을 따라 사례를 회전시킵니다. 이 필드를 사용하여 사례와 Y축과의 회전 거리를 선택합니다.

- **분산:** 패턴화 된 대상을 임의의 위치에 놓습니다. 대상의 무작위한 분포를 원하는 씬에 유용합니다.

    1. **방사형:** 주어진 반경과 사례가 다른 정도를 결정합니다.
    2. **각형:** 주어진 각도 채우기상의 기본 위치 값과 사례-각도가 다른 정도를 결정합니다.
    3. **Y-회전:** Y축에서 대상이 임의로 회전하는 정도를 변경합니다.

- **중심:** 패턴을 씬의 중심에 위치시킵니다.
- **환경 크기조절:** 모든 사례를 수용할 수 있게 환경 크기가 자동적으로 증가합니다.
- **카메라 조정:** 뷰의 필드내에 모든 사례들을 포함하기 위해 카메라가 자동적으로 쉬프트 합니다.
- **재질 연결:** 무늬 대상의 재질들을 연결하려면 활성화하십시오.

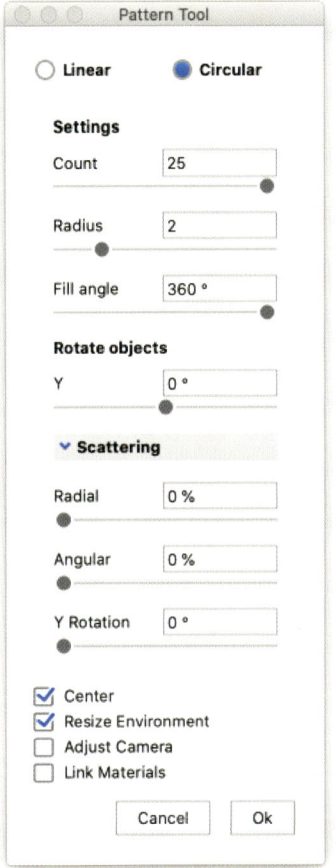

03 | 에디팅 패턴

씬 트리에서, 파트/그룹의 계층을 변경하지 않는 한 패턴을 편집할 수 있습니다. 패턴화 된 대상을 마우스 오른쪽 버튼을 클릭하고 변화를 주기 위해 패턴 윈도우를 열어 "에디트 패턴"을 선택합니다.

LESSON

13 라운드된 모서리

라운드된 모서리 기능은 파트의 필렛을 시뮬레이션 합니다. 씬 트리의 하나 이상의 파트 레벨 오브젝트를 선택하여 조정 슬라이더를 조작하며, 속성 서브 탭에는 라운드된 모서리 열기 확장 버튼이 나타납니다. 반경 슬라이더는 씬 단위와 같은 단위입니다. 최고의 결과를 위해서는 .01-.03 사이의 값을 사용할 것을 권장합니다. 최소 엣지 각도 슬라이더는 코너의 라운드된 모서리 값을 설정 각도 값보다 크지 않게 제한합니다.

▪ 반경
반경 슬라이더는 사용자의 씬 유닛을 인식하는 장치입니다. 모의 실험 효과 때문에, 사용자는 이 값을 낮게 유지하면, 최상의 결과를 경험할 수 있습니다.

▪ 최소 모서리 각도
최소 모서리 각도 슬라이더를 이용하여 사용자는 둥근 가장자리를 설정된 각도 값보다 큰 코너로 제한할 수 있습니다.

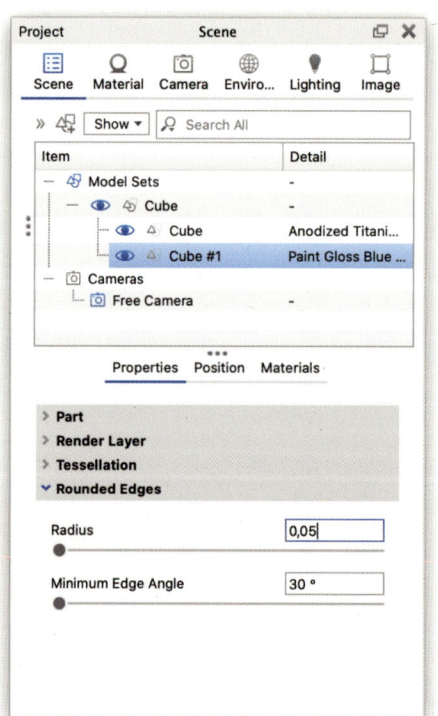

주의사항:
둥근 모서리는 선택한 파트의 모든 인스턴스에 적용됩니다. 인스턴스 지오메트리를 가진 모델을 불러오거나, 키샷 내에서 파트를 복제(간편 복제, 모델 세트에 복사, 또는 무늬 도구)할 때 인스턴스 지오메트리가 생깁니다.

해결 방법:
모든 인스턴스에 둥근 모서리를 적용하고 싶지 않을 경우 파트의 다른 인스턴스와의 "연결을 해제"해야 합니다. 둥근 모서리를 적용하려는 인스턴스의 지오메트리 도구에서 사용할 수 있습니다. 그러나 이는 라이브링크에도 영향을 줍니다.

LESSON 14 : 리비전 관리자

리비전 관리자는 BIP 파일을 겹쳐 쓰는 대신, 사용자가 씬을 저장할 때 매번 연속된 번호의 백업을 생성합니다. 결과 파일의 형식은 .BIP.XX 파일 ("XX" 는 리비전 인덱스 번호) 로 매번 저장됩니다. 저장된 모든 BIP 파일을 되돌리거나 더 이상 필요 없게 된 리비전을 삭제할 수 있습니다.

01 | 리비전 관리자 활성화

환경설정에서 리비전관리자를
활성화할 수 있습니다.

- 윈도우:
편집 > 환경설정 > 일반 > 일반 > 백업 리비전

- Mac:
키샷 > 환경설정 > 일반 > 백업 리비전

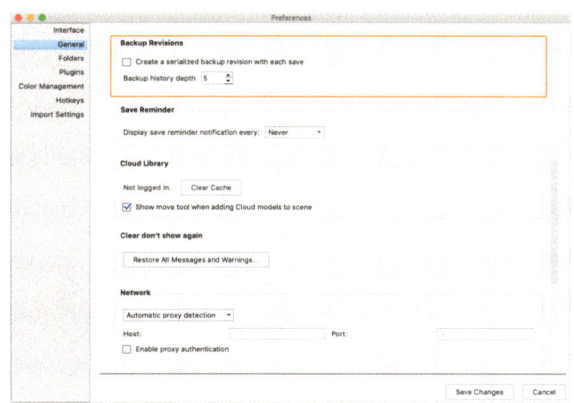

02 | 리비전 관리하기

아래의 안내에서는 백업 리비전을 활성화 하고 씬을 최소한 두 번 저장했다고 가정합니다.

1. 씬을 열고, 파일 >리비전 관리자 로 갑니다. 리비전 관리자 윈도우가 나타납니다.

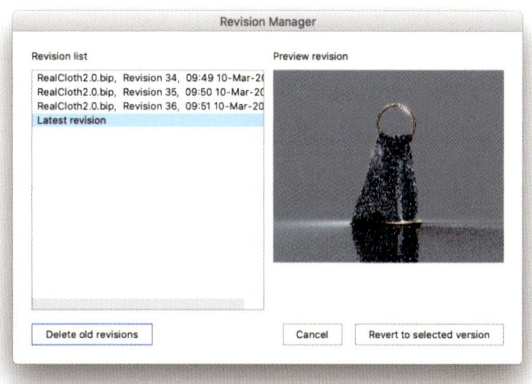

2. 리비전 목록에서 되돌리고자 하는 씬의 버전 (리비전)을 선택합니다. 선택된 버전으로 되돌리기를 클릭합니다.

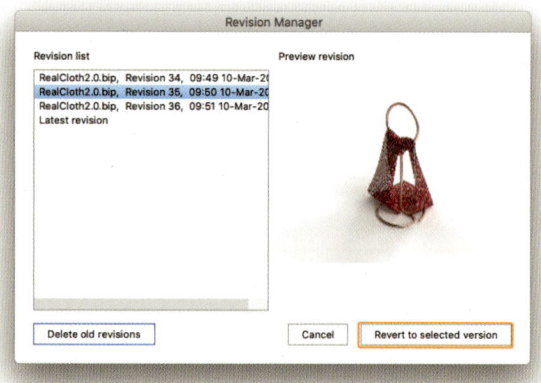

3. 리비전을 삭제하려면 선택을 한 후 오래된 리비전 삭제를 클릭하세요.

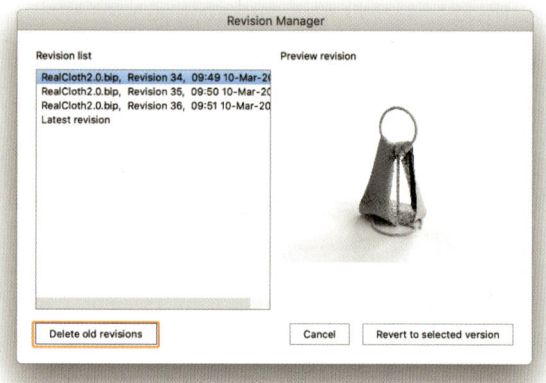

LESSON 15 : 지오메트리 뷰

응답성이 매우 빠른 OpenGL뷰어인 지오메트리 뷰(Pro 한정)는 실시간 뷰를 보완하여, 씬을 구성함에 있어 더 많은 기능을 제공하고 더 빠른 작업이 가능 하도록 합니다.

01 | 지오메트리 뷰의 이점

- 애니메이션은 실 1:1 속도로 재생됩니다.
- 두번째 카메라는 씬내에 물리 라이트를 용이하게 위치시키는데 사용될 수 있습니다.
- 씬변형과 구성요소 설정이 빨라집니다.
- 모든 카메라 경로 애니메이션은 보기와 수정을 할 수 있습니다.

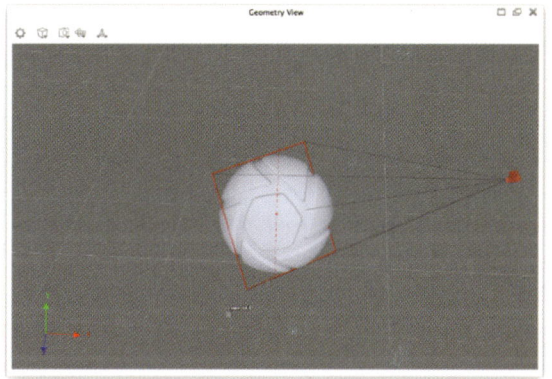

02 | 지오메트리 뷰 설정

지오메트리 뷰 리본에서 기어아이콘 ⚙ 을 클릭하여 지오메트리 뷰 설정 패널을 엽니다.

- **배경 색상:** 색상 견본을 선택하여 지오메트리 뷰 배경의 색상을 변경하게 합니다. 지오메트리 뷰의 서로 다른 요소들을 표시하는 각각의 체크 박스를 클릭하여 토글 합니다.

- **체크박스:** 체크박스를 클릭할 경우 지오메트리뷰의 각 구성 요소를 표시할 수 있습니다.

- **매트캡:** 지오메트리뷰의 매트캡 그림자에서 사용할 이미지 파일을 추가하거나 다시 불러 들이거나 삭제합니다. 매트캡 그림자를 활성화하려면, '디스플레이 스타일'을 참고하세요.

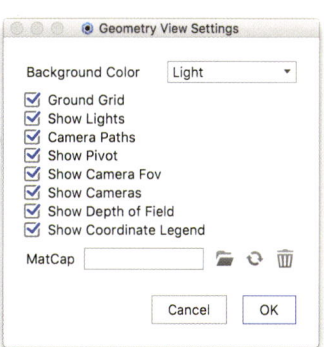

LESSON 16 : 디스플레이 스타일

지오메트리뷰 리본에서 디스플레이 스타일 드롭 다운을 클릭하여 🔲 지오메트리뷰의 모델 디스플레이 스타일을 변경합니다.

선택할 수 있는 스타일은 다음과 같습니다.
셰이디드, 평평, 와이어 프레임 셰이드, 와이어프레임, 바운딩, 매드캡, 매드캡+ 색상

셰이디드

셰이디드 디스플레이 상태는 솔리드 색상과 셰이디드 영역으로 지오메트리를 표시합니다.

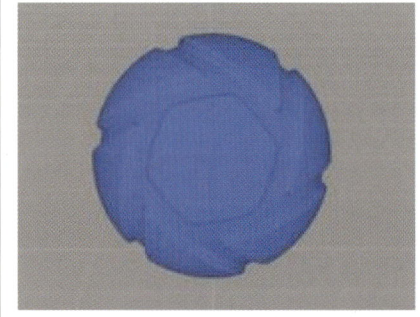

평평

평평 디스플레이 상태는 솔리드 색상과 셰이딩 없이 지오메트리를 표시합니다.

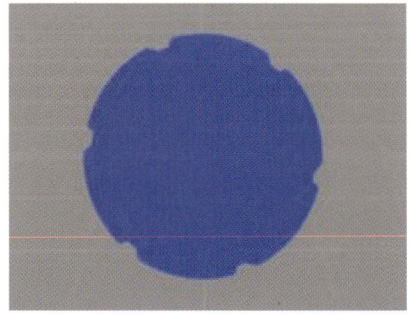

와이어 프레임 셰이드

와이어프레임 셰이드 디스플레이 상태는 지오메트리 와이어프레임이 있는 솔리드 색상과 셰이디드 영역으로 지오메트리를 표시합니다.

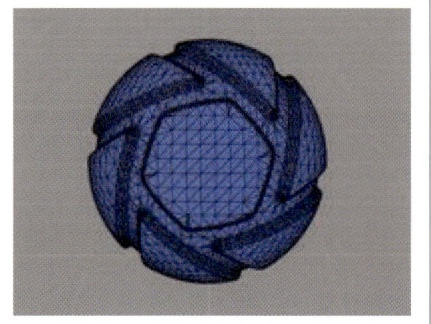

와이어 프레임

와이어프레임 디스플레이 상태는 와이어프레임 표현으로만 지오메트리를 표시합니다.

바운딩 박스

바운딩 디스플레이 상태는 파트 지오메트리와 모델의 범위를 표현하는 와이어프레임박스로 지오메트리를 표시합니다.

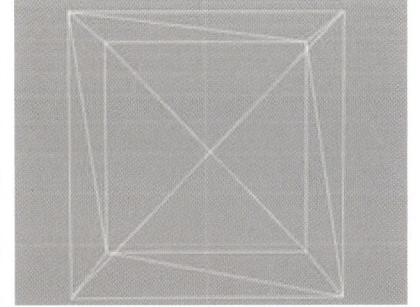

매트캡

매트 캡 디스플레이 스테이트는 매트캡 음영을 가진 지오메트리를 디스플레이 합니다. 사용자가 또다른 매트캡을 사용하기를 원하면, 지오메트리 뷰 설정을 통해 설정할 수 있습니다.

매트캡 + 색상

매트캡 디스플레이 스테이트는 매트캡 음영을 가진 지오메트리를 디스플레이 하며, 대상의 색상도 디스플레이 합니다.

LESSON 17 : 카메라 형식

카메라 형식 옵션은 지오메트리 뷰의 뷰 모드를 변경합니다.

01 | 카메라 형식선택

카메라 유형 드롭다운 [icon] 에서 이 카메라 옵션 중 하나를 선택합니다.
활성 카메라, 원근감, 직교그래픽.

02 | 활성 카메라

활성 카메라 옵션은 현재 활성 카메라의 프레임에 무엇이 보이는지를 표시하기 위한 뷰 모드를 변경합니다. 실시간 뷰에서도 활성화 되는 카메라입니다. 실시간 뷰에 있는 것 처럼 카메라를 조정합니다.

03 | 원근감

원근감 옵션은 전체 씬의 원근감 뷰를 나타내기 위하여 뷰 모드를 변경합니다.

04 | 직교그래픽

직교 그래픽 옵션은 전체 씬의 직교 그래픽 뷰를 나타내기 위하여 뷰 모드를 변경합니다.

> **주의사항:**
> 원근감 또는 직교그래픽을 선택하면 지오메트리뷰에서 실시간뷰의 링크를 끊어서 두개의 뷰를 각각 독립적으로 컨트롤할 수 있습니다. 하지만 활성 카메라의 실시간 이동과 포지션은 볼 수 있습니다.

05 | 활성 카메라이동 옵션

지오메트리뷰에서 카메라형식을 원근감 또는 직교그래픽으로 선택히면, 실시간 뷰 활성 카메라를 콘트롤할 수 있습니다. 지오메트리뷰에서 카메라가 움직이므로 실시간뷰와 프로젝트창의 카메라속성도 업데이트됩니다. 활성 카메라는 빨간색으로 하이라이트되고, 반면에 씬에서 다른 카메라는 그레이색이 됩니다. 카메라가 잠긴 경우, 오른쪽을 클릭하여 카메라 잠금해지를 선택하여 카메라를 움직이기 전에 잠금 해지하세요.

활성 카메라는 지오메트리뷰 내의 이동 툴로 조정할 수 있습니다. 이 기능은 카메라를 내부에 위치 시키는것을 훨씬 용이하게 합니다.

06 | 활성 카메라 위치이동

이는 카메라의 실제 위치를 변경합니다. 카메라 잠금 해지 후, 지오메트리뷰를 오른쪽 클릭하고 활성 카메라 위치 이동을 선택하세요. 이동 툴을 사용하여 위치를 변경하세요.

- **보여주기:** 이동과 회전을 번갈아 가면서 활성화합니다.
- **보는 방향 유지**: 이 옵션이 활성화되면, 번역은 보는 방향의 대상을 따라 카메라를 이동 시키고 기본 동작인 카메라 대상을 회전 시키지 않습니다.
- **축:** 이동의 기본 방향인 로컬과 전역중에 선택할 수 있다. 회전은 로컬기준으로만 할 수 있습니다.

07 | 활성 카메라 대상 이동

이는 카메라의 '보기' 포인트를 변경합니다. 카메라 잠금 해지 후, 지오메트리뷰를 오른쪽 클릭하고 활성 카메라 대상이동을 선택하세요. 이동 툴은 '보는' 포인트에 표시됩니다. 이동툴을 사용하여 위치를 변경하세요.

- **보는 방향 유지:** 이 옵션이 선택되면, 이동은 카메라와 카메라대상을 함께 움직이고 카메라만 이동시키지 않습니다.

08 | 활성 카메라 변경저장

오른쪽을 클릭하고 카메라 저장을 선택하여 현재 카메라 포지션 또는 대상을 업데이트하거나 카메라 추가를 선택하여 새로운 카메라를 생성하세요. 프로젝트 창에 새로운 카메라가 나타나고, 카메라 변경이 저장 또는 추가 될 수 있는 카메라탭도 나타납니다.

LESSON 18 | 표준 뷰

표준 뷰 드롭 다운 ![icon]에서, 전면, 후면, 좌, 우, 상, 하, 아이소메트릭 방향의 보기를 선택할 수 있습니다.

> **TIP**
>
> 활성 카메라 유형이 선택되었을 때 표준뷰를 선택하면 실시간뷰도 같이 따라 변하게 됩니다. 원근감 또는 직교그래픽을 선택하면 지오메트리뷰에서 실시간뷰의 링크를 끊어서 두 개의 뷰를 각각 독립적으로 컨트롤할 수 있습니다. 하지만 활성 카메라의 실시간 이동과 포지션은 볼 수 있습니다.

LESSON 19 : 모델세트

모델설정으로 사용자는 단일 .bip파일에서 독립적인 씬 트리 변형을 저장할 수 있습니다. 패널의 좌측에 사이드바로써 모델 설정 인터페이스는 프로젝트>씬 탭에 위치하고 있습니다. 모델 설정이 사이드바에서 선택될 때 속성이 아래 하위 탭에 디스플레이 됩니다. 포함된 모델은 씬 트리에 목록으로 만들어집니다.

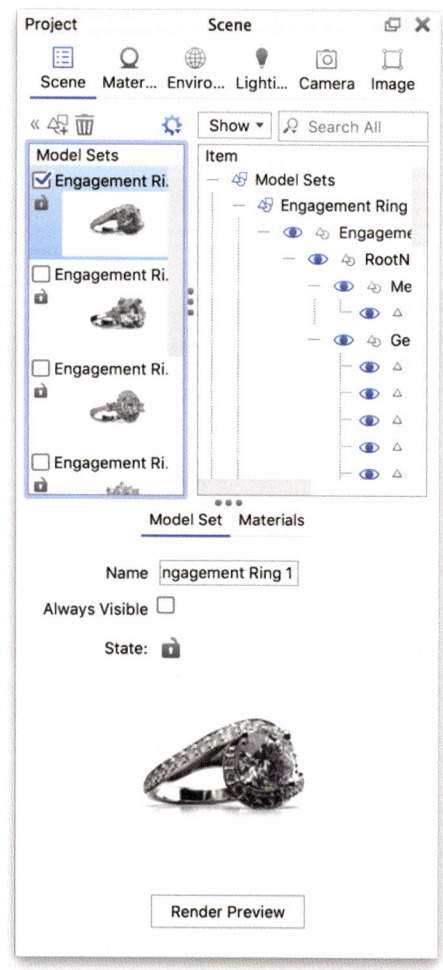

- **보기/숨김:** 사이드 바에 체크박스를 통해서 또는 메이크 모델 설정 활성을 우측 클릭하거나 선택하여 모델 설정의 가시성을 토글할 수 있습니다. 모델 설정 여러 개를 한 번에 활성할 수 있습니다.

- **스위치:** 사이드 바에 모델 설정을 더블 클릭하여 기타 등등(항상 표시는 제외)을 활성 및 비활성할 수 있습니다.

- **잠금/풀기:** 모델 설정 잠그기는 모든 포함된 모델과 파트를 잠글 수 있습니다.

- **재정열:** 사이드바 리스트에서 드래그 앤 드롭으로 모델 설정을 다시 정열할 수 있습니다.

- **이름 바꾸기:** 사이드바 또는 모델 설정 속성 하위-탭에서 우측 클릭 메뉴를 통해 모델 설정의 이름을 변경할 수 있습니다.

- **항상 표시:** 사이드 바 또는 모델 설정 속성 하위-탭에서 우측 마우스 클릭 메뉴를 통해 모델 설정은 항시 보기 가능으로 설정할 수 있습니다. 이 것은 사이드바에서 체크박스를 숨깁니다. 그라운드 플레인 또는 프롭스 같은 지오메트리를 올리는 데 주로 유용합니다.

01 | 모델 세트 추가

모델 설정 사이드바 위에 모델 세트 아이콘 을 클릭하여 새로운 모델 설정을 추가합니다. 여기에서 모델 설정 추가 다이어로그를 시작할 수 있습니다. 새로운 모델 세트 이름을 정할 수 있습니다. 대화창 하단의 모델 목록에서 새로운 모델 세트에 어느 것을 복사할지 선택할 수 있으며, 체크박스 옵션으로 선택된 모델 세트에 구체적으로 무엇을 포함할지 규정합니다. 기본 설정에 의해 현재 표시되어 있는 모델 세트는 미리 선택되어 있습니다. 새로운 모델 설정에 포함되기를 원하는 씬 트리의 모델/파트를 선택하고 다이어로그에 접근하여, 선택에서 모델 설정 생성을 우측 클릭 및 선택합니다.

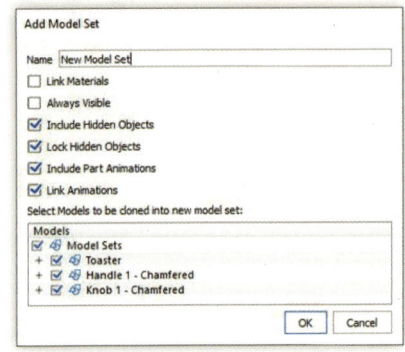

02 | 모델 설정 프리뷰 썸네일

실시간 뷰에서 현재 볼 수 있는 것을 기준으로 생성될 때 프리뷰 썸네일이 자동적으로 발생합니다.

- **렌더 프리뷰:** 모델 설정 사이드바에서 우측 클릭 메뉴를 통해 또는 모델 설정 위의 아이콘을 통해 모델 설정 속성 탭에서 랜더 프리뷰 버튼을 클릭하여 언제든 프리뷰 썸네일을 수동적으로 발생시킬 수 있습니다.

- **썸네일 크기:** 아이콘을 사용하여 사이드바에 디스플레이 된 썸네일의 크기를 선택할 수 있고, 썸네일 보지 않기도 선택할 수 있습니다.

- **썸네일 렌더 설정:**
    1. **샘플:** 썸네일을 렌더 하기 위해 사용된 샘플의 개수.
    2. **중앙에 맞추기:** 썸네일 프리뷰를 위해 현재의 카메라를 사용하기 원한다면, '중앙에 맞추기'를 선택하지 않아야 합니다.
    3. **고해상도 렌더링:** 사용자가 구성기를 사용하고 있고, 256픽셀이상의 모델 변형 썸네일을 디스플레이 하고 싶다면, 설정 드롭 다운 메뉴에서 썸네일 렌더 설정을 선택하여 "고해상도 렌더링"를 사용합니다.

LESSON 20 : 내보내기

키샷에서 결과물을 내보내는 3가지 주요한 방법은 아래와 같습니다.

1. 다른 3D 파일 형식으로 모델을 내보냅니다.
2. 실시간 뷰에서 스크린샷을 가져옵니다.
3. 씬을 렌더링 합니다.

01 | 내보내기 옵션

키샷 프로는 추가적인 3D 출력 옵션이 추가되어 특정 워크플로우를 위한 운영을 확장할 수 있습니다. 내보내기 옵션은 키샷 파일 메뉴에서 볼 수 있습니다.

내보내기 파일 형식

- **OBJ:** 단순하나 어디서든 지원되는 3D형식.
- **GLB/GLTF:** 3D 컨텐츠 생성 툴과 모던 3D 에플리케이션 사이를 연결하기 위해 고안된 형식.
  GLTF로 작업하기에 대한 추가적인 정보는 다음의 설명을 참고하세요. :GLB TutorialsonFacebook
- **STL:** 3D 프린팅에서 가장 많이 사용되는 일반 3D 형식.
- **FBX:** 오토데스크 소유의 널리 지원되는 3D형식.
- **3MF:** 3D 제조 형식(3D Manufacturing Format)으로 3MF Consortium에서 개발했으며 3D 프린팅에 사용됩니다.
- **USD:** 보편적 씬 표현(USD)으로 Pixar에서 개발했으며, USD, USDa, USDc 및 USDz로 구분되는 3D 파일 형식입니다. 3D 프로그램들 사이에서 3D 씬 정보를 옮길 때, MacOS 및 iOS에서의 AR 등과 같은 3D 컨텐츠를 선보일 때 사용됩니다.
- **AR :** USD와 GLB 형식으로 내보냅니다.

02 | 스크린샷

툴바의 스크린샷 버튼을 선택하거나 P 키를 누르는 것으로 실시간 뷰의 스크린샷을 생성할 수 있습니다. 스크린샷은 기본적으로 리소스/렌더링 폴더에 저장됩니다. 대상 폴더를 더 제어하고 싶을 경우 환경설정-일반에서 스크린샷 설정을 맞춤형으로 변경하여, **각 스크린샷 저장 위치**를 물어보기 옵션을 활성화할 수 있습니다. **각 스크린샷마다 카메라 저장** 옵션을 설정할 수도 있습니다. 적절한 각도를 탐색중일 때 이 옵션이 유용한데, 실시간 뷰 또는 발표 모드에서 씬을 보며 P 키를 누를 때마다 새로운 카메라를 추가합니다.

- **파일 포맷 출력:**
  - JPEG
  - PNG - 화질 및 투명도 추가 여부를 선택할 수 있습니다.

- **메타데이터:**

메타데이터를 포함하기를 선택하면, 키샷은 각 스크린샷마다 메타데이터 파일을 함께 저장합니다. 메타데이터는 현재 활성화된 카메라 각도, 환경, 모델, 재질 등에 대한 정보를 포함합니다. 메타데이터 설정 ⚙에서 메타데이터를 meta 파일과 xmp 파일 중 어느 형식으로 저장할지 선택할 수 있습니다.

03 | 렌더 출력

키샷은 해상도에 제한없이 스틸 이미지, 애니메이션 및 쌍방향 웹 비주얼을 생성할 수 있습니다. 렌더 출력 옵션에 대한 자세한 설명은 렌더의 '출력'을 참고하세요.

Still Images	Animations (Pro only)	KeyShotXR	Configurator
Image Output	**Video Output †**	**mage Output**	**Image Output †**
• JPEG	• AVI (MPEG4)	• JPEG	• JPEG
• TIFF* (8 bit)	• AVI (Uncompressed)	• PNG*	• TIFF* (8 bit)
• TIFF* (32bit)	• Quicktime (MPEG4)	**Supporting Files**	• TIFF* (32bit)
• EXR* (32 bit)	• Quicktime (Uncompressed)	• HTML	• EXR* (32 bit)
• PNG*	• Flash Video	• JS	• PNG*
• PSD* †	**Frame Output †**	**Other**	• PSD*
• PSD* † (32 bit)	• JPEG	• iBook	• PSD* (32 bit)
	• TIFF* (8 bit)		
	• TIFF* (32bit)		
	• EXR* (32 bit)		
	• PNG*		
	• PSD*		
	• PSD* (32 bit)		

LESSON 21 : 내보내기 파일 형식

내보내기 파일 형식은 다음과 같습니다.

Format	Materials	Textures	Normals	UVs	Cameras	Animation
OBJ	Color	No	Yes	Yes	No	No
gLTF/GBL	Baked	Baked	Yes	Yes	Yes	No
STL	Vertex colors	Vertex colors	Yes	No	No	No
FBX	Color	Yes	Yes	Yes	Yes	No
3MF	Baked	Baked	No	Yes	No	No
USD	Baked	Baked	Yes	Yes	No	No
ZPR	Vertex Colors	Vertex colors	No	Yes	No	No

01 | Smart Export

3MF, USD, glTF 형식은 재질 및 텍스처의 베이킹을 포함합니다. 이는 다음과 같은 재질 속성들이 하나의 텍스처 파일(png)로 묶인다는 뜻입니다.

- 색상/분산
- 거칠기
- 노르말 맵
- 금속성
- 앰비언트 오클루전

한계점

Smart Export는 다음을 지원하지 않습니다.(보풀, 곡선 지오메트리, 용적(산란 매질, 흐림, 투명), 얇은 필름 재질, 다중 레이어 시각 재질)

02 | OBJ

대상 파일이며, 3D 지오메트리를 단일로 표현하는 간단한 데이터 형식입니다. 3D 그래픽 프로그램에 널리 지원됩니다. OBJ 형식은 씬의 지오메트리 및 색상에 대한 정보를 저장하나, 텍스처, 환경 등에 대한 정보는 저장하지 않습니다.

OBJ로 내보내기

파일-내보내기-OBJ를 선택하고, 위치를 지정한 후 파일 이름을 작성합니다.
키샷은 2개의 파일을 출력합니다.

- 모든 지오메트리 데이터를 포함한 OBJ 파일
- 대상의 분산 색상에 대한 정보를 포함한 MTL 파일

03 | GLB/glTF

GL 전송 형식으로, "3D의 jpeg"입니다. 3D 컨텐츠 생성 도구들과 현대 3D 프로그램 사이의 간극을 메우기 위해 설계되었습니다. Windows 및 Android의 AR 뷰어에 사용할 수 있습니다.
glTF 파일 형식은 재질 및 텍스처를 하나의 텍스처 파일로 베이킹 합니다.

한계점

위의 베이킹 부문에서 언급한 한계 외에, glTF 형식으로 내보내기는 아래와 같은 한계 역시 가집니다. 플라스틱(투명) 재질은 분산 색상만을 사용하여 내보내기 됩니다.

glTF로 내보내기

파일-내보내기-GLB/glTF를 선택하고, 위치를 지정한 후 파일 이름을 작성합니다.

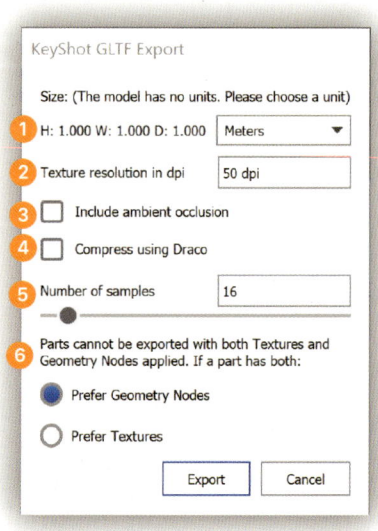

1. 크기: 씬 유닛이 규정되지 않은 씬일 경우, 지오메트리의 크기를 선택합니다.

2. 텍스처 dpi 해상도: 파트 별 텍스처 dpi 해상도입니다. 대화창은 모델의 비율에 기반하여 제안된 값을 보여줍니다. dpi가 높을수록 더 날카롭고 정교한 텍스처를 얻을 수 있으나, 파일 크기가 커집니다.

3. 앰비언트 오클루전 포함: 활성화할 시 텍스처 베이킹에 앰비언트 오클루전이 포함됩니다.

4.드라코를 사용하여 압축 : 지오메트리를 압축하여 파일크기를 줄입니다.
드라코는 텍스처를 압축하지 않기 때문에, 텍스처 품질에 영향을 주지 않습니다.

5. 샘플 수: 텍스처 베이킹의 각 픽셀마다 정교함을 위한 계산을 몇 번할 수 있는지 제어합니다. 너무 낮은 값은 과도한 노이즈를 포함하는 이미지를 출력합니다. 너무 높은 값은 내보내기 과정 시간을 길게 합니다.

6. 지오메트리 노드 또는 텍스처 선호: 해당 파일 형식은 한 파트에서 지오메트리 노드(물방울, 플레이크, 전위)와 텍스처를 둘 다 다룰 수 없습니다. 한 파트가 두 가지 모두 가지고 있다면, 이 선택으로 유형 중 하나를 우선시합니다.

주의사항:
glTF/GLB 파일 이름 작성 시 특수문자를 사용하면 일부 뷰어에서 문제가 발생합니다.

알려진 문제점:
어떤 경우에는 Windows 3D 뷰어가 일부 glTF 파일을 열 수 없는 것으로 알려져 있습니다. 이 문제가 발생하면 다른 뷰어를 사용해 보십시오.

04 | STL

광 경화 조형 파일은 주로 3D 프린팅에서 사용되는 일반적인 3D 파일 형식입니다. STL 형식은 기본적으로 지오메트리를 내보내는 데 쓰이지만, 재질 및 텍스처(색상 한정)를 정점 색상으로 변경할 수도 있습니다.

STL로 내보내기

파일-내보내기-STL를 선택하고, 위치를 지정한 후 파일 이름을 작성합니다.

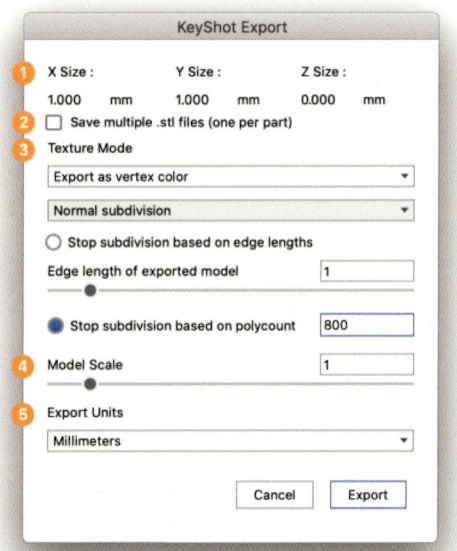

1. 내보내는 지오메트리의 크기에 대한 정보입니다. 모델 비율 또는 유닛 내보내기를 변경할 경우 업데이트 됩니다.

2. **여러 개의 stl 파일 저장:** 키샷이 각 파트의 STL 파일을 따로 내보내기를 원할 경우 활성화합니다. 내보낸 모든 파일을 포함하는 폴더가 생성됩니다.

3. **텍스처 모드:** 재질 및 텍스처를 어떻게 변경할지 선택합니다.

  - **단색으로 내보내기**는 씬의 모든 파트에 동일한 색상을 적용합니다.
  - **정점 색상(Vertex color)으로 내보내기**는 각 표면(그물망의 삼각형)의 색상을 결정합니다. 활성화할 때 방식 및 정밀도를 설정해야 합니다.
  - **세분화하지 않는다**는 그물망의 각 존재하는 표면마다 색상을 선택합니다.
  - **일반 세분화**는 표면들을 균일하게 분류합니다. 표면 개수를 가장자리 길이 또는 폴리곤 개수에 따라 제한할 수 있습니다.
  - **적응형 세분화**는 텍스처를 고려하여 표면을 세분화합니다. 일반 세분화와 비슷하게 가장자리 길이 또는 폴리곤 개수로 표면 개수를 제한해야 합니다.

4. **모델 비율**은 지오메트리의 비율을 정합니다.

5. **내보내기 단위**는 STL 파일의 단위를 변경할 수 있으나, 모델 크기가 변환되지 않으므로, 단위를 밀리미터에서 센티미터로 바꿀 경우 모델이 기존 크기의 10배가 된다는 점에 유의하십시오.

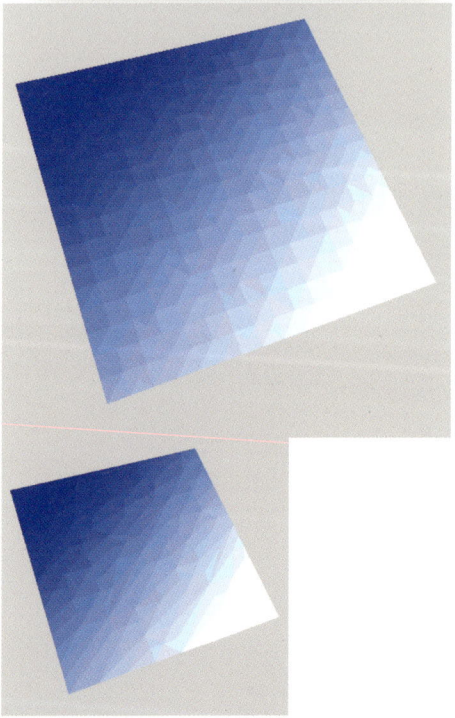

그래디언트 텍스처가 적용된 면은 폴리카운트 800이 적용되어 하위디비전 노르말을 사용한 STL(오른쪽 면)과, 어댑티브 하위디비전(왼쪽면)으로 내보내졌습니다.

05 | FBX

필름상자 파일로 Autodesk가 운영하며 널리 지원되는 3D 형식입니다.
FBX로 내보낼 때 씬에서 사용된 색상/분산 텍스처를 포함한 폴더가 함께 내보내집니다. 한편, FBX로 내보내면 텍스처 매핑을 기본 설정된 위치를 이용해 UV 매핑으로 변환하게 되므로 텍스처의 모든 설정 및 변화(비율/이동/회전)는 지워집니다. FBX로 내보내면 카메라가 포함됩니다.

FBX로 내보내기

파일-내보내기-FBX를 선택하고, 위치를 지정한 후 파일 이름을 작성합니다.

06 | 3MF

3D 제조 형식(3MF)은 3MF Consortium에서 개발했으며 3D 프린팅에 사용됩니다. 3MF 포맷은 디자이너가 지원하는 어플리케이션, 서비스 및 프린터에 완전히 그대로의 3D 텍스처 모델 및 색상 정보를 전송할 수 있도록 합니다. 위의 표1에서 지원하는 내보내기 기능을 확인할 수 있습니다.

3MF로 내보내기

파일-내보내기-3MF를 선택하고, 위치를 지정한 후 파일 이름을 작성합니다.

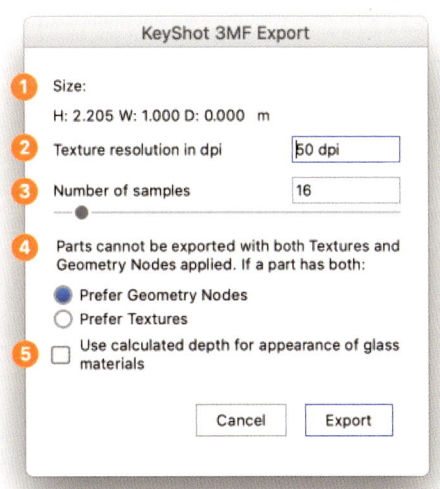

1. **크기:** 씬 유닛이 규정되지 않은 씬일 경우, 지오메트리의 크기를 선택합니다.

2. **텍스처 dpi 해상도:** 파트 별 텍스처 dpi 해상도입니다. 대화창은 모델의 비율에 기반하여 제안된 값을 보여줍니다. dpi가 높을수록 더 날카롭고 정교한 텍스처를 얻을 수 있으나, 파일 크기가 커집니다.

3. **샘플 수:** 텍스처 베이킹의 각 픽셀마다 정교함을 위한 계산을 몇 번할 수 있는지 제어합니다. 너무 낮은 값은 과도한 노이즈를 포함하는 이미지를 출력합니다. 너무 높은 값은 내보내기 과정 시간이 증가합니다.

4. **지오메트리 노드 또는 텍스처 선호:** 해당 파일 형식은 한 파트에서 지오메트리 노드(물방울, 플레이크, 전위)와 텍스처를 둘 다 다룰 수 없습니다. 한 파트가 두 가지 모두 가지고 있다면, 이 선택으로 유형 중 하나를 우선시합니다.

5. 유리 재질의 표현을 위해 계산된 깊이 사용: 색상이 있는 유리 재질(유전체 재질)의 표현은 재질의 두께와 관련되어 있습니다. 고급 3D 프린터의 경우 색상 코어를 가지고 프린트할 수 있는 설정을 가지고 있으나, 일부 인스턴스에서는, 유전체 재질 위 라벨이 있는 경우와 같이, 표준 레진 코어 위에 텍스처를 사용하는 것이 낫습니다.

이 설정을 활성화하면 내보내기 중 텍스처를 베이킹할 때 파트의 두께를 고려합니다. 이를 활성화하면 내보내기 과정 시간이 확연하게 증가합니다.

07 | USD

USD

보편적 씬 표현(USD)으로 Pixar에서 개발했으며, USD, USDa, USDc 및 USDz로 구분되는 3D 파일 형식입니다. 3D 프로그램들 사이에서 3D 씬 정보를 옮길 때, MacOS 및 iOS에서의 AR 등과 같은 3D 컨텐츠를 선보일 때 사용됩니다.
USD, USDa, USDc 형식은 모든 관련 텍스처를 포함한 폴더와 함께 파일을 내보냅니다.
USDz는 압축된 USD 파일로 이 역시 관련 텍스처를 포함합니다.

USD로 내보내기

파일-내보내기-USD를 선택하고, 위치를 지정한 후 파일 이름을 작성합니다.

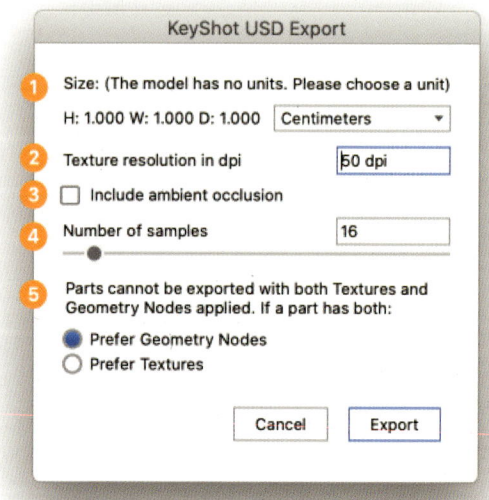

1. 크기: 씬 유닛이 규정되지 않은 씬일 경우, 지오메트리의 크기를 선택합니다.

2. 텍스처 dpi 해상도: 파트 별 텍스처 dpi 해상도입니다. 대화창은 모델의 비율에 기반하여 제안된 값을 보여 줍니다. dpi가 높을수록 더 날카롭고 정교한 텍스처를 얻을 수 있으나, 파일 크기가 커집니다.

3. 앰비언트 오클루전 포함: 활성화할 시 텍스처 베이킹에 앰비언트 오클루전이 포함됩니다.

4. 샘플 수: 텍스처 베이킹의 각 픽셀마다 정교함을 위한 계산을 몇 번할 수 있는지 제어합니다. 너무 낮은 값은 과도한 노이즈를 포함하는 이미지를 출력합니다. 너무 높은 값은 내보내기 과정 시간이 증가합니다.

5. 지오메트리 노드 또는 텍스처 선호: 해당 파일 형식은 한 파트에서 지오메트리 노드(물방울, 플레이크, 전위)와 텍스처를 둘 다 다룰 수 없습니다. 한 파트가 두 가지 모두 가지고 있다면, 이 선택으로 유형 중 하나를 우선시합니다.

08 | AR(.usdz, .glb)

이 내보내기 옵션은 씬의 .usdz 버전과 .glb 버전을 모두 출력합니다. 이는 두 형식이 모두 필요한 일부 AR 뷰어에 유용합니다.
파일 > 내보내기 > AR(.usdz, .glb)을 선택합니다. 파일 이름을 지정하고 위치와 특정 형식을 선택합니다.

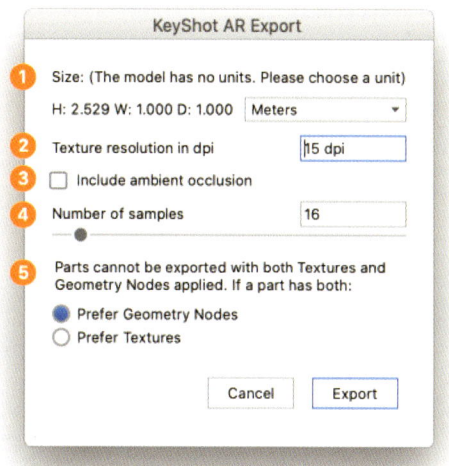

1. 크기: 씬에 씬 단위가 정의되어 있지 않으면 지오메트리의 크기를 선택해야 합니다.

2. 텍스처 해상도(dpi): 각 부품의 텍스처 해상도(dpi)입니다. 대화 상자는 모델의 크기을 기반으로 제안된 값으로 시작됩니다. dpi가 높을수록 더 선명하고 정교한 텍스처가 생성되지만 또한 파일 크기에도 영향을 줍니다.

3. 앰비언트 오클루전 포함: 활성화되면 앰비언트 오클루전이 베이크된 텍스처에 포함됩니다.

4. 샘플 수: 정확도 향상을 위해 베이크된 텍스처의 각 픽셀이 계산되는 횟수를 제어합니다. 값이 너무 낮으면 과도한 노이즈가 있는 이미지가 생성됩니다. 값을 높이면 내보내기 프로세스 시간이 늘어납니다.

5. 지오메트리 노드 또는 텍스처 선호: 이 형식은 단일 부품의 지오메트리 노드(거품, 플레이크, 변위)와 텍스처를 모두 처리할 수는 없습니다. 부품에 둘 다 있는 경우 이 선택을 통해 한 유형을 우선적으로 지정할 수 있습니다.

주의사항:
USDz는 양면 지오메트리를 지원하지 않으며 반대 방향으로 뒤집힌 노르말은 아티팩트로 표시됩니다. 이를 방지하려면 **노르말 뒤집기** 도구를 사용하여 노르말이 모두 정렬되어 있는지 확인할 수 있습니다.

LESSON 22 : USDz 및 GLB 파일 공유 및 임베딩 모범 사례

다음은 웹사이트에 임베딩하거나 AR 보기를 준비하기 위해 KeyShot에서 GLB/USD 내보내기 작업에 대한 정보 및 권장 사항입니다.

01 | <model-viewer>를 사용하여 브라우저 또는 모바일에서 볼 3D 모델(GLB) 임베딩

<model-viewer>를 사용하여 GLB 파일을 임베딩하면 웹과 AR에서 3D 모델을 볼 때 최고의 호환성이 생깁니다. <model-viewer>는 다음을 제공하는 웹 구성 요소입니다.

- 브라우저에서 대화형 3D 모델 보기
- Android 기기에서 GLB를 볼 수 있는 소스 링크
- iOS 기기에서 USD를 볼 수 있는 소스 링크
- 그리고 다른 여러 속성

02 | 3D 모델(GLB)을 어떻게 임베딩합니까?

KeyShot을 사용하면 다양한 방법으로 사용할 수 있는 GLB 파일을 내보낼 수 있습니다. 이것은 <model-viewer>와 함께 웹페이지에 3D 모델을 임베드하여 데스크탑과 모바일 브라우저 모두에서 3D 모델 보기와 지원되는 iOS 및 Android 모바일 장치용 AR 보기를 할 수 있게 합니다.

필요한 것

1. KeyShot에서 내보낸 GLB 파일
KeyShot Pro에서 **파일, 내보내기**로 이동하고 **GLB/GLTF**로 내보내기를 선택합니다. iOS 장치에서 AR로 모델을 볼 수 있는 옵션을 제공하려면 **내보내기, USD**로 내보내기를 선택하는 동일한 방법을 사용하여 USD 파일도 내보냅니다.

2. <model-viewer> 임베딩 코드
다른 HTML처럼 사용되는 간단한 임베딩 코드입니다. 3D 모델을 표시하려는 웹 페이지의 위치에 있는 HTML에 이것을 추가하기만 하면 됩니다. 사용 및 속성에 대한 자세한 내용은 modelviewer.dev를 방문하세요. 예를 들어 keyshot.com/envoy/에 3D 모델을 임베딩하는 데 사용되는 코드는 다음과 같습니다.

```
<script type="module" src="https://unpkg.com/@google/model-viewer/dist/model-
viewer.min.js"></script>> <div style="height: 600px; flex: 1; display: flex;
justify-content: center; border: 0px; box-sizing: border-box;"><model-viewer
style="width: 100%; height: 100%; background-color: #eee;"
src="https://media.keyshot.com/scenes/envoy/envoy-opt.glb" ios-
src="https://media.keyshot.com/scenes/envoy/envoy.usdz"
poster="https://media.keyshot.com/scenes/envoy/envoy-scan.jpg" alt="3D Export
from KeyShot" ar-modes="webxr scene-viewer quick-look" ar-scale="auto" ar auto-
rotate camera-controls></model-viewer></div>
```

> **주의사항:**
> 1. src URL을 GLB, USD 및 이미지(jpg, png, gif 등) 파일의 해당 위치로 교체합니다.
> 2. 파일 위치는 3D 모델을 표시하는 도메인과 동일한 도메인에 있어야 합니다. 모델이 표시되지 않으면 호스트 또는 웹 관리자에게 문의하여 사이트에 대해 CORS(Cross-Origin Resource Sharing)가 활성화되어 있는지 확인하십시오.

03 | iOS 및 Android 모두에 단일 QR 코드를 제공하려면

이것은 다양한 모바일 장치/브라우저용으로 설정된 헤더 리디렉션이 있는 간단한 HTML 파일로 할 수 있습니다. 이 파일의 예(http://keyshot.com/envoy/ 페이지의 경우)는
https://www.dropbox.com/s/y64tgclhrn5o9zy/qr.html?dl=0에서 다운로드할 수 있습니다.

1. 이 파일을 웹 서버에 업로드
2. 무료 QR 코드 생성기를 사용하여 HTML 파일의 위치를 URL로 사용하여 QR 코드를 생성합니다.

04 | iOS와 Android 모두에 단일 링크를 제공하려면

이것은 Leonardo Cavaletti가 만들고 GitHub에서 사용할 수 있는 <ar-button>이라 불리는 <model-viewer>와 유사한 웹 구성 요소를 사용하여 할 수 있습니다.
역시 http://keyshot.com/envoy 페이지의 예는 다음과 같습니다:

```
<script type="module" src="https://unpkg.com/@google/model-viewer/dist/model-
viewer.min.js"></script> <div style="height: 600px; flex: 1; display: flex;
justify-content: center; border: 0px; box-sizing: border-box;"><model-viewer
style="width: 100%; height: 100%; background-color: #eee;"
src="https://media.keyshot.com/scenes/envoy/envoy-opt.glb" ios-
src="https://media.keyshot.com/scenes/envoy/envoy.usdz"
poster="https://media.keyshot.com/scenes/envoy/envoy-scan.jpg" alt="3D Export
from KeyShot" ar-modes="webxr scene-viewer quick-look" ar-scale="auto" ar auto-
rotate camera-controls></model-viewer></div>
```

05 | 장치 보기 요구 사항

AR 훑어보기를 사용하여 iOS 장치에서 모델을 보려면:

- **iOS 11.0 이상 또는 A9 이상 프로세서가 탑재된 iOS 장치.**
- **USD 파일 크기 제한:** 복잡한 텍스처와 큰 이미지의 큰 파일일수록 로딩 시간에 영향을 미칠 수 있습니다. 최상의 결과를 위해 50MB 미만을 권장합니다.
- **Apple**에서 제공한 **USDZ 예시** 참조

씬 뷰어를 사용하여 Android 장치에서 AR로 GLB를 보려면, 장치는 다음 요건을 충족해야 합니다.

- **Android 7.0 이상에서 ARCore 지원 기기**여야 합니다.
- **AR용 Google Play 서비스**의 최신 버전 보유
- 최신 버전의 **Google 앱** 보유
- **GLB 파일 크기 제한:** 최대 15MB(10MB 권장), 최대 100,000개의 삼각형(15MB 제한값 미만이라면, 더 많은 삼각형이 있는 파일도 작동될 수 있음).

위의 조건이 충족되면 모바일 장치에 AR 보기가 나타나야 합니다. 그렇지 않은 경우 파일을 다운로드하거나, 파일 다운로드를 요청하거나 또는 (Android의 경우) Google Play 스토어에서 AR용 Google Play 서비스로 이동합니다.

LESSON 23 : 프린팅을 위한 3MF 내보내기 모범 사례

다음은 3D 프린팅을 위해서 KeyShot 모델을 3MF로 내보내기 위한 일련의 지침입니다. 자세한 내용은 PolyJet 3D 인쇄용 KeyShot의 디자인을 다운로드하십시오.

01 | 모델 준비

- 원본 모델의 해상도(테셀레이션)가 3D 프린팅에 적합한지 확인하십시오. 모델은 KeyShot에서 "부드럽게"로 나타나지만 인쇄할 때 면처리된 표면이 있을 수 있습니다.
- 변위를 사용하여 텍스처를 만드는 경우 텍스처가 있는 부분과 가장 가까운 개체 사이의 허용 오차가 변위된 텍스처의 높이보다 커야 합니다. 눈에 띄게 겹치는 지오메트리를 수정하려면 텍스처가 더 이상 눈에 띄게 교차하지 않을 때까지 부품을 축소하기만 하면 됩니다.
- 3MF 내보내기 및 최종 이미지 렌더링 모두에 동일한 KeyShot 파일을 사용하는 경우 일부 재질이 3D 인쇄에 더 적합하므로 재질을 관리하기 위해 별도의 모델 세트를 생성할 수 있습니다.
- 특히, **반투명** 또는 **산란 매체** 재질 사용을 피하고 대신 **플라스틱, 유리, 보석 또는 액체 재질**을 사용하십시오.

02 | 모델 내보내기

- KeyShot 내에서 씬 측정을 설정하지 않은 경우 드롭다운에서 씬 단위를 선택할 수 있습니다.
- 400에서 600 사이의 DPI를 사용합니다.
    - KeyShot은 텍스처, 레이블 및 색상에만 DPI를 적용합니다.
        - **텍스처, 레이블 또는 색상이 없는 경우 KeyShot은 DPI를 무시합니다.**
    - 일반적으로 부품 해상도는 프린터 해상도보다 높아야 합니다. 현재 KeyShot의 기본 해상도는 400DPI입니다.
    - 300DPI 미만에서는 모델 외관이 좋지 않습니다.
- 샘플 수는 16으로 유지해야 합니다.
- 지오메트리 노드 또는 텍스처의 선호를 선택합니다.
    - 제한으로 인해 부품에는 지오메트리 노드와 텍스처를 모두 적용할 수 없습니다. 따라서 이러한 경우에 선호하는 출력을 선택하십시오.
- 계산된 깊이 사용 여부를 선택합니다.
    - 이 옵션을 선택하면 각 다각형의 두께에 따라 투명한 부분에 색상을 적용합니다. 코어가 투명할 때 투명도 두께를 시뮬레이션합니다. 이 확인란의 선택을 취소하면 파일 내보내기 속도가 빨라집니다.

LESSON 24: 3MF 네임스페이스 사양

네임스페이스 www.keyshot.com/3mf/2021/10에는 다음이 포함됩니다.

- Transparency_distance [m](숫자)
- Scattering_coefficient [1/m](3개의 숫자, 색상 채널당 1개)
- Absorption_coefficient [1/m](3개의 숫자, 색상 채널당 1개)
- Diffuse(팬톤 색상의 이름/코드)
- CMF(사용자 정의 필드 및 값) 텍스트와 숫자만 지원됩니다.(썸네일 없음)

메타데이터 필드는 이를 사용하는 재질을 내보낼 때만 파일에 기록됩니다.

LESSON 25 : 라이브러리 모델

라이브러리 패널의 **모델 탭**에서 씬에 쉽게 추가할 수 있는 모델들을 찾을 수 있습니다. 기본적인 지오메트리 도형이나 평범한 제품부터 조명과 카메라를 갖추어 제품을 전시할 수 있는 전체 씬일 수도 있습니다. **키샷 클라우드**에도 당신이 다운로드 하기만을 기다리는 모델이 한 무더기 있습니다.

01 | 씬에 모델 리소스 추가하기

지역 라이브러리에서 모델을 추가하는 방법은 세 가지가 있습니다.

- **끌어놓기:** 끌어놓기를 사용하면 바운딩 상자가 모델의 사이즈를 알려줍니다. 상자를 씬 내에서 드래그하여 정확히 원하는 장소에 놓으면 됩니다.
- **더블클릭:** 라이브러리에서 모델을 더블클릭하면 씬의 중심에, 바닥 평면에 위치한 채로 모델이 추가됩니다.
- **컨텍스트 메뉴:** 라이브러리에서 모델을 마우스오른쪽버튼으로 클릭하면 씬에 추가하기를 선택할 수 있습니다. 이 역시 씬의 중심에, 바닥 평면에 위치한 채로 모델이 추가됩니다.

키샷 클라우드에서 실시간 뷰로 모델을 끌어놓기하여 추가할 수 있습니다. 대안으로 모델을 다운로드 하고 라이브러리에서 추가하는 방법도 있습니다. 두 방법 모두 라이브러리의 다운로드 폴더에 모델을 추가하며, 그곳에서 관련 폴더에 드래그하여 옮길 수 있습니다.

02 | 자신만의 모델 리소스 생성하기

템플릿 또는 라이브러리에 추가하기를 통해, 현재 씬에 기반한 리소스를 만들어 모델 라이브러리를 당신만의 모델로 채울 수 있습니다.

03 | 라이브러리에 추가하기

- **이름:** 라이브러리에 어떤 이름으로 넣을지 정합니다.
- **폴더:** 리소스를 저장할 모델 라이브러리의 위치를 선택합니다.
- **포함:** 당신만의 모델을 라이브러리에 추가할 때 리소스에 무엇을 포함시킬지 선택합니다.

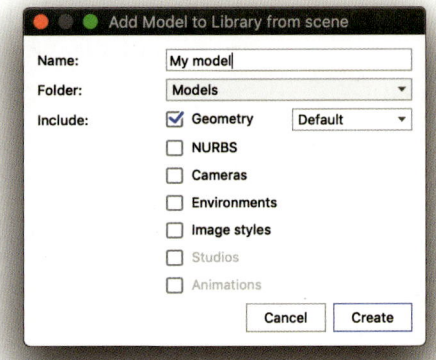

  - **지오메트리:** 지오메트리를 포함하면 포함하려는 모델 세트를 선택할 수 있습니다. 기본 설정으로 모든 표시된 모델 세트가 선택됩니다.
  - **NURBS:** 씬이 NURBS 데이터를 포함한다면 공간을 절약하기 위해 제외시킬 수 있습니다.
  - **카메라:** 리소스에 카메라를 포함시킬지 선택합니다.
  - **환경:** 리소스에 환경을 포함시킬지 선택합니다.
  - **이미지 스타일:** 리소스에 이미지 스타일을 포함시킬지 선택합니다.
  - **스튜디오:** 이미 카메라/환경/이미지 스타일을 리소스에 포함시켰다면, 스튜디오를 리소스에 포함시켜도 카메라/환경/이미지 스타일만이 포함된다는 것에 주의하세요.
  - **애니메이션:** 씬이 애니메이션을 포함한다면 모델에 포함시킬 수 있습니다. 지오메트리/카메라를 포함시키지 않는다면, 관련된 애니메이션 역시 포함되지 않게 됩니다.

TIP

모델로 스타트업 스튜디오 생성하기
같은 시리즈의 제품에 같은 카메라 각도, 환경 및 스튜디오를 사용하고 싶다면 지오메트리가 없거나 소툴만 있는 지오메트리를 가진 모델을 생성하여 여러 가지 씬에서 쉽게 사용할 수 있습니다.

버전 호환성
라이브러리 모델은 생성된 키샷과 동일한 버전, 또는 이후 버전에서만 호환됨에 유의하십시오.

04 | 라이브러리에서 모델 삭제하기

목록에서 항목을 우측 클릭하고 삭제를 선택하는 것으로 라이브러리에서 모델을 언제든지 지울 수 있습니다. 모델과 사용된 텍스처, 백플레이트 등은 일반 모델 폴더에서 자기 포함 폴더에 저장됩니다. 라이브러리에서 모델을 지운다는 건 모든 관련된 리소스가 함께 지워진다는 뜻입니다. 만일 모델에서, 예를 들어 텍스처를 재사용하고 싶다면 텍스처 폴더에 저장한 뒤 그곳에서 적용하거나, 새로운 씬을 .ksp로 저장해야 합니다. 그러지 않으면 찾을 수 없는 리소스 문제에 직면할 수 있습니다.

05 | 모델 라이브러리 단축키

키샷의 이전 버전에서 메인 메뉴 > 편집 > 지오메트리 추가하기로 상위 지오메트리를 추가할 수 있었습니다. 이 기능은 이제 모델 라이브러리의 지오메트리 폴더에 포함됩니다. 10개의 단축키(Ctrl/Cmd+0-9)가 모델을 쉽게 추가할 수 있도록 제공됩니다. 지오메트리 폴더에서 알파벳 순서로 상위 10개의 지오메트리에 기본으로 설정됩니다.

지오메트리 폴더에 모델을 더한다면 자동 단축키 설정에 포함될 수 있습니다.

알파벳 순서로 적용되는 단축키 부여를 피하고 싶거나 지오메트리 폴더 밖에 있는 모델에 단축키를 부여하고 싶다면 모델을 오른쪽 클릭하여 단축키 부여를 선택할 수 있습니다. 이제 10개의 단축키 중 하나를 모델에 부여하고 메인 메뉴의 지오메트리 추가하기 목록에서 발견할 수 있습니다.

키샷 사용 사례

PART. 05 가져오기와 모델설정
가져오기, 내보내기, 모델 설정 및 3D CAD 데이터 작업을 다룹니다.

PART 06

재질

이 장에서는 어디서 재질을 찾고, 어떻게 작업하는지와 일반재질 매개변수 그리고 모든 재질유형과 변수에 대해 다룹니다. 키샷은 현실적인 비주얼을 만드는 모든 사람을 위해 만들어 졌기 때문에, 재질에 대한 이해가 꼭 필요한 것은 아니지만, 렌더링과 재질을 만드는 작업을 더깊이 이해할 수 있도록 도움을 줄 수 있습니다.

LESSON 01 : 재질 라이브러리

재질 프리셋은 키샷 **라이브러리, 재질** 탭에서 찾을 수 있습니다.

표시되는 재질 프리셋은 모두 키샷 **재질** 유형을 사용하여 만들어집니다. 각 라이브러리 재질은 필요한 매개 변수만을 쉽게 사용할 수 있도록 설계되었습니다. 예를 들어, **금속** 라이브러리 재질은 **금속** 재질 유형을 사용하며 금속 재질에 필요한 매개 변수만 표시합니다. 마찬가지로, **플라스틱** 라이브러리 재질은 플라스틱 재질 유형을 사용하며 **플라스틱** 재질에 필요한 매개 변수만 갖습니다.

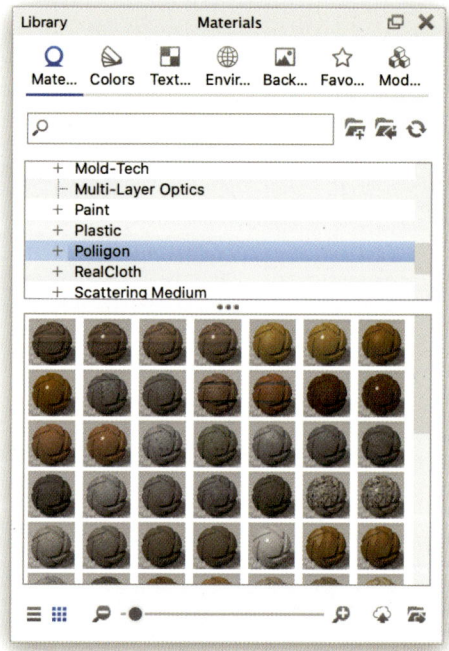

TIP

라이브러리 > 재질로 이동하여 원하는 재질을 마우스 우 클릭하고 컨텍스트 메뉴에서 썸네일 스타일을 선택하여 선택한 재질에 사용할 썸네일 스타일을 사용자 지정할 수 있습니다.

01 | 기본 재질

키샷은 옷감과 가죽부터 금속, 플라스틱, 심지어 연기까지 폭넓은 750가지 이상의 재질들을 저장하고 있습니다. 재질들은 폴더로 정리되어 있습니다.

> **TIP**
>
> **라이브러리 업데이트**
> 키샷 라이브러리는 최신 키샷 재질, 질감 및 환경 기능을 활용하도록 업데이트 되었습니다.

02 | 맞춤 재질

자신만의 재질을 만들 수 있습니다. 자신만의 재질을 편집, 복사 및 저장하기 위한 시작점으로 라이브러리 재질을 활용하세요.

03 | 재질 불러오기

라이브러리에 직접 재질을 불러오거나 (MTL, KMP, AxF 및 U3M) 도구 섹션의 **재질 불러오기**를 사용할 수 있습니다. 라이브러리에 직접 재질을 불러 올 때, 재질을 불러 올 폴더를 선택하고 불러오기 아이콘 을 눌러서 불러 올 파일을 선택합니다.

04 | 키샷 클라우드 재질

Luxion, 키샷 동업자 및 키샷 사용자가 만든 수천 가지의 키샷 재질을 키샷 클라우드에서 구할 수 있습니다. 키샷 툴 바 맨 왼쪽에서 또는 https://cloud.keyshot.com에서 ◉ 키샷 클라우드에 접속할 수 있습니다. 키샷 클라우드에 대해 자세히 알아보려면 568페이지의 키샷 클라우드를 참고하세요.

05 | 추가 재질

Windows 및 Mac 키샷 2024 사용자를 위해 키샷 콘텐츠 설치 프로그램이 마련되어 있습니다. 설치 프로그램은 그 용량 때문에 기본 키샷 설치 프로그램에서 제외된, **Poliigon 텍스처**를 포함한 고품질의 재질을 포함합니다. 설치 프로그램에 포함된 재질에 사용된 Poliigon 텍스처는 키샷 내에서만 사용할 수 있습니다. 다른 용도로 이 텍스처를 사용하려면, **Poliigon 텍스처** 포함 재질 페이지에서 사용된 텍스처 목록을 확인하십시오.

콘텐츠 설치

다운로드 후 설치 프로그램을 실행하세요. 설치하면서 새로운 리소스들이 키샷 리소스 폴더에 추가되고, 다음에 키샷을 실행할 때 키샷 라이브러리와 재질 탭에서 확인할 수 있습니다.

주의사항:

설치 프로그램의 재질은 KeyShot 9, KeyShot 10 및 KeyShot 11용 콘텐츠 설치 프로그램에서 제공되는 것과 동일하지만 KeyShot 2023.1 재질의 개선 사항을 최대한 활용하도록 업데이트되었습니다.

Keyshot9/10/11에 Poliigon 재질 팩을 설치하고 리소스를 KeyShot 2024.1로 마이그레이션하기로 선택한 경우, KeyShot 2024.1 콘텐츠 팩을 설치할 때 마이그레이션 폴더에서 재질 라이브러리의 루트로 폴더가 이동된 경우에만 Poliigon 재질은 새 버전으로만 덮어쓰기가 됩니다. – 그렇지 않으면 "동일한" 재질의 2가지 버전을 갖게 됩니다.

LESSON 02 : Poliigon 텍스처 재질

키샷의 Poliigon 텍스처는 암호화 되어있으며 키샷 내에서만 사용할 수 있습니다. 만일 다른 용도로 텍스처를 이용하고자 할 경우, 아래 Poliigon 텍스처를 사용한 모든 키샷 재질의 교차 참조표를 참고하십시오.

Folder	KeyShot Material Name	Poliigon Texture Name	Poliigon Texture Link
Bricks	Poliigon - Bricks Grey 1, Poliigon - Bricks Grey 2	Bricks 03	https://www.poliigon.com/texture/50
	Poliigon - Bricks Red 1, Poliigon - Bricks Red 2	Bricks 02	https://www.poliigon.com/texture/49
Concrete	Poliigon - Concrete Pitted 1, Poliigon - Concrete Pitted 2	Concrete 24	https://www.poliigon.com/texture/186
	Poliigon - Concrete Plates 1, Poliigon - Concrete Plates 2	Concrete Plates 01	https://www.poliigon.com/texture/207
	Poliigon - Concrete Spots 1, Poliigon - Concrete Spots 2	Concrete 03	https://www.poliigon.com/texture/165
	Poliigon - Concrete Stripes 1, Poliigon - Concrete Stripes 2	Concrete 04	https://www.poliigon.com/texture/166
	Poliigon - Concrete Textured 1, Poliigon - Concrete Textured 2	Concrete 36	https://www.poliigon.com/texture/198
	Poliigon - Grunge Wall 1, Poliigon - Grunge Wall 2	Grunge Wall 039	https://www.poliigon.com/texture/959
Stone	Poliigon - Granite, Poliigon - Granite Shiny	Marble 40	https://www.poliigon.com/texture/1125
	Poliigon - Marble	Marble 11	https://www.poliigon.com/texture/1096
	Poliigon - Solid Surface Countertop 1, Poliigon - Solid Surface Countertop 1 Shiny, Poliigon - Solid Surface Countertop 2, Poliigon - Solid Surface Countertop 2 Shiny	Tiles 19	https://www.poliigon.com/texture/1661

Folder	KeyShot Material Name	Poliigon Texture Name	Poliigon Texture Link
Stone	Poliigon - Tiles Stone Warm 1, Poliigon - Tiles Stone Warm1 Shiny, Poliigon - Tiles Stone Warm 2, Poliigon - Tiles Stone Warm 2 Shiny	Tiles 03	https://www.poliigon.com/texture/1645
Plaster	Poliigon - Plaster 1, Poliigon - Plaster 2	Plaster 35	https://www.poliigon.com/texture/1402
Tiles	Poliigon - Tiles Marble White, Poliigon - Tiles Marble White 2	Tiles Rectangular Marble 001	https://www.poliigon.com/texture/2303
Tiles	Poliigon - Tiles Polished Black	Rectangular Mirror Black 001	https://www.poliigon.com/texture/2304
Tiles	Poliigon - Tiles Polished White	Rectangular Mirror White 001	https://www.poliigon.com/texture/2308
Tiles	Poliigon - Tiles Rectangular Brushed, Poliigon - Tiles Rectangular Brushed Shiny	Rectangular Brushed 001	https://www.poliigon.com/texture/2299
Wood Flooring	Poliigon - Wood Flooring Dark, Poliigon - Wood Flooring Dark Shiny	Wood Flooring 046	poliigon.com/texture/wood-flooring-046
Wood Flooring	Poliigon - Wood Flooring Dark Neutral, Poliigon - Wood Flooring Dark Neutral Shiny	Wood Flooring 067	poliigon.com/texture/wood-flooring-067
Wood Flooring	Poliigon - Wood Flooring Light 1, Poliigon - Wood Flooring Light 1 Shiny, Poliigon - Wood Flooring Light 2, Poliigon - Wood Flooring Light 2 Shiny	Wood Flooring 020	No longer available at poliigon.com
Wood Flooring	Poliigon - Wood Flooring Medium, Poliigon - Wood Flooring Medium Shiny	Wood Flooring 059	poliigon.com/texture/wood-flooring-059
Wood Flooring	Poliigon - Wood Flooring Mixed 1, Poliigon - Wood Flooring Mixed Shiny, Poliigon - Wood Flooring Mixed 2, Poliigon - Wood Flooring Mixed 2 Shiny	Wood Flooring 010	No longer available at poliigon.com
Wood Flooring	Poliigon - Wood Flooring Warm, Poliigon - Wood Flooring Warm Shiny	Wood Flooring 044	poliigon.com/texture/wood-flooring-044
Fabric	Poliigon - Linen 1, Poliigon - Linen 2	Fabric Linen 001	poliigon.com/texture/fabric-linen-001
Fabric	Poliigon - Wool Basic 1, Poliigon - Wool Basic 2	Fabric Wool 002	poliigon.com/texture/fabric-wool-002
Fabric	Poliigon - Wool Woven 1, Poliigon - Wool Woven 2	Fabric Wool 001	poliigon.com/texture/fabric-wool-001

Folder	KeyShot Material Name	Poliigon Texture Name	Poliigon Texture Link
Wood	Poliigon - Ash natural Poliigon - Ash natural Shiny, Poliigon - Ash Dark, Poliigon - Ash Dark Shiny	Wood Fine 03	No longer available at poliigon.com
	Poliigon - Beech, Poliigon - Beech Shiny	Wood Flooring 063	poliigon.com/texture/wood-flooring-063
	Poliigon - Birch, Poliigon - Birch Shiny	Wood Flooring 064	poliigon.com/texture/wood-flooring-064
	Poliigon - Cherry 1, Poliigon - Cherry 1 Shiny, Poliigon - Cherry 2, Poliigon - Cherry 2 Shiny	Wood Fine 11	No longer available at poliigon.com
	Poliigon - Oriented Strand Board (OSB) 1, Poliigon - Oriented Strand Board (OSB) 2	Wood Fine 28	No longer available at poliigon.com
	Poliigon - Plywood Old 1, Poliigon - Plywood Old 2	Wood Fine 01	No longer available at poliigon.com
	Poliigon - Plywood Side 1, Poliigon - Plywood Side 2	Wood Fine 04	No longer available at poliigon.com
	Poliigon - Walnut Dark, Poliigon - Walnut Dark Shiny Poliigon - Walnut Light, Poliigon - Walnut Light Shiny	Wood Fine 14	No longer available at poliigon.com

LESSON 03 | 재질 할당

재질을 모델에 할당하려면 재질 라이브러리에서 실시간 보기의 파트 위로 드래그앤 드롭 합니다. 재질을 파트로 드롭하기 전에 마우스 커서 아래의 파트에 미리보기를 볼 수 있습니다. 재질은 왼쪽 마우스 버튼을 놓기 전에는 실제 할당되지 않습니다.

일단 재질이 라이브러리에서 로드 되면 복사본이 "인프로젝트 라이브러리" 내에 위치하게 됩니다. 모델에 배정된 모든 추가 재질은 "인프로젝트 라이브러리" 에도 추가됩니다. 만일 "인프로젝트 라이브러리" 내에 이미 같은 재질이 존재한다면 재질의 뒤에 숫자가 매겨지고 복사본이 생성됩니다.

01 | 재질 연결

경우에 따라 사용자는 여러 파트에 하나의 재질을 지정하고, 해당 재질을 변경했을 때 모든 파트에 변경 사항이 적용되기를 원할 수 있습니다. 연결된 재질은 세 가지 방법으로 추가할 수 있습니다.

- 연결되기를 바라는 파트에 **인프로젝트 라이브러리**에 존재하는 재질을 드래그 하십시오.
- **실시간 보기**에서 파트를 오른쪽 클릭하고 **재질 복사**를 선택하여 재질을 복사한 뒤, 연결되기를 원하는 파트를 오른쪽 클릭하여 연결된 재질 붙여넣기를 선택하십시오.
- **재질 라이브러리**에서 같은 재질을 반복하여 드래그 하면 키샷이 재질을 연결할지 물을 것입니다.

파트를 오른쪽 클릭하여 **재질 연결 해제**를 선택하면 재질 연결을 해제할 수 있습니다. 이 경우 **인프로젝트 라이브러리**에 재질에 숫자가 추가된 사본이 생성됩니다.

02 | 다중 재질

KeyShot Pro 사용자는 Shift를 누른 상태로 파트 위에 라이브러리에서 가져온 재질을 드롭 하는 것으로 다중 재질을 생성/추가할 수 있습니다.

03 | 텍스처 및 라벨 고정

이미 텍스처 또는 라벨이 존재하는 파트 위에 재질을 드래그할 경우, 텍스처 또는 라벨을 고정하고 새 재질에 적용할 수 있습니다. 텍스처를 고정하려면 Alt를, 라벨을 고정하려면 Ctrl을 누르십시오.

LESSON

04 : 재질 편집

재질 속성을 탐색하여 변경하는 방법은 여러 가지 있지만, 모든 편집은 **프로젝트 창**의 **재질 탭**에서 수행됩니다.

다음 네 가지 방법 중 어느 것이든 사용하여 재질 속성에 접근할 수 있습니다.

1. **실시간 보기**에서 모델의 파트를 더블 클릭 하십시오.

2. **인프로젝트 라이브러리**에서 재질 썸네일을 더블 클릭 하십시오.

3. **씬 트리**의 파트를 오른쪽 클릭하고 재질 편집을 선택 하십시오.

4. **씬 트리**에서 파트를 선택하고 **속성** 창에서 **재질 편집**을 선택하십시오.

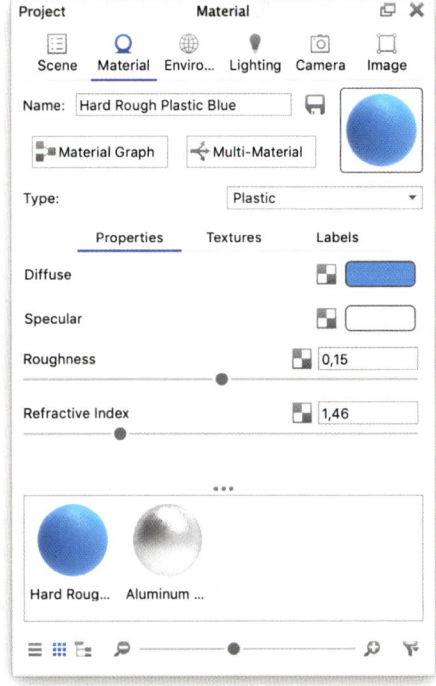

이 중 어느 방법이든 파트에 적용된 재질의 **프로젝트 창**, **재질, 속성**을 활성화할 것입니다. 모든 재질 편집은 **실시간 보기**에 업데이트될 것입니다. 재질 설정 및 유형에 대하여 더 자세히 알아보려면 **재질 유형**을 참고하십시오.

키샷 프로 사용자는 재질을 편집하기 위해 **재질 그래프**를 사용하는 것 역시 가능합니다.

LESSON 05 | 재질 복사

재질을 복사할 때 중요한 것은 같은 재질의 분리된 버전을 원하는지, 재질이 서로 연결되기를 바라는지 결정하는 것입니다.

01 | 재질 연결

두 파트가 연결된 재질을 가지고 있을 경우, 재질에 대한 편집은 모든 파트에 영향을 줍니다.
연결하고자 하는 재질을 복사 및 붙여넣기 하는 방법은 여러 가지 있습니다.

- 모델에 적용된 재질에 "Shift + 왼쪽 클릭"을 누르면 재질이 복사됩니다. 재질을 붙여넣기 위해 다른 파트에 "Shift + 오른쪽 클릭"을 누르면 같은 재질이 **인프로젝트 라이브러리**에서 복사되어 다른 파트에 붙여넣기 되고, 연결된 재질로서 재질을 붙여넣기할 수 있습니다.

- **인프로젝트 라이브러리**에서 재질을 선택하여, 이미 그 재질이 적용되지 않은 파트에 드래그&드랍 하십시오.

- 파트를 오른쪽 클릭하고 나타나는 메뉴에서 **재질 복사**를 선택하십시오. 다른 파트를 오른쪽 클릭하고 연결된 **재질 붙여넣기**를 선택하십시오.

02 | 분리된 재질

연결되지 않은 재질을 적용할 때마다 재질의 임시 사본이 인프로젝트 라이브러리에 생성됩니다.

- 모델에 적용된 재질에 "Shift + 왼쪽 클릭"을 누르면 재질이 복사됩니다. 재질을 붙여넣기 위해 다른 파트에 "Shift + Alt + 오른쪽 클릭"을 누르면 같은 재질이 **인프로젝트 라이브러리**에서 복사되어 다른 파트에 붙여넣기 됩니다.

- **재질 라이브러리**에서 재질을 드래그&드랍 하십시오. 키샷이 연결을 원하는지 물을 것입니다.

- 파트를 오른쪽 클릭하고 나타나는 메뉴에서 재질 복사를 선택하십시오. 다른 파트를 오른쪽 클릭하고 **재질 붙여넣기**를 선택하십시오.

03 | 단축키

- **Shift + 왼쪽 클릭:** 재질 복사 (재질 선택)
- **Shift + 오른쪽 클릭:** 연결된 재질 붙여넣기 (재질 적용)
- **Shift + Alt + 오른쪽 클릭:** 재질 붙여넣기 (사본 적용)

LESSON 06 : 재질 저장

재질을 저장하기 위해 두 가지 방법이 있습니다.

- 모델의 재질을 직접 오른쪽 클릭하고 라이브러리에 재질 추가를 선택하십시오.
- 프로젝트 창의 재질 탭 위의 '라이브러리에 저장' 아이콘 💾을 클릭하십시오.

어느 방법이든 실행한 뒤 재질 라이브러리의 대상 폴더를 지정할 것을 요구하는 대화창이 나타납니다. 폴더 위치를 선택한 뒤 새 재질은 라이브러리에 저장됩니다.

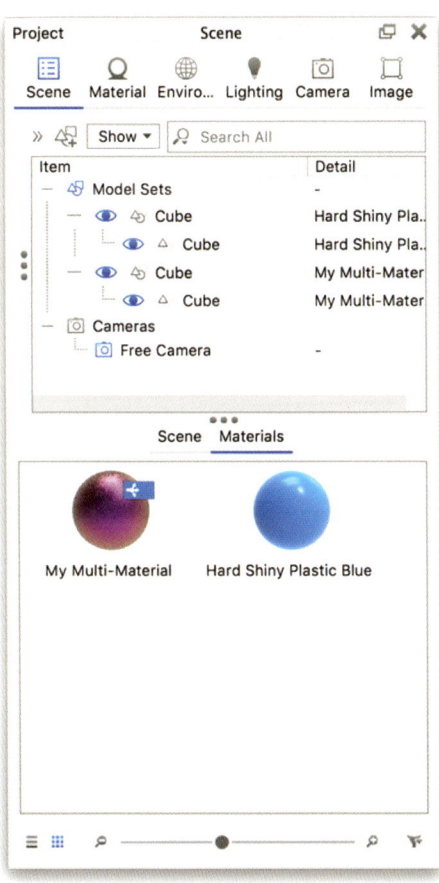

주의사항:
맞춤 재질을 저장하기 위해 자신만의 폴더를 만들 수 있습니다. 재질 라이브러리에서 폴더 추가 아이콘 을 클릭하기만 하면 됩니다.

LESSON 07 : 인프로젝트 라이브러리

"인프로젝트 라이브러리"는 재질 아래의 씬 탭 아래쪽에 있습니다. 재질이 재질 라이브러리에서 꺼내져서 모델에 할당되면 재질의 복사본이 "인프로젝트 라이브러리"에 위치하게 됩니다. 모든 재질은 재질 볼 썸네일 형태로 보여지거나 목록으로 보여집니다.

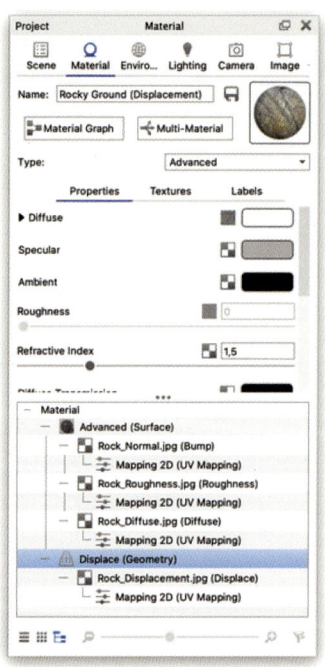

재질을 재질 라이브러리에서 끌어와 모델에 적용할 경우, 인프로젝트 라이브러리에 적용된 재질의 사본이 생성됩니다. 적용된 재질이 이미 장면 내에 존재할 경우 키샷은 재질을 연결할지를 물을 것입니다. 연결하지 않는다고 답할 경우, 인프로젝트에 적용된 재질의 임시 사본이 추가될 것입니다.

재질이 장면에서 더 이상 사용되지 않는 경우 인프로젝트 라이브러리에서 자동으로 삭제됩니다. 예를 들어, 재질이 하나의 파트에만 적용되어 있는데 새로운 재질을 그 파트에 적용할 경우, 이전 재질은 더 이상 장면에서 사용되지 않기 때문에 "인프로젝트 라이브러리"에서 삭제됩니다.

다중 재질(프로 기능)은 발견하기 쉽도록 라벨 처리됩니다.
재질 썸네일 아래에서 ☰ 목록 / ▦ 그리드 표시를 선택하거나 썸네일 크기를 설정하거나 인프로젝트 라이브러리에서 표시될 재질을 걸러 표시할 수 있습니다.

01 | 재질 뷰

재질 탭의 인프로젝트 라이브러리 역시 재질 뷰 옵션을 가지고 있습니다. 이는 키샷 프로에서 생성된 고급 재질의 구조를 표시하며, 키샷 프로 사용자가 아니더라도 각 노드의 효과를 조정할 수 있습니다.

이 예에서는 Keyshot 11와 함께 번들로 제공되는 displacement.bip 데모 장면에서 변위된 접지 재료의 속성을 볼 수 있습니다.

LESSON 08 : 중복 재질 링크

중복 재질 링크 기능을 사용하면 씬에서 정확히 동일한 재질을 빠르게 찾아 링크할 수 있습니다. 이것은 프로젝트 내 라이브러리를 정리하는 데 도움이 되는 쉬운 방법이 될 수 있습니다.

프로젝트 창 아래에서 재질 보기를 마우스 우 클릭하고 > 씬 탭 또는 프로젝트 창 > 재질 탭에서 컨텍스트 메뉴의 중복 재질 링크하기를 선택합니다. 그러면, 중복 재질 링크하기의 대화 상자가 열립니다. 다음 두 가지 방법으로 중복 재질을 링크할 수 있습니다.

- 오른쪽 목록에서 재질의 체크박스에 체크하여 링크할 재질을 선택합니다.
- **재질 링크하기**를 클릭하여 선택한 재질을 링크합니다.
- 모든 **중복 링크하기**를 클릭하여 씬의 모든 중복 재질을 링크합니다.

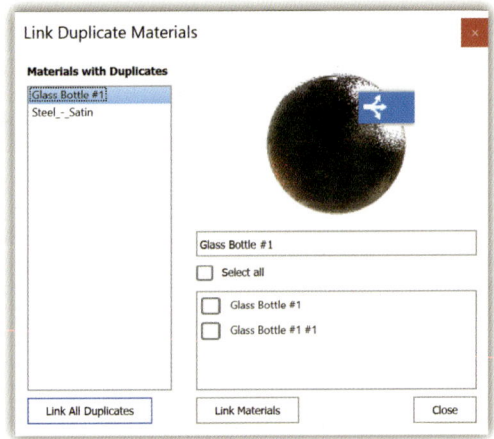

LESSON 09 : 일반적 매개변수

키샷 재질의 이해를 위한 4개의 일반 매개변수가 있습니다.
각 재질은 자신의 모습에 맞게 조절할 수 있는 각자의 변수가 있습니다.
어떤 변수는 재질에 관계없이 동일하며 아래에 설명되어 있습니다.

- 확산 매개변수
- 반사 매개변수
- 굴절률
- 거칠기 매개변수

01 | 확산 매개변수

확산 매개변수는 많은 재질 유형에서 나타납니다. 키샷에서 작업을 할 때 확산에 대해 떠올리는 가장 기초적인 방법은 재질의 전체 색상입니다. "분산" 또는 "산란" 재질을 만드는데 도움을 주기 위해 좀 더 기술적인 설명을 하겠습니다. 렌더링 세계에서는 확산은 재질이 라이트를 어떻게 반사하는지를 말합니다. 재질의 표면에 따라 빛이 표면에 반사될 때 서로 다른 현상이 일어납니다. 광택나는 표면처럼 표면에 흠이 없거나 매우 적은 경우, 빛은 똑바로 반사됩니다. 이것은 반짝이거나 반사하는 표면을 만듭니다. 만일 콘크리트처럼 표면이 많은 요철을 가지고 있으면, 빛은 표면을 따라 산란되어 무광 효과를 냅니다. 이것이 콘크리트가 반짝이거나 반사되지 않는 이유입니다.

많은 재질의 확산 슬라이더는 재질에서 확산되는 빛의 색상을 컨트롤합니다.

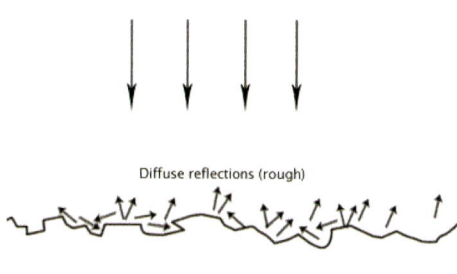

02 | 반사 매개변수

반사 매개변수는 많은 재질 유형에서 볼 수 있는 또 다른 매개변수입니다. 반사는 산란없이 재질 표면에서 반사되는 것을 말합니다. 표면이 광택이 나고 거의 흠이 없다면 재질은 반사되거나 반짝여 보이게 됩니다. 반사 색상이 검은색으로 되어 있다면 재질은 반사가 되지 않고 반짝여 보이지 않습니다. 반사 색상이 흰색으로 설정되어 있으면 그 재질은 100% 반사를 하게 됩니다. 금속은 확산 색상이 없이 모든 색상이 반사 색상으로 구성됩니다. 플라스틱의 반사 색상은 회색계열 값으로 설정됩니다.

반사 매개변수는 재질 반사광의 색상과 세기를 컨트롤합니다.

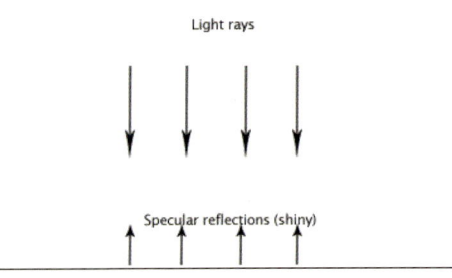

Light rays are bounced off polished surfaces creating specular reflections

03 | 굴절률

굴절률은 다중 재질 유형에 있는 재질 매개변수입니다. 용어가 생소할 수 있지만 굴절은 일상에서 보는 것들입니다. 수영장에서 손을 넣어보는 것이 좋은 예입니다. 빛이 휘거나 "굴절되어" 팔이 부러진 것처럼 보입니다.

굴절은 빛이 서로 다른 재질을 다른 속도로 통과할 때 발생합니다. 이런 속도 감소는 재질의 굴절률이라고 하며 숫자로 표기됩니다. 예를 들면 물은 굴절률이 1.33이며, 유리의 굴절률은 1.5이고 다이아몬드의 굴절률은 2.4 입니다. 이것은 빛이 물 속에서는 진공상태보다 1.33배 느리다는 의미입니다. 빛은 유리를 통해가면 1.5배 느리며, 다이아몬드를 통과하면 2.4배 느립니다. 빛이 느리게 갈 수록 더 휘고 변형되어 보입니다.

다른 재질 별 굴절률은 온라인에서 쉽게 찾아볼 수 있습니다. 값을 찾으면 재질의 굴절률 속성에 입력할 수 있으며 키샷이 정확하게 표현해 줍니다.

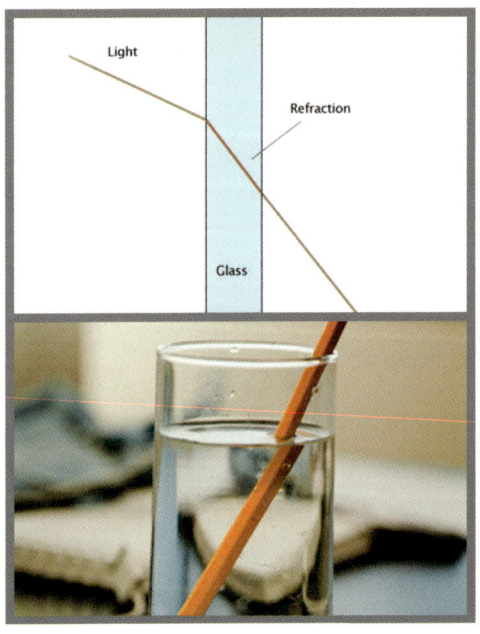

04 | 커스틱스

커스틱스는 빛줄기가 굴절되거나 반사될 때 나타나는 빛의 패턴과 색깔입니다. 일상에서 커스틱스를 접할 수 있는 경우는, 예를 들어 탁자 위에 물 한 컵을 올려놓았을 때입니다.

05 | 거칠기 매개변수

거칠기 매개변수는 여러 재질 유형에서 볼 수 있는 또 다른 설정입니다. 슬라이더가 거친 표면을 만드는데 있어 표면에 현미경 수준의 요철을 만듭니다. 확산 매개변수를 설명하는 그림에서는 왜 재질이 거칠게 나타나는지 보여주고 있습니다. 거칠기가 추가되면 빛은 반사가 깨끗하게 되지 않고 난반사가 일어나 표면을 따라 산란됩니다. 거친 재질은 추가된 빛 산란 때문에 완벽한 반사 표면에 비해 더 계산을 많이 해야 하기 때문에 렌더링을 할 때 더 느려집니다.

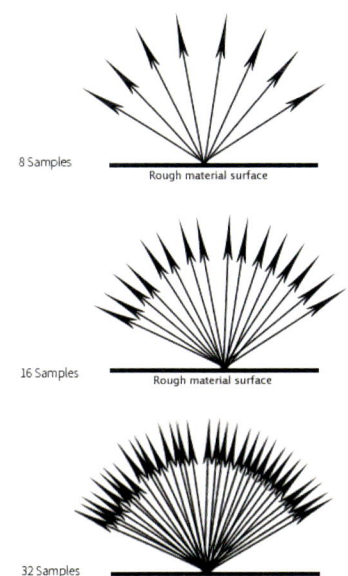

샘플

약간 거칠기가 있는 광택 재질은 렌더링 하기가 더 복잡하기 때문에, 키샷은 거친 재질의 정확성을 개선할 수 있는 내장 설정을 가지고 있습니다. 이 설정을 샘플이라고 합니다. 이 설정은 렌더링된 이미지의 픽셀에서 얼마나 많은 광선이 방출되는지 설정합니다. 각 광선은 주변 환경에서 정보를 모으고 최종 형상을 결정하기 위해 이 정보를 픽셀에 돌려줍니다. 거칠기 슬라이더 옆의 샘플 슬라이더는 삼각형 확장 화살표를 클릭하면 샘플 슬라이더가 나옵니다.

거칠기 텍스처

거칠기 매개변수 옆에는 체크무늬 박스가 있습니다. 이것으로 표면의 광택 표현을 컨트롤하기 위해 텍스처를 적용할 수 있습니다. 텍스처가 적용되면 텍스처의 어두운 영역에는 광택 표현이 나타나고 텍스처의 흰 부분은 무광으로 나타납니다.

LESSON 10 : 재질 유형

재질 유형은 파트에 물리적으로 정확한 재질 속성을 적용하여 실제처럼 보이게 합니다. 각 재질 유형은 빠른 적용 또는 원하는 대로 각 세팅을 조절하는 옵션으로 재질을 변경하기 위한 설정이 되어 있는 프리셋으로 제공됩니다. 키샷 재질 유형에는 다섯 가지 카테고리가 있습니다.

기본	고급	라이트 소스	특수	기타
확산	고급	에어리어 라이트	내부모형	액솔타 페인트
평평	이방성	포인트 라이트	방사성	
유리	유전체	IES 라이트	그라운드	
솔리드 글래스	보석	스포트라이트	Toon	
액체	일반		와이어프레임	
금속	측정됨		Xray	
페인트	금속성 페인트			
플라스틱	불투명플라스틱			
박막	투명 플라스틱			
투명	리얼클로쓰			
	확산 중급			
	투명 (중급)			
	벨벳			

기타

제조사와 협력하여 만든 재질을 가진 라이브러리 역시 존재합니다. 이들은 재질 패널의 재질 유형 드롭다운 메뉴에서 볼 수 없는 맞춤형 매개변수들을 가질 수 있지만, 씬에 재질을 적용했을 때 편집 가능합니다.

LESSON

11 : 기본 재질

01 | 확산(Diffuse)

확산 재질 유형은 무광 또는 무반사 재질류를 쉽게 만드는데 유용합니다. 오로지 확산 색상 한 가지의 설정만 있습니다. 완전한 확산 재질이므로 반사 맵은 사용하지 않습니다.

- **색상**
이 설정은 확산 재질의 색상을 컨트롤 합니다. 색상 박스를 선택하여 색상 선택기를 열고 원하는 색상을 선택합니다.

02 | 평평(Flat)

평평 재질은 음영이 없이, 적용된 파트에 완전히 평면처럼 단색 색상을 만들어주는 매우 심플한 재질 유형입니다. 이 재질은 주로 자동차 그릴이나 다른 메쉬 뒷편의 깜깜한 부분의 재질로 자주 사용됩니다. 또한 이 재질은 모델의 각각 다른 파트들에 적용되는 유니크하고 색상이 있는 평평 재질을 가진 "Clown Pass" 영역을 만들어 이미지 편집 프로그램에서 재질을 선택하여 쉽게 만들 수 있도록 하는데 유용합니다. Clown Pass 자동 제작에 대한 자세한 사항은 **레이어와 통과**를 참조하세요.

- **색상**
재질의 색상을 선택하기 위해 색상 썸네일을 클릭하여 색상선택기를 실행하세요. 평평 재질은 셰이딩이나 다른 표면 속성이 없습니다. 재질이 적용될 전체 파트에 걸쳐 선택한 단색 색상을 보여줍니다.

03 | 유리(Glass)

유리 재질을 만들기 위한 심플한 재질 유형입니다. **솔리드 글라스**와 비교해 보자면 이 재질은 거칠기와 색상 농도 설정이 부족합니다. 하지만 파트가 하나의 표면 (두께 없음)을 가지고 있으며 반사되고 투명하지만 굴절이 없는 것으로 만들고 싶을 때 매우 유용한 양 사이드 옵션을 제공합니다. 자동차 윈드실드를 만들 때 많이 사용됩니다.

- **색상**

유리 재질의 전체 색상을 설정합니다. 색상 박스를 클릭하여 색상 선택창을 열고 원하는 색상을 선택합니다.

- **굴절률**

이 유형의 재질을 가진 파트를 빛이 통과하는 동안 얼마나 많이 빛이 휘거나 "굴절" 되는지를 조정합니다. 대부분의 유리를 만들 때는 기본값인 1.5가 적합하지만, 더 드라마틱한 표면 굴절 효과를 주고 싶으면 값을 증가시킬 수 있습니다.

- **굴절**

재질의 굴절 속성을 활성화하거나 비활성화 시킵니다. 활성화되면 재질이 굴절되게 됩니다. 비활성화 되면 재질이 굴절되지 않습니다. 표면이 반사되며 투명으로 됩니다. 하지만 표면을 통과하면서 빛은 휘지 않습니다. 굴절로 인한 틀어짐 효과 없이 표면의 뒤에 있는 것들을 보이게 하려면 이 옵션을 비활성화 시키는 것이 유용합니다.

- **동일 평면인 표면**

동일 평면인 표면과 투명 재질 또는 **불투명 맵**이 있는 부품이 있거나 **부품 페이드** 애니메이션 또는 **곡선/색상 페이드** 애니메이션을 사용하여 불투명도를 조작하는 경우 두 부품이 교차하는 곳에서 표면 영역이 예상대로 렌더링되지 않을 수 있습니다.
해결 방법은 표면이 동일 평면에 있도록 하되 대신 부품 사이에 약간의 간격이 있도록 부품을 배치하는 것입니다.

04 | 솔리드 글래스 (Solid glass)

솔리드 글래스 재질 유형은 단순한 유리 재질 유형과 달리 물리적으로 정밀한 glass 재질을 제공합니다. 솔리드 글래스는 모델의 두께를 고려하여 정확한 유리 효과 색상을 재현합니다.

- **색상**

이 재질 유형의 모든 색상을 컨트롤합니다. 빛이 표면으로 들어가면 여기에 색상 셋이 나옵니다. 이 재질에서 보이는 색상의 양은 투명 설정에 따라서도 크게 좌우됩니다. 색상을 설정했으나 너무 희미하다면 투명 섹션까지 건너뛰세요.

- **투명도 거리**

(구 색상 농도) 이 슬라이더는 재질이 적용되는 파트의 두께에 따라 색상 설정에서 선택한 색상의 깊이를 컨트롤합니다. 색상 설정에서 색상을 설정한 후, 투명도 거리를 사용하여 색상의 채도나 뚜렷함을 조절하세요. 더 낮은 설정은 모델의 얇은 영역에서 색상을 더 보여주고 높은 설정은 얇은 영역에서 색상을 희미하게 만듭니다.

물리적으로 정밀한 이 매개변수는 해변의 얕은 물을 볼 때와 깊은 바다의 딥 블루 색상을 볼 때의 차이 효과를 재현합니다. 이것이 없다면 수영장의 바닥을 쉽게 볼 수 있는 것처럼 깊은 바다의 바닥을 보게 됩니다.

- **굴절률**

이 유형의 재질을 가진 파트를 빛이 통과하는 동안 얼마나 많이 빛이 휘거나 "굴절"되는지를 조정합니다. 대부분의 유리를 만들 때는 기본값인 1.5가 적합하지만, 더 드라마틱한 표면 굴절 효과를 주고 싶으면 값을 증가시킬 수 있습니다.

- **거칠기**

이 재질 유형의 거칠기는 다른 불투명 재질과 유사하게 표면에서 하이라이트를 확산합니다. 하지만, 재질을 통과하는 경우에도 빛이 확산됩니다. 이것은 불투명 유리 같은 것을 만드는데 사용됩니다. 매개변수를 확장하면 샘플 설정이 보입니다. 더 거칠고 노이지한 결과를 만들려면 낮은 값으로 설정하고, 부드러운 반투명 효과를 위해 노이즈/입자를 제거하려면 높은 값을 설정합니다.

- **샘플**

낮은 샘플 설정(8 이하)을 사용하면 표면에 노이즈가 더 많이 보이므로 흠이 많고 거친 모양이 됩니다. 값을 늘리면 노이즈가 더 균등하게 나와 거칠기가 균등히 분산됩니다.

05 | 액체(Liquid)

액체 재질 유형은 외부 굴절률을 설정하는 기능이 추가된 솔리드 글라스 의 변형입니다. 이것은 두 개의 사이에 결합 부위가 있는 표면을 정밀하게 만들어 줍니다. 예를 들면 유리 용기와 물.

▪ 색상(Color)
이 재질 유형의 모든 색상을 컨트롤합니다. 빛이 표면으로 들어가면 여기에 색상 셋이 나옵니다. 이 재질에서 보이는 색상의 양은 투명 설정에 따라서도 크게 좌우됩니다.

▪ 투명도 거리(Transparency Distance)
(구 투명도) 이 슬라이더는 재질이 적용되는 파트의 두께에 따라 색상 설정에서 선택한 색상의 깊이를 컨트롤합니다. 색상 설정에서 색상을 설정한 후, 투명도 거리를 사용하여 색상의 채도나 뚜렷함을 조절하세요. 더 낮은 설정은 모델의 얇은 영역에서 색상을 더 보여주고 높은 설정은 얇은 영역에서 색상을 희미하게 만듭니다.

물리적으로 정밀한 이 매개변수는 해변의 얕은 물을 볼 때와 깊은 바다의 딥 블루 색상을 볼 때의 차이 효과를 재현합니다. 이것이 없다면 수영장의 바닥을 쉽게 볼 수 있는 것처럼 깊은 바다의 바닥을 보게 됩니다.

▪ 굴절률(Refractive Index)
이 유형의 재질을 가진 파트를 빛이 통과하는 동안 얼마나 많이 빛이 휘거나 "굴절" 되는지를 조정합니다.

겹침 형상으로 구현한 액체 접점

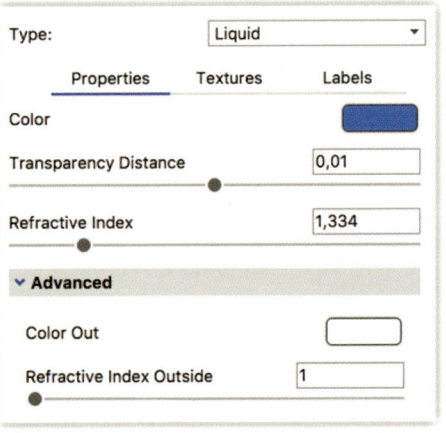

고급(Advanced)

▪ 색상 제거(Color Out)
이것은 고급 설정이면서 강력하고, 두 개의 다른 굴절 재질 사이에 경계를 정밀하게 재현하게 하는 설정입니다. 가장 일반적인 용도는 물잔처럼 액체가 든 용기를 만들 때입니다. 그런 씬에는 잔과 물이 만나는 부분을 표현하기 위해 단일 표면이 필요합니다. 이 표면에는 "내부"에 액체가 있어서 굴절률을 1.33으로 설정해야 합니다. "외부"에는 유리가 있고 외부 굴절률을 1.5로 설정해야 합니다.

- **굴절률 바깥쪽(Refractive Index Outside)**

이것은 두가지 굴절 재질 사이의 접점을 정확하게 구현할 수 있게 해주는 복잡하고 강력한 설정입니다. 가장 일반적으로 사용되는 것은 액체가 담긴 용기(예: 물이 든 유리잔)에서 작업할 때입니다. 그런 장면에서는 유리와 물이 만나는 곳을 나타내는 한 면이 필요합니다. 이 표면에서 액체는 "내부"에 있으므로 굴절률을 1.33으로 설정해야 합니다. "외부"에는 유리가 있으므로 굴절률을 1.5 이상으로 설정해야 합니다.

> **TIP**
>
> **액체 접점(Liquid Interface)**
> 위 이미지에 보이는 유리잔 안의 물의 얼음과 같이 액체 경계면을 표시하고 싶다면, 이제 액체를 만들기 위해 유리나 불투명 플라스틱과 같은 어떤 재질도 사용할 수 있습니다. 액체와 유리의 형상이 조금이라도 겹치는지 확인하기만 하면 됩니다.

06 | 금속(Metal)

금속 재질 유형은 광택나는 혹은 거친 표면의 금속 재질을 만들기 편리합니다. 금속 재질의 빠른 제작을 위해 거칠기와 색상이 제한된 단순한 설정과 금속 프리셋을 제공합니다.

금속 유형

금속 재질 유형은 색상 또는 측정 재질 프리셋 또는 복합 IOR 파일로 금속을 제어할 수 있는 옵션을 제공합니다.

색상

색상 옵션은 색상 및 거칠기를 제어하는 빠른 프리셋 금속 외관을 제공합니다.

- **색상**

이 설정은 금속 유형이 색상으로 설정되어 있을 때만 보여집니다. 이것은 금속 표면의 반사광의 색상을 조정합니다. 색상 박스를 선택하여 색상 선택기를 열고 원하는 색상을 선택합니다.

- **거칠기**

거칠기 값이 증가하면 재질의 표면에 미세한 정도의 흠이 추가됩니다. 거칠기 값이 0으로 설정된 재질은 완벽히 매끄럽고 잘 닦인 외형을 가집니다. 거칠기 값이 증가하면 빛이 표면에서 분산되어 더 거친 외형을 가집니다.

거칠기 설정 옆의 텍스처 아이콘을 클릭하여 거칠기 텍스처 를 추가할 수도 있습니다. 텍스처 썸네일을 클릭하여 텍스처 설정을 보고 조정하거나, 오른쪽 클릭하여 **삭제**를 선택해 삭제하십시오.
라이브러리 재질 중 일부는 거칠기 설정 옆에 슬라이더 아이콘 이 있으며, 이 경우 거칠기를 더 세밀하게 조율하기 위해 조정 제어가 추가된 것입니다.

- **샘플**

낮은 샘플 설정(8 이하)을 사용하면 표면에 노이즈가 더 많게 보이므로 흠이 많고 거친 모양이 됩니다. 값을 늘리면 노이즈가 더 균등하게 나와 거칠기가 균등히 분산됩니다.

측정(Measured)

- **금속 프리셋(Metal Presets)**

측정된 옵션은 **알루미늄, 황동, 크롬, 구리, 금, 철, 마그네슘, 니켈, 니오븀, 백금, 은, 티타늄,** 그리고 **아연**으로 이루어진 13개의 과학적으로 정확한 금속 프리셋과 복합 IOR 파일(.ior, .nk, .csv)를 불러올 수 있는 능력을 가지고 있습니다. 모든 금속 프리셋과 맞춤 IOR 파일은 **막 굴절률, 막 흡광계수, 막 두께**를 제어하여 양극산화 코팅을 추가하는 추가 기능을 제공합니다.

- **거칠기**

거칠기 값이 증가하면 재질의 표면에 미세한 정도의 흠이 추가됩니다. 거칠기 값이 0으로 설정된 재질은 완벽히 매끄럽고 잘 닦인 외형을 가집니다. 거칠기 값이 증가하면 빛이 표면에서 분산되어 더 거친 외형을 가집니다.

- **샘플**

낮은 샘플 설정(8 이하)을 사용하면 표면에 노이즈가 더 많게 보이므로 흠이 많고 거친 모양이 됩니다. 값을 늘리면 노이즈가 더 균등하게 나와 거칠기가 균등히 분산됩니다.

- **양극산화(Anoized)**

양극산화 설정은 **금속 유형** 드롭 다운 메뉴에서 선택하는 모든 금속 프리셋은 물론, 불러오기한 복합 IOR 파일에서도 사용할 수 있습니다. **양극산화**를 활성화했을 때 보이는 색상은 양극산화 필름에서 빛이 서로 충돌한 결과이며, 최종 표현을 예측하기 어려울 수 있습니다. 그러나 다음 내용은 이를 잘 제어하기 위한 방법을 설명합니다.

- **필름 굴절률 (Flim Refractive Index)**

양극산화 금속의 **필름 굴절률** 설정은 표면의 반사를 크거나 작게 합니다. 값을 증가시키면 반사 강도가 세집니다. 실제 필름 색상은 굴절률에 영향을 받습니다. 하지만, 필름 두께 설정으로 색상을 전환할 수 있으므로 필름 굴절률 설정으로 원하는 반사의 양을 찾는 데만 집중하면 됩니다.

- **필름 흡광 계수(Flim Extinction Coefficient)**

필름 굴절률과 **필름 흡광계수**는 빛이 금속 위의 얇은 필름을 통해 어떻게 반사되고 굴절되는지를 결정합니다. 필름 흡광계수는 필름을 통한 빛의 흡수를 조정합니다. 작은 값에서 중간 값까지는 양수의 흡광계수가 색상을 어둡게 하지만 큰 값에서는 밝은 흰색의 금속성 반사가 됩니다. 유전체 코팅 효과를 내려면 0의 흡광계수를 사용하고 금속 코팅 효과를 내려면 0이 아닌 흡광계수를 사용하세요.

> **TIP**
>
> **양극산화 색상 제어**
> 일반적으로 막 두께/막 굴절률이 클수록 색상이 더 많아지고, 필름 흡광계수는 색상을 어둡게 하고 변형을 줄입니다. 모든 금속 프리셋에서 양극산화의 활성화 여부와 관계없이 색상은 관찰 각도에 따라 달라집니다. 현실의 금속 색상처럼 말입니다. 지표각에서 관찰할 경우 약간의 색조를 확인할 수 있습니다. 특히 금과 알루미늄에 해당합니다.

- **필름 두께(Flim Thickness)**

필름 두께 설정을 변경하면 양극산화가 된 금속 효과를 위해 색상이 전환됩니다. 설정을 매우 높은 값으로 증가시키면 표면에 색상 링 레이어 효과를 가져옵니다. 일반적으로 100-1000 nm의 범위 내로 설정하는 것이 좋습니다.

07 | 페인트(Paint)

페인트 재질 유형은 평면에 비금속 페인트 형상을 원할 때 사용합니다. 기본 색상을 설정하고 위에 클리어 코팅을 조정합니다.

- **색상(Color)**

색상은 페인트의 기본 레이어이며 재질의 전체 색상입니다. 색상 썸네일을 클릭하여 색상 선택창을 열고 원하는 색상을 선택합니다.
색상을 정밀하게 굴절하려면 아래의 계산된 페인트에 수치를 입력하면 됩니다.

- **거칠기(Roughness)**

값이 증가되면 현미경 수준의 요철이 재질의 표면에 추가됩니다. 0으로 설정되면 재질이 완전히 부드럽고 광택이 나게 보여집니다. 값이 증가되면 재질은 더 거칠고 빛이 표면을 따라 확산됩니다.

- **샘플**

낮은 샘플 설정은 (8 이하) 흠과 거칠기를 더 부여하므로 표면이 더 노이지하게 나타나는 경향이 있습니다. 값을 증가시키면 노이즈가 부드럽게 되고 거칠기가 더 고르게 분포됩니다.

- **굴절률(Refractive Index)**

투명 코팅의 강도를 조정합니다. 1.5 가 일반적인 시작점입니다. 더 반짝이는 페인트를 원하면 값을 증가시키세요. 값이 1에 가까워질 수록 투명 코팅 효과가 줄어듭니다. 이것은 불투명 마감을 만들 때 유용합니다.

- **계산된 페인트**

키샷 Pro 사용자일 경우 재질 그래프에서 계산된 페인트 값을 입력할 수 있습니다. **재질-새로운 계산된 페인트**에서 **재질 그래프** 창의 메인 메뉴를 확인하십시오.
이 옵션으로 열리는 대화창에서 재질의 계산된 값을 입력하면 일반적인 **페인트 재질** 노드로 변환됩니다.

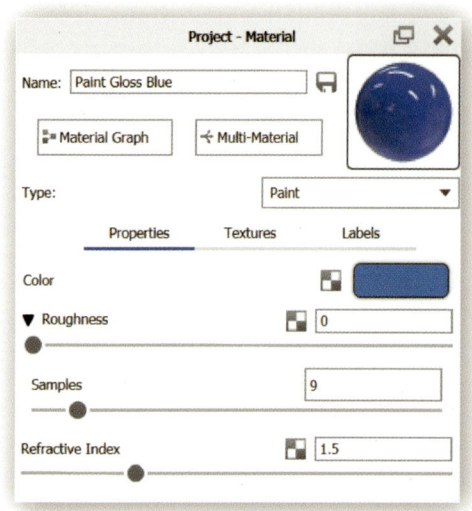

모드

- **SCI:** 정반사 요소 포함(Specular Component Included)이라는 이름대로 이 모드는 난반사광에 더해 정반사를 포함하여 표면 조건에 영향을 받지 않게 됩니다. 이 계산 노드는 "진짜" 색상을 계산하는 것으로 여겨지는 만큼, 산업에서 가장 널리 쓰입니다.

- **SCE:** 정반사 요소 제외(Specular Component Excluded)라는 이름대로 이 모드는 난반사광만을 포함하기 때문에 거칠기, 광택과 같은 표면 조건에 민감합니다. 거친 재질은 광택이 있는 재질에 비해 정반사광이 적은 편입니다. 거칠기 때문에 빛이 분산되어 반사광이 더욱 분산되기 때문입니다. SCE 모드는 난반사광만을 계산하기 때문에 거친 재질은 같은 색을 가진 광택이 있는 재질에 비해 더 밝은 색으로 보입니다. 이는 실제로 사람 눈에 보이는 것에 가까우며 SCE 계산 모드는 참조 재질과 동일한 색상으로 보이기를 원할 때 주로 쓰입니다.

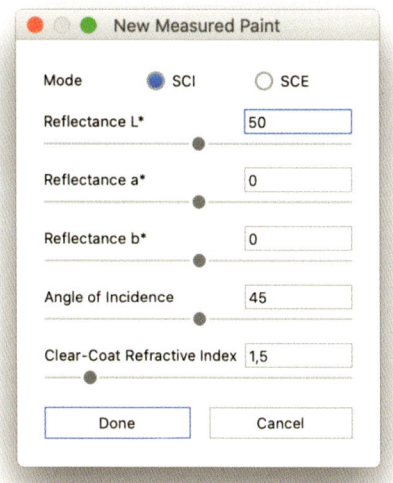

- **반사 계수 L***

색상의 명도입니다. L* = 0은 검은색, L* = 100은 난반사 하얀색이며, 정반사 하얀색은 더 높은 값일 수 있습니다.

- **반사 계수 a***

초록색과 마젠타색(빨간색) 사이에서 색상의 위치입니다.
a*이 음수일 경우 초록색, 양수일 경우 마젠타색을 가리킵니다.

- **반사 계수 b***

파란색과 노란색 사이에서 색상의 위치입니다.
b*이 음수일 경우 파란색, 양수일 경우 노란색을 가리킵니다.

- **입사각**

빛이 대상과 부딪히는 각도입니다.

- **투명 코트 굴절률**

페인트 재질의 굴절률로 해석됩니다.

08 | 플라스틱(Plastic)

플라스틱 재질 유형은 단순한 플라스틱 재질을 만들 때 필요한 기본 설정을 제공합니다. 확산(전체 색상)을 설정하고 반사를 조금 추가한 다음 거칠기를 조절하세요. 이것은 콘크리트에서 목재까지 모든 것에 적용되는 매우 다목적의 재질 유형입니다.

▪ 확산(Diffuse)
이것은 재질의 전체 색상으로 간주됩니다. 투명 재질은 확산 색상이 거의 적용되지 않습니다. 색상 박스를 클릭하여 색상 선택창을 열고 원하는 색상을 선택합니다.

▪ 반사(Specular)
씬 내의 라이트 소스 반사의 강도와 색상입니다. 검정색은 완전히 반사가 꺼진 상태이며 흰색은 매우 광택이 나는 플라스틱 모양입니다. 실제 플라스틱은 반사값에 색상이 없습니다. 그러므로 회색이나 흰색 계열을 사용해야 합니다. 하지만 색상을 부여하면 플라스틱에 금속 효과를 줄 수 있습니다.

▪ 거칠기(Roughness)
값이 증가되면 현미경 수준의 요철이 재질의 표면에 추가됩니다. 0으로 설정되면 재질이 완전히 부드럽고 광택이 나게 보여집니다. 값이 증가되면 재질은 더 거칠고 빛이 표면을 따라 확산됩니다.

▪ 굴절률(Refractive Index)
이 유형의 재질을 가진 파트를 빛이 통과하는 동안 얼마나 많이 빛이 휘거나 "굴절" 되는지를 조정합니다. 대부분의 플라스틱을 만들 때는 기본값인 1.5가 적합하지만, 더 드라마틱한 표면 굴절 효과를 주고 싶으면 값을 증가시킬 수 있습니다.

09 | 박막(Thin Film)

박막 재질 유형은 비누 거품과 비슷한 무지개 광채 효과를 만듭니다.

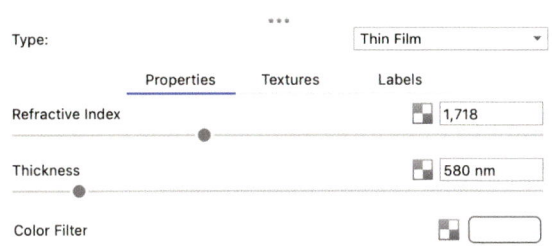

- **굴절률(Refractive Index)**

박막의 굴절률 설정은 표면의 반사를 크거나 작게 합니다. 값을 증가시키면 반사 강도가 세집니다. 박막에 보이는 실제 색상은 굴절률에 의해 영향을 받습니다. 하지만, 두께 설정으로 색상을 전환할 수 있으므로 굴절률 설정으로 원하는 반사의 양을 찾는 데만 집중하면 됩니다.

- **두께(Thickness)**

두께 설정을 변경하면 박막으로 설정된 표면에 보이는 색상을 전환합니다. 설정을 매우 높은 값으로 증가시키면 표면에 색상 링 레이어 효과를 가져옵니다. 일반적으로 100-1000의 범위 내로 설정하는 것이 좋습니다.

- **색상 필터(Color Filter)**

색상 필터 설정은 박막 재질 유형용 색상 승수의 역할을 합니다. 색상 필터가 흰색으로 설정되면 재질의 색상은 두께 설정에 따라 결정됩니다. 완전한 채도의 색상이 더 큰 영향이 있을 때 채도가 낮은 색상은 미묘한 색조 전환을 추가하는데 사용됩니다. 색상 필터 설정은 광학 렌즈 또는 자동차 헤드라이트에 표면 요철을 추가하거나 혹은 태양 전지에 보이는 것과 같이 재질 분할을 만들기 위한 색상 맵으로 텍스처 될 수 있습니다.

10 | 투명(Translucent)

투명 재질 유형은 여러 가지 스킨, 플라스틱과 기타 재질에 사용되는 하위 서페이스 산란 속성의 조절 기능을 제공합니다.

- **서페이스(Surface)**

재질의 외부 서페이스의 확산 색상을 조정합니다. 재질의 전체 색상으로 간주됩니다. 이 유니크한 재질 유형에서 유념할 것은 서페이스 색상이 완전히 검은색이면 하위 서페이스 색상의 반투명 효과를 볼 수 없다는 것입니다.

- **하위 서페이스(Subsurface)**

이 설정은 빛이 재질을 통과하면서 나타나는 색상을 조정합니다. 사용자 자신의 피부야 말로 하위 서페이스 산란 효과의 명확한 사례입니다. 밝은 빛이 귀 또는 손가락 사이의 얇은 피부처럼 얇은 부분을 통과하면서 빛날 때, 빛은 서페이스의 아래에 어떤 것이 있느냐에 따라 색상이 더 붉은 색이 됩니다.

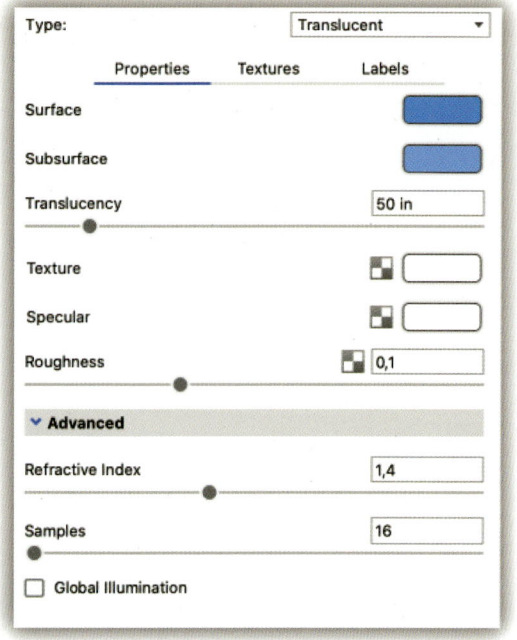

빛이 서페이스를 통과하는 동안 랜덤의 여러 방향으로 산란 됩니다. 이것은 유리와 비슷한 재질의 직접 굴절효과 보다 부드러운 반투명 효과를 만듭니다.

플라스틱 재질에는 이 색상을 서페이스 색상과 매우 유사하게 설정하는 경우가 많지만, 약간 더 밝을 수 있습니다.

- **투명도(Translucency)**

빛이 표면으로 얼마나 깊이 투과되고 통과하는지를 편집, **씬 단위 설정**에서 설정된 단위를 사용하여 컨트롤합니다. 투명도 값이 높을수록 하위 서페이스 색상이 서페이스를 통과하여 더 많이 보이게 됩니다. 높은 투명도 값은 더 부드러워 보이는 재질을 만듭니다.

- **텍스처(Texture)**

이것은 서페이스 색상 설정에 영향을 미칩니다. 이 색상은 서페이스 색상을 증폭하고 혼합합니다. 예를 들면, 서페이스 색상이 노란색이고 텍스처 색상이 파란색이면 결과 값은 녹색입니다. 흰색으로 설정되면 서페이스 색상에 영향을 끼치지 않습니다.

- **반사(Specular)**

표면에 반사되는 강도를 조정합니다. 이것은 표면의 반사 강도를 더 증가 또는 감소시키기 위해 굴절률 설정과 같이 사용됩니다.

- **거칠기(Roughness)**

거칠기를 증가시키면 표면에 걸쳐 반사를 분산시키고 더 무광 효과가 강한 서페이스를 만듭니다.

고급

- **굴절률**

이 유형의 재질을 가진 파트를 빛이 통과하는 동안 얼마나 많이 빛이 휘거나 "굴절" 되는지를 조정합니다. 기본 값인 1.4 가 시작 값으로 적합하지만, 더 드라마틱한 표면 굴절 효과를 주고 싶으면 값을 증가시킬 수 있습니다.

- **샘플**

낮은 샘플 설정은 (8 이하) 흠과 거칠기를 더 부여하므로 표면이 더 노이지하게 나타나는 경향이 있습니다. 값을 증가시키면 노이즈가 줄어들고 거칠기가 고르게 분포됩니다.

- **글로벌 일루미네이션**

이 옵션은 글로벌 일루미네이션용 독립적 일반 라이트 설정과 재질용 글로벌 일루미네이션을 활성화합니다.

LESSON 12 : 고급 재질

01 | 고급(Advanced)

고급 소재는 모든 키샷 재질 유형 중에서 가장 다양한 기능을 제공합니다. 이 재질에는 다른 어떤 재질보다도 많은 매개변수가 포함됩니다. 이 다양한 매개변수를 통해, 하나의 재질 유형에서 금속, 플라스틱, 투명 또는 불투명 플라스틱, 유리, 가죽, 분산 재질 등 각종 재질을 만들어낼 수 있습니다. 반투명 재질과 금속성 페인트와 같은 재질 유형은 만들 수 없습니다.

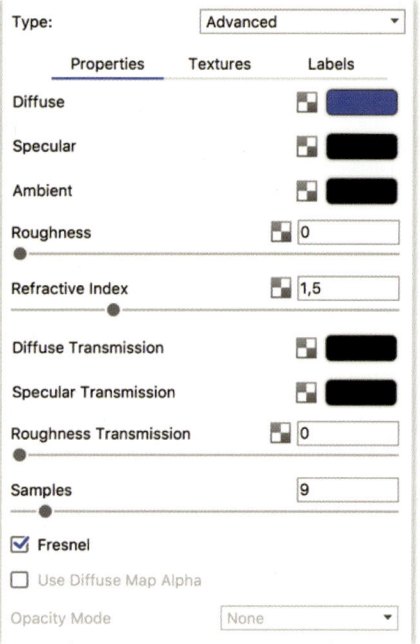

- **확산(Diffuse)**

확산은 재질의 전체적인 색상으로 간주합니다. 투명한 재질은 확산이 없거나 아주 적습니다. 금속은 모든 색이 반사에서 비롯되므로 확산이 없습니다. 이 매개변수를 완벽히 이해하고자 한다면 확산과 관련된 항목을 참조하십시오.

- **반사(Specular)**

반사는 장면 내의 광원의 반사의 색상과 강도입니다. 검은색은 0% 강도이며 재질은 빛이 반사되지 않습니다. 흰색은 100% 강도이며 빛을 완벽히 반사합니다. 플라스틱 재질을 만들 때, 반사도를 줄이기 위해 반사색은 무채색이어야 합니다.

- **주변(Ambient)**

주변은 직접 빛을 받지 않는 영역에서 재질 스스로의 그림자의 색상을 제어합니다. 비현실적인 외형을 만들 수 있기 때문에 필요하지 않다면 검은색으로 설정된 채로 두는 것이 권장됩니다.

왼쪽 재질은 초록색 환경색,
오른쪽 재질은 검은색 환경색입니다.

- **거칠기**

거칠기 값이 증가하면 재질의 표면에 미세한 정도의 흠이 추가됩니다. 거칠기 값이 0으로 설정된 재질은 완벽히 매끄럽고 잘 닦인 외형을 가집니다. 거칠기 값이 증가하면 빛이 표면에서 확산되어 더 거친 외형을 가집니다.

왼쪽 재질은 거칠기가 0,
오른쪽 재질은 거칠기가 0.04입니다.

- **굴절률(Refractive Index)**

굴절률은 재질의 굴절 정도를 제어합니다.

왼쪽 재질은 굴절률이 1.3,
오른쪽 재질은 굴절률이 2.3입니다.

- **확산 투과(Diffuse Transmission)**

확산 투과는 추가 빛이 재질 표면에 흩어지도록 하여 반투명한 효과를 줍니다. 렌더링 시간이 길어지므로 필요하지 않은 경우 검정색으로 두기를 권장합니다.

- **반사 전송(Specular Transmission)**

반사 전송은 재료의 투명도로 간주됩니다. 검은색은 100% 불투명하고 흰색은 100% 투명합니다. 투명 유리 또는 플라스틱을 생성할 경우 이 매개변수에서 비롯된 색상으로 확산 전체가 검은색이어야 합니다. 투명 유리 또는 플라스틱은 반사 역시 흰색으로 두어야합니다. 불투명 플라스틱을 생성할 경우 이 매개변수에 설정한 색상에서 명도를 낮춘 색으로 확산을 설정할 수 있습니다.

- **거칠기 변환(Roughness Transmission)**

거칠기 변환은 굴절의 거칠기를 제어합니다. 이 매개변수와 거칠기의 주요 차이점은 거칠기가 재질의 내부에 있다는 점입니다. 이 매개변수는 반짝이는 표면을 유지하면서 반투명한 외형을 생성할 수 있습니다. 효과가 있기 위해서는 선택 투과를 통해 재질에 약간의 투명함을 주어야합니다.

- **샘플**

사용 샘플을 늘리는 것으로 매끈한 (거친) 반사의 정확도를 제어합니다.

- **프레넬(Fresnel)**

프레넬은 카메라와 직교하는 반사의 강도를 제어합니다. 현실의 재질은 관찰자 또는 카메라와 마주보는 영역보다 물체의 가장자리에서 반사가 더 강합니다. 이 매개변수는 초기 설정에서 활성화되어 있습니다.

왼쪽 재질은 프레넬이 활성화되어 있고, 오른쪽은 비활성화되어 있습니다.

- **확산 맵 알파사용(Use Diffuse Map Alpha)**

알파 채널을 포함하는 분산 텍스처 맵(투명도가 있는 png 파일)을 가진 재질일 경우 이 옵션을 사용할 수 있습니다. 활성화되었을 때 키샷에서는 분산 텍스처를 사용하여 재질에 불투명도를 더합니다. 이 설정은 유전된 재질에 기본적으로 사용됩니다. 일반적으로 불투명도를 위해서는 **투명도 맵**을 사용하는 것을 추천합니다.

02 | 이방성(Anisotropic)

이방성 재질 유형은 재질 표면의 하이라이트의 고급 조절 기능을 제공합니다. 하나의 "거칠기" 슬라이더를 가진 다른 재질 유형에서 이 값을 증가시키면 표면의 하이라이트가 모든 방향으로 균등하게 확산됩니다. 이방성은 두 개의 독립적인 슬라이더로 거칠기를 두 방향으로 조정하여 하이라이트 형태를 조정하게 합니다. 이 재질 유형은 미세한 브러시트 메탈 표면을 표현할 때 자주 사용됩니다.

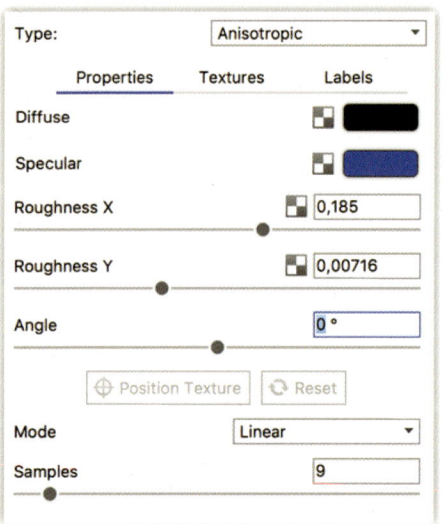

- **확산(Diffuse)**

금속을 만들려고 할 때 색상은 검은색으로 설정되어야 합니다. 순수한 검은색 이외에 다른 것으로 설정하면 이 재질 유형은 좀 더 플라스틱처럼 보이게 됩니다.

- **반사(Specular)**

씬 내의 라이트 소스 반사의 강도와 색상입니다. 검은색은 0 강도이며 재질은 반사되지 않습니다. 흰색은 100% 강도이며 완전한 반사가 됩니다.
만일 금속 재질이 만들어지면 여기는 색상이 설정되는 곳입니다.

- **거칠기 X와 Y**

이 슬라이더는 표면의 하이라이트의 확산을 조정합니다. 거칠기 X 와 Y 슬라이더는 독립적인 방향의 하이라이트 확산을 조정합니다. 값을 증감시켜 조정함에 따라 표면의 하이라이트가 늘어나고 미세하게 브러시트 효과를 줍니다. 두 슬라이더를 같은 값으로 설정하면 모든 방향에서 빛이 고르게 반사됩니다. 그림 참조.

왼쪽의 재질 볼은 오프셋 값을, 오른쪽의 재질 볼은 같은 값을 가집니다.

- **각도**

각도는 거칠기 X와 Y 값이 오프셋 값일 때 발생하는 늘려진 하이라이트를 회전시킵니다.
값은 도(度) 단위이며 0에서 360 사이입니다.

왼쪽의 재질 볼은 0도, 오른쪽의 재질 볼은 90도의 값을 가집니다.

- **모드**

이 고급 설정은 어떻게 하이라이트를 늘릴지를 제어합니다. 세 가지 모드가 존재합니다.

  ▫ 선형(기본 설정)은 하이라이트를 선형으로 늘리며 모델의 어떤 UV 코디네이트 매핑에도 좌우되지 않습니다.
  ▫ 선형, 방사, UV모드
  ▫ 방사형 모드는 CD의 재생 면에서 관찰할 수 있는 효과를 구현하는 이방성 방법입니다. 이 모드를 활성화하여 방사성 거칠기의 중심점을 선택할 수 있습니다.
  ▫ UV 모드는 UV 코디네이트에 좌우되는 모드입니다. 이를 통해 모델링 소프트웨어에서의 매핑에 기반하여 이방성 하이라이트를 조작할 수 있습니다.

- **샘플**

낮은 샘플 설정(8 이하)을 사용하면 표면에 노이즈가 더 많게 보이므로 흠이 많고 거친 모양이 됩니다. 값을 늘리면 노이즈가 더 균등하게 나와 거칠기가 균등히 분산됩니다.

03 | 유전체(Dieletric)

유전체 재질 유형은 유리 재질을 만드는데 더 고급 옵션을 제공합니다. 솔리드 글라스 재질 유형과 비교하여, 확산 (아베 수) 추가 설정이 있고 유리와 액체 사이의 정확한 경계를 만드는데도 사용됩니다.

- **전송**

이 옵션은 이 재질 유형의 전체 색상을 조정합니다. 빛이 표면으로 들어가면 여기에 색상 셋이 나옵니다. 이 재질에서 보이는 색상의 양은 색상 농도 설정에 따라서도 크게 좌우됩니다. 전송의 색상을 설정했으나 너무 희미하게 보인다면 색상 농도 섹션까지 건너뛰세요.

- **투명도 거리**

(구 색상 농도) 이 슬라이더는 재질이 적용되는 파트의 두께에 따라 전송 설정에서 선택한 색상의 깊이를 컨트롤합니다. 전송 설정에서 색상을 설정한 후, 투명도 거리를 사용하여 색상의 채도나 뚜렷함을 조절하세요. 더 낮은 설정은 모델의 얇은 영역에서 색상을 더 보여주고 높은 설정은 얇은 영역에서 색상을 희미하게 만듭니다.

물리적으로 정밀한 이 매개변수는 해변의 얕은 물을 볼 때와 깊은 바다의 딥 블루 색상을 볼 때의 차이 효과를 재현합니다. 이것이 없다면 수영장의 바닥을 쉽게 볼 수 있는 것처럼 깊은 바다의 바닥을 보게 됩니다.

- **굴절률**

이 슬라이더는 이 유형의 재질을 가진 파트를 빛이 통과하는 동안 얼마나 많이 빛이 휘거나 "굴절" 되는지를 조정합니다. 대부분의 유리를 만들 때는 기본값인 1.5가 적합하지만, 더 드라마틱한 표면 굴절 효과를 주고 싶으면 값을 증가시킬 수 있습니다.

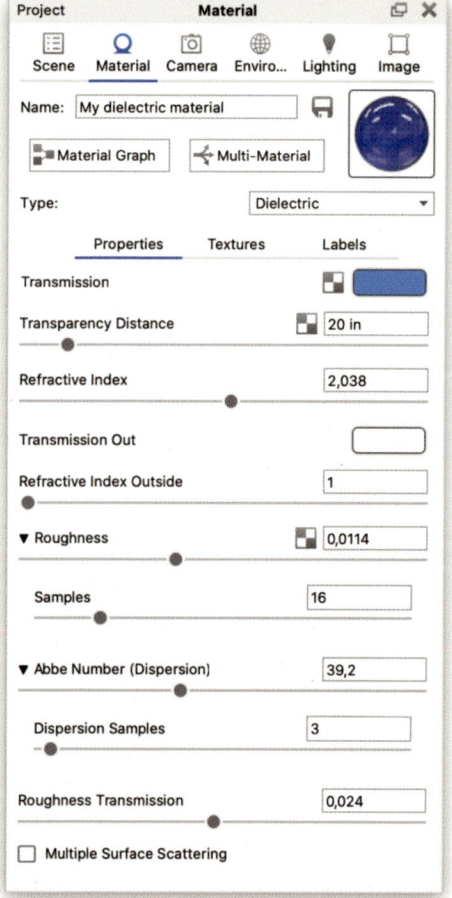

- **밖으로 전송**

이 옵션은 재질 외부의 라이트의 색상을 컨트롤 합니다. 고급 기능이며 복잡한 설정으로서 액체가 든 용기를 렌더링할 때 필요합니다. 물잔의 사례에서 보면 액체와 유리가 만나는 곳의 디테일한 표현이 필요합니다. 이 표면에는 밖으로 전송 설정으로 유리의 색상을 설정하고 전송 설정으로 액체의 색상을 조정해야 합니다. 유리와 액체가 모두 투명하다면, 밖으로 전송과 전송 두 가지 모두 흰색으로 설정합니다.

- **굴절률 바깥쪽**

이것은 고급 설정이면서 강력하고, 두 개의 다른 굴절 재질 사이에 경계를 정밀하게 재현하게 하는 설정입니다. 가장 일반적인 용도는 물잔처럼 액체가 든 용기를 만들 때입니다. 그런 씬에는 잔과 물이 만나는 부분을 표현하기 위해 단일 표면이 필요합니다. 이 표면에는 "내부"에 액체가 있어서 굴절률을 1.33으로 설정해야 합니다. "외부"에는, 유리가 있어 굴절률을 1.5 로 설정해야 합니다.

- **거칠기**

이 재질 유형의 거칠기는 불투명 재질과 유사하게 표면에서 하이라이트를 확산합니다. 하지만, 재질을 통과하는 경우에도 빛이 확산됩니다. 이것은 성애가 낀 유리 같은 것을 만드는데 사용됩니다.

매개변수를 확장하면 샘플 설정이 보입니다. 더 거칠고 노이지한 결과를 만들려면 낮은 값으로 설정하고, 부드러운 반투명 효과를 위해 노이즈/입자를 제거하려면 높은 값을 설정합니다.

- **샘플**

낮은 샘플 설정(8 이하)을 사용하면 표면에 노이즈가 더 많이 보이므로 흠이 많고 거친 모양이 됩니다. 값을 늘리면 노이즈가 더 균등하게 나와 거칠기가 균등히 분산됩니다.

- **아베수(분산)**

아베수 슬라이더는 표면을 통과한 빛의 분산을 조절해서 프리즘 효과를 만들어 냅니다. 이 프리즘 효과는 보석류를 렌더링할 때 "fire" 효과를 만드는데 사용할 수 있습니다.

0 값은 분산 효과를 완전히 비활성화 시킵니다. 낮은 값은 큰 분산을 보여주며 값을 높일수록 효과가 더 섬세해 집니다. 미세한 분산효과를 원한다면 35 에서 55 사이의 값으로 설정을 하고 시작하는 것이 좋습니다.

- **분산 샘플**

더 거칠고 노이지한 결과를 만들려면 낮은 값으로 설정하고, 부드러운 표현을 위해 노이즈/입자를 제거하려면 높은 값을 설정합니다.

- **거칠기 변환**

굴절의 거칠기를 조정합니다. 이 매개변수와 거칠기 사이의 주요 차이점은, 거칠기는 재질의 내부 부분에 대한 것을 말한다는 것입니다. 이것은 광택 표면을 유지하면서 반투명인 형상을 만들 때 사용합니다. 이 재질은 보여지는 효과를 위해 반사 전송을 통해 일부 투명하게 됩니다.

- **다중 서페이스 산란**

거친 유전체 표면에서 빛이 반사되어 돌아오기 전, 여러 번 산란되는 경우를 시뮬레이션 합니다. 다중 산란으로 거친 유전체와 상호작용하는 빛의 에너지를 보존할 수 있는데, 이는 그런 재질을 더욱 사실적이고 물리적으로 옳은 표현이 가능하다는 것을 의미합니다. 이 옵션을 비활성화할 경우 거친 유전체 표면은 한 번만 산란되어 빛이 표면에서 한 번만 반사되지만, 그 이후의 산란은 무시되거나 흡수됩니다. 이런 다중 산란 무시로 인해 빛 에너지가 손실되며 거친 유전체 표면이 지나치게 어두운 색으로 표현됩니다. 옵션을 활성화할 경우 거친 유전체 표면은 물리적으로 옳은 다중 산란을 표현하여 표면의 다중 산란을 고려하여 표현됩니다. 손실되는 빛 에너지가 없으며 표면이 확연하게 밝은 색으로 표현됩니다. 더욱 사실적인 결과를 원한다면 이 옵션을 활성화해야 하지만 성능 면에서 불이익이 있습니다. 다중 표면 산란은 거칠기가 0보다 큰 유전체 재질의 표현에만 영향을 줍니다. 거칠기 값이 더 높을수록 더 효과가 큽니다.

오른쪽은 다중 서페이스 산란이 적용된경우 / 왼쪽은 적용되지 않은 경우

04 | 보석(Gem)

보석 재질 유형은 솔리드 글라스, 유전체, 액체 재질 유형과 관련되어 있습니다. 이 설정은 보석류를 렌더링 하기 적절하도록 최적화되어 있습니다. 아베수(분산) 조절은 "fire" 효과를 제공하므로 보석 렌더링에 특히 중요합니다.

- **색상**

보석의 전체 색상을 컨트롤합니다. 빛이 표면으로 들어가면 여기에 색상 셋이 나옵니다. 이 재질에서 보이는 색상의 양은 투명 설정에 따라서도 크게 좌우됩니다.

- **투명도 거리**

(구 투명도) 이 슬라이더는 재질이 적용되는 파트의 두께에 따라 색상 설정에서 선택한 색상의 깊이를 컨트롤합니다. 색상 설정에서 색상을 설정한 후, 투명도 거리를 사용하여 색상의 채도나 뚜렷함을 조절하세요. 더 낮은 설정은 모델의 얇은 영역에서 색상을 더 보여주고 높은 설정은 얇은 영역에서 색상을 희미하게 만듭니다.

물리적으로 정밀한 이 매개변수는 해변의 얕은 물을 볼 때와 깊은 바다의 딥 블루 색상을 볼 때의 차이 효과를 재현합니다. 이것이 없다면 수영장의 바닥을 쉽게 볼 수 있는 것처럼 깊은 바다의 바닥을 보게 됩니다.

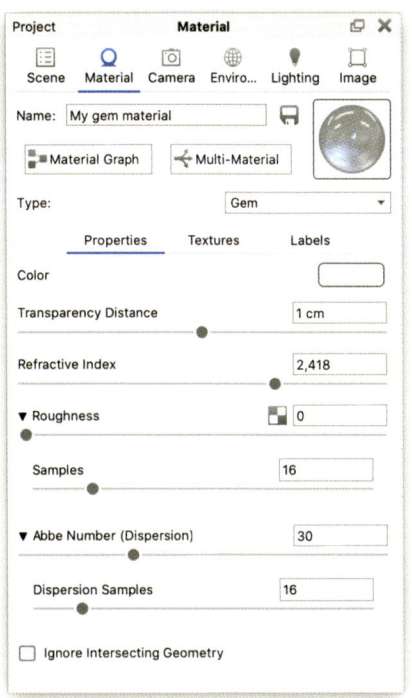

- **굴절률**

이 유형의 재질을 가진 파트를 빛이 통과하는 동안 얼마나 많이 빛이 휘거나 "굴절" 되는지를 조정합니다. 기본값 1.5 (라피스 라줄리의 굴절률) 가 일반적인 설정이고 원하는 보석에 따라 조절을 해 주세요. 보석류의 굴절률은 국제 보석 협회 웹사이트에서 찾아볼 수 있습니다.

- **거칠기**

이 재질 유형의 거칠기는 다른 불투명 재질과 유사하게 표면에서 하이라이트를 확산합니다. 하지만, 재질을 통과하는 경우에도 빛이 확산됩니다. 이것은 불투명 유리 같은 것을 만드는데 사용됩니다. 매개변수를 확장하면 샘플 슬라이더가 보입니다. 더 거칠고 노이지한 결과를 만들려면 낮은 값으로 설정하고, 부드러운 반투명 효과를 위해 노이즈/입자를 제거하려면 높은 값을 설정합니다.

- **샘플**

샘플을 낮게 설정하면 더 흠이 많고 거친 결과가 나오고, 높게 설정하면 더 매끈하고 불투명한 외형을 위해 거칠기/흠을 균등하게 만듭니다.

- **아베수(분산)**

아베수는 빛이 표면을 투과하고 프리즘적 효과를 만들 때 빛의 확산을 제어합니다. 이 프리즘적 색상 효과는 보석을 렌더링할 때 가끔 요구되는 "불" 효과를 만드는 데 사용됩니다. 값을 0으로 설정하면 확산 효과를 완전히 비활성화합니다. 낮은 값은 무거운 확산을 가지며, 값을 늘릴수록 효과는 더 절묘해집니다. 절묘한 확산 효과를 원할 경우 35에서 55 사이의 설정이 초기 값으로 권장됩니다.

- **분산 샘플**

분산 샘플을 낮게 설정하면 더 노이즈가 많고 거친 결과가 나오고, 높게 설정하면 더 매끈하고 불투명한 외형을 위해 거칠기/흠을 균등하게 만듭니다.

- **교차 지오메트리 무시**

교차 지오메트리 무시를 활성화하면 겹치는 형상이 무시됩니다. 다이아몬드 반지의 프롱 세팅과 같이 보석을 고정할 때 프롱에 가해지는 현실 변형이 모델링 되지 않았고 지오메트리가 사실상 겹칠 때 유용합니다.

05 | 일반(Generic)

일반 재질 타입은 디즈니 BRDF 쉐이더를 기반으로 합니다. 통합 3D 재질 (.u3m) 또는 섭스턴스 페인터 프로젝트 (.sp)와 같은 재질을 **재질 불러오기**를 통해 불러올 때 그 속성은 일반 재질의 속성으로 매핑 됩니다.

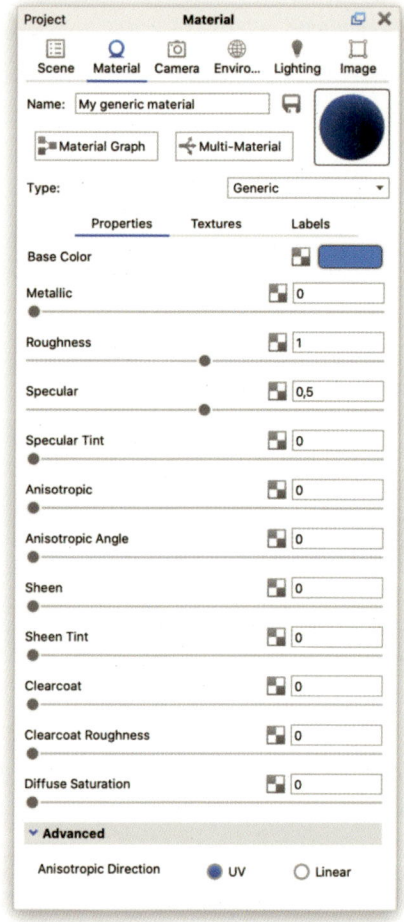

일반 속성

▪ **베이스 색상**
표면 색상이며 텍스처로 대체할 수 있습니다.

▪ **메탈릭(Metallic)**
재질의 금속성을 제어합니다. 값을 증가시키면 더욱 금속과 같은 외형을 나타냅니다.

메탈릭 값 0, 0.5, 1

▪ **거칠기(Roughness)**
재질 표면에 미세한 단위의 결함을 추가합니다. 0으로 설정되었을 때 재질 표면은 완벽하게 매끈하고 닦인 상태입니다. 값을 증가시키면 표면 위에 빛이 분산되면서 더 거칠게 보입니다.

거칠기 값 0, 0.5, 1.

반사(Specular)
광원 반사의 정도를 결정하는 값입니다.

반사 값 0, 0.5, 1.

반사색조(Specular Tint)
반사 빛이 베이스 색상으로부터 얼마나 색을 받는지 결정합니다. 0일 때 반사 빛은 무색입니다.

반사색조 값 0, 0.5, 1.

이방성(Anisotropic)
이 값은 이방성의 양을 결정합니다. 이방성은 등방성의 반대말로 방향 의존에 대한 속성입니다. 0일 때 표면은 등방성이며 빛을 고르게 반사합니다. 이방성 값을 증가시키면 반사에 방향이 더해집니다.

이방성 값 0, 0.5, 1.

이방성 각도(Anisotropic Angle)
이방성의 각도를 조절합니다.

이방성 각도 5도, 90도

광택(Sheen)
표면의 지표각에서 인식되는 광택입니다. 값을 증가시키면 재질에 윤기가 더해집니다. 일반적으로 옷감 재질에 사용됩니다.

광택 값 0, 0.5, 1.

- **광택 색조(Sheen Tint)**
윤기가 베이스 색상으로부터 얼마나 색을 받는지 결정합니다. 0일 때 윤기는 무색입니다.
(들어오는 빛에 영향 받지 않습니다.)

광택 색조 값 0, 0.5, 1.

- **투명 코팅(Clear Coat)**
재질 표면에 투명 코팅을 더합니다. 값을 증가시키면 표면이 더욱 두드러지게 보입니다.

투명 코팅 값 0, 0.5, 1.

- **투명 코팅 거칠기(Clear Coat Roughness)**
투명 코팅의 거칠기를 제어합니다. 값이 0일 때 표면은 윤기가 돌고 값을 증가시키면 표면에 고운 광택이 생깁니다.

투명 코팅 거칠기 0, 0.5, 1.

- **확산 포함(Diffuse Saturation)**
재질의 확산 포함을 조정합니다. 이 값이 증가할 경우 재질의 형광색 표현이 가능합니다.

확산 포함 0, 0.5, 1.

고급

- **이방성 방향(Anisotropic Direction)**
    - **UV**: 이방성이 물체의 UV를 따릅니다.
    - **선형**: 이방성 방향이 일직선입니다.

UV, 이방성, 선형이방성

주의사항:
디즈니 BRDF 쉐이더들은 0에서 1 사이의 값을 가집니다. 포괄 재질 타입에서 우리는 미술적 용도를 위해 일부 매개 변수가 그 이상의 값을 가질 수 있도록 설정했습니다.

06 | 측정됨

측정된 재질은 X-Rite Appearance exchange Format (AxF) 과 Radiance BSDF 형식을 불러올 수 있습니다. 이 형식은 특정 재질의 빛이 확산되는 것을 포착할 수 있는 (특정 벤더에 구애 받지 않는)재질을 포함합니다.

The X-Rite AxF Material 형식

AxF 는 표준화된 형상 표현을 위해 X-Rite 에 의해 개발된 디지털 파일 형식입니다. 정확한 디지털 재질 사양을 찾아서 AxF 파일 내에 생성시키는 X-Rite TAC7 스캐너로 스캔한 물리 재질 샘플로부터 AxF 재질이 만들어집니다. AxF 파일은 PatoneLIVE Cloud 같은 디지털 재질 카타로 그에서 액세스할 수 있으며 측정된 재질 유형을 사용하여 키샷 내로 직접 불러오기를 할 수 있습니다. AxF에 대한 더 자세한 사항은 xrite.com/axf/를 참조하세요.

Radiance XML BSDF 포맷

BSDF (bidirectional scattering distribution function)은 표면에 빛의 간섭을 설명하는데 사용되는 수학모델입니다. Radiance Renderer에서 개발한 BSDF 파일 포맷은 키샷에서 지원되며, 빛이 어떻게 산란되고 재질이 어떻게 나타나는지를 좌우하는 배포 기능을 정의하는 측정된 BSDF 들을 포함하는 XML 형식입니다.

측정된 재질 가져오기

AxF 형식의 재질을 재질 판넬 또는 라이브러리로 불러들일 수 있고 재질 불러들이기로 불러 올 수 있습니다. 프로젝트, 재질 탭에서 재질을 편집할 때,재질 유형 드롭다운에서 측정됨을 선택하여 파트가 검은색으로 나타나고 파일 위치 필드 환경 탭에 나타납니다. 폴더 아이콘 📁을 선택하여 파일 형식을 측정됨으로 선택합니다. .axf 와 .xml 확장자를 가진 파일을 지원합니다.

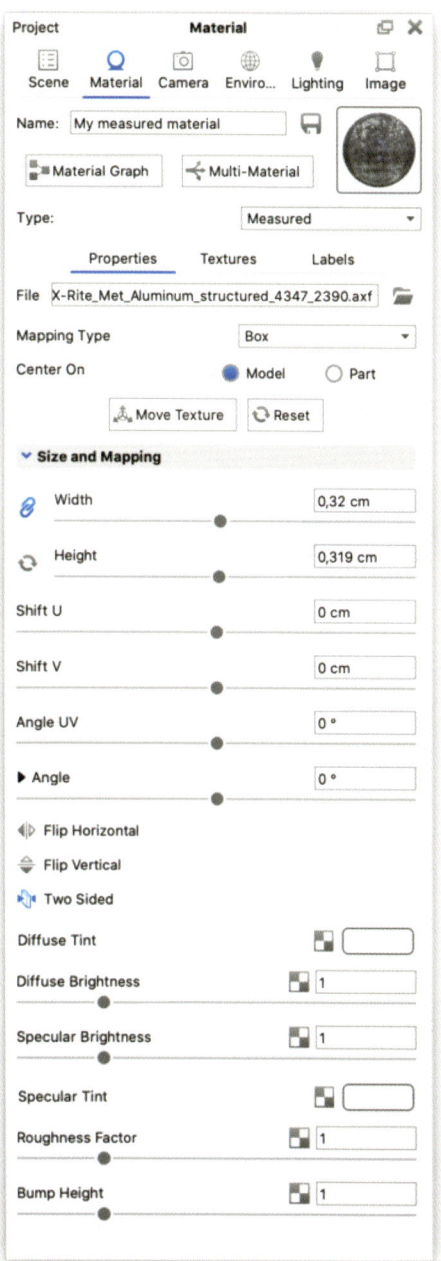

07 | 금속성 페인트(Metallic Paint)

금속성 페인트 재질 유형은 2개 레이어의 페인팅을 표현합니다.
- 전체 재질에 걸쳐 깔끔한 반사를 만들기 위한 베이스 코팅과 투명 코팅

페인트 설정

▪ 베이스 색상(Base Color)
이것은 금속성 페인트의 베이스 코팅용 재질의 전체 색상입니다.

▪ 금속 색상(Metal Color)
이것은 베이스 코팅 위에 금속 분말을 뿌린다고 생각하면 됩니다. 섬세한 금속 분말 효과를 얻기 위해 베이스 색상과 비슷한 색상을 선택하거나, 혹은 좀 흥미로운 결과를 얻으려면 대비되는 색상을 선택할 수도 있습니다. 실제 페인트처럼 사실적으로 보이게 하려면 보통 흰색 또는 회색 금속 색상이 사용됩니다. 표면이 직접 빛을 받아, 밝고 하이라이트 된 부분에서는 금속 색상이 더 많이 나타나며 덜 밝은 부분에서는 베이스 색상이 더 많이 나타납니다.

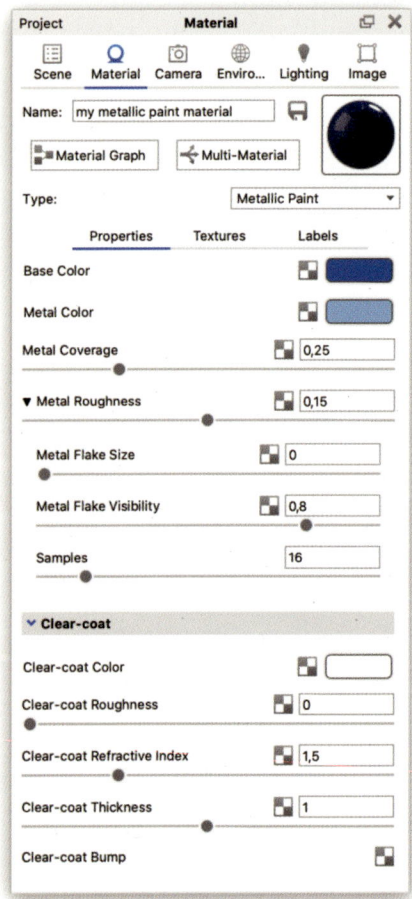

▪ 금속 범위(Metal Coverage)
이것은 금속 색상에 베이스 색상 비율을 조정합니다. 0으로 설정되면 베이스 색상만 보입니다. 1 로 설정되면 표면이 거의 금속 색상으로 보입니다. 대부분의 금속성 페인트 재질에서는 이 값을 0에 가깝게 설정합니다. 0.25 로 설정하는 것이 적당한 기본값입니다.

▪ 금속 거칠기(Metal Roughness)
이것은 표면에 뿌려진 금속 색상을 조정합니다. 낮은 값으로 설정되면 하이라이트 된 부분 주변의 작은 영역에서만 금속 색상이 보입니다. 높은 값으로 설정되면 전체 표면에 걸쳐 금속이 뿌려진 것처럼 보입니다. 0.15 로 설정하는 것이 적당한 기본값입니다.

- **금속 조각 크기(Metal Flake Size)**

금속 조각의 크기를 제어합니다. 몹시 높은 값은 "작은 보트" 페인트를 재생성 합니다.

- **금속 조각 가시성(Metal Flake Visibility)**

금속 조각의 투명도를 제어하며 0에서 1 사이의 값을 가집니다.

- **샘플**

샘플은 페인트의 금속 효과가 얼마나 불완전하거나 세련되게 보일지 제어합니다. 낮은 값은 좀 더 눈에 띄는 "조각" 효과를 만듭니다. 높은 값은 금속 효과의 확산을 더 균등하게 만들어 적은 거칠기/흠을 가지게 합니다. 진주 효과를 필요로 할 경우 높은 값으로 설정하십시오.

- **투명 코팅 설정(Clear-coat Setting)**

투명 코팅 설정은 상위 투명 코팅 레이어를 조정합니다. 단위 인식 설정이며 베이스 코팅에 영향을 주지 않는 범프 맵을 적용할 수 있습니다.

- **투명 코팅 색상**

투명 코팅 레이어의 색상을 설정합니다. 색상이 더 밝으면 투명 코팅도 더 밝아집니다. 기본값은 흰색입니다. (완전한 투명)

- **투명 코팅 거칠기**

금속성 페인트 투명 코팅 레이어는 기본적으로 아주 깨끗한 반사를 표현합니다. 그러나 비단 같은 천이나 무광 페인트를 원한다면, 투명 코팅 거칠기 값을 증가시켜야 합니다. 무광 효과를 위해 표면 반사를 분산시킵니다.

- **투명 코팅 굴절률**

이 슬라이더는 투명 코팅의 강도를 조정합니다. 1.5 로 설정하는 것이 적당한 기본값입니다. 더 반짝이는 페인트를 원하면 값을 증가시키세요. 값이 1에 가까워질 수록 투명 코팅 효과가 줄어듭니다. 무광 마감처리 또는 금속 분말 효과가 있는 플라스틱을 표현할 때 유용합니다.

- **투명 코팅 두께**

투명 코팅의 두께를 설정합니다. 두께를 조절하여 텍스처로 만들 수 있습니다. 높은 값은 투명 코팅을 어둡게 합니다. 이 설정은 설정 옆의 텍스처 아이콘을 클릭하여 텍스처로 만들 수 있습니다.

- **투명 코팅 범프**

투명 코팅 범프에 텍스처를 추가하기 위해서는 아이콘을 오른쪽 클릭하십시오. 텍스처 탭에서 범프를 추가할 경우 기반과 투명 코팅 모두에 영향을 주는 반면, 이 매개변수는 투명 코팅에만 영향을 주게 됩니다.

08 | 다층 광학(Multi-Layer Optics)

다층 광학 재질은 여러 개의 얇은 필름 레이어를 가진 재질을 만들 수 있습니다.

- **레이어 목록**

재질 레이어 목록을 모두 표시합니다.
첫번째 레이어는 "기반" 레이어(기판)임에 유의하십시오.

- **레이어 추가**

파일에서 레이어를 추가하거나, 새로운 유전체 레이어를 추가하거나, 이미 정의된 레이어의 사본을 추가할 수 있습니다.

- **레이어 삭제**

현재 레이어를 레이어 목록에서 삭제합니다. 그러나 레이어의 정의는 레이어 재질 드롭다운 메뉴에서 찾을 수 있습니다.

- **레이어 속성**

이 속성들은 레이어 목록에서 강조 표시된 레이어에 적용됩니다.

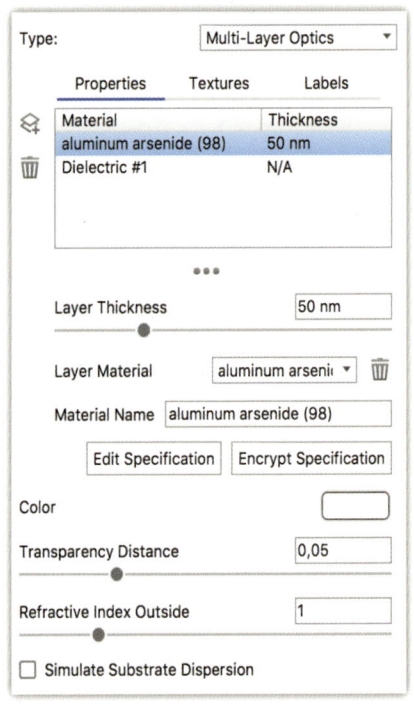

- **레이어 두께**

레이어의 두께를 설정합니다. 첫번째 레이어는 파트의 주요 재질(기판)이므로 두께를 설정할 수 없습니다.

- **레이어 재질**

레이어의 재질을 설정합니다. 목록에 있는 모든 재질과 삭제된 레이어의 재질이 포함된 목록이 제공됩니다. 재질 드롭다운 메뉴 옆의 🗑 아이콘은 현재 재질의 설명을 삭제하고 모든 경우를 대체합니다.

- **재질 이름**

재질의 이름을 편집할 수 있습니다. 바뀌는 것은 재질의 이름이며, 레이어의 이름이 아니라는 점에 유의하십시오.

- **굴절률**

이 슬라이더는 빛이 재질을 투과할 때 얼마나 휘거나 굴절될지를 제어합니다. 초기 설정인 1.5는 대부분의 유형의 유리를 구현하는 데 정확합니다.

▪ 아베 수

아베 수는 빛이 표면을 투과하고 프리즘적 효과를 만들 때 빛의 확산을 제어합니다. 이 프리즘적 색상 효과는 보석을 렌더링할 때 가끔 요구되는 "불" 효과를 만드는 데 사용됩니다. 값을 0으로 설정하면 확산 효과를 완전히 비활성화합니다. 낮은 값은 무거운 확산을 가지며, 값을 늘릴수록 효과는 더 절묘 해집니다. 절묘한 확산 효과를 원할 경우 35에서 55 사이의 설정이 초기 값으로 권장됩니다.

▪ 사양 편집(Edit Specification)

평문으로 모든 레이어를 포함한 전체 재질을 입력/편집할 수 있습니다.

▪ 사양 암호화(Encrypt Specification)

재질의 설명을 보호하고 싶을 경우 암호화가 가능합니다. 이로 인해 재질의 레이어에 대한 정보가 숨겨지며 재질은 더 이상 편집할 수 없게 됩니다.

재질을 암호화한 뒤 **설명 지우기**를 할 수 있습니다. 이로 인해 현재 재질의 설명이 삭제되며 0부터 다시 시작하게 됩니다. 한 번 암호화한 재질은 해독할 수 없습니다!

▪ 색상

이 재질 유형의 전체적인 색상을 제어합니다. 빛이 표면에 접근할 때 여기 설정된 색을 띠게 됩니다.

▪ 투명도 거리(Transparency Distance)

이 슬라이더는 재질이 적용된 파트의 두께에 따라 투과 설정에서 선택된 색상의 깊이를 제어합니다. 투과 설정에서 색상을 설정한 후, **투명도 거리**를 사용하여 색상이 바래거나 선명해지도록 조정할 수 있습니다. 낮은 값은 모델의 얇은 영역에서 색을 더 많이 보여주고, 높은 값은 모델의 얇은 영역에서 색을 흐리게 만듭니다. 이 물리적으로 정확한 매개변수는 해변가의 얕은 물의 색과 심해의 남색을 비교할 때 관찰할 수 있는 효과를 구현합니다. 이 매개변수가 없다면 심해의 바닥을 보는 것은 수영장의 바닥을 보는 것만큼 쉬울 것입니다.

▪ 굴절률 바깥쪽(Refractive index Outside)

이 슬라이더는 두가지 굴절 재질 사이의 접점을 정확하게 구현할 수 있게 해주는 복잡하고 강력한 설정입니다.

▪ 기판 분산 시뮬레이션(Simulate Substrate Dispersion)

기판 분산 시뮬레이션을 활성화하면 기판이 투명한 물질일 때 커스틱스를 구현합니다.

굴절률 페이지에서 커스틱스에 대해 더 자세히 알아보십시오.

09 | 불투명 플라스틱(Plastic Cloudy)

불투명 플라스틱 재질은 폴리카보네이트나 AB처럼 복잡하고 과학적으로 정확한 재질을 복제하기 위해 광산란 파티클을 포함하고 있습니다. 이 재질에는 라이트 전송, 거칠기, 굴절률, 투명 거리와 불투명을 조정하는 매개변수가 있습니다.

실행 방법: **기존 재질**을 편집하려면 재질 유형 드롭다운에서 불투명 플라스틱을 선택합니다.

▪ **전송(Transmission)**
불투명 플라스틱 재질의 전체 라이트 전송을 설정합니다. 밝은 색 일수록 더 많은 전송을 허용합니다. 어두운 색 일수록 더 적은 전송을 허용합니다. 색상 썸네일을 클릭하여 색상 선택창을 열고 원하는 색상을 선택합니다.

▪ **투명도 거리(Transparency Distance)**
투명이 적용되는 거리를 조정합니다.

▪ **불투명도(Cloudiness)**
이 설정은 플라스틱 전체 불투명도에 영향을 줍니다. 0 값은 불투명도가 전혀 없게 합니다.

▪ **굴절률(Refractive Index)**
굴절률은 이 재질 유형을 가진 파트를 지나는 빛이 얼마나 휘거나 "굴절"할지 제어합니다. 대부분의 유형의 플라스틱을 구현할 경우 초기 설정은 1.5가 적절하지만, 표면에서 더 극적인 굴절을 만들고 싶다면 값을 높일 수 있습니다.

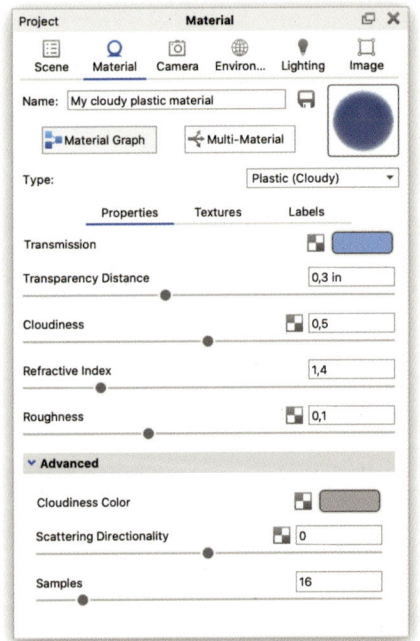

▪ **거칠기(Roughness)**
거칠기 값이 증가하면 재질의 표면에 미세한 정도의 흠이 추가됩니다. 거칠기 값이 0으로 설정된 재질은 완벽히 매끄럽고 잘 닦인 외형을 가집니다. 거칠기 값이 증가하면 빛이 표면에서 분산되어 더 거친 외형을 가집니다.

고급

- **불투명도 색상**

불투명색은 플라스틱의 내부 불투명함에 특정 색을 설정합니다.

- **확산 방향성**

빛이 흩어지는 방식을 제어합니다. 0의 값을 가질 경우 균등하게 흩어지며, 음수 값은 빛이 뒤로 흩어지고, 양수 값은 빛이 앞으로 흩어집니다.

- **샘플**

낮은 샘플 설정(8 이하)을 사용하면 표면에 노이즈가 더 많게 보이므로 흠이 많고 거친 모양이 됩니다. 값을 늘리면 노이즈가 더 균등하게 나와 거칠기가 균등히 분산됩니다.

10 | 고급 플라스틱(Plastic Transparent)

플라스틱 (고급) 재질은 단순한 플라스틱 재질을 만들 때 필요한 기본 설정을 제공합니다. 확산 (전체 색상)을 설정하고 반사를 조금 추가한 다음 거칠기를 조절하세요. 이것은 콘크리트에서 목재까지 모든 것에 적용되는 매우 다목적의 재질 유형입니다.

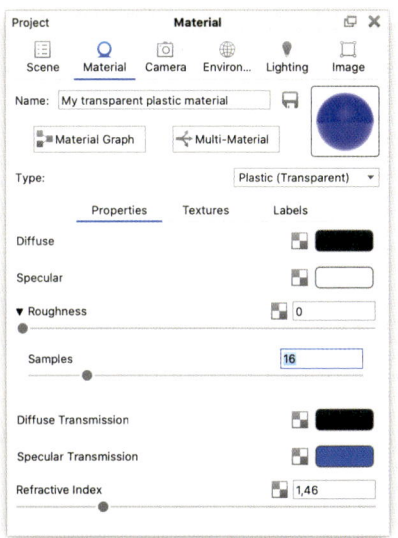

- **확산(Diffuse)**

이것은 재질의 전체 색상으로 간주됩니다. 투명 재질은 확산 색상이 거의 적용되지 않습니다.

- **반사(Specular)**

씬 내의 라이트 소스 반사의 강도와 색상입니다. 검정색은 완전히 반사가 꺼진 상태이며 흰색은 매우 광택이 나는 플라스틱 모양입니다. 실제 플라스틱은 반사값에 색상이 없습니다. 그러므로 회색이나 흰색 계열을 사용해야 합니다. 하지만 색상을 부여하면 플라스틱에 금속 효과를 줄 수 있습니다.

- **거칠기(Roughness)**

값이 증가되면 현미경 수준의 요철이 재질의 표면에 추가됩니다. 0으로 설정되면 재질이 완전히 부드럽고 광택이 나게 보여집니다. 값이 증가되면 재질은 더 거칠고 빛이 표면을 따라 확산됩니다.

왼쪽 재질은 거칠기가 없습니다.
오른쪽 재질은 0.15의 거칠기 값이 있습니다.
기반 재질: 재질 라이브러리의 깨끗하고 반짝이는 파란색 플라스틱

- **샘플**

거칠기 매개변수 안에서 샘플 설정을 찾을 수 있습니다. 낮은 샘플 설정(8 이하)을 사용하면 표면에 노이즈가 더 많게 보이므로 흠이 많고 거친 모양이 됩니다. 값을 늘리면 노이즈가 더 균등하게 나와 거칠기가 균등히 분산됩니다.

- **확산 투과(Diffuse Transmission)**

이것은 추가적인 라이트가 투명 효과를 표현하는 재질의 표면을 따라 확산되게 합니다. 렌더 타임이 길어지므로 꼭 필요하지 않으면 검은색으로 놔두기를 권합니다.

왼쪽 재질은 확산 투과가 검은색으로 설정되었고, 오른쪽 재질은 확산 투과가 빨간색으로 설정되었습니다. 기반 재질: 재질 라이브러리의 깨끗하고 반짝이는 회색 플라스틱

- **반사 전송(Specular Transmission)**

이것은 재질의 투명도로 간주됩니다. 검은색은 100% 불투명이고 흰색은 100% 투명입니다. 투명 유리 또는 플라스틱이 만들어지면, 확산은 검은색과 이 매개변수로 만들어진 모든 색상으로 되어야 합니다. 투명 유리 또는 플라스틱은 반사 설정이 흰색으로 되어야 합니다. 만일 불투명 플라스틱을 원하면, 여기에서 확산을 매우 어두운 색상으로 설정할 수 있습니다.

왼쪽 재질은 선택 투과가 회색으로 설정되었고, 오른쪽 재질은 선택 투과가 파란색으로 설정되었습니다. 재질:재질 라이브러리의 깨끗하고 반짝이는 회색 플라스틱과 깨끗하고 반짝이는 파란색 플라스틱

- **굴절률**

굴절률은 이 재질 유형을 가진 파트를 지나는 빛이 얼마나 휘거나 "굴절"할지 제어합니다. 표면에서 더 극적인 굴절을 만들고 싶다면 값을 높일 수 있습니다.

11 | 리얼 클로쓰(Real Cloth)

리얼클로쓰는 단계적 재질로 가닥부터 당신이 직접 짠 직물 패턴을 가진 직물 옷감을 만들 수 있습니다. 가벼운 섬유로 옷감을 더욱 만지는 것처럼 느낄 수도 있습니다.

날실은 직조 중 팽팽하게 잡아당겨지는 긴 실을 가리킵니다. 씨실은 옷감의 폭을 따라, 날실 사이로 지나가는 실을 가리킵니다.

전제 조건 및 한계

- RealCloth 재질은 UV 좌표를 가진 지오메트리를 요구합니다. 좋은 UV를 가지지 않은 파트라면, UV 언래핑 도구를 시도하십시오.
- RealCloth 재질은 라벨을 지원하지 않습니다.
- 컷어웨이 캡에 사용될 경우 RealCloth의 플라이어웨이 섬유를 사용할 수 없습니다.
- RealCloth의 전위 및 플라이어웨이 섬유는 NURBS 모드 렌더링에서 현재 지원되지 않습니다.

> **TIP**
>
> 최적의 결과를 위해 UV 좌표는 U방향의 1단위가 V방향의 1단위와 일치하는 것처럼 "비례에 맞아야" 합니다. UV 맵을 옷감에 적용된 재단 무늬라고 생각하면, UV 좌표의 모든 뒤틀림은 늘어진 직물로 표현될 것입니다.

옷감 재질의 세 가지 버전으로 능직, 헤링본 무늬, 다이아몬드 무늬입니다.

짜임 패턴 편집 (Pro)

짜임 패턴 편집 버튼 ▦ 을 눌러 옷감을 구성할 반복 패턴을 만드는 패턴 에디터를 실행합니다. 패턴 에디터는 KeyShot Pro 기능입니다. Pro 라이선스를 가지지 않은 경우 **짜임 패턴 편집** 버튼은 비활성화되고 패턴을 편집할 수 없습니다.

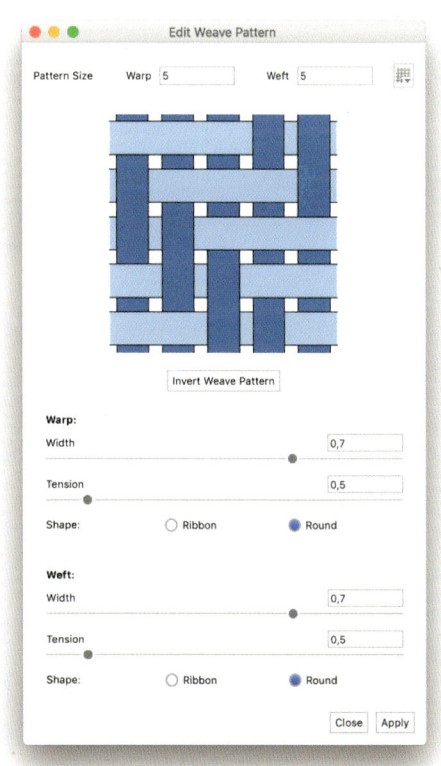

- **패턴 크기**

패턴에 몇개의 실이 포함되는지 결정합니다.

- **날실(Warp):** 수직으로 걸린 실이며 엮는 동안 팽팽하게 유지됩니다. 옷감의 경도를 지닙니다. 미리보기에서는 수직 실입니다.

- **씨실(Weft):** 날실 사이로 엮는 실이며 직물의 패턴과 구조를 생성합니다. 미리보기에서는 수평실입니다.

- ▦ **패턴 프리셋:** 플레인, 바구니, 능직 및 새틴 – 가장 흔하게 사용되는 직물 패턴을 선택할 수 있습니다. 패턴을 선택하면 적절한 숫자의 날실/씨실의 수가 설정되고 패턴을 미리보기에 적용합니다. 패턴 이름의 단계 값은 씨실이 날실 아래로 다시 들어가기 전 몇 개의 날실 위를 지나는지 결정합니다.

- **패턴 미리보기**

패턴을 편집할 수 있습니다. 날실과 씨실의 교차 지점마다 그리드의 한 칸을 이루고 있으며, 칸을 클릭하면 어느 가닥이 앞으로 나오는지를 전환할 수 있습니다.

- **짜임 패턴 반전**

모든 가닥의 교차 지점을 전환시킵니다.

- **날실(Warp)**
  - **너비:** 날실의 폭을 결정합니다. 0에서 1 사이의 값을 가지며, 1은 칸의 폭만큼 두꺼운 실입니다.
  - **장력:** 날실이 얼마나 팽팽하게 걸려있는지 설정합니다.
  - **형상:**
    - 리본: 리본 모양 실은 매우 압축되었고 납작합니다. 리본 모양을 사용한다면 **가닥 수**와 **가닥 피치**는 관련 없는 설정이 됩니다.
    - 원형: 둥근 실은 압축이 별로 되지 않은 상태입니다.

- **씨실(Weft)**
  - **너비:** 씨실의 너비를 결정합니다. 0에서 1 사이의 값을 가지며, 1은 칸의 너비만큼 두꺼운 실입니다.
  - **장력:** 씨실이 날실 사이로 엮이는 동안 얼마나 팽팽하게 걸리는지 설정합니다.
  - **형상:**
    - 리본: 리본 모양 실은 매우 압축되었고 납작합니다. 리본 모양을 사용한다면 **가닥 수**와 **가닥 피치**는 관련 없는 설정이 됩니다.
    - 원형: 둥근 실은 압축이 별로 되지 않은 상태입니다.

- **닫기/적용**

직물 패턴의 변화는 즉시 적용되지 않습니다. 직물 패턴을 계산하는 동안 시간이 걸리므로 적용 버튼을 눌러 실시간 뷰에서의 변화를 확인해야 합니다. 실시간 뷰에서 본 것에 만족한다면 대화 창을 숨기기 위해 닫기를 누릅니다.

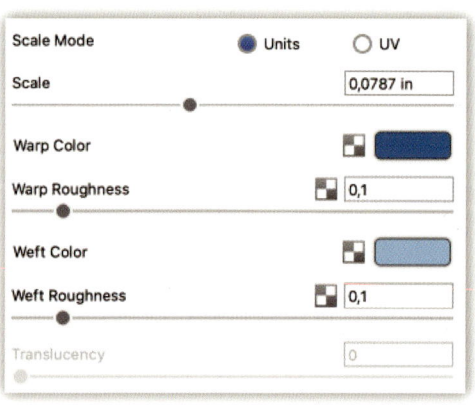

표현

- **크기**

직물 패턴의 크기를 제어할 수 있도록 합니다.

  - **단위 사용:** 크기를 단위에 따라 설정하고 싶을 때 **최대 가닥 두께**를 결정하는 슬라이더가 나타납니다. 이 슬라이더로 가닥의 물리적 크기를 결정하면 적절한 UV 스케일로 변환됩니다. 같은 UV 스케일을 가지지 않은 여러 개의 파트 사이에서 옷감을 사용한다면 이 설정을 추천합니다.

▫ **UV 스케일 사용:** 이 옵션을 선택하면 UV 스케일 슬라이더가 나타납니다. 이 슬라이더로 패턴의 두께를 1 UV 단위에 비례하여 설정합니다. 애니메이션을 할 예정이면 이 설정을 추천합니다.

- **색상**

이 재질 타입의 전체적인 색상을 제어합니다. 빛이 표면에 닿을 때 여기서 설정된 색상을 띄게 됩니다. 이 재질에서 보는 색상의 양은 투명도 설정에도 크게 영향을 받습니다.

- **거칠기**

재질 표면에 미세한 단위의 결함을 추가합니다. 0으로 설정되었을 때 재질 표면은 완벽하게 매끈하고 닦인 상태입니다. 값을 증가시키면 표면 위에 빛이 분산되면서 더 거칠게 보입니다.

- **투명도**

투명도를 늘리면 곡선이 더욱 투명하게 보입니다. 이를 0으로 설정하면 곡선은 완벽히 불투명하게 표현됩니다. 이 설정은 **지오메트리** 설정 아래의 **3D 가닥 지오메트리**가 활성화되었을 경우에만 사용 가능합니다.

지오메트리

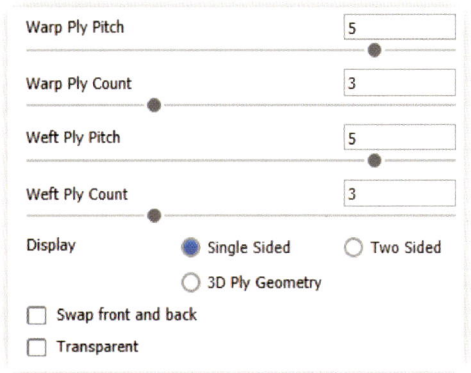

- **날실가닥 피치(Ply Pitch)**

피치는 "실의 가닥 수"를 재는 계량적 접근 방식입니다. 이 값은 가닥 간의 거리를 결정합니다. (엮인 가닥의 길이가 아닌, 실의 길이를 따라 계량됩니다.)

- **날실가닥 수(Ply Count)**

가닥 수는 하나의 실을 만들기 위해 엮인 가닥의 수입니다.

- **표시(Display)**

세 가지 설정으로 옷감을 더욱 정교하게 표현하도록 제어할 수 있습니다.

▫ **단면:** 표면의 양면에 옷감의 앞면을 보여줍니다.
▫ **양면:** 지오메트리의 앞면과 뒷면이 적용된 무늬의 앞면과 뒷면을 가집니다.
▫ **3D 가닥 지오메트리:** 물체의 지오메트리가 재질에 의해 수정되어 3D 곡선을 생성합니다.

> **알려진 문제점:**
> 겹치는 UV가 있는 지오메트리에 3D 플라이를 적용하면 지오메트리가 깨지는 것처럼 보입니다. 이를 방지하려면 Unwrap UV 도구를 사용해 보세요.

- **앞뒤 뒤집기(Swap front and back)**
재질의 앞뒤 방향을 변경합니다. 플라이어웨이 섬유 방향이 잘못되었을 때 사용합니다.

- **투명(Transparent Weave)**
실들의 사이가 투명하게 보이기를 원할 때 활성화합니다. 직물 파트에 투명함을 더하는 것과는 다르다는 점에 유의하십시오.

플라이 어웨이 섬유

- **플라이 어웨이 섬유**
활성화될 경우 옷감 표면에서 빗겨난 섬유를 더합니다. 이 섬유는 이동에 기반하고 있기 때문에 이동이 활성화되기 전까지 보이지 않습니다. 플라이 어웨이 섬유는 노르말 방향을 따릅니다.

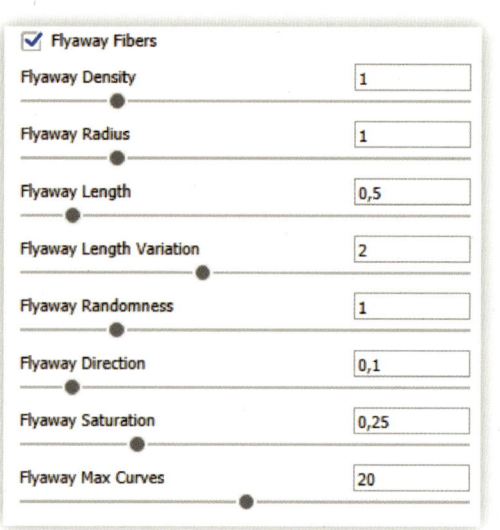

- **플라이 어웨이 밀도**
날리는 섬유의 숫자를 정합니다. 밀도는 직물 패턴과 연관되어 계산됩니다. 밀도가 1일 경우 하나의 교차 지점 당 평균 하나의 날림 섬유가 있습니다.

- **플라이 어웨이 반경**
섬유가 얼마나 두꺼운지 결정합니다.

- **플라이 어웨이 길이**
각 섬유가 얼마나 긴지 결정합니다.

- **플라이 어웨이 길이 변형**
섬유 길이에 변형을 더합니다. 각 섬유는 최대 설정된 길이 + 길이 * 변형 값까지 길어질 수 있습니다.

- **플라이 어웨이 임의성**
기본 값으로 플라이 어웨이 섬유는 직선입니다. 무작위성을 더하면 섬유가 휘게 됩니다.

- **플라이 어웨이 방향**
날리는 섬유가 실의 가닥에서 어떤 각도로 튀어나오는지 결정합니다. 0일 때 섬유는 가닥과 90도 각도를 이루고, 0일 때 섬유는 가닥의 방향을 따릅니다.

- **플라이 어웨이 최대커브**
많은 양의 커브를 더할 경우 씬이 매우 무거워질 수 있습니다. 커브의 양은 두께 값과 길이 변형 값 모두에 영향을 받습니다. 날림 섬유 최대 커브는 파트 별 나타나는 날림 섬유 커브의 전체 양을 제한할 수 있습니다. 한계에 도달했을 때 날림 섬유의 밀도가 영향을 받습니다. 한계 값은 백만 단위이며 근사치일 뿐입니다. 제한을 두고 싶지 않을 경우 값을 0으로 유지하면 됩니다.

고급

이 부문에서는 위의 설정 카테고리와 관련된 고급 설정을 볼 수 있습니다

모양(Appearance)

- **반사(Specular)**

이것은 씬 안에서 반사되는 광원의 색과 빛의 세기입니다. 검정은 완전히 반사를 차단하고 하얀 색은 매우 빛나는 플라스틱 색상을 표시합니다. 가장 현실적인 모습을 표시하려면 회색이나 하얀색을 선택합니다. 그러나 색상을 추가하면 재질에 금속효과가 나타나게 됩니다.

- **굴절률**

빛이 이 타입의 재질을 가진 파트를 지나갈 때 얼마나 굽거나 "굴절" 될 지 제어합니다. 기본 값인 1.5는 대부분의 플라스틱 타입에 적합하며 더욱 드라마틱한 굴절을 원할 때 값을 증가시킬 수 있습니다.

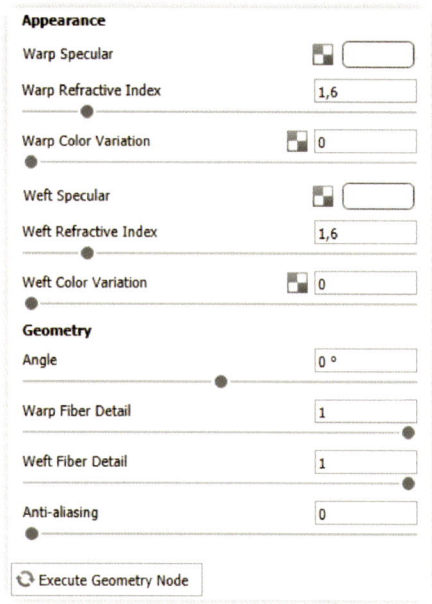

- **색상 변형**

패턴을 엮는 가닥의 색상에 변형을 줍니다. 0으로 설정되었을 때 모든 가닥은 완벽히 똑같은 색을 띱니다. 값을 증가시키면 변형으로 패턴을 강조하고 더욱 "수제"로 만든 듯한 느낌을 줍니다.

지오메트리

- **각도**

엮는 방향을 바꿀 수 있습니다.

- **날실, 씨실 섬유 상세(Fiber Detail)**

실의 섬유가 얼마나 두드러지는지 제어합니다. 0은 하나도 표현되지 않고, 값이 증가할수록 디테일이 더해집니다.

- **안티알리아싱**

이미지에 노이즈를 더해 모아레 현상을 줄입니다. 렌더링 시 더 많은 샘플을 필요로 할 수 있습니다.

- **지오메트리 노드 실행**

플라이어웨이 섬유 또는 3D 플라이 지오메트리에 편집을 한 후 "지오메트리 실행"을 해야 실시간 뷰에서 그 효과를 확인할 수 있습니다.

> **주의사항:**
> 씬 내 이동 매개변수 플라이어웨이, 3D 플라이지오메트리에 실행되지 않은 변화가 있을 경우 실시간 뷰의 우측 상단에 **이동 지오메트리 실행** 버튼 이 나타납니다. 지오메트리 변화를 실행하기 위해 클릭하십시오.

12 | 확산 매체 (Scattering Medium)

확산 매체를 통해 안개, 연기, 빛 줄기를 가시화한 입체 광원 등의 분산되는 입자를 구현할 수 있습니다.

밀도 텍스처에 적용된 볼륨 맵을 사용한 산란 매질.

확산 매체 적용

프로젝트 창의 재질 탭의 유형 드롭다운 메뉴에서 확산 매체를 선택하십시오. 텍스처 탭에서 밀도 텍스처에 텍스처를 적용할 수 있습니다. 텍스처 드롭다운 메뉴나 재질 그래프에서 용적 맵을 선택하고 확산 매체 재질 노드의 밀도 텍스처에 적용하는 것으로 OpenVDB 파일을 불러올 수 있습니다.

확산 매체 적용

속성

- **전송(Transmission)**

이 옵션은 이 재질 유형의 전체적인 색상을 제어합니다. 빛이 표면에 접근할 때 여기 설정된 색을 띄게 됩니다. 재질에서 나타나는 색상의 강도는 색상 밀도 설정에도 크게 좌우됩니다. 투과에 색상을 설정했는데 너무 흐리게 보인다면 색상 밀도 항목으로 넘어가십시오.

- **투명도 거리(Transparency Distance)**

이 슬라이더는 재질이 적용된 파트의 두께에 따라 투과 설정에서 선택된 색상의 깊이를 제어합니다. 투과 설정에서 색상을 설정한 후, 투명도 거리를 사용하여 색상이 바래거나 선명해지도록 조정할 수 있습니다. 낮은 값은 모델의 얇은 영역에서 색을 더 많이 보여주고, 높은 값은 모델의 얇은 영역에서 색을 흐리게 만듭니다.

- **밀도(Density)**

입자들이 얼마나 밀집했는지 설정합니다. 높은 밀도는 확산 매체를 더 고체처럼 보이도록 합니다. 여기서 낮은 밀도 값은 매체가 더 얇아지기 때문에 더 흐릿하게 보이게 합니다.

- **다중 산란(Multiple Scattering)**

다중 산란을 활성화할 경우 빛줄기가 형상 내에서 여러 번 튑니다. 이로 인해 물리적으로 더 정확한 재질 표현이 가능하지만 처리 시간에 영향을 줍니다.

고급

- **반사도(Albedo)**

반사도는 분산 매체 안의 작은 입자에 의해 분산된 빛의 색상입니다. 매체의 다중 분산이 활성화되어 있다면, 빛이 매체 안을 지나면서 분산 처리로 인해 관찰자에게 닿지 않아 반사도 색의 정반대의 색으로 매체색이 나타날 수 있다는 점에 유의하십시오.

- **확산 방향성(Scattering Drectionality)**

빛이 흩어지는 방식을 제어합니다. 0의 값을 가질 경우 균등하게 흩어지며, 음수 값은 빛이 뒤로 흩어지고, 양수 값은 빛이 앞으로 흩어집니다.

- **샘플**

낮은 샘플 설정(8 이하)을 사용하면 표면에 노이즈가 더 많게 보이므로 흠이 많고 거친 모양이 됩니다. 값을 늘리면 노이즈가 더 균등하게 나와 거칠기가 균등히 분산됩니다.

텍스처

- **밀도 텍스처**

밀도 텍스처는 재질에 일종의 마스크와 같이 작용합니다. 텍스처가 검은색일 경우 입자가 없고, 텍스처가 더 밝아질수록 입자의 개수가 증가합니다. 밀도 텍스처에 VDB 파일을 사용하고 싶을 경우 용적 맵을 추가하십시오.

- **라벨**

라벨을 통해 분산 매체 표면에 다른 재질을 추가할 수 있습니다. 확산, 반사, 범프, 투명도의 네 가지 기초 맵 유형을 통해 라벨을 제어합니다. 라벨을 사용할 때 투명도 맵을 추가하지 않으면 분산 매체를 관찰할 수 없게 됩니다.

> **TIP**
>
> **용적 커스틱스(Volume Caustics)**
>
> **CPU:** 커스틱스는 이제 용적(예를 들어, 분산 매체)에 통합되어 작용할 것입니다. 그러나 커스틱스는 용적 밖의 광원에만 적용되며, 이는 인테리어 모드에서만 지원됩니다.
>
> **GPU:** 용적 커스티스는 GPU 모드에서는 지원되지 않습니다.

13 | 투명 중간(Translucent Medium)

투명 재질 유형은 여러 가지 스킨, 플라스틱과 기타 재질에 사용되는 하위 서페이스 확산 속성의 조절 기능을 제공합니다. **투명** 재질과 비교해서 더 빠르게 효과를 나타냅니다.

- **서페이스 색상**

재질의 외부 서페이스의 확산 색상을 조정합니다. 재질의 전체 색상으로 간주됩니다. 이 유니크한 재질 유형에서 유념할 것은 서페이스 색상이 완전히 검은색이면 하위 서페이스 색상의 반투명 효과를 볼 수 없다는 것입니다.

- **하위 서페이스 색상(Subsurface Color)**

플라스틱 재질에는 이 색상을 서페이스 색상과 매우 유사하게 설정하는 경우가 많지만, 약간 더 밝을 수 있습니다.

이 설정은 빛이 재질을 통과하면서 나타나는 색상을 조정합니다. 사용자 자신의 피부야 말로 하위 서페이스 산란 효과의 명확한 사례입니다. 밝은 빛이 귀 또는 손가락 사이의 얇은 피부처럼 얇은 부분을 통과하면서 빛날 때, 빛은 서페이스의 아래에 어떤 것이 있느냐에 따라 색상이 더 붉은 색이 됩니다.

빛이 서페이스를 통과하는 동안 랜덤의 여러 방향으로 산란됩니다. 이것은 유리와 비슷한 재질의 직접 굴절효과과 보다 부드러운 반투명 효과를 만듭니다.

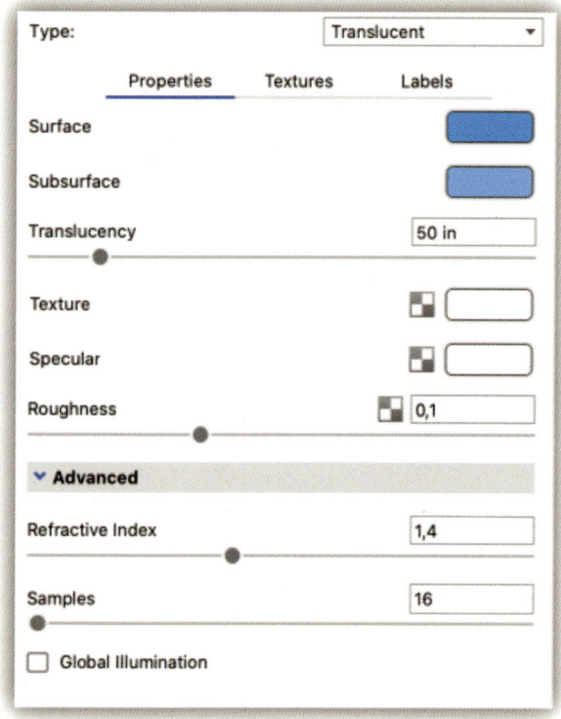

- **투명도(Translucency)**

빛이 표면으로 얼마나 깊이 투과되고 통과하는지를 편집, 씬 단위 설정에서 설정된 단위를 사용하여 컨트롤합니다. 투명도 값이 높을수록 하위 서페이스 색상이 서페이스를 통과하여 더 많이 보이게 됩니다. 높은 투명도 값은 더 부드러워 보이는 재질을 만듭니다.

- **반사(Secular)**

표면에 반사되는 강도를 조정합니다. 이것은 표면의 반사 강도를 더 증가 또는 감소시키기 위해 굴절률 설정과 같이 사용됩니다.

- **거칠기**

거칠기를 증가시키면 표면에 걸쳐 반사를 분산시키고 더 무광 효과가 강한 서페이스를 만듭니다.

- **굴절률**

이 유형의 재질을 가진 파트를 빛이 통과하는 동안 얼마나 많이 빛이 휘거나 "굴절" 되는지를 조정합니다. 기본값인 1.4 가 시작 값으로 적합하지만, 더 드라마틱한 표면 굴절 효과를 주고 싶으면 값을 증가시킬 수 있습니다.

- **샘플**

낮은 샘플 설정은 (8 이하) 흠과 거칠기를 더 부여하므로 표면이 더 노이지하게 나타나는 경향이 있습니다. 값을 증가시키면 노이즈가 줄어들고 거칠기가 고르게 분포됩니다.

14 | 벨벳

벨벳 재질은 정밀하게 짜여진 부드러운 섬유에서 나타나는 선명한 라이트 효과를 가진 부드러운 섬유재질을 만드는데 유용합니다.

이것은 키샷 표준의 복잡한 재질이며, 일반적으로 플라스틱이나 고급 재질 유형으로 섬유 재질을 만드는데 어려움이 없습니다. 이 재질 유형에는 다른 재질 유형에서 볼 수 없는 매개변수가 있습니다.

- **확산(Diffuse)**

이것은 재질의 전체 색상으로 간주됩니다. 이 재질에 밝은 색상이 사용되면 자연스럽지 않은 밝은 효과가 나타나므로, 확산과 광택 설정 모두에는 보통 어두운 색이 잘 사용됩니다.

- **광택(Sheen)**

광택 색상은 빛이 뒤쪽에서 표면을 가로질러 반사되는 것으로, 마치 후면 발광처럼 보입니다. 이 설정은 전체 재질에 걸쳐 부드럽게 광택을 더해주는 날카로움 조정과 연결되어 있습니다. 후방 산란 매개변수는 광택 설정에서 색상을 가져옵니다. 보통 이것은 확산 색상과 매우 유사한 색상이면서 아주 조금만 더 밝은 색상으로 설정되어야 합니다.

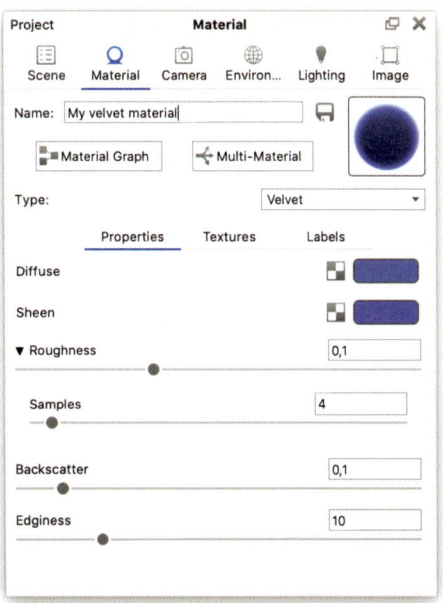

- **거칠기**

거칠기 설정은 후방 산란 효과가 표면을 따라 어떻게 고루 분산될지를 결정합니다. 이것이 낮은 값으로 설정되면 후방 산란 라이트는 더 작은 영역을 포함하고 있게 됩니다. 높은 값으로 설정되면 전체 오브젝트에 골고루 라이트가 퍼지게 됩니다.

- **후방 산란(Backscatter)**

전체 오브젝트에 걸쳐 라이트가 산란되며 특히 오브젝트의 음영 내에서 눈에 띄게 나타납니다. 표면에 전체적으로 부드러운 느낌을 주고자 할 때 사용합니다. 후방 산란의 색상은 광택 조정과 함께 설정합니다.

- **날카로움(Edginess)**

날카로움 효과가 어떤 식으로 표면에 걸쳐 뿌려지는지를 조정합니다. 낮은 값은 서서히 페이드아웃 되는 광택을 만들고 높은 값은 표면의 모서리를 따라 빛이 나는 밝은 색 경계를 만듭니다. 0 값은 광택효과를 끕니다.

- **샘플**

샘플 설정은 흠이나 미세한 후방 산란 효과가 어떻게 나타날지를 조정합니다. 높은 값은 산란된 것을 제거하고 고르게 나타나게 합니다. 낮은 값은 후방산란 라이트 내의 거친 입자/노이즈를 만듭니다. 더 부드러운 결과를 얻으려면 32 정도의 높은 값 설정이 필요합니다.

LESSON 13 : 라이트 소스

키샷에서는 물리 라이트가 파트에 적용되는 재질로 디자인되어 있습니다. 모든 지오메트리가 라이트 소스로 될 수 있습니다. 새 지오메트리를 가져오기 하거나 기존의 지오메트리 사용하거나 프리미티브를 추가할 수 있습니다. (편집, 지오메트리 추가...) 라이트 소스는 프로젝트 윈도우, 씬트리 내에 나타나 있으며 파트 네임 옆의 라이트 전구 아이콘으로 표시되어 있습니다.

라이트 소스 재질 유형
- 에어리어 라이트
- 포인트 라이트
- IES 라이트
- 스포트라이트

라이트 관리자

라이트 관리자는 씬의 모든 조명 재질에 대한 개요를 보여줍니다. 리본의 💡 **라이트 관리자** 버튼을 누르거나, 메인 메뉴의 **라이트 관리자**를 선택하거나, Shift+L 단축키를 눌러 전환할 수 있습니다.
라이트 관리자에 대한 더 자세한 내용은 이곳에서 확인할 수 있습니다.

01 | 에어리어 라이트

에어리어 라이트는 넓은 범위에 빛을 확산할 수 있게 해주는 재질 유형입니다. 이는 투광 조명과 비슷하게 기능합니다.

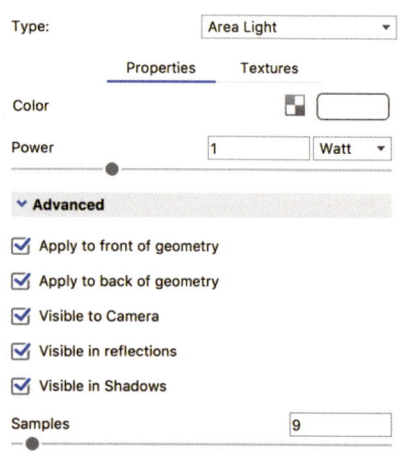

색상

색상에서 빛이 주는 색상을 선택할 수 있습니다. 광원 앞에 텍스처를 두어 발하는 빛을 가릴 수 있습니다.

아래 예시는 평면 광원에 색상 그라데이션을 추가한 것입니다.
더 정확히 빛에 색을 주고 싶다면 켈빈 눈금을 사용해 정확한 빛의 온도를 선택하십시오.

색 = 3000 켈빈

색 = 4000 켈빈

색 = 5000 켈빈

색 = 6500 켈빈

강도 (Power)

빛의 강도는 와트, 루멘, 또는 룩스로 제어할 수 있습니다. 좋은 결과를 위해서는 루멘 또는 룩스를 권장합니다. 원하는 결과에 따라 루멘 또는 룩스를 선택할 수 있습니다.

▪ 루멘

강도의 단위를 루멘으로 설정할 경우 빛의 출력이 광속으로 명시됩니다. **전체 빛 출력**이 서로 다른 크기의 면광원 물체마다 **동일**하게 됩니다.

아래 예시는 정사각형 면광원의 크기를 10에서 200mm까지 늘릴 때의 효과를 나타냅니다. 강도는 동일하게 250 루멘입니다.

크기 = 10mm × 10mm

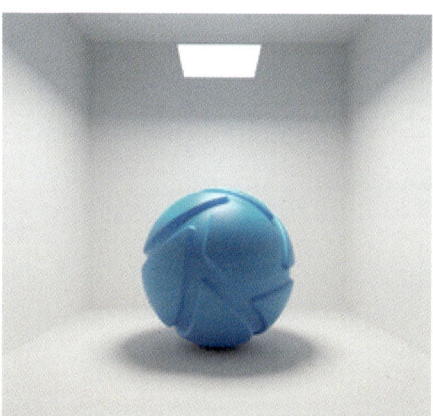

크기 = 50mm × 50mm

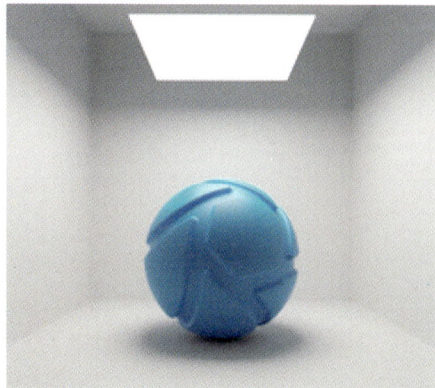

크기 = 100mm × 100mm

크기 = 200mm × 200mm

▪ 럭스

강도의 단위를 럭스로 설정할 경우 빛의 출력이 광속 발산도로 명시됩니다. 1 럭스는 광원 표면 1제곱미터당 1 루멘과 같습니다. **전체 빛 출력**이 서로 다른 크기의 면광원 물체마다 **다른 값**을 가집니다. 작은 면광원은 어둡고 광원 표면 영역이 커질수록 밝습니다.

예시들은 정사각형 면광원의 크기를 10에서 200mm까지 늘릴 때의 효과를 나타냅니다. 강도는 동일하게 25000 럭스입니다.

크기 = 10mm × 10mm

크기 = 50mm × 50mm

크기 = 100mm × 100mm

크기 = 200mm × 200mm

TIP

면광원에 의한 그림자의 부드러움은 크기와 관련이 있습니다. 큰 면광원은 부드러운 그림자를, 작은 면광원은 딱딱하고 날카로운 모서리를 가진 단단한 그림자를 만듭니다.

지오메트리에 적용

두 체크박스를 사용하여 면광원이 앞면, 뒷면, 또는 둘 다에서 빛을 발하게 할 수 있습니다. 표면 수선의 방향에 따라 앞면과 뒷면이 어디로 지정되는지가 다릅니다.

두께가 없는 표면 지오메트리에 대해 가장 유용하게 쓰이는 옵션입니다.

- **지오메트리 앞면에 적용**
표면 지오메트리의 앞면에서 광원이 빛을 발하도록 선택합니다.
예시는 평면광원이 앞면에서 빛을 발하는 것을 나타냅니다.

- **지오메트리 뒷면에 적용**
표면 지오메트리의 뒷면에서 광원이 빛을 발하도록 선택합니다.
예시는 평면 광원이 뒷면에서 빛을 발하는 것을 나타냅니다.

- **지오메트리 앞 뒷면에 적용**
예시는 평면광원이 앞면과 뒷면 모두에서 빛을 발하는 것을 나타냅니다.

▪ **카메라에 가시화(Visible to Camera)**

여기서 광원 형상이 현실 창과 렌더링에서 표시되는지 여부를 선택할 수 있습니다.
아래 예시는 카메라에 대한 가시성을 활성화 및 비활성화한 효과를 나타냅니다.

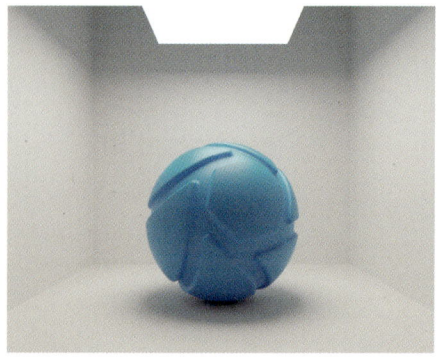
카메라에 대한 가시성 활성화

카메라에 대한 가시성 비활성화

▪ **반사에서 보이기(Visible in Reflection)**

여기서 광원이 현실 창과 렌더링에서 표시되는지 여부를 선택할 수 있습니다.
아래 예시는 반사면에 대한 가시성을 활성화 및 비활성화한 효과를 나타냅니다.

플라스틱 재질의 반사 / 금속 재질의 반사

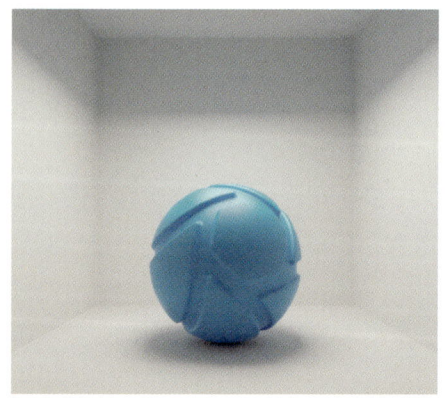

비교를 위해 핸들을 움직이십시오.
왼편에서는 반사되는 면광원을 볼 수 있고, 오른편에서는 옵션이 비활성화되었습니다.

▪ 섀도우에서 보이기
여기서 광원 지오메트리가 현실 창에서 그림자를 만드는지 여부를 선택할 수 있습니다. 비활성화할 경우 면광원 물체를 빛이 통과하게 됩니다. 이 옵션의 초기 설정은 비활성화되어 있으며, 이로 인해 HDRI 빛을 포함한 다른 광원을 막지 않게 됩니다.

아래 예시는 그림자에 대한 가시성을 활성화 및 비활성화한 효과를 나타냅니다. 씬은 따뜻한 색(HSV: 30도, 90%, 100%)의 큰 면광원과 그 바로 아래 있는 서늘한 색(HSV: 225도, 35%, 100%)의 작은 면광원으로 밝혀져 있습니다. 그림자에 대한 가시성은 더 작고 서늘한 쪽의 면광원에 대하여 활성화 및 비활성화됩니다.

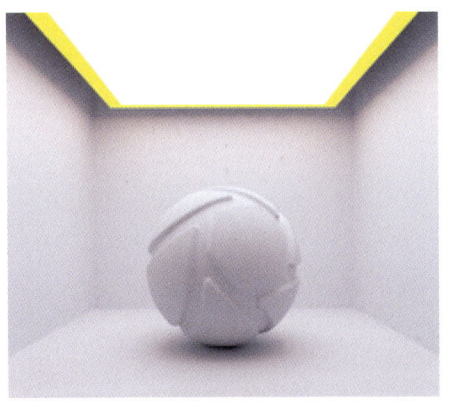
그림자에 대한 가시성 활성화

그림자에 대한 가시성 비활성화

그림자에 대한 가시성이 활성화되었을 때 서늘한 색의 면광원이 따뜻한 색의 면광원을 막습니다. 따라서 서늘한 색의 면광원이 씬에서 더 우세한 광원이며, 맑은 파란색 빛을 줍니다.

그림자에 대한 가시성이 비활성화 되었을 때 따뜻한 색의 면광원이 서늘한 색의 면광원에 막히지 않고 지나갑니다. 따라서 두 면광원이 거의 대등하게 씬의 조명으로서 작용합니다. 두 빛이 섞여 더 따뜻한 빛을 줍니다.

▪ 샘플
이 슬라이더로 렌더링에 사용되는 샘플 양을 제어합니다.

> **TIP**
>
> **한계점**
> ZBrush에서 이식한 ZSphere는 아직 면광원으로 지원되지 않습니다.

02 | 포인트 라이트

지오메트리에 **포인트 라이트**를 적용하면 파트의 중심이 지오메트리 포인트로 교체됩니다.

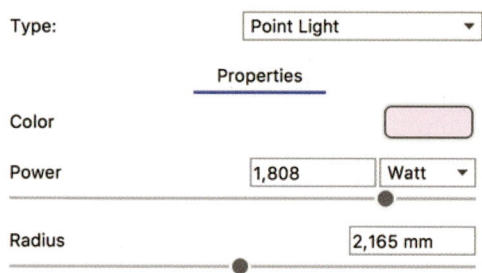

색상

색상에서 빛이 주는 색상을 선택할 수 있습니다. 더 정확히 빛에 색을 주고 싶다면 켈빈 눈금을 사용해 정확한 빛의 온도를 선택하십시오.

색 = 3000 켈빈

색 = 4000 켈빈

색 = 5000 켈빈

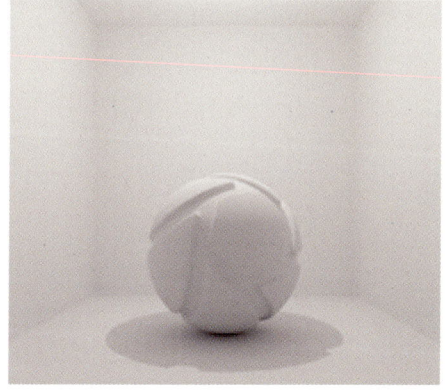

색 = 6500 켈빈

- **강도 (Power)**

빛의 강도는 광원이 얼마나 강력한지를 설정합니다. 루멘 또는 와트로 설정할 수 있으며 더 정확한 결과를 위해 루멘이 권장됩니다.

- **반경(Radius)**

반경을 조절하여 이 빛에 의해 발생하는 그림자의 부드러움을 제어합니다. 큰 반경은 부드러운 그림자를, 작은 반경은 딱딱하고 날카로운 모서리를 가진 단단한 그림자를 만듭니다.

반경 = 0mm (단위는 씬 단위를 따릅니다.)

반경 = 5mm

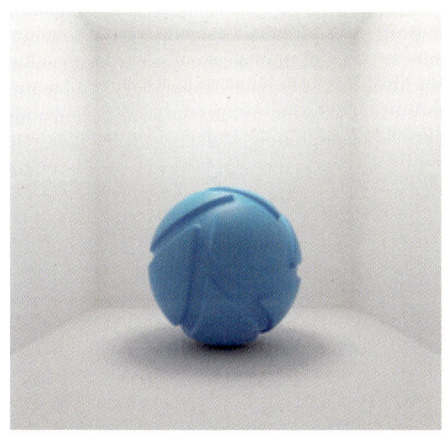

반경 = 10mm

반경 = 20mm

> **주의사항:**
> 반경의 영향은 모델의 사이즈에 따릅니다. 더 큰 모델은 비슷한 효과를 얻기 위해 더 높은 반경 값을 필요로 할 수 있습니다.

포인트 라이트 기즈모

뷰 메뉴에서 **광원 표시**를 활성화한 경우 (단축키: L) 실시간 뷰에서 직접 스포트라이트를 조정할 수 있습니다. 실시간 뷰, 씬 트리 또는 **조명 관리자**에서 조명을 선택하기만 하면 기즈모가 "활성화"됩니다.

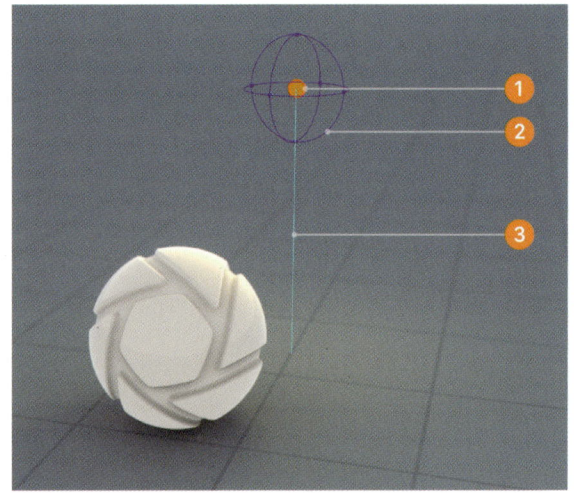

1. 중앙의 색상은 광원 색상을 표현합니다.

2. 보라색 원은 각도를 나타냅니다. 기즈모에서 보라색 원이 보이지 않는다면, 각도가 0으로 설정되어 있기 때문일 수 있습니다. 중앙을 클릭하고 드래그하여 각도 조정을 시도해보십시오.

3. 파란색 선은 포인트 라이트의 위치를 평면에 투영합니다.

03 | IES 라이트

IES 라이트를 사용하기 위해 편집기의 폴더 아이콘을 클릭하여 IES 프로파일을 불러와야 합니다. 프로파일을 불러오는 즉시 재질 미리보기에서 IES 프로파일의 형태를 관찰할 수 있습니다. 실시간 보기에서는 메쉬 형태로 확인할 수 있습니다.

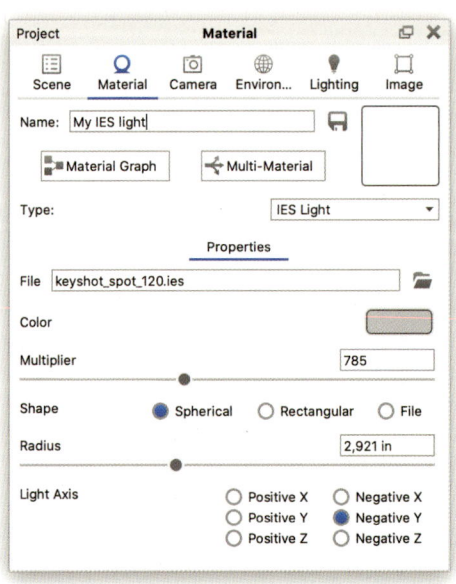

파일

파일은 IES 프로파일의 이름과 위치를 보여줍니다. 다른 IES 프로파일을 사용하기 위해 폴더 아이콘을 클릭하십시오.

색상

색상에서 빛이 주는 색상을 선택할 수 있습니다. 더 정확히 빛에 온도를 주고 싶다면 켈빈 눈금을 사용해 정확한 빛의 온도를 선택하십시오.

색 = 3000 켈빈

색 = 4000 켈빈

색 = 5000 켈빈

색 = 6500 켈빈

- **승수(Mutiplier)**

이 슬라이더로 빛의 강도를 조절하십시오.

> **주의사항:**
> 광도(빛이 발광하는 강도)는 루멘 단위의 값으로 IES 파일에 탑재되어 있습니다. 승수는 이 값을 조절합니다. 더 정확한 결과를 위해 승수는 1의 값으로 유지할 것을 권장합니다. 0과 1 사이의 값으로 제광장치의 효과를 얻을 수 있습니다.

▪ **형상(Shape)**

IES 파일에서 기본 설정된 모양을 사용할 수도 있고, IES 조명 재질을 위한 모양 설정에서 구체 또는 사각형을 선택하여 모양을 맞춤 설정할 수 있습니다.

▪ **구체, 반경(Spherical, Radius)**

구체를 선택하면 빛이 둥글고 반경을 조절하여 이 빛에 의해 발생하는 그림자의 부드러움을 제어합니다. 큰 반경은 부드러운 그림자를, 작은 반경은 딱딱하고 날카로운 모서리를 가진 단단한 그림자를 만듭니다.

반경 = 0mm (단위는 씬 단위를 따릅니다.)

반경 = 5mm

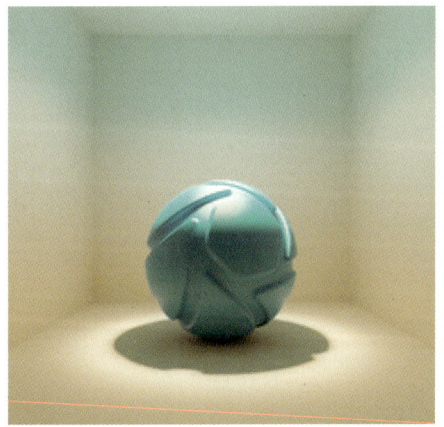

반경 = 10mm

반경 = 20mm

- **사각형**

사각형을 선택하면 빛의 너비 및 길이를 제어할 수 있습니다.

Width & lenght = 0

Width & lenght = 25

Width & lenght = 100

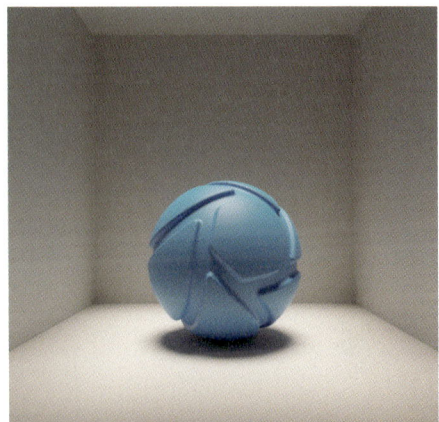
Width & lenght =200

Width = 200, lenght = 0

Width = 0, lenght = 200

> **주의사항:**
> 반경의 영향은 모델의 사이즈에 따릅니다. 더 큰 모델은 비슷한 효과를 얻기 위해 더 높은 반경 값을 필요로 할 수 있습니다.

- **라이트 축**

IES 광원의 축을 제어할 수 있습니다.

> **TIP**
>
> 광원의 축 방향과 장면의 축 방향이 다를 경우, 굳이 회전하지 않고 적절한 위 방향 축을 선택하면 됩니다.

- **IES 조명 기즈모**

뷰 메뉴에서 광원 표시하기를 활성화했을 경우 (단축키: L) 실시간 뷰에서 IES 조명을 직접 조정할 수 있습니다. 실시간 뷰, 씬 트리 또는 **조명 관리자**에서 조명을 선택하면 기즈모가 "활성화"됩니다.

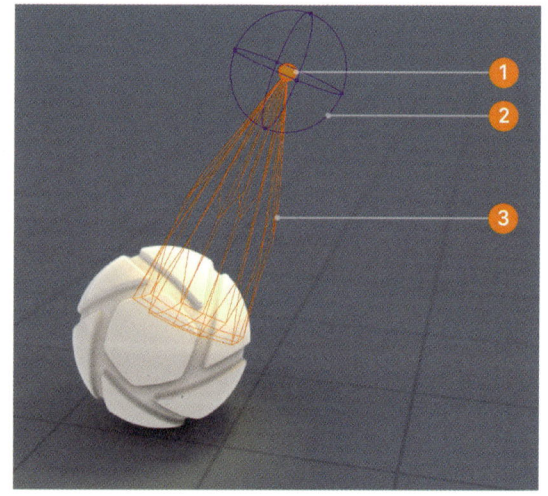

1. 중앙의 색상은 광원 색상을 표현합니다.

2. 보라색 구체/사각형은 모양을 나타내며, 현재 예시에서는 **구체**로 설정되었습니다. 핸들 중 하나를 움직여 반지름을 조정합니다. 보라색 구체가 보이지 않을 경우 반지름이 0이거나 모양 설정이 파일이기 때문일 수 있습니다.

3. 주황색 선 표현은 IES 조명의 배광 모양을 표현합니다.

04 | 스포트라이트

스포트라이트는 출력이 깎여 빛이 원뿔형으로 발하는 점광원으로 간주할 수 있습니다. 이 광원은 무대 조명에서 빛줄기를 만드는 스포트라이트와 같이 작용합니다.

색상

빛의 색상을 설정할 수 있습니다.

현실 차광판처럼, 광원 앞에 스텐실 텍스처를 두어 나오는 빛의 모양과 색상을 제어할 수 있습니다.

컬러 스텐실 직경

스포트라이트에 텍스처를 사용할 경우, 이 슬라이더는 스포트라이트의 빛줄기에 딱 맞는 가상의 스텐실 디스크의 지름을 결정합니다.

색 스텐실 예시

다음 이미지가 색 텍스처로 사용됩니다.

> **TIP**
>
> 스텐실 지름은 텍스처의 폭과 관련이 있습니다. 스텐실 지름과 텍스처의 폭이 같다면 텍스처는 빛줄기에 딱 맞습니다. 텍스처가 더 넓으면 빛줄기는 잘릴 것이고, 텍스처가 더 크다면 스텐실은 반복됩니다.

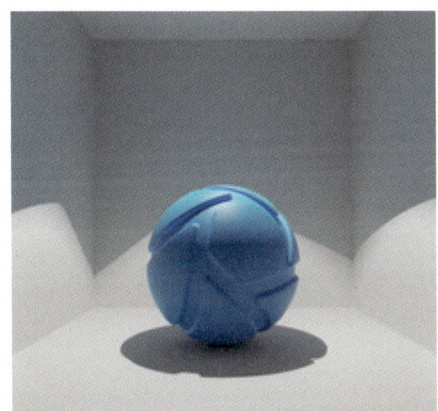

색 스텐실 지름 = 50mm

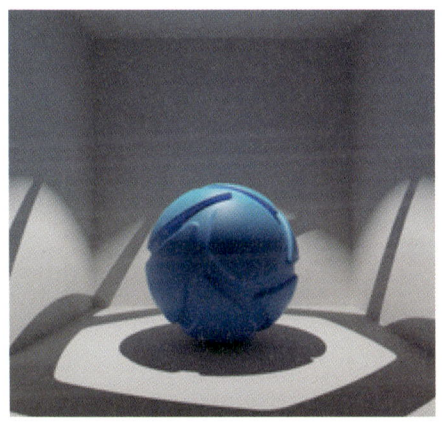

색 스텐실 지름 = 100mm

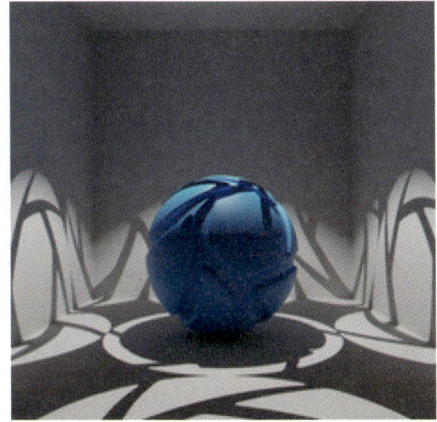

색 스텐실 지름 = 200mm

색 스텐실 지름 = 300mm

- **강도 (Power)**

광원이 얼마나 강력한지 결정합니다. 루멘 또는 와트로 설정할 수 있으며 더 정확한 결과를 위해 루멘이 권장됩니다.

일정한 라이트 출력(Constant Light Output)

이 체크박스는 스포트라이트의 물리 작용이나 정확도에 영향을 주지 않지만, 강도나 빛 각도를 조절할 때, 원하는 작업 흐름에 따라 편의를 위해 존재합니다. 이 설정은 빛 각도를 조절할 때 **상시 전체 빛 출력(활성화)** 과 **상시 일루미넌스(비활성화)** 중 선택할 수 있도록 합니다.

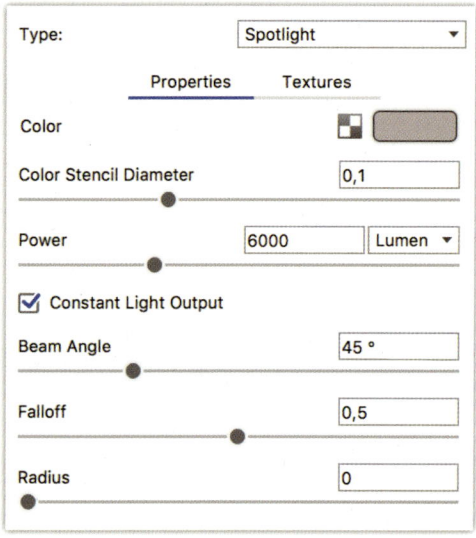

주의사항:
일루미넌스는 표면에 입사하는 빛의 강도를 뜻합니다.

- **일정한 라이트 출력 활성화**

영상은 움직이는 빛 각도의 상시 빛 출력을 활성화했을 때의 효과를 나타냅니다. 입력된 강도 값이 잘린 점 광원, 즉 원뿔 모양으로 발하는 빛의 광속입니다. 스포트라이트의 빛의 강도는 강도 값과 같습니다. 이는 **전체 빛 출력**이 빛 각도가 크든 작든 일정하다는 뜻입니다. 따라서 일루미넌스는 빛 각도가 움직일 때 일정하지 않습니다. 작은 빛 각도에서의 일루미넌스는 빛이 더 좁은 줄기 안에 집중되므로, 큰 빛 각도에서의 일루미넌스보다 높습니다.

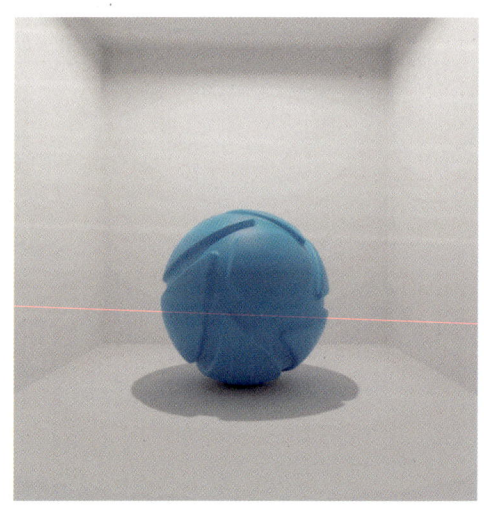

위의 영상은 움직이는 빛 각도의 상시 빛 출력을 활성화했을 때의 효과를 나타냅니다.

- **일정한 라이트 출력 비활성화**

입력된 강도 값이 잘리지 않은 점광원, 즉 원뿔을 무시한 빛의 광속입니다. 스포트라이트의 실제 빛의 강도는 빛 출력이 잘리기 때문에 강도 값의 일부입니다. 따라서 전체 빛 출력은 빛 각도가 작을 때보다 빛 각도가 클 때 더 높습니다. 동시에 **일루미넌스**는 빛 각도가 아무리 바뀌어도 **일정**합니다.

위의 영상은 움직이는 빛 각도의 상시 빛 출력을 비활성화했을 때의 효과를 나타냅니다.

빔 각도

빔의 크기를 결정하는 각도를 설정합니다. 각도가 클수록 빔이 더 넓습니다.

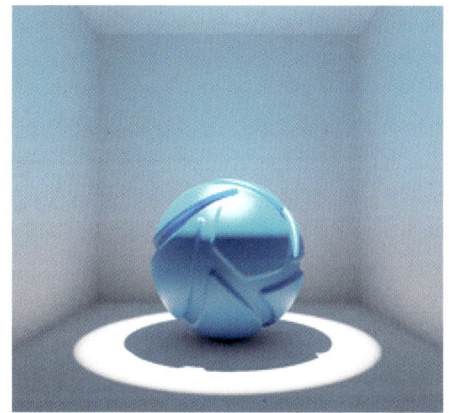

빔 각도 = 45도

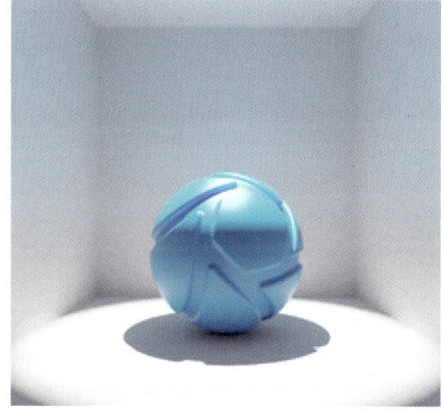

빔 각도 = 60도

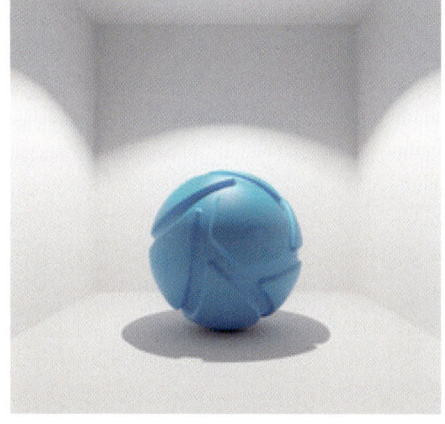

빔 각도 = 90도

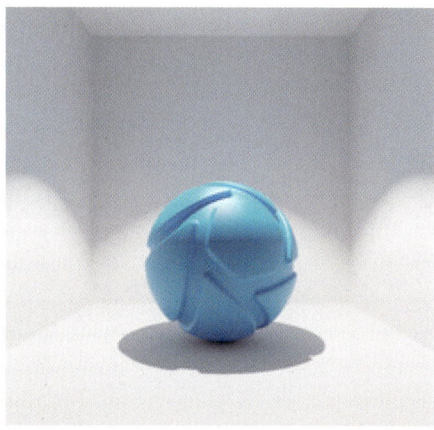

빔 각도 = 120도

감쇠(Fall off)

감쇠는 빛이 가장자리에서 어두워지는 점을 결정합니다. 빛줄기의 지름을 결정하여 0은 빛의 바깥 가장자리에 있고 1은 중심에 있습니다.

숫자가 클수록 빛에서 어둠으로의 이행이 더 부드럽게 진행됩니다.

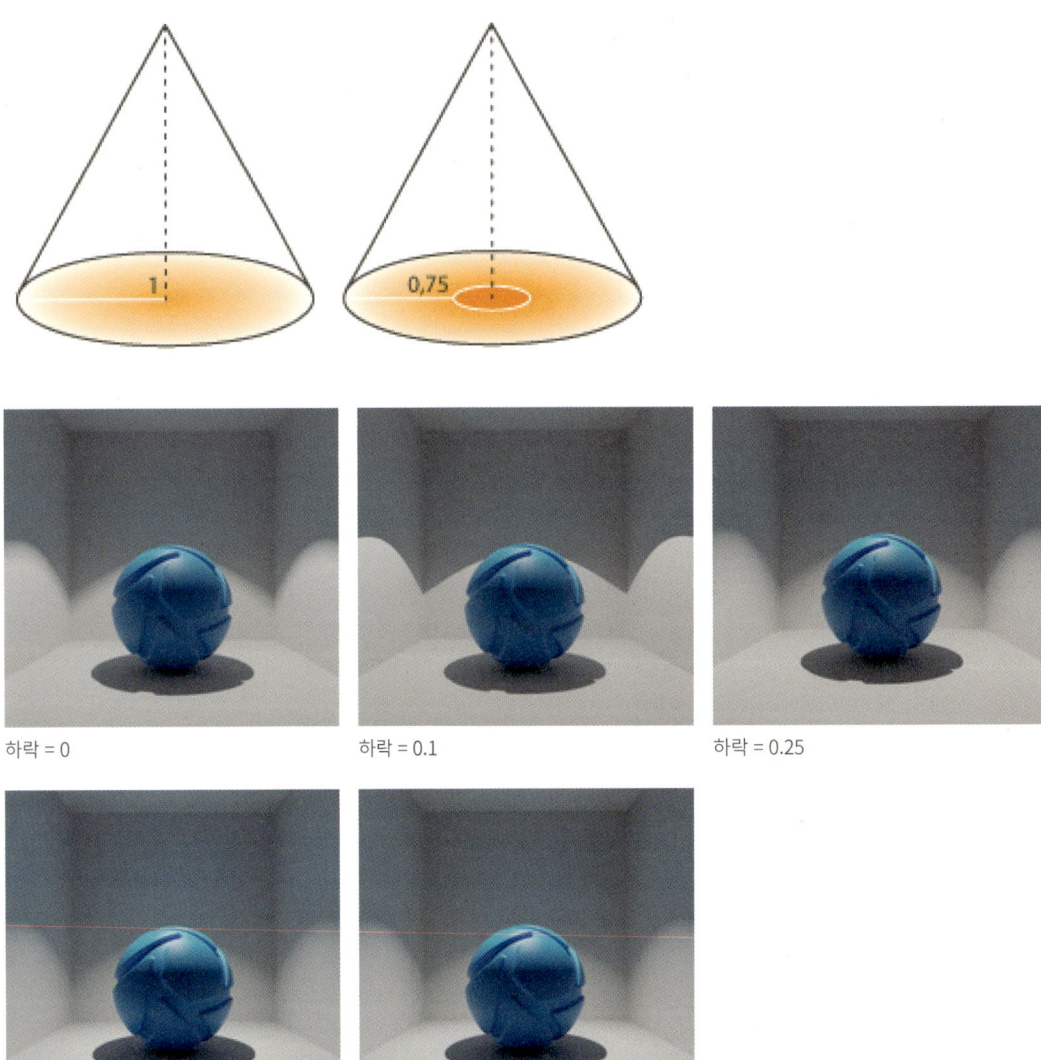

하락 = 0

하락 = 0.1

하락 = 0.25

하락 = 0.5

하락 = 1

반경(Radius)

반경을 조절하여 이 빛에 의해 발생하는 그림자의 부드러움을 제어합니다. 큰 반경은 부드러운 그림자를, 작은 반경은 딱딱하고 날카로운 모서리를 가진 단단한 그림자를 만듭니다.

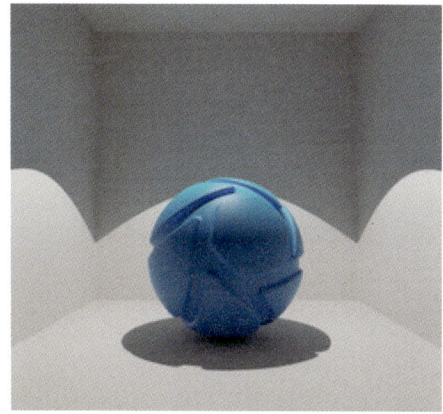
반경 = 0mm (단위는 씬 단위를 따릅니다.)

반경 = 5mm

반경 = 10mm

반경 = 20mm

> **주의사항:**
> 반경의 영향은 모델의 사이즈에 따릅니다. 더 큰 모델은 비슷한 효과를 얻기 위해 더 높은 반경 값을 필요로 할 수 있습니다.

반경의 증가는 스텐실 텍스처의 표현도 흐리게 합니다.

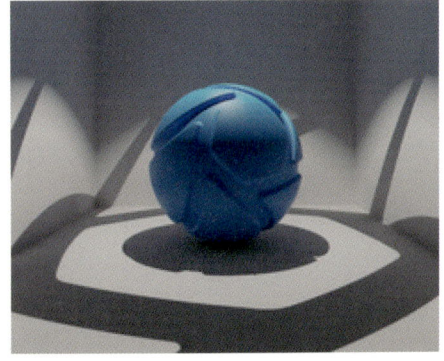
반경 = 0mm

반경 = 5mm

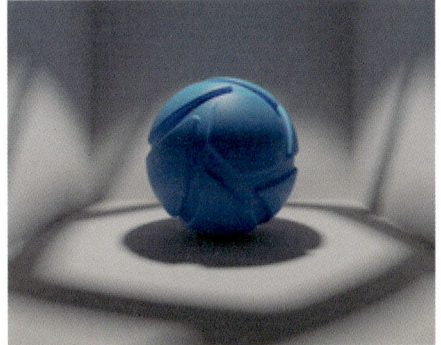
반경 = 10mm

반경 = 20mm

- **스포트라이트 기즈모**

실시간 뷰에서 Linght를 활성화하면 스포트라이트를 조절할 수 있습니다. 또는 씬트리나 라이트 관리자를 선택해도 기즈모는 활성화됩니다.

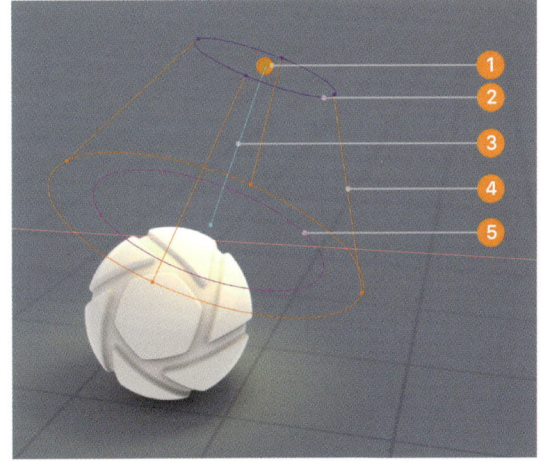

1. 중앙색은 광원의 색상을 표시합니다.

2. 보라색 동그라미는 반경을 나타냅니다. 만약 기즈모에 표시되지 않으면 반경이 0으로 설정되어 있을 것입니다. 클릭하여 동그란 원을 만들어서 반경을 조절합니다.

3. 파란색 선으로 투사되는 거리를 조절할 수 있고 빛의 변수를 조절하는 것을 더욱 쉽게 해줍니다. 파란색선으로 거리를 변경하는 것은 광원이 표시되는 것에 영향을 주지 않습니다.

4. 오렌지색 선은 빔각도를 표시합니다. 끌어당겨서 각도를 조절합니다.

5. 핑크색 선은 감쇠를 표시합니다.

LESSON 14 : 특수 재질

01 | 내부 모형

내부 모형 재질은 모델에서 형상을 파괴하지 않고 제거할 수 있도록 해줍니다.

내부 모형 재질 설정

절단을 위해 사용하고자 하는 재질을 추가하고, 모델을 절단할 수 있는 위치에 둔 후 내부 모형 재질을 적용하십시오.

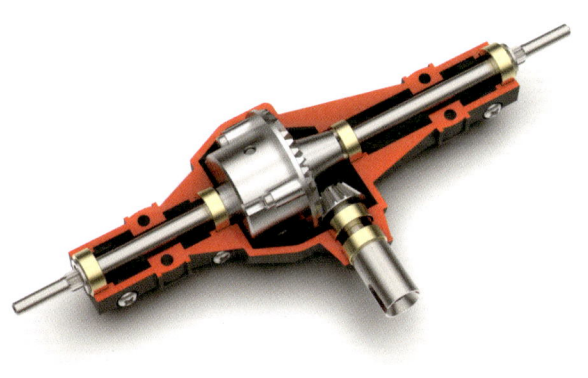 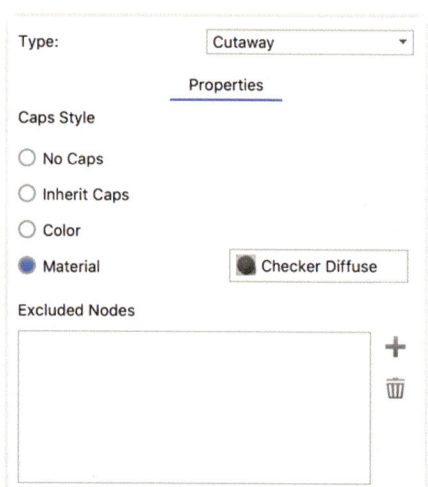

> **TIP**
>
> 주 메뉴, 편집, 형상 추가에서 장면 속에 간단한 형상(구, 정육면체 등)을 추가할 수 있습니다.

Cap 스타일

- **Cap 없음:** 단면이 열린 채로 있습니다.

- **Cap 상속:** 잘라낸 파트의 재질이 단면을 덮습니다.

- **색상:** 단면이 단색으로 덮입니다. 이 옵션을 선택했을 경우 덮기 색이 보이므로, 색 입력을 클릭하여 다른 색을 설정하십시오.

- **재질:** 단면을 덮기 위해 다른 재질을 사용합니다. 라이브러리에서 내부 모형 재질 속성의 재질 필드에 재질을 드래그 하십시오. 재질 필드를 클릭하여 재질을 편집하십시오.

제외된 개체

모델의 파트의 일부만을 잘라내고 싶다면 내부 모형에서 일부 물체를 제외할 수 있습니다. ➕ 추가 버튼을 클릭하여 제외하고자 하는 노드를 선택하십시오. 제외 항목에서 파트를 제거하고 싶을 경우 리스트에서 선택하고 🗑 삭제 버튼을 클릭하십시오.

한계

- 잘라낸 뒤 덮기에서 투명도 맵은 지원하지 않습니다.

- 내부 모형 재질에서 페이드 동작은 지원되지 않습니다.

- 덮기 표시는 완전히 닫힌 표면(고체)에서 사용되기 위해 있습니다. 덮기는 닫히지 않은 형상의 아티팩트를 표시할 수 있습니다.

알려진 문제점

- **공유 평면 표면:** 하나가 내부 모형에서 제외된 두 개의 공유 평면 파트가 있거나 승계 캡 또는 재질 캡을 사용할 경우 제외된 재질의 표면에 인공적인 효과가 나타날 수 있습니다.

- **그림자:** 단면 재질은 주위 배경의 그림자를 방해할 수 있습니다. 절단된 물체가 주위 배경에 닿을 경우 다른 일반적인 부품을 자르듯이 절단합니다.

    - **해결책:** 배경 평면을 추가하고 **(편집 > 지오메트리 추가하기 > 배경 평면 추가하기)** 단면에서 제외합니다.

- **단면 물체 안의 카메라:** 카메라가 절단된 물체 안에 있을 때 색상 캡이 보이지 않으며 재질 캡을 사용했을 때 씬의 모든 물체들이 캡 재질로 표시됩니다.

- **제외된 물체:**

    - 제외된 물체는 잘못된 반사를 합니다. 절단면에서 제외된 물체는 잘린 물체 안쪽의 반사를 나타냅니다.
    - 제외된 물체는 잘못된 그림자를 가집니다.
    - 제외된 단면 물체에 적용된 기본 유리 및 얇은 막은 금속성으로 보입니다. 제품 모드에만 해당합니다.

02 | 방사성(Emissive)

방사성 재질 유형은 LED, 램프나 빛이 나오는 스크린 표시장치 같은 작은 라이트 소스용으로 사용됩니다. 씬을 메인 라이트 소스로 사용할 수 있다는 말이 아닙니다. 방사성 재질은 실시간 뷰에서 다른 지오메트리를 비추기 위해서, "라이팅"에서 활성화한 "글로벌 일루미네이션" 이 필요합니다. 보이는 바와 같이 그라운드 플레인을 빛나게 하려면 역시 그라운드 일루미네이션이 필요합니다. 색상 텍스처는 재질에 매핑될 수 있으며 텍스처에 있는 모든 색상이 라이트처럼 방사됩니다. 방사성을 사용할 때는 이미지 스타일 설정에서 효과 아래의 "Bloom"을 활성화 하는 것이 좋습니다. 이는 이미지에서 보이는 빛나는 효과를 만듭니다.

- **세기**
빛나는 라이트의 강도를 조정합니다.

- **색상**
재질에서 빛나는 라이트의 색상을 조정합니다.

고급

- **카메라에 가시화**
방사성 재질을 카메라에서 숨기지만 방사성 재질은 여전히 빛을 방사합니다.

- **반사에서 보이기**
방사성 재질을 모든 반사에서 숨깁니다.
이 방사성 효과는 재질의 확산 요소에서만 보입니다.

- **양면**
방사성 라이트를 표면 양쪽에 나타나게 합니다.

- **색상 맵 알파 사용**
색상 맵의 알파 채널을 사용할 수 있게 합니다.

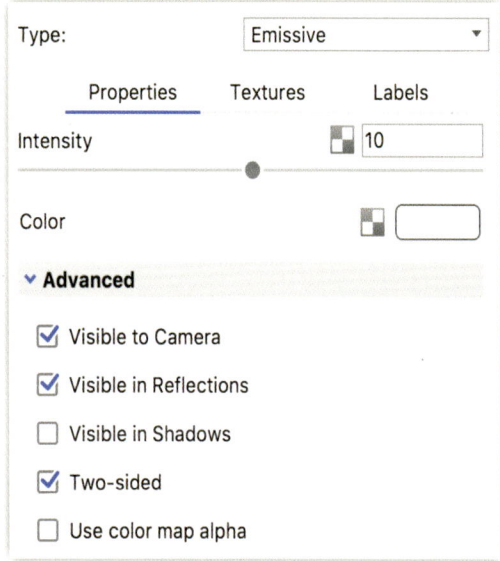

03 | 그라운드

그라운드 재질 유형은 렌더링된 물체를 위해 그라운드를 생성하는 데 특화된 재질 유형입니다. 환경 배경과 섞이는 그림자 및 반사를 받는 재질입니다. 그림자와 반사 역시 투명도를 지원하는 이미지 포맷으로 렌더링할 경우 투명도를 가집니다.

뒷판 이미지로 렌더링된 그림자 및 반사 있는 지면

편집을 클릭하고 **그라운드 추가**를 선택합니다. 이로 인해 키샷 씬 안에 그라운드가 추가됩니다. 그라운드 재질은 불러온 형상에도 적용할 수 있습니다.

- **섀도우 색상**
물체에서 드리워진 그림자는 이 색으로 표시됩니다. 색 블록을 클릭하여 색을 편집할 수 있습니다.

- **반사색상(Specular)**
재질의 반사된 색을 제어합니다. 반사색이 검정색으로 설정되었을 경우 재질은 반사가 없으며 반사하거나 반짝이는 외형이 아니게 됩니다. 반사색이 흰색으로 설정되었을 경우 해당 재질에 100% 반사도를 보입니다.

- **굴절률(Refractive Index)**
표면에 반사된 물체의 형태를 제어합니다.

- **반사 대비도(Reflection Contrast)**
반사의 대비도를 제어합니다. 빛 배경에서 반사를 개선할 때 사용할 수 있습니다.

- **그라운드 아래의 지오메트리 잘라내기**
그라운드 재질 아래에 지오메트리가 보이면, 이 옵션으로 그라운드 밑의 지오메트리를 잘라내어 카메라에서 감춥니다.

- **그라운드 간접조명**
그라운드에서 반사된 빛이 간접조명을 하게 됩니다.

04 | Toon

Toon 재질 유형은 3D 모델에 윤곽선을 가진 솔리드 색상을 적용하게 해 줍니다. 윤곽 너비, 개수와 섀도우가 표면에 드리울지 여부를 조절할 수 있습니다. 스케치, 제품 컨셉 또는 테크니컬 일러스트를 만들 때 유용합니다. Toon 재질 유형은 다음 속성들을 포함하고 있습니다.

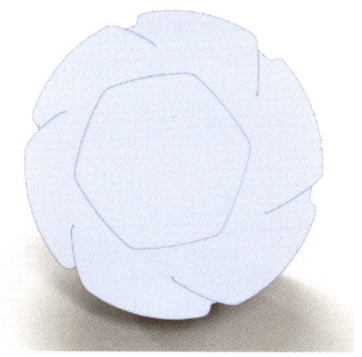

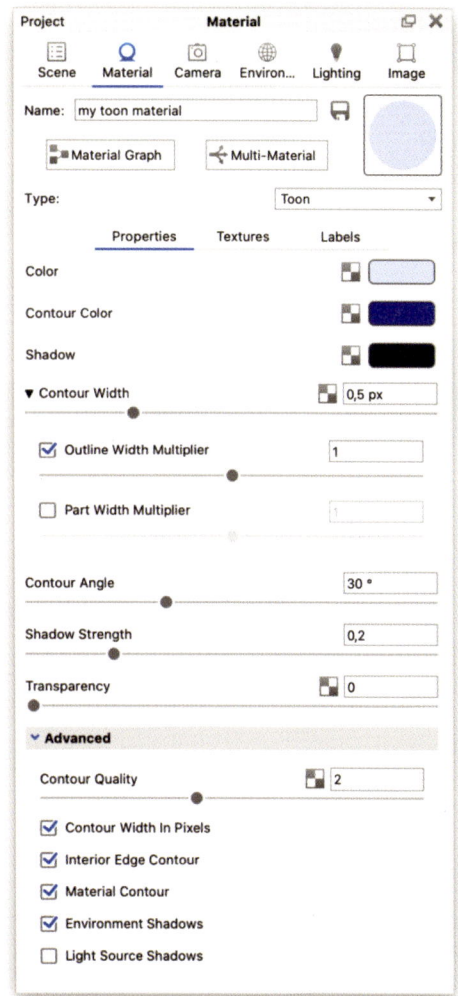

- **색상**

이 설정은 Toon 재질의 색상 채우기를 컨트롤 합니다.

- **윤곽색**

모델의 윤곽 아웃라인을 조정합니다.

- **섀도우**

재질의 섀도우 색상을 조정합니다. 고급 설정 아래에 환경 섀도우가 켜지면 활성화됩니다. 섀도우 형태를 조정하기 위해 텍스처가 적용될 수 있습니다.

- **윤곽 너비**

윤곽선이 얼마나 두껍고 얇은지를 조정합니다.

- **외곽선 폭 넓히기**

  이 값을 증가시키면 Toon 재질로 "perimeter line" 효과가 만들어집니다. 씬에서 파트를 나타나게 하고 강한 비주얼 대비를 만듭니다.

- **파트 면적 넓히기**

  파트 윤곽선과 내부 엣지 윤곽선의 폭을 증가시킵니다. 이것은 파트 윤곽이 켜져 있지 않으면 영향을 주지 않습니다.

- **윤곽 각도**

Toon 스케치의 내부 윤곽선의 개수를 조정합니다. 낮은 값은 내부 윤곽선의 개수를 증가시키며 높은 값은 내부 윤곽선의 개수를 감소시킵니다.

- **섀도우 세기**

환경 섀도우 또는 라이트 소스 섀도우 설정이 켜지면 이 설정으로 Toon 재질에 드리워지는 각 섀도우 유형의 세기를 조정합니다.

- **투명도**

이 값을 증가시키면 라이트가 지오메트리를 통과하도록 해 줍니다. 투명한 파트 또는 모델의 내부 뷰를 보여주기 위해 사용합니다.

고급

- **윤곽 퀄리티**

윤곽선의 품질을 조정합니다. 낮은 값은 거친 스케치 형상을 얻기 위해 사용하며 높은 값은 더 깨끗하고 정확한 선을 위해 사용합니다.

- **윤곽 너비 (픽셀)**

이 설정이 켜지면 윤곽선이 픽셀을 사용하여 정의됩니다. 이 설정이 꺼지면 윤곽선이 씬 단위를 사용하여 정의됩니다.

- **내부 엣지 윤곽**

스케치의 내부 윤곽선을 보이거나 숨길 수 있습니다.

- **재질 윤곽**

각 언링크 Toon 재질을 분리하는 윤곽선을 보이거나 숨길 수 있습니다. Toon 재질이 링크되었다면 이 설정은 효과가 없습니다.

- **환경 섀도우**

선택된 라이팅 환경으로 인해 모델 자체에 드리워지는 섀도우를 나타나게 합니다.

- **라이트 소스 섀도우**

라이트 소스 (포인트 라이트 확산, 포인트 라이트 IES 프로파일, 에어리어 라이트 확산) 로 만들어진 섀도우의 가시성을 조정합니다. 섀도우 형상은 사용자의 라이트 소스 설정에 따라 달라집니다.

05 | 와이어 프레임

와이어 프레임 재질 유형은 라인과 표면의 각 폴리곤 꼭지점을 노출시킵니다.

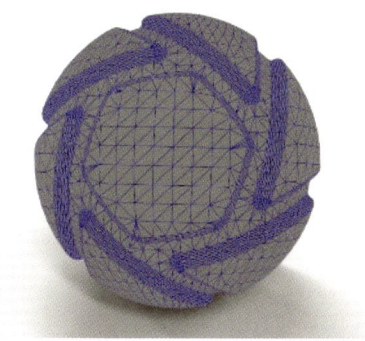

- **너비**

와이어프레임 안의 선(와이어)의 너비를 제어합니다.

- **픽셀 너비**

활성화할 경우 너비가 픽셀을 사용하여 정의됩니다. 이 설정을 비활성화하면 와이어는 씬 단위를 이용하여 정의됩니다.

- **와이어**

와이어 프레임의 라인 색상을 조정합니다.

- **베이스**

라인(Wire)을 제외한 재질의 전체 색상을 조정합니다.

- **베이스 전송**

베이스 색상 전송을 조정합니다. 밝은 색상일 수록 투명 형태가 나타납니다.

- **후면 베이스**

베이스 색상 후면을 조정합니다. 큐브의 경우에는 큐브 안쪽을 말합니다.

- **후면 와이어**

와이어 색상의 후면을 조정합니다.

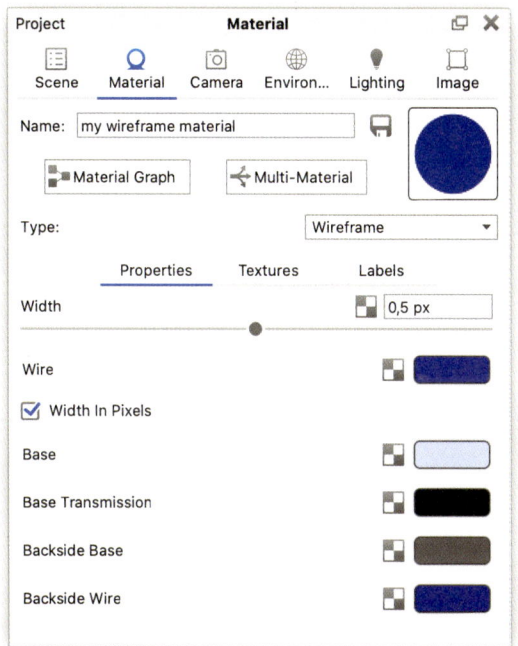

06 | Xray

Xray 재질 유형은 일러스트 느낌의 렌더링(illustrative rendering)에 유용한 도구입니다. 외부 쉘을 통한 "faded view"를 만들 때 자주 사용됩니다.

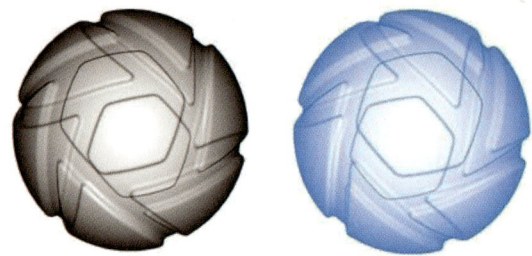

서로 다른 색을 가진 X선 재질.

- **색상**

파트에 적용되면, Xray 효과는 더 여러 각도에서 보이는 표면 영역의 더 많은 재질 색상을 보여줍니다. 표면이 교각에서 보면 거의 완전한 투명입니다.

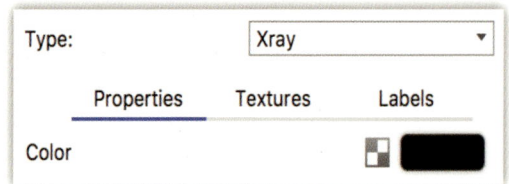

주의사항:
X선 재질은 그림자를 드리우지 않습니다.

LESSON 15 : 엑솔타 페인트

자동차 페인트 제조의 선두 주자로서, 엑솔타는 그들이 제공하는 현실 페인트를 정확히 표현하는 키샷 재질 컬렉션을 다양하게 만들어냈습니다.

재질 라이브러리에서 다양한 재질 컬렉션을 발견하고 **엑솔타 컬렉션 웹사이트**에서 더 많은 재질을 찾을 수 있습니다.

엑솔타에서 개발한 페인트이므로 처음부터 새로운 것을 만들어낼 수 없지만 색을 조정하고 거칠기와 반사를 변형할 수 있습니다.

- **색 조정**

특정 각도에서 페인트를 관찰할 때 보이는 외형을 미세하게 조절하기 위한 고급 옵션입니다.

- **거칠기**

거칠기 값이 증가하면 재질의 표면에 미세한 정도의 흠이 추가됩니다. 거칠기 값이 0으로 설정된 재질은 완벽히 매끄럽고 잘 닦인 외형을 가집니다. 거칠기 값이 증가하면 빛이 표면에서 분산되어 더 거친 외형을 가집니다.

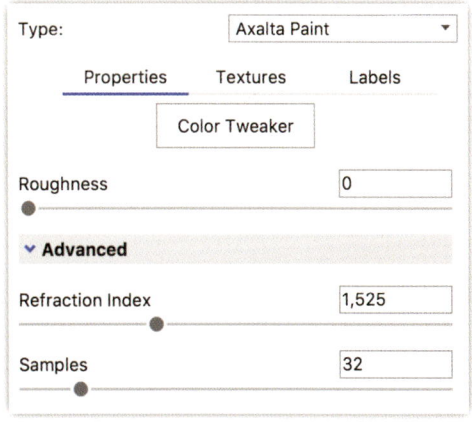

고급

- **굴절률**

이 슬라이더는 표면의 반사를 제어합니다. 값이 증가하면 반사 강도가 높아집니다.

- **샘플**

낮은 샘플 설정(8 이하)을 사용하면 표면에 노이즈가 더 많이 보이므로 흠이 많고 거친 모양이 됩니다. 값을 늘리면 노이즈가 더 균등하게 나와 거칠기가 균등히 분산됩니다.

- **플레이크 크기**

이 슬라이더는 밀리미터로 지정된 개별 플레이크의 크기를 제어합니다. 실제 페인트에서 플레이크 크기는 0.02-0.5mm입니다. 재질에서 플레이크는 무작위로 분포되고 겉보기 플레이크 색상이 흰색과 페인트 색상 사이에서 다르기 때문에 플레이크는 다른 플레이크보다 더 밝게 나타납니다.

- **플레이크 밀도**

플레이크 밀도 슬라이더는 플레이크가 서로 가까운 정도를 제어합니다.

왼쪽 플레이크 사이즈는 0mm. 오른쪽 플레이크 사이즈는 0,5mm

LESSON 16 : 재질 그래프

재질 그래프는 고급 재질 편집/생성을 쉽게 할 수 있도록 합니다. 이 기능은 키샷 프로 사용자만 사용할 수 있습니다.

프로젝트 창의 **재질 탭**에서 재질 그래프에 접근할 수 있습니다. 재질 그래프 버튼을 클릭하여 재질 그래프를 실행시키십시오. 새 창으로 열리며 재질, 텍스처, 라벨 등을 그래프 뷰로 표시하여 복잡한 재질 내의 연결과 관계를 시각화합니다.

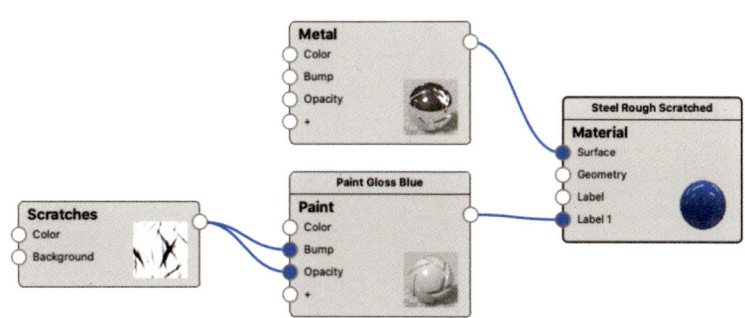

키샷퍼스널 에디션의 고급재질

키샷 퍼스널에디션의 사용자들은 여전히 라이브러리나 키샷 클라우드 등에서 고급 재질을 사용할 수 있습니다. 그러나 새로운 재질을 생성하거나 재질을 작게 수정할 수 없습니다.

고급 재질을 편집하고 싶을 경우 재질 패널 하단의 재질 뷰 옵션을 통해 다양한 노드의 매개변수에 접근할 수 있습니다. 활성화되었을 경우 인 프로젝트 재질 목록은 현재 재질을 만들어내는 노드를 보여주는 트리 뷰로 교체됩니다.

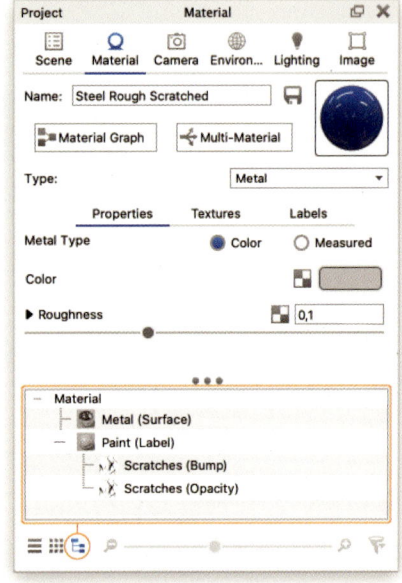

LESSON 17 : 재질 그래프 유저 인터페이스

재질 그래프 창에는 다섯 가지 요소가 있습니다. 메뉴바, 리본, 재질&텍스처 라이브러리, 재질 속성, 그리고 작업 영역입니다.

01 | 재질 그래프 메뉴바

- **재질**
  - **신규:** 현재 작업중인 재질과 모든 텍스처를 기본 확산 재질로 대체하여 처음부터 시작할 수 있습니다.
  - **새로운 측정한 페인트**: 계산된 페인트 재질을 규정할 수 있으며, 재질의 표면 항목에 페인트 노드를 추가할 수 있습니다.
  - **라이브러리에 저장**: 라이브러리에 저장은 키샷 라이브러리의 지정된 폴더에 작업중인 재질을 저장합니다.

- **노드**
작업 영역에 노드를 빠르게 추가하는 기능을 제공합니다.

- **뷰**
  - **노드 정렬:** 작업 영역에 연결된 노드를 자동으로 정렬합니다.
  - **줌하여 맞춤**: 복잡한 재질의 경우 작업 영역이 빠르게 복잡해집니다. 확대 옵션으로 현재 재질에 알맞게 작업 영역을 빠르게 맞출 수 있습니다.
  - **미리보기**: 실시간으로 색, 알파, 범프와 같은 개인 노드 설정을 미리 볼 수 있는 옵션입니다. 이 메뉴에서 미리보기를 멈출 수 있습니다.
  - **그래프 스크린샷 저장**: 현재 재질에 노드가 있을 경우 선택한 위치에 PNG 파일을 저장합니다.

- **윈도우**
재질 속성 창 (4), 재질&텍스처 라이브러리 (5), 재질 그래프 리본 (2) 표시/비표시 설정이 가능합니다.

02 | 재질 그래프 리본

키샷 11은 키샷 고급 애니메이션을 위한 새로운 애니메이션 기능을 한가득 포함합니다. 이로 인해 애니메이션을 추가할 때의 인터페이스 및 기능이 개선되었습니다. 환경이 씬 트리에 추가되었고, 이동 도구가 개선되었으며, 이는 새로운 키샷 애니메이션 기능과 관련되어 있음에 유의하시기 바랍니다.

- **라이브러리에 저장:** 현재 재질을 재질 라이브러리에 저장합니다.
- **재질 노드를 작업 영역에 추가:** "고급 재질" 노드를 추가합니다.*
- **텍스처 노드 추가:** 전통적인 텍스처 맵을 추가하고 이미지 파일을 선택하기 위한 파일 탐색창을 엽니다.*
- **애니메이션 노드 추가:** 컬러 페이드 노드를 추가합니다.*
- **유틸리티 노드 추가:** 범프 추가 노드를 추가합니다.*

   *해당 범주의 초기 설정 노드를 추가합니다. 재질 속성 창에서 같은 범주의 다른 유형의 노드로 쉽게 전환할 수 있습니다.

- **선택된 노드 복제:** 현재 선택된 노드의 복사본을 추가합니다.
- **선택된 노드 삭제:** 재질에서 현재 선택된 노드를 제거합니다.
- **색상 미리보기:** 선택된 노드의 색상 채널을 미리보기 합니다.
- **알파 미리보기:** 선택된 노드의 알파 채널을 미리보기 합니다.
- **범프 미리보기:** 선택된 노드의 범프 채널을 미리보기 합니다.

미리보기 모드를 활성화하기 위해 미리보기를 하고 싶은 노드를 선택합니다. 노드 선택 후 사용할 수 있는 미리보기 모드가 선택 가능하게 됩니다. 미리보기 모드를 클릭하여 활성화시키면 작업 영역에서 선택 노드가 빨갛게 표시됩니다. 미리보기 모드를 비활성화하기 위해 리본에서 활성화된 미리보기 모드를 다시 클릭하십시오.

- **노드 정렬:** 작업 영역 안에서 노드를 정렬합니다.
- **줌하여 맞춤:** 작업 영역 안에 모든 노드가 보이도록 합니다.
- **100%로 줌:** 노드를 100% 확대 단계에서 봅니다.
- **다중 재질 생성:** 현재 재질을 다중 재질로 바꾸거나 다중 재질을 해제합니다.
- **지오메트리 노드 새로고침:** 지오메트리 셰이더(대체, 방울, 조각 등)를 새로고침하여 실시간 뷰에서 편집이 시각화됩니다.

03 | 재질 그래프 작업 영역

작업 영역은 그래프 뷰로 모든 노드와 연결을 표시합니다.
작업 영역에서는 다음과 같은 옵션이 제공됩니다.

- **노드 또는 연결 선택:** 왼쪽 클릭
- **노드 다중 선택:** 왼쪽 클릭 후 Ctrl을 누릅니다. (Mac에서는 Cmd)
- **노드 다중 선택:** Shift + 왼쪽 버튼을 누르며 드래그하여 윤곽 선택을 사용합니다.
- **노드 삭제/복사:** 노드(들)을 오른쪽 클릭하십시오.
- **연결 삭제/비활성화:** 삭제/비활성화/활성화를 위해 연결을 오른쪽 클릭하십시오.
- **노드 추가:** 작업 영역을 오른쪽 클릭하여 적절한 메뉴를 표시하고, 노드 메뉴에 있는 것과 동일한 노드를 사용합니다.
- **작업 영역 확대 또는 축소:** 마우스 휠을 사용하십시오.
- **작업 영역 이동:** 작업 영역을 클릭 및 드래그하여 움직이십시오.

04 | 재질 그래프 속성

재질 속성 창은 현재 편집중인 노드와 연관된 속성을 표시합니다. 프로젝트 창의 재질 탭과 흡사하지만 노드 유형을 바꾸는 옵션이 존재합니다.

05 | 재질 그래프 라이브러리

재질과 텍스처 라이브러리는 사용 가능한 모든 노드를 잘 정리된 썸네일로 표시합니다.

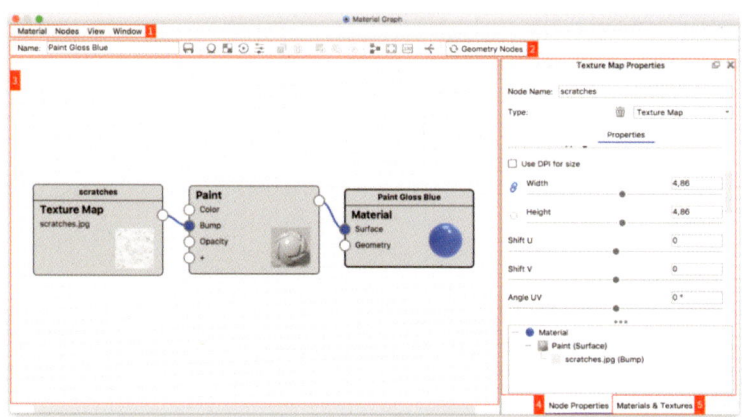

LESSON 18 : 재질 그래프 노드

노드가 작업 영역에 회색 박스로 표시됩니다. 각 노드는 유형에 따라 서로 다른 입력과 출력 채널을 가지고 있습니다.

▪ 루트 노드
모든 재질은 하나의 루트 노드(더 두꺼운 테두리로 표시)를 가지며 모든 노드는 루트 노드에 연결(직접 또는 다른 노드를 통해 간접적으로)되어야 재질에 효과를 줄 수 있습니다.

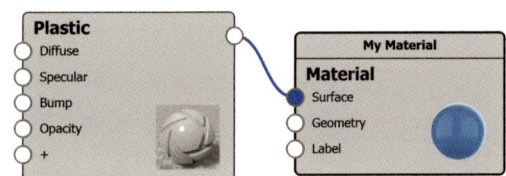

▪ 연결된 노드
출력 채널을 클릭하고 드래그 하여 정확히 입력 채널 위에 또는 노드 자체 위에 드롭 했을 경우 연결됩니다. 노드 위에 드롭 했을 때 컨텍스트 메뉴가 나타나 가능한 채널 옵션을 보여줍니다. 연결한 뒤 두 노드를 잇는 파란색 선이 나타납니다. 연결을 지우거나 비활성화하고 싶을 경우 선을 우측 클릭합니다. 비활성화된 연결은 회색 점선으로 나타납니다. 선택한 연결은 하늘색으로 변합니다.

▪ 선택된 노드
약간 밝은 회색 배경을 가진 노드가 현재 선택된 노드입니다.
선택된 노드는 단축키 및 재질 그래프 리본의 노드 옵션에 의해 영향을 받습니다.

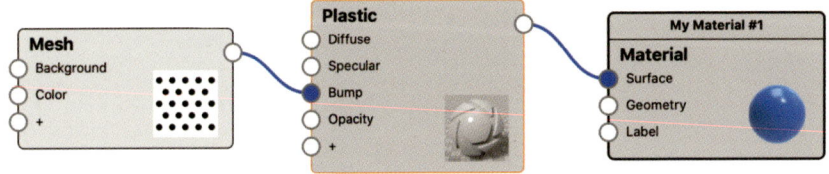

주황색 윤곽선이 있는 노드는 재질 그래프 내부의 재질 속성 패널에 표시되는 노드입니다.
노드를 두 번 클릭하여 해당 노드의 속성을 확인합니다

▪ 노드 미리보기 옵션
재질 그래프의 노드 미리보기 옵션은 텍스처 노드가 실시간 뷰의 모델에 적용된 것을 보면서 조정할 수 있게 합니다.

🎨 **색상 미리보기:** 이 미리보기는 재질을 변형하기 전의 텍스처 색상을 표시합니다. 단축키 C로 색상 미리보기로 전환할 수 있습니다.

알파 미리보기: 이 미리보기는 재질을 변형하기 전의 텍스처 알파 채널을 표시합니다. 알파 채널이 투명도를 마스킹하려면, 텍스처를 적용한 재질에서 투명도 맵 모드를 알파로 설정해야 합니다. 그러지 않으면 투명도는 텍스처의 색상을 사용하여 생성됩니다. 단축키 A로 알파 미리보기로 전환할 수 있습니다. 알파 채널을 포함하는 절차적 텍스처는 그물망 텍스처뿐이며, 그 외의 텍스처는 단색으로 표현됩니다.

범프 미리보기: 이 미리보기는 텍스처가 범프 효과의 기반이 되는 일반 맵으로 변환된 모습을 보여줍니다. 단축키 B로 범프 미리보기로 전환할 수 있습니다.

미리보기 모드를 닫으려면 단축키 X를 누르십시오.

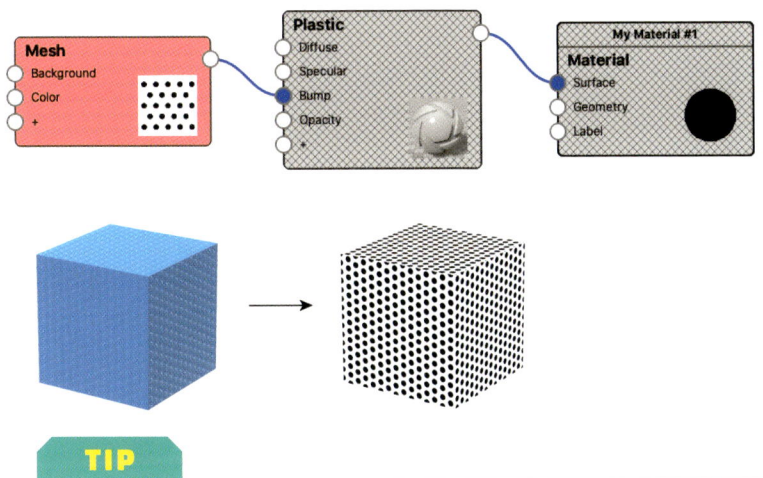

> **TIP**
>
> 더 나은 조절과 편집을 위해 노드를 선택하고 C를 눌러서 모델의 텍스처를 볼 수 있습니다. 위의 예에서는 범프 노드가 선택되어 독립하였습니다.

- **다중 재질**

재질 그래프에 다중 재질이 있다면 모든 변형이 나타납니다. 활성화된 재질은 주황색 테두리를 가집니다.

- **재질 속성**

재질 그래프에 재질 속성이 있다면 더 옅은 회색 배경을 가진 노드가 재질 패널에 나타납니다.

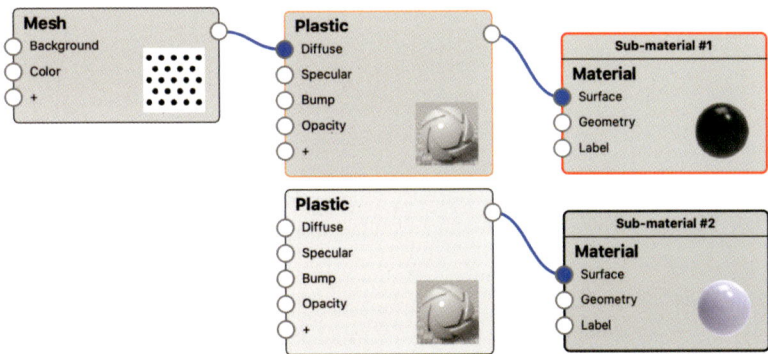

01 | 재질 노드 유형

재질 노드를 설정하는 것은 프로젝트 창의 재질 탭에서 재질을 설정하는 것과 기본적으로 같습니다. 그러나 재질 그래프에서는 여러 노드의 조합을 사용하여 더욱 고급의 재질을 설정할 수 있습니다. 예를 들어, 유틸리티 노드를 사용하여 재질에 여러 개의 범프 텍스처를 추가하거나, 그 이상이 가능합니다.

모든 재질 유형은 재질 세션에서 확인할 수 있습니다.

기본 재질	고급 재질	광원	특수 재질
확산	고급	에어리어 라이트	내부모형
평평	이방성	포인트 라이트	방사성
유리	유전체	IES 라이트	그라운드
고체 유리	보석	스포트 라이트	툰
액체	포괄		와이어프레임
금속	측정됨		X선
페인트	금속성 페인트		엑솔타 페인트
플라스틱	다층 광학		
얇은 막	불투명 플라스틱		
투명	투명 플라스틱		
	리얼클로쓰		
	분산 매체		
	투명중간		
	벨벳		

02 | 텍스처 노드 유형

텍스처 노드는 프로젝트 창의 재질 탭에서 텍스처를 더하는 것과 기본적으로 같습니다. 그러나 재질 그래프에서는 여러 노드의 조합을 사용하여 더욱 고급의 재질을 설정할 수 있습니다. 예를 들어, 유틸리티 노드를 사용하여 재질에 여러 개의 범프 텍스처를 추가하거나, 그 이상이 가능합니다.

텍스처 유형은 텍스처 세션에서 확인할 수 있습니다.

이미지 텍스처	2D 텍스처	3D 텍스처
텍스처 맵 타일형 UV 3평면 비디오맵	브러시트 메쉬 짜임	3D 페인트 브러쉬(래디얼) 위장 셀룰러 색상 그라데이션 곡률 그라나이트 가죽 대리석 노이즈(프랙탈) 노이즈(텍스처) 어클루젼 스크래치 얼룩 버텍스 색상 용적 맵 목재 목재(고급)

LESSON 19 : 지오메트리 노드 유형

지오메트리 노드는 지오메트리의 모양을 파괴하지 않으면서 변형시킵니다. 이를 통해 언제나 재질을 대체하여 지오메트리를 원래 모양으로 되돌릴 수 있습니다.

같은 모델에 망고 주스 방울, 스티로폼 변형, 금가루 조각, 털을 적용한 경우입니다.

지오메트리 실행

지오메트리 노드는 편집/설정했을 때 실시간으로 재질을 업데이트 하지 않는 유일한 노드입니다.
재질을 편집한 뒤 "지오메트리 실행"을 하지 않으면 실시간 뷰에서 효과를 확인할 수 없습니다. 지오메트리 실행은 다양한 방법으로 가능합니다.

- 속성 패널의 ↻ **지오메트리 노드 실행** 버튼은 현재 재질만 갱신합니다.
- 재질 그래프 리본의 ↻ **지오메트리 노드** 버튼은 씬의 모든 지오메트리 노드를 갱신합니다.
- 단축키 **Alt + G**는 씬의 모든 지오메트리 노드를 갱신합니다.
- 실시간 뷰 오른쪽 상단의 아이콘 🔶은 씬에 실행되지 않은 지오메트리 노드가 있음을 표시합니다. 클릭하여 모든 지오메트리 노드를 갱신합니다.

TIP

만약 지오메트리 대체(Displacement)를 복사하고 싶으면 이동된 물체를 내보냈다가 씬으로 다시 불러들이면 됩니다.

주의사항:
만약 씬을 여는데 문제가 있다면 예를 들어 무거운 이동 물체와 같은 경우 복구모드에서 열어보세요. 이렇게 하면 씬은 실행모드에서 열리고 지오메트리 노드는 실행되지 않습니다. 이 방법은 메인메뉴 > 도움말 > 열림(복구모드)을 선택하면 됩니다.

TIP

알려진 문제 및 한계
- 방울(Bubbles), 대체(Displacement) 및 조각(Flake)은 Nurbs 모드 렌더에서 지원되지 않습니다.
- 대체를 모서리가 날카로운 지오메트리에 적용하면 모서리가 갈라지게 됩니다.
- 색상 그라데이션 곡률, 어클루전과 같이 광선 추적 효과가 적용된 텍스처는 지오메트리 노드의 변수를 제어하는데 사용될 수 없습니다.

01 | 방울(Bubbles)

방울 노드를 사용하여 물체의 재질 안에 공기방울을 추가할 수 있습니다. 재질이 어느 정도 투명하지 않으면 방울을 볼 수 없습니다. 방울이 지오메트리에 나타나게 하고 싶다면 루트 **재질** 노드의 **지오메트리** 소켓에 방울 노드를 연결합니다.

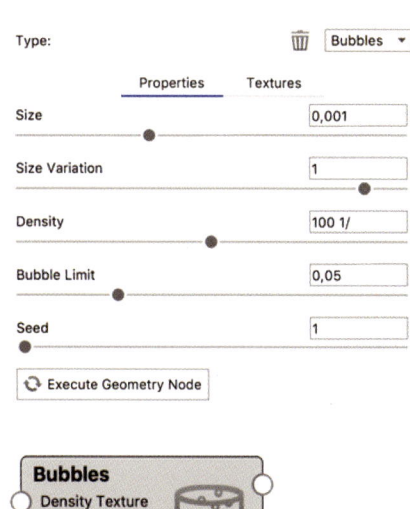

방울 설정

사이즈
크기 슬라이더가 방울의 크기를 설정합니다.
아래 애니메이션은 방울 사이즈를 0.01과 0.1 사이 값으로 한 효과를 나타냅니다. 재질은 액체이며 1센티미터 정육면체에 적용되었습니다.

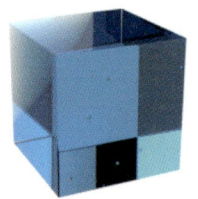

크기 변형
크기 변형 슬라이더는 작은 변형을 방울 크기에 적용합니다.
아래 애니메이션은 방울 사이즈 변형을 0.1과 3 사이 값으로 한 효과를 나타냅니다.

밀도
밀도 슬라이더는 방울들이 서로 얼마나 가까이 붙어있는지 조정합니다.
아래 애니메이션은 방울 밀도를 1/센티미터와 10/센티미터 사이 값으로 한 효과를 나타냅니다.

- **방울 한도**

방울 제한 슬라이더는 사용된 방울의 양을 제한하는 데 사용됩니다. 이 제한은 씬의 모든 재질에 대한 제한이 아니라 한 물체 당의 제한입니다. 제한 값은 백만 단위로 표현됩니다.

- **시드**

시드 슬라이더는 지오메트리 내 방울의 분배를 무작위로 만듭니다.

연결된 노드

- **밀도 텍스처**

물체 내에 방울이 고르게 분배되는 것을 원하지 않는다면 밀도 제어에 텍스처를 추가할 수 있습니다. 이는 밀도에 마스크처럼 작용합니다. 텍스처가 까만 곳에는 방울이 없고 텍스처의 색이 더 밝아질수록 방울의 양이 늘어납니다. 최대치 (밀도 텍스처 100% 흰색) 일 때 방울 노드에 정의된 밀도까지 늘어납니다.

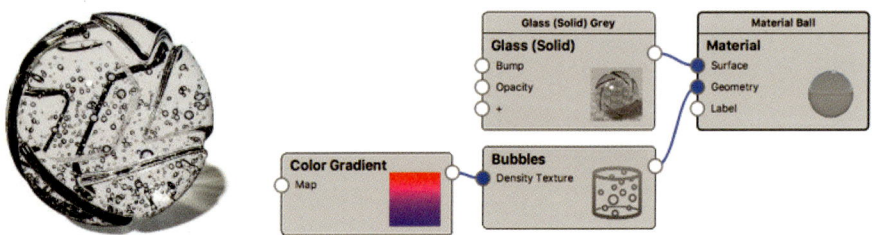

> **주의사항:**
> 방울을 사용할 때 지오메트리의 메쉬는 닫혀 있어야 합니다. 메쉬에 틈이 있다면 텍스처는 적용되지 않습니다. 메쉬의 틈을 닫기 위해 **그물망 닫기** 툴을 사용할 수 있습니다.

02 | 대체(Displace)

대체 노드를 사용하여 물체의 표면을 변형시킵니다. 루트 재질 노드의 지오메트리 소켓에 대체 노드를 추가하고 대체 노드의 대체 소켓에 텍스처 맵을 추가합니다.

대체 설정

- **디스플레이스먼트 높이**
텍스처의 하얀색 영역은 **디스플레이스먼트** 높이에 설정된 값만큼 대체되며 텍스처의 검은색 영역은 바뀌지 않습니다. 마이너스 값으로 설정하면 지오메트리 안으로 들어갑니다.

- **오프셋**
오프셋 슬라이더는 대체의 영점을 조정합니다. 오프셋 수치가 0 (기본 값) 일 때 검은색 영역은 지오메트리 표면에 있습니다.

- **삼각형 크기**
삼각형 크기 슬라이더는 대체하는 삼각형의 크기를 설정할 수 있게 합니다.

- **픽셀 단위의 삼각형 크기**
기본적으로 삼각형 크기는 현재 씬의 단위에 맞춰 설정됩니다. 삼각형 픽셀 크기를 활성화하여 픽셀 단위로 설정할 수 있습니다.

- **최대 삼각형**
최대 삼각형 슬라이더로 각 파트에서 대체에 쓰이는 삼각형의 수를 (백만 단위로) 제한할 수 있습니다. 이 값은 목표로 하는 최대치이며 실제로 표현되는 값은 조금 더 높을 수 있습니다.

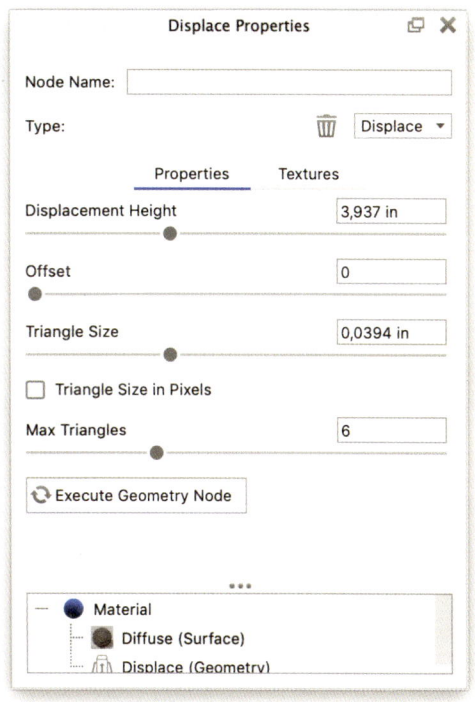

연결된 노드

- **대체**

대체 노드의 **대체** 소켓은 텍스처가 적용되는 곳입니다. 지오메트리에 대체 효과를 주고 싶을 때 텍스처를 연결합니다. 텍스처의 밝은 영역은 지오메트리 표면을 상승시키며 검은색 영역은 그대로 있습니다.

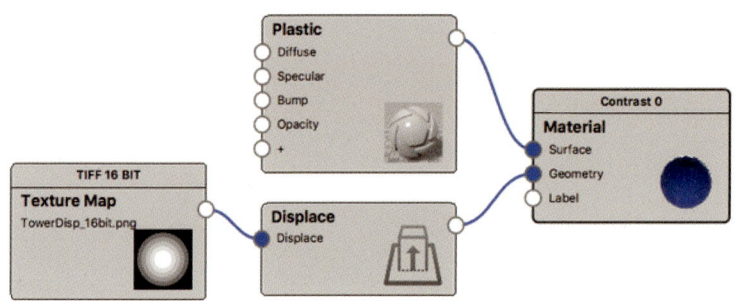

- **대체 맵 설정**

대비: 대비 슬라이더가 텍스처 맵 속성 아래에 있을 때 **색상** 설정이 선형 높이 이동을 제어합니다.

텍스처가 동심원이 같은 회색 원을 가지고 있습니다.
중심부터 0% 검은색, 20% 검은색, 40% 검은색 등.

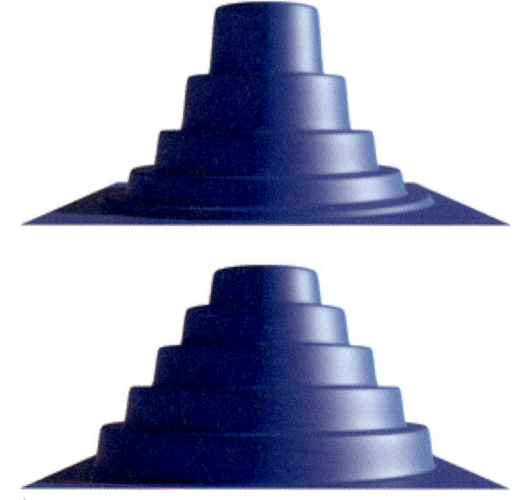

대비 = 1: 높이 이동의 증가가 선형이 아닙니다.
대비 = 0: 각 단계에서 높이 이동이 똑같이 증가합니다.

- **대체 애니메이션**

대체 맵은 재미있는 지오메트리 애니메이션을 생성할 때도 사용됩니다. 움직이는 지오메트리는 표면 및 물체의 이동을 표현할 때 다양하게 적용됩니다. **전위 애니메이션 생성 방법**에 대한 더 자세한 내용은 링크를 참조하십시오.

03 | 조각(Flake)

조각을 사용하여 특정 재질의 조각으로 만든 물체를 만들 수 있습니다. 조각 노드를 루트 노드의 지오메트리 소켓에 추가합니다.

조각 설정

- **조각 모양**

조각이 사각형일지 구형일지 선택합니다. 조각에 UV 맵을 사용하기 위해서는 **사각형**이어야 합니다.

사이즈 조각 크기를 설정합니다. 우측 애니메이션은 조각 크기를 0.01센티미터에서 0.1센티미터 사이로 이동시키는 것을 보여줍니다. 재질은 플라스틱이며 1센티미터 정육면체입니다. 조각의 바운딩 지오메트리를 가리키기 위해 투명한 툰 재질의 복제 정육면체가 추가되었습니다.	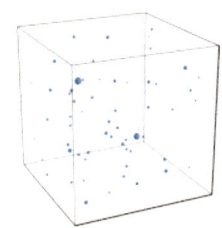
크기 변형 작은 단위로 조각 크기를 변형시킵니다. 우측 애니메이션은 조각 크기 변형이 0.1에서 3 사이로 이동하는 것을 보여줍니다.	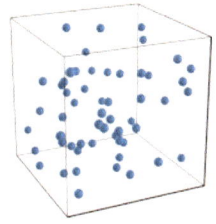
밀도 이 슬라이더는 조각 사이의 거리를 조정합니다. 우측 애니메이션은 조각 밀도를 1/센티미터와 10/센티미터 사이에서 이동시키는 것을 보여줍니다.	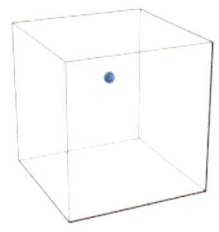

- **조각 한계**

조각 한계는 사용되는 조각의 양을 제한할 수 있습니다. 이 제한은 씬의 모든 재질에 대한 제한이 아니라 한 물체 당의 제한입니다. 제한 값은 백만 단위로 표현됩니다.

- **시드**

시드 슬라이더는 지오메트리 내 조각의 분배를 무작위로 만듭니다.

- **버텍스 색상**

버텍스 색상이 활성화되었을 때 조각에 서로 다른 색을 줄 수 있습니다. 아래 예시에서 버텍스는 색상 기울기와 결합하여 조각을 회색, 하늘색, 남색으로 보이게 합니다.

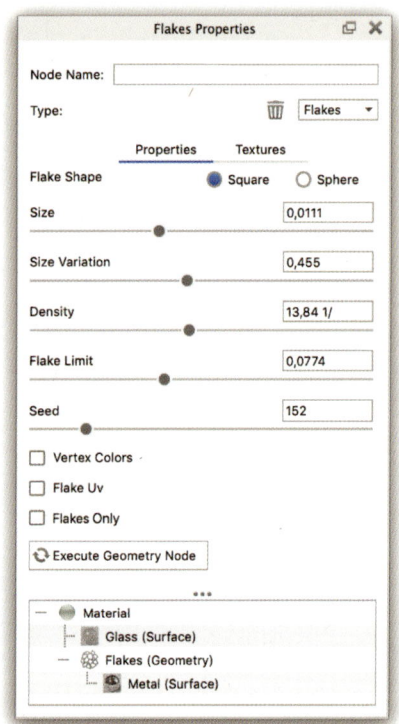

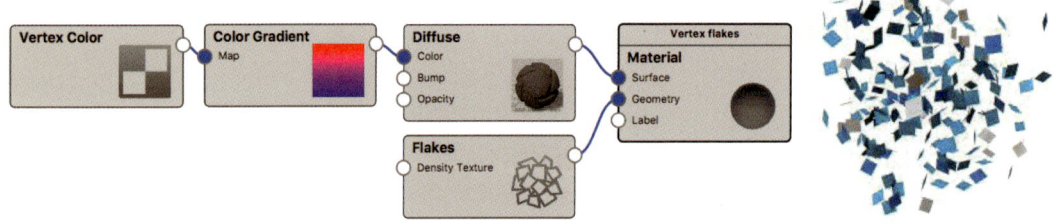

- **조각 UV***

조각 UV 맵을 사용할 수 있게 합니다. 아래 예시에는 키샷 로고가 같은 텍스처를 알파 투명도 맵으로 사용한 조각에 UV 맵으로 적용되었습니다.

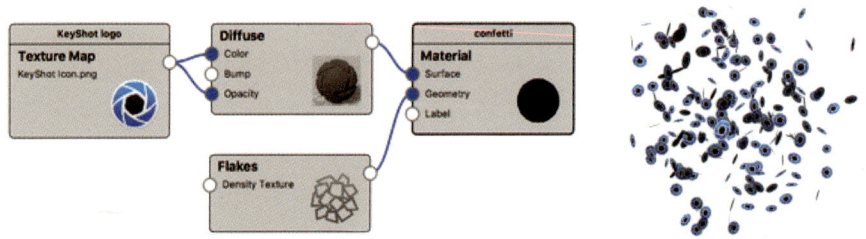

> **주의사항:**
> 버텍스 색상과 조각 UV는 사각형 조각에만 적용됩니다.

- **조각만**

플레이크만 체크박스를 통해 조각을 만들 때 조각을 포함하는 지오메트리를 표시할지 숨길지 설정할 수 있습니다.

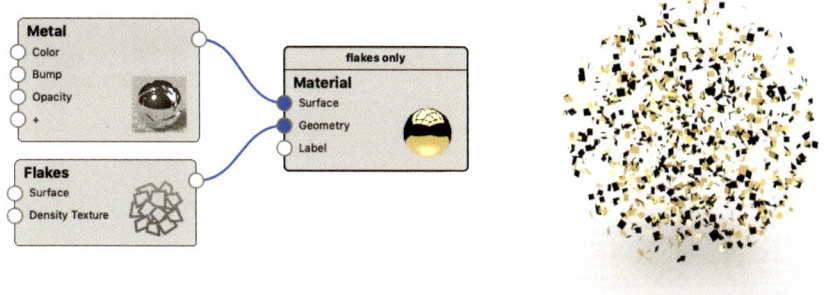

이 옵션을 비활성화하면 조각은 기존 지오메트리 내부에 표현되며 이는 기존 재질이 어느 정도 투명해야만 조각이 보인다는 뜻입니다.

연결된 노드

- **표면**

조각에 표면을 더할 수 있습니다. 조각을 포함하는 지오메트리를 표시하도록 한다면 조각들은 기본적으로 기존 재질을 지오메트리와 공유합니다.

이 예시에서 조각은 조각 노드의 표면 슬롯을 통해 기존 재질과 다른 재질이 부여되었습니다.

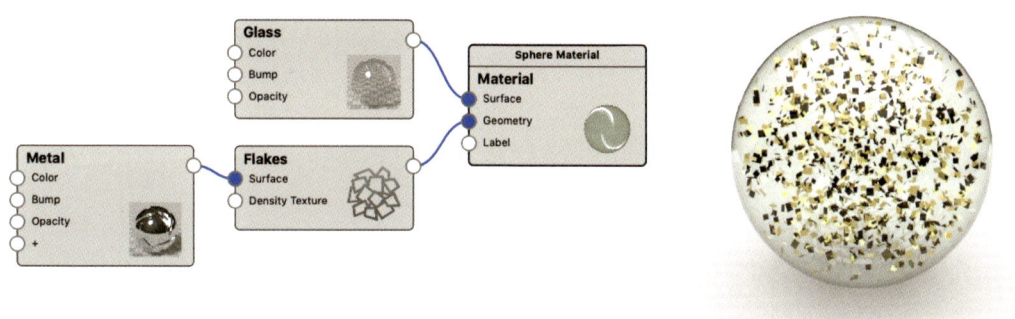

밀도 텍스처

물체 내에 조각이 고르게 분배되는 것을 원하지 않는다면 밀도 제어에 텍스처를 추가할 수 있습니다. 밀도 텍스처는 조각 밀도에 마스크처럼 작용합니다. 텍스처가 까만 곳에는 조각이 없고 텍스처의 색이 더 밝아질수록 조각의 양이 늘어나 최대치 (밀도 텍스처 100% 흰색) 일 때 조각 노드에 정의된 밀도까지 늘어납니다.

04 | 퍼즈(Fuzz)

퍼즈 노드를 이용해 표면에서 섬유가 나오게 할 수 있습니다. 지오메트리에 **퍼즈**가 나타나게 하려면 루트 **재질** 노드의 **지오메트리** 소켓에 퍼즈 노드를 연결하면 됩니다.

퍼즈 설정

- **길이:** 퍼즈 섬유의 기본 길이를 정합니다.

- **길이 변형:** 퍼즈 섬유 길이에 변형을 더합니다. 선택한 길이 + 길이 * 변형 값까지 늘어날 수 있습니다.

- **임의성(Randomness):** 기본적으로 퍼즈 섬유는 직선입니다. 임의성을 증가시켜 각 섬유의 흐름에 변형을 줄 수 있습니다.

- **반경(Radius):** 각 퍼즈 섬유의 두께를 정합니다.

- **밀도(Density):** 1단위 내에 몇 개의 섬유를 추가하는지 조정합니다.

- **세그먼트(Segment):** 각 퍼즈 섬유를 구성하는 구역의 개수를 결정합니다. 구역의 수를 늘릴수록 매끈한 섬유가 표현됩니다. 퍼즈에 길이 변형을 주었다면 길이에 따라 부분적으로 더 많거나 적은 구역을 포함하게 됩니다.

- **최대 커브(Max Curves):** 이 값은 각 부분마다 퍼즈 재질이 생성할 수 있는 커브의 개수를 제한합니다. 많은 양의 커브를 더하면 씬이 매우 무거워집니다. 커브의 개수는 밀도, 길이 변형 및 구역 값에 영향을 받습니다. 커브 제한을 넘으면 밀도가 영향을 받습니다. 최대 커브 값은 백만 단위로 측정되며 근사치입니다. 커브 개수를 제한하고 싶지 않으면 값을 0으로 설정합니다.

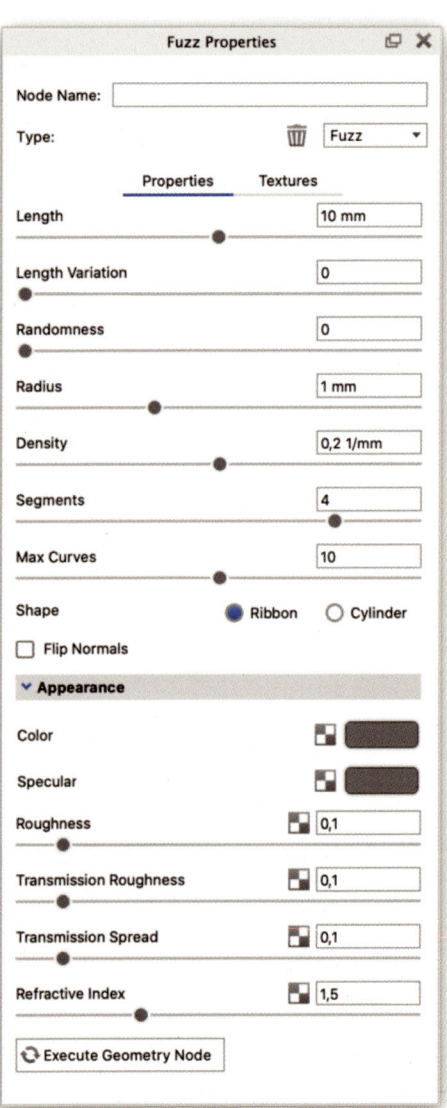

- **형상:** 퍼즈 섬유가 리본일지 원통형일지 결정합니다.

- **노르말 뒤집기(Flip Normal):** 보풀의 방향은 노르말을 따릅니다. 노르말 뒤집기를 사용하면 보풀이 반대 방향을 향합니다.

모양(Appearance)

다음 매개 변수들은 기본 지오메트리에 영향을 주지 않고 퍼즈 섬유에만 영향을 줍니다.

- **색상:** 퍼즈 섬유의 기본 색상을 설정합니다.
- **반사(Specular):** 씬 내 광원의 반사광의 색상 및 정도입니다. 검은색이면 완전히 반사광이 없어지고 흰색이면 아주 빛나는 플라스틱 외형을 가집니다. 가장 실사에 가까운 외형을 표현하고 싶다면 회색 또는 흰색을 사용합니다. 색상을 추가하면 금속 효과가 나타납니다.
- **거칠기:** 이 값이 증가하면 미세한 결함을 섬유 표면에 더합니다. 0일 때 재질은 완벽히 매끈하고 잘 닦인 상태입니다. 값이 증가할수록 표면에서 빛이 분산되어 더 거칠게 보입니다.
- **거칠기 전송:** 이 값이 증가하면 불투명한 재질에서 보는 것처럼 표면의 하이라이트를 전파시킵니다. 그러나 재질을 통과하는 빛도 확산됩니다.
- **전송 분배(Transmission spread):** 퍼즈 섬유를 통과하는 빛의 퍼지는 정도를 제어합니다.
- **굴절률:** 빛이 퍼즈 섬유를 지나갈 때 얼마나 굽거나 "굴절"될지 제어합니다.

연결된 노드

- **표면**

퍼즈 노드의 표면 슬롯에 재질을 더하면 퍼즈 섬유의 재질을 커스터마이즈할 수 있습니다. 표면 노드를 장착했을 때 퍼즈 노드의 외형 매개 변수는 무효화됩니다.

- **밀도 텍스처(Density Texture)**

밀도 텍스처는 퍼즈 섬유의 밀도에 변형을 더할 수 있게 해줍니다. 하얀색 영역에서는 밀도 매개변수에 입력한 대로의 밀도이고 더 어두운 영역에서는 퍼즈 섬유가 적게 나옵니다.

이 예시에서 아랫단은 윗단의 퍼즈 밀도를 변형시키기 위해 사용된 텍스처를 보여줍니다.

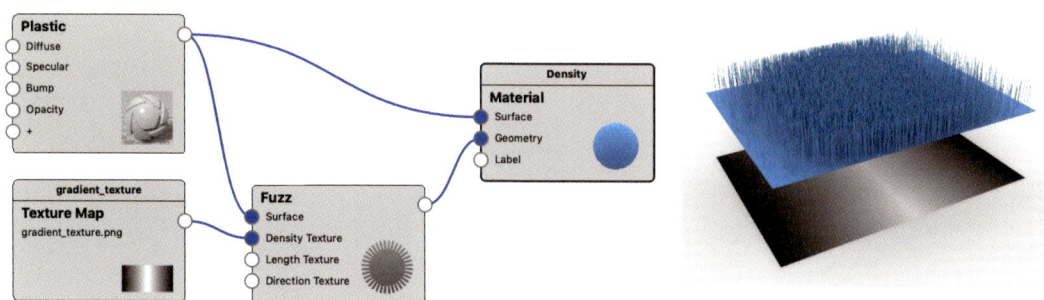

- **길이 텍스처**

길이 변형이 퍼즈 섬유에 무작위성을 부여한다면 **길이 텍스처**는 텍스처에 기반해 길이를 변형시킬 수 있게 해줍니다. 길이에 마스크처럼 적용되면서도 **길이 변형**이 적용됩니다.

100% 하얀색은 매개 변수에 정의된 길이이며, 더 어두운 색상은 더 짧은 퍼즈 섬유를 만듭니다.

이 예시에서 아랫단은 윗단의 퍼즈 길이를 변형시키기 위해 사용된 텍스처를 보여줍니다.

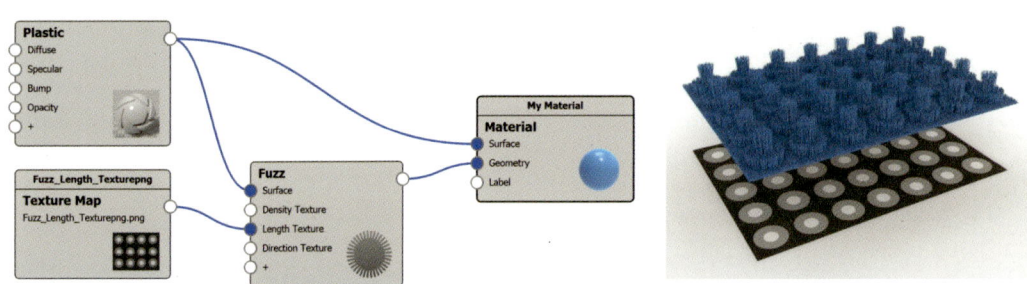

- **방향 텍스처**

기본적으로 퍼즈 섬유들은 지오메트리의 노르말을 따릅니다. **방향 텍스처**를 더하면 표면에서 섬유가 나오는 방향을 제어할 수 있습니다. 일반 맵(이미지 텍스처)을 사용하거나 단계적 텍스처(색상 기울기와는 다름)를 사용할 수 있습니다. **방향 텍스처**의 범프 높이는 방향을 얼마나 변형시킬지를 제어합니다. 범프 높이가 0일 때 섬유는 노르말을 따릅니다. 값이 증가할수록 각도가 커집니다. – 값은 섬유가 반대 방향을 향하게 만듭니다.

이 예시에서는 방향을 변형시키기 위해 일반 맵을 사용했습니다. 아랫단은 윗단의 퍼즈 방향을 변형시키기 위해 사용된 텍스처를 보여줍니다. 첫번째 이미지에서 텍스처 맵의 범프 높이는 1이며, 두번째 이미지에서는 -1입니다.

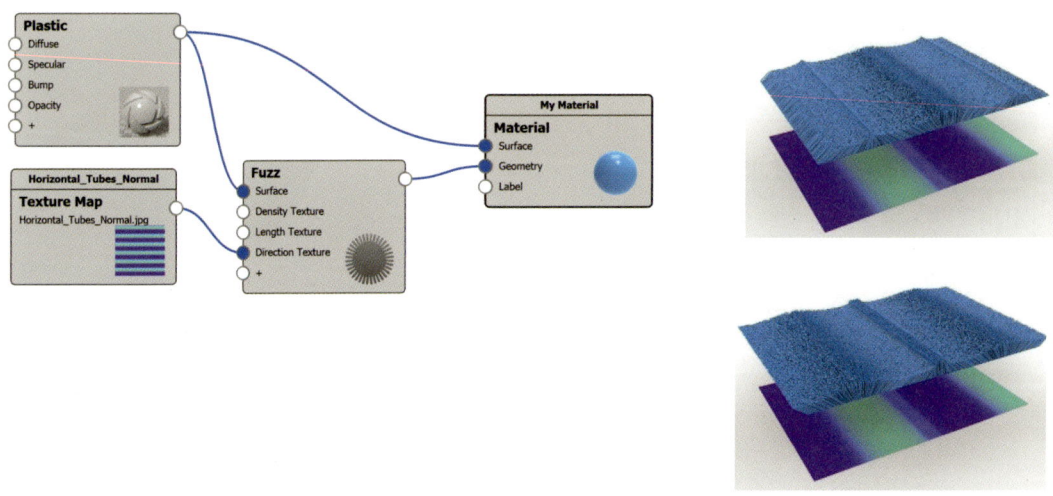

다음 예시에서는 퍼즈 방향을 무작위로 만들기 위해 세포질 텍스쳐(Procedural Texture)가 사용되었습니다. 아랫단은 윗단의 퍼즈 방향을 변형시키기 위해 사용된 텍스처를 보여줍니다.

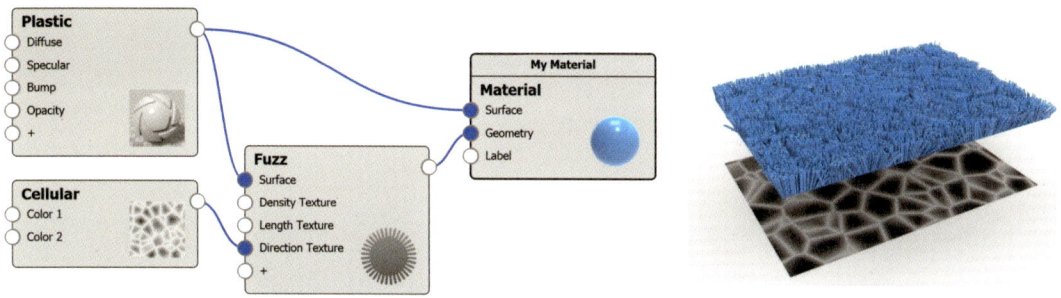

방향 텍스처는 각 털 섬유의 시작에서의 각도를 결정하기 때문에 무작위성 값을 증가시킨다면 이 방향이 덜 눈에 띄게 됩니다.

LESSON 20 : 애니메이션 노드 유형

애니메이션 노드는 재질의 움직이는 매개변수를 만들 수 있다는 점에서 독특합니다.
재질에 애니메이션 노드를 추가하면 자동으로 애니메이션 타임라인에도 추가됩니다.
노드를 선택하고 애니메이션 속성 창에서 설정을 변경할 수 있습니다.
애니메이션에 대한 더 많은 정보를 찾는다면 애니메이션 작업하기 항목을 참조하십시오.

- **색상 페이드:** 이 노드 타입은 재질 색상 값을 움직일 수 있게 합니다.
- **커브 페이드:** 이 노드 타입은 재질의 매개 변수의 하나의 값을 움직일 수 있게 합니다.

01 | 색상 페이드

색상 페이드 애니메이션 노드는 맞춤 재질 색 견본의 움직이는 매개변수를 만들 수 있습니다.

색상 바

여기서 어떤 색이 언제 페이드할지 차례대로 선택할 수 있습니다. 스포이드 원을 클릭하여 선택하고 색 견본으로 색을 선택하십시오.

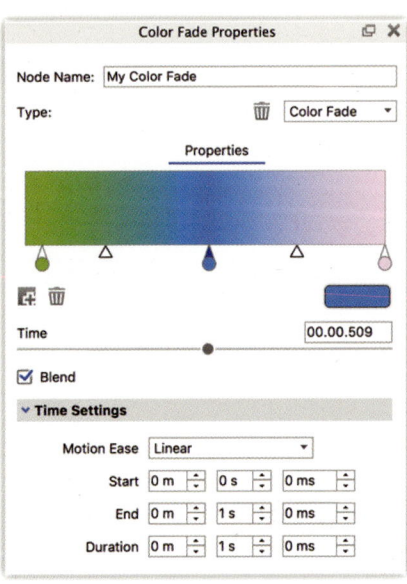

작은 삼각형은 두 색이 50 대 50으로 섞인 위치를 가리키며 색 혼합 과정을 제어하기 위해 드래그할 수 있습니다.

▪ 중간색 추가

두 가지 이상의 색에서 페이드 하기를 원한다면 컬러 바 아래의 중간색 추가 버튼을 클릭하여 다른 색 견본을 생성하십시오. 원하는 애니메이션 효과를 얻기 위해 컬러 핀과 그라데이션 점 슬라이더를 클릭 및 드래그 하십시오.

▪ 중간색 삭제

색을 삭제하려면 선택하고 삭제를 클릭하십시오.

- **시간**

타임라인(컬러 바) 위에서 각 색상을 드래그하는 것보다 더 세밀하게 색 변화를 제어하려면 색을 선택하고 타임라인의 어느 시점에서 선택한 색으로 변화하는지 입력하십시오.

- **블랜드**

색이 서로 섞이기를 원할 경우 블랜드를 체크하십시오. 그렇지 않으면 색이 다음 색으로 넘어가는 순간 곧장 바뀔 것입니다.

시간 설정

이 설정을 이용하여 애니메이션의 타이밍과 길이를 제어하십시오. 여기에서 모션 블러 유형을 참조하십시오.

> **TIP**
>
> **동일평면상의 표면**
> 동일표면상에 위치한 불투명한 맵(Opacity Map), 파트페이드 애니메이션 또는 커브/색상 애니메이션으로 불투명도를 처리할 경우, 두 개의 부품이 교차하는 곳의 표면은 예상대로 렌더가 되지 않을 수 있습니다. 이에 대한 해결책은 부품의 표면이 동일 표면상에 놓이지 않게 하는 대신에 약간 떨어뜨려 놓는 것입니다.

02 | 커브 페이드

커브 페이드 애니메이션 노드 는 커스텀 재질 내 숫자 속성 중 어느 것이든 변화하는 매개 변수를 추가할 수 있습니다. 특정 노드에서 어떤 매개 변수를 바꿀 수 있는지 보고 싶다면 커브 페이드 애니메이션 노드를 + 소켓에 연결하면 됩니다.

애니메이션

애니메이션 시간 내에서 언제든지 매개 변수 값을 설정할 수 있습니다.

- **값 설정하기:** 커브 위 한 시점(키프레임)을 선택하고 그리드 아래에 시간과 값을 추가하거나 커브 편집기에 드래그 해옵니다. Shift를 눌러 수평 움직임으로 제한할 수 있습니다(조정할 때만).

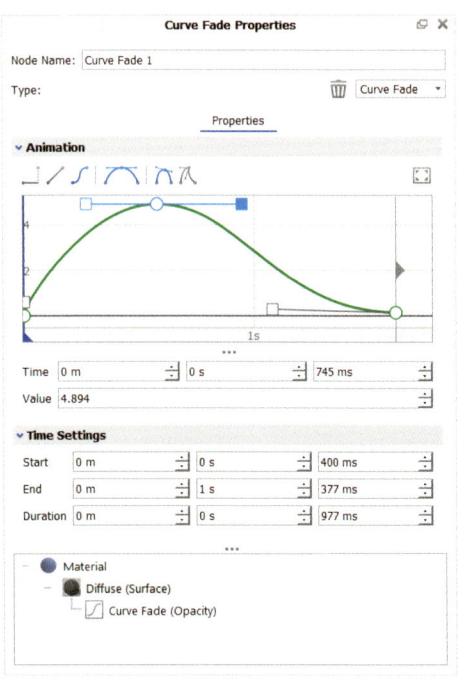

- **키프레임 추가하기:** 그리드를 더블 클릭 하거나, 우측 클릭한 후 키 추가하기를 선택합니다.

- **키프레임 사이 흐름 결정하기:** 각 키프레임은 그 다음 키프레임이 오기 전의 간격을 결정합니다. 기본적으로 모든 키프레임은 커브 시점이 되지만 쉽게 타입을 변경할 수 있습니다.

    - 계단: 타임라인의 다음 키프레임이 올 때까지 고정된 값을 가집니다.
    - 계단 키프레임은 기본적으로 계단 섹션과는 반대로 탄젠트 핸들을 가지지 않으나 탄젠트 핸들 아이콘으로 추가할 수 있습니다. 이를 통해 계단 값에 부드럽게 들어가거나 나올 수 있습니다.
    - 간격 시작의 값을 사용합니다.
    - 간격 끝의 값을 사용합니다.
    - 커브: 커브 키프레임은 이전을 부드럽게 이어주기 위한 탄젠트 핸들을 가집니다.
    - 좌/우 탄젠트 핸들을 활성화 및 비활성화할 수 있습니다.
    - 탄젠트 핸들을 반대편에 서로 묶습니다.
    - 탄젠트 핸들의 묶임을 해제합니다.
    - 직선: 커브 포인트의 일종으로 두 개의 탄젠트 핸들이 기본적으로 해제되어 있습니다. 탄젠트 핸들 아이콘을 클릭하는 것으로 일반적인 커브 포인트로 바꿀 수 있습니다.

- **커브 조정:** 탄젠트 핸들을 조정하여 키에 부드럽게 들어오거나 키에서 부드럽게 나가는 것을 조정할 수 있습니다. Shift를 눌러 수평 움직임으로 제한할 수 있습니다.

- **키프레임 삭제:** 키프레임을 선택하고 Delete 키를 누르거나 키프레임을 우측 클릭하고 삭제를 선택합니다.

- **시간 표시기 및 작업 영역:** 커브 편집기는 일반적인 애니메이션 타임라인과 같은 시간 및 작업영역 표시기가 있기 때문에 타임라인을 뒤지거나 커브 에디터에서 애니메이션을 제한할 수 있습니다.

- **그리드 이동:** 타임라인을 이동하기 위해 클릭 후 그리드 내에서 드래그 합니다.

- **그리드 안에서 줌:** 그리드 안을 클릭한 후 스크롤 휠을 사용하거나 Ctrl + / - (윈도우) 및 Cmd +/ - (맥)을 사용하여 확대 및 축소합니다.

- **줌하여 맞춤:** 그리드 위 **화면에 맞추기** 버튼 을 클릭하는 것으로 현재 커브를 커브 에디터에 맞출 수 있습니다.

- **동일 평면인 표면:** 동일 평면인 표면과 투명 재질 또는 **불투명 맵**이 있는 부품이 있거나 **부품 페이드** 애니메이션 또는 **곡선/색상 페이드** 애니메이션을 사용하여 불투명도를 조작하는 경우 두 부품이 교차하는 곳에서 표면 영역이 예상대로 렌더링되지 않을 수 있습니다.
해결 방법은 표면이 동일 평면에 있도록 하되 대신 부품 사이에 약간의 간격이 있도록 부품을 배치하는 것입니다.

LESSON

21 유틸리티 노드 유형

유틸리티 노드를 사용하면 다른 노드 유형을 결합하고 추가할 수 있습니다.

- Bump Add
- Color Adjust
- Color Composite
- Color Invert
- Color Key Mask
- Color To Number
- Color Curve Randomize
- Mapping 2D

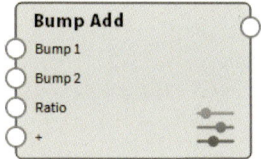

두 범프 텍스처를 가진 플라스틱 재질입니다.
비율 = 0.5, 무게 1 = 3, 무게 2 = 1의 범프 추가.

01 | 범프 추가

두 개의 범프 텍스처 맵 또는 절차적 텍스처를 결합합니다. 두 범프의 비율과 무게를 정의하여 상호작용을 제어합니다.

범프 추가 설정

비율 및 무게는 두 입력 범프 맵이 최종 범프 결과에 기여하는 정도를 제어합니다.

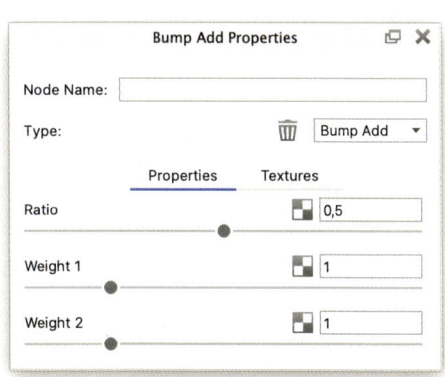

- **비율:** 비율 매개 변수는 하나의 슬라이더로 두 개의 입력 범프 맵의 기여도를 제어할 수 있게 합니다. 기본 값인 0.5는 두 범프 맵이 최종 범프 결과에 똑같이 기여한다는 뜻입니다. 0의 값이라면 범프 1만이 재질에 영향을 주는 반면, 1의 값이라면 범프 2만이 보입니다.

- **무게:** 두 개의 무게 매개변수는 각 범프 재질의 범프 높이에 대한 곱하기로 작용합니다. 기본 값인 1일 때 범프 높이를 텍스처에 정의된 대로 유지합니다. 범프 입력에 대한 무게가 0일 때 그 범프의 효과는 무효화됩니다. 1보다 높은 값은 최종 결과에 대한 범프의 영향을 증가시킵니다.

범프 추가 예시

다음 예시들은 범프 추가를 가진 플라스틱 재질로 비율 및 무게의 개념을 표현합니다.

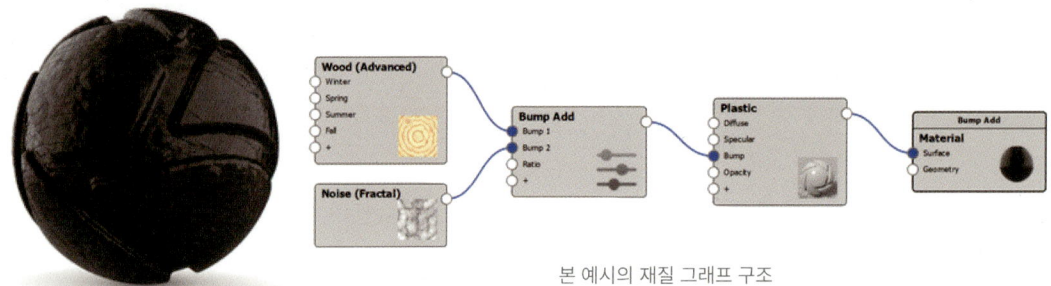

본 예시의 재질 그래프 구조

두 범프 텍스처를 가진 플라스틱 재질입니다.
비율 = 0.5, 무게 1 = 3, 무게 2 = 1의 범프 추가.

변형

비율 = 0의 범프 추가

비율 = 1의 범프 추가

무게 1 = 1의 범프 추가
(비율 = 0.5, 무게 2 = 1)

무게 1 = 10의 범프 추가)
(비율 = 0.5, 무게 2 = 1)

02 | 색상 조정

색조, 채도, 명도, 대비를 조정하여 텍스처 맵 또는 절차적 텍스처의 기존 색상을 수정하거나 색상을 부여합니다. 각 매개 변수는 텍스처를 입력할 수 있습니다.

텍스처의 기본 값은 변하지 않습니다.

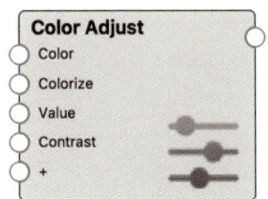

색상 조정 예시

다음 예시들은 어떻게 색상 조정 노드로 쉽게 목재 텍스처의 색상을 조정할 수 있는지 보여줍니다.

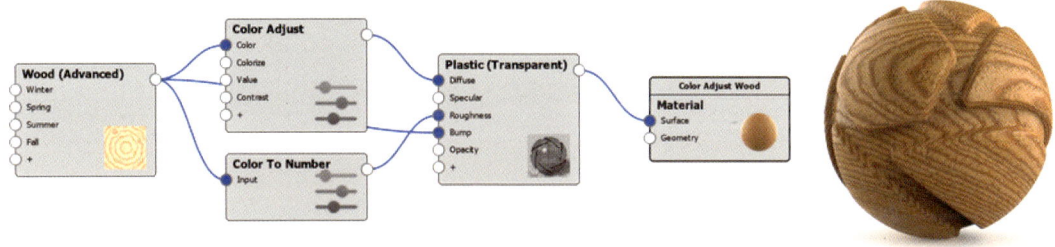

본 예시의 재질 그래프 구조

절차적 목재 텍스처를 이용한 목재 재질

색상 조정이 적용된 예시

빨간색 색상 입히기 색상 조정

초록색 색상 입히기 색상 조정 (HSV: 185, 65, 80)

색상 조정 값 = 0.2　　　색상 조정 값 = 2　　　색상 조정 값 = 노이즈 텍스처

색상 조정 대비 = 0.2　　　색상 조정 대비 = 3　　　색상 조정 대비 = 노이즈 텍스처

03 | 색상 컴포지트

블렌드 모드 및 알파 (투명도) 제어를 통해 두 텍스처 맵 또는 단계적 텍스처를 겹치고 결합합니다. 이 기능은 이미지 편집 소프트웨어에서 이미지 레이어와 블렌딩 모드를 가지고 작업하는 것과 비슷합니다.

색상 합성 노드는 여러 개의 텍스처에 투명도 마스크를 생성하거나 텍스처에 기울기를 더할 때 흔히 사용됩니다.

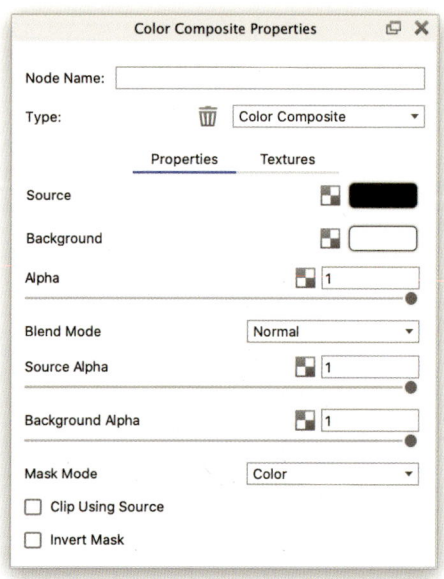

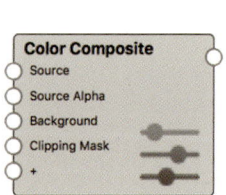

색상 컴포지트 설정

- **소스**

텍스처 합성물 중 첫번째 이자 가장 위에 있는 레이어입니다. 소스 텍스처가 알파(투명도)를 가진다면 이는 합성물에 영향을 줍니다.

- **백그라운드**

텍스처 합성물 중 두번째 이자 가장 아래에 있는 레이어입니다. 백그라운드 텍스처가 알파(투명도)를 가진다면 이는 합성물에 영향을 줍니다.

- **알파**

알파는 합성 결과의 투명도를 뜻합니다. 투명도는 슬라이더를 이용하거나 텍스처를 적용하여 설정 가능합니다. 클리핑 마스크 매개 변수와 매우 비슷하지만 클리핑 마스크에 더 많은 제어가 가능합니다.

- **블렌드 모드**

블렌드 모드는 소스와 배경 레이어가 어떻게 서로 섞이는지를 뜻합니다.
일반, 곱하기, 스크린, 오버레이, 소프트 라이트, 하드 라이트, 어둡게, 밝게, 번, 빼기 그리고 더하기까지의 블렌드 모드를 선택할 수 있습니다. 일반적인 이미지 편집 어플리케이션에서 찾을 수 있는 동일한 블렌드 모드와 같은 기능을 가집니다.

- **소스 알파**

소스 레이어의 투명도를 지정합니다. 슬라이더를 이용하거나 텍스처를 적용하여 투명도를 설정할 수 있습니다.

- **백그라운드 알파**

백그라운드 레이어의 투명도를 뜻합니다. 슬라이더를 이용하거나 텍스처를 적용하여 설정 가능합니다.

- **마스크 모드**

빨강, 초록, 파랑, 알파, 색상 마스크 모드를 선택할 수 있습니다.
빨강, 초록, 파랑 옵션은 클리핑 마스크 텍스처의 각 RGB 채널을 가리킵니다.

- **소스를 사용하여 클립**

소스 텍스처에 알파(투명도)가 있다면 이 기능은 합성물을 마스크 아웃 하는 데 쓰입니다. 합성물 결과는 소스 텍스처가 불투명한 부분에서만 보입니다.

- **마스크 반전**

클리핑 마스크를 뒤집을 때 사용합니다.

▪ 라벨 불투명도와 색상 합성 예시

아래 예시는 라벨 재질에 독특한 투명도 마스크를 만드는 데 색상 합성 노드를 사용한 것입니다.

메시 텍스처를 가진 플랫 재질   색상 기울기 텍스처를 가진 플랫 재질   블렌드 모드 곱하기인 색상 합성 결과물을 사용한 플랫 재질

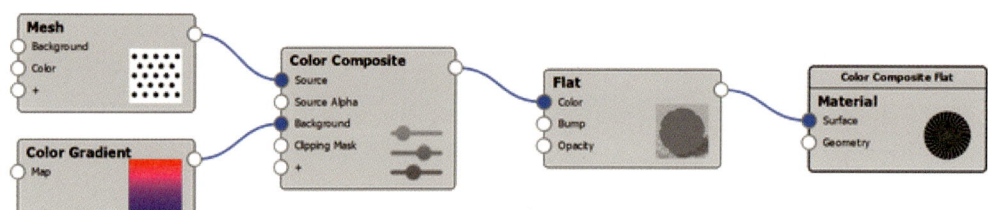

위 합성물의 재질 그래프 구조

▪ 라벨 마스크 적용

이 색상 합성은 위 재질 그래프에 기반해 만들어졌지만 재질 노드는 변형되었습니다.

합성 텍스처를 투명도로 사용하는 금속 라벨을 가진 Mold-Tech 플라스틱 재질

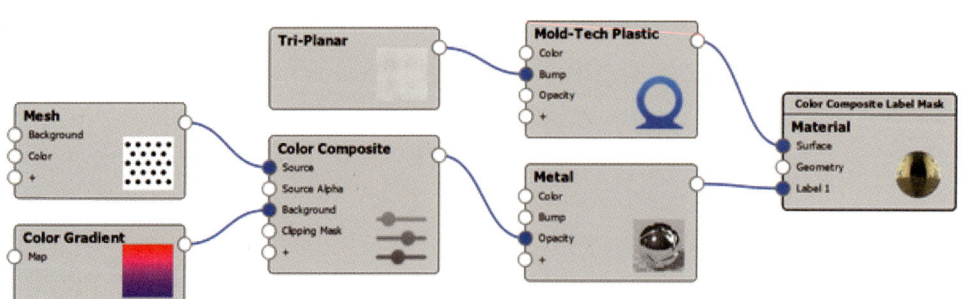

이 예시의 재질 그래프 구조

복합 라벨과 색상 합성 예시

아래 예시들은 색상 합성 노드로 복합 라벨 재질을 만드는 내용입니다.

- **소스 레이어**

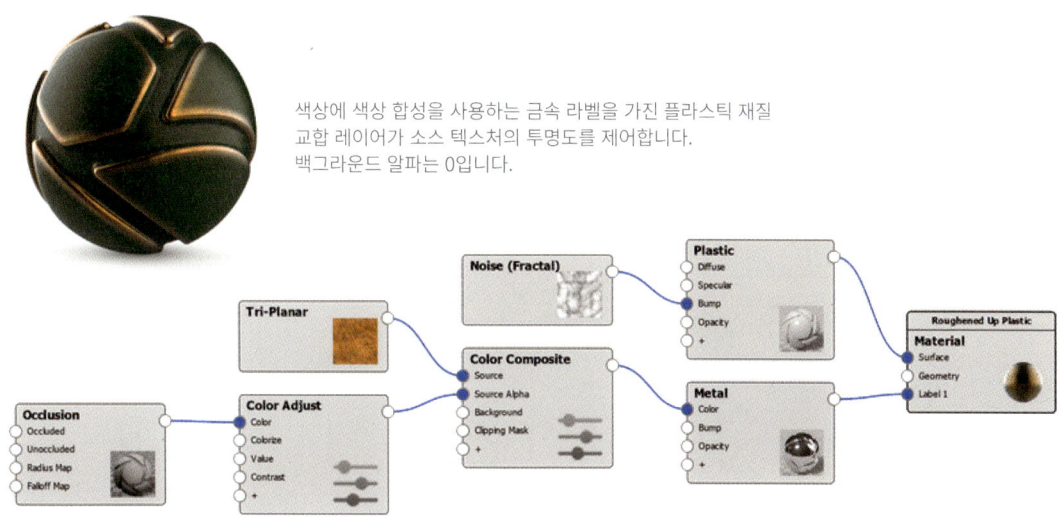

색상에 색상 합성을 사용하는 금속 라벨을 가진 플라스틱 재질
교합 레이어가 소스 텍스처의 투명도를 제어합니다.
백그라운드 알파는 0입니다.

이 예시의 재질 그래프 구조

- **백그라운드 레이어 추가**

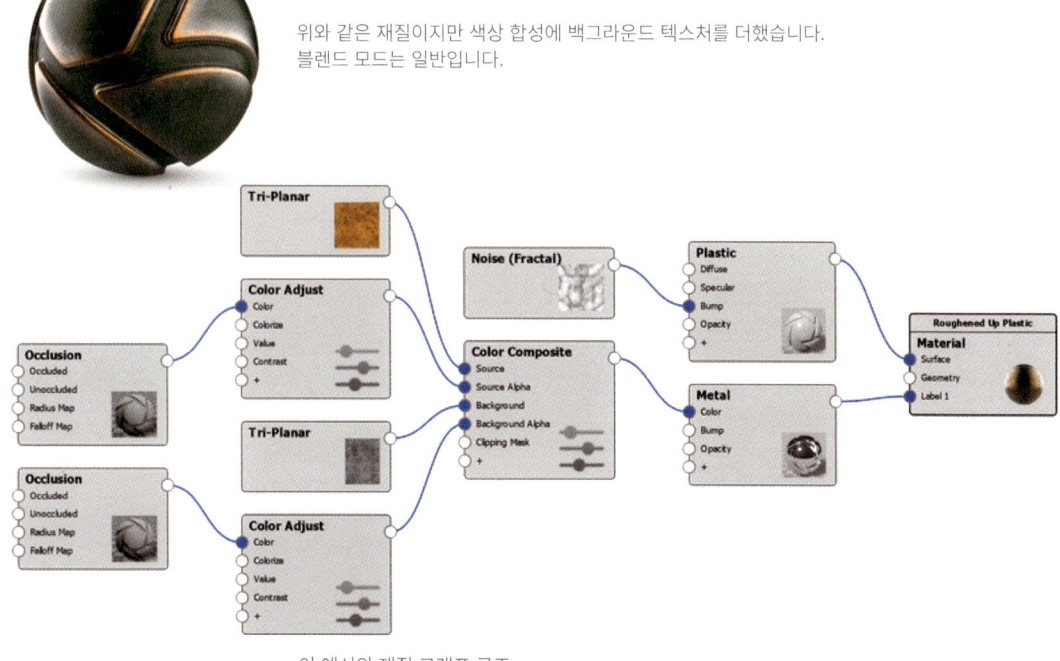

위와 같은 재질이지만 색상 합성에 백그라운드 텍스처를 더했습니다.
블렌드 모드는 일반입니다.

이 예시의 재질 그래프 구조

▪ **클리핑 마스크 적용**

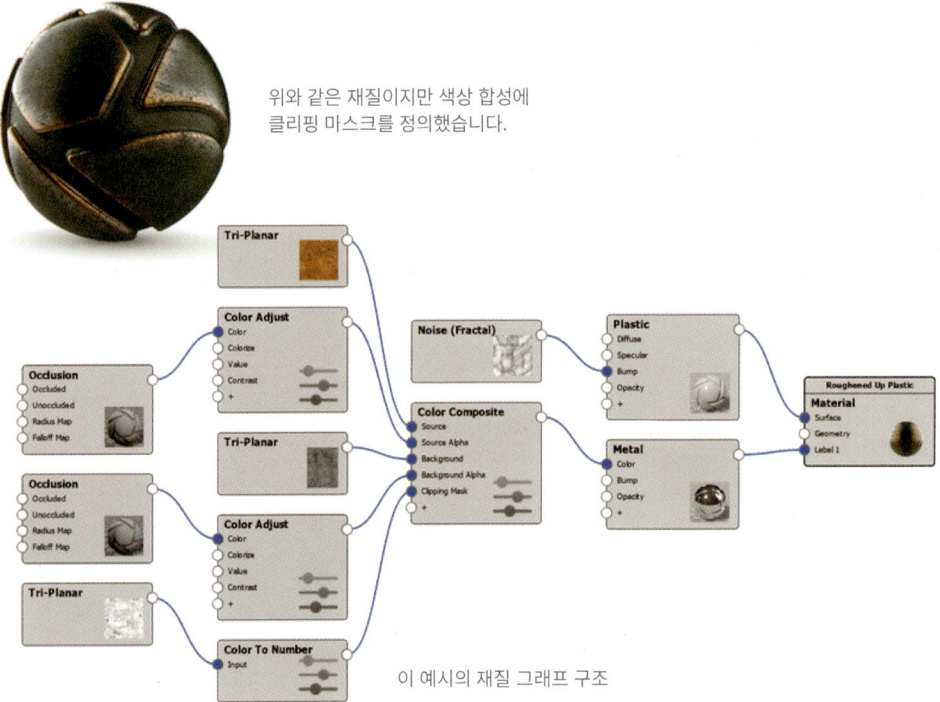

위와 같은 재질이지만 색상 합성에 클리핑 마스크를 정의했습니다.

이 예시의 재질 그래프 구조

▪ **알파 적용**

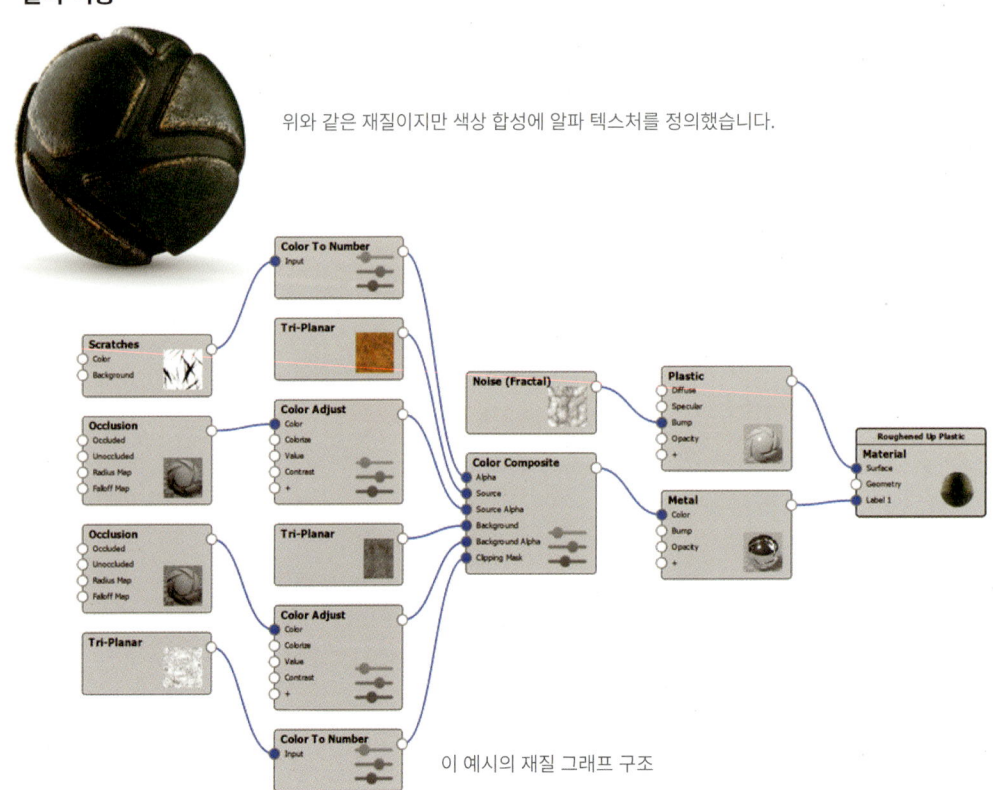

위와 같은 재질이지만 색상 합성에 알파 텍스처를 정의했습니다.

이 예시의 재질 그래프 구조

04 | 색상 반전

소스 텍스처 맵 또는 절차적 텍스처의 색을 반전시킵니다. 광택 맵(흰색 = 완전히 빛남)을 거칠기 맵(흰색 = 최대 거칠기)으로 변환하거나 투명도 마스크를 뒤집을 때 흔히 사용됩니다.

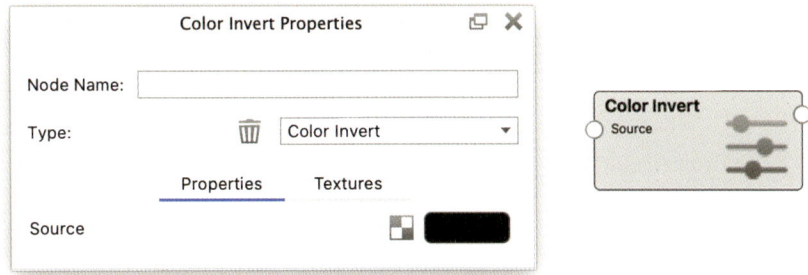

라벨 불투명도와 색상 뒤집기 예시

| 금속 라벨을 가진 Mold-Tech 플라스틱 재질 | 불투명도 텍스처를 표시하는 플랫 재질 | 뒤집힌 불투명도를 사용하는 금속 라벨을 가진 Mold-Tech 플라스틱 재질 |

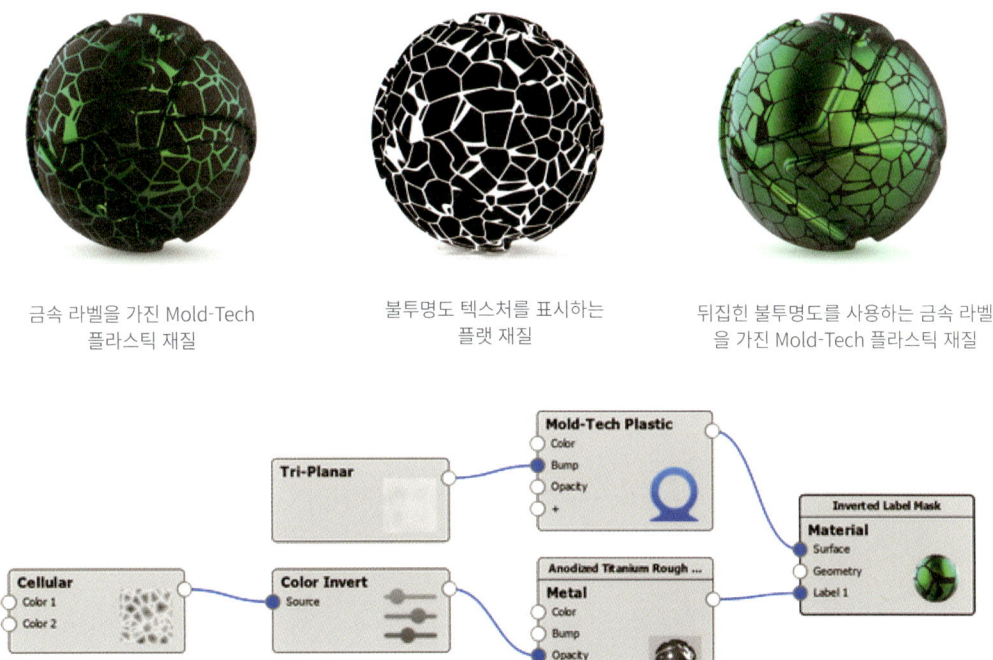

이 예시의 재질 그래프 구조

05 | 색상 키 마스크

텍스처 맵 또는 절차적 텍스처로 지정된 색상을 가립니다. 허용오차와 흐릿함을 조절하여 마스크의 강도를 조정합니다.
반전 옵션으로 쉽게 마스크를 뒤집을 수 있습니다. 효과적으로 마스크 되지 않은 색상의 색상 키를 바꿀 수 있습니다.

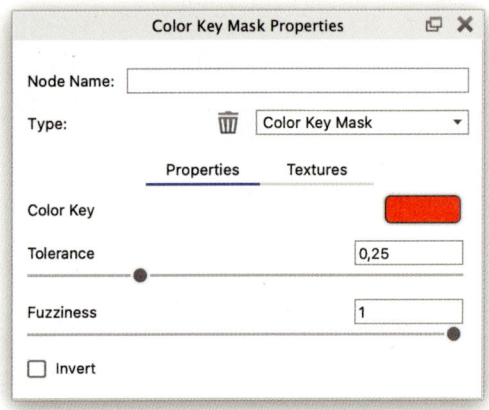

허용오차 및 흐릿함(Tolerance and Fuzziness)

허용오차 및 흐릿함 매개 변수는 컬러 마스크의 범위를 뜻합니다.

소스 텍스처의 어떤 색이든 색상 키 색상에서 허용오차 아래 일정 "거리" 안에 있다면 마스크에 완전히 포함됩니다.

흐릿함은 그 이후 점점 많은 색상을 포함하지만 허용오차 안쪽의 마스크를 흐릿하게 만들지는 않습니다.

아래 예시들은 허용오차 및 흐릿함의 개념을 표현하기 위해 구의 등방 격자를 나타낸 것입니다.

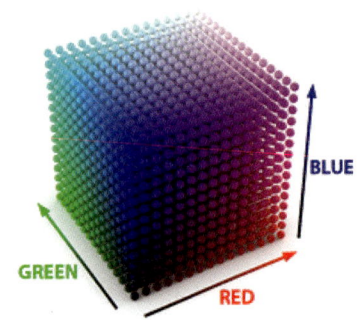

정육면체 구 격자
순수 빨강(RGB: 255, 0, 0), 초록(RGB: 0, 255, 0), 파랑(RGB: 0, 0, 255) 축에 추가 혼합

- **금속 라벨 마스크**

색상 키 마스크가 금속 라벨의 불투명도를 제어하기 위해 사용되었습니다. 색상 키는 RGB: 128, 0, 255 입니다.

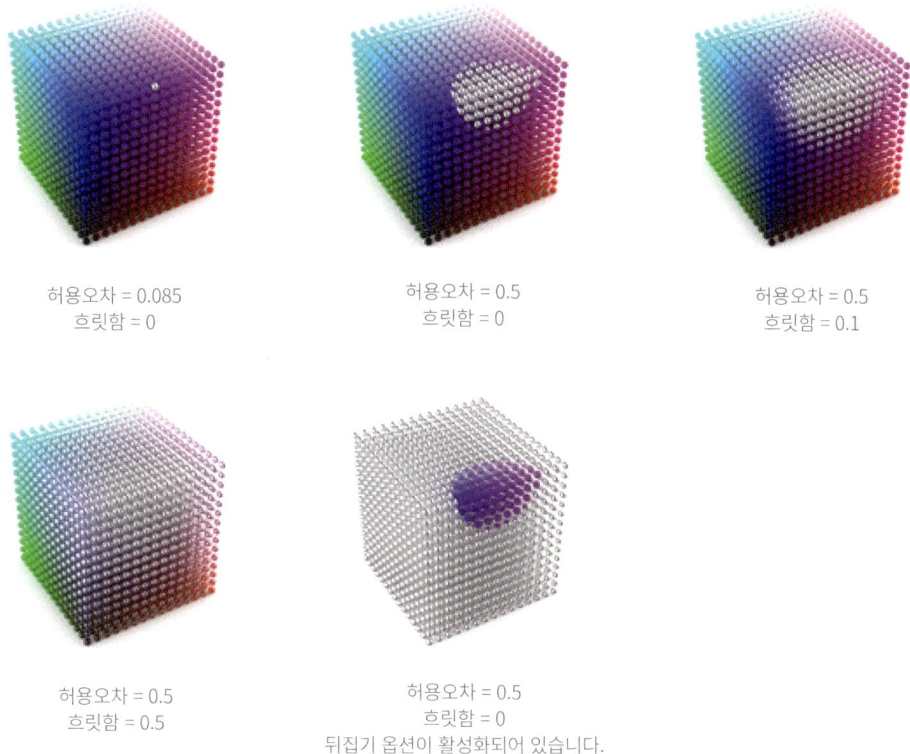

허용오차 = 0.085
흐릿함 = 0

허용오차 = 0.5
흐릿함 = 0

허용오차 = 0.5
흐릿함 = 0.1

허용오차 = 0.5
흐릿함 = 0.5

허용오차 = 0.5
흐릿함 = 0
뒤집기 옵션이 활성화되어 있습니다.

색상 키 마스크 예시

- **개별 색상 마스크**

첫번째 두개의 예시는 단색의 키샷 로고 라벨이 적용된 Mold-Tech 플라스틱 재질 모델을 보여줍니다. 색상 키 마스크 노드를 사용하여 개별 색상을 제거할 수 있습니다.

색상 키 마스크의 소스가 될
라벨 텍스처

라벨을 가진
Mold-Tech 플라스틱 재질

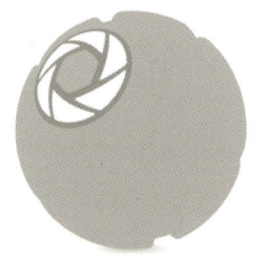
색상 키 마스크 허용오차 = 0.25 및
흐릿함 = 1 (기본 값)

색상 키 마스크 허용오차 = 0.2 및
흐릿함 = 0.4

아래 이미지들은 텍스처의 분홍색을 제거하는 데 색상 키 마스크를 쓴 결과물을 보여줍니다. 표현을 위해 색상 키 마스크 노드의 출력이 플랫 재질의 색상 매개 변수에 연결되어 있습니다.

텍스처 색상에 따라서는 정확하고 날카로운 (흑백) 마스크를 얻기 위해서 한계값 및 흐릿함 값을 조정해야 할 수도 있습니다.

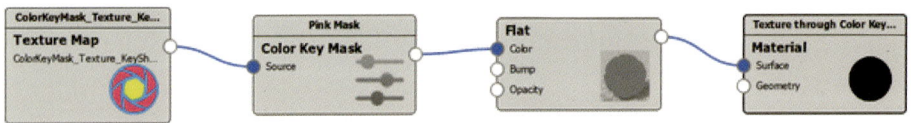
색상 키 마스크를 사용하여 재질의 매개 변수를 제어할 때의 기본 재질 그래프 구조: 텍스처 > 색상 키 마스크 > 재질

다음 두 예시는 색상 키 마스크의 다른 적용 예시입니다.

- **라벨 마스크**

세 개의 색상 키 마스크를 사용하여 텍스처의 세 단색을 제거했습니다. 마스크들은 세 개의 라벨 재질의 불투명도에 연결되어 있습니다.

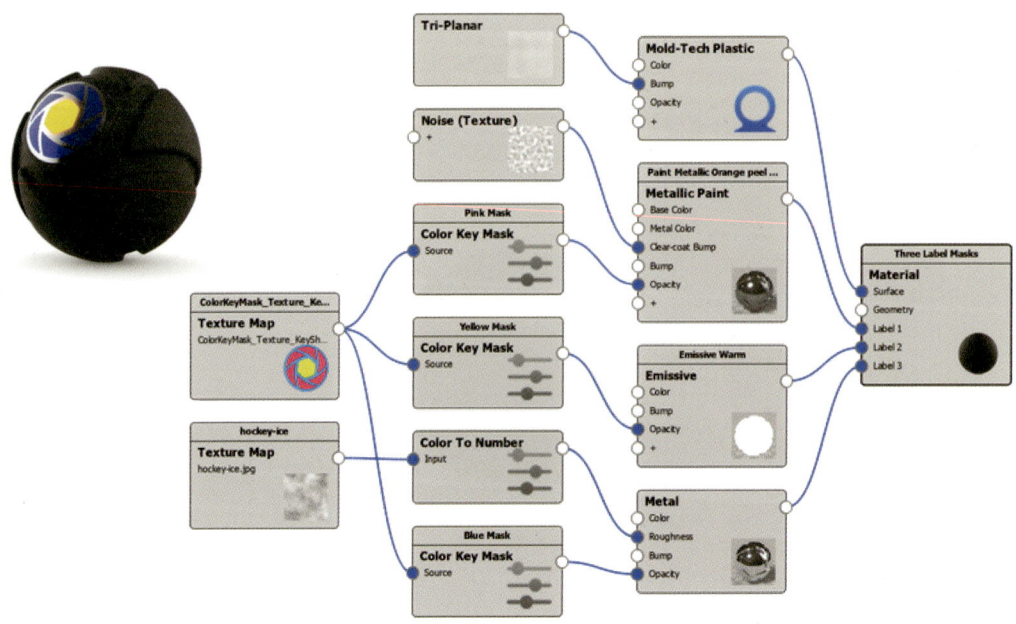

▪ 이동 마스크

두 개의 색상 키 마스크를 사용하여 텍스처의 두 가지 색상을 제거했습니다. 하나의 마스크는 라벨 재질의 불투명도에 연결되었고, 나머지 하나는 이동 노드에 연결되었습니다.

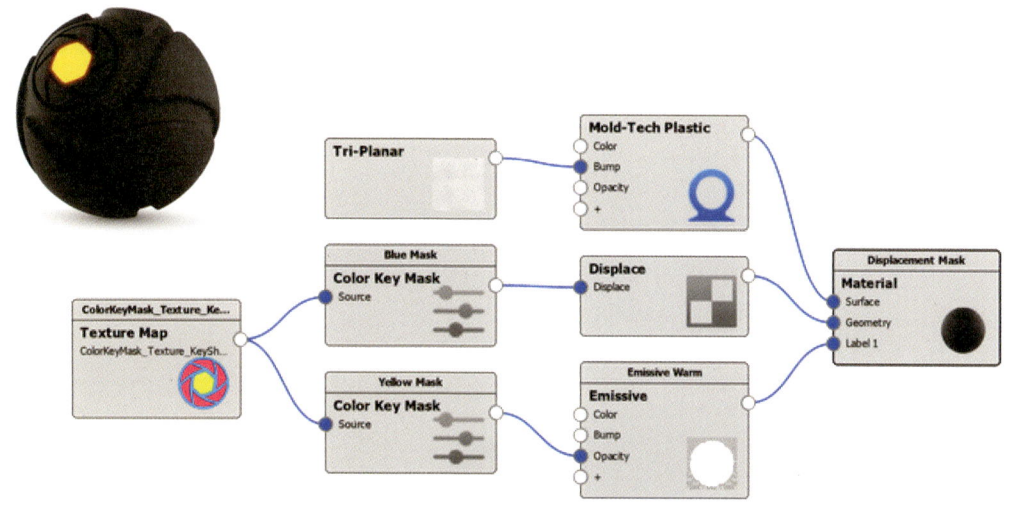

06 | 색상을 번호로

색상을 번호로 노드는 색상 값을 번호 값으로 변환합니다. 암묵적으로 검은색을 0으로, 흰색을 1로 하게 되나 더 많은 제어가 필요할 때 이 노드가 유용합니다. 예를 들어 0.05에서 0.10으로 가도록 무채색 이미지를 매핑할 때, 색상을 번호로 사용하지 않는 이상 상당히 힘들 것입니다.

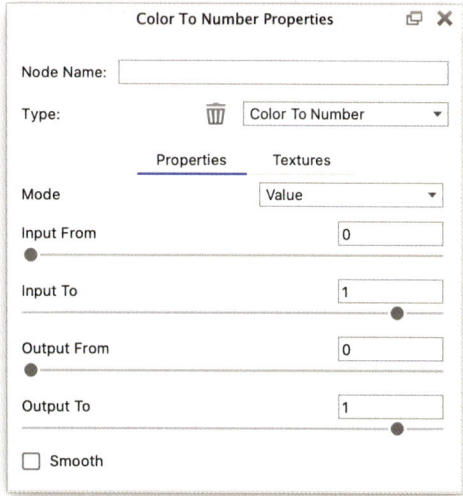

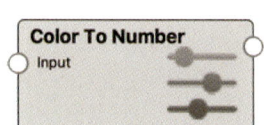

거칠기와 색상을 번호로의 사례

아래 예시는 광나는 금속 재질 모델 표면에 미세한 결함을 주기 위해 거칠기 텍스처를 적용한 것입니다. 세번째 이미지는 금속 재질의 거칠기 매개 변수 위에 텍스처를 적용한 효과를 보여줍니다.

광나는 금속 재질

사용할 금속 텍스처를 보여주는 플랫 재질

금속 재질의 거칠기를 텍스처가 제어합니다.

아래 예시들은 색상을 번호로 유틸리티 노드를 텍스처와 거칠기 매개 변수 사이에 사용한 효과를 보여줍니다. 색상을 번호로는 효과적으로 제어하는 매개 변수의 최대치를 제한합니다. 제어되는 값은 시작 출력과 끝 출력 매개 변수로 정의된 범위를 절대 벗어나지 않습니다.

색상에서 숫자로 시작 출력 = 0.01, 끝 출력 = 0.25

색상에서 숫자로 시작 출력 = 0.25, 끝 출력 = 0.02

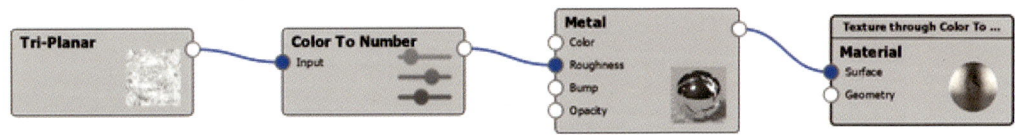
거칠기에 색상을 번호로 사용할 때의 기본 재질 그래프 구조: 텍스처 > 색상을 번호로 > 재질.

07 | 커브 색상 랜덤화

단색, 텍스처 맵 또는 단계적 텍스처가 적용된 커브 지오메트리에 색상 랜덤화를 추가합니다. 이 노드는 커브 단위로 색상, 채도 및 값을 랜덤화 합니다. 이를 이용하여 단조롭게 색칠된 커브에 추가 디테일과 변형을 줄 수 있습니다.

이 매개 변수들은 너무 높은 값을 사용했을 때 비실사적 결과를 나타내므로 적당한 선에서 바꾸는 것이 제일입니다. 특히 색상 매개 변수는 작은 변화도 크게 눈에 띕니다.

0의 값일 때 커브들의 색상은 변하지 않습니다. + 값을 사용하여 색상 변형을 더합니다.

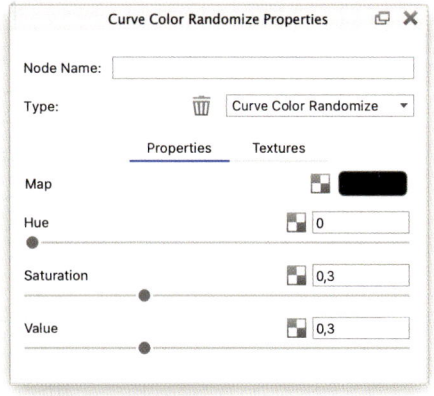

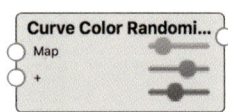

주의사항:
이 노드는 커브 지오메트리에만 사용할 수 있습니다.
키샷 플러그인을 통한 커브 지오메트리 불러오기는 다음의 어플리케이션에 지원됩니다.

- **3ds Max**
- **Cinema 4D**
- **Maya**

커브 색상 랜덤화 예시

아래 예시들은 쉽게 커브 색상에 변형을 더하는 커브 색상 랜덤 노드를 보여줍니다.

UV 매핑 텍스처 커브 지오메트리를 가진 털

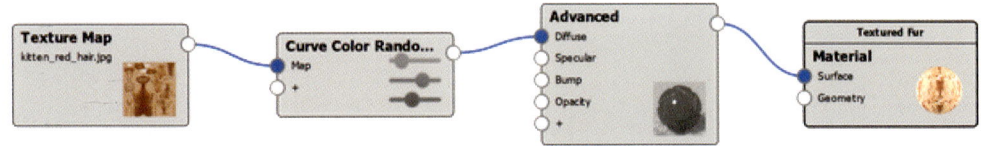

이 예시의 재질 그래프 구조 (색상, 채도 및 값은 0으로 설정)

▪ 커브 색상 랜덤화 예시

커브 색상 랜덤 노드의 기본 설정은 적절한 포화 및 값 변형을 커브에 더합니다.

색상 커브 무작위화가 없을 때

색상 커브 무작위 기본 설정
(색상 = 0, 채도 = 0.3, 값 = 0.3)

색조 조정은 크게 눈에 띕니다.

색상 커브 무작위 색상 = 0.25

색상 커브 무작위 색상 = 0.5

포화와 값에 대한 조정은 훨씬 미묘합니다.

색상 커브 무작위 포화 = 0.25

색상 커브 무작위 포화 = 0.5

색상 커브 무작위 포화 = 1

색상 커브 무작위 값 = 0.25　　색상 커브 무작위 값 = 0.5　　색상 커브 무작위 값 = 1

08 | 2D 매핑

이 노드는 텍스처와 라벨의 위치를 한번에 일치시키고 제어할 수 있게 합니다.

이 노드로 제어하고 싶은 모든 텍스처에 **2D 매핑** 노드를 연결하고 **각 텍스처의 속성에서 매핑 타입이 노드로 설정되어 있음을 확인합니다**.

2D 매핑에 설정된 텍스처 크기 및 매핑은 연결된 모든 텍스처에 영향을 주어 일치시킵니다. 연결된 텍스처의 매핑 타입이 노드로 설정되었을 때 해당 텍스처 노드의 크기 및 매핑 속성은 2D 매핑 속성으로 상쇄됩니다. 예를 들어 너비 및 높이는 스칼라가 되며 (단위 없음) 2D 매핑 노드에 설정된 너비 및 높이의 곱하기가 됩니다.

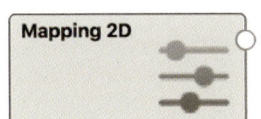

> **주의사항:**
> 텍스처를 계속 일치시키고 싶을 때 텍스처 이동은 2D 매핑 노드에서만 사용되어야 합니다.

2D 매핑 예시

다음 예시들은 2D 매핑 노드를 사용하여 완벽하게 여러 개의 라벨을 일치시키는 것을 보여줍니다.

2D 매핑 없는 라벨

2D 매핑 있는 라벨

일치시켜야 하는 두 라벨을 가진 Mold-Tech 플라스틱 재질 색깔이 있는 '키샷 아이콘' 텍스처의 너비와 높이가 0.02미터로 설정되어 있습니다. '키샷 아이콘 흰색' 텍스처의 너비와 높이가 0.04 미터로 설정되어 있습니다. 두 텍스처는 평면 매핑을 사용하며 반복은 비활성화되었습니다.	라벨 텍스처에 2D 매핑 노드를 연결한 Mold-Tech 플라스틱 재질 2D 매핑 노드의 매핑 타입이 평면으로 설정되어 있습니다. 2D 매핑 노드의 너비 및 높이가 0.04 미터로 설정되어 있습니다. 각 라벨 텍스처의 매핑 타입은 노드로 설정되어 있습니다. 색깔이 있는 '키샷 아이콘' 텍스처의 너비와 높이는 0.5로 설정되어 있습니다. (실제 사이즈 = 0.02 미터) '키샷 아이콘 흰색' 텍스처의 너비와 높이는 1로 유지된 상태입니다.

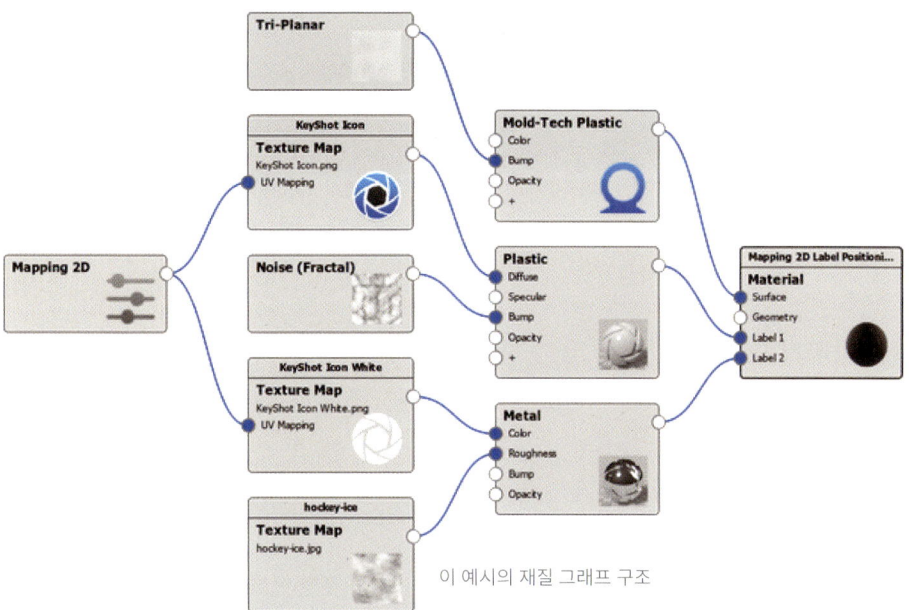

이 예시의 재질 그래프 구조

2D 매핑 노드에서 이동 텍스처를 사용한 결과

2D 매핑 노드에서 리사이징한 결과

LESSON 22 : 다중 재질

어떤 재질이든 비파괴 재질 교체, 변형 또는 색상 연구에 용이하도록 다중 재질로 바뀔 수 있습니다. 다중 재질은 싱글 "컨테이너" 재질의 다양한 재질을 통해 순환될 수 있도록 합니다.

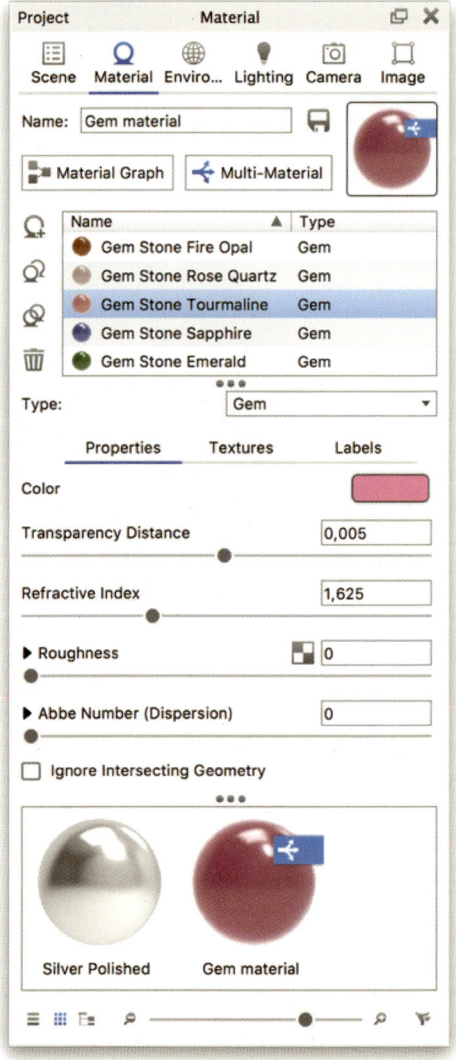

다중 재질로 변환

한 재질을 다중 재질로 바꾸는 방법은 여러 가지가 있습니다.

- 재질을 편집할 때 **재질 타입** 드롭다운 메뉴 위에 있는 세 개의 화살표로 표시된 **다중 재질** 아이콘 Multi-Material 을 선택합니다.
- 관련 재질이 있는 항목을 실시간 뷰에서 우측 클릭하고 다중 재질로 바꾸기를 선택합니다.
- 라이브러리에서 Shift를 누른 채로 드래그 앤 드롭 하여 실시간 뷰의 항목의 재질을 다중 재질로 바꿉니다.
- **인 프로젝트** 라이브러리에서 재질을 우측 클릭한 후 다중 재질로 바꾸기를 선택합니다.

하위재질을 다중재질에 추가하기

새 재질을 다중 재질 목록에 추가하는 데는 몇 가지 방법이 있습니다.

- **다중 재질 목록에 드래그 앤 드롭**
재질 프리셋을 재질 라이브러리에서 다중 재질 목록으로 드래그 앤 드롭합니다.

- **실시간 뷰 파트 위에 Shift를 누른 채로 드래그 앤 드롭**
실시간 뷰의 파트 위에 라이브러리에서의 재질을 Shift를 누른 채로 드롭하면 재질을 서브 재질로 추가하게 됩니다. 해당 파트의 재질이 단일 재질이라면 다중 재질로 바뀝니다.

- **목록을 통해 새 재질 추가**
    - 새 플라스틱 - 표준 플라스틱 재질이 추가됩니다.
    - 재질 복제 - 선택된 재질이 모든 텍스처 또는 라벨과 함께 복제됩니다. 하지만 텍스처와 라벨은 언링크 상태로 유지됩니다.
    - 재질 복제 및 텍스처 링크 - 선택된 재질이 모든 텍스처 또는 라벨과 함께 복제됩니다. 텍스처와 라벨은 링크 상태로 유지됩니다.

- **인 프로젝트 라이브러리에서 여러 재질을 변환**

인 프로젝트 라이브러리에서 여러 재질을 선택하고 우측 클릭한 뒤 선택을 다중 재질로 결합하기를 선택합니다. 이를 통해 선택된 재질들이 다중 재질이 되며 선택된 재질들 중 하나를 적용했던 모든 물체에 다중 재질이 적용됩니다.

다중 재질 보기

다른 재질을 목록에서 보거나 편집하려면 재질을 선택하여 실시간 뷰에서 활성화시킵니다. 화살표 키를 사용하여 목록에서 위, 아래로 움직일 수도 있습니다.

인프로젝트 라이브러리의 썸네일의 경우, 활성화된 재질에 라벨을 달아 그 재질이 다중 재질임을 표시합니다.

다중 재질 저장

일반 재질을 작성할 때처럼 다중 재질도 저장될 수 있습니다. 다중 재질을 저장하려면 저장 아이콘을 선택하고 저장하려는 폴더를 선택합니다.

다중 재질 삭제

재질을 다중 재질 목록에서 삭제하려면 휴지통 아이콘 을 선택하거나 Delete를 누릅니다. 또한, 목록에 추가된 모든 재질을 다른 재질에서 파트로 드래그앤 드롭을 하여 겹쳐쓰기 하거나 세 화살표 모양의 다중 재질 아이콘 Multi-Material 을 선택하여 다중 재질 설정을 취소하고 다중 재질 목록을 닫을 수 있습니다.

키샷 사용 사례

PART 06. 재질

① 재질 그래프에 대한 개요

② 지오메트리 노드에 대한 기본 개념
  - 대체(Displacement) 적용방법 (적용예시 : 제품 표면의 음각/양각 로고)
  - 조각/방울 (Bubble/Flakes) 적용방법 (적용예시 : 물컵안에 조각과 방울을 적용하여 물방울 생성)
  - 퍼즈(Fuzz) 적용방법 (적용예시 : 원형 털 매트 만들기)

③ 애니메이션 노드에 대한 개념
  - 커브 페이드(Curve fade) 적용방법 (적용예시 : 태블릿 PC화면 켜지고 꺼지는 장면 생성)
  - 컬러 페이드(Color fade) 적용방법 (적용예시 : 키샷 로고 노트북 로고 라이트 컬러 변경 장면 생성)

④ 유틸리티 노드에 대한 개념
  - 2D 매핑(2D Mapping) 적용 방법 (적용예시 : 서로 다른 로고 및 심볼 두가지 크기/위치 동시에 조정)
  - 레이마스크(Ray mask) 적용 방법 (적용예시 : 메탈 사각형과 환경적용 예시)
  - 색상 조정(Color adjustment) 적용 방법 (적용예시 : 나무재질 컬러 및 명암조절)
  - 색상 컴포지트(Color composite) 적용방법 (적용예시 : 박스와 키샷로고의 컬러 및 텍스처 상관관계)
  - 색상 키마스크(Color keymask) 적용방법 (적용예시 : 키샷 풀 컬러 로고)
  - 색상을 번호로(Color to number) 적용방법 (적용예시 : 메탈재질 텍스처 변경)
  - 커브 색상 랜덤화(Curve color randomize) 적용방법 (적용예시 : 털 매트 컬러변경)

PART 07

색상

KeyShot에서는 색상을 어디서든 찾을 수 있습니다. 이 섹션에서는 색상을 찾을 수 있는 위치와 색상을 사용하는 방법(예: 재료 및 독립 실행형 자산에 대한 매개변수)을 다룹니다.

LESSON 01 : 색상 라이브러리

01 | 색상 적용

키샷 색상 라이브러리는 미리 설정된 색을 실시간 뷰의 어느 파트나 물체에든 드래그하고 드랍할 수 있도록 합니다. 이를 통해 재질의 초기 색상을 대체할 수 있습니다. 재질의 색 매개변수 중 어느 것을 대체하고 싶다면 Alt를 누르고 재질 위에 컬러를 드래그 하십시오. 재질의 모든 색상 값 사이에서 선택할 수 있습니다.

02 | 탐색

색상 탐색은 왼쪽 상단의 탐색 상자를 클릭하고 색상의 이름을 입력하는 것으로 완료됩니다.

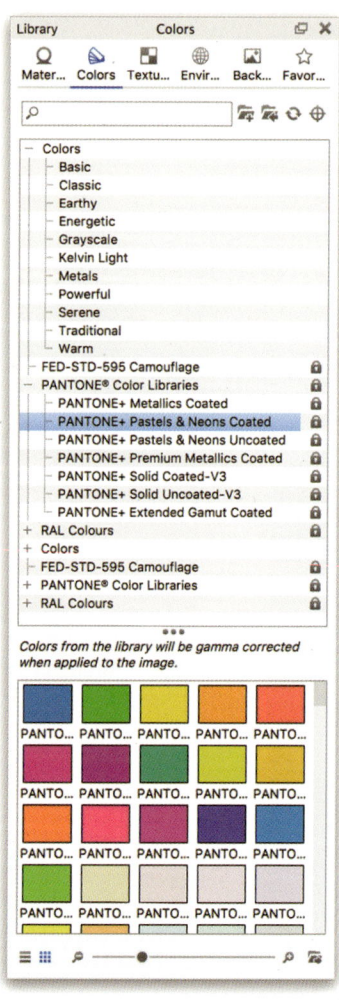

▪ 선택된 그룹에서 가장 근접한 색상 찾기
대화창의 오른쪽 상단의 십자선 아이콘을 클릭하는 것으로도 색상을 탐색할 수 있습니다. 컬러 피커가 있는 창이 열려 찾고 있는 색상을 입력하거나 씬 내의 색상을 선택하기 위해 스포이드를 사용할 수 있습니다. 현재 색상 그룹의 견본을 필터링해 입력한 색상과 비슷한 색상만 표시하는 것이 가능합니다. 새로고침을 클릭하면 처음부터 다시 색상을 찾을 수 있습니다.

▪ 가져오기
.KCP 또는 .CSV 파일로 색상 라이브러리를 불러올 수 있습니다. 불러온 색상은 현재 활성화된 색상 그룹 안에 들어가므로, 불러오기 전에 목적에 맞는 폴더를 만드는 것이 권장됩니다.
CSV 파일을 만들 때 색상 목록은 다음과 같은 서식을 따라야합니다.

- RGB: 이름; R; G; B;
- RGB (0-1): 이름; R; G; B;
- HEX: 이름; 색상 코드(# 포함);
- CMYK: 이름; c; m; y; k;
- HSV: 이름; H; S; V;
- CIE-L*ab: 이름; L; A; B;

값들은 쉼표, 세미콜론, 탭을 통해 분리할 수 있습니다.

- **색상 그룹 추가**

스스로 만든 색상을 위한 자신만의 색상 그룹을 생성할 수 있습니다. 색상 그룹을 추가하고자 하는 폴더를 선택하십시오. 폴더 추가 아이콘을 클릭해 그룹의 이름을 입력하십시오.

- **색상 추가**

자신만의 색상을 추가하는 방법은 두 가지가 있습니다.

- 컬러 피커로 예를 들어 재질을 위한 색상을 정의하고 있을 경우, 저장을 클릭해 색상을 저장하고, **색상 그룹**을 선택하고 색상의 이름을 입력하십시오.

- 색상 라이브러리 안을 오른쪽 클릭하고 **색상 추가**를 선택하십시오. 색상을 정의하기 위한 컬러 피커가 실행됩니다. 견본을 저장하기 위해 OK를 클릭하십시오.

- **색상 그룹 내보내기**

색상 그룹을 내보낼 수 있습니다. .kcp 파일이 생성됩니다.

- **읽기 전용 색상 그룹**

작은 자물쇠 아이콘이 이름 옆에 있는 색상 그룹은 PANTONE, RAL, FED-STD 595와 같은 산업 표준 색상을 포함하며 추가하거나 내보낼 수 없습니다.

> **주의사항:**
> 측정된 RGB 값도 화이트 포인트에 따라 다릅니다. KeyShot은 약 6500°K의 색온도에 해당하는 D65 White Point와 함께 **sRGB 색상 프로파일**을 사용합니다. 이는 한낮의 서유럽/북유럽 평균 일광입니다. RGB 값은 D50 화이트 포인트를 사용하는 인쇄용 응용 프로그램과 일치하지 않는데 유의하시기 바랍니다.

LESSON 02 | 색상 편집

컬러 피커는 색상 속성을 클릭할 때마다 접근 가능합니다. 컬러 피커를 사용하면 색을 빠르게 변경하거나 시각적으로 색을 시험해볼 수 있습니다. 컬러 바, 컬러 맵, 컬러 슬라이더(및 숫자 입력) 등을 사용하거나 색상 견본에서 드래그 및 드랍으로 색을 바꿀 수 있습니다.

01 | 색상 이름

이를 통해 색상에 이름을 지정할 수 있습니다. 동일한 이름을 가진 색상은 자동으로 서로 연결됩니다. 새로운 색상을 만들기 위해 이를 해제하려면 더하기 아이콘을 클릭하십시오.

02 | 다중 색상

다중 색상을 만들려면 색상 이름 필드 옆의 다중 색상 아이콘 을 클릭하십시오. 서브 색상을 다중 색상에 추가하려면 더하기 아이콘을 클릭하고 색상을 수동으로 변경하거나 라이브러리에서 기존 색상을 드래그하여 놓을 수 있습니다. 단일 색상과 마찬가지로 다중 색상도 동일한 이름이 지정될 때 연결됩니다.

> **주의사항:**
> 씬에서 컬러웨이를 생성하려면 반드시 다중 색상을 설정해야 합니다. 다중 색상을 먼저 설정하지 않으면 컬러웨이를 만들 수 없습니다.

03 | 컬러 바

컬러 바 영역은 현재 색상과, 현재 색상을 바꾸었을 경우 **새로운 색상/이전 색상 비교**를 포함합니다. 스포이드 툴과 라이브러리에 색을 저장하는 기능을 포함합니다.

04 | 컬러 맵

키샷은 색상 필드(초기 값) 그리고 전통적인 삼원색 색상환을 포함합니다. 컬러 맵의 왼쪽 하단에서 전환 가능합니다. 현재 색은 흰색/검은색 원을 통해 컬러 맵 상에 표시됩니다.

05 | 컬러 슬라이더

컬러 피커는 다양한 컬러 스페이스와 값을 위한 컬러 슬라이더를 제공합니다. 컬러 스페이스는 컬러 맵의 오른쪽 하단의 컬러 스페이스 드롭다운 메뉴에서 변경할 수 있습니다. 다음과 같은 옵션이 존재합니다.

- **RGB:** 빨강, 초록, 파랑 컬러 채널
- **CMYK:** 시안, 마젠타, 노랑, 검정 컬러 채널
- **HSV:** 색상, 채도, 명도 컬러 채널
- **Grayscale:** 명도 값 채널
- **CIE-L*ab:** 명도(L), 빨강-초록(a), 파랑-노랑(b) 값 채널
- **Kelvin:** 온도 값 채널

컬러 맵을 선택하면 컬러 슬라이더는 대응하는 컬러 스페이스 입력을 제공하기 위해 업데이트됩니다. 새로운 컬러 스페이스를 선택했을 때 컬러 맵이 변경되는 것을 확인할 수 없지만, 슬라이더와 입력을 조절하면 컬러 바와 컬러 맵이 선택된 색 또는 입력된 값을 표시하기 위해 변경됩니다. 비슷하게, 실시간 뷰에서 모델이 새로운 색을 표시합니다.

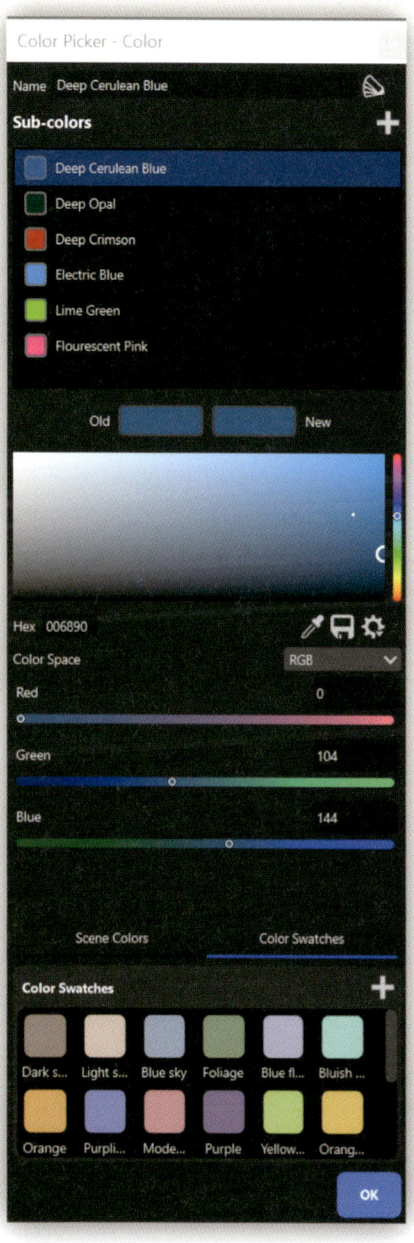

> **주의사항:**
> 색을 바꾸지 않고도 컬러 스페이스 간 전환이 가능하지만 Grayscale 또는 Kelvin 값으로 전환할 경우 그에 해당하는 범위의 색으로 한정됩니다.

⚙ 컬러 옵션

컬러 맵 바로 아래 추가 컬러 옵션과 함께 톱니바퀴 아이콘 ⚙ 이 있습니다.

- 입력에 감마 보정값을 사용

이 옵션을 활성화하여 컬러 슬라이더에 감마 보정을 적용합니다. (초기 설정으로 활성화되어 있습니다.)

- 견본 및 컬러 피커의 색상에 이미지 감마를 적용

이 옵션을 활성화하여 재질과 컬러 피커 양측의 색 견본에 감마 보정을 적용합니다. 이는 실제 색 미리보기만을 조절하며 값을 바꾸지 않습니다. (초기 설정으로 활성화되어 있습니다.)

06 | 색 견본

컬러 피커 최하단의 색 견본 목록은 여러 씬에서 자주 사용되는 색을 빠르게 사용할 수 있도록 제공합니다. 빠르게 색 견본을 추가하거나 개선하고 원한다면 나중에 색 폴더에 각 색을 저장할 수 있습니다. 색 견본은 초기 설정 색으로 채워져 있습니다.

07 | 새 견본 추가

컬러 피커 최상단의 컬러 바에 표시된 색(새로운 색과 이전 색 모두)을 색 견본 목록에 드래그 및 드랍하여 자신만의 색 팔레트를 만들 수 있습니다. 색 견본은 간단하게 새로운 색을 기존의 색 위에 드래그 및 드랍하거나, 색 견본 내에서 드래그 및 드랍하는 것으로 덮어쓸 수 있습니다.

08 | 씬 색상

색상에는 현재 씬에 있는 색상 견본 목록이 표시됩니다. 이 목록에서 색상을 선택하면 색상이 해당 색상으로 변경되어 해당 색상이 사용되는 다른 위치와 효과적으로 연결됩니다.

09 | 컬러 피커 사용하기

컬러 피커를 열면 컬러 바, 컬러 맵, 컬러 슬라이더, 색 견본이 표시됩니다. 현재 색은 컬러 바에 표시되며, 컬러 맵 상에는 흰색/검은색 원으로 표시되고, 컬러 슬라이더에서는 컬러 스페이스 드롭다운 메뉴에서 선택한 컬러 스페이스에 대응하는 수직선과 값으로 표시됩니다.

컬러 맵의 다른 영역에 마우스 커서를 올린 채로 클릭하여 새로운 색을 선택하고, 클릭한 채로 드래그하여 색을 역동적으로 바꿀 수 있습니다. 색을 더 미세하게 제어하고 싶을 경우 원하는 색 제어에 대응하는 컬러 스페이스를 선택한 뒤 색/값 채널과 입력 창을 이용하여 원하는 색으로 조정하십시오.

10 | 스포이드 툴 사용하기

스포이드 툴 은 화면 상의 어떤 색이든 선택할 수 있습니다. 스포이드 툴을 선택하면 마우스 커서 아래의 색이 새로운 색 컬러 바 영역에 나타납니다. 오른쪽 마우스 버튼으로 색을 선택하거나 Esc를 눌러 스포이드 선택 모드를 취소하십시오.

11 | 색 저장

원하는 색을 선택했을 때 컬러 바의 새로운 색 영역에서 색 견본 목록으로 색을 드래그 및 드랍하여 나중에 사용할 수 있습니다. 라이브러리에 새로운 색을 저장하기 위해 저장 아이콘 을 클릭하십시오. 새로운 색을 저장할 키샷 라이브러리 내 색 폴더를 선택하도록 창이 나타납니다.

> **TIP**
>
> **폴더 추가**
> 색 라이브러리에 새 폴더를 추가하려면 라이브러리, 색 탭에서 새 폴더 아이콘 을 선택하거나, 새 폴더를 추가하고 싶은 폴더 목록에서 오른쪽 클릭하고 추가를 선택하십시오. 비슷하게 폴더의 이름을 수정하거나 폴더를 삭제하고 싶을 때, 폴더를 오른쪽 클릭하여 이름 수정 또는 삭제를 선택하십시오.

LESSON 03 : 색상 모드

KeyShot의 색상 모드에서는 대부분의 일반 UI가 숨겨집니다. 이는 색상을 명확히 작업하고 컬러웨이를 생성할 수 있는 공간을 제공합니다.

> **주의사항:**
> 색상 모드에서 작업하려면 반드시 다중 색상을 먼저 설정해야 합니다. 색상 선택기를 통해 또는 라이브러리에서 여러 색상을 드래그하여 놓음으로써 다중 색상을 설정할 수 있습니다.

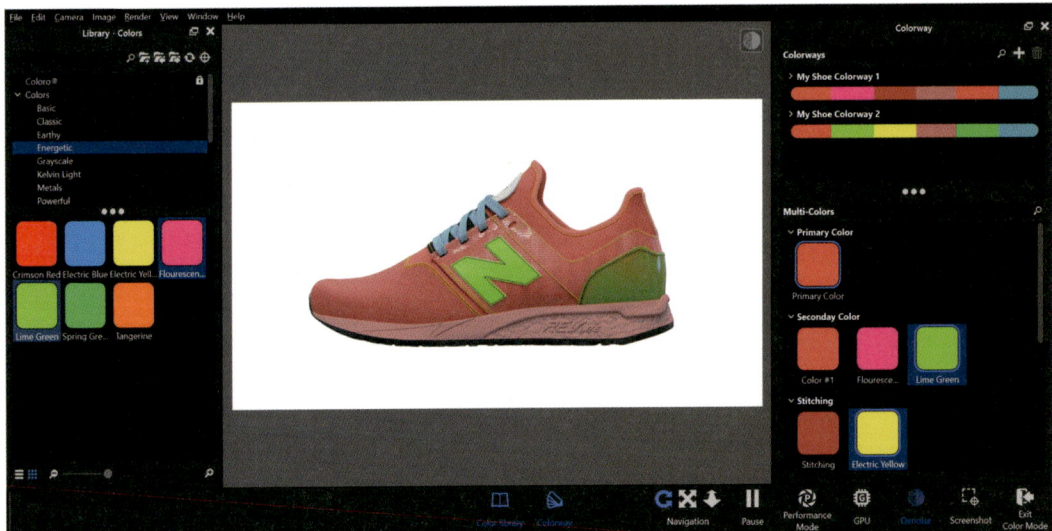

01 | 색상 라이브러리

이를 통해 KeyShot의 **색상 라이브러리**에 액세스할 수 있습니다. 컬러웨이 패널에 나열된 다중 색상에 새로운 서브 색상을 추가하려면 라이브러리에서 색상을 드래그하여 놓으면 됩니다. 또한 실시간 뷰에서 직접 놓을 수도 있습니다. 기존 다중 색상이 있는 부분에만 드래그하여 놓을 수 있다는 점을 유의하십시오.

02 | 컬러웨이

컬러웨이를 사용하면 다른 부분에서 서로 다른 다중 색상을 혼합하여 그 조합을 저장할 수 있습니다.
플러스 아이콘을 클릭하여 새로운 컬러웨이를 추가할 수 있습니다. 이 컬러웨이에 표시된 색상은 각 다중 색상의 활성 색상으로 구성됩니다. 컬러웨이를 클릭하여 보기를 확장할 수 있습니다. 이를 통해 편리하게 편집할 수 있습니다. 다중 색상에서 간단히 색상을 컬러웨이로 드래그하여 놓으십시오.

03 | 출력

컬러웨이는 렌더 대화 상자를 통해 **대기열**에 추가할 수 있습니다.

PART 08

텍스처

텍스처는 재질에 이미지/절차적 텍스처를 매핑하여 나무 티끌, 메쉬, 타일과 같은 구체적인 효과를 생성하거나 긁힌 자국과 같은 미세한 결함을 생성하여 당신의 렌더링에 "특별함"을 더해 줍니다.
이 섹션에서 다양한 종류의 텍스처와 그 텍스처들이 파트에서 어떤 외형과 위치로 매핑 되는지 설명합니다.

LESSON 01 : 텍스처

01 | 텍스처 추가하기

재질의 텍스처는 **재질** 패널의 **텍스처** 탭에 위치합니다. 라이브러리에서 텍스처를 적용하거나, 컴퓨터 내 파일을 선택하거나, 패널에서 찾은 텍스처 종류(2) 에 기반해 텍스처를 생성/수정할 수 있습니다.

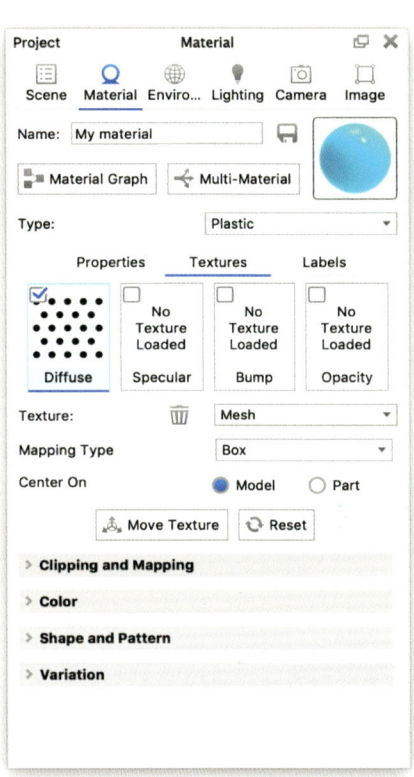

1. 라이브러리에서 텍스처 추가하기

키샷은 라이브러리 창의 텍스처 라이브러리에 여러 개의 텍스처를 포함하고 있습니다. 키샷 클라우드에서 더 많이 다운로드할 수 있습니다. 실시간 뷰에서 텍스처를 적용하고자 하는 파트 위에 텍스처를 끌어오면 맵 대화 창이 나타나며, 텍스처를 사용하려는 맵 타입을 선택할 수 있습니다.

재질 패널에서 관련된 맵 타입 위에 텍스처를 직접 끌어올 수 있습니다.

2. 파일에서 텍스처 추가하기

컴퓨터 경로에서부터 이미지를 사용하고 싶다면 다양한 방법이 있습니다.

관련된 맵 타입을 더블 클릭하고 파일을 찾습니다. 맵 타입을 선택하고 폴더 아이콘을 클릭한 뒤 파일을 찾습니다.

키샷 밖에서 이미지를 끌어와 실시간 뷰의 파트 위에 끌어옵니다. 맵 대화 창이 나타나면 텍스처를 사용하려는 맵 타입을 선택할 수 있습니다.

키샷 밖에서 이미지를 끌어와 재질 패널의 관련된 맵 타입 위에 끌어옵니다.

3. 텍스처 종류에 기반하여 텍스처 생성/수정하기

맵 타입 아래에서 텍스처 타입 드롭다운 메뉴를 찾을 수 있습니다. 일반적인 이미지 텍스처 외에도 고급 이미지 텍스처(예시: 영상 맵)는 물론 2D 및 3D 단계적 텍스처를 제공합니다. 종류를 선택하고 목적에 따라 수정합니다.

> **TIP**
>
> 재질을 바꾸고 싶지만 적용한 텍스처는 바꾸고 싶지 않다면 새로운 재질을 라이브러리에서/키샷 밖에서 실시간 뷰의 파트로 끌어올 때 Alt 키를 누르고 있으면 됩니다.

02 | 색상 프로필

기본적으로 KeyShot는 텍스처의 포함된 RGB 색상 프로필을 사용하여 KeyShots 기본 sRGB 프로필로 변환합니다. 이를 통해 텍스처가 소프트웨어 간에 보다 일관된 모습으로 표시됩니다.

> **TIP**
>
> 이 옵션은 이전 버전의 KeyShot에서 생성된 씬의 경우 기본적으로 비활성화되어 레거시 파일을 일관되게 유지할 수 있습니다. 이를 켜려면 텍스처 설정에서 "임베디드 색상 프로필 사용"을 활성화하십시오.

03 | 텍스처 작업하기

- **매핑 타입**

매핑 타입 드롭다운 메뉴에서 물체에 알맞은 텍스처 매핑 방법을 선택합니다.

- **텍스처 이동**

텍스처의 위치와 크기를 적절히 맞추기 위해 텍스처 이동 위젯을 실행합니다. 위젯을 통해 실시간 뷰에서 매핑 매개 변수를 조정할 수 있습니다.

- **맵 타입 간 텍스처 복사하기**

어떤 상황에서는 다양한 맵 타입에 같은 텍스처를 사용해야할 수 있습니다. Ctrl/Cmd를 누른 채로 썸네일을 한 맵 타입에서 다른 맵 타입으로 끌어오면 텍스처를 복사할 수 있습니다.

- **텍스처 동기화하기:** 텍스처 동기화 상태를 유지하려면 각 맵 타입마다 동기화 체크박스를 체크하면 됩니다.

04 | 텍스처 제거하기

재질에서 텍스처를 제거하는 방법은 두 가지가 있습니다.

▪ 비활성화
텍스처 맵 좌측 상단의 체크박스를 비활성화하면 텍스처가 비활성화됩니다. 텍스처 커스터마이징에 든 수고를 잃지 않고도 텍스처가 적용되지 않은 재질을 볼 수 있습니다.

▪ 삭제
텍스처를 재질에서 완전히 지우고 싶다면 맵 타입을 선택하고 🗑 삭제 아이콘을 누릅니다.

LESSON 02 : 텍스처 라이브러리

메인 툴바에서 라이브러리 버튼을 클릭하거나 메인 메뉴에서 라이브러리를 선택하거나 혹은 M 키를 눌러서 키샷 텍스처 라이브러리에 액세스 합니다. 이 곳의 텍스처들은 범프 맵, 색상 맵, 그라데이션, 라벨 등을 사용하기 위한 다양한 텍스처를 제공합니다. 이 텍스처들은 현실감을 주기 위해 재질에 텍스처를 적용하거나 자신만의 텍스처를 만들려고 할 때 손쉽게 작업할 수 있는 방법을 제공합니다.

■ 검색

텍스처 라이브러리에서 검색할 수 있습니다. 검색 범위를 좁히기 위해서 검색어를 입력하기 전에 폴더를 선택하시면 검색 범위가 선택된 폴더로만 한정됩니다.

■ 텍스처 폴더 추가

자신만의 커스텀 폴더를 라이브러리에 추가하십시오. 추가 폴더 아이콘을 누르고 폴더에 이름을 부여하십시오. 폴더는 현재 선택된 폴더 내에 위치하게 된다는 사실에 유념하십시오.

■ 가져오기

사용자가 자신만의 텍스처를 라이브러리에 추가하고 싶다면, 텍스처를 가져오기 로 추가할 수 있습니다.

■ 새로 고침

검색 결과를 지우고 모든 텍스처를 다시 표시합니다. 더 많은 텍스처를 키샷 클라우드에서 다운로드할 수 있습니다.

LESSON

03 텍스처 유형

키샷은 재질에 적용될 수 있는 3개의 텍스처 주요 유형을 가지고 있습니다. 이미지 텍스처, 2D 텍스처, 3D 텍스처 각각 프로젝트 윈도우, 재질 탭, 텍스처 탭에서 액세스할 수 있습니다. 이미지 텍스처는 이미지 파일을 텍스처로 이용합니다. 2D, 3D 텍스처는 절차적으로 텍스처를 만듭니다. 세 개의 텍스처 유형에는 아래가 포함되어 있습니다.

비절차적	절차적	
이미지 텍스처	2D 텍스처	3D 텍스처
• 텍스처 맵 • 타일형 UV • 3 평면 • 비디오 맵	• 브러시트 • 메쉬 • 짜임	• 3D 페인트 • 브러시트 (래디얼) • 위장 • 셀룰러 • 색상 그라데이션 • 윤곽선 • 곡률 • 그라나이트 • 가죽 • 대리석 • 노이즈 (프랙탈) • 노이즈 (텍스처) • 오클루젼 • 스크래치 • 얼룩 • 버텍스색상 • 볼륨맵 • 나무 • 나무 (고급)

절차적 텍스처에 대하여

절차적 텍스처는 컴퓨터에서 만들어진, 텍스처의 값과 색상을 조정할 수 있는, 커스터마이징 가능한 텍스처입니다. 키샷은 수정 작업을 실시간 보기로 보면서 텍스처를 만들 수 있게 합니다. 기존의 텍스처 매핑과 비교하면 절차적 텍스처는 모델 형상과 상관없이, 이음새나 늘어남 없이 모델을 감싸게 됩니다. 텍스처 유형 드롭 다운을 사용하여 사용하고자 하는 절차적 텍스처를 선택합니다.

애니매이션

KeyShot Pro의 일반 텍스처 유형 이외에도 사용자가 애니메이션을 추가할 수 있음.(색상 및 불투명도 맵만 해당)

- 컬러 페이드
- 숫자 페이드

01 | 이미지 텍스처

텍스처 맵

텍스처 맵은 이미지 맵의 유형입니다. 텍스처 맵과 설정은 프로젝트 윈도우, 재질, 텍스처 탭에서 볼 수 있습니다.

텍스처 맵 추가

텍스처를 추가하고 싶은 텍스처 맵 유형 (예. 색상, 반사, 범프)을 더블 클릭합니다. 텍스처 맵에 적용될 이미지 파일을 선택할 수 있는 윈도우가 열립니다. 텍스처 라이브러리에서 텍스처를 드래그앤 드롭할 수 있습니다.

텍스처 맵 제거

텍스처 맵을 삭제하고 싶으면, 텍스처 맵 유형에서 오른쪽 클릭을 하고 삭제를 선택하거나 텍스처 드롭다운 옆의 휴지통 아이콘 🗑을 선택합니다. 그러면 선택된 텍스처를 재질에서 제거합니다. 만일 텍스처 맵으로 사용되는 이미지 파일을 변경했다면, 리프레시 아이콘 🔄을 선택하여 텍스처 맵을 업데이트하고 변경을 확인하세요. 만일 텍스처 맵으로 사용되는 이미지 파일을 교체하고 싶다면, 파일 아이콘 📁을 선택하여 새 이미지 파일을 선택하세요.

타일형 UV

타일형 UV 텍스처는 이미지 맵의 유형입니다. 타일형 UV 텍스처 맵 설정은 프로젝트 윈도우, 재질, 텍스처 탭에서 볼 수 있습니다.

타일형 UV는 UDIM으로의 키샷 접근이며, 그 곳에서 여러 텍스처들이 UV좌표를 사용하는 모델위에 위치하게 됩니다. 타일형 UV 텍스처를 사용하려면 모델링 소프트웨어에 그 모델이 준비되어 있어야 합니다.

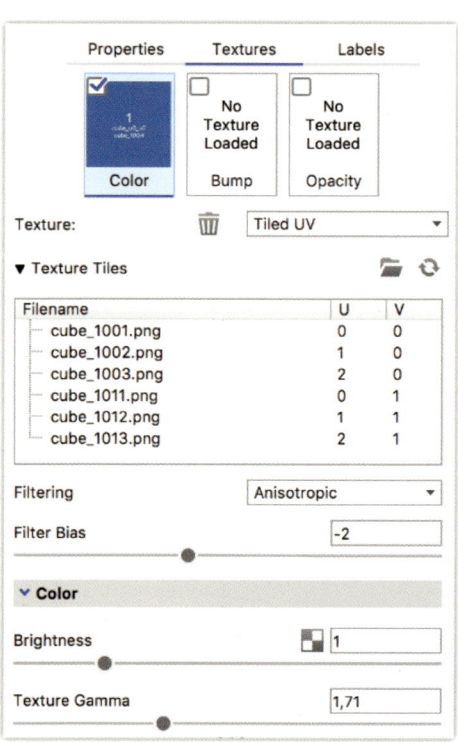

평면 플라스틱 정육면체 vs 타일형 UV 텍스처의 정육면체

타일형 UV 적용

재질을 선택하고, 타일형 UV텍스처를 분산 맵에 추가합니다.
텍스처 타일들 중에 하나를 선택합니다. 타일들이 적절하게 이름이 붙여졌다면, 키샷은 나머지 타일들을 인식하고 그들을 자동적으로 추가할 것입니다.

- **텍스처 타일**

아래 규정에 따라 이름을 부여하려면 타일이 정확히 인식되게 정확한 위치에 놓여져야 합니다.

> 1. NameuXXvYY : 이름과 U값 및 V값 사이에 분리기를 추가하기 위해서 사용자가 선택하는 곳(예를 들면. cube_u0_v0, cube_u1_v0 …).
>
> 2. NameUDIM : 이름과 UDIM 숫자 사이에 분리기를 추가하기 위해서 사용자가 선택하는 곳(예를 들면 cube_1001, cube_1002 …).

- **필터링**

타일형 UV텍스처에 있어, 사용자는 각 텍스처를 직접적으로 아래와 같이 필터링할 수 있습니다.

> - **삼선형**은 가장 단순하고 가장 빠른 방법이지만 어떤 경우에는 과도하게 흐릿해 집니다.
> - **이방성**은 삼선보다 품질이 좋으며 대분분의 경우에 덜 흐릿하고, 더 날카로운 텍스처를 나타냅니다.
> - **타원형**은 필터링이 가장 정확하나 속도가 상당히 느립니다.

- **필터 바이어스**

필터링 방법을 조정하여 텍스처를 더 흐릿하게(음의 값)하거나 또는 더 날카로운(양의 값) 느낌이 나게 합니다.

색상

- **밝기**

텍스처 타일의 밝기를 조정합니다.

- **텍스처 감마**

소스 텍스처의 감마 값을 정합니다. 선형 색상 텍스처 값을 1로 할 수도 있고, 혹은 2.0 또는 2.2로 할 수도 있습니다. 텍스처의 컨트라스트를 임의로 조정할 수 있습니다.

> **주의사항:**
> 대부분의 텍스처 맵은 감마가 수정되지 않은 32비트에서 생성됩니다. 그 이유는 기본 감마 값이 1로 설정되어 있기 때문입니다. 감마가 수정된 텍스처를 사용하고 있다면, 색상이 바르게 나타날 수 있도록 감마를 조정하는 것이 필요합니다.

3 평면

3 평면 텍스처는 이미지 맵의 한 형태입니다. 3평면 텍스처와 그 설정은 프로젝트 윈도우, 재질, 텍스처 탭에서 볼 수 있습니다.

3평면 텍스처를 사용하면 물체의 세면 X Y Z 위에 다른 텍스처들을 가진 재질들을 생성할 수 있습니다. 이 기능은 합판같은 재질을 생성할 때 유용합니다.

이 텍스처 맵은 박스 맵핑처럼만 사용할 수 있습니다. 또한 X Y Z 면 위로 각각 다른 텍스처를 투영한다는 것입니다.

- **텍스처 이동**

이동 텍스처 툴을 사용하면, 각 축에 평행한 두 개의 텍스처는 축을 따라 움직일 때 이동합니다.

- **각도**

자세한 설명은 텍스처 이동을 참고하세요.

- **경계 블렌딩**

두 개 이상의 면의 경계가 정확하지 않을 경우 사용자가 두 개의 텍스처를 경계선에서 섞을 수 있습니다. 값을 증가시키면 부드럽게 경계 부분을 섞을 수 있습니다.

프로젝션 X Y Z

- **파일**

모델의 X/Y/Z 면위로 투영하기를 원하는 텍스처를 선택합니다.

- **크기**

텍스처의 너비와 높이를 설정합니다. 종횡비잠금 은 텍스처의 크기를 변경되지 않게 고정합니다. 리셋 은 원래의 크기로 되돌려 놓습니다.

- **각도**

현재의 면위에 텍스처를 회전시킵니다.

색상

- **밝기**

전체 3개의 텍스처의 밝기를 조정합니다.

- **대비**

전체 3개의 텍스처 컨트라스트를 조정합니다.

- **컬러로 블렌딩**

전체 3개의 텍스처에 혼합된 색상을 적용합니다.

- **동기**

이 텍스처와 재질 위의 다른 텍스처를 동기화하려면 씽크(Sync)를 체크하세요.

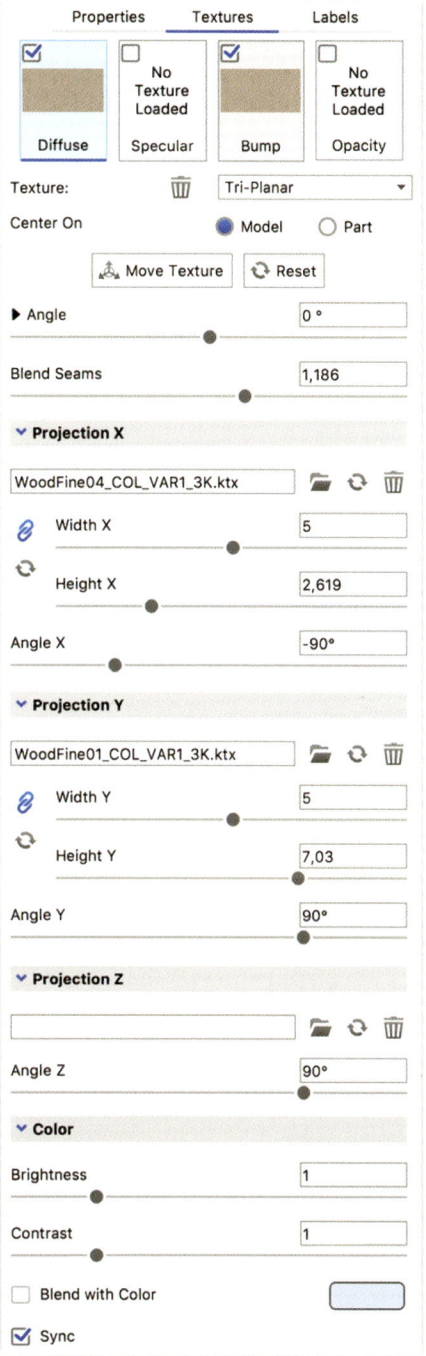

비디오 맵

비디오 맵 텍스처는 이미지 맵의 유형입니다. 비디오 맵 텍스처와 설정은 프로젝트 윈도우, 재질, 텍스처 탭에서 볼 수 있습니다.

비디오 맵 텍스처로, 이미지가 순서대로 애니메이션 기기 표시 등 여러 가지 목적을 위해 텍스처 또는 라벨로 설정될 수 있습니다.

비디오 맵 추가

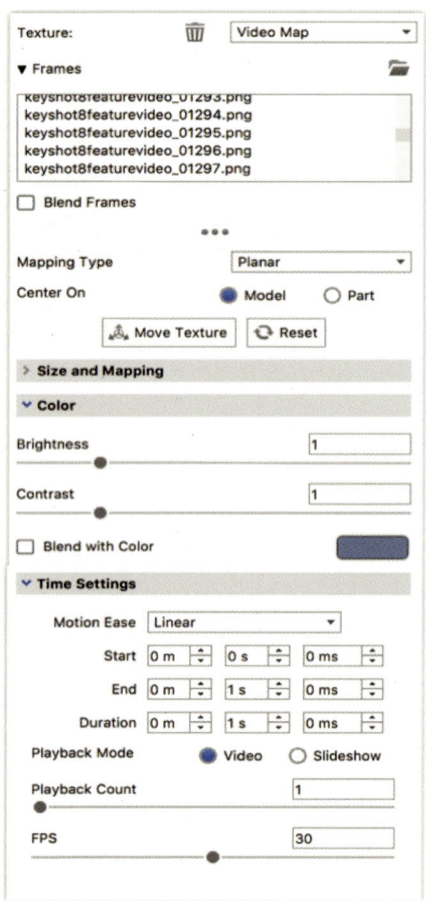

프로젝트 > 재질 > 텍스처 에서 라벨 탭의 라벨 (비디오) 추가 버튼 또는 텍스처 드롭다운 메뉴의 "비디오 맵"을 선택합니다. 프레임을 추출하려면 파일 탐색기 또는 비디오 파일에서 이미지 시퀀스를 선택합니다. 그러면 애니메이션 타임라인에 노드가 생성되어 다른 애니메이션 유형과 유사하게 위치나 조정을 할 수 있습니다.

- **프레임**

프레임을 추가하려면 사용자는:

- 이미지를 순서대로 추가합니다.

- 비디오를 선택하고, 키샷에서 프레임을 추출해냅니다. 현재 지원되는 파일 형식에는 avi, mp4, mpeg, flv, webm, dv, f4v, mov, mlv, m4v, hevc, ogg, ogv 파일이 포함되어 있습니다. 참고: 일부 파일 형식에는 지원되지 않는 변형된 인코딩이 있을 수 있습니다. (예를 들어, avi 파일은 직접 지원되지 않는 형식을 포함하고 있을 수도 있습니다.)

- **프레임 혼합:** 한 프레임에서 다른 프레임으로 전환될 때 사용합니다. 예를 들면, 사용자 비디오 맵의 FPS가 비디오의 깜박임을 막는 케이스 블렌딩 프레임에 있는 전체 에니메인션보다 작을 경우에 이 기능을 유용하게 사용할 수 있습니다.

- **크기 및 맵핑**: 텍스처 이동 페이지를 참고하세요.

색상

- **밝기:** 프레임의 밝기를 조정합니다.

- **대비:** 프레임의 컨트라스트를 조정합니다.

- **컬러로 블렌딩:** 전체 프레임을 선택된 색상을 적용합니다.

시간 설정

- **모션 완화**

비디오 텍스처에 속도 변화를 줄 수 있습니다. 통상적으로 이 기능은 일반 비디오에서는 사용되지 않는 기능입니다. 그러나 재배치 텍스처를 변화시킬 때 비디오 맵이 사용되며, 이 경우 케이스 모션 완화가 유용합니다.

- **시작, 끝, 지속기간**

기본적으로 비디오 맵은 프레임 0에서 시작하며 1초의 지속기간을 가집니다. 시간 설정으로 이를 편집할 수 있습니다. 비디오 맵 애니메이션을 애니메이션 타임라인에서 끌어당겨 타이밍과 지속시간을 바꿀 수 있습니다. 이 값들에 변화를 주면 FPS에 영향을 줍니다.

- **재생 모드**

설정된 시간에 배분될 프레임을 결정합니다.

  - **비디오:** 타임라인상에서 모든 프레임이 동일하게 배분되어, 같은 시간 동안 볼 수 있습니다.
  - **슬라이드 쇼:** 마지막 프레임이 타임라인의 끝으로 이동하고 나머지 프레임들은 이에 맞춰 배분됩니다.

아래 예에서 볼 수 있듯이 소수의 FSP와 프레임 혼합으로 작동하는 것이 가능할 때, 이 기능은 적절합니다. 아래의 예에서 녹색 큐브는 비디오 재생 모드 상태이고 청색 큐브는 슬라이드 모드 상태입니다. 유념할 사항은 비디오 모드에서 5번째 프레임은 다른 프레임들 보다 상대적으로 더 길어 보인다는 것입니다.

- **재생 수**

비디오가 플레이되는 횟수를 설정합니다.

- **FPS(초당 프레임)**

프레임 비율을 설정합니다. 프레임 비율이 증가하면 비디오 상태가 매끄러워지며, 프레임 비율이 감소하면 비디오가 흐릿해지거나 심지어 깜박거리기도 합니다.

02 | 2D 텍스처

브러시트

브러시트 절차적 텍스처는 브러시트 금속 효과를 재현합니다. 낮은 거칠기 값으로 금속 재질에 범프로 사용되면 최고의 결과를 가져옵니다.

크기와 맵핑

- **범프 높이:** 브러시트 텍스처의 깊이를 설정하는데 사용합니다.

그루브

- **길이:** 브러시 선의 길이를 조정하는데 사용합니다.
- **대비:** 브러시 선을 어떻게 정의할지를 조정하기 위해 사용합니다.
- **레벨:** 붓질의 양을 제어합니다.
- **레벨폴오프:** 매회 붓질을 어떻게 할 것인가를 제어합니다.

변이

- **알갱이:** 붓질한 텍스처에 적용되는 입자의 양을 제어합니다.
- **알갱이 크기:** 입자의 크기를 제어합니다.
- **왜곡:** 붓질에 비틀기를 추가합니다.
- **라벨에 범프 적용:** 범프 맵을 재질위의 라벨에 적용할 수 있습니다.

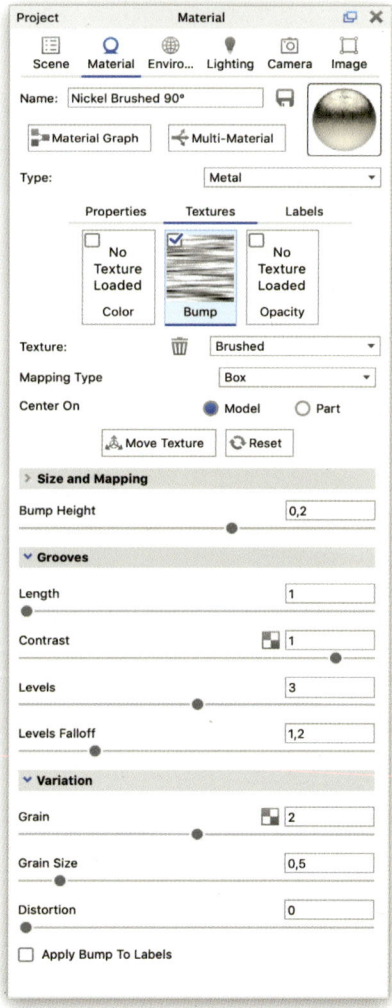

메쉬

불투명도 맵의 메쉬로 사용될 수 있는 형태 패턴이나 색상 맵의 형태 패턴을 만듭니다.

클리핑과 매핑

너비/높이 클리핑 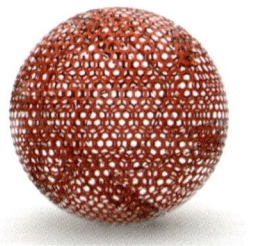 표면에 구멍을 추가할 불투명 맵으로써 메쉬 텍스처가 사용되어 왔습니다	텍스처 클리핑이 활성화되었다면 여기에서 메쉬 텍스처 크기를 설정할 수 있습니다.
깊이 (평면 매핑 한정) 	텍스처를 물체 전체에 적용하고 싶지 않다면 텍스처 깊이를 제한하면 됩니다. 텍스처 위치에서 측정된 깊이 안에 있는 구역의 표면에만 텍스처가 적용됩니다. 우측 예시에서 평면 텍스처는 정확히 표면 위에 위치했으며 0.2센티미터의 깊이를 가졌습니다. (구의 반지름은 2센티미터)
감싸기 (원기둥 매핑 한정) 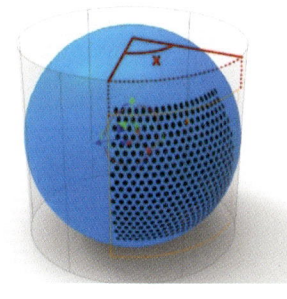	감싸기는 원기둥을 감싸는 맵의 너비를 결정합니다. 이는 원기둥 중심으로부터의 각도로 측정되며 높이와 너비는 일치합니다.

지름 (원기둥 매핑 한정) 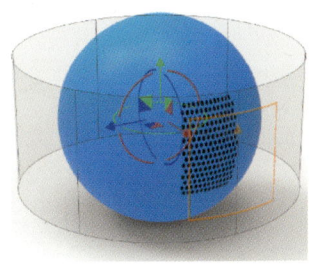	원기둥 맵의 중심으로부터 측정된 지름을 조정합니다. 지름이 물체와 일치하기를 원한다면 **텍스처 이동 위젯**을 실행하여 **X/Y/Z에 맞추기**를 누르면 됩니다.
시프트U /시프트V (상자, 구, UV, 카메라 매핑) 	중심을 이동시키지 않고서 U 또는 V 방향으로 텍스처를 이동시킵니다. 예시에서는 텍스처가 U방향으로 -0.5만큼 이동했습니다.
각도UV (상자, 구, UV, 카메라 매핑) 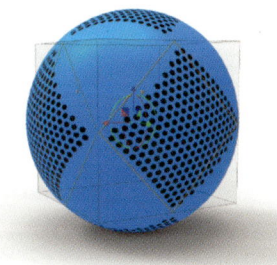	맵의 UV 평면을 회전시킵니다. 우측 예시에서 텍스처는 클리핑 되었으며 UV는 각도가 있습니다. 주황색 정육면체가 회전했습니다.

- **각도:** Y축 주위로 전체 맵을 회전시킵니다. 텍스처가 초록색 Y축 주위를 회전한다는 점에서 텍스처 이동 도구의 회전과 같습니다. 설정을 확장하여 더 섬세한 제어가 가능합니다.
- **축 기울기:** 지역 축을 전역 X축 주위로 기울입니다.
- **축 방위각:** 맵을 전역 Y축 주위로 회전시킵니다. 기울기가 0일 때 방위각을 조정하면 전체 각도를 조정하는 것과 같은 결과가 나옵니다.
- **중심 X:** 전역 X축을 따라 맵의 중심을 이동시킵니다.
- **중심 Y:** 전역 Y축을 따라 맵의 중심을 이동시킵니다.
- **중심 Z:** 전역 Z축을 따라 맵의 중심을 이동시킵니다.

- ◀▷ **수평 반전:** 지역 Y축을 따라 텍스처를 좌우 반전합니다.
- ⬍ **수직 반전:** 지역 X축을 따라 텍스처를 상하 반전합니다.
- **양면:** 평면 및 상자 매핑만 관련되었으며 각 매핑에 따라 살짝 다른 효과를 줍니다.
    - **평면:** 텍스처가 모델의 양면에 보이며 "뒷면"에는 반전된 버전의 텍스처가 보입니다.
    - **상자:** 텍스처가 박스의 반대편 면에서 반전된 버전으로 보이며 비활성화했을 때 텍스처는 모든 면에서 같습니다.
- **수평 클리핑/수직 클리핑:** 텍스처 클리핑을 활성화하여 물체의 전체 높이/너비를 덮지 않게 합니다. 활성화 시 클리핑 너비/높이로 값이 제어됩니다.
- **동기화:** 동기화가 있는 이 재질 노드의 텍스처는 똑같이 크기가 바뀌거나 이동되거나 조정됩니다.
- **색상:** 형상 색상을 설정합니다. 불투명도 맵으로 텍스처를 사용한다면 홀을 만들기 위한 색상을 검은색으로 설정하세요.
- **배경:** 배경 색상을 설정합니다. 불투명도 맵으로 텍스처를 사용한다면 색상을 흰색으로 설정하세요.
- **윤곽 보기:** 색깔/텍스처를 입힌 윤곽을 형상에 입힙니다. 형상 안에 윤곽을 놓습니다.
- **윤곽에 색상 혼합:** 윤곽의 색상/텍스처를 형상의 색상/텍스처와 혼합합니다.
- **윤곽 크기:** 윤곽의 너비를 0에서 1범위내에서 결정합니다. 0은 가장자리를 1은 형상의 중앙을 의미합니다.

형상 및 패턴

- **스케일 메쉬:** 메쉬 크기가 형상의 크기와 간격에 미치는 정도를 등급화합니다.
- **형상:** 메쉬의 형태를 원, 타원, 사각형 등에서 선택합니다.
- **감쇠:** 형상의 가장자리에 페더를 추가합니다. 슬라이더는 폴오프의 너비를 설정합니다. 값이 0이면 폴오프가 없음을 의미합니다.
- **형상 직경/너비와 높이:** 형상의 크기에 따라, 사용자는 형상의 지름, 너비, 높이를 설정할 수 있습니다. 너비와 높이를 설정할 때, 사용자는 종횡비자금 🔗 을 사용하여 길이와 너비를 균일하게 만들 수 있고, 리 🔄 을 사용하여 원래의 형상비율로 되돌릴 수 있습니다.
- **형상 직경:** 형상을 회전시킵니다.
- **메쉬 패턴:** 메쉬에 사용할 패턴을 설정합니다. 기본 패턴들 중 하나를 선택하거나 커스텀 패턴을 규정할 수 있습니다.

변이

- **지터:** 이 값을 증가시켜 패턴 배열에 편차를 더합니다
- **왜곡:** 이 값을 증가시켜 패턴 형상을 랜덤 하게 찌그러뜨립니다.
- **왜곡 크기:** 1보다 큰 값은 찌그러짐 정도의 스케일을 감소시킵니다. 1 보다 작은 값은 찌그러짐 정도의 스케일을 증가시킵니다.

짜임

짜임은 섬유나 정교한 직물 메쉬의 다양한 유형을 표현합니다.

색상

- **배경 색상:** 실 사이 틈의 색상을 설정합니다.
- **날실 색상:** 짜여진 직물에서 수직방향 실의 색상을 설정합니다.
- **씨실 색상:** 짜여진 직물에서 수평방향 실의 색상을 설정합니다.

이 재질은 라이브러리 재질 중 "옷감 직물 베이지 1밀리미터"에서 수정되었습니다. 여기서 텍스처는 분산, 반사, 범프 맵으로 적용되었습니다.

변이

- **섬유질:** 섬유의 외관을 실로 만들 때 실에 획 효과를 줄 수 있습니다.
- **알갱이:** 실에 알갱이를 추가합니다.
- **짜임 왜곡:** 실의 두께가 고르지 않게 만들 수 있습니다.
- **색상 변형:** 실 색상의 강도에 변형을 줄 수 있습니다.
- **너비 변형:** 실을 얇게 또는 두껍게 만들 수 있습니다. 짜여진 실에 수공예품의 느낌을 줄 수 있습니다.

스레드

- **날실 너비:** 짜여진 직물에서 수직방향 실의 너비를 조정합니다.
- **씨실 너비:** 짜여진 직물에서 수평방향 실의 너비를 조정합니다.
- **형상:** 실을 평평하게/둥글게 만들 수 있습니다. 값이 0이면 평평한 실을, 1이면 둥근 실을 의미합니다. 실 그림자가 활성화될 적에 이 설정이 적합합니다.
- **실 음영:** 둥근 실의 그림자를 주어 음영효과를 냅니다.

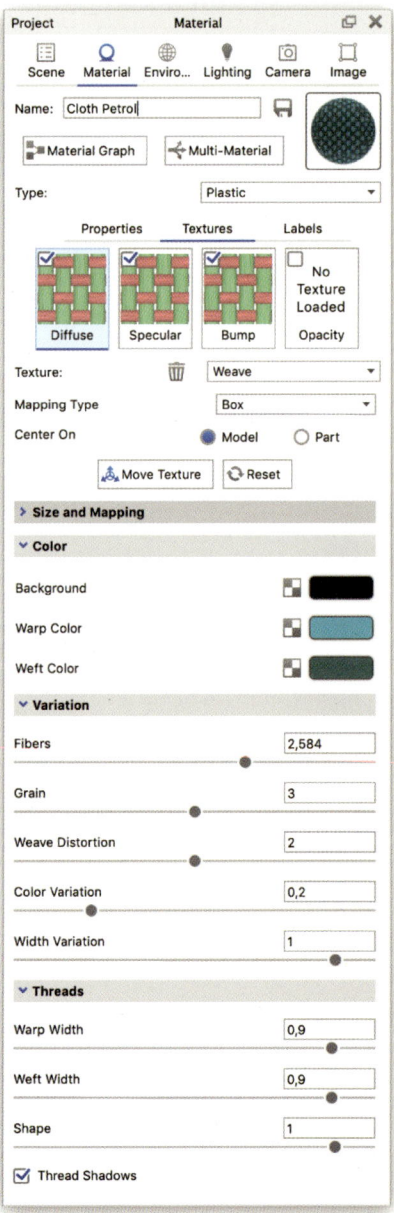

> **TIP**
>
> 옷감 재질을 표현하는 데 관심이 있다면 RealCloth 재질(Pro 한정)을 사용해보십시오. RealCloth 재질을 사용하면 맞춤형 무늬로 짠 직물을 생성하고 옷감의 날림 섬유를 묘사하여 더욱 정교하게 표현할 수 있습니다.

03 | 3D 텍스처

3D 페인트
3D Paint는 자신만의 텍스처를 쉽게 만들 수 있는 고급 도구입니다.

텍스처 해상도
텍스처 해상도 도구 드롭다운을 사용하여 텍스처 크기를 결정합니다.

페인트
페인트 버튼을 활성화하여 페인트 모드로 들어갑니다. 이렇게 하면 실시간 보기에서 마우스가 브러시로 바뀌고 마우스 왼쪽 버튼을 누르고 있으면 텍스처를 칠할 수 있습니다.

브러시 스트로크 미리보기
미리보기는 현재 브러시 설정의 모양을 보여줍니다.

브러시 모드
브러시 스트로크 미리보기 왼쪽에 있는 아이콘을 사용하면 다양한 브러시 모드 중에서 선택할 수 있습니다. 브러시 모드마다 사용 가능한 파라미터가 다릅니다.

- **브러시 모드:** 브러시를 사용하면 연속적으로 칠할 수 있습니다.
- **스탬프 모드:** 스탬프를 사용하면 브러시 모양의 인스턴스를 한 번에 하나씩 칠할 수 있습니다.
- **지우개 모드:** 지우개로 페인트를 지울 수 있습니다.

브러시 색상
페인팅에서 텍스처로 선택하거나 페인팅할 색상을 변경할 수 있습니다.

브러시 모양
브러시에 텍스처를 추가하여 브러시의 모양을 설정할 수 있습니다.

> **주의사항:**
> 예를 들어 브러시 모양을 삼각형 모양으로 변경하려면 배경이 투명해야 하므로 텍스처에 알파 채널이 있는지 확인하세요.

크기

크기는 브러시의 크기를 변경합니다. ⚙를 클릭하면 브러시 크기를 픽셀로 표시할지 씬 단위로 표시할지 선택할 수 있습니다.

- **지터 크기:** 브러시 스트로크의 지터 크기를 제어할 수 있으며 변화를 줄 수 있습니다.

불투명도

브러시 스트로크의 불투명도를 제어합니다.

플로우

플로우 슬라이더는 페인트가 적용되는 속도를 제어합니다. 원하는 색상 음영을 얻을 때까지 각각의 스트로크로 점차적으로 페인트를 쌓을 수 있습니다.

- **플로우 지터:** 브러시 스트로크에서 지터의 플로우를 제어할 수 있으며 변화를 줄 수 있습니다.

> **TIP**
>
> 그리기 태블릿을 사용하고 크기, 불투명도 및/또는 흐름에 대한 압력 민감도 를 활성화하면 작업 흐름이 더 쉬워집니다.

추가 브러시 설정

경도

브러시의 경도를 조정할 수 있습니다.

간격

브러시에 간격을 줍니다. ⚙을 클릭하여 간격을 픽셀로 표시할지 씬 단위로 표시할지 선택할 수 있습니다. 간격이 브러시 크기에 맞는지 확인하려면 크기에 따른 눈금을 켜세요.

각도

브러시를 회전할 수 있습니다.

- **각도 지터:** 각도에 지터를 추가하면 브러시 스트로크에 변화를 줄 수 있습니다.

경로 따르기

스트로크 경로의 방향으로 브러시를 회전할 수 있습니다.

카메라 투영 사용

카메라 투영을 활성화하면 물체의 표면에 수직한 시점이 아닌 카메라의 시점에서 브러시를 투영합니다. 예를 들면 브러시나 스탬프가 늘어난 버전이 될 수 있습니다.

평면에만 그리기

활성화하면 실수로 가장자리를 넘어서 칠하는 일 없이 지오메트리의 한 표면에 칠할 수 있습니다.

레이어

레이어 추가

새로운 페인트 레이어를 만듭니다.

레이어 삭제

활성 상태인 페인트 레이어를 삭제합니다.

레이어 블랜딩 모드

드롭다운에서 사용할 혼합 모드를 선택할 수 있습니다.

레이어 배경색상

지오메트리의 배경색입니다.

> **주의사항:**
> 새로운 레이어를 만들 때 기본 레이어 배경색은 100% 투명합니다. 색상 스와치을 클릭하면 표시되는 색상 선택기 하단의 투명도 슬라이더를 사용하여 투명도를 조정할 수 있습니다.

브러시트(래디얼)

스펀 브러쉬드 메탈 마감을 위해서는 브러시(래디얼) 텍스처를 사용하세요.

- **맵핑 툴:** 붓질한 텍스처의 중앙에 놓기 위해 맵핑 툴을 사용하세요.
- **스케일:** 텍스처의 크기를 조절합니다.
- **각도:** 자세한 내용은 텍스처 이동을 참고하세요.
- **색상1/색상2:** 고리 모양의 붓질 패턴을 만들기 위해 여기에서 대조되는 색상을 선택합니다.

반경

- **반경:** 발생하는 고리의 양을 제어합니다.
- **반경 감쇠:** 이 값을 증가시키면 선택된 색상의 대비가 감소합니다.

변이

- **각도 노이즈:** 값을 증가시켜 고리의 너비를 변경할 수 있습니다.
- **왜곡 노이즈:** 값을 증가시키면 완전한 원형 모양이 변하게됩니다. 전통적인 스펀 브러쉬드 마감을 위해, 파라미터를 0으로 유지합니다
- **왜곡 노이즈 비율:** 왜곡 노이즈 비율 슬라이더로 왜곡의 크기를 규정합니다.

고급

- **래디얼 축 혼합:** 윗부분이 둥근 실린더에 연속적인 텍스처를 만듭니다. 대부분의 기기를 만들 때 이 기능을 기본값으로 설정합니다.
- **동기:** 활성화된 싱크를 가진 재질 노드위에 텍스처는 동시적으로 크기가 변경되며, 이동되고, 조정됩니다.

위장

위장 절차적 텍스처는 실제로 사용되는 위장 텍스처를 표현할 때 사용합니다.

- **스케일:** 전체 텍스처의 스케일을 변경합니다.
- **색상 1/2/3/4:** 텍스처 안에서 사용될 색상의 혼합을 설정합니다.

이 예에서 위장 텍스처는 분산 맵으로 사용됩니다

- **색상 밸런스:** 색상 1-4 가 패턴을 통해 내림차순으로 분산되어 있으며 따라서 색상 3 또는 4 보다 색상 1의 얼룩이 더 많습니다. 이 매개변수를 증가시켜 색상비 밸런스를 맞추거나 매개변수를 감소시켜 그 차이를 증가시킵니다.

- **왜곡:** 반점의 형상 복잡도의 양을 조정하기 위해 이 매개변수를 변경합니다.

- **왜곡 크기:** 반점 입자의 크기를 제어합니다. 등급을 낮추면 반점이 수 많은 작은 불규칙한 점들로 만들어지며, 등급이 낮아지는 동안에 색상 블록을 만들어냅니다.

변이

- **스프레이:** 이 매개변수를 증가시키면 반점의 경계가 부드러워 집니다.

- **색상 혼합:** 이 옵션을 활성화하여 색상을 덮어칠한 것처럼 혼합 되게 합니다.

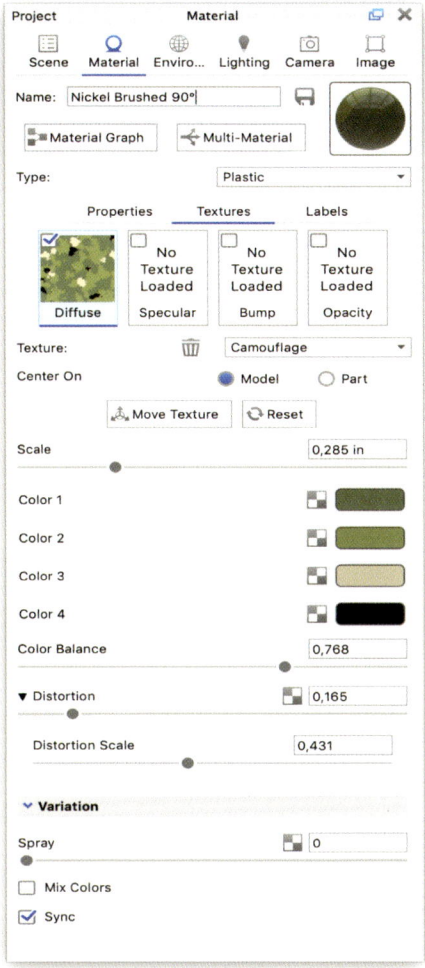

셀룰러

셀룰러 절차적 텍스처는 다양한 텍스처 맵을 만들 수 있는 고급 툴입니다. 보는 바와 같이 망치로 친 것 같은 텍스처를 만들거나 금이 간 표면, 오렌지 껍질 모양, 망치로 찌그러진 금속 표면 등을 만들 수 있습니다.

- **스케일:** 모델에 적합한 텍스처의 크기를 조정합니다.
- **셀 유형:** 둥근 모양, 정사각형 모양, 또는 다이아몬드 모양의 셀 중에서 선택합니다.
- **범프 높이:** 텍스처 맵의 전체 강도를 조정합니다.

쭈글쭈글 모양을 주는 효과는 범프 맵으로 적용된 셀 모양의 텍스처로 나타납니다.

- **대비**
대비는 범프 맵의 높은 부분과 움푹 파인 부분의 높낮이를 나타냅니다. 전역 조정을 하거나 미세 조정을 위해 메뉴를 확장합니다.

- **형상 1**
이 슬라이더로 생성된 프랙탈 형상을 조정합니다. 전역 조정을 하거나 미세 조정을 위해 메뉴를 확장합니다.

- **레벨**
생성되는 프랙탈 레벨을 증가하거나 감소시킵니다. 전역 조정을 하거나 미세 조정을 위해 메뉴를 확장합니다.

- **노이즈**
이 슬라이더로 프랙탈 형상의 라인 품질에 노이즈를 추가합니다.

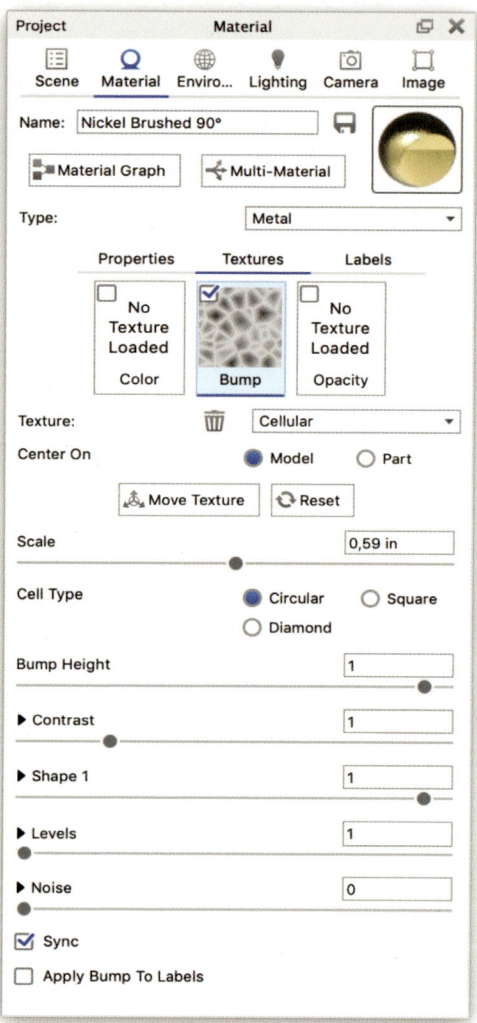

색상 그라데이션

색상 그라데이션 절차적 텍스처는 커스텀 텍스처 맵을 만들지 않고도 표면에 두 개의 분리된 색상을 혼합할 수 있게 합니다.

- **매핑 도구:** 그라데이션의 중심선을 이동합니다.
- **각도:** 표면 텍스처를 각도단위로 조금씩 회전합니다.

색상 그라데이션이 분산 맵으로 사용 된 예.

▪ **색상 바**

여기서 색상을 선택/추가하고 위치에 끌어오는 것으로 색상 기울기를 설정할 수 있습니다. 스포이트를 클릭하여 선택하고 색상 견본에서 색상을 선택합니다.

색상 사이 작은 삼각형은 두 색상이 1:1로 섞였을 때의 색상을 나타내며, 끌어당기는 것으로 섞인 정도를 제어할 수 있습니다.

색상 슬라이더를 더블 클릭하여 어떤 색상이 색상 기울기에 적용될지 선택할 수 있습니다. 삼각형 슬라이더를 사용하여 기울기의 중간 지점을 결정합니다. 다른 색상을 기울기에 추가하고 싶다면 🔲 아이콘을 클릭합니다. 색상을 삭제하고 싶을 때는 삭제할 색상 슬라이더를 선택한 후 🗑 쓰레기통 아이콘을 클릭합니다

▪ 🔲 **색상 스톱 추가하기**

2가지 이상의 색상을 섞고 싶다면 색상 바 아래의 스톱 추가하기 버튼을 클릭하여 또 다른 색상 견본을 생성합니다. 색상 바를 더블 클릭하여 색상 스톱을 추가할 수도 있습니다. 이 경우 기울기에서 클릭한 점의 색상을 이어받습니다.

색상 핀과 기울기 꼭지점 슬라이더를 클릭하고 끌어당겨 원하는 애니메이션 효과를 만드세요.

▪ 🗑 **스톱 삭제하기**

색상 스톱을 지우고 싶다면 선택하고 삭제를 클릭합니다.

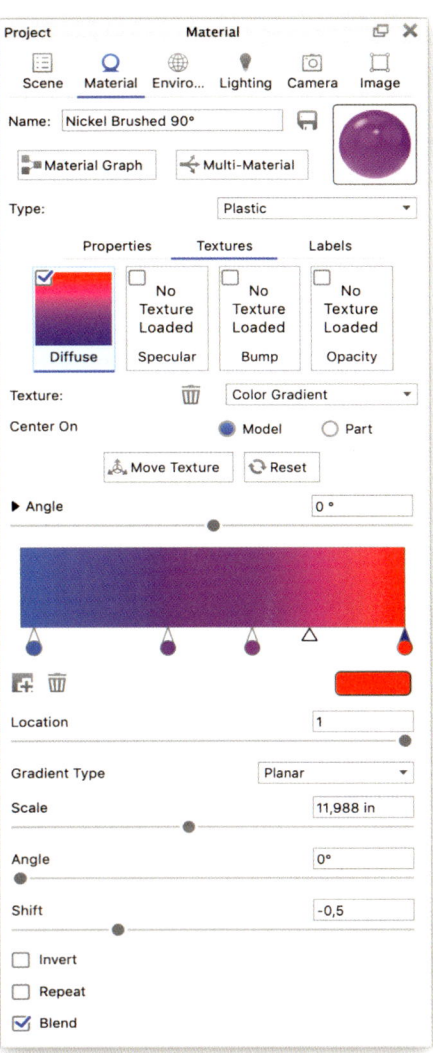

▪ **위치:** 선택한 색상 슬라이더를 숫자로 조절합니다.

▪ **그라이언트 유형:** 드롭다운에서 필요에 맞는 그라데이션 유형을 선택합니다.

▪ **스케일:** 텍스처 스케일을 설정합니다. 그라데이션의 첫번째 색상 슬라이더부터 마지막 색상 슬라이더까지 씬 유닛에서 거리를 설정합니다.

▪ **시프트:** 표면 텍스처를 점진적으로 이동합니다.

▪ **반전:** 그라데이션의 방향을 반대로 바꿉니다.

▪ **반복:** 색상 기울기 반복을 활성화합니다. 비활성화되었고 기울기 크기가 적용된 물체보다 작을 때는 시작/끝 색상이 물체의 나머지 부분을 덮습니다.

▪ **블랜드:** 섞기를 체크하여 서로 다른 색이 섞이도록 합니다. 체크하지 않으면 색상 변화는 색상 스톱의 시점에서 즉시 변하며 다음 색상 스톱까지 그대로 지속됩니다.

윤곽선

윤곽 텍스처는 파트 모서리 디테일을 추가하며 툰 재질과 비슷하지만 모든 재질에 적용할 수 있습니다.

확산 텍스처로 윤곽이 사용 된 고급 소재

- **백그라운드:** 파트를 채울 색상을 선택하며 재질의 기존 색상을 대체합니다.

- **색상:** 윤곽의 색상입니다.

- **윤곽 너비:** 윤곽선이 얼마나 두껍거나 얇을지 결정합니다. 아래 윤곽 두께 픽셀을 체크하지 않은 이상 현재 씬 단위로 설정됩니다.

- **외곽윤곽 승수:** 아웃라인 윤곽 승수를 활성화하면 파트 주위 윤곽이 강화됩니다.

- **파트윤곽 승수:** 파트 윤곽 승수를 활성화하면 재질이 적용된 파트들 사이의 교차점 윤곽이 강화됩니다.

- **윤곽 각도:** 파트 내부 윤곽선 숫자를 제어합니다. 윤곽선이 나타나는 곡선의 각도를 결정합니다. 낮은 값은 내부 윤곽선의 수를 늘리며 높은 값은 내부 윤곽선의 수를 줄입니다. 아래 내부 모서리 윤곽이 활성화 되었을 때만 효과를 가집니다.

- **윤곽 퀄리티:** 윤곽 품질을 증가시키면 선이 보다 날카로워집니다.

- **재질 윤곽:** 같은 재질을 쓰는 개별 파트를 나누는 윤곽선을 표시할지 숨길지 결정합니다. 재질이 링크된 상태라면 이 설정은 효과가 없습니다.

- **내부 엣지 윤곽:** 활성화 시 내부 각도가 보이며 윤곽 각도에 의해 어디서 얼마나 많은 내부 모서리가 보일지를 결정합니다.

- **윤곽 너비 픽셀:** 활성화 시 윤곽 두께가 픽셀 단위로 설정되며, 비활성화 시 현재 씬 단위로 설정됩니다.

- **동기:** 동기가 있는 이 재질 노드의 텍스처는 똑같이 크기가 바뀌거나 이동되거나 조정됩니다.

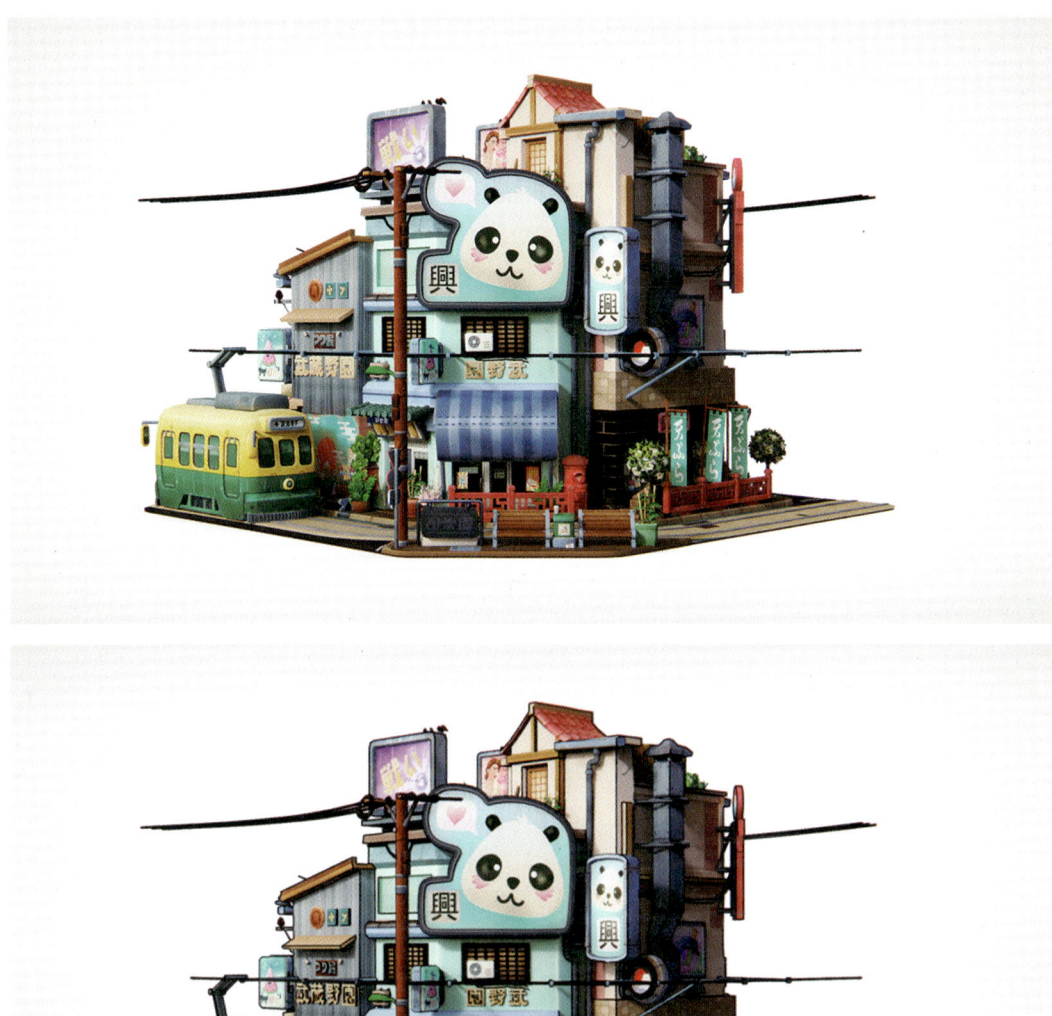

예시: 윤곽 텍스처가 있는/없는 같은 모델이며 Glen Fox가 모델링했습니다.

> **주의사항:**
> 윤곽은 광선 추적 텍스처입니다. 이는 텍스처 설정과 기기 성능에 따라, 텍스처가 조악하게 시작해서 점점 개선되고 매끈해진다는 뜻입니다.

곡률

곡률 절차적 텍스처를 이용하여 모델과 파트들의 표면 곡률 또는 모서리가 닳은 재질을 만드는 불투명 맵을 분석합니다.

윤곽 텍스처는 파트 모서리 디테일을 추가하며 툰 재질과 비슷하지만 모든 재질에 적용할 수 있습니다.

- **음의 곡률**

표면 곡률이 음의 방향으로 갈 때 표시될 색상을 선택합니다. 각도가 심해질수록, 텍스처가 설정 색상에 가까워집니다.

- **제로 곡률**

곡률이 0 인 곳에 표시될 색상을 선택합니다. 모델의 표면이 평면에 가까워질수록, 선택한 색상에 가까워집니다.

- **양의 곡률**

표면 곡률이 양의 방향으로 되는 곳에 표시될 색상을 선택합니다.

- **컷오프**

곡률의 스케일을 조정합니다. 값을 감소시키면 작은 범위의 곡률을 가지게 됩니다. 값을 증가시키면 더 큰 범위의 곡률을 가지게 됩니다.

- **반경**

반경은 곡률이 추정되는 표면의 각 포인트의 반경을 말합니다.

고급

- **샘플**

샘플을 증가시키면 그라데이션의 품질이 개선됩니다. 이 매개변수를 증가시키면 렌더 시간도 길어집니다.

- **반경 (픽셀)**

이 옵션을 비활성화 하면 반경은 현재 씬단위에 제한됩니다.

- **동일 재질만 샘플링**

이 재질에서만 곡률 데이터를 사용하려면 이 옵션을 선택하세요.

> **주의사항:**
> 곡률은 광선 추적 텍스처입니다. 이는 텍스처 설정과 기기 성능에 따라, 텍스처가 조악하게 시작해서 점점 개선되고 매끈해진다는 뜻입니다.

그라나이트

그라나이트 절차적 텍스처는 조리대, 타일 또는 돌의 그라나이트 텍스처를 표현하도록 해 줍니다.

- **색상**

이것은 그라나이트 재질의 전체 색상입니다.

- **스케일**

그라나이트의 입자의 스케일을 조정합니다.

가죽

가죽 절차적 텍스처는 가죽 텍스처 재질을 묘사하기 쉽게 해 줍니다.

- **스케일**

가죽 입자의 스케일을 조정합니다.
동기화된 절차적 가죽 범프를 추가하여 현실감 있는 가죽을 표현할 때 사용하는 것을 매우 권장합니다.

- **색상 1**

이것은 가죽의 높은 부분 (범프) 의 색상입니다. 색상 2 보다는 밝아야 합니다. 하지만 실제 가죽과 같이 보이려면 가능한 색상 2에 가까운 색상이어야 합니다.

- **색상 2**

이것은 가죽의 낮은 부분의 색상입니다. 색상 1 보다는 어두워야 합니다. 하지만 실제 가죽과 같이 보이려면 가능한 색상 1에 가까운 색상이어야 합니다.

이 예에서는, 레더 텍스처가 분산 맵과 불투명 맵으로 사용됩니다.

대리석

대리석 절차적 텍스처는 조리대, 타일 또는 돌의 대리석 재질을 표현하도록 해 줍니다.

- **스케일**

이것은 대리석 텍스처의 무늬의 스케일을 조정합니다.

- **색상**

이것은 대리석 텍스처의 전체 색상입니다.

대리석 텍스처가 분산 맵으로 사용된 예.

- **Vein 색상:** 이것은 대리석 텍스처의 무늬 색상입니다.
- **Vein 두께:** 대리석 무늬의 두께를 조절하는 데에 사용합니다.
- **Vein 노이즈:** 대리석 무늬가 불규칙하게 변하게 합니다.
- **Vein 노이즈 크기:** 대리석 무늬의 전체 방향이 불규칙하게 변하는 정도를 설정합니다.

노이즈 (프랙탈)

노이즈 (프랙탈) 절차적 텍스처는 재질에 물결과 범프를 표현할 수 있게 합니다.

- **색상 1, 2**
노이즈 절차적 텍스처에는 설정할 수 있는 연하고 어두운 색상이 2개 있습니다.

- **스케일**
프랙탈 노이즈의 스케일을 조정합니다.

이 예에서는, 노이즈 텍스처가 유리 텍스처에 범프 맵으로 추가되었습니다.

- **레벨**
프랙탈 노이즈에 디테일을 더합니다.

- **감쇠**
색상 밸런스를 조절합니다. 낮은 값은 색상 2를 강조하고, 높은 값은 색상 1을 강조합니다.

노이즈 (텍스처)

- **색상 1, 2**
노이즈 절차적 텍스처에는 설정할 수 있는 연하고 어두운 색상이 2개 있습니다.

- **스케일**
프랙탈 노이즈의 스케일을 조정합니다.

- **크기**
이는 색상 2의 강도와 2개 색상 사이의 대비를 높입니다.

노이즈 (텍스처) 절차적 텍스처는 텍스처 라이브러리의 스톡 노이즈 텍스처와 매우 유사하고, 범프로 사용되었을 때 유리와 액체 재질의 물결을 표현할 수 있게 합니다.

오클루전

이 폐색 절차적 텍스처 유형은 재질에 근접성 기반 셰이딩을 추가할 수 있게 합니다. 또는 재질 그래프 주위에 셀프 음영을 강조 또는 증가할 때 사용할 수 있고, 가려짐 또는 가려지지 않음 영역을 기반으로 재미있는 텍스처 효과를 만들 수 있습니다.

이 예에서는 폐색 텍스처가 분산 맵으로 추가되어서, 청색이 폐색 색상으로 사용되어 코너 안쪽의 음영이 두드러지게 나타납니다.

- **가려짐**

서로 표면이 가까운 곳에 사용할 색상을 선택합니다. 분리선, 피부의 접힌 부분 또는 좁은 복도 등이 그 예입니다. 자연스러운 결과를 위해서는 "가려지지 않음" 색상의 어두운 값인 색상을 선택하여 더 어두운 음영을 표현합니다.

- **가려지지 않음**

서로 가까운 표면이 최소인 곳에 사용할 색상을 선택합니다. 이는 본 절차적 텍스처의 다른 크리에이티브 애플리케이션이 있더라도 베이스 색상이 됩니다.

- **반경**

가려진 물체를 향한 최대 거리입니다. 물체가 먼 경우, 이는 오클루전 계산으로 간주되지 않습니다. 이 값은 그늘진 "가려짐" 색상이 얼마나 깊고 멀리 모델에 닿는지 조정합니다.

- **감쇠**

이 값은 2가지 색상이 어떻게 혼합 될지를 조정합니다.

- **편차**

바이어스 설정은 모델의 폐색 강도를 제어합니다.

- **노르말**

이 설정은 모델에 "가려지지 않음" 색상과 "가려짐" 색상 사이의 대비를 조절합니다.

- **X/Y/Z 편차**

이 세팅은 씬의 X, Y, Z 방향을 따라 "가려짐" 색상의 강도를 높입니다.

고급

- **샘플**

이 설정은 렌더링된 이미지의 품질을 조정합니다.

- **동일 재질만 샘플링**

다른 부분은 무시하고 적용된 이 재질과 파트와 관련된 가려짐만 계산하여 이 옵션을 활성화합니다.

- **내부**

이는 가려짐 정도를 결정하기 위해 정상 값을 반전시킵니다. 이는 이 재질을 내부 표면과 함께 모델링되지 않은 부분에 적용할 때 유용합니다.

- **빠르기**

폐색 절차 텍스처는 글로벌 조명에서 발생하는 것을 에뮬레이트하기 때문입니다. 더 빠른 렌더링을 위해 이 재질에 대한 GI 계산 무시를 선택할 수 있습니다.

> **주의사항:**
> 오클루전은 광선 추적 텍스처입니다. 이는 텍스처 설정과 기기 성능에 따라, 텍스처가 조악하게 시작해서 점점 개선되고 매끈해진다는 뜻입니다.

스크래치

스크래치는 텍스처는 풍화작용 패턴 효과를 추가하는 좋은 방법이며 특히 금속 재질에 유용합니다. 스크래치 절차를 위해 사용되는 설정입니다.

- **색상**

스크래치의 색상을 설정합니다. 불투명 맵으로 이 텍스처가 사용될 경우 검정색으로 설정됩니다.

- **백그라운드**

스크래치 사이 공간의 색상을 의미합니다.

- **스케일**

생성된 패턴의 올바른 스케일을 설정할 때 사용합니다.

- **범프 높이**

더 깊은 스크래치를 원하면 이 값을 증가시킵니다. 반대로 설정 값을 마이너스로 바꾸면 매우 미세한 스크래치 효과를 표시합니다.

- **밀도**

생성된 스크래치 수를 조절할 때 사용합니다.

- **사이즈**

각 스크래치의 크기를 조정할 때 사용합니다. 스크래치 너비 및 스크래치 감쇠를 조절하기 위해 확장합니다.

이 예에서는, 페인트 칠이 메탈 재질위에 라벨로써 사용되었습니다. 스크래치 텍스처는 페인트 칠 아래 금속을 드러낸 라벨위에 불투명 맵으로 사용되었습니다.

- **지향성 노이즈**

스크래치 방향의 랜덤화를 조정합니다. 더 정렬된 방향성으로 스크래치를 만들려면 이 값을 감소시킵니다. 지향성 필드 매핑 선택을 위해 확장합니다.

- **노이즈**

스크래치의 직진도를 조정합니다. 더 불규칙적인 형태의 스크래치를 만들려면 값을 증가시킵니다. 노이즈 스케일 슬라이더에 액세스하기 위해 확장합니다.

- **레벨**

생성된 독특한 스크래치 수를 조정합니다. 레벨 스케일에 접속하기 위해 확장합니다.

얼룩

얼룩 절차적 텍스처는 표면에 산란된 얼룩 텍스처 맵을 생성하는 인터랙티브한 방법입니다.

- **색상**

생성된 얼룩의 색상을 설정할 때 사용합니다.

- **백그라운드**

배경의 색상을 설정할 때 사용합니다.

이 예에서는, 스폿 텍스처가 분산 맵과 불투명 맵으로 사용됩니다.

- **스케일**

텍스처 맵의 전체 스케일을 조정합니다.

- **셀 유형**

둥근 모양, 정사각형 모양, 또는 다이아몬드 모양의 점들 중에서 선택합니다.

- **밀도**

표면에 나타나는 얼룩의 수를 조정할 때 사용합니다.

- **반경**

생성된 얼룩의 전체 크기를 변경할 때 사용합니다.

- **감쇠**

이 파라미터로 경계선을 부드럽게 처리합니다. 값이 높을수록 가장자리가 부드럽게 표현됩니다.

- **왜곡**

얼룩의 모양을 랜덤하게 구부릴 때 이 파라미터를 증가시킵니다.

- **왜곡 스케일:** 얼룩에 적용된 왜곡의 양을 변경할 때 이 파라미터를 사용합니다.
- **레벨:** 나타나는 사이즈의 레벨의 양을 증가시킵니다.
- **레벨 스케일:** 다양한 레벨 사이의 크기 차이를 변경합니다. 값이 1보다 커지면 가장 작은 얼룩 크기를 감소시킵니다. 값이 1보다 작아지면 가장 큰 얼룩 크기를 증가시킵니다.
- **강도 수정:** 이 파라미터를 증가시켜 크기를 감소시킨 것 처럼 얼룩의 불투명도를 감소시킵니다.

고급
- **반전:** 이 옵션을 활성화시켜 얼룩 색깔을 바탕색과 섞고 링 또는 버블모양의 실루엣을 만듭니다.

버텍스 색상

버텍스 색상 텍스처는 버텍스 색상 텍스처 맵을 지원하는 다른 3D 애플리케이션에서 가져온 지오메트리만 사용합니다. 호환 3D 애플리케이션에서 가져오지 않는 경우에는 영향을 미치지 않으므로 이 텍스처를 사용하지 마세요.

- **기본 색상:** 가져온 버텍스 텍스처에서 알파 채널용으로 사용되는 배경 색상을 조정합니다.
- **승수:** 가져온 버텍스 텍스처와 색상을 혼합합니다.

볼륨 맵

볼륨 맵 텍스처는 텍스처를 위해 OpenVDB 파일을 사용할 수 있게 합니다. 기본적으로 산란 매질을 가진 밀도 텍스처에 사용됩니다.

이 예는 산란 매질 재질을 가진 큐브와 볼륨 맵을 밀도 텍스처로 보여줍니다.

- **파일:** 텍스처 파일을 찾습니다. 볼륨 맵으로 사용할 수 있는 건 .vdb 파일 뿐입니다.
- **중심 맞추기:** 모델 또는 파트의 중심으로 텍스처를 위치시킬 수 있습니다. 더 섬세한 위치 조정을 하고 싶다면 텍스처 이동 툴을 사용합니다.
- **텍스처 이동:** 텍스처를 이동할 수 있게 합니다. 더 자세한 내용은 텍스처 이동 페이지를 봅니다.
- **스케일 조정:** 텍스처 크기를 슬라이더로 조정합니다. 크기는 현재 씬 단위로 측정됩니다.
- **파트에 맞추기:** 파트에 맞도록 텍스처 크기를 조정합니다.

나무

나무 절차적 텍스처는 목재 재질의 모습을 커스터마이즈할 수 있게 해줍니다. 대부분 플라스틱 재질 유형으로 시작하며 반사 색상을 흰색으로 변경합니다.

일반 설정

- **스케일:** 입자의 크기를 증가시킬 때 사용합니다. 최고의 결과를 위해서 스케일 수치를 작게 유지하세요.
- **각도:** 각도에 대한 설명은 텍스처 이동 페이지를 참고하세요.
- **색상1:** 나무색을 기본색으로 설정합니다.
- **색상2:** 나무 고리의 색상을 설정합니다.
- **링 너비:** 목재 링의 두께를 조절합니다.

변이

- **링 노이즈:** 각 링에 랜덤 변동을 추가합니다.
- **축 노이즈:** 입자 전체 방향에 출렁거림 또는 파형을 추가합니다.
- **색상 노이즈:** 목재 링에 더욱 유기적으로 보이게 하기 위해 무작위로 두껍고 얇은 부분을 만듭니다.

이 예에서는, 나무 텍스처가 분산 맵과 범브 맵으로 추가되었습니다.

나무 (고급)

나무 (고급) 절차적 텍스처는 기본 나무 절차적 텍스처보다 더 세밀한 조정을 하고 맵에 더욱 현실감을 줍니다.

- **스케일**

텍스처 맵의 전체 스케일을 조정합니다.

- **각도**

각도에 대한 설명은 텍스처 이동 페이지를 참고하세요.

- **겨울/봄/여름/가을**

봄과 여름 동안의 만들어지는 새로운 나무는 색상이 옅습니다. 자라는 계절의 막바지를 향하면, 새롭게 생성된 셀은 더 작고 더 어두우며 더 두꺼운 벽을 가집니다. 계절에 따라 링에 정확하게 색상을 주기 위해 색상 견본을 선택하세요.

이 예에서는, 나무(고도의) 텍스처가 분산 맵과 범프 맵으로 사용되었습니다. 이 재질은 키샷 라이브러리에서 얻을 수 있습니다. 재질명은 오크나무 새틴입니다. 오직 고리의 크기와 매듭만이 이 모델에 맞게 조정됩니다.

- **링 너비:** 나무 링의 두께를 조절합니다.
- **링 간격 편차:** 이 파라미터는 매년 성장의 다른 비율을 대표하여 두껍고 얇은 링 형태의 대비를 조정합니다.

변이

- **링 간격 편차:** 이 파라미터는 나이테의 간격을 다르게 하기 위해서 고리 간격을 얇게 또는 굵게하여 대조를 보이게 조정합니다.
- **링 노이즈:** 링에 변동 또는 파형을 추가합니다.
- **축 노이즈:** 링의 원형 형태에 변형을 주려면 이 파라미터를 증가시킵니다.
- **색상 노이즈:** 링 색상에 얼룩을 더 추가하려면 이 파라미터를 증가시킵니다.
- **계절적 색상 노이즈:** 각 색상이 섞이듯이 각 색상 견본에 변형을 추가합니다.

매듭점

- **매듭점 색상/테두리:** 매듭점 색상은 텍스처의 메인 색상과 혼합됩니다. 회색 값을 선택하여 매듭점을 어둡게 하세요. 매듭점 테두리는 다른 색상보다 더 어두워야 합니다.
- **매듭점 밀도:** 이 파라미터는 얼마나 많은 매듭점이 텍스처에 나타나는지를 조정합니다.
- **매듭점 노화:** 이 파라미터를 증가시켜 매듭점에 나타나는 링 수를 증가시킵니다.
- **매듭점 테두리 크기:** 이 파라미터는 매듭점 테두리의 두께를 변경합니다.
- **매듭점 왜곡:** 이 기능을 사용하여 매듭점 형태를 변경하고 불규칙하게 만듭니다.
- **가지 크기:** 이 파라미터로 모든 사이즈의 매듭점을 조정합니다.

알갱이

- **알갱이 컬러 블리드:** 이 파라미터는 양쪽의 나이테에 섞이는 색의 양을 조절합니다. 매우 명확한 나이테 색상으로 조정하거나, 나이테가 더 다양한 색을 갖도록 색상의 양을 증가시킵니다.
- **축 거칠기:** 텍스처를 블러하려면 이 파라미터를 증가시킵니다.
- **링 거칠기:** 나무 링의 두께를 조절합니다.
- **알갱이 크기:** 링 사이의 알갱이 줄무늬의 크기를 조절합니다.
- **알갱이 두께:** 이 파라미터로 알갱이 줄무늬의 크기를 조정합니다.

고급

- **시드:** 이 파라미터를 증가시키면 (모든 이전 파라미터를 무작위로 바꾸고) 화면을 문지른 효과로 좀 더 자연스러운 느낌이 납니다.

LESSON 04 | 맵 유형

키샷에는 텍스처를 수용할 수 있는 재질의 숫자와 텍스처 설정과 함께 네 개의 주요 맵 유형이 있습니다.

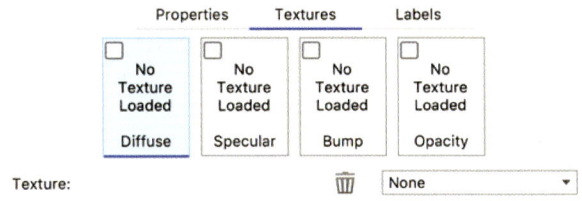

각 재질 유형은 재질 유형과 설정에 따라 텍스처 맵 유형을 사용합니다. 사용 가능한 맵 유형은 프로젝트 윈도우, 재질, 텍스처 탭에서 찾아볼 수 있습니다.

주요한 맵 종류가 사용자가 만날 수 있는 유일한 텍스처 맵은 아닙니다. 어디에서든 사용자는 재질 속성에서 ▣를 발견할 수 있고, 텍스처를 속성에 추가할 수 있습니다. 텍스처 아이콘, 라이브러리에서 텍스처를 드래그 및 드롭하여 텍스처를 적용할 수 있습니다. 유형을 선택하려면 우측 클릭하거나 또는 파일로부터 텍스처를 불러와서 클릭하면 됩니다. 속성이 텍스처를 적용할 때, 사용자는 조정하기 위해 그것을 클릭할 수 있습니다.

> **TIP**
>
> Ctrl(Windows) 또는 Command(macOS)를 누른 상태에서 텍스처를 다른 맵 유형으로 드래그하면 한 맵 유형에서 다른 맵 유형으로 텍스처를 쉽게 드래그 앤 드롭할 수 있습니다(예: 범프에서 스페큘러로). 텍스처를 복사하려면 한 맵 유형에서 다른 맵 유형으로 텍스처를 드래그하는 동안 Alt 키를 누릅니다.

주요한 맵 종류

확산 맵

확산 (색상 또는 전송으로도 나타남) 맵 유형은 이미지 텍스처 또는 2D/3D 절차적 텍스처가 기본 솔리드 확산/색상/전송 설정을 교체하여 적용되도록 해 줍니다. 이 맵 유형은 전체 색상 정보를 제공하고 알파 투명도가 있는 PNG 가 사용될 때 투명도를 보여줍니다.

텍스처 맵을 가진 플라스틱은 분산 텍스처로 사용됩니다.

반사 맵

반사 맵 유형은 반사 강도의 다양한 레벨 영역을 표시하기 위해 검은색과 흰색 값을 사용할 수 있습니다. 검은색은 0% 반사의 영역을 표시하며 흰색은 100% 반사영역을 표시합니다. 금속 부분이 반사 되고 발광 직접반사 되는 사례가 있지만 녹슨 영역은 그렇지 않습니다.

프라스틱 재질은 반사 맵과 범프 맵으로써 같은 메쉬를 사용합니다.

범프 맵

범프 맵 유형은 사례의 햄머드 크롬과 브러시트 니켈과 같이 모델에 포함되어 비현실적으로 보이는 재질의 미세한 디테일을 만드는데 사용합니다. 범프는 표면의 변형을 재현하기 위해 텍스처를 사용합니다. 범프 맵을 적용하는 두 가지 방법이 있습니다. 첫 번째 가장 쉬운 방법은 검은색과 흰색 이미지를 사용하는 것입니다. 두 번째 방법은 노르말 맵을 사용하는 것입니다.

붓질된 범프 텍스처를 가진 양극산화 처리된 금속

- **흑백 이미지**

흑백 이미지를 범프 맵으로 사용하면, 검은색 값은 낮은 부분으로 해석되며 흰색 값은 높은 부분으로 해석됩니다.

- **노르말 맵**

노르말 맵은 표준 흑백 범프 맵보다 더 많은 색상을 포함하고 있습니다. 이 추가 색상은 X, Y, Z 축 찌그러짐의 다른 레벨을 표시합니다. 두 차원만을 표시하는 흑백 범프 맵보다 더 복잡한 범프 맵 효과를 만들 수 있습니다. 그러나 대부분의 범프 효과는 노르말 맵이 필요 없이도 매우 현실감 있게 보여집니다. 노르말 맵을 체크하여 범프 맵이 선택되면 이 설정을 켭니다.

- **범프 높이**

범프 맵에서 범프 높이는 맵효과를 조정합니다. 이것을 높이면 범프의 피크가 높아지며, 텍스처를 더 잘 보이게 하고 싶을 때 범프를 과장해 보이도록 도와줍니다.

불투명도 맵

불투명도 맵 유형은 재질 투명도 영역을 만들기 위해 흑백 값 또는 알파 채널을 쓸 수 있습니다. 구멍을 모델링 하여 만들지 않고도 메쉬 재질같은 재질을 만드는데 유용합니다.

불투명 맵으로 생성된 메쉬재질.

불투명도 모드

불투명도 모드는 세 개의 다른 방법으로 설정할 수 있습니다.

- **알파**

이것은 투명도를 만들기 위해 이미지 내에 삽입된 모든 알파 채널을 사용합니다. 만일 알파 채널이 없다면 투명도가 보이지 않습니다.

- **색상**

검은색 영역은 완전히 투명하고 흰색 영역은 완전한 불투명함으로 해석됩니다. 50% 회색은 50% 투명합니다. 이 방법은 알파 채널의 필요성을 방지하는데 사용할 수 있습니다.

- **반대 색상**

색상을 반대 색상으로 반전합니다. 흰색은 완전히 투명이며 검은색은 완전히 불투명이고 50% 회색은 50% 투명입니다.

- **동일 평면인 표면**

동일 평면인 표면과 투명 재질 또는 **불투명 맵**이 있는 부품이 있거나 **부품 페이드** 애니메이션 또는 **곡선/색상 페이드** 애니메이션을 사용하여 불투명도를 조작하는 경우 두 부품이 교차하는 곳에서 표면 영역이 예상대로 렌더링되지 않을 수 있습니다.
해결 방법은 표면이 동일 평면에 있도록 하되 대신 부품 사이에 약간의 간격이 있도록 부품을 배치하는 것입니다.

LESSON 05 : 매핑 유형

이미지 텍스처와 2D 텍스처는 2D 이미지를 표현하고 3D 오브젝트 위에 위치시킵니다. 적용 방법은 어떻게 나타나는지에 영향을 줍니다. 키샷은 이 텍스처 유형들을 위해 7 개의 다른 매핑 유형을 제공합니다. 이미지 텍스처 또는 2D 텍스처가 활성화되면, 아래의 매핑 유형과 함께 매핑 유형 옵션을 찾아볼 수 있습니다.

평면
평면 매핑 유형은 X, Y, Z 축 위에 텍스처를 투사합니다. 텍스처 이동 툴에서 방향을 설정합니다. 선택한 축 방향이 아닌 3D 모델의 표면에 다른 두 개 축의 텍스처를 늘려 보여줍니다.

텍스처 이동 툴에서 보여진 평면 맵

박스
박스 매핑 유형은 3D 모델을 향한 큐브의 6면에서 텍스처를 투사합니다. 늘어날 때까지 텍스트가 큐브의 면에서 투사된 후, 다음의 최적 투사면으로 넘어갑니다. 박스 매핑은 텍스처 늘림을 최소화하므로, 대부분의 경우에 사용되는 빠르고 쉬운 솔루션입니다.

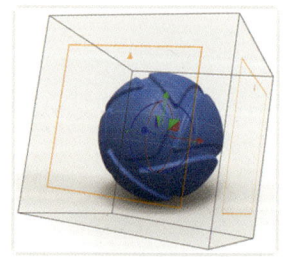

텍스처 이동 툴에서 보여진 박스 맵

원통형
원통형 매핑 유형은 원통형에서 안쪽으로 텍스처가 투사됩니다. 텍스처는 원통의 안쪽을 향하는 표면에서 가장 최적으로 투사됩니다. 원통의 안쪽 벽을 향하지 않은 표면의 텍스처는 안쪽으로 늘어납니다.

텍스처 이동 툴에서 보여진 실린더 맵

구형

구형 매핑 유형은 구형에서 안쪽으로 텍스처가 투사됩니다. 구 중간 적도선 부분의 텍스처가 원본 이미지와 가장 비슷합니다. 구형의 양극으로 갈수록 텍스처가 모여들게 됩니다. 박스 매핑은 평면 매핑 모드에서보다 다면 오브젝트를 작업할 때 늘어남이 덜 문제가 됩니다.

UV

UV 매핑 유형은 2D 텍스처를 3D 모델에 적용할 때 완전히 다른 방법을 사용합니다. 3D 스튜디오나 Maya 같은 3D 어플리케이션을 사용하여 텍스처 맵이 각 표면에 어떻게 적용될지 디자인할 수 있습니다. 이는 시간이 더 오래 걸리며, 디자인/엔지니어링 업계와는 대조적으로 연예산업에서 널리 사용됩니다.

카메라

카메라 매핑 유형은 카메라에 대해 텍스처 지향을 유지합니다. 카메라의 포지션에 상관없이 표면에 일관된 텍스처 형상를 제공합니다.

노드

노드 매핑 유형은 또다른 노드를 사용해 텍스처 매핑을 변경할 수 있게 합니다. 매핑 입력을 위해 그물망 2D 텍스처를 사용하거나, 매핑 2D 사용 노드를 사용할 수 있습니다. 텍스처 매핑에 노드를 사용하기 위해, 변경하고자 하는 이미지 텍스처 또는 2D 텍스처 위에 노드의 출력 항목을 드래그 앤 드롭하여 텍스처의 UV 매핑 입력으로 연결합니다. 예시는 아래와 같습니다.

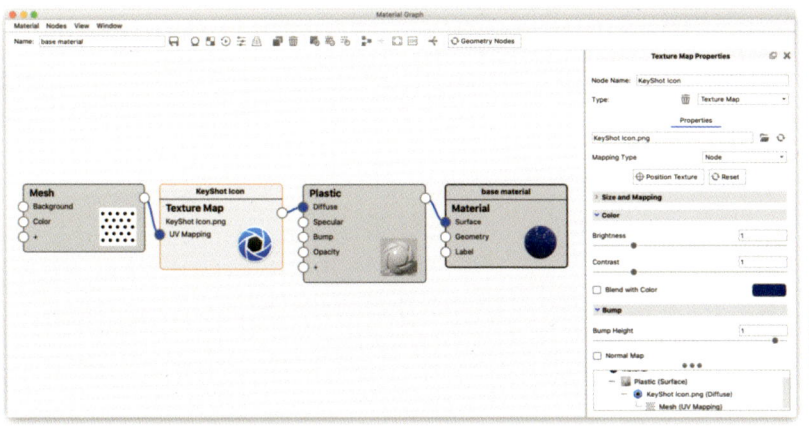

LESSON 06 : 텍스처 이동

이동 툴은 텍스처를 모델에 매핑하고 텍스처 위치를 미세조정을 하는데 사용합니다. 이 툴은 재질 편집 메뉴의 텍스처 탭에서 열 수 있고, 평면, 박스, 구형, 원통형 매핑모드에서 사용할 수 있습니다.

포지션

포지션을 이용하여 텍스처 이미지를 투사할 중심점을 정확히 설정합니다.
포지션 모드로 들어가서 모델의 표면을 클릭하면 텍스처를 투사할 곳을 변경할 수 있습니다.

- **이동**

화면의 화살표를 이용하여 X, Y, Z 축의 텍스처 매핑 위치를 이동합니다. 매핑을 이동하려면 3개 축 화살표 아무 것이나 클릭합니다. 빨간색, 녹색, 파란색 화살표는 X, Y, Z 축을 의미합니다.

- **회전**

화면의 원 표시를 이용하여 텍스처 매핑을 회전 시키고, 모델에 배열합니다. 15도 만큼 회전을 시키려면 SHIFT 키를 누른 상태에서 진행합니다.

- **축**

이동/회전이 전역 또는 로컬 축을 사용해야만 한다면 선택합니다.

- **피트**

X, Y, Z 축 위에서 지오메트리를 맞추기 위해 텍스처를 적합하게 만듭니다.

- **중앙에 맞추기**

  - **모델:** 모델과 관련된 텍스처를 위치시킵니다.
  - **파트:** 파트와 관련된 텍스처를 위치시킵니다.

- **취소 또는 확인**

매핑 툴로 텍스처 매핑 조정이 끝나고 녹색 체크표시를 클릭하면 변경 적용을 완료하고 매핑 툴을 닫습니다.
빨간 X 표시를 클릭하면 변경을 취소하고 매핑 툴을 닫습니다.

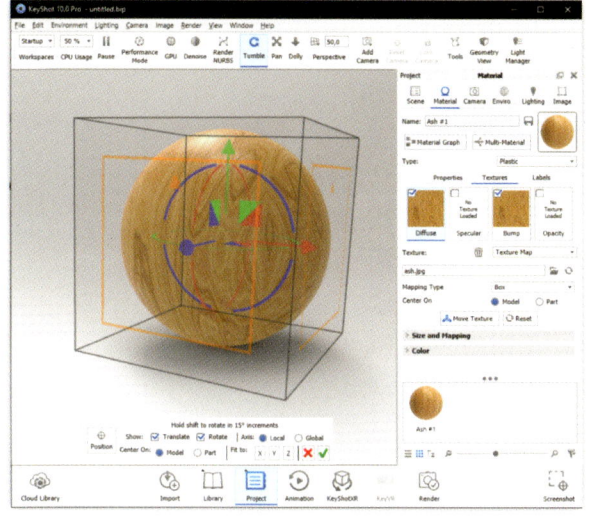

이동 텍스처 툴. 박스 면위에 오렌지 정 사각형은 UV좌표를 나타냅니다. 이 좌표는 크기 및 맵핑 섹션에서 제어할 수 있습니다.

> **TIP**
>
> 현재 재질위에 모든 사용자 텍스처를 동시에 이동시키려면 크기 및 맵핑 섹션에서 싱크 옵션을 사용합니다.

크기 및 맵핑

크기 및 맵핑에서 사용자는 텍스처의 크기와 방향을 조정할 수 있습니다. 파라미터는 텍스처 종류와 맵핑 종류에 따라 변하지만 전반적인 옵션은 동일합니다.

배율 모드

배율 조정의 경우 선택한 매핑 유형에 따라 **씬 단위, DPI** 및 **UV**의 세 가지 옵션 중에서 선택할 수 있습니다.

- 씬 단위를 사용하면 씬이 설정될 단위로 너비와 높이를 설정할 수 있습니다.
- DPI를 사용하면 씬에서 텍스처 크기가 이미지 크기 및 DPI 세트에 비례합니다.
- UV를 사용하면 씬에서 텍스처 크기가 UV 좌표의 너비와 높이로 정의됩니다.

- **너비와 높이**

현재의 씬 단위를 사용하여 텍스처의 너비와 높이를 설정합니다.

- **크기**

배율 모드가 DPI로 설정되어 있으면 너비와 높이가 크기로 바뀝니다.

- **종횡비 잠금:** 텍스처의 크기와 너비를 고정시킵니다.
- **새로고침:** 텍스처의 원래 형상 비율로 리셋합니다.

- **시프트 U**

U방향에서 텍스처를 이동시킵니다. 우측으로의 예에서, UV평면은 오렌지 박스로 나타나고, V방향은 작은 화살표로 나타납니다. 시프트 U는 텍스처를 옆방향으로 이동시킨다는 것을 의미합니다.

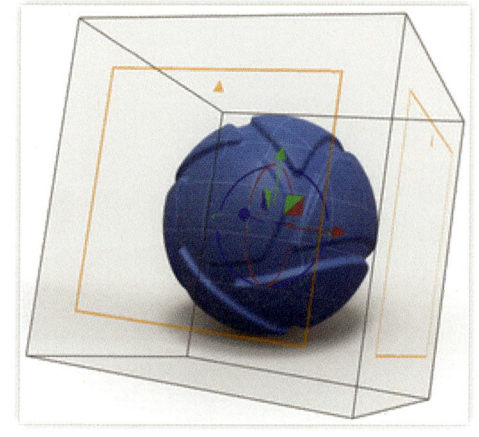

- **시프트 V**

V방향에서 텍스처를 이동시킵니다. 위의 예에서, 시프트V는 텍스처를 위/아래로 이동시킵니다.

- **각도 UV**

맵의 UV평면(위의 그림에서 오렌지 정사각형)을 회전시킵니다.

- **각도**

로컬 Y축 주변의 전체 맵을 회전시킵니다. 텍스처 이동 툴에서 회전과 동일합니다. 녹색 축을 기준으로 전체 박스가 회전되는 것을 의미합니다. 더 정밀한 제어를 위해서는 설정을 확대하세요.

- **기울어진 축:** 글로벌 X축 주변으로 로컬 축들이 기울어집니다.
- **축 방위각** 글로벌 Y축 주변으로 맵을 회전시킵니다. 기울어진 정도가 0이라면, 방위각을 조절하는 것은 전체 각도를 조절하는 것과 같은 의미입니다.
- **중앙 X:** 글로벌 X축을 따라 맵의 중앙을 움직입니다.
- **중앙 Y:** 글로벌 Y축을 따라 맵의 중앙을 움직입니다.
- **중앙 Z:** 글로벌 Z축을 따라 맵의 중앙을 움직입니다.

- **수평 반전**

로컬 Y축 위로 텍스처를 비춥니다.

- **수직 반전**

로컬 X축 위로 텍스처를 비춥니다.

- **양면**

평면 및 박스 맵핑에만 적합하며, 2변을 위해 약간 다른 행동을 합니다.

- **평면:** 활성화될 때, 텍스처가 모델의 양면위에 "뒷면"위에 비춰진 모습과 함께 보여집니다.
- **박스:** 활성화될 때, 텍스처는 박스의 뒷면에 비춰집니다. 비활성화될 때에는 텍스처는 모든 면에서 똑같이 보입니다.

- **가로로 반복**
활성화될 때, 텍스처는 수평으로 기울어집니다.

- **세로로 반복**
활성화될 때, 텍스처는 수직으로 기울어집니다.

- **동기**
활성화 되었을 경우 재질 노드위에 텍스처는 동시에 크기 조절, 이동, 조정됩니다.

- **카메라 맵 잠그기**
활성화했을 경우 카메라 맵을 사용한 텍스처의 자리가 고정됩니다.

키샷 사용 사례

PART 08. 텍스처

텍스처 적용 예시

1. 바닥 및 벽면 텍스처 변경 예시
2. 재질 텍스처 변경 예시 (플라스틱 / 나무)

PART 09

라벨

라벨은 3D 모델 상에 자유롭게 배치되어야할 로고, 스티커 또는 비디오의 쉬운 배치를 위하여 설계되었습니다. 메인 재질 표면의 기타 재질의 레이어 표현을 제작하기 위해 라벨을 사용할 수도 있습니다.
기본적으로 라벨은 사용자 재질 위의 재질 또는 텍스처 레이어입니다.

본 예시에서 재질인 공은 3개의 라벨을 보유합니다. - 2개의 개별 배치된 "스티커"와, 골드 베이스 재질을 드러내는 미세한 스크래치가 나타나는 페인트 코팅.
스크래치가 스티커와 페인트에 동시에 적용되려면, 두 재질에 동일한 불투명도 맵이 사용되어야 합니다.

LESSON

01 라벨

라벨은 재질 속성의 라벨 탭을 통해 추가하거나, 라이브러리에서 실시간 보기 또는 레이어 리스트에 드래그 앤 드롭하여 추가할 수 있습니다.

01 | 레이어 리스트

라벨은 갯수 상관 없이 재질에 추가 가능합니다. 각각의 라벨은 개별 맵핑 유형을 보유합니다. 이미지에 알파 채널이 포함 되어 있을 경우, 이미지는 유지되며 투명도 영역은 표시되지 않습니다.

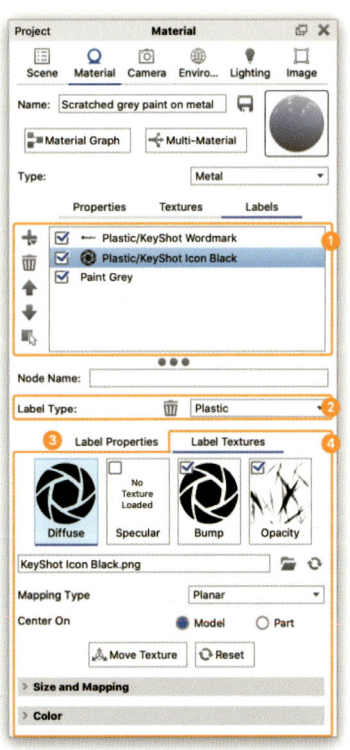

- **라벨 추가**
라벨은 "+" 아이콘을 클릭한 뒤 라벨 추가하기 (텍스처), 라벨 추가하기 (비디오) 또는 재질 추가하기를 선택하여 추가 가능합니다. 추가된 후에는, 라벨 이름이 리스트에 표시됩니다. "복제하기"를 선택하여 기존 라벨의 복사본을 만들 수 있습니다.

재질 추가하기는 사용자의 기본 재질 위에 라벨 유형에서 선택한 재질 레이어를 덮는 것이며, 라벨 추가하기 (텍스처) 및 라벨 추가하기 (비디오)는 분산 맵 (4) 에 텍스처를 추가합니다.

- **라벨 삭제**
라벨은 리스트에서 라벨을 선택한 뒤 휴지통 아이콘을 클릭하여 삭제 가능합니다.

- **레이어 순서**
라벨은 추가하는 대로 레이어가 되어 쌓입니다. 라벨을 모델 위에 씌울 경우, 라벨들은 라벨 리스트의 순서와 동일하게 쌓입니다. 라벨 순서는 방향 버튼을 위 또는 아래로 밀어 변경 가능합니다.

- **라벨 선택**

라벨 선택에서는 사용자가 실시간 뷰에서 라벨을 선택하여 수정이 가능합니다.

02 | 라벨 유형

각각의 라벨은 재질 타입에 지정됩니다. 라벨에 기본 지정되는 재질은 플라스틱이나, 디퓨즈, 플랫, 메탈, 페인트, 반투명, 고급, 이방성, 메탈 페인트, 플라스틱 (투명), 반투명 (고급), 방사성, 툰, 엑스레이, 유전체와 플라스틱으로 변경 가능합니다.

변이 axf-SVBRDF 및 -CPA2의 측정 재질도 지원됩니다. axf-Volumetric 측정 재질은 작동하지만 불투명도 맵은 효과가 없습니다.

03 | 라벨 속성

속성 탭은 라벨 유형 선택을 위한 속성 값을 표시합니다. 더 많은 정보는 재질 유형을 참고하세요.

04 | 라벨 텍스처

- **맵 유형**

텍스처 및 비디오 라벨은 확산 맵으로 추가됩니다. 라벨 텍스처 탭에서 사용자는 재질에 텍스처를 추가하는 것 처럼 라벨에 맵을 추가할 수 있습니다. 라벨 유형에 사용 가능한 텍스처 맵 유형은 재질 유형에 사용 가능한 텍스처 유형과 유사합니다.
텍스처 유형 리스트의 체크 박스를 사용하여 텍스처 맵을 활성화/비활성화하세요.
범프, 확산, 불투명도 맵 등에 대한 상세 정보는 맵 유형을 참고하세요.

- **맵핑 타입**

텍스처는 기본적으로 평면입니다. 기타 맵핑 방법에 관한 더 많은 정보는 맵핑 유형 섹션을 참고하세요.

- **텍스처 이동**

텍스처 이동, 크기, 맵핑에 관한 더 많은 정보는 텍스처 이동을 참고하세요.

> **TIP**
>
> **드래그 앤 드롭**
> 모델에 드래그 앤 드롭하여 라벨을 추가할 수 있습니다. 모델의 원하는 위치에 라벨을 끌어 추가 및 정렬 가능합니다. 이 방법으로, 사용자가 기대하는 것과 다른 라벨 속성의 각도로 삽입할 수 있습니다.
> 라벨 리스트에 라벨을 드롭하면, 0 도로 삽입됩니다. (또는 모델을 가져오는 방법에 따라 90도가 될 수도 있습니다.)

> **TIP**
>
> **라벨 크기 유지**
> 파일에 저장된 라벨 크기 그대로 라벨을 사용하고 싶다면, 포토샵 .PSD 파일을 사용하세요. .PSD 형식으로 라벨을 가져오기 하였을 경우, 키샷은 DPI 설정을 체크하고, .PSD 파일에 저장된 DPI 값으로 설정합니다.

- **텍스처 속성**

개별 텍스처 타입 속성에 대한 상세 정보는 텍스처 유형 섹션을 참고해주세요.

키샷 사용 사례

PART.09 라벨

라벨은 3D 모델에 자유롭게 배치해야 하는 로고, 스티커 또는 비디오를 쉽게 배치할 수 있도록 설계되었습니다. 또한 라벨을 사용하여 기본 재료 위에 다른 재료를 사용하여 레이어 모양을 만들 수도 있습니다.

PART 10

환경

키샷에서 씬을 라이팅하는 주된 방법은 환경 라이팅을 통한 방법입니다. 환경 라이팅은 구형의 High-dynamic-range imaging (HDRI)을 이용하여 내부 또는 외부 공간에 물리적으로 정교한 완전한 라이팅을 합니다.

LESSON 01 | 환경

01 | 환경 라이브러리

키샷은 사용자의 빠른 작업을 위해 많은 환경 라이팅 기본설정을 가지고 있습니다. **라이브러리** 윈도우, **환경** 탭을 통하여 모든 환경 기본설정에 액세스합니다. 기타 추가적인 환경은 키샷 클라우드에서 액세스할 수 있습니다.

02 | 환경 탭

환경 탭은 사용자의 환경 라이팅을 위한 모든 설정을 컨트롤하는 곳입니다. **프로젝트** 윈도우, **환경** 탭을 이용하여 설정할 수 있습니다. 키샷 Pro 사용자는 HD 사용자들과 같은 내용의 일반 환경 설정 탭과, **조명** 환경의 핀, 배경 등을 편집할 수 있는 HDRI 편집기를 포함하는 환경 설정 탭을 가집니다. 다음 페이지들은 **환경** 추가 및 **환경** 설정, HDRI 에디터를 설명합니다.

LESSON 02 : 환경 추가

키샷은 실제와 같은 뛰어난 라이팅을 제공하도록 설계되었습니다. 환경과 기본설정을 수정하거나 생성하는 기능을 통하여 원하는 대로 라이팅을 할 수 있고 그 결과를 바로 볼 수 있습니다. 사용자는 **환경 라이브러리** 또는 **키샷 클라우드 라이브러리**에서 환경 프리셋을 찾을 수 있습니다.

환경 목록

프로젝트 윈도우의 환경 탭에는 여러 환경과 설정을 목록에 저장하는 기능이 있어 바로 열어 이용할 수 있습니다. 새 씬이 열리면 일반 환경 설정에 지정된 기본 시작 씬에 사용되는 환경으로 환경 목록이 채워집니다. 모든 설정 변경은 이 환경에 저장되고 기록됩니다.

환경 추가

사용자가 환경을 추가할 수 있는 방법

- 환경 라이브러리/키샷 클라우드 라이브러리로부터 실시간 보기창으로 드래그하여 드롭합니다.-이 방법으로 현재의 환경을 대체할 수 있습니다.
- 환경 라이브러리에서 환경을 더블 클릭합니다. -이 방법으로 현재의 환경을 대체할 수 있습니다.
- ALT키를 누르면서 환경 라이브러리/키샷 클라우드 라이브러리로부터 실시간 보기 창으로 드래그하여 드롭합니다.- 이 방법으로 환경 리스트에 새로운 환경을 추가할 수 있습니다.
- **환경 라이브러리로부터 환경 리스트위로 드래그하여 드롭합니다.** – 이 방법으로 환경 리스트에 새로운 환경을 추가할 수 있습니다.

새로운 환경 생성하기

새로운 환경을 생성하는 방법은, 라이브러리에서 목록으로 환경을 드래그하는 방법 외에도 3가지 방법이 있습니다.

- **환경 추가:** 새로운 환경이 현재 설정에 기반하면서, 라이팅 환경 정보가 없는 완전히 새로운 상태에서 시작합니다. 환경 설정 및 HDRI 편집기 페이지에서 라이팅 환경을 설정하는 방법에 대해 더 구체적으로 설명합니다.
- **환경 복제:** 현재 환경을 복사합니다. 원본 환경을 변경하지 않으면서 작은 수정을 시도해볼 수 있습니다.
- **씬 트리:** 씬 트리에서 환경을 오른쪽 클릭한 후 환경 추가를 선택하여 새로운 환경을 생성할 수 있습니다.

LESSON 03 : 환경 설정

사용자는 프로젝트 윈도우, 환경 탭의 설정 세트를 통해 HDRI 조명을 조정할 수 있습니다.

1. 파일
파일(.hdri, .hdz, .exr)에서 조명 환경을 불러옵니다. 새로운 환경을 열기위해 아이콘을 선택합니다. 현재의 환경을 다시 불러오기위해 아이콘을 선택합니다. 파일 이름 위에 마우스 커서를 놓으면 파일 경로가 보입니다. 오른쪽 마우스를 클릭하면 복사 경로, 익스플로러로 보기, 다시 열기 혹은 새로운 환경 파일 열기 등을 선택할 수 있습니다.

2. 조정
- **밝기:** 음영에서부터 강조표시까지 전체 HDRI를 동일하게 밝게하거나 어둡게 합니다.
- **대비:** 음영을 더 어둡게, 강조 표시를 더 밝게하여 어두운 부분과 밝은 부분의 구분을 더 명확하게 만듭니다.

3. 변환
- **사이즈:** 환경의 크기를 결정합니다.
- **높이:** 그라운드 면과 관련된 환경의 수직 위치를 설정합니다.
- **회전:** 환경을 회전시킵니다.

4. 배경
- **라이트 환경:** 씬의 배경으로 조명 환경의 이미지를 사용합니다.
- **색상:** 배경색으로 단색을 선택합니다.
- **백플레이트:** 이미지 씬의 배경으로 이미지를 추가하여 사용합니다. 지원되는 파일 형식은 jpg, .jpeg, .tif, .tiff, .bmp, .png, .gif, .dds, .hdr, .hdz, .exr, .tga, .ppm, .ktx, .psd 등이 있습니다.

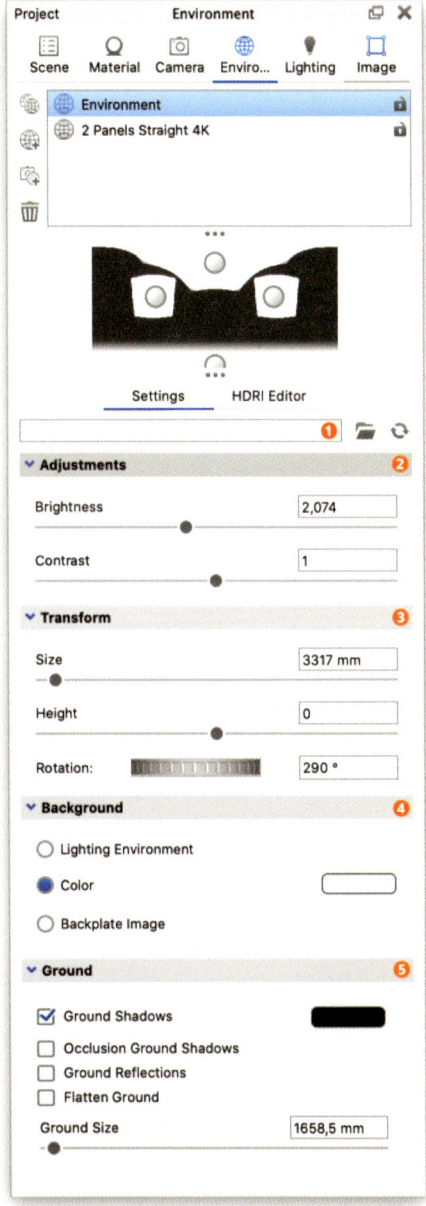

> **TIP**
>
> 배경 색상을 사진 이미지 스타일에서 단색으로 설정했을 경우, 해당 설정이 환경 탭에서 적용된 어느 설정보다 우선시됩니다. 그 경우에도 환경 배경이 그림자에 영향을 줍니다.

5. 그라운드

- **그라운드 섀도우:** 그라운드 음영의 가시성을 변경하는 옵션으로 기본 색상으로 설정할 수 있습니다.
- **어클루젼 그라운드 섀도우:** 드롭 음영을 대신하여 폐색 음영을 볼 수 있는 옵션입니다.
- **그라운드 디플렉션:** 그라운드 반사의 가시성을 변경하는 옵션입니다.
- **그라운드 편평화:** 그라운드 아래 그라운드에 있는 환경의 일부를 그라운드 면으로 투영합니다. 조명 환경을 씬의 배경만큼 볼 수 있다면 높이와 너비와의 연관성을 보여줍니다.
- **그라운드 사이즈:** 가상 그라운드 면의 크기를 설정하고 그라운드 음영에만 영향을 미칩니다.

LESSON 04 : HDRI 편집기 (Pro 버전만)

키샷 **HDRI 편집기**는 라이팅 환경을 조절하거나 자신이 직접 라이팅을 만드는데 간편한 방법을 제공합니다. **HDRI 편집기**는 사용자의 씬의 조명효과를 위해 조절되는 라이트, 이미지와 그라데이션 **핀**의 독특한 시스템을 제공합니다.

HDRI 편집기 개요

키샷 HDRI 편집기는 **프로젝트 창**의 **환경** 탭으로 완전히 통합되었습니다.

모든 **핀**과 **색상, 조절, 변형**의 설정은 키샷 파일에 포함되므로 사용자가 생성한 각 커스텀 환경용 개별 .HDZ를 저장할 필요가 없습니다. 이는 로컬에 .KSP 파일로 저장해야 하는 데이터의 양을 크게 줄이기 때문에 편리하고 디지털 자산을 쉽게 관리할 수 있습니다.

HDRI 편집기에는 아래와 같은 유연한 기능이 포함되어 있습니다.

- HDR/EXR 내보내기
- 그라데이션 배경
- 드래그할 수 있는 인터랙티브 태양과 하늘
- 태양과 하늘 땅 색
- 태양 사이즈 매개 변수
- 사각형 핀 라운드된 모서리
- 그라데이션 핀
- 이미지 핀 색 조정
- KS7 이전 버전에서 HDZ 파일에서 핀 추출
- HDRI 편집기 캔버스

HDRI 편집기 핀과 HDRI 편집기 배경은 HDRI라이팅 환경 설정에 대해 안내합니다.

01 | HDRI 편집기 핀

핀들은 이미지 파일을 더 개선하기 위해 HDRI 내에 위치시킬 수 있는 라이트 소스이며 오브젝트 씬에 원하는 라이팅 효과를 줍니다.

1. HDRI 미리보기

HDRI 미리보기에서 개별 핀을 선택하고 위치를 조정할 수 있습니다. 핀을 오른쪽 클릭하면 상황에 맞는 메뉴가 나타나, 핀의 옵션에 쉽게 접근할 수 있습니다.

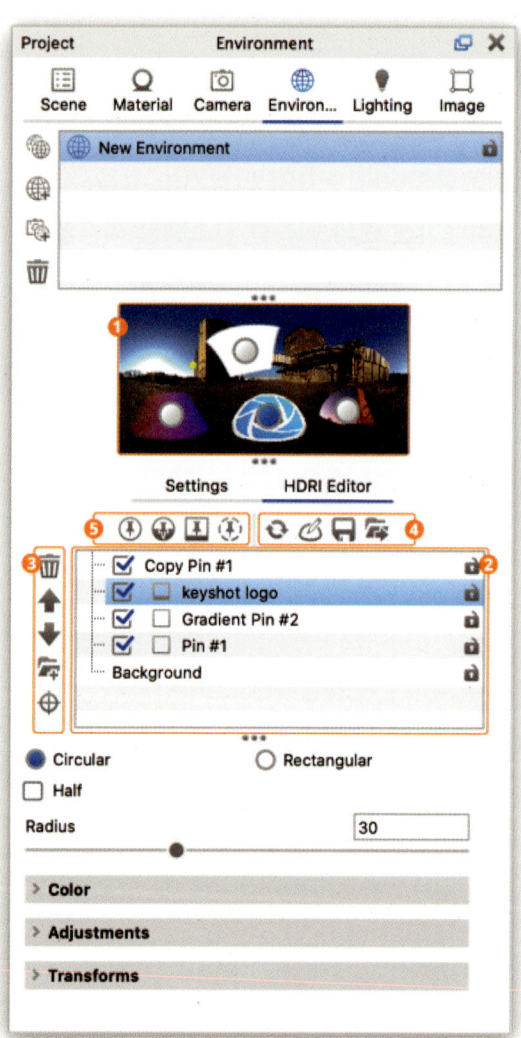

2. 핀 목록

HDRI 편집기에서 만들어진 모든 핀을 포함하고 있습니다. 이름 왼쪽에 있는 체크박스를 클릭하여 핀을 켜거나 끌 수 있습니다. 이름을 더블 클릭하여 핀의 이름을 바꿀 수 있습니다. 핀을 오른쪽 마우스 클릭하여 옵션에서 복제 또는 삭제할 수 있습니다. 이름 오른쪽의 아이콘은 핀의 유형을 보여줍니다. 편집 중인 활성화 핀은 목록에 파란색으로 하이라이트 되며 미리보기 윈도우에 파란 점으로 표시됩니다.

3. 핀 옵션

- **핀 추가**

핀 리스트 위의 옵션들 중 하나를 클릭하여 핀을 추가합니다. 핀 리스트에는 **핀 추가**, **그라데이션 핀 추가**, **이미지 핀 추가**와 **복사 핀 추가**가 있습니다. 나중에 핀 종류에 대해 설명할 것입니다.

새 핀은 **핀 목록**에 표시되며 미리보기 윈도우에도 나타납니다. 편집을 위해 핀을 활성화 하려면 핀 목록에서 선택하거나 미리보기 윈도우 내의 핀 핸들을 클릭합니다. 핸들로 핀을 드래그하여 위치로 옮깁니다. "하이라이트 추가" - 핀은 "하이라이트 설정" 섹션에서 설명합니다.

핀을 한 환경에서 다른 환경으로 복사할 수 있습니다. 핀을 선택하고 Ctrl + c복사한 후, 복사할 환경에서 HDRI편집기를 선택하고 Ctrl +v로 붙여 넣습니다.

- **🗑 핀 삭제**

휴지통 아이콘을 클릭하여 활성 핀을 삭제합니다.

- **⬇⬆ 핀 위로 이동 / 핀 아래로 이동**

화살표를 클릭하여 핀 목록의 핀 순서를 변경합니다. 위에서 아래로 핀을 차례대로 표시하기 때문에 순서가 중요합니다.

- **📂 핀 폴더**

핀 폴더를 사용하여 HDRI의 모든 핀을 정리합니다. "폴더 추가"를 클릭하여 폴더를 목록에 추가하고 폴더로 핀을 드래그합니다.

- **⊕ 하이라이트 설정**

하이라이트 추가와 설정은 **"하이라이트 설정"**을 클릭하여 실행할 수 있습니다. 하이라이트하고 싶은 모델의 영역을 선택하여 모델의 표면의 아무 곳에서나 CTRL+ 클릭 (Mac 에서는 CMD+ 클릭)을 하면 표면의 선택한 지점에 핀이 생성됩니다. 완료되면 "완료"를 클릭하세요. 이 방식으로 추가된 핀은 수정될 수 있습니다.

기존의 하이라이트를 설정하려면 "하이라이트 설정"을 클릭하고 편집기에서 기존의 핀을 선택합니다. 선택된 핀을 이용하여 하이라이트를 설정할 오브젝트를 클릭하고 마우스 왼쪽 버튼을 사용하여 올바른 위치로 드래그합니다.

4. 에디터 옵션

- **🔄 전체 해상도 HDRI 생성**

사용자가 핀을 편집하는 동안, 환경은 "빠른 미리 보기" 모드를 사용합니다. 이 모드에서는 사용자는 변경된 효과를 전부 볼 수 없습니다. 환경을 고해상도로 디스플레이하려면 "전체 해상도 HDRI 생성"버튼을 클릭하세요.

> **TIP**
>
> 환경이 고해상도로 표시되지 않으면, 실시간 보기의 상단 우측 코너에 아이콘이 표시됩니다. 환경을 풀 해상도에서 디스플레이 하려면 🔄를 클릭해도 됩니다.

- **HDRI 편집기 캔버스**

더 큰 캔버스에서 핀을 편집할 수 있는 HDRI 에디터를 시작합니다.

- **라이브러리에 저장**

환경을 라이브러리에 저장합니다. 환경과 함께 저장되는 것은 HDRI 설정뿐이며, 씬에 적용된 일반적인 환경 설정이 아니라는 점에 유의하십시오.

- **환경 내보내기**

환경과 함께 HDR/.EXR/.HDZ 파일을 내보내기할 수 있습니다.

5. 핀 형식

⚡ 표준 핀:

핀 추가는 펼쳐진 HDRI 중심에 핀을 만듭니다. 원하는 위치로 핀을 잡습니다. "추가설정"섹션에 설명된 컨트롤을 사용하여 원하는 효과를 얻습니다.

- **원형/사각형**

핀의 모양을 전환합니다. 렌더링에서 아주 구체적인 모양과 반사광을 만들 때 아주 중요합니다.

- **절반**

핀의 모양에 상관없이 모양을 반으로 자를 수 있습니다. 핀이 반만 보인다는 점을 제외하면 모든 설정 변경은 똑같이 적용됩니다.

- **반경**

원형 핀의 크기를 규정합니다.

- **너비/높이/각도(사각형)**

사각형 핀의 모양과 크기를 규정합니다.

- **색상**
  - **밝기:** 핀 조명의 전반적인 강도를 조정합니다.
  - **색상:** 핀이 어떤 색상을 발산할지 설정합니다. 현실적이고 정교한 조명을 사용하려면 켈빈 스케일을 사용합니다.
  - **블랜드 모드:** 이 옵션으로 핀을 혼합하거나 서로 상호작용하도록 하는 다양한 방식을 선택합니다. 이 기능을 사용하면 목록의 핀 순서가 무척 중요해집니다.

- **조정**
  - **각도:** 각도 슬라이더로 이미지 핀을 회전할 수 있습니다(사각형 핀 한정).
  - **코너라운드:** 이미지 핀의 모서리를 둥글게 만듭니다(사각형 핀 한정).
  - **감쇠 모드:** 핀 중심에서부터 빛의 폴오프를 제어합니다. 서로 다른 모드는 다르게 작동합니다. 키샷 실시간 뷰에서도, 편집기에서도 다양한 모드의 효과를 확인할 수 있습니다.
  - **감쇠:** 핀 조명의 가장자리의 부드러움을 제어합니다. 폴오프가 증가하면 더 혼합된, 부드러운 가장자리를 가집니다.

- **변환**
  - **방위각:** 핀의 수평 위치를 설정합니다.
  - **상승:** 핀의 높이를 설정합니다

🔘 그라데이션 핀:

그라데이션 핀은 라이트 소스를 색상과 불투명도 변형과 함께 위치시킬 수 있게 해 줍니다.

- **원형/사각형**

핀의 모양을 전환합니다. 렌더링에서 아주 구체적인 모양과 반사광을 만들 때 아주 중요합니다.

- **절반**

핀의 모양에 상관없이 모양을 반으로 자를 수 있습니다. 핀이 반만 보인다는 점을 제외하면 모든 설정 변경은 똑같이 적용됩니다.

- **반경**

원형 핀의 크기를 규정합니다.

- **너비/높이/각도(사각형)**

사각형 핀의 모양과 크기를 규정합니다.

- **색상**
  - **색상 바:** 색상과 투명도를 선택하고 추가하여, 위치에 드래그하는 것으로 색상 그라데이션을 설정할 수 있습니다.
    - 물방울 모양은 색상 스톱입니다. 색상 스톱을 선택하고 색상 견본을 사용하여 색을 선택하거나, 더블 클릭하여 색을 선택합니다. 그라데이션에 다른 색을 추가하고 싶을 경우 🞡를 클릭합니다.
    - 색들 사이 작은 삼각형은 두 색이 일대일로 섞인 지점을 가리키며, 혼합 과정을 제어하기 위해 움직일 수 있습니다.
    - 색상 바 위의 정사각형 스톱은 투명도 스톱입니다. 그라데이션에 투명도를 더할 수 있습니다. 투명도 스톱을 더할 경우 🞣를 클릭하십시오.
    - 색상/투명도 스톱을 선택하고 🗑 휴지통 아이콘을 클릭하여 삭제합니다.
    - 스톱 색상, 밝기, 투명도 및 위치는 선택된 스톱의 위치와 표현을 규정합니다.

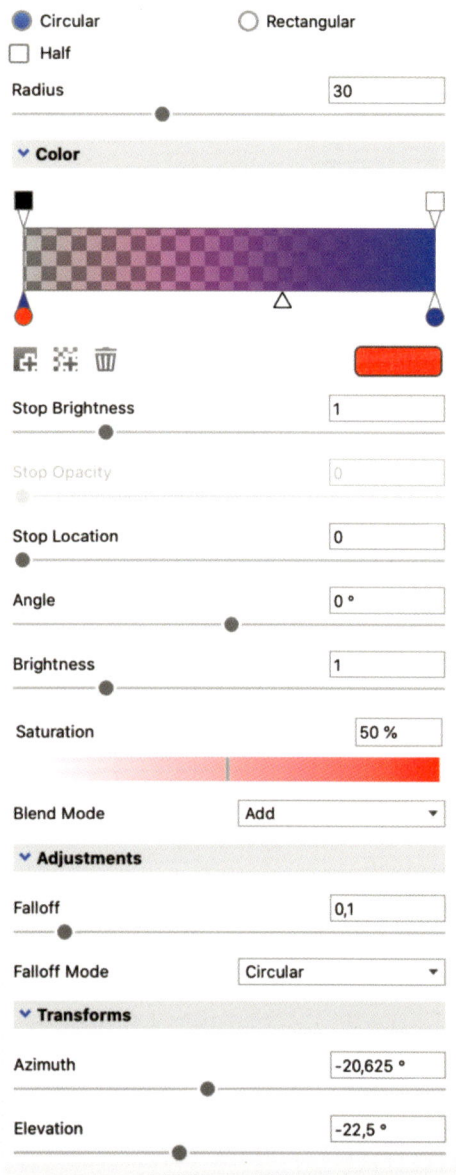

- **밝기:** 핀 조명의 전반적인 강도를 조정합니다.
- **포화:** 그라데이션 전체의 채도를 설정합니다.
- **블랜드 모드:** 이 옵션으로 핀을 혼합하거나 서로 상호작용하도록 하는 다양한 방식을 선택합니다. 이 기능을 사용하면 목록의 핀 순서가 무척 중요해집니다.

- 조정
    - **각도:** 각도 슬라이더로 이미지 핀을 회전할 수 있습니다(사각형 핀 한정).
    - **코너라운드:** 이미지 핀의 모서리를 둥글게 만듭니다(사각형 핀 한정).
    - **감쇠 모드:** 핀 중심에서부터 빛의 폴오프를 제어합니다. 서로 다른 모드는 다르게 작동합니다. 키샷 실시간 뷰에서도, 편집기에서도 다양한 모드의 효과를 확인할 수 있습니다.
    - **감쇠:** 핀 조명의 가장자리의 부드러움을 제어합니다. 폴오프가 증가하면 더 혼합된, 부드러운 가장자리를 가집니다.

- 변환
    - **방위각:** 핀의 수평 위치를 설정합니다.
    - **상승:** 핀의 높이를 설정합니다.

✦ 복사 핀:

이 옵션이 선택될 때, 배경 부분 스냅샷이 새로운 핀으로 사용될 것입니다. 핀 핸들과 원본 복사를 나타내는 노란색 점이 미리보기 창에 나타날 것입니다.

복사 핀을 만든 후, 핸들을 이용하여 핀을 원하는 곳으로 이동합니다. 슬라이더 조정은 같은 효과에 사용되는 일반 핀의 사용 방식과 유사합니다.

- **색상**
    - **블랜드 모드:** 이 옵션으로 핀을 혼합하거나 서로 상호작용하도록 하는 다양한 방식을 선택합니다. 이 기능을 사용하면 목록의 핀 순서가 무척 중요해집니다.
    - **밝기:** 핀 조명의 강도를 조정합니다.
    - **대비:** 핀 조명의 대비를 조정합니다.
    - **포화:** 핀 조명의 채도를 조정합니다.
    - **색조:** 핀 조명의 색상을 조정합니다.
    - **컬러화:** 핀 위에 색상 오버레이를 추가합니다.
    - **방위각:** 핀을 복사한 지점의 수평 위치를 설정합니다(노란색 점).
    - **경사:** 핀을 복사한 지점의 높이를 설정합니다(노란색 점).

- **조정**
    - **각도:** 각도 슬라이더로 이미지 핀을 회전할 수 있습니다(사각형 핀 한정).
    - **코너라운드:** 이미지 핀의 모서리를 둥글게 만듭니다(사각형 핀 한정).
    - **감쇠 모드:** 핀 중심에서부터 빛의 폴오프를 제어합니다. 서로 다른 모드는 다르게 작동합니다. 키샷 실시간 뷰에서도, 편집기에서도 다양한 모드의 효과를 확인할 수 있습니다.
    - **감쇠:** 핀 조명의 가장자리의 부드러움을 제어합니다. 폴오프가 증가하면 더 혼합된, 부드러운 가장자리를 가집니다.

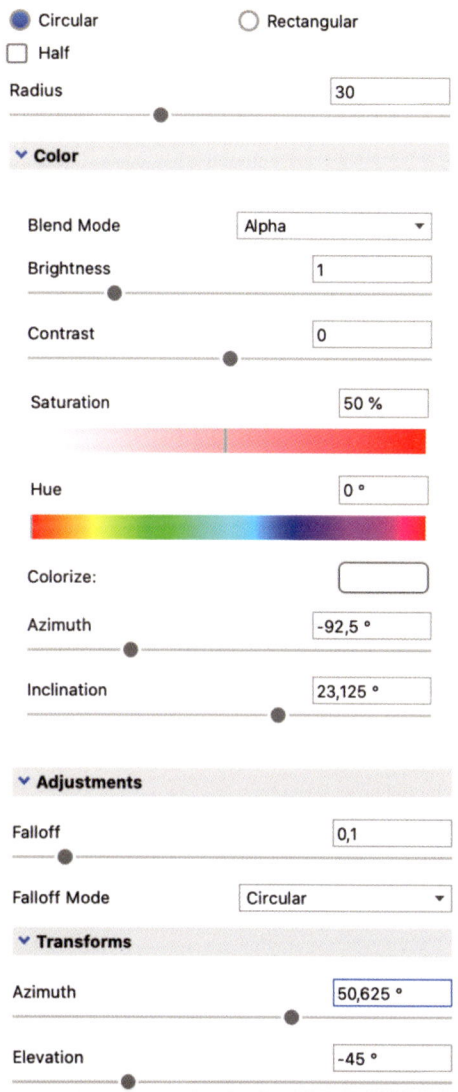

- **변형**
    - **방위각:** 핀의 수평 위치를 설정합니다.
    - **상승:** 핀의 높이를 설정합니다.

이미지 핀:

이미지 핀은 HDR, HDZ, EXR, JPG, PNG, JPEG, BMP 파일을 핀으로 사용할 수 있게 합니다. 특정 반사, 라이팅 배열 표현의 작성 및 HDR의 일부와 다른 HDR를 사용하는 것과 같이 이 핀의 사용에는 제한이 없습니다.

이미지 핀을 추가할 때, 사용될 이미지를 선택하라는 메시지가 나옵니다. 한 번 선택이 되면 이미지가 미리보기 창에 표시됩니다. 조절 슬라이더로 이미지 핀을 편집할 수 있습니다. 이 슬라이더 들은 일반 핀 슬라이더와 유사합니다.

- **색상**
    - **해상도:** 현재 이미지 핀의 해상도를 표시합니다.
    - **이미지:** 핀에 사용되는 현재 이미지 이름을 표시합니다. 마우스를 올리면 파일의 전체 경로를 표시합니다.
        - 다른 이미지 파일을 탐색합니다.
        - 이미지 파일을 새로고침 합니다.
    - **블랜드 모드:** 이 옵션으로 핀을 혼합하거나 서로 상호작용하도록 하는 다양한 방식을 선택합니다. 이 기능을 사용하면 목록의 핀 순서가 무척 중요해집니다.
    - **밝기:** 핀 조명의 강도를 조정합니다.
    - **대비:** 핀 조명의 대비를 조정합니다.
    - **포화:** 핀 조명의 채도를 조정합니다.
    - **색조:** 핀 조명의 색상을 조정합니다.
    - **컬러화:** 핀 위에 색상 오버레이를 추가합니다

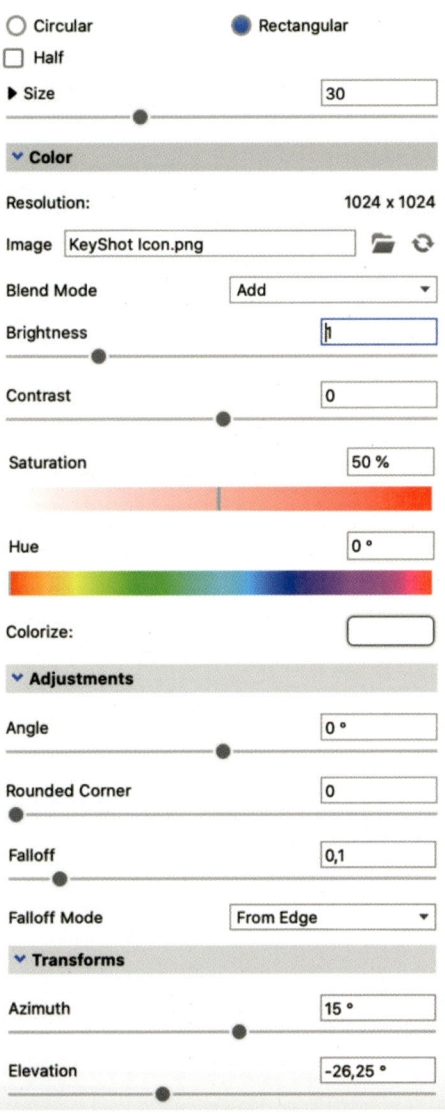

- **조정**
    - **각도:** 각도 슬라이더로 이미지 핀을 회전할 수 있습니다(사각형 핀 한정).
    - **코너라운드:** 이미지 핀의 모서리를 둥글게 만듭니다 (사각형 핀 한정).
    - **감쇠 모드:** 핀 중심에서부터 빛의 폴오프를 제어합니다. 서로 다른 모드는 다르게 작동합니다. 키샷 실시간 뷰에서도, 편집기에서도 다양한 모드의 효과를 확인할 수 있습니다.
    - **감쇠:** 핀 조명의 가장자리의 부드러움을 제어합니다. 폴오프가 증가하면 더 혼합된, 부드러운 가장자리를 가집니다.

- **변형**
  - **방위각:** 핀의 수평 위치를 설정합니다.
  - **상승:** 핀의 높이를 설정합니다.

02 | HDRI 편집기 배경

HDRI 편집기 핀 목록 내의 백그라운드에는 HDRI 편집기 배경에 사용할 수 있는 4개의 옵션이 있습니다. 색상, 그라데이션, 태양과 하늘, 이미지

해상도

이미지 배경의 해상도를 자동으로 선택된 이미지의 해상도와 동일하게 맞춰집니다. 다른 3가지 배경의 해상도는 사용자가 조절해야 합니다.

일반적으로 낮은 해상도는 성능이 좋고, 높은 해상도는 음영과 반사 품질이 좋습니다. 보통 기본값으로도 충분합니다. 그러나 반사를 잘하는 재질 및 하프/정사각형 핀 또는 감쇠가 적거나 없는 핀을 가지고 운영할 때에는 해상도를 높일 필요가 있습니다.

좌측 예는 낮은 해상도의 환경이며 우측 예는 높은 해상도의 환경을 보여줍니다. 높은 해상도에서 강조표시가 더 선명한 것을 알 수 있습니다.

색상

- **색상**

환경 배경색으로는 단색을 선택하십시오. 씬에서 조명을 조절할 때, 단색 배경색은 혼란을 방지해줍니다. 배경색은 환경설정 또는 포토그래픽 이미지 스타일에서 설정할 수 있습니다.

- **밝기**

배경색의 밝기를 조정합니다.

그라데이션

- **색상 바**

한 색상이 다른 색상으로 넘어가는 변경 시간과 변경 색상을 설정합니다. 색상바의 물방울을 움직여서 색상과 변경시간을 선택 가능합니다. 작은 삼각형은 두 가지 색상이 50-50으로 혼합된 위치를 나타냅니다. 삼각형을 드래그하여 섞이는 색상의 농도를 제어할 수 있습니다.

- **중지 추가(Add Color Stop):** 두 가지 색상 이상을 점차 페이드하고 싶다면, 색상 바 아래의 중지 추가 버튼을 클릭하여 다른 색상 견본을 생성합니다. 추가된 삼각형과 물방울을 움직여서 원하는 그라데이션 효과를 줄 수 있습니다.
- **중지 삭제(Delete Stop):** 색상 중지를 지우고 싶으면, 선택후 삭제를 클릭합니다.
- **밝기 중지(Stop Brightness):** 선택된 선택 중지의 밝기를 조정합니다.
- **가로(Latitude):** 색상 중지를 선택하고 색상바에서 위치를 조정합니다. 색상바의 물방울 표시를 이동해도 똑 같은 효과를 얻을 수 있습니다.
- **밝기(Brightness):** 그라데이션 백그라운드의 밝기를 조정합니다.
- **포화(Saturation):** 전체 그라데이션 백그라운드의 포화를 조정합니다.

태양과 하늘

- **해상도:** 여기서, 생성될 태양과 하늘의 해상도를 설정합니다. 작은 해상도에서는 더 성능이 나아지고, 높은 해상도는 반사와 섀도우 품질이 좋아집니다.
- **위치:** 씬을 만들 곳과 가장 가까운 "기본 도시"를 선택하여 그 곳의 태양과 계절을 정확히 묘사할 수 있습니다.
- **좌표:** "커스텀 태양 위치"를 선택하거나 장소의 좌표를 직접 입력할 수 있습니다.
- **날짜:** 계절에 어울리는 색상을 잘 표현하기 위해 씬의 날짜를 설정합니다.
- **커스텀 태양 위치:** 날짜, 위치 및 시각에 의존하는 대신, 태양의 정확한 위치를 설정할 수 있습니다.
- **시간:** 태양을 올바른 위치에 놓기 위해 씬의 시간을 설정합니다.
- **탁도(Turbidity):** 이 설정 값을 올리면 하늘에 흐릿한 안개효과를 증가시킵니다. 하늘을 따뜻한 톤의 색상으로 만들고 햇빛을 필터링하여 양을 감소시킵니다.
- **태양 크기(Sun Size):** 태양의 크기를 조절합니다.
- **그라운드 색상:** 배경위의 그라운드의 색상을 설정합니다.

색상

- **밝기:** 태양 및 하늘 배경의 밝기를 조정합니다.
- **대비:** 환경의 컨트라스트를 조정합니다.
- **포화(Saturation):** 환경의 세처레이션을 조정합니다.
- **색조(Hue):** 환경의 색농도를 조정합니다.

- **컬러화(Colorize):** 환경에 혼합할 색상을 추가합니다.
- **블러(Blur):** 환경 배경의 흐릿한 정도를 조정합니다. 증가시키면 윤곽이 더 부드러워집니다.

변환(Transform)

- **기울기(Tilt):** 환경의 수직 축이 기울어집니다.
- **회전(Rotation):** 어떤 핀에도 영향을 주지 않고 환경 배경을 회전시킵니다. 전체 환경을 회전시키려면 환경 설정에서 설정 변경하면 됩니다.

이미지

- **해상도:** 해상도는 이미지 크기에 따라 결정됩니다. 화질이 안 좋으면 고해상도의 이미지를 사용할 필요가 있습니다.
- **이미지:** 환경 배경을 위한 이미지 파일을 선택합니다.
    - 📁 다른 이미지 파일을 불러옵니다.
    - 🔄 이미지 파일을 새로고칩니다.
    - 🗑 이미지 파일을 제거합니다. 그러면 환경 형식을 색상으로 변경합니다.
- **밝기:** 태양 및 하늘 배경의 밝기를 조정합니다.
- **대비(Contrast):** 환경의 컨트라스트를 조정합니다.
- **포화(Saturation):** 환경의 색농도를 조정합니다.
- **색조(Hue):** 환경의 색조를 조정합니다.
- **컬러화(Colorize):** 환경에 혼합할 색상을 추가합니다.
- **블러(Blur):** 환경 배경의 흐릿한 정도를 조정합니다. 증가시키면 경계 부분이 더 부드러워집니다.

변환(Transform)

- **기울기(Tilt):** 환경의 수직 축을 기울어지게 합니다.
- **회전:** 환경의 어떤 핀에도 영향을 주지 않고 환경 배경을 회전시킵니다. 전체 환경을 회전시키려면 환경 설정에서 설정하면 됩니다.

키샷 사용 사례

PART.10 환경

KeyShot에서 장면을 연출하는 주요 방법은 환경 조명을 이용하는 것입니다. 환경 조명은 구형 HDRI(High-Dynamic-Range Imaging)를 사용하여 내부 또는 외부 공간의 물리적으로 정확한 전체 조명을 표현합니다.

PART 11

라이팅

씬의 라이팅은 환경 그리고/또는 광원 재질에서 오지만 렌더링 기술 역시 씬의 겉모습에 영향을 줍니다. 이것이 바로 프로젝트 패널의 라이팅 탭 또는 메인 메뉴 > 라이팅으로 제어할 수 있는 부분입니다.

LESSON 01 : 라이팅

01 | 라이팅 탭 – 렌더링 기술

라이팅 탭에서는 씬 내 라이팅의 해석을 제어할 수 있습니다. 키샷은 당신에게 다양한 프리셋 선택지를 제공하며 당신만의 커스텀 라이팅 프리셋을 커스터마이징할 수 있습니다.

- **성능모드**

이 프리셋은 최대한 빠른 실행을 위해 광원 재질 및 바운스가 감소된 그림자를 불능화합니다. 씬 설정과 빠른 조작에 유용합니다. 이 옵션은 리본에서도 사용할 수 있습니다. 성능 모드는 리본에서 또는 메인 메뉴에서 전환 가능합니다.

- **기본**

이 프리셋은 기초적인 씬과 빠른 성능을 위해 그림자에 단순하고 직접적인 조명을 합니다. 환경으로부터 빛을 받는 간단한 모델을 렌더링할 때 유용합니다.

- **제품**

이 프리셋은 직접적 및 간접적인 라이팅에 그림자를 줍니다. 환경과 구역 라이팅의 빛을 받는 투명한 재질을 가진 제품에 유용합니다.

- **인테리어**

이 설정은 실내 라이팅에 최적화된 그림자에 직접적 및 간접적 조명을 하는 것이 특징입니다. 간접적인 라이팅을 가진 복합 실내 라이팅을 위한 것이지만, 구역 라이팅에 의한 노이즈가 생기는 것을 피하고 HDRI의 보다 정확한 샘플링에 태양 및 하늘과 같은 아주 작고 강한 광원을 줄 때도 사용될 수 있습니다.

- **보석류**

이 설정은 실내 프리셋에 레이바운스와 커스틱스가 증가된 지면조명을 추가한 것과 같은 설정입니다.

> **주의사항:**
> 실내 모드의 광역 라이팅 샘플링은 KeyShot 8에서 개선되었습니다. 따라서 씬들이 이전 버전의 키샷에서보다 더 밝게 보일 수 있습니다.

> **TIP**
>
> 반사 또는 굴절 재질로 작업할 때 가장 사실적인 결과를 위해 항상 커스틱스를 활성화하세요.

02 | 씬의 광원

▪ **환경 라이팅**

키샷에서 씬에 라이팅을 하는 기본적인 방법은 환경 라이팅에서 합니다. 환경 라이팅은 공 모양의 고 명암비 이미지(HDRI)를 사용하여 내부 혹은 외부 공간에 전체, 물질적으로 정확한 라이팅을 비춰줍니다. 자세한 내용은 환경 섹션을 참고하세요.

▪ **광원 재질**

지오메트리의 조각은 로컬 광원으로 변할 수 있습니다. 전통적인 랜더링 애플리케이션과는 완전히 다른 접근 방법으로 씬에서 정확하게 빛을 랜더링하기 위해 더 유연성을 발휘합니다.

▪ **광원의 종류**

다른 라이팅 능력을 제공하는 4개의 광원 재질 종류는:

▫ **에어리어 라이트 확산**

물체를 빛의 배열로 바꿔줍니다. 실시간 보기에서 위치를 보고 조정합니다. 와트 또는 루멘을 사용하여 빛의 강도를 제어합니다. 자세한 설명은 에어리어 라이트 페이지를 참고하세요.

▫ **포인트 라이트 확산**

물체를 포인트 빛으로 바꿔줍니다. 실시간 뷰에서 위치를 보고 조정합니다. 파워 와트 또는 루멘을 사용하여 강도를 조정합니다. 자세한 설명은 포인트 라이트 페이지를 참고하세요.

▫ **포인트 라이트 IES 프로파일**

에디터에서 폴더 아이콘을 클릭하여 IES 프로파일을 불러옵니다. 재질 프리뷰에서 그리고 실시간 윈도우에서 메쉬 형태인 IES 프로파일 로드의 형태를 봅니다. 자세한 설명은 IES 라이트 페이지를 참고하세요.

▫ **스포트라이트**

물체를 스포트라이트로 바꿔줍니다. 실시간 보기에서 위치를 보고 조정합니다. 와트 또는 루멘을 사용하여 강도를 조정합니다. 자세한 설명은 스포트라이트 페이지를 참고하세요.

▪ 라이팅을 추가

광원은 어떤 모델에도 적용됩니다. 편집, 지오메트리 추가 메뉴를 통해 불러온 지오메트리, 기존의 지오메트리, 키샷에서 사용 가능한 지오메트리에 모두에 광원을 사용할 수 있습니다.

빛 재질 사용법은 여타 재질 사용법과 동일합니다. 라이브러리 윈도우, 재질 탭, 라이트 폴더로부터 빛 재질 프리셋을 드래그 앤 드롭합니다. 사용자는 모델을 더블 클릭하여, 재질 종류를 아래로 펼치고 리스트에서 광원들 중 하나를 선택합니다. 키샷은 물체를 물질적인 빛으로 변경합니다.

모델을 광원으로 변경할 때, 키샷은 모델 이름 옆에 빛 전구 아이콘을 추가하여 프로젝트 씬 트리에서 광원을 식별합니다.

> **TIP**
>
> **구체에 라이팅하기**
> 간단한 정보: 구체에 라이팅을 하는 간단한 예. 키샷 메뉴에서 편집, 지오메트리, 추가, 구체를 선택합니다. 구체를 라이팅을 하기 위한 위치로 이동시킵니다. 키샷 라이브러리, 재질 탭으로 가서 라이트 폴더를 선택합니다. 빛을 구체 위로 드래그하여 드롭합니다. 주위 환경 라이팅을 낮추기를 원한다면, 프로젝트 윈도우, 환경 탭, 설정으로 가서 밝기를 낮게 조정하면 됩니다.

▪ 라이팅을 이동

빛으로 지정한 파트를 오른쪽 마우스로 클릭하고, 모델 이동을 선택합니다. 이것은 이동 툴을 활성화시킵니다. 프로젝트 윈도우, 씬 탭에서 광원을 선택하고 포지션 탭에서 이동 툴을 선택합니다. 아울러, 더 정밀한 위치 지정을 위해 입력창을 사용합니다.

▪ 라이팅 애니메이팅

광원은 파트에 적용된 재질이기 때문에, 광원은 여타 파트처럼 애니메이션으로 만들 수 있습니다. 애니메이션을 만들고 싶다면 씬 트리에서 빛을 선택하고, 사용자가 원하는 애니메이션을 오른쪽 마우스를 클릭하여 적용합니다. 다른 종류의 애니메이션에 대해 알고 싶으면 애니메이션 섹션을 참고하세요.

LESSON 02 : 커스텀 라이팅 프리셋

프로젝트 패널의 라이팅 탭에는 라이팅 설정이 있습니다.

01 | 환경 라이팅

- **섀도우 품질(Shadow Quality)**
슬라이더는 최대 샘플 또는 최대 시간으로 렌더링할 때 씬에서 그림자 렌더링의 우선 순위가 높은 의미에서 그림자의 품질을 결정합니다.

- **그라운드 간접 라이팅(Ground Illumination)**
그라운드 일루미네이션이 활성화 되어있을 때, 그라운드에서 반사되는 빛줄기는 간접 라이팅을 생성합니다.

- **자체 섀도우(Self Shadows)**
셀프 그림자가 활성화 되어있을 때, 씬 내의 물체는 스스로의 그림자를 만들며, 그렇지 않을 경우 물체는 그라운드에만 그림자를 생성합니다.

02 | 일반 라이팅

- **레이 바운스**
빛줄기 반사는 씬에서 라이팅이 반사되는 횟수를 지칭합니다.

- **글로벌 일루미네이션**
씬에서 물체 간의 간접 빛줄기 반사를 보고 싶다면 토글하십시오.

- **글로벌 일루미네이션 바운스**
글로벌 일루미네이션 반사가 활성화 되어있는 경우, 사용자는 빛이 씬을 통과할 때 라이팅이 분산 반사하는 최대 횟수를 제어할 수 있습니다.

> **주의사항:**
> 실내 모드의 광역 라이팅 샘플링은 KeyShot 8에서 개선되었습니다. 따라서 씬들이 이전 버전의 키샷에서보다 더 밝게 보일 수 있습니다.

- **커스틱스**

씬 내에서 커스틱을 활성화/비활성화 하십시오. 커스틱에 관한 더 자세한 정보는 굴절 인덱스 페이지를 참고하십시오.

03 | 렌더링 기법

렌더링 기술은 다양한 시나리오를 위해 최적화 되어있습니다.

- **제품 모드**

제품 모드는 카메라가 물체를 바깥에서 "바라볼" 때 가장 적합합니다.

- **인테리어 모드**

인테리어 모드는 둘러싸인 공간에 최적화 되어있습니다.

□ **부드러운 글로벌 일루미네이션 (CPU 한정)**
씬에서 빛을 반사하는 물체의 노이즈를 제거합니다(전역 조명). 어떤 경우에는 씬의 전역 조명을 더욱 빨리 파악하는 데 도움이 됩니다. 이 설정을 활성화했을 때 전역 조명을 받는 표면은 흠이 생길 수 있습니다. 그 경우 설정을 비활성화하고 노이즈 제거를 활성화한 후 잠시 대기하십시오.

아래 씬은 상자 위 하나의 면광원(Area Light)으로 비추고 있으며 천장은 전역 조명(Global illumination)만을 받고 있습니다. 면광원에서의 빛은 상자의 지오메트리에서 난반사되어 천장으로 향합니다.

왼쪽 상단 모서리를 잘라내어 렌더링했을 때 전역 조명 부드럽게 하기의 효과가 두드러집니다.

전역 조명 부드럽게 하기를 비활성화 했을 때, 노이즈 제거를 활성화하여 이미지의 노이즈를 제거할 수 있습니다.

부드러운 글로벌 일루미네이션 비활성화. 왼쪽에 노이즈제거 비활성화, 오른쪽에 디노이즈

> **주의사항:**
> 인테리어 모드는 제품 모드에서 사용하는 것보다 더 다양한 지능적인 접근을 사용합니다. 개선된 접근이란, 재질 샘플의 커스터마이징이 인테리어 모드에서는 필요하지 않아 제품 모드에서만 효과를 있음을 의미합니다. 재질 샘플을 대부분의 재질 내 거칠기 파라미터 및 반투명 및 에어리어라이트 재질 타입의 고급 에서 설정할 수 있습니다.

커스텀 프리셋 저장

설정을 커스터마이징할 경우, 사용자는 커스텀 프리셋 드롭 다운 옆의 아이콘을 클릭하여 본인의 프리셋으로 저장할 수 있습니다.

LESSON 03 : 라이트 관리자

라이트 관리자는 씬의 모든 광원을 모아서 하나의 개요로 보여주며 각 조명 재질의 주요 매개 변수를 편집할 수 있는 기능입니다.

01 | 라이트 관리자 사용

라이트 관리자는 리본의 💡 **라이트 관리자 버튼**, 메인 메뉴의 **창-라이트 관리자**, 또는 단축키 Shift+L로 열 수 있습니다.

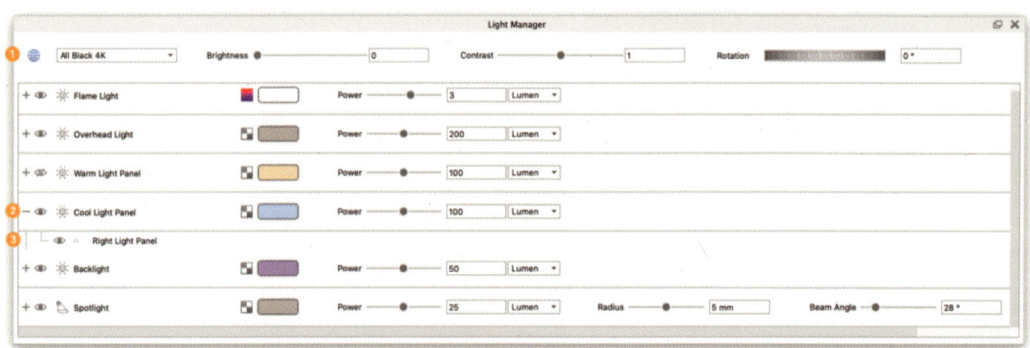

1. 라이트 관리자 상단에서 현재 환경을 설정하고 밝기, 대비 및 회전을 조정할 수 있습니다.

2. 라이트 관리자는 씬의 활성화된 모델 세트에 있는 모든 조명 재질을 표시합니다. 각 조명 재질은 재질 이름 옆에 유형을 보여주기 위한 아이콘을 함께 표시합니다. 표시 여부를 전환하는 옵션과 주요 매개변수를 조정하기 위한 옵션이 포함됩니다. 재질을 더블 클릭하면 재질 패널에서 재질의 매개변수 전체를 조정할 수 있습니다. 조명 관리자에서는 다음 조명들을 찾을 수 있습니다.

    - ☀ 에어리어 라이트
    - 💡 IES 라이트
    - 🔆 포인트 라이트
    - 🔦 스포트라이트

3. 재질을 확장하여 재질이 적용된 파트들을 볼 수 있습니다. 이 기능으로 각 파트의 표시 여부를 쉽게 전환할 수 있습니다. 씬 트리에서 파트를 선택하려면 더블 클릭하십시오.

02 | 라이트 기즈모

실시간 뷰에서는 광원을 보면서 조정할 수 있습니다(포인트 조명, IES 조명 및 스포트라이트).
뷰-광원 표시하기(단축키: L)를 활성화하면 각 광원의 윤곽선이 표시됩니다. 광원 설정을 바꾸고 싶을 때 실시간 뷰, 씬 트리 또는 라이트 관리자에서 조명을 선택하여 기즈모를 "활성화"하면 됩니다. 실시간 뷰에서 일부 조명 매개변수를 직접 조정할 수 있습니다.
각 조명 기즈모에 대한 자세한 설명은 아래 링크에서 확인할 수 있습니다.

- IES 라이트
- 포인트 라이트
- 스포트라이트

TIP

편집-라이트 추가 옵션을 사용하면 클릭 몇 번으로 씬에 새로운 라이트를 추가할 수 있습니다. 추가하려는 라이트 유형을 선택하면 키샷이 지오메트리를 추가하고, 재질을 적용한 후 이동 도구를 실행하기 때문에, 원하는 대로 위치를 조정하고 재질을 설정하기만 하면 됩니다.

키샷 사용 사례

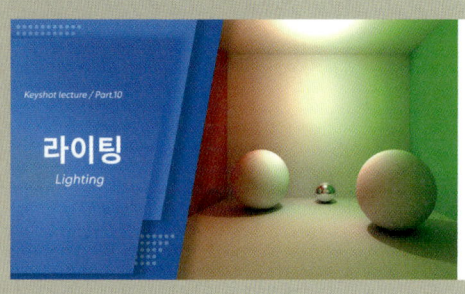 

PART.11 라이팅

장면의 빛은 환경 또는 광원 재료에서 나오지만, 렌더링 기술은 장면의 모양에도 영향을 미칩니다. 이는 프로젝트 패널의 조명 탭이나 메인 패널을 통해 제어할 수 있습니다.

PART 12

카메라

LESSON

01 : 카메라

카메라 탭에서는 키샷의 모든 카메라 뷰의 설정을 조정하고 활성화 키샷 카메라를 설정합니다. 카메라를 재사용, 수정, 애니메이션 되도록 하는 씬의 다른 카메라 뷰들을 저장할 수 있게 합니다. 카메라가 실제 카메라처럼 조절되며, 렌즈 시프트, 보행시선 모드와 피사계 심도와 함께 키샷 Pro 기능 고급 기능들인 파노라마 렌즈, 실시간 VR 렌더링 및 출력을 위한 큐브 또는 구형 맵 생성 등의 고급 기능을 포함하고 있습니다.

이 섹션에서는 다른 카메라 유형들과 각각의 설정을 이용하여 어떻게 작업하는지를 설명합니다.

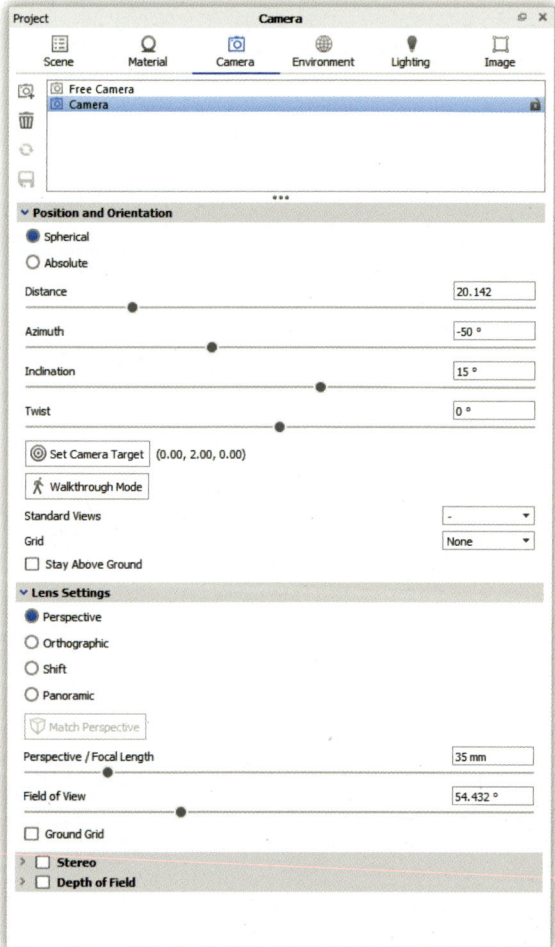

LESSON 02 : 씬 탐색

다음에서는 카메라 뷰를 변경하기 위해 마우스를 어떻게 사용하는지 설명합니다. 3D 모델링 어플리케이션과는 달리 마우스는 카메라를 움직이는 것이며 모델을 움직이는 것이 아니라는 것을 유념하세요. 말하자면, 마우스 왼쪽 마우스 버튼을 눌러 회전을 시킬 때는 카메라가 모델 주위를 회전하는 것입니다. 모델의 위치를 변경하려면 모델과 파트 이동을 참조하세요.

1. 마우스 컨트롤

마우스는 카메라의 방향과 위치를 조정하는 주요 방법입니다. 마우스로 회전, 팬, 거리 변경을 할 수 있습니다.

- **카메라 회전 (Tumble)**

카메라를 회전하려면 왼쪽 마우스 버튼을 누른 상태에서 마우스를 움직입니다. 이것은 카메라의 방위각과 경사도를 변경합니다.

- **카메라 이동 (Pan)**

카메라를 이동하려면 마우스 가운데 버튼을 누른 상태에서 마우스를 움직입니다. 이것은 카메라의 위치를 변경합니다.

- **카메라 거리 (Dolly)**

마우스 스크롤 휠을 앞으로 스크롤하면 거리가 멀어지고 뒤로 스크롤하면 거리가 가까워집니다.

2. 키보드 컨트롤

추가적으로, 키샷은 키보드를 이용하여 씬을 움직이고 카메라를 조정하는 방법도 제공합니다.

- **카메라 거리**

카메라 거리를 조절하려면 마우스를 움직이면서 Alt + 마우스 오른쪽 버튼(Windows/Mac)을 누릅니다. 이것은 카메라의 거리를 변경합니다.

- **카메라 원근감**

카메라 원근감을 변경하려면, Shift, Alt + 마우스 오른쪽 버튼 (Windows/Mac)을 누릅니다. 이것은 뷰의 거리, 원근감, 피사계심도, 화면크기를 조절합니다.

- **카메라 꼬임**

카메라를 꼬이게 하려면, Ctrl, Alt + 마우스 휠 (Windows) 또는 ⌘, Alt + 휠 (Mac)을 누릅니다.

- **표준 뷰**

표준 뷰 (전,후,좌,우,위,아래,이방성)를 순환하여 보려면 Ctrl, Alt + 1-7 (Windows) 또는 ⌘, Alt + 1-7 (Mac)을 선택합니다.

- **초점 거리**

초점 거리를 변경하려면 Alt + 휠 (Windows/Mac)을 누릅니다. 이것은 뷰의 원근감, 피사계심도, 화면크기를 조정합니다.

- **카메라 대상 설정**

영역에 카메라 중심을 빠르게 위치시키려면 Ctrl, Alt + 마우스 오른쪽 버튼 (Windows) 또는 ⌘, Alt + 마우스 오른쪽 버튼 (Mac)을 선택합니다.

- **다음 카메라/뷰세트**

카메라와 뷰세트 간을 토글하려면 Shift + N 키를 누릅니다.

- **DOF 전환**

피사계 심도를 토글하려면 D 키를 누릅니다.
키샷의 모든 핫키는 유저인터페이스의 핫키를 참고하세요.

3. 제스처

기본 터치 컨트롤을 이용하여 터치가능 기기에서 카메라 방향을 바꿉니다.

- **한 손가락:** 회전식 카메라
- **두 손가락 위 / 아래 움직임:** 돌리 카메라
- **두 손가락 핀치:** 초점 거리 변경 (확대)
- **두 손가락 회전:** 트위스트 카메라

멀티 터치 입력에 대한 더 자세한 사항은 유저인터페이스의 멀티터치를 참조하세요.

LESSON

03 : 카메라 목록

카메라 탭 상단의 카메라 목록에는 씬의 모든 카메라가 나타나 있습니다. 카메라 목록에는 항상 Free Camera 가 나타나 있으며 이것은 잠그거나 겹쳐쓰기 될 수 없습니다. 이것은 언제나 선택할 수 있으며 카메라 애니메이션에서 독립적으로 유지됩니다.

- **새 카메라 추가**

1. 새로운 카메라를 추가하려면, 카메라 리스트의 좌측에 "새 카메라 추가"를 선택합니다. 카메라 리스트에 현재의 카메라 뷰를 추가합니다.

2. 리본에서 **카메라 추가** 버튼을 찾을 수 있습니다. 현재 카메라 뷰를 새로운 카메라로 찍지만 쉽게 이름을 수정하도록 준비해주지 않습니다. 카메라 이름 수정에 대해서는 아래를 참고하십시오.

> **TIP**
>
> 적절한 각도를 탐색중일 때 스크린샷 설정을 바꾸어 스크린샷을 찍을 때마다 카메라를 생성하도록 할 수 있으며, 괜찮은 카메라 각도를 찾았을 때마다 단축키 P를 누르기만 하면 새로운 카메라를 생성할 수 있습니다.

- **카메라 및 환경 스튜디오 추가**

"카메라와 환경 스튜디오 추가" 는 프로 버전의 특징 기능으로 현재 활성화된 카메라 및 환경과 스튜디오를 추가합니다.

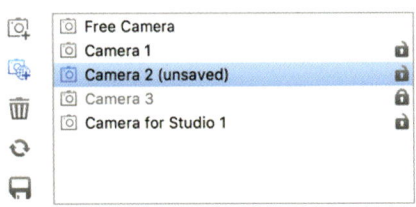

- **카메라 애니메이션 추가하기**

컨텍스트 메뉴에서 카메라 애니메이션을 추가할 수 있습니다. 애니메이션을 추가할 카메라를 우측 클릭하고, 애니메이션을 선택한 뒤 추가하고자 하는 애니메이션의 종류를 선택합니다. 카메라 애니메이션에서 더 자세히 살펴볼 수 있습니다.

- **카메라 편집**

카메라가 저장된 후에는, 카메라가 작동되는 동안 이루어진 어떤 변경도 카메라 이름 뒤에 저장안되었음 표시가 보일 것입니다.

- 💾 **카메라 저장하기:** 변경사항을 저장하고 싶을 때 현재 카메라 저장하기를 선택합니다.
- 🔄 **카메라 초기화하기:** 변경사항을 적용하지 않고 싶을 때 카메라 초기화하기를 선택하여 현재 활성화된 카메라를 마지막으로 저장한 상태로 돌려놓습니다.

새로운 카메라를 리스트에 추가하면, 현재 설정된 상태로 카메라가 추가됩니다. 이전에 선택된 카메라는 마지막으로 저장된 상태로 되돌아 갑니다.

🔒 카메라 잠금
이름을 우측 클릭 또는 잠김 아이콘을 선택하여 카메라를 잠글 수 있습니다. 카메라가 잠김 상태에서는 리본에 있는 텀블/팬/달리 옵션이 비활성화됩니다.

🗑 현재 카메라 제거
현재 카메라 제거 🗑 를 사용하여 잠김이 풀린 카메라를 삭제할 수 있습니다.

카메라 복제하기
카메라를 선택하고 우측 클릭한 뒤 복제하기를 선택합니다.

카메라 이름 바꾸기
선택한 카메라의 이름을 클릭하여 편집 옵션을 열거나 우측 클릭한 후 이름 바꾸기를 선택합니다.

LESSON 04 : 위치와 방향

모든 키샷 카메라는 카메라 대상과 관련된 3D 공간 내의 위치에 따라 정의됩니다. 카메라 대상은 카메라가 쳐다보고 있는 정확한 수학적 포인트 또는 위치를 지정합니다. 관계성은 특히 정밀조정 설정과 카메라 애니메이션에 대해 이해하는데 매우 중요합니다.

01 | 카메라 모드 – 구형(Spherical)

카메라의 위치와 방향을 정의하는 기본 설정입니다. 기본 구형정의를 사용할 때 모든 값은 정적 카메라 대상에 관한 카메라의 위치를 반영합니다.

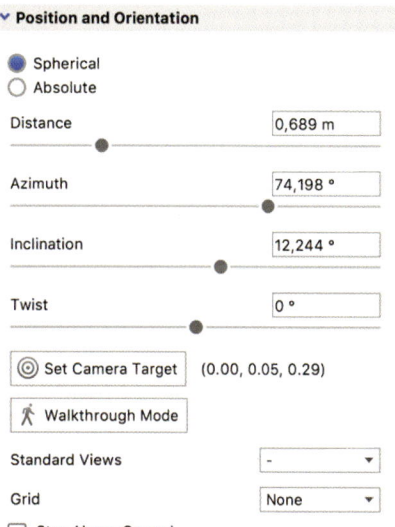

▪ 거리
카메라 대상과 씬 단위의 카메라 사이의 거리 이 값을 너무 낮게 설정하면 카메라가 3D 모델의 "내부"에 있게 됩니다. 이것은 마우스 스크롤 휠로 조정할 수 있습니다. 방향은 설정에서 바꿀 수 있습니다.

▪ 방위각
키샷 위쪽 (Y) 축 주위로 회전, 각도로 측정됨.

▪ 경사
카메라의 기울어짐 또는 수평 판에서 수직 회전.

▪ 꼬임(Twist)
축을 기준으로 카메라를 비틀거나 회전함.

02 | 카메라 모드 – 절대(Absolute)

카메라의 위치(포지션)와 카메라 목표물(대상)을 글로벌 X, Y, Z축으로 설정할 수 있습니다.

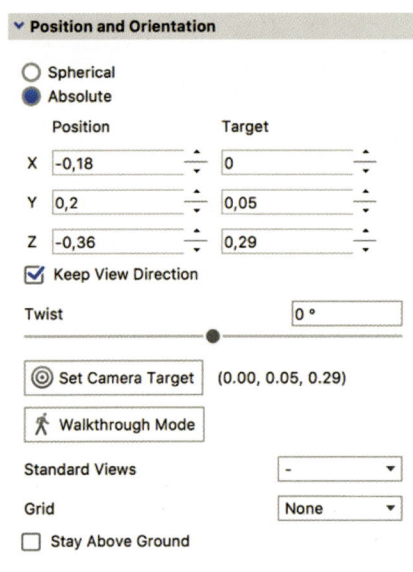

- **포지션**

씬 단위 내의 카메라 위치의 X/Y/Z 좌표를 정의합니다.

- **대상**

씬 단위 내의 카메라 대상의 X/Y/Z 좌표를 정의합니다.

- **보기 방향 유지**

포지션/대상의 보기 방향 변경을 잠급니다. 잠금이 해제되었을 때, 포지션 값이 변경되는 동안에 카메라는 대상 방향을 향하고 있습니다. 체크박스가 체크 표시되면, 카메라 방향은 유지되고 따라서 포지션의 변경에 따라 대상 포인트가 변경됩니다.

- **꼬임**

축을 기준으로 카메라를 비틀거나 회전합니다.

> **TIP**
>
> 카메라 대상을 리셋하려면, 사용자가 실시간 뷰에서 우측 클릭하여 "중앙에 모델 맞추기"를 선택하면 됩니다. 이것은 씬에서 모든 물체의 중앙을 기준으로 보이는 모든 파트들이 한 방향으로 "돌리"합니다. 또한 카메라 대상 설정 도구를 사용하여 대상을 선택할 수 있습니다. 서페이스, 물체 또는 모델을 가리킵니다.

- **표준 뷰**

카메라 프리셋들은 공통된 직각 방향을 기준으로 빠르게 접근합니다. 유의할 사항은, 이것은 자동적으로 카메라 렌즈를 직각 렌즈로 변경시키는 것이 아니라, 카메라의 위치만 변경시킵니다.

- **격자(Grid)**

화면에 격자가 표시되면 이미지 구성 및 카메라 배치에 도움이 됩니다. 그리드는 렌더링 출력물에서는 보이지 않습니다.

- **그라운드 위로 유지**

이 옵션은 카메라의 모든 움직임을 상반구쪽으로만 제한합니다. 대상의 아래 부분을 편집하지 않는 씬에 유용합니다.

보행시선 모드

보행시선 모드는 씬 내부 주위를 이동하고 "1인칭" 시점에서 볼 수 있게 합니다.

보행시선 모드로 들어가려면, 프로젝트 윈도우, 카메라 탭, 위치와 방향으로 갑니다. 보행시선 모드를 선택하면 보행시선 모드 창이 화면에 나타나고 "일인칭 카메라"가 목록에 추가됩니다.

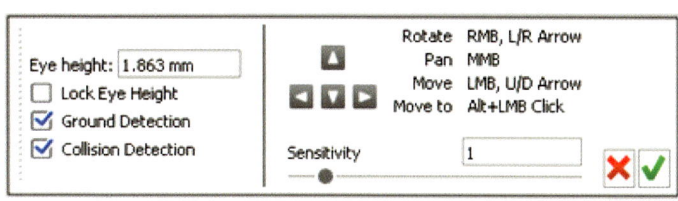

- **눈높이**

눈높이는 보다 낮은 물체와 관련된 카메라의 높이를 나타냅니다.

- **눈높이 잠금**

눈높이를 잠그면 카메라는 일정한 높이를 유지하며, 아래 방향을 커버하는 그라운드 감지 설정을 무시합니다.

- **그라운드 감지**

그라운드 감지는 자동적으로 카메라 높이를 조정하여 위에서 설명한 설정된 눈높이 상태를 유지합니다. 사용자가 계단과 같은 물체를 향해 움직이면, 카메라는 계단을 올라가고 있는 것으로 나타나며, "새로운 그라운드"상태를 받아들일 것입니다.

- **충돌 감지**

이 설정을 선택하면, 물체를 관통해서 사용자가 이동하는 것을 저지합니다. 통과할 수 없는 물체를 관통해 움직이는 것을 막기 때문에 좀 더 현실적인 보행시선을 만드는 데 사용합니다.

- **화살표**

화살표 방향으로 씬 주위에서 "걷기"를 하도록 화살표를 클릭하고 누른 채로 있습니다.

- **감도**

이름에서 알 수 있듯이, 이 조정은 보행시선 모드에서 씬 주위로 이동하도록 제어의 민감도를 조절합니다. 사용자는 슬라이드 위치를 선택하거나 빈칸에 값을 입력할 수 있습니다.

- **확인/취소**

    - 하단 우측에서 X를 클릭하여 변경사항을 취소하고 리스트에서 카메라를 삭제합니다.
    - 하단 우측에서 V를 클릭하여 변경사항을 저장하고 1인칭 카메라를 저장합니다.

TIP

보행시선모드 탐색

보행시선모드에서 씬 내에서 탐색 하려면

1. 키보드에서 화살표를 또는 위젯에서 화살표를 사용하세요.
2. 좌측 마우스 버튼을 잡고 이동하고자 하는 방향으로 드래그하세요.
3. 우측 마우스 버튼을 잡고 제자리에서 회전하도록 드래그하세요.
4. 카메라를 회전시키기 위해 중간 마우스 버튼을 길게 누르세요.

LESSON 05 : 렌즈 설정

프로젝트 윈도우에서 카메라 탭, 렌즈 설정에서 다양한 렌즈 설정을 찾아볼 수 있습니다. 다음과 같은 네 가지 유형이 있습니다.

- 원근감
- 직교 그래픽
- 시프트
- 파노라마

01 | 원근감

원근 렌즈는 물리적인 카메라 렌즈가 어떻게 작동하는 지를 세밀하게 보여줍니다.

> **TIP**
>
> 백플레이트 이미지에서 원근을 일치시키려면, 원근값을 Exif 데이터에 종종 포함되는 카메라 렌즈 초점거리에 맞춰 설정할 것을 권장합니다.

원근감 일치

원근감 일치는 사용자가 원근 카메라와 배경 이미지를 찍은 카메라가 상호작용하여 일치시킬 수 있게 합니다. 원근감 일치를 활성화하려면, 백플레이트를 로드하세요. 더 자세한 설명은 환경 설정을 참고하세요.
원근감 일치 버튼을 클릭할 때, 위젯이 실시간 보기창에 나타납니다. 사용자는 색이 다른 사라지는 선들 2세트 혹은 3세트에 주목하십시오. 선과 색상들은 씬의 좌표 시스템과 일치합니다. X는 청색, Z는 적색, Y는 녹색입니다.

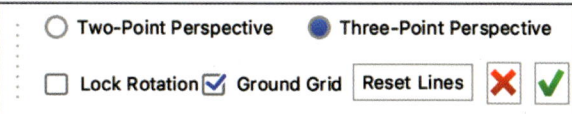

> **TIP**
>
> **시점 맞추기 도구**
> 시점 맞추기가 리본의 도구 섹션에 추가되었다는 사실에 유의하십시오.

▪ 두 점 원근감
대부분의 경우에 사용되는 모드입니다.
물체가 놓여있는 평면에 따라 사라지는 선들을 조정합니다.

▪ 세 점 원근감
3 포인트 원근은 로우앵글 또는 하이앵글로 빌딩 또는 물체를 볼 때 가장 흔하게 사용되는 방법입니다.
소실점을 물체가 놓인 평면 및 수직선에 일치시키기 위해 3세트의 직교선으로 원근을 조정합니다. 일치된 원근의 업 축을 씬에서의 축과 같게 만듭니다.

▪ 회전 잠금
회전이 잠겼을 때에는 3세트의 선을 조정해도 방위가 바뀌지 않습니다.

▪ 그라운드 격자
원근감을 일치시키려면 씬에서 그라운드 격자를 표시하세요. 그리드는 랜더링 결과물에서 보이지 않습니다.

▪ 라인 리셋
모든 세트의 선을 기본값 위치로 리셋합니다. 카메라는 자동으로 업데이트 됩니다.
최상의 결과를 얻기 위해서는, 뷰 메뉴 아래에 있는 "좌표 범례 보이기"를 표시할 것을 권장합니다. Z핫키를 사용하여 "좌표 범례 보이기"를 표시할 수도 있습니다. 좌표범례 보이기는 모델의 방향을 쉽게 볼 수 있도록 해줍니다.

> **TIP**
>
> 최상의 결과를 얻기 위해서, 원근을 일치시킬 때 가이드로써 사용자가 사용할 수 있는 백플레이트 이미지에서 직교선을 발견할 수 있도록 노력합니다. 좌표 레이아웃에 따라 선들의 종점을 배경 이미지에 참조점으로 이동시킵니다. 주의: 카메라 값이 그에 따라 업데이트됩니다. 물체를 위치시키기 위해 카메라를 한 번 얼라인드, 팬, 달리하여, 씬 내에서 적당하게 자리잡게 합니다.

▪ 원근감 / 초점길이
원근감/초점길이는 실시간 보기에서 보여지는 왜곡현상(컨버전스)의 양을 제어합니다. 카메라 렌즈 초점거리를 복제하기 위해 실제 길이가 사용될 수 있습니다.

▪ 화각
시야(FOV)는 원근과 역비례하며 실시간 보기에서 본 "화각(눈에 보이는 범위)"을 제어합니다. 원근값이 커질수록 작게 보이고 반면에 원근값이 작아질수록 크게 보입니다.

- **그라운드 격자**

그라운드 격자는 화면 바탕에서 1:1 격자를 표시합니다. 격자의 밀도는 환경 크기에 따라 달라집니다. 그리드는 원근감과 카메라 각도를 일치시키는 데 유용하며 렌더링된 출력물에서는 보이지 않습니다.

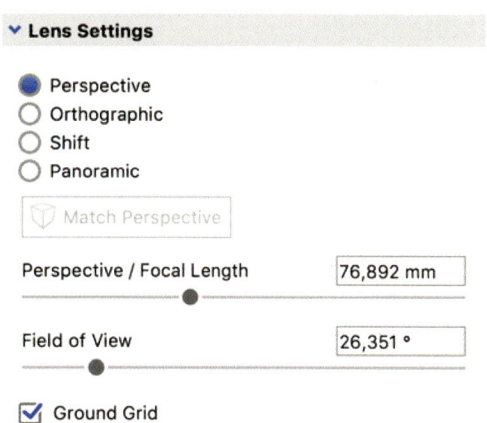

> **TIP**
>
> 인기있는 초점거리 (출처:위키피디아)
> - 14 to 21mm: 초광각—매우 짧은 초점거리 때문에 왜곡현상이 심합니다.
> - 24 to 35mm: 광각—표준 렌즈보다 더 넓은 시야. 먼 부분은 일부 왜곡현상이 나타날 수 있습니다.
> - 50 mm: 표준—약간의 왜곡현상이 있지만 대부분의 경우 받아들일 수 있는 수준입니다.
> - 85 mm: 포트레이트—표준 렌즈보다 왜곡현상이 덜합니다.
> - 135 mm: 망원—멀리 떨어진 사물을 찍는데 또는 제품 사진에 일반적으로 사용됩니다.
> - 200 to 500 mm: 초망원—왜곡현상을 최소화하는 전문화된 렌즈.

02 | 직교 그래픽

직교 그래픽 렌즈는 씬을 보는데 평행 투사를 사용합니다: 카메라 거리 또는 위치와 상관없이 평행으로 보이는 모든 선이 서로 평행이 됨. 직교 그래픽 렌즈는 CAD 모델러에서 쉽게 찾아볼 수 있고, 원근감 왜곡, 축소 또는 시차로 인해 영향을 받지 않습니다. 이는 실시간 보기의 상대 거리가 모든 평행 또는 직각 선에 항상 정확하다는 의미입니다.

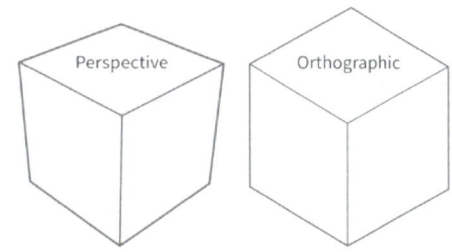

03 | 시프트

Shift 렌즈는 두 점 원근감 카메라 뷰를 재현할 때 유용합니다. 이것은 수직 왜곡을 제거하기 위해 보이는 평면을 시프팅 하면서 카메라 위치를 유지합니다. 주로 쓰이는 곳은 건축 사진이며 Shift 렌즈는 제품 사진에서 제 3 (수직) 소실점을 제거하는데 사용될 수 있습니다.

- **수직 시프트 예측**

시프트 렌즈를 사용하려면, [수직 시프트 예측] 버튼을 누르세요. 그러면 사용자의 카메라는 정면을 향하고 두 점 원근감 렌즈에 필요한 수직 시프트 값을 계산합니다.

- **원근감/초점길이 및 화각**

원근감/초점길이 및 화각은 실시간 뷰에서 보이는 왜곡현상(컨버전스)의 양을 제어합니다. 카메라 렌즈 초점거리를 복제하기 위해 실제 길이가 사용될 수 있습니다.

- **수직 시프트와 수평 시프트**

카메라에 보이는 평면의 수직적, 수평적 움직임을 제어합니다. 실시간 보기에서 볼 수 있는 것을 제어하기 위해서 슬라이더의 범위를 넘어(음의 값을 포함하여!) 이들 값이 조정될 수 있습니다.
언제든 카메라의 위치는 변하며, "수직 시프트 예측" 버튼을 눌러 시프트 값을 재계산하는 것이 필요합니다. 값이 현재 카메라 위치 및 방향에 맞는지 확인합니다.

- **그라운드 격자**

그라운드 격자는 화면 바탕에 1:1 격자를 표시합니다. 격자의 밀도는 환경 크기에 따라 달라집니다. 격자는 원근감과 카메라 각도를 일치시키는 데 유용하며 렌더링된 출력물에서는 보이지 않습니다.

> **TIP**
>
> 자세한 내용은 시프트 렌즈 사용에 관한 내용을 기술한 여기의 블로그를 참고하세요.
> https://blog.keyshot.com/2016/use-shift-lens-setting-keyshot

04 | 파노라마

카메라의 파노라마 렌즈 설정은 구형 또는 사각형 맵 이미지를 실시간 렌더링 하거나 렌더링 출력을 할 수 있게 합니다. 이 기능은 구형 EXR 이미지를 렌더링하여 키샷 씬을 라이팅하는 환경으로 사용하거나 VR 헤드셋 이미지 뷰어로 불러들이는데 사용할 수 있습니다. 언제든 파노라마 렌즈가 사용되면, 카메라 위치가 구형 360도 뷰로 한정되고 카메라 대상이 위치 참조용으로 사용됩니다.

- **파노라마 카메라 사용**

카메라 탭에서 렌즈 설정의 파노라마를 선택하세요. 모드에서 구형 또는 큐브 맵 중 원하는 형식을 선택합니다. 실시간 보기 창에는 현재 파노라마 모드 상태라는 것을 나타내는 "파노라마 미리보기" 메시지가 상단에 표시됩니다. 이는 카메라가 구형으로 회전할 수 있고, 실시간 보기에서 실시간 렌더링은 하지 않는다는 의미입니다.

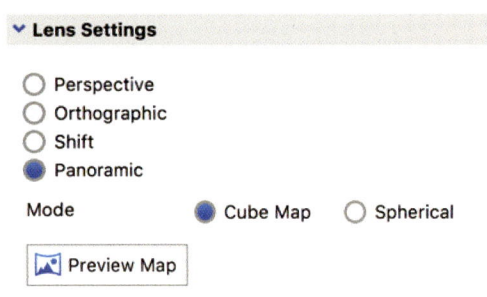

- **큐브 맵 모드**

큐브 맵 모드를 사용하면 이미지 탭의 해상도는 6:1비율로 고정됩니다. 큐브 맵은 정육면체이며 주로 VR해드셋을 가지고 사용합니다.

- **구형 모드**

구체 모드를 사용하면, 이미지 탭의 해상도는 2:1비율로 고정됩니다. 구형 맵은 1개의 이미지로 EXR 이미지를 생성하는 데 사용합니다.

> **TIP**
>
> 맵이 선명하지 않으면, 이미지 탭에서 현재 해상도의 픽셀수를 올리십시오.

- **미리보기 맵**

렌즈 설정의 "미리보기 맵" 버튼을 클릭하면 파노라마 이미지의 "Keyshot 미리보기 맵"창이 열립니다.

- **파노라마와 카메라 리셋**

화면 하단의 "뷰 리셋" 버튼을 클릭하면 카메라는 원래의 뷰로 돌아갑니다.

- **파노라마 카메라 이동**

카메라 위치가 구형 360도 뷰로 제한되어 있으므로, 사용자가 카메라 위치를 조정하고 싶을 수도 있습니다. 파노라마 카메라 이동에는 2가지 방법이 있습니다.

   1. 위치와 방향

   위치와 방향 슬라이더를 조절하거나 숫자를 입력하여 거리, 방위각, 경사도 및 꼬임을 조정할 수 있습니다. 슬라이더로 빠른 조정을 하거나, 정밀하게 조정을 하려면 입력 박스에 값을 입력합니다.

   2. 지오메트리 뷰(Pro 버전만 해당)

   키샷 Pro를 사용하는 경우, "지오메트리 보기 창"을 열고 리본의 지오메트리 뷰 아이콘이나 O 키를 선택합니다. 지오메트리 뷰에서 활성 카메라의 오른쪽 마우스를 클릭하고 "활성 카메라 위치 이동"을 선택하여 카메라를 조정합니다. 활성 카메라를 이동할 때, 사용자는 같은 카메라 대상을 유지하기 위해 자동으로 이를 보게 됩니다.

LESSON 06 : 스테레오 (VR)

렌즈 설정의 원근감 또는 파노라마에서는 스테레오 모드를 사용할 수 있습니다. 이 설정은 씬이 실시간으로 보여지거나 VR 하드웨어를 사용하여 이미지 및 애니메이션으로 출력되게 합니다.

스테레오 원근감이 뷰포트의 입체 이미지를 보여주면 구형 및 사각형 맵으로 360도 스테레오 보기를 할 수 있습니다. 키샷에서 VR 기기의 사용에 대해 더 자세한 사항은 "가상현실" 섹션을 참조하세요.

LESSON 07 심도

심도는 일반 카메라처럼 카메라의 초점 거리와 F-스톱을 설정할 수 있게 합니다.
심도를 활성화하려면, 프로젝트 → 카메라 로 이동하여 심도 체크 박스를 선택합니다.
체크 박스가 선택되면 초점 선택 버튼 이나 수동 입력을 모두 사용할 수 있습니다.

- ⊕ **초점 선택**

초점 선택 버튼을 클릭한 후, 사용자는 실시간 뷰의 어떤 파트든 클릭할 수 있으며 키샷은 클릭한 곳에 초점을 맞추고 F-stop에 맞춰 씬의 나머지 부분을 흐릿하게 처리할 것입니다.

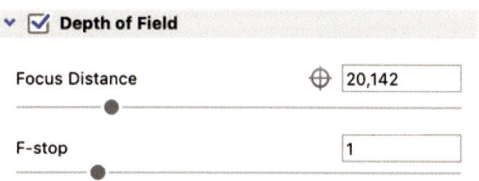

- **초점 거리**

이미지가 가장 선명하게 나타나는 지점에서 카메라까지의 거리.

- **F-스톱**

카메라의 가상 조리개를 조정합니다. "초점이 맞는" 지역의 범위를 결정합니다.
높은 F-stop 값은 선명한 이미지를 만듭니다. 반면에 낮은 F-stop 값은 심도가 낮은 이미지를 만들어 배경이 흐리게 나타납니다.

> **TIP**
>
> 피사계 심도가 작동될 때 지오메트리뷰를 켜면 초점 거리와 F-stop이 변경되는 모습을 볼 수 있습니다. 원근감, 직교 그래픽 또는 시프트 렌즈 설정 에서만 피사계 심도를 사용할 수있습니다.

- **카메라 블레이드의 수 설정**

시뮬레이션 된 카메라 블레이드의 수를 조절할 수 있습니다. 블레이드를 조절하면 피사계심도 보케의 형태에 영향을 미칩니다. 낮은 수치는 삼각형 모양으로 만들고 높은 수치는 더 둥그런 모양이 됩니다. 이 옵션을 끄면 완전히 둥근 보케가 됩니다. 피사계 심도는 원근법, 직교 또는 시프트렌즈와만 같이 사용됩니다.

키샷 사용 사례

PART. 12 카메라

카메라 탭에서는 KeyShot의 모든 카메라 보기에 대한 설정을 제어하고 활성 KeyShot 카메라를 설정할 수 있습니다. 또한 장면의 다양한 카메라 뷰를 저장할 수 있으므로 카메라를 재사용, 수정, 애니메이션화하거나 Studios에서 사용할 수 있습니다.

PART 13

이미지

이 섹션은 프로젝트 윈도우의 이미지 탭의 모든 항목에 대해 설명합니다.

LESSON 01 | 이미지

해상도

해상도는 실시간 뷰에서 렌더링 하는 이미지 크기를 결정하며 렌더링 대화 창에서 사용되는 가로세로 비율을 따릅니다.

이미지 스타일

이미지 스타일은 장면에 비파괴 이미지 조정을 추가하고 결과를 즉시 확인할 수 있게 합니다. 이미지 스타일 조정은 톤, 커브, 색상 및 이미지 효과 설정을 포함하며 실시간 뷰 또는 렌더링 출력 창에 적용되고 그곳에서 확인할 수 있습니다.

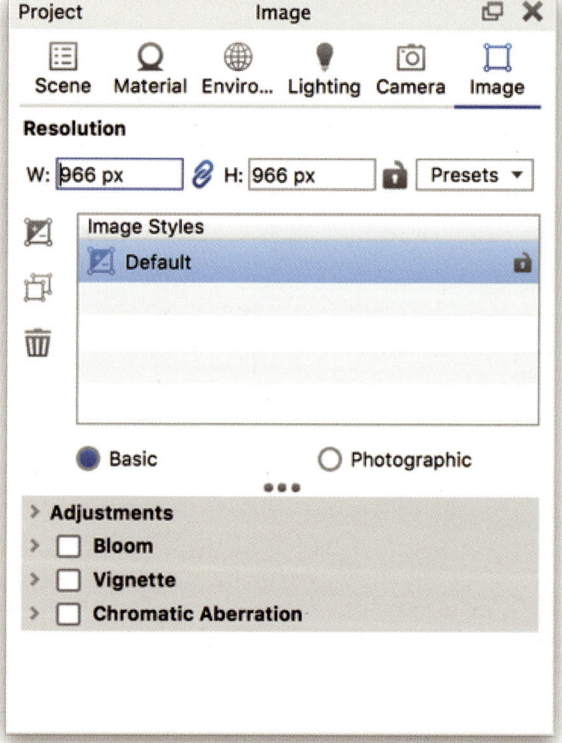

LESSON 02 : 해상도

해상도는 프로젝트 > 이미지 탭에 가장 위쪽에 있는 항목입니다. 해상도는 실시간 보기의 픽셀의 너비와 높이 그리고 최종 출력 이미지의 모습을 결정합니다. 예를 들면, 1920*1080픽셀에서 렌더하려고 한다면, 사용자는 이미지 탭에서 설정된 해상도와 동일한 픽셀로 맞춰야 합니다. 가장 위쪽에 있는 항목입니다. 해상도는 실시간 보기의 픽셀의 너비와 높이 그리고 최종 출력 이미지의 모습을 결정합니다. 예를 들면, 1920*1080픽셀에서 렌더하려고 한다면, 사용자는 이미지 탭에서 설정된 해상도와 동일한 픽셀로 맞춰야 합니다.

- 🔗 종횡비 잠금
종횡비 잠금이 활성화되면, 이미지의 크기에 따라 실시간 보기 창에 표시되는 화면 크기도 조정됩니다. 또한 최종 렌더링된 이미지의 크기도 똑같이 결정됩니다.

- 🔒 해상도 잠금
만약 이미지 크기에 따라 실시간 보기창에 표시되는 화면의 크기가 바뀌는 것을 원하지 않을 경우 "해상도 잠금"을 활성화하면 이미지 크기는 픽셀크기와 동일하게 표시됩니다.

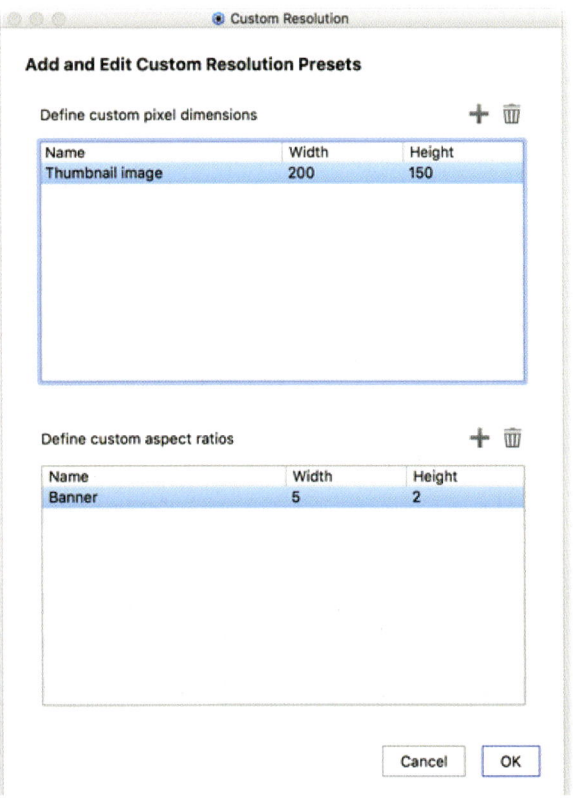

▪ 프리셋

키샷은 프리셋 드롭다운 메뉴에서 선택할 수 있는 기본 프리셋들을 제공합니다. 선택한 프리셋의 해상도에 자동으로 크기가 고정되고 이미지는 실시간 보기 창에 표시됩니다. 해상도 잠금이 된 상태로 프리셋을 선택하면 이미지 크기는 실시간 보기창에 맞춰지지 않습니다. 실시간 보기는 이미지의 크기로 조정될 것이며 심지어 모니터의 크기를 초과할 수도 있습니다.

사용자가 원하는 출력 해상도가 프리셋 드롭다운에 없으면, 값을 수동으로 입력할 수 있으며 또는 프리셋 드롭다운에서 커스텀 편집을 선택하여 커스텀 해상도나 프리셋을 생성할 수 있습니다. 일단 생성되면, 사용자는 프리셋 드롭다운에서 커스텀 메뉴를 통해 추가한 커스텀 프리셋을 사용할 수 있습니다.

> **TIP**
>
> 이미지가 실시간 보기의 크기로 자동적으로 조정되지 않으면, 카메라를 이동하거나 표시된 윈도우 크기를 재조정하십시오.

> **주의사항:**
> 잠금 해상도가 활성화되어 있고 이미지 크기가 화면보다 큰 씬을 열면 KeyShot이 화면보다 커집니다.

LESSON 03 : 이미지 스타일

이미지 스타일을 사용하여, 사용자는 비파괴적 이미지 조정을 씬에 추가할 수 있고, 즉시 결과를 볼 수 있습니다. 이미지 스타일 조정은 톤, 곡선, 색상 및 이미지 효과 설정을 포함하고 있어 이를 실시간 보기 또는 렌더 출력창에서 적용하고 볼 수 있습니다.

이미지 스타일 리스트

이미지 스타일 리스트를 사용하여, 사용자는 무제한으로 이미지 스타일 변형을 줄 수 있습니다. 더하여, 스튜디오를 설정할 때, 사용자는 변형된 이미지를 카메라, 환경, 모델 세트 및 다중 재질들과 결합할 수 있습니다.

이미지 스타일 종류

키샷은 두 종류의 이미지 스타일을 가지고 있습니다.

- **기본:** 노출 및 감마를 위한 기본 조정을 포함하고 있습니다.
- **사진에 가깝게:** 톤, 맵핑, 곡선, 색상 및 레이어들을 포함한 더 다양한 조정을 제공합니다.

두 개의 이미지 스타일은 공통적으로 블룸, 비네트 그리고 색 수차의 옵션을 포함합니다.

> **TIP**
>
> **이미지 조정 및 이미지 효과**
> 기본 이미지 스타일은 KeyShot 8 이전 버전의 이미지 조정 및 이미지 효과 옵션과 거의 동일합니다. 오래된 버전에서 이미지 조정/효과를 사용했던 씬을 연다면 기본 이미지 스타일로서 추가됩니다.

이미지 스타일이 적용되는 방식

이미지 스타일들은 두 가지 방법으로 적용됩니다. 첫째, 사용자가 작업할 때, 이미지 스타일들은 실시간으로 설정되며, 실시간 보기에서 볼 수 있습니다. 둘째, 렌더링할 때 이미지 스타일들은 포스트-프로세스로 적용됩니다(렌더링 후에). 그래서 렌더 성능 혹은 시간에 영향을 미치지 않습니다. 이것은 또한 네트워크 렌더링에서 렌더 프리뷰가 이미지 스타일 조정을 보여주지 않는다는 것을 의미합니다.

01 | 기본 이미지 스타일

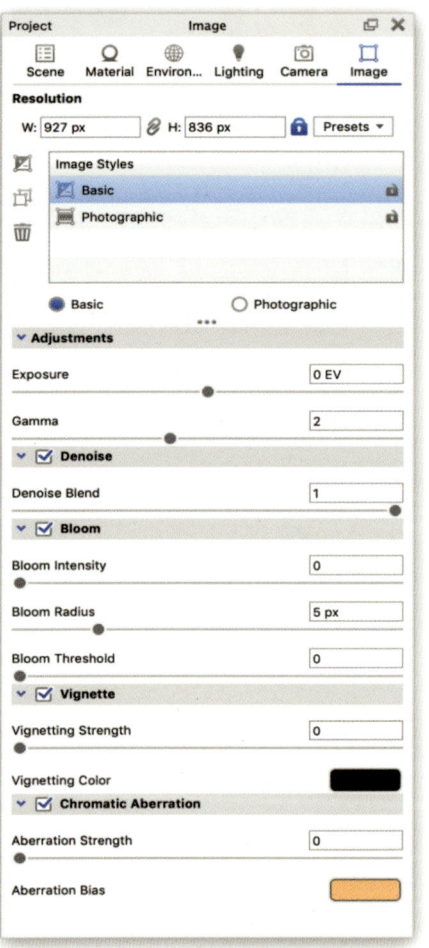

- **조정**
    - **노출:** 빛이 씬에 미치는 영향을 결정합니다. EV(노출값)이 1 증가하면 빛의 양은 2배로 늘어납니다.
    - **감마:** 감마로 이미지의 강도를 조정합니다. 감마를 줄이면 이미지가 어두워지고, 감마 값이 커지면 이미지가 밝아집니다.

- **노이즈 제거**

노이즈 제거는 실시간 뷰 및 최종 렌더링 모두에서 노이즈를 지웁니다. 실시간 뷰에서는 1초만에 적용된 뒤 5초마다 갱신됩니다(이 간격은 환경설정에서 조정할 수 있습니다). HMD의 노이즈 제거 상태를 항상 따를 수 있습니다. 노이즈 제거는 리본에서도 전환 가능하지만 이미지 스타일이 잠금 상태라면 버튼이 비활성화되어 있습니다.

- **노이즈 제거 혼합:** 노이즈 제거 기능으로 렌더링 이미지와 섞인 노이즈 제거 이미지를 생성합니다. 노이즈 제거 섞기 슬라이더로 노이즈 제거 효과의 강도를 제어할 수 있습니다. 이 값이 감소한다면 원본의 노이즈가 이미지에 더욱 드러납니다.
- **파이어 플라이 필터:** 파이어 플라이 필터를 사용하면 이미지에서 눈에 띄는 픽셀을 줄일 수 있습니다. 슬라이더를 사용하여 필터의 강도를 제어합니다. 필터가 강할수록, 경우에 따라 이미지에서 필요한 디테일을 제거하게 될 수 있습니다. 이 경우, 값을 줄이십시오.

- **Sharpen**

Sharpen 효과는 이미지 가장자리를 더 선명하게 만들어 세부 사항을 더 잘 보이게 합니다.

- **Intensity:** 더 어두운 가장자리는 더 어둡게 보이고 더 밝은 가장자리는 더 밝게 보이며, 효과적으로 이미지를 더 "강렬"하게 만듭니다.
- **Radius :** 가장자리 주변의 영역이 확대되어 더 넓게 보이고 더 눈에 띄게 만듭니다.

- **블룸**
    - **블룸 세기:** 빛의 주위 또는 불빛의 밝기
    - **블룸 반경:** 픽셀로 빛이 퍼져나가는 범위를 결정합니다.
    - **블룸 임계점:** 블룸 불빛은 밝은 픽셀 값에 맞춥니다. 값이 0이면 클리핑이 없다는 것을 의미합니다. 값이 커지면 블룸을 가장 밝은 픽셀에 초점을 맞춥니다.

- **비네트**

이미지 주변부의 빛을 감소시켜 어두워 보이게 합니다.

- **비네팅 세기:** 비네트 효과의 세기를 결정합니다. 값이 클수록 효과는 더 크고, 비네팅 색상은 주변부에 나타납니다.
- **비네팅 색상:** 희미하게 표시되는 주변부의 색상을 선택합니다. 기본값은 검정색입니다. 색상 견본을 눌러 원하는 색상을 선택합니다.

- **색 수차**

색 수차는 카메라 렌즈가 모든 색상들을 한 점에 초점을 맞출 수 없을 때 실제 생활에서 발생합니다. 따라서 물체의 경계를 따라서 색상이 번지는 현상이 발생합니다. 이미지 스타일로 사용자는 비슷한 효과를 낼 수 있습니다.

- **수차 세기:** 효과가 얼마나 강한지를 결정합니다.
- **수차 편차:** 왜곡현상의 색상을 제어합니다.

> **주의사항:**
> 블룸 반경은 픽셀로 정의되며, 이 값은 해상도와 비례하지 않습니다. 렌더 출력물이 실시간 보기보다 더 해상도가 높다면 블룸 반경은 렌더 출력물과 비례하지 않습니다.

> **주의사항:**
> 이미지 크기를 초과하는 모델에 색 수차를 사용하면 가장자리 근처에 아티팩트를 초래할 수도 있습니다.

> **TIP**
>
> **레거시 이미지 스타일**
> 이미지 조정/효과를 사용한 키샷7 씬을 열면, 기본 이미지 스타일로 추가될 것입니다.

02 | 사진에 가깝게 이미지 스타일

사진에 가깝게 이미지 스타일은 HDR 이미지를 활용하고 노출부족 또는 과다노출 될 부분의 디테일을 향상시키려고 할 때 더 섬세한 조정이 가능하게 합니다. 기본 이미지 스타일의 범위는 선형 또는 순수한 흰색인 반면 사진에 가깝게 이미지 스타일은 흰색과 하이라이트로 강조된 부분을 조절할 수 있습니다.

톤 맵핑

- **노출:** 씬이 빛에 미치는 영향을 결정합니다. EV (노출값)를 1 씩 증가 시키면 이미지의 빛의 양이 두 배가됩니다.

- **화이트 밸런스:** 이미지의 색 온도를 조정합니다. 음수 값은 따뜻한 톤을 반환하고 양수 값은 시원한 톤을 제공합니다.

- **대비:** 흑백의 차이를 결정합니다. 대비를 낮추면 색상이 함께 녹기 시작하고 대비를 높이면 밝은 부분이 밝아지고 어두운 부분이 더 어두워집니다.

- **이미지 변형** : 매핑 커브를 어떻게 해석할지 결정합니다.

    - **선형:** 하이라이트를 고정하는 선형 반응 커브입니다. 기본 이미지 스타일과 비슷합니다.

    - **낮은 대비:** 높은 동적 범위의 씬에 적합하도록 최소 또는 최대에 가까운 값은 압축되어 있습니다. 라이팅 대비가 높은 씬의 예로 태양과 하늘이 있는 실내가 있습니다.

    - **높은 대비:** 중간 정도의 동적의 범위 씬에 적합하도록 최소 또는 최대에 가까운 값이 압축되어 있습니다. 라이팅 대비가 낮거나 중간 정도인 씬의 예시로 분산 라이팅의 제품 촬영이 있습니다.

    - **ACES:** 밝게 빛나는 LED와 같은 강렬한 색상의 색조를 유지하고 자연스러운 색상으로 영화 같은 느낌을 제공합니다.

커브

- **히스토그램:** 히스토그램은 이미지에서 음영, 중간톤, 빛, 화이트와 하이라이트를 시각적으로 보여줍니다. 개별 제어점은 값과 연결되어 있어서 제어점의 입력값 또는 위치가 변화하면 즉시 업데이트됩니다. 히스토그램 타이틀 옆에 있는 작은 삼각형을 토글하여 히스토그램을 숨기거나 나타나게 할 수 있습니다.

- **섀도우:** 음영값을 증가시켜 이들 부분에 디테일을 추가할 수 있습니다. 음영값을 감소시켜 이미지의 어두운 부분을 훨씬 더 어두워 보이게 할 수 있습니다.

- **중간톤:** 중간톤을 조정하여, 사용자는 음영과 밝게 강조된 부분 사이의 값에 영향을 줍니다. 값이 증가하면 중간톤이 더 밝아지고, 값이 감소하면 중간톤은 더 어두워집니다.

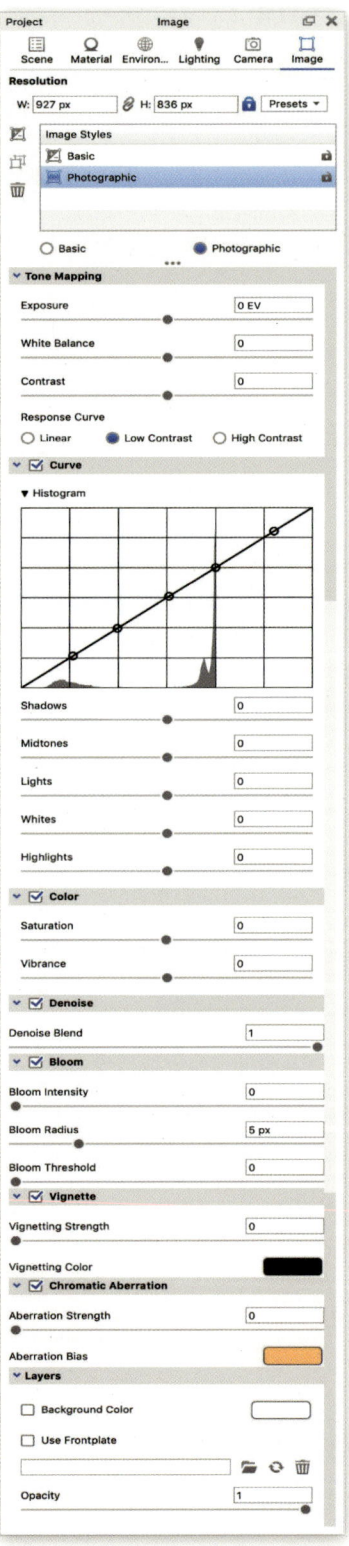

- **라이트:** 빛값을 조정하면, 중간톤 범위내에 더 밝은 부분에 영향을 미칩니다.

- **흰색:** 이 값은 "흰-점"을 의미합니다. 햇빛에 비춘 백지와 같다고 할 수 있습니다. 값을 증가시키면 흰색은 더 하얗게 보이고, 값을 감소시키면 회색에 가까워집니다.

- **하이라이트:** 하이라이트를 조정하면, 가장 많이 빛을 받는 부분에 영향을 주며, 가장 효율적으로 광원을 반사합니다. 하이라이트 값을 감소시켜 밝은 부분의 디테일을 보이게 할 수 있습니다. 하이라이트 값을 증가시켜 밝은 부분을 훨씬 더 밝게 보이게 할 수 있습니다.

색상

- **포화:** 색상 농도의 균일한 증가/감소. 음의 값은 이미지의 채도를 낮추고, 값의 증가는 이미지의 채도를 높입니다. 0은 중립.

- **바이브런스:** 채도를 조정하지 않으면서, 좀 더 차분한 색상에 강도를 증가시킵니다.

노이즈 제거

노이즈 제거는 실시간 뷰 및 최종 렌더링 모두에서 노이즈를 지웁니다. 실시간 뷰에서는 1초만에 적용된 뒤 5초마다 갱신됩니다(이 간격은 환경설정에서 바꿀 수 있습니다). HMD의 노이즈 제거 상태를 항상 따릅니다. 노이즈 제거는 리본에서도 전환 가능하지만 이미지 스타일이 잠금 상태라면 버튼이 비활성화되어 있습니다.

- **노이즈 제거 혼합:** 노이즈 제거 기능으로 렌더링 이미지와 섞인 노이즈 제거된 이미지를 생성합니다. 노이즈 제거 혼합 슬라이더로 노이즈 제거 효과의 강도를 제어할 수 있습니다. 이 값이 감소한다면 원본의 노이즈가 이미지에 더욱 드러납니다.

- **파이어플라이 필터:** 파이어플라이 필터를 사용하면 이미지에서 눈에 띄는 픽셀을 줄일 수 있습니다. 슬라이더를 사용하여 필터의 강도를 제어합니다. 필터가 강할수록, 경우에 따라 이미지에서 필요한 디테일을 제거하게 될 수 있습니다. 이 경우, 값을 줄이십시오.

Sharpen

Sharpen 효과는 이미지 가장자리를 더 선명하게 만들어 세부 사항을 더 잘 보이게 합니다.

- **Intensity:** 더 어두운 가장자리는 더 어둡게 보이고 더 밝은 가장자리는 더 밝게 보이며, 효과적으로 이미지를 더 "강렬"하게 만듭니다.

- **Radius :** 가장자리 주변의 영역이 확대되어 더 넓게 보이고 더 눈에 띄게 만듭니다.

블룸

- **블룸 세기:** 빛의 주위 또는 불빛의 밝기.

- **블룸 반경:** 픽셀로 빛이 퍼져나가는 범위를 결정합니다.

- **블룸 임계점:** 블룸 불빛은 밝은 픽셀 값에 맞춥니다. 값이 0이면 클리핑이 없다는 것을 의미합니다. 값이 커지면 블룸을 가장 밝은 픽셀에 초점을 맞춥니다.

> **주의사항:**
> 블룸 반경은 픽셀로 정의되며, 이 값은 해상도와 비례하지 않습니다. 렌더 출력물이 실시간 보기보다 더 해상도가 높다면 블룸 반경은 렌더 출력물과 비례하지 않습니다.

비네트

이미지 주변부의 빛을 감소시켜 주변부를 어둡게 합니다.

- **비네트 강도:** 비네트가 얼마나 강한지를 결정합니다. 값이 클수록 더 단색이 되며, 비네팅 색상은 코너에 있게됩니다.

- **비네팅 색상:** 비네트가 희미하게 사라지며 어떤 색으로 변할 것인가를 선택합니다. 기본값은 검정색입니다. 색상 선택기를 작동시키기 위해서 색상-필드를 클릭합니다.

색 수차

색 수차는 카메라 렌즈가 모든 색상들을 한 점에 초점을 맞출 수 없을 때 실제 생활에서 발생합니다. 따라서 물체의 경계를 따라서 색상이 번지는 현상을 이미지화하고 싶을 때, 이와 같이 표현 가능합니다.

- **수차 세기:** 효과가 얼마나 강한지를 결정합니다.
- **수차 편차:** 왜곡현상의 색상을 제어합니다.

> **주의사항:**
> 이미지 크기를 초과하는 모델에 크로메틱 수차를 사용하면 가장자리 근처에 아티펙트를 초래할 수도 있습니다.

레이어

- **배경색상:** 배경색을 체크하면 배경이 단색으로 바뀝니다. 배경 색상을 바꾸려면 오른쪽의 색상필드를 클릭하여 배경색을 선택합니다.

> **TIP**
>
> **환경 배경**
> 사진에 가깝게 이미지 스타일에 배경색을 사용하면 환경 배경 설정보다 우선합니다. 그러나 음영색은 여전히 환경 설정에 영향을 받습니다. 그래서 최상의 그림자색을 만들려면, 이미지 스타일 배경색을 사용할 때, 환경에서 검정색 배경을 사용하는 것이 좋습니다.

- **전면판 사용:** 프론트 플레이트로, 사용자는 이미지 앞에 이미지 레이어를 추가할 수 있습니다.
    - 폴더 아이콘 📁을 누르거나 또는 로컬 폴더 혹은 라이브러리에서 입력창으로 이미지를 드래그하여 이미지를 추가합니다. 지원하는 파일형식은 .jpg, .jpeg, .tif, .tiff, .bmp, .png, .gif, .dds, .hdr, .hdz, .exr, .tga, .ppm, .ktx, .psd.가 있습니다.
    - 🔄 리프레쉬 아이콘를 클릭하여 프론트 플레이트를 바꿀 수 있습니다.
    - 🗑 트레쉬 아이콘을 클릭하여 프론트 플레이트를 삭제할 수 있습니다.

> **주의사항:**
> 프론트 플레이트로 사용된 이미지는 모델의 크기에 맞추기 위해 길이가 늘어납니다.

- **불투명도:** 슬라이더를 조정하거나 또는 0부터 1사이의 값을 입력하여 프론트 플레이트의 불투명도를 설정합니다. 0은 완전 투명을 1은 불투명을 의미합니다.

키샷 사용 사례

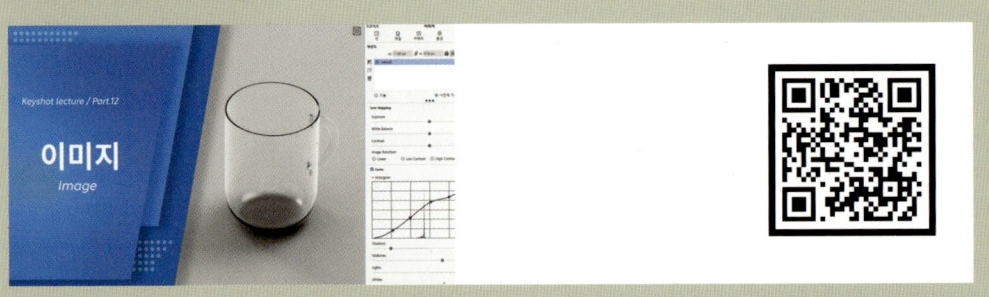

PART. 13 이미지

이미지 스타일을 사용하면 장면에 비파괴적인 이미지 조정을 추가하고 결과를 즉시 확인할 수 있습니다. 이미지 스타일 조정에는 실시간 보기 또는 렌더링 출력 창에 적용하고 볼 수 있는 톤, 곡선, 색상 및 이미지 효과 설정이 포함됩니다.

PART 14

스튜디오

KeyShot Studios를 사용하면 씬 / 모델 / 재료 변형을 하나의 파일로 결합하여 저장하여 빠르게 생성하고 프리젠 테이션할 수 있습니다.
스튜디오에는 카메라, 환경, 이미지 스타일, 모델 세트 또는 다중 재료의 조합이 포함될 수 있습니다.

LESSON 01 스튜디오

01 스튜디오 창

- **스튜디오 창**
  - 메인 메뉴 윈도우의 스튜디오
  - 메뉴바의 스튜디오 아이콘 또는 핫키 U를 눌러서 실행할 수 있습니다.

- Studios 창의 맨 위에는 씬에 포함된 Studio 목록이 있습니다. 활성 스튜디오는 파란색 배경으로 강조 표시됩니다.

- Studio 이름과 함께 표시된 아이콘 은 스튜디오에 포함된 요소를 나타냅니다.

- 드래그 앤 드롭으로 스튜디오 목록을 재정렬할 수 있습니다.

- 스튜디오 목록 옆에 새 스튜디오 추가, 스튜디오 삭제 및 썸네일 설정 옵션이 있습니다.

- Studios 목록에는 현재 활성화 된 카메라, 환경, 이미지 스타일, 모델 세트 및 다중 재료를 표시하는 5개의 드롭 다운 메뉴가 있습니다.

02 스튜디오 설정

왼쪽 상단에서 스튜디오 추가 아이콘 을 클릭하여 새 스튜디오를 추가하십시오. 새 Studio에는 씬의 활성 요소가 미리 채워져 있지만 기본적으로 활성 카메라 및 환경 만 포함 (확인)됩니다. Studio에서 해당 요소를 포함 / 제외 하려면 언제든지 확인란을 선택 / 선택 취소할 수 있습니다.

Studio를 수정하려면 드롭 다운 메뉴에서 다른 카메라, 환경, 모델 세트 또는 다중 재질을 선택하십시오.

- **카메라**
스튜디오에서 사용할 카메라를 선택하십시오 . 설정하지 않으면 스튜디오에서 활성 카메라를 사용합니다.

- **환경**
스튜디오에서 사용할 환경을 선택하십시오 . 설정하지 않으면 스튜디오에서 활성 환경을 사용합니다.

- **이미지 스타일**
Studio에 이미지 스타일을 추가할 수 있습니다. 여기에는 프론트 플레이트가 포함됩니다. 이미지 스타일을 선택하지 않으면 활성 이미지 스타일이 사용됩니다.

- **모델 세트**
모델 세트 드롭 다운 메뉴에서 해당 상자를 선택하여 Studio에 여러 모델 세트를 추가할 수 있습니다.

- **다중 재질**
다중 재질을 선택하면 스튜디오에 표시할 다중 재질을 선택할 수 있습니다. 드롭 다운 메뉴에서 다중 재질을 선택하면 드롭 다운 메뉴에 재질 목록이 표시됩니다.

> **주의사항:**
> 구성기와 함께 스튜디오를 사용하는 경우 구성기에서 선택할 수있는 모델 세트 / 다중 재질은 스튜디오에 연결된 것으로 간주되지 않습니다. 즉, "props"를 포함하는 모델 세트 만 Studio와 연결됩니다. 이는 프롭 재질 만 스튜디오에서 변경할 수 있습니다.

03 | 썸네일

Studio가 생성되면 썸네일이 자동으로 생성됩니다. 카메라가 Free Camera로 설정된 경우 썸네일에 환경이 표시됩니다. 맨 아래에있는 썸네일 렌더링 버튼을 클릭하여 각 Studio에 대한 썸네일을 생성할 수 있습니다.실시간 뷰의 활성 요소를 사용하여 썸네일을 만듭니다.

썸네일 설정

- **미리보기 크기:** 목록의 썸네일 크기를 설정하거나 목록에서 썸네일이 보이지 않도록 설정합니다.

- **썸네일 렌더링 설정**
    - **샘플:** 각 썸네일을 렌더링할 때 사용할 샘플 수를 설정합니다.

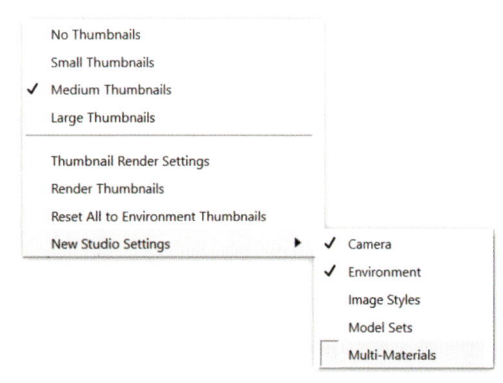

- **썸네일이 없는 스튜디오의 환경 썸네일 사용:** 썸네일에 카메라를 포함하지 않은 스튜디오가 있다면 프리카메라에서 렌더링하거나 썸네일이 환경 썸네일을 보여주도록할 수 있습니다.
- **고해상도 렌더링:** 예를 들어, 구성기에 쓰기 위해 더 좋은 해상도의 썸네일이 필요하다면 사용합니다.

- **썸네일 렌더링:** 모든 썸네일을 렌더링합니다. 특정 스튜디오의 썸네일만 렌더링하고 싶다면 스튜디오를 선택하고 미리보기 아래 버튼을 누릅니다.

- **환경 썸네일로 모두 리셋:** 모든 현재 썸네일을 삭제하고 환경 썸네일로 대체합니다. 스튜디오에 포함된 환경이 없다면 현재 환경이 사용됩니다.

새로운 스튜디오 설정

새로운 스튜디오를 추가할 때, 기본 설정은 매번 카메라와 환경만을 포함합니다. 하지만 **새로운 스튜디오 설정** 메뉴에서는, 새로운 스튜디오를 생성할 때마다 어떤 요소(카메라, 환경, 이미지 스타일, 모델 세트, 다중 재질)들을 사용할지 설정할 수 있습니다.

04 | 스튜디오 전환 이벤트

애니메이션 작업 중 **스튜디오 전환 이벤트**를 사용하여 애니메이션의 일부로서 전체 스튜디오를 전환할 수 있습니다. 스튜디오 목록에서 스튜디오를 오른쪽 클릭하는 것으로 추가 가능합니다.

키샷 사용 사례

PART. 14 스튜디오

카메라 탭에서는 KeyShot의 모든 카메라 보기에 대한 설정을 제어하고 활성 KeyShot 카메라를 설정할 수 있습니다. 또한 장면의 다양한 카메라 뷰를 저장할 수 있으므로 카메라를 재사용, 수정, 애니메이션화하거나 Studios에서 사용할 수 있습니다.

Keyshot 2024 Pro

도구

리본 메뉴에 정리된 도구 묶음 이 있습니다.

- **지오메트리 도구:** 지오메트리 도구는 씬의 지오메트리에 영향을 주거나 지오메트리를 고치기 위한 다양한 방법을 제공합니다.
- **재질 도구:** 재질 도구는 재질을 불러오고 적용하기 위한 다양한 방법을 제공합니다.
- **카메라도구:** 카메라 도구는 카메라의 위치에 영향을 줍니다.

LESSON 01 : 이동 툴

이동 툴은 다양한 방법으로 시작할 수 있습니다.

- 씬 트리에서 선택한 파트/모델을 마우스 오른쪽 버튼으로 클릭하고 이동하기를 선택합니다.
- 실시간 뷰에서 파트를 마우스 오른쪽 버튼으로 클릭하고 이동하고 싶은 대상에 따라 선택 이동하기, 파트 이동하기 또는 모델 이동하기 중 하나를 선택합니다.
- 리본의 도구 섹션의 이동 버튼을 클릭하거나 프로젝트 패널의 씬 탭을 클릭합니다. 부품이 선택되지 않은 경우에는 오브젝트 선택창이 열리고, 이동할 파트를 선택할 수 있습니다.
- 윈도우 단축키 Ctrl+d 또는 맥 단축키 cmd+d를 사용합니다. 선택된 파트가 없다면 오브젝트 선택 창이 실행되어 어떤 파트를 이동시킬지 선택할 수 있습니다.

한 번 무엇을 바꿀지 선택했다면 실시간 뷰에서 이동 도구가 보일 것입니다. 이동 도구는 X, Y, Z축 방향의 이동, 회전, 스케일을 제어할 수 있는 다양한 핸들로 구성되었습니다.

01 | 이동 도구로 작업하기

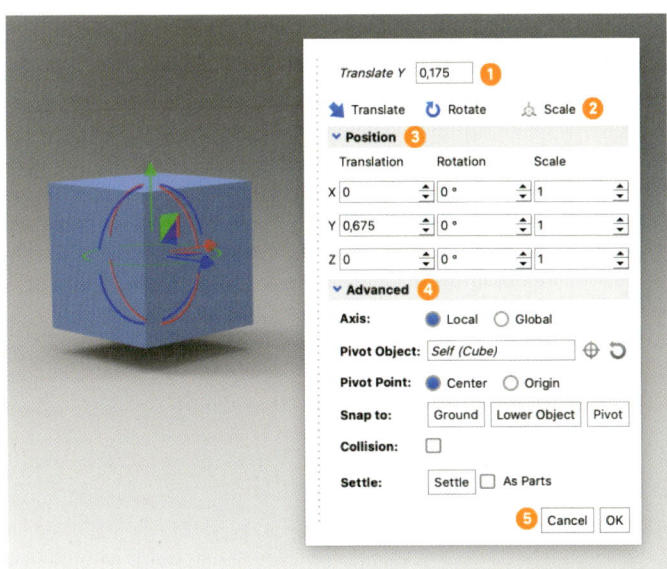

1. 이동 편집

이동을 완료한 후 이동 도구 상단에 물체의 이동/회전/비율이 얼마나 조정됐는지 표시됩니다. 이 값을 그때 편집할 수 있습니다.

2. 모드 선택

이동 도구에서 어떤 핸들을 표시할지 선택합니다. 회전할 때 Shift 키를 누르면서 드래그하면 15도씩 회전합니다.

3. 포지션

현재 이동시키는 물체의 정확한 위치를 표시합니다. 물체 위치를 빠르게 조정하기 위해 상자를 편집할 수 있습니다.

4. 고급

1. 축
이동 시 참조할 축을 선택합니다.

- **로컬**은 파트 또는 모델에 내재된 축을 사용합니다.
- **전역**은 키샷 씬의 XYZ 축을 사용합니다.

2. 피봇 오브젝트
기본적으로 중심은 현재 선택한 대상들의 중심입니다. 다른 피봇을 선택하고 싶다면 '선택'을 눌러 피봇 선택 대화 창을 엽니다.

- **선택:** 피봇 선택 대화 창이 표시되면 대화 창 자체에서, 또는 실시간 뷰에서 파트를 클릭해서 피봇으로 사용할 파트 또는 모델/그룹을 선택하고 OK를 누릅니다. 이렇게 하면 선택한 대상들의 중심을 피봇으로 설정할 수 있습니다. 피봇의 이름은 파트/그룹의 이름으로 바뀌고 이동 도구는 피봇으로 이동합니다.
- **리셋:** 리셋 버튼은 피봇을 파트의 중심에 있는 원래 위치로 돌려놓고 피봇 이름은 다시 '자체'로 바뀝니다.

3. 피봇 포인트
중심이 아닌 회전축 지점으로 포함하여 모델링한 물체일 때, 어느 회전축 지점을 사용할지 선택할 수 있습니다.

- **중심:** 물체의 중심이 이동의 회전축 지점으로 사용됩니다.
- **원점:** 물체의 모델링 소프트웨어에서 규정한 회전축 지점이 이동 시 사용됩니다.

4. 스냅 대상
스냅으로 물체를 빠르게 제자리에 이동시킬 수 있습니다.

- **그라운드:** 지면으로 스냅하면 모델이 Y방향(상하 방향)으로 움직여 지면위의 상자의 가장 낮은 지점으로 이동합니다. 모델이 이동하여 더 이상 지면과 접촉하지 않을 때 유용합니다.

- **Lower 오브젝트:** 아래쪽 대상으로 스냅하면 물체의 하단 모서리가 아래에 위치한 파트의 상단 모서리까지 자동으로 이동합니다.
- **피봇:** 회전축으로 스냅하면 선택한 회전축으로 파트가 이동합니다. 정확히 말하자면 이 옵션은 회전축 대상의 중심과 파트의 중심을 나란히 맞춥니다.
- **충돌:** 충돌 감지를 토글합니다. 이렇게 하면 씬에서 객체를 이동할 때 객체 간의 충돌이 감지되고 객체의 교차를 피하기가 더 쉬워집니다. 충돌 감지를 일시적으로 비활성화하려면 객체가 이동하는 동안 Windows는 ctrl을 누르고 Mac은 cmd를 누르고 있으면 됩니다.
- **정리:** Settle 기능은 물리학을 사용하여 현재 선택한 개체를 삭제합니다.
- **파트로서:** 그룹이 선택된 경우 이를 토글하면 Settle이 그룹의 부품을 개별 개체로 간주하게 됩니다.

5. 취소/확인
이동을 확정하려면 확인를 클릭합니다. 실행된 이동을 취소하려면 취소를 클릭합니다.

> **주의사항:**
> 충돌 및 정리 기능은 두께가 없는 표면으로 구성된 개체에서는 작동하지 않습니다.

LESSON 02 : UV 래핑해제

복잡한 표면에 라벨을 붙일 때, RealCloth같은 재질을 사용할 때, 또는 물체에 적용한 텍스처의 이음매와 방향을 제어할 때, 좋은 UV는 필수입니다. 지오메트리가 괜찮은 UV를 가지고 있지 않다면, 물체의 UV 좌표를 생성하기 위해 UV 언래핑 도구를 사용할 수 있습니다.

이음매, 차트, 방향을 선택하여 UV 좌표의 생성을 제어할 수 있습니다. 만족스러운 차트 목록을 얻었을 때 언래핑을 클릭한 다음, 차트들이 서로 일치하도록 각 차트의 각도와 비율을 설정하면 됩니다.

제일 위의 라벨이 리얼 클로쓰로 마감한 물체.
UV매핑을 할 수 없었다면 라벨은 늘어져 보였을 것입니다.

> **TIP**
>
> **UV 매핑에 대하여**
> UV 매핑은 3D 물체 위에 2D 텍스처를 투영하는 방법입니다. U 및 V 좌표 세트를 사용하여 표면의 특정 지점에 텍스처를 매핑할 때 사용됩니다.
>
> **키샷은 다음과 같이 작동합니다.**
>
> - **차트**: 차트는 표면의 한 구역당 독립적인 UV 좌표 세트를 가집니다. 언래핑을 실행한 물체는 1개 또는 여러 개의 차트를 가질 수 있습니다.
> - **이음매**: 이음매는 차트의 절개된 부분 또는 차트의 모서리입니다.
> - **방향 가이드**: 방향 가이드는 차트의 U방향을 표시합니다.

도구 UI

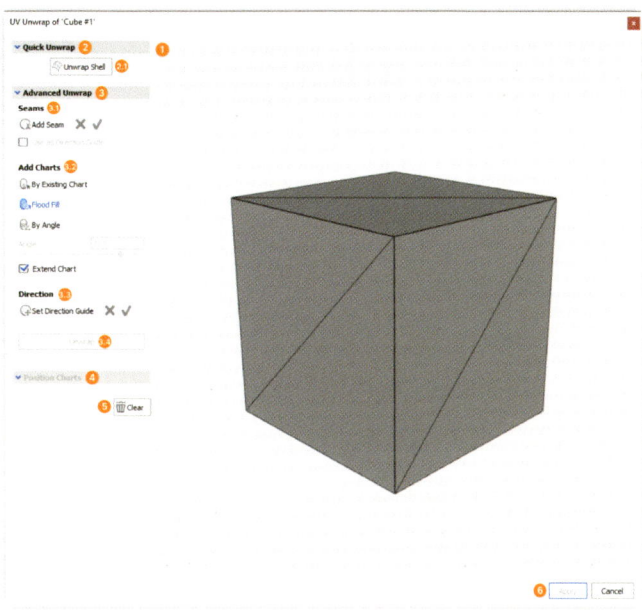

1. 미리보기

언래핑 대상 물체를 표시합니다. 윤곽선이 지오메트리의 매쉬를 표시합니다. 매쉬의 표면은 언래핑을 위해 차트를 설정할 때 경계와 방향의 기반이 되기도 합니다.

2. 빠른 래핑해재

- **쉘 래핑해제:** 이 방법은 클릭 한 번으로 쉘을 언래핑합니다. 구멍이 있는 간단한 쉘을 대상으로 하며, 동그란 공 모양의 지오메트리, 즉 닫힌 물체를 언래핑할 수는 없습니다. 그 경우 고급 언래핑에서 여러 개의 차트를 명시하고 경계 추가 위치를 제어해야 합니다.

3. 고급 래핑 해제

고급 언래핑은 여러 개의 차트를 생성하고, 경계 위치를 지정하고, UV 좌표의 U방향을 제어할 수 있는 기능입니다.

- **경계:** 지오메트리가 공 모양(닫힌 지오메트리)이거나 일부 인스턴스에서는 원기둥(구멍이 있는 표면)일 때, UV 언래핑을 하려면 한 개 이상의 경계를 설정해야 합니다. 경계 추가 설정이 필요합니다.

    - **경계 추가:** 미리 보기에서 경계 위치를 선택할 수 있는 기능입니다. 경계가 빨간색으로 강조됩니다. UV 좌표의 U방향이 경계를 따라가기를 원할 때 방향 가이드로 사용을 활성화하십시오. 이 설정이 활성화된 유형의 경계는 주황색으로 강조됩니다. 경계를 취소 또는 적용할 때 ✖✔ 버튼을 사용하십시오.

- **차트:** 차트 하나는 표면의 한 구역을 위한 독립적인 UV 좌표 세트를 포함합니다. 차트를 생성하는 방법은 총 3가지가 있습니다. 활성화된 방법은 파란색으로 표시됩니다.

- **기존 차트별:** 이 방법은 기존의 UV 좌표 세트 중에서 차트를 다시 선택하는 방법입니다. 물체에 UV 좌표가 포함되어 있지 않은 경우 이 옵션은 사용할 수 없습니다.
- **플러드 필:** 이 방법은 차트 크기를 다른 차트 또는 경계를 만날 때까지 늘립니다.
- **각도별:** 이 방법으로 추가된 차트의 크기는 그물망 안의 삼각형 사이 각도에 따릅니다. 인접한 두 개의 삼각형 사이 각도가 각도 슬라이더로 설정한 각도보다 커졌을 때 차트가 멈춥니다.
- **차트 확장:** 차트를 추가하고 싶을 때 활성화합니다. 활성화한 후 추가하려는 차트와 표면을 공유하는 삼각형 하나를 클릭하면, 그 차트에 다음 차트가 추가됩니다. 얼마나 추가될지는 활성화된 선택 모드에 따라 다릅니다.

- **방향:**
  - **방향 가이드 설정:** UV 좌표의 U방향을 설정하는 기능입니다. 가이드끼리 만나지 않아야 한다는 점에 유의하십시오. 방향은 초록색으로 강조됩니다. 차트를 추가하기 전과 후 모두 방향 가이드를 추가할 수 있습니다. 방향을 취소 또는 적용할 때 ✖✔ 버튼을 사용하십시오.

- **래핑해제:** 차트의 경계와 방향에 만족했을 때 물체를 UV 래핑해제합니다.

4. 위치 차트

물체를 언래핑하면 차트는 UV의 흐름을 보여주는 텍스처와 함께 표시됩니다

- **기본 UV 사이즈:** 이 슬라이더로 모든 차트의 비율을 조정할 수 있습니다.

- **비율:** 차트 크기가 일치하지 않을 경우 미리보기에서 차트를 클릭한 후 해당 차트의 비율을 조정할 수 있습니다.

- **회전:** 차트의 방향을 바꾸고 싶을 때 미리보기에서 차트를 선택한 후 이 슬라이더를 조정하여 UV를 회전할 수 있습니다.

> **주의사항:**
> 하나의 차트의 비율/회전을 변경하면 다른 차트의 UV 좌표가 조금씩 이동할 수 있습니다. 이는 UV 공간에서 차트가 서로 겹치지 않기 위한 대책입니다.

- **UV 차트에 재질 텍스처 사용:** 활성화하면 미리보기에서 파트에 새로운 UV를 적용하기 전, 현재 재질 텍스처를 확인할 수 있습니다. 재질에 텍스처가 적용되어 있을 때 사용 가능합니다.

5. 초기화

이 과정 중 어느 시점에서도 초기화를 클릭할 수 있습니다. 이는 물체의 상태를 도구가 처음 실행되었을 때로 되돌립니다.

6. 취소/적용

취소하면 새로운 UV는 적용되지 않고 도구가 닫힙니다. 적용하면 (언래핑 했을 경우) 새로운 UV를 적용한 후 도구가 닫힙니다. 이 작업은 실행 취소할 수 없습니다.

01 | UV 래핑해제 방법

UV 래핑해제 도구는 메뉴의 도구에서, 또는 씬 트리나 실시간 뷰에서 파트를 오른쪽 클릭하여 실행할 수 있습니다. 도구를 실행했을 때 선택된 대상이 없으면 선택 대화창이 나타납니다. 목록에서 래핑해제하려는 파트를 선택하거나, 실시간 뷰에서 파트를 클릭하면 선택된 파트가 강조됩니다. 래핑해제하려는 물체의 유형에 따라 2가지 방법이 있습니다.

1. 빠른 래핑해제

쉘 래핑해제: 간단한 (모서리가 열려있는) 쉘 물체일 경우 사용할 수 있습니다. 클릭 한 번으로 물체가 래핑해제됩니다. 이 방법은 구체 지오메트리(닫힌 메쉬) 및 원기둥에는 사용할 수 없으며, 고급 래핑해제을 사용해야 좋은 결과를 만들 수 있습니다.

2. 고급 래핑해제

고급 래핑해제은 여러 개의 차트를 생성하고, 경계 위치를 지정하고, UV 좌표의 U방향을 제어할 수 있는 기능입니다.

- **경계 추가:** 경계 **추가** 버튼을 클릭합니다. 그 다음, 경계가 시작되기를 원하는 표면을 (미리보기에서) 클릭합니다. 다시 클릭하여 더 많은 매듭을 추가하고, 경계를 (빨간 선으로) 그립니다. 하나 이상의 매듭을 추가하면 미리 보기에서 경로를 제안합니다(점선). 점선을 한 번 클릭하면 제안된 경로를 따라 이음매가 연장됩니다. 제안 경로를 사용하지 않을 경우, 표면의 다른 지점을 클릭하면 됩니다. 선택된 지점까지 경계가 연장되며 새로운 제안 경로가 생성됩니다. 제안 경로를 끝까지 따라가려면 더블 클릭하십시오.

경계를 그리는 동안, 경계를 따라 UV 좌표의 U방향을 설정할지 결정합니다. 선택되면 경계가 주황색으로 변합니다).

만족스러운 경계를 그린 경우, 초록색 체크 표시 ✅를 클릭하여 적용합니다. UV 맵에 경계를 더 추가하려면 반복하십시오. 경계는 서로 교차되어서는 안 됩니다. 경계를 닫아서 표면이 2개의 차트로 확실히 갈라지도록 할 수 있습니다. 하지만 **기존 차트 사용** 또는 **각도 사용** 방법을 통해 차트를 추가하는 것도 가능합니다.

- **차트 추가:** 물체의 복잡한 정도에 따라 래핑해제할 때 지오메트리에 하나 이상의 차트가 필요할 수 있습니다. 이미 적절한 UV 좌표 세트를 가진 물체일 경우, **기존 차트 사용** 방법을 따를 수 있습니다. 차트를 한 개만 사용하고 싶거나, 차트/이음매 사이의 남은 표면을 채우고 싶을 경우 **채우기**를 사용할 수 있습니다. 추가한 차트를 더 정교하게 제어하고 싶을 경우 **각도 사용** 방법을 따릅니다. 인접한 두 개의 삼각형 사이 각도가 각도 슬라이더로 설정한 각도보다 커졌을 때 차트가 멈춥니다.

차트 확장 체크박스를 체크하여 여러 방법을 조합할 수 있습니다. 활성화되었을 때 차트와 가장자리를 공유하는 삼각형을 클릭하여 기존 차트에 차트를 추가할 수 있습니다. 이 방법으로 기존 차트 2개를 조합하거나, **각도 사용**으로 차트의 테두리를 생성한 후 채우기로 차트 안을 채울 수 있습니다.

- **방향 가이드 설정:** UV의 방향을 제어하고 싶을 때 한 개 이상의 방향 가이드를 추가할 수 있습니다. 방향 가이드는 U방향이 따를 지오메트리 선을 선택하는 기능입니다. 아래 예시는 방향 가이드로 텍스처가 합판의 뒤틀린 가장자리를 따라가게 하는 방법을 보여줍니다.

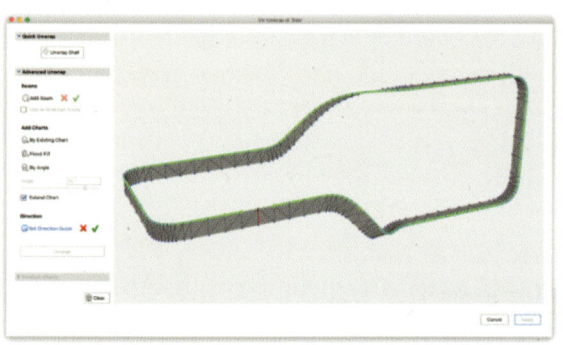 

- **래핑해제:** 필요하다고 생각되는 모든 차트/경계/방향을 명시했을 때 래핑해제를 클릭합니다. 모든 표면이 제대로 덮이지 않았을 경우 키샷이 남은 삼각형을 위해 자동으로 차트를 생성합니다. 이제 차트에는 각 차트의 UV의 흐름을 보여주는 텍스처가 표시됩니다.

- **위치 차트:** 차트를 래핑해제하면 차트가 서로 최대한 일치하도록 조정할 수 있습니다.
UV 매핑 텍스처를 적용한 파트일 경우, **UV 차트에 재질 텍스처 사용** 옵션을 활성화하여 물체에 새로운 UV를 적용하기 전, 기존 텍스처를 적용한 파트를 볼 수 있습니다.

- **적용:** 원하는 결과를 얻었을 때 적용을 클릭합니다. 이제 물체는 새로운 UV 좌표들을 가지며, 라벨, 텍스처 등을 적용할 수 있습니다. UV 맵이 썩 만족스럽지 않을 경우, 새로운 UV를 파트에 적용하기 전이라면 언제나 실행 취소가 가능합니다. 초기화 버튼을 클릭하면 도구가 실행되었던 시점으로 UV를 초기화합니다.

> **주의사항:**
> - 새로운 UV를 적용하면 파트의 기존 UV 좌표를 덮어쓰게 되며, 실행 취소할 수 없습니다.
> - 라이브링크를 사용하거나, 불러올 때 지오메트리를 업데이트하면 파트의 UV 좌표의 변경사항은 덮어쓰게 됩니다.

LESSON 03 : 노르말 편집

01 | 노르말의 역할

모델에 구멍이나 평평한 구역이 있을 때 **노르말 편집** 도구로 노르말을 통일할 수 있습니다.

노르말이란 메쉬 서페이스에 수직인 방향을 가리킵니다. 노르말이 모두 같은 방향을 바라보고 있지 않으면 "구멍"이 생깁니다. 버텍스의 노르말이 정렬되어 있지 않으면 구부러진 서페이스로 보여야할 부분이 평평하게 보일지도 모릅니다.

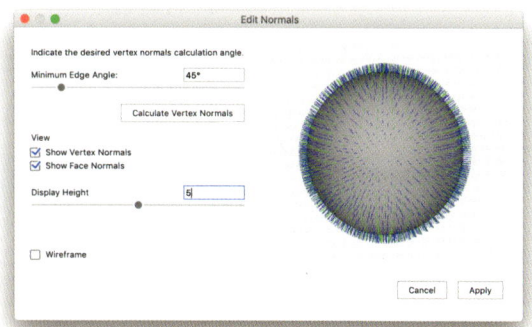

02 | 노르말을 편집하는 방법

노르말 편집 도구는 리본의 도구 섹션에서 실행하거나 실시간 뷰 또는 씬 트리의 컨텍스트 메뉴에서 선택할 수 있습니다.

- **최소 엣지 각도**
최소 엣지 각도를 조정하여 정렬되지 않음으로 인한 엣지 주름이 생기지 않도록 합니다.

- **버텍스 노르말 계산하기**
찾을 수 없는 도형의 노르말이 반대 방향을 가리키고 있거나 서로 가까운 도형의 버텍스 노르말이 정렬되지 않았을 때 버텍스 노르말 계산하기를 사용합니다. 계산한 뒤 새로운 노르말의 미리보기가 나타나며, 새로운 노르말을 모델에 적용하기 위해서는 '적용'을 선택한다는 것에 유의하십시오.

- **뷰**
  - **버텍스 노르말 보이기:** (초록색) 버텍스 노르말 지표를 표시하거나 숨깁니다.
  - **면 노르말 보이기:** (파란색) 면 노르말 지표를 표시하거나 숨깁니다.
  - **높이 표시하기:** 노르말 지표의 높이를 조정할 수 있게 합니다.
  - **와이어프레임:** 파트의 와이어프레임을 표시하거나 숨겨 표면위상배치를 읽을 수 있게 합니다.

LESSON 04 : 노르말 반전

모델에 구멍이 있거나 평면 구역이 있는 것처럼 보인다면, 노르말 편집 도구로 노르말을 통일할 수 있습니다.

노르말은 그물망 표면에 수직인 방향입니다. 3D 모델에서 노르말은 모두 같은 방향이어야 하며, 그렇지 않으면 "구멍"이 생길 수 있습니다. 정점 노르말이 제대로 맞춰지지 않았을 때 곡면으로 표현하려는 부분이 평면으로 표현될 수 있습니다.

01 | 노르말 뒤집는 방법

리본의 도구 부문에서나, 실시간 뷰 또는 씬 트리의 상황에 맞는 메뉴에서 노르말 반전 도구를 실행할 수 있습니다.

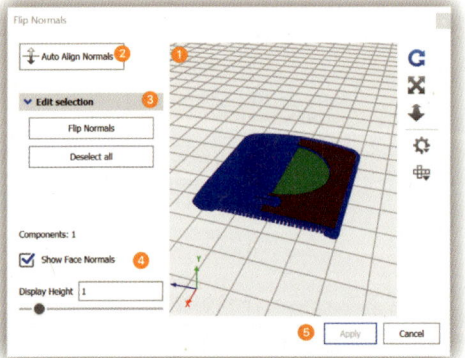

- **미리보기**
미리보기는 노르말을 뒤집으려는 물체를 보여줍니다. 미리보기에서 현재 선택된 물체가 있으면 초록색으로 표시되며, 선택 편집 부문에서 노르말을 편집할 수 있습니다.

- **노르말 자동 정렬**
노르말 자동 정렬을 클릭하면 자동으로 노르말을 맞추려고 시도합니다.

- **영역 편집**
물체의 특정 파트에 대하여 노르말을 뒤집을 수 있습니다.

- **면 노르말 보이기(Show Face Normal)**
체크하면 물체의 노르말을 표시합니다. 노르말의 높이는 슬라이더로 조정할 수 있습니다.

- **적용/취소**
노르말 반전을 확정지으려면 적용을 클릭하고, 작업을 취소하려면 취소를 클릭합니다.

LESSON 05 : 재테셀레이션

NURBS 데이터를 포함하는 모델은 처음부터 다시 불러오지 않고도 씬에서 직접 재테셀레이션할 수 있습니다.

01 | 도구의 역할

재테셀레이션 도구는 씬의 전체 모델 또는 개별 파트의 재테셀레이션 품질을 미세 조정할 수 있게 합니다. 재테셀레이션 값을 증가시키면 모델 평면을 더욱 매끈하게 만들지만 씬 파일 사이즈를 크게 만듭니다.

02 | 재테셀레이션 사용 방법

재테셀레이션 도구를 실행

테셀레이션 도구는 리본의 도구 섹션에서 선택하거나, 씬 트리 또는 실시간 뷰의 모델, 파트, 파트 묶음에 우측 클릭하여 선택할 수 있습니다. 도구를 실행할 때 선택된 대상이 없다면 오브젝트 선택 창이 먼저 나타납니다. 여기서 변화를 주고자 하는 파트를 목록에서 선택하거나, 실시간 뷰에서 선택하여 목록에 강조 표시할 수 있습니다.

1. 테셀레이션 품질을 조정한다

증가시킬 경우 서페이스가 더 매끈하게 변하며, 감소시킬 경우 더 적은 수의 삼각형을 포함하게 되므로 씬이 더 빨라집니다.

- **거리 관용도:** 삼각형에서부터 실제 NURBS 서페이스까지 측정된 거리 편차의 허용 가능한 최대치이며 모델 경계 상자의 백분율로 표시됩니다. 값을 낮추면 표면이 더 매끈해 집니다.
- **각도 관용도:** 모델 표면에 인접한 삼각형 사이의 각도 측정값의 허용 가능한 최대치입니다.
- **최대 엣지:** 삼각형에서부터 실제 NURBS 서페이스까지 측정된 거리 편차의 허용 가능한 최대치이며 모델 경계 상자의 백분율로 표시됩니다. 값이 낮아지면 표면이 더 매끈해 집니다.

2. 테셀레이션을 클릭한다

값을 조정한 뒤 효과를 확인하기 위해서는 테셀레이션하기를 클릭해야 합니다. 미리보기 설정 와이어프레임/광택을 선택하여 미리보기에서 테셀레이션의 효과를 검사할 수 있습니다.

3. 적용을 클릭한다

실시간 뷰에서 현재 테셀레이션 품질을 보고 현재 재질, 라이팅 등 맥락 상의 효과를 검사할 수 있습니다. 이 단계에서 아직 테셀레이션을 취소할 수 있다는 사실에 유념해야 합니다. 도구를 닫거나 취소하면 테셀레이션 품질은 도구 실행 전의 상태로 돌아갑니다.

4. 완료 또는 취소를 클릭한다

완료를 클릭하여 씬에 변화를 적용합니다. 취소를 클릭하면 모든 변화가 취소되고 대화 창이 닫힙니다. 한 번 재테셀레이션을 실행한 뒤 Ctrl/Cmd+z로 실행 취소할 수 있지만 NURBS 데이터가 파트에 존재하는 한 언제든 재테셀레이션 가능합니다.

> **주의사항:**
> 재테셀레이션을 하기 위해서는 불러오기 시 NURBS 데이터 불러오기를 활성화해야 합니다.
> (불러오기 대화창에서 더 자세히 알아보세요)

03 | 도구 UI

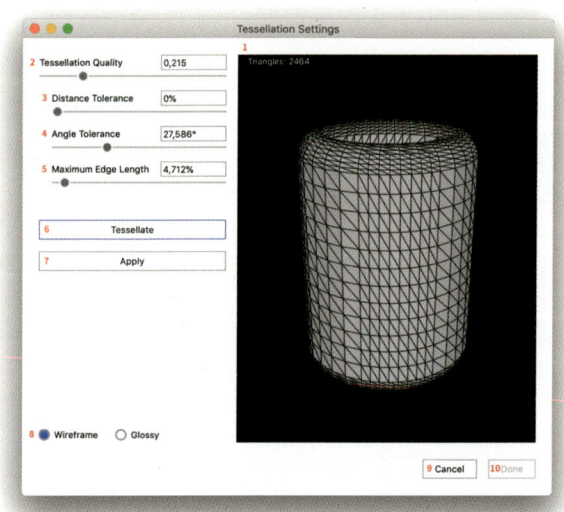

1. 테셀레이션 품질

서페이스의 품질입니다. 낮은 값은 거친 서페이스를, 높은 값은 매끈한 서페이스를 표시합니다.

2. 각도 허용

모델 서페이스의 인접한 삼각형 사이 각도 측정치의 허용 가능한 최대치입니다.

3. 거리 허용

아무 삼각형에서부터 실제 NURBS 서페이스까지 측정된 거리 편차의 허용 가능한 최대치이며 모델 경계 상자의 백분율로 표시됩니다. 더 낮은 값이 더 매끈한 서페이스를 생성합니다.

4. 최대 모서리 길이

모델 표면의 삼각형의 최대 엣지 길이이며 모델 경계 상자의 백분율로 표시됩니다. 더 낮은 값이 더 매끈한 서페이스를 생성합니다.

5. 테셀레이트하기

클릭하여 지정된 테셀레이트 품질의 모델을 테셀레이트 미리보기에서 확인할 수 있습니다.

6. 적용

실시간 뷰에 현재 테셀레이션 품질을 적용하여 현재 재질, 라이팅 등 맥락 상의 효과를 검사할 수 있습니다. 이 단계에서 아직 테셀레이션을 취소할 수 있다는 사실에 유념해야 합니다. 도구를 닫거나 취소하면 테셀레이션 품질은 도구 실행 전의 상태로 돌아갑니다.

7. 테셀레이션 미리보기

모델 서페이스 디테일의 미리보기를 표시합니다.

- 삼각형: 모델 서페이스를 이루는 삼각형의 총 개수를 표시합니다.

8. 외형

각진 외형을 위해서는 와이어프레임을 선택하고 서페이스가 얼마나 매끈할지 볼 때는 광택을 선택합니다.

9. 취소

모델 테셀레이션의 변화를 모두 실행 취소하고 테셀레이션 설정 창을 닫습니다.

10. 완료

변화를 확인하고 씬에 적용합니다. 한 번 완료를 선택한 뒤 실행 취소가 불가능합니다.

LESSON 06 : 물리 시뮬레이션

01 | 물리 시뮬레이션이란

물리 시뮬레이션 도구를 사용하면 씬에서 물리 시뮬레이션을 수행하고 키프레임 애니메이션으로 기록할 수 있습니다.

02 | 물리 시뮬레이션 사용 방법

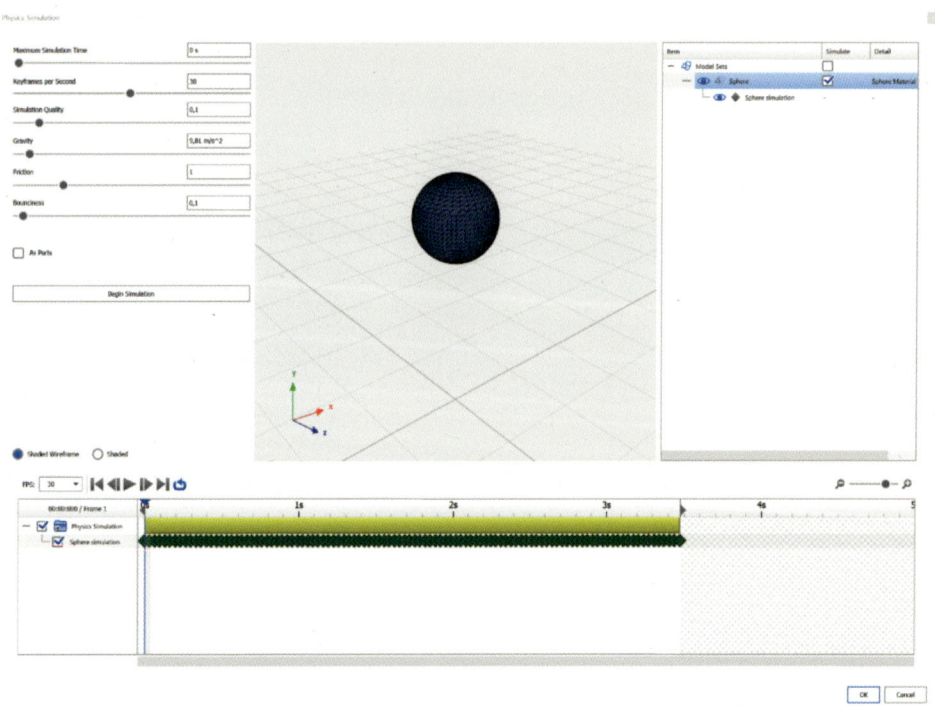

1. 물리 시뮬레이션 도구 실행

물리 시뮬레이션 도구는 리본의 **도구** 섹션에서 실행하거나 씬 트리 또는 실시간 보기에서 모델이나 부품을 마우스 우 클릭을 통해 실행할 수 있습니다.

2. 부품 또는 모델 선택

오른쪽에 있는 씬 트리 목록에서 시뮬레이션에 포함할 부품이나 모델을 선택합니다.

3. 최대 시뮬레이션 시간

시뮬레이션이 지속되는 시간을 결정할 수 있습니다. 시뮬레이션 시간이 0이면 모든 것이 해결될 때까지 애니메이션이 실행됩니다.

4. 초당 키프레임

키프레임 애니메이션에 포함해야 하는 초당 키프레임 수를 조정할 수 있습니다.

5. 시뮬레이션 품질

초당 계산되는 단계 수를 제어할 수 있습니다. 이 값을 높이면 시뮬레이션이 더 정확해 지지만 계산하는 시간이 더 오래 걸립니다.

6. 중력

중력을 0에서 100 사이의 값으로 설정할 수 있습니다.

7. 마찰

모든 개체의 정적 및 동적 마찰을 전체적으로 제어할 수 있습니다.

8. 탄력

다른 물체나 지면과 충돌할 때 물체의 탄력을 전체적으로 제어할 수 있습니다.

9. 파트로서 (As parts)

파트로서를 사용하면 모델의 부품을 개별적으로 설정할 수 있습니다.

10. 시뮬레이션 시작/시뮬레이션 중지

위의 모든 조정을 수행한 경우 시뮬레이션 시작을 클릭할 수 있습니다. 동일한 버튼을 클릭하여 시뮬레이션을 중지할 수도 있습니다.

11. 애니메이션 타임라인

단순화된 애니메이션 타임라인에서 생성된 키프레임 애니메이션을 보고 다시 실행할 수 있습니다.

12. 확인 또는 취소

씬 변경을 완료하고 대화상자를 닫으려면 확인을 클릭합니다. 취소 는 모든 변경 사항을 되돌리고 대화 상자를 종료합니다.

> **알려진 제한사항:**
> - 물리 시뮬레이션은 메쉬 개체에서만 작동하며 NURBS 전용 또는 곡선 개체에서는 작동하지 않습니다.
> - 물리 시뮬레이션은 다른 애니메이션을 고려하지 않습니다.

TIP

물체가 표면(예: 지표면)과 충돌할 때 지표면의 표면 법선이 충돌하는 물체의 방향을 가리키는지 확인하세요. 법선을 반대 방향으로 가리키면 충돌하는 물체가 지표면을 통해 떨어지게 됩니다.
법선 뒤집기 도구를 사용하여 표면 법선을 조정할 수 있습니다.

LESSON 07 : 메쉬 닫기

구멍이 있는 도형이 있다면 **메쉬 닫기**를 사용하여 빈 도형을 메꾸거나 구멍 사이의 갭을 채울 수 있습니다.

01 | 메쉬 닫기 사용 방법

1. 🌐 메쉬 닫기 도구를 리본의 도구 섹션에서 실행하거나 실시간 뷰 또는 씬 트리의 컨텍스트 메뉴에서 실행합니다.
    - 메쉬 닫기 도구는 선택한 파트의 열린 엣지 목록을 표시합니다. 미리보기에서 열린 엣지는 모두 초록색 선으로 표시됩니다.

2. 목록에서 고치고자 하는 열린 엣지를 선택합니다. 미리보기에서는 주황색 윤곽선이 강조되어 표시됩니다.

3. 구멍을 메꾸기 위한 방법 2가지 중 하나를 선택합니다.
    - **선택된 엣지를 닫기:** 구멍을 메꾸기 위한 도형을 생성합니다.
    - **선택된 엣지를 연결:** 파트에 여러 개의 구멍이 있다면 구멍 사이에 견고한 연결을 생성하기를 선택할 수 있습니다. 잇고자 하는 두 개의 엣지를 선택한 뒤 선택한 엣지를 잇는다를 클릭합니다.

02 | 도구 UI

1. 미리보기

미리보기에서는 선택 대상의 모든 열린 엣지를 초록색으로 강조하여 표시합니다.

2. 모서리 목록

오브젝트의 열린 엣지를 모두 표시하는 목록입니다. 이 목록에서 선택한 엣지는 미리보기에서 주황색으로 하이라이트 표시됩니다. Shift를 누르고 클릭하여 다중 선택이 가능합니다.

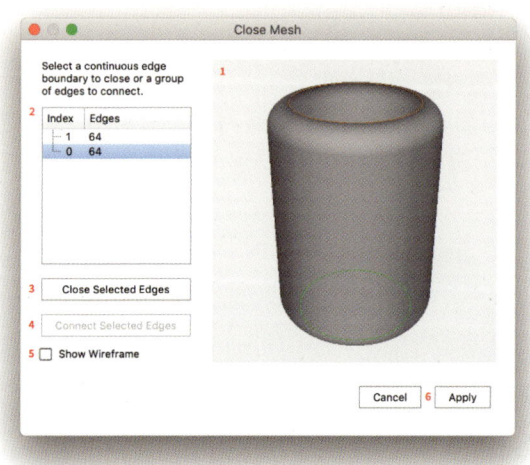

3. 선택된 엣지를 닫기

선택한 열린 엣지를 닫습니다.

4. 선택된 엣지를 연결

두 개의 엣지를 하나의 엣지로 잇습니다.

5. 와이어프레임 보이기

활성화 시 대상의 와이어프레임을 표시합니다.

6. 취소/적용

적용을 선택하여 새로운 지오메트리를 씬에 적용합니다. 취소를 선택하면 과정이 지워지며 도구를 실행하기 전의 모습으로 돌아갑니다.

LESSON 08 : 오브젝트 서페이스를 분리

오브젝트 서페이스 분리를 사용하여 하나의 파트에서 특정 도형을 분리해 낼 수 있습니다. 하나의 파트에 여러 개의 재질을 적용하고 싶을 때, 파트가 하나로 모델링 되었는데 따로 작업하고 싶을 때 유용합니다.

01 | 오브젝트 서페이스를 분리하는 방법

1. 파트를 선택하고 리본의 **도구** 섹션에서 또는 실시간 뷰의 컨텍스트 메뉴에서 **오브젝트 서페이스** 분리를 실행합니다.

2. 서페이스 선택합니다. 각도로 나누기 또는 도형으로 나누기가 있습니다.

3. 서페이스 선택으로 하나의 서페이스를 나눌지, **파트 선택**으로 모든 서페이스를 나눌지 선택합니다.

   - **윤곽 선택**
   1. **Shift+LMB**를 누른 상태에서 드래그하여 윤곽 선택을 사용합니다.
   2. **표면 분할**을 클릭하여 선택한 영역을 별도의 표면으로 분할합니다. 이제 표면이 부품 목록에 나타납니다.

   - **브러시 선택**
   1. **Alt+LMB**를 누른 상태에서 브러시 선택을 사용하고 선택 항목을 모델에 "페인트"합니다.
   2. **표면 분할**을 클릭하여 선택한 영역을 별도의 표면으로 분할합니다. 이제 표면이 부품 목록에 나타납니다.

   - **서페이스 선택**
   1. 미리보기에서 나누려고 하는 서페이스를 선택합니다. 초록색으로 하이라이트 표시됩니다. Ctrl/Cmd를 누른 채로 서페이스를 선택하면 다중 선택이 가능합니다.
   2. 서페이스 분할을 눌러 선택한 영역을 다른 서페이스로 나눕니다. 이제 파트 목록에 서페이스가 나타납니다.
   3. 목록에서 파트를 선택하고 이름을 다시 클릭하여 서페이스 이름을 바꿀 수 있습니다.

▪ **파트 선택**

1. 나눌 파트를 선택합니다. (미리보기에서 주황색으로 하이라이트 표시됩니다)

2. 모두 분리를 선택합니다. 나누기 방법에 따라 여러 개의 새로운 서페이스가 목록에 나타납니다.

4. 나누지 말았어야 할 무언가를 나누었지만 나머지 서페이스 생성에는 만족한다면 관련된 서페이스들만 다시 합칠 수 있습니다.

▪ 관련된 서페이스들을 목록에서 선택합니다. Shift를 누른 채로 선택하면 다중 선택이 가능합니다.

▪ 합치기를 선택합니다.

02 | 도구 UI

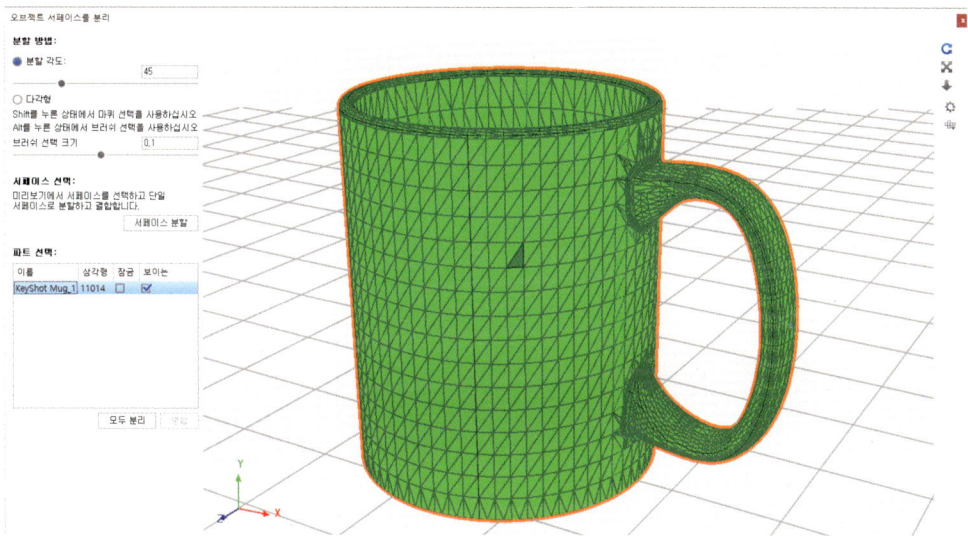

1. 미리보기

나누기로 결정한 오브젝트를 표시합니다. 초록색 하이라이트 표시된 표면은 **서페이스 분할** 버튼을 사용해 하나의 서페이스로 나눌 수 있습니다. 주황색 하이라이트 표시된 물체는 **모두 분리**를 사용해 (나누기 방법에 따라) 여러 개의 서페이스로 나눌 수 있습니다.

2. 나누기 방법

서페이스를 어떻게 나눌지 결정합니다.

▫ **분할 각도:** 근접한 도형의 각도에 기반하여 파트를 어떻게 나눌지 결정합니다. 입력된 값보다 낮은 각도의 서페이스를 가진 도형은 모두 하이라이트 표시됩니다. 나누고자 하는 부분이 파트의 분명한 주름 또는 각도일 때 유용합니다.

▫ **다각형:** 서페이스의 개별 도형을 선택할 때 사용합니다.

3. 윤곽 선택

선택하려는 영역 위로 선택 프레임을 드래그할 때 사용합니다.

4. 브러시 선택

브러시 선택을 사용하여 선택 항목을 모델에 페인트할 수 있습니다.

5. 서페이스 선택

개별 서페이스를 선택하고 나눌 수 있게 합니다. 미리보기에서 클릭하여 서페이스를 선택할 수 있습니다. (컨트롤 키를 눌러 다중 선택이 가능합니다)

- **서페이스 분할**이 선택된 (초록색) 영역을 개별 서페이스로 나눕니다.

6. 파트 선택

나누기 방법에 따라, 선택된 파트의 모든 서페이스를 나눌 수 있게 합니다.

- **파트 목록:** 모든 파트를 목록에 표시합니다.

7. 모두 분리

목록에서 파트를 선택한 뒤 모두 분리를 선택합니다.

8. 병합

나뉘어진 특정 파트를 다시 합치고 싶을 때 시프트 키를 눌러 합치고자 하는 파트를 선택한 후 병합을 클릭합니다.

9. 와이어프레임 보이기

활성화 시 파트의 와이어프레임을 표시합니다.

10. 취소/적용

나누기를 확정하기 위해서는 적용을 클릭하여 씬 트리에 새로운 파트를 생성합니다. 취소를 선택하면 과정이 지워지며 도구가 실행되기 전과 같은 상태로 돌아갑니다.

LESSON 09 : 별도 오브젝트 분리

별도 오브젝트 분리는 원래 따로 모델링했지만 키샷 내에서 한 개의 모델로 인식된 물체들을 나눌 수 있게 해줍니다.

01 | 개별 물체 나누기 사용 방법

1. 파트를 선택하고 📦 별도 오브젝트 분리 도구를 리본의 도구 섹션에서 실행하거나 실시간 뷰의 컨텍스트 메뉴에서 실행합니다.

2. 파트에서 하나의 물체를 나누기로 꺼내거나 파트 전체를 원래 모델링대로 파트 별로 나눌 수 있습니다.

- **하나의 물체 나누기**
  1. 하나의 물체로 나누어 꺼내고 싶은 파트를 미리보기에서 클릭합니다. 선택 대상은 초록색 하이라이트 표시됩니다. Ctrl/Cmd를 누르는 동안 다중 선택으로 하나의 물체로 나눌 여러 개의 파트를 선택할 수 있습니다.
  2. 오브젝트 분리를 클릭합니다. 이제 파트 목록에 파트가 하나 더 추가되었습니다.
  3. 목록에서 파트를 선택하고 이름을 다시 클릭하여 서페이스 이름을 바꿀 수 있습니다.

- **모두 나누기**
  1. 나누고자 하는 파트를 선택합니다.(미리보기에서 주황색 윤곽으로 표시됩니다)
  2. 모두 나누기를 클릭합니다. 나누기 방법에 따라 여러 개의 새로운 서페이스가 목록에 표시됩니다.
  3. 목록에서 파트를 선택하고 이름을 다시 클릭하여 서페이스 이름을 바꿀 수 있습니다.

02 | 도구 UI

1. 미리보기

미리보기에서 나누기로 선택한 물체를 볼 수 있습니다. 초록색으로 하이라이트 표시된 물체는 '오브젝트 분리' 버튼으로 하나의 물체로 나눌 수 있고, 주황색 윤곽으로 하이라이트 표시된 물체는 모두 분리 버튼으로 여러 개의 물체로 나눌 수 있습니다.

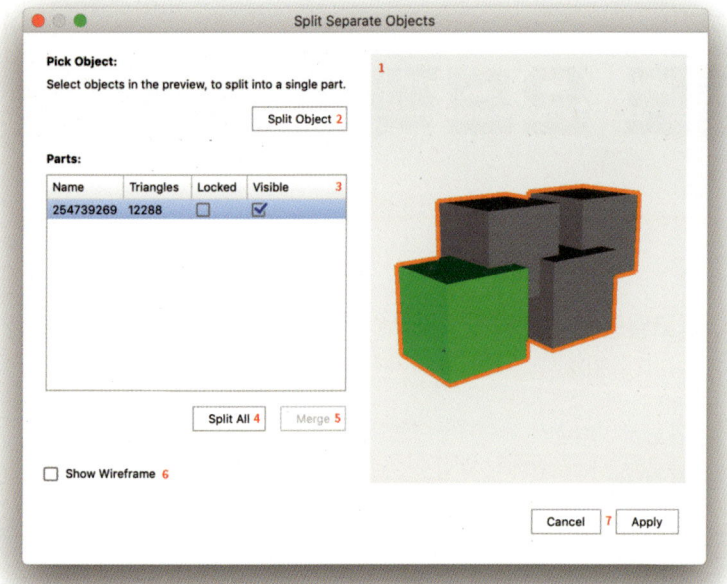

2. 오브젝트 분리

초록색으로 선택된 부분을 하나의 파트로 나눕니다.

3. 파트 목록

파트 목록은 현재 미리보기에서 표시되는 모든 파트를 표시하며, 하나의 물체를 나누면 목록에 나타납니다. 목록에서 선택한 파트는 미리보기에서 주황색 윤곽으로 표시됩니다.

4. 모두 분리

목록에서 파트를 하나 선택합니다. 모두 나누기는 애초에 생성되었을 때 따로 나뉘어져 있던 파트로 모두 나뉘어집니다.

5. 병합

목록에서 선택한 파트들을 하나로 합칩니다.

6. 와이어프레임 보이기

활성화 시 파트의 와이어프레임을 표시합니다.

7. 취소/적용

분리를 확정하기 위해서는 적용을 클릭하여 씬 트리에 새로운 파트를 생성합니다. 취소를 선택하면 과정이 지워지며 도구가 실행되기 전과 같은 상태로 돌아갑니다

LESSON 10 : 메쉬 단순화

01 | 메쉬단순화의 역할

메쉬 단순화 도구를 사용하면 전체 모양을 유지하면서 메쉬의 삼각형 수를 줄일 수 있습니다.
예를 들어, 나중에 KeyVR 또는 기타 AR 애플리케이션에서 사용하기 위해 지오메트리를 단순화해야 하는 경우에 유용할 수 있습니다.

> **TIP**
>
> 모델에 NURBS가 포함된 경우 더 나은 결과를 위해 다시 재테셀레이션 도구를 사용하십시오.

02 | 메쉬 단순화를 사용하는 방법

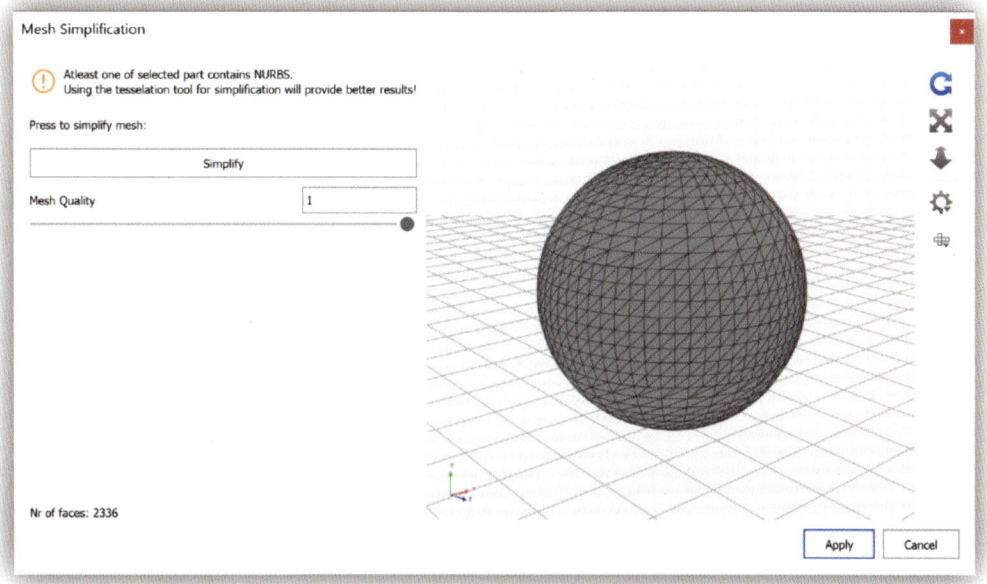

1. 메시 단순화 도구 실행

리본의 도구 섹션을 통해 또는 씬 트리 또는 실시간 보기에서 모델 또는 부품을 마우스 우 클릭하여 메시 단순화 도구를 시작할 수 있습니다.

2. 메쉬 품질 조정

슬라이더를 사용하여 메쉬 품질을 조정할 수 있습니다.

3. 단순화

단순화 버튼을 클릭하면 변경 사항이 미리보기에 표시됩니다.

4. 적용 또는 취소

씬 변경을 완료하고 대화상자를 닫으려면 **적용**을 클릭합니다. **취소**는 모든 변경 사항을 되돌리고 대화 상자를 종료합니다.

> **알려진 제한사항:**
> **UV 좌표**를 사용하는 모델은 단순화 후에 잘못 나타날 수 있습니다. 텍스처 좌표는 최적화 프로세스에 포함되지 않으므로 단순화 후에 모델에서 Unwrap UV 도구를 사용해야할 수도 있습니다.

03 | 부분 병합

부품 병합은 동일한 재료를 가진 여러 부품을 하나로 병합하는 기능으로, 메시 단순화와 마찬가지로 씬의 크기를 줄이는 데 도움이 됩니다. 웹 뷰어나 AR 애플리케이션에 장면을 업로드할 때 씬 크기가 작을수록 유리할 수 있습니다.

> **주의사항:**
> 부분 병합은 되돌릴 수 없으며 씬 트리 계층 구조가 변경됩니다. 이는 다음 항목에 각각 다른 정도의 영향을 줍니다.
>
> - 애니메이션
> - 구성 설정
> - 라이브 링킹
> - Nurbs
> - 텍스처
> - 지오메트리 업데이트

LESSON 11 : 재질 템플릿

재질 템플릿은 예를 들어 CAD 모델을 씬에 불러올 때 재질 적용 과정을 자동화합니다.
재질 템플릿은 키샷의 강력한 기능으로, 씬의 모델에 적용된 재질을 자동화합니다. 많은 부품을 가지고 작업하는 사람은 재질 템플릿을 통해 씬의 파트에 재질을 자동으로 적용하여 시간을 아낄 수 있습니다. 한 번 재질 템플릿을 생성하면, 불러오는 새로운 모델에 재질을 적용할 때 사용할 수 있습니다.

재질 템플릿을 사용한다면 키샷 라이브러리에서 가져온 재질은 각 파트의 원래 재질의 이름에 기반하여 모델 파트에 적용됩니다. 재질 템플릿 창은 **메인 메뉴 > 창**에서 실행하거나 리본의 도구 섹션의 재질 템플릿 아이콘 으로 실행할 수 있습니다.

01 | 템플릿 만들기

새로운 템플릿은 추가하기 아이콘을 클릭하여 생성할 수 있습니다.

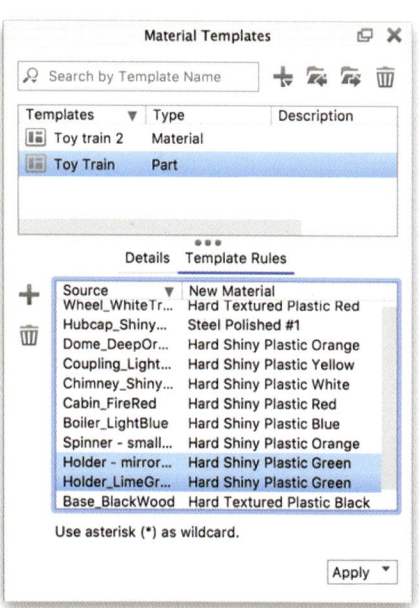

방법

두 가지 방법이 재질 템플릿을 생성하는 데 사용됩니다. 자동 및 수동입니다.

- **자동:** 새로운 템플릿을 만들 때 모델이 키샷 안에 있으면 현재 씬의 재질 적용에 기반하여 소스와 재질 이름이 자동으로 채워집니다. 키샷 재질을 가진 파트만이 기록됩니다.
- **수동:** 빈 템플릿이 생성되며 템플릿 규칙을 수동으로 작성할 수 있습니다.

종류

템플릿이 파트 이름에 따라 재질을 적용할지 기존 재질 이름에 따라 재질을 적용할지 선택해야 합니다.

- **파트 이름:** 이 방법은 파트의 이름에 따라 재질을 적용하며 모델 이름 짓기 규칙이 일정해야 합니다. 비슷하게 이름 지어진 파트를 위해서는 와일드카드를 사용하면 됩니다. (예시: 좌측 예시에서 홀더를 가진 파트들)
- **소스 재질:** 파트의 이름보다는 재질이 소스 재질에 기반해 적용됩니다. 모델을 일정한 규칙으로 색칠했다면 소스 재질을 사용하는 것도 좋습니다. 재질 템플릿이 파트의 기존 재질 이름, 예를 들어 CAD 파일로 파트를 불러왔을 때의 이름에 적용된다는 점에 유의하십시오. 씬 트리에서 선택된 파트의 속성에서 기존 재질 이름을 찾을 수 있습니다.

> **주의사항:**
> 재질 템플릿이 파트의 기존 재질 이름, 예를 들어 CAD 파일로 파트를 불러왔을 때의 이름에 적용된다는 점에 유의하십시오. 씬 트리에서 선택된 파트의 속성에서 기존 재질 이름을 찾을 수 있습니다.

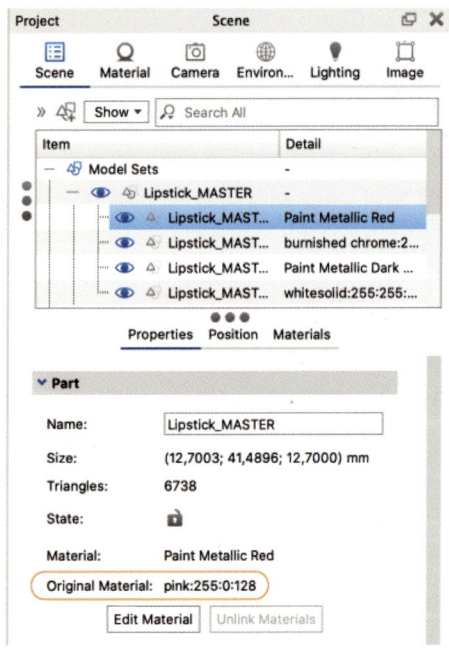

02 | 와일드 카드

와일드 카드란 소스 이름으로 하나의 재질을 여러 개의 파트에 적용할 때 사용하는 방법입니다. 별표(*)를 소스 이름에 입력하는 것으로 활성화됩니다. 예를 들어 **홀더***라고 적으면 재질 템플릿을 적용할 때, "홀더"를 이름에 포함한 모든 파트에 재질이 적용됩니다.

각 새로운 템플릿은 템플릿 목록에 추가되며 키샷에서 씬을 열었을 때 템플릿 목록을 접할 수 있습니다.

03 | 템플릿 규칙 추가하기

자동 방식은 씬의 모든 키샷 재질을 위한 규칙으로 템플릿을 채웁니다. 수동 방식은 규칙을 만들고자 하는 파트를 직접 정할 수 있습니다. 템플릿을 생성할 때 **수동** 방법을 사용했든 **자동** 방법을 사용했든, 언제든지 템플릿에 규칙을 더할 수 있습니다.

템플릿 규칙은 **소스**(파트 이름 또는 소스 재질 이름) 및 **새로운 재질** 이름으로 구성됩니다.

템플릿 옆 ➕ 버튼으로 새로운 규칙을 생성하고 소스를 추가할 수 있습니다. 씬 트리의 파트를 목록에 끌어오면 해당 파트의 이름 또는 소스 파일을 가진 규칙을 생성합니다.

규칙에 재질을 추가하려면 재질 라이브러리/재질 탭의 재질을 템플릿 리스트 규칙 위에 끌어오면 됩니다.

04 | 템플릿 적용하기

템플릿 적용은 "재질 템플릿" 창 또는 불러오기 창을 통해 가능합니다.

재질 템플릿 대화 창

적용 버튼을 눌러 템플릿을 적용합니다. 씬에 또는 선택에 두 가지 옵션이 생깁니다.

- **장면에:** 현재 템플릿을 씬 전체에 적용합니다.
- **선택에:** 현재 템플릿을 선택된 모델 또는 파트에만 적용합니다.

불러오기 대화 창

재질 및 구조 섹션을 크게 늘려 재질 템플릿 사용하기 체크박스를 표시합니다. 이 설정을 활성화하고 목록에서 원하는 템플릿을 선택합니다.
불러오기를 클릭하여 불러오기를 완료합니다.

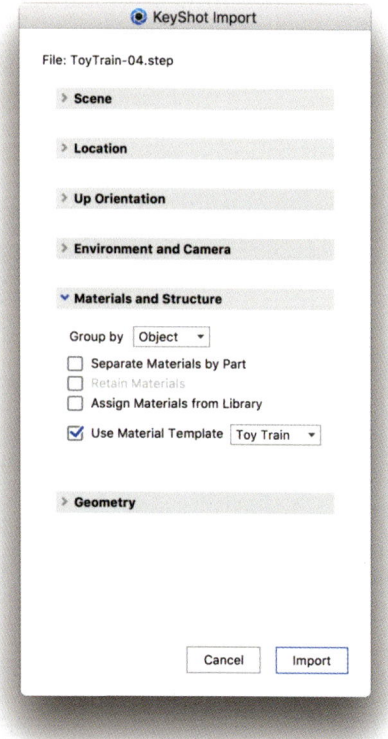

LESSON 12 : 재질 임포터

KMP와 MTL 같은 기존 확장자를 불러오는 것 외에도, 재질 임포터 기능 도구로 다음과 같은 다른 어플리케이션 확장자를 불러오고 키샷 재질로 변환할 수 있습니다.

재질 불러오기 메뉴에 개별 재질을 불러오기 위한 옵션(kmp, mtl, axf, u3m, sp)이 있으며, 폴더 내의 모든 재질을 불러오는 옵션 또한 있습니다. 라이브러리에 여러 개의 재질을 추가할 예정이라면 하위 폴더의 모든 재질 불러오기를 사용하여 시간을 아끼십시오

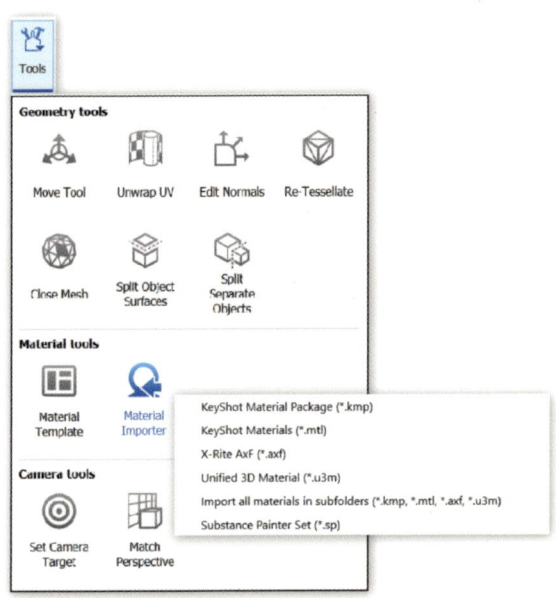

01 | AxF (외형 교환 확장자)

AxF 파일을 불러오면 키샷은 이를 측정 재질로 변환하고 재질 라이브러리의 선택된 폴더에 추가합니다. 라이브러리에 재질을 추가하고 싶지 않으며 현재 씬에서만 사용하고 싶을 때 프로젝트 패널의 재질 탭에서 측정 재질을 선택하는 것도 가능합니다. 이를 통해 재질을 직접 불러올 수 있습니다.

02 | U3M (통합 3D 재질)

U3M 파일을 불러오면 키샷은 이를 포괄 재질로 변환하고 재질 라이브러리의 선택된 폴더에 추가합니다.

03 | 섭스턴스 페인터 (텍스처 세트)

섭스턴스 페인터에서 텍스처 세트 내보내기

재질 불러오기 기능 도구를 사용하여 모델에 섭스턴스 페인터 텍스처 세트를 적용하려면 내보내기 시 **KeyShot 9+** 프리셋을 선택해야 합니다. 올바른 설정과 함께 내보내진 섭스턴스 페인터 프로젝트는 폴더 이름에 .sp를 달고 있습니다.

키샷으로 불러오기

재질 불러오기 기능은 섭스턴스 페인터의 텍스처 세트를 포괄 재질로 변환합니다. 섭스턴스 페인터 프로젝트는 대체로 특정 모델을 위해 생성되기 때문에 생성된 재질은 다른 확장자와 달리 라이브러리에 자동으로 추가되지 않습니다. 재질은 일종의 임시 라이브러리에서 사용할 수 있으며 재질을 끌어와서 모델에 적용합니다. 이를 통해 한 번만 사용할 재질로 라이브러리가 꽉 찰 염려는 없습니다.

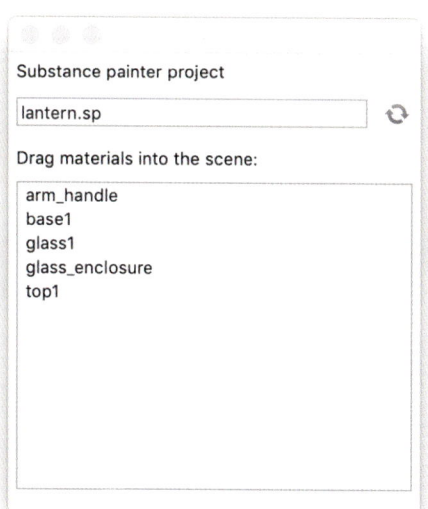

사용 방법:

1. 재질 불러오기 기능 도구를 선택합니다.

2. 내보낸 섭스턴스 페인터 프로젝트(폴더명이 .sp로 끝남)를 선택합니다.

3. 키샷이 프로젝트의 각 텍스처 세트에서 재질을 생성하고 텍스처 세트의 이름과 함께 목록으로 만듭니다.

4. 실시간 뷰 또는 씬 트리의 모델 위에 재질을 끌어옵니다.

LESSON 13 : 재질 정보 관리자

재질 정보 관리자를 사용하여 재질에 대한 정보를 편집할 수 있습니다. 재질에 저장된 정보는 출력 문서의 테이블에 출력됩니다.

01 | 라이브러리 탭

라이브러리 탭에서는 라이브러리에 있는 재질에 대한 정보를 편집할 수 있습니다. 이렇게 하면 매번 설정하지 않고도 CMF 출력에 정보를 추가할 수 있습니다.

재질 설명 데이터 가져오기
CSV 파일을 가져올 수 있습니다.

재질 설명 데이터 내보내기
재질 정보를 CSV로 내보낼 수 있습니다. 이렇게 하면 다시 가져오기 전에 Excel과 같은 테이블 편집기에서 편집할 수 있습니다.

02 | 프로젝트 탭

프로젝트 탭에서 프로젝트 내 재질의 재질 정보를 편집할 수 있습니다. 이는 정보가 라이브러리에 추가되지 않고 현재 프로젝트에만 사용됨을 의미합니다.

03 | 재질 정보 스키마 사용자 정의

스키마 편집기를 사용하면 재질 정보 스키마를 사용자가 정의할 수 있습니다. 열의 제목이나 유형을 변경하여 추가해야 하는 정보의 종류를 제어할 수 있습니다. 열을 추가하거나 삭제하여 열을 추가로 사용자가 정의할 수 있습니다.

LESSON 14 : 카메라 대상 설정

카메라 대상 설정 도구로 카메라가 향하는 점을 선택할 수 있습니다. 카메라 대상을 선택하면 **텀블(Tumble)**로 카메라가 이 점 주위를 회전하게 만들고, 돌리로 카메라가 접근하거나 멀어지게 할 수 있습니다. 카메라가 옆으로 이동하여 대상이 더 이상 실시간 뷰의 중심에 있지 않더라도 말입니다.

카메라 대상은 두 가지 방법으로 설정할 수 있습니다.
- 도구 메뉴에서
- 실시간 뷰 컨텍스트 메뉴를 통해서

01 | 도구 메뉴에서 카메라 대상 설정하는 방법

1. 리본의 도구 섹션에서 ◎ 카메라 대상 설정 도구를 실행합니다. 이를 통해 카메라 대상을 선택할 수 있는 위젯이 나타납니다.

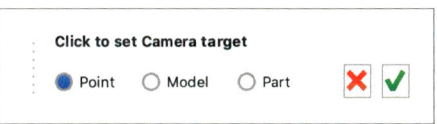

2. 대상으로 삼을 것을 선택합니다.
    - **포인트:** 서페이스에 클릭한 점을 카메라 대상으로 삼습니다.
    - **모델:** 클릭한 모델의 중심을 카메라 대상으로 삼습니다. 씬 트리의 모든 그룹은 모델로 가정되지만 카메라 대상 설정은 제일 높은 레벨의 모델을 사용합니다.
    - **파트:** 클릭한 파트의 중심을 카메라 대상으로 삼습니다.

3. 씬 안을 클릭하여 카메라 대상을 설정합니다.
4. 설정에 만족한 경우 초록색 체크 표시를 클릭하여 도구를 닫습니다. 카메라 대상을 도구 실행 전으로 되돌리고 싶다면 빨간색 X 표시를 클릭합니다.

02 | 실시간 뷰 컨텍스트 메뉴를 통해 카메라 대상 설정

1. 오브젝트를 마우스 오른쪽 버튼으로 클릭합니다.
2. 펼쳐진 메뉴에서 카메라 대상 설정을 선택합니다. 서페이스에 클릭한 점이 카메라 대상이 됩니다.

LESSON 15 : 원근감 일치

원근감 일치는 배경 이미지가 있는 카메라 각도에 시점 카메라를 상호 작용 가능하게 맞출 수 있게 합니다. 원근감 일치를 활성화하기 위해서는 백플레이트를 불러와야 합니다. 이 주제에 대한 더 자세한 정보를 위해 **환경 조정하기**를 읽으십시오.

최고의 결과를 위해 **뷰** 메뉴 좌표 범례 보이기를 활성화하는 것을 추천합니다. Z 단축키를 통해 켜거나 끌 수도 있습니다. 이를 통해 씬 내 모델의 방향을 확인할 수 있습니다.

01 | 원근감 일치 방법

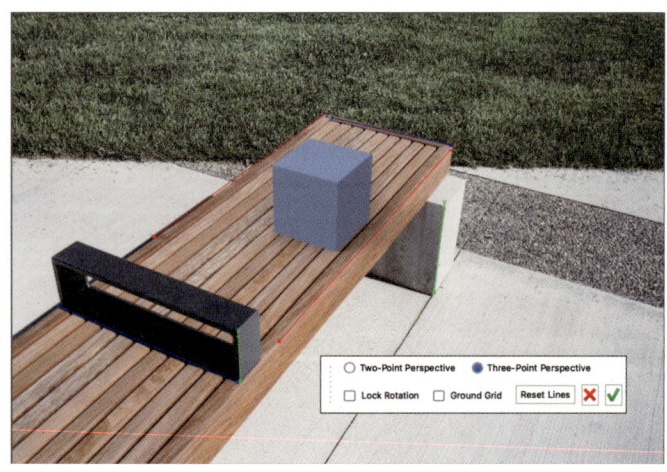

백플레이트 이미지의 선을 이용해 소실선을 설정합니다.

1. 실시간 뷰에 백플레이트가 있는 것을 확인합니다.

2. 리본의 도구 섹션에서 🏢 원근감 일치 도구를 실행합니다. 실시간 뷰에 위젯이 나타나며 서로 다른 색상을 가진 2~3개의 소실선을 볼 수 있습니다. 각 선과 색상은 씬의 좌표 시스템에 대응합니다. X는 파란색, Z는 빨간색, Y는 초록색입니다.

3. 뒤판에 어울리는 2점 또는 3점 원근감을 선택합니다.

4. 소실점을 조정하여 이미지의 시점에 맞춥니다.

가장 좋은 결과를 위해서는 백플레이트 이미지에서 직각을 이루는 선을 찾아 시점 맞추기의 가이드로 사용합니다. 배경 이미지의 좌표 레이아웃과 참조점에 따라 선의 끝점을 이동합니다. 동시에 카메라 값이 같이 바뀌는 것에 주의합니다. 한 번 정렬한 뒤 카메라를 옆으로 또는 앞뒤로 이동시켜 씬에 물체가 제대로 맞도록 조정합니다.

5. 초록색 체크 표시를 클릭하여 변화를 저장하고 도구를 닫습니다.

> **TIP**
>
> 백플레이트 이미지 내에서 시점 맞추기를 시도할 때 시점 값을 자주 Exif 데이터에 포함되는 카메라 렌즈 초점 거리로 설정하는 것을 추천합니다.

02 | 도구 UI

- **2점 원근감**

대부분의 경우에 사용되는 모드로 이미지의 수평선에 두개의 소실점이 있으며 모든 수직선은 평행을 이룹니다. 소실선을 물체가 위치하는 서페이스에 따라 조정합니다.

- **3점 원근감**

3점 원근감은 건물 또는 물체를 위치시키는데 카메라가 아주 높은 또는 아주 낮은 높이에 있을 때 주로 사용됩니다. 직각을 이루는 세 개의 선으로 시점을 조정하여 물체가 있는 평면과 수직선에 소실점을 맞춥니다. 맞춘 시점의 수직 축이 씬의 것(좌표 범례)에 일치하는 것을 확인해야 합니다.

- **회전 잠금**

회전을 잠그면 세 개의 선을 아무리 조정해도 방위선에 영향을 주지 않습니다.

- **그라운드 격자**

씬의 지면 그리드를 켜서 시점 맞추기에 도움을 받습니다. 그리드는 렌더링 출력 시 표시되지 않습니다.

- **라인 리셋**

모든 선을 원래 위치로 돌려놓습니다. 카메라는 따라서 업데이트 됩니다.

키샷 사용 사례

PART 15. 도구

노르말, 메쉬에 대한 설명과 예시

1. 노르말 편집(Edit normal) 적용방법 (적용예시 : 각이 많이진 제품을 부드럽게 1)
2. 노르말 반전(Flip normal) 적용방법 (적용예시 : 깨진 직사각형 모델링 수정)
3. 재테셀레이션(Retessellation) 적용방법 (적용예시 : 각이 많이진 제품을 부드럽게 2)
4. 물리 시뮬레이션(Physics simulation) 적용방법 (적용예시 : 공 떨어뜨리기)
5. 오브젝트 서페이스를 분리/별도 오브젝트 분리(Split object/Split separate object) 적용방법
   (적용예시 : 폴리곤 모델링 서페이스 분리)
6. 메쉬 단순화(Mesh simplification) 적용방법 (적용예시 : 모델링 메쉬 단순화를 통한 디테일 수정)

PART 16

렌더 (Render)

LESSON 01 : 렌더

01 | 렌더링

키샷에는 씬을 실시간으로 렌더링하는 실시간 뷰와 무엇을 어떻게 렌더링할지 결정할 수 있는 **렌더** 대화 창이 있습니다. 다음 페이지는 **렌더 출력**, 렌더 옵션 및 **렌더 순서**에 대해 설명합니다. 렌더 대화 창은 키샷 **툴바** 또는 **메인 메뉴 > 렌더 > 렌더**에서 찾을 수 있습니다.

02 | 스크린샷

실시간 뷰에서 이미지는 천천히 해상도를 높여갑니다. 초안 이미지만 필요하다면 실시간 뷰에서 스크린샷 하나만 찍으면 됩니다. 툴바의 스크린샷 버튼 또는 **메인 메뉴 > 렌더링 > 스크린샷 저장**은 렌더링 폴더에 실시간 뷰의 스냅샷 또는 현재 상황을 저장합니다. 스냅샷을 클립보드에 저장하고 싶다면 메인 메뉴 > 렌더의 **'스크린샷을 클립보드에 복사'**를 하면 됩니다. 환경설정 > 일반에서 스크린샷의 확장자를 설정할 수 있습니다.

03 | CPU/GPU

키샷은 전통적으로 CPU 기반 렌더링을 사용했지만, 적합한 GPU가 있다면 **리본**에서 GPU 모드로 전환할 수 있습니다. 이를 통해 렌더링 속도가 눈에 띄게 빨라집니다.

LESSON 02 : 렌더 출력

출력 페이지에서 파일 사양을 정의할 수 있습니다. 첫 번째 단계는 원하는 출력 유형을 선택하는 것입니다. 출력에는 네 가지 유형이 있습니다.

스틸 이미지

정적 이미지와 디폴트(기본값) 렌더링 출력입니다.

애니메이션

선택적 비디오 및 개별 프레임 출력이 있는 애니메이션.
이 옵션은 키샷프로(KeyShot Pro) 및 씬에 애니메이션이 있는 경우에만 사용할 수 있습니다.

키샷XR

모든 코드 및 이미지가 있는 대화형 키샷XR.
이 옵션은 키샷XR부가 기능이 있는 경우에만 사용할 수 있습니다.

구성기

구성기 마법사의 설정에 기반하여 일련의 이미지(메타데이타) 또는 자신의 제품을 표시할 수 있는 웹 페이지/ibook widget를 통해 출력을 선택할 수 있습니다. 이 옵션은 키샷 프로버전에서만 가능하고 KeyShotWeb Configurator가 있어야 합니다.

> **주의사항:**
> 애니메이션을 포함한 씬의 정지 이미지를 렌더할 때 (또는 구성기에 기반한 일련의 정지 이미지) 현재 프레임을 렌더하게 됩니다.

LESSON 03 : 이름 템플릿

이름 템플릿은 키샷 9.1에서 처음 선보였습니다.

이름 템플릿 기능으로 렌더링 이름으로 생성되는 내용을 정확히 제어할 수 있습니다. 씬 이름, 활성화한 카메라, 현재 날짜 등 현재 씬에서 활성화된 내용에 기반합니다. 이 방법으로 이미지에 구체적인 이름, 예를 들어 내장면-영웅-실외-01-28-2020.jpg 같은 이름을 지을 수 있습니다. 렌더링 폴더에서 특정 이미지를 찾기 쉬워지며, 특히 렌더링 작업이 구성 등으로 여러 개의 이미지를 포함할 때 유용합니다.

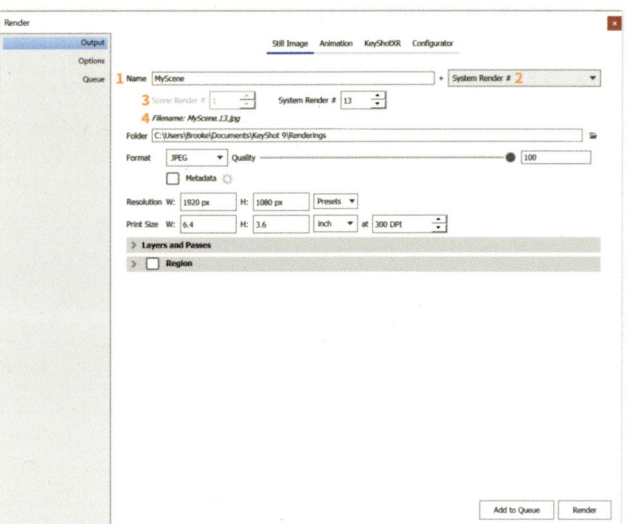

01 | 이름 템플릿 UI

1. **접두사:** 접두사는 이름 템플릿의 자동 변수 전에 맞춤형 텍스트를 추가할 수 있게 합니다. 기본 설정에 의해 씬 이름으로 적용되어 있으나, 목적에 맞는 텍스트로 바꾸거나 비워놓을 수 있습니다. 접두사가 씬 이름과 동일할 경우, 씬 이름을 변경하면 즉시 업데이트됩니다.

2. **이름 템플릿:** 이름 템플릿으로 렌더링 이름에 추가하려는 씬의 변수를 선택할 수 있습니다.

3. **개정번호:** 이름 템플릿이 두 개의 **개정 번호**(아래 변수 목록에서 정의를 확인하십시오) 중 하나를 포함할 경우, 여기서 초기화할 수 있습니다.

4. **파일 이름 미리보기:** 파일 이름 미리보기로, **접두사**와 **이름 템플릿**을 조합했을 때의 최종 렌더링 이름을 표시합니다.

02 | 기본 이름 템플릿

키샷은 두 개의 **이름 템플릿**을 미리 설정해두었으며, 이는 수정 및 삭제가 불가능합니다.

- 기본 설정된 **이름 템플릿**은 **시스템 렌더#** 라고 부릅니다. 기본 설정 접두사와 조합하면, 이전 버전의 키샷과 같이 씬 이름과 숫자가 합쳐진 이름을 제공합니다.
- 렌더링 이름을 직접 입력하고 싶은 경우 템플릿 없음을 선택하십시오. 렌더링 이름이 **접두사**와 파일 확장자만으로 구성됩니다. 이는 대기열로 작업을 추가할 때 그다지 좋지 않은 방식입니다. XR, 애니메이션 또는 구성기를 렌더링할 때, 이름이 겹치는 것을 방지하기 위해 이미지 이름에는 언제나 번호가 순서대로 추가됩니다.

03 | 맞춤형 이름 템플릿

씬에서 추출된 정보를 원하는 이름 템플릿을 설정할 수 있습니다. 이름 템플릿은 여기서만 사용되는 임시 맞춤형 템플릿으로 사용될 수도 있고, 여러 씬에서 다시 사용하기 위한 프리셋으로 설정할 수 있습니다.

맞춤형 이름 템플릿 설정

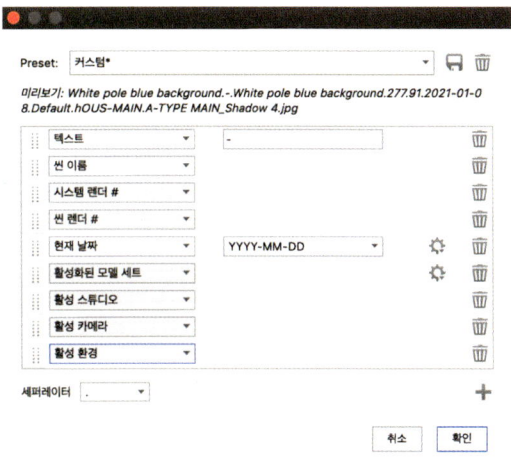

1. 템플릿 드롭다운 메뉴에서 맞춤형…을 선택합니다. 원하는 이름 템플릿을 맞춤 설정하기 위한 새로운 창이 열립니다.

2. 프리셋: 프리셋 드롭다운 메뉴에서 시작할 템플릿을 선택할 수 있습니다. 템플릿 설정을 변경하면 프리셋 드롭다운 메뉴에서 선택한 이름이 맞춤형으로 바뀌어, 현재 설정이 프리셋으로 저장되지 않음을 표시합니다. 설정한 내용을 사용하기 위해 프리셋으로 저장할 필요는 없지만, 저장하지 않았을 때 설정은 일시적이며 다른 프리셋을 선택했을 때 사라집니다.

- **프리셋 저장:** 설정을 프리셋으로서 저장하려면 저장 아이콘을 클릭합니다.
- **프리셋 삭제:** 특정 프리셋을 저장하고 싶지 않을 때 목록에서 프리셋을 선택하고 삭제 아이콘을 클릭합니다. 다른 씬에서 사용되는 프리셋을 삭제했을 경우, 다음에 다른 씬들을 열었을 때 저장되지 않은 템플릿으로 나타나게 됩니다.

3. 미리보기: 미리보기에서는 현재 씬에 기반하여, 현재 접두사와 이름 템플릿 설정의 조합 결과를 보여줍니다.

4. 변수: 각 줄의 첫번째 드롭다운 메뉴에서 변수 유형을 선택할 수 있습니다. 변수 순서를 바꾸려면 변수의 핸들을 클릭하고 드래그 앤 드롭 하십시오. 변수의 삭제 아이콘을 클릭하면 템플릿에서 삭제할 수 있습니다.

- **텍스트:** 템플릿에 원하는 텍스트를 추가할 수 있습니다. 템플릿에서 한 번 이상 사용할 수 있는 유일한 변수입니다.

- **씬 이름:** 접두사에 씬 이름을 추가하고 싶지 않다면 이름 템플릿 안에 넣을 수 있습니다.
- **시스템 렌더 #:** 렌더링하거나 스크린샷 기능을 사용할 때마다 하나씩 증가하는 숫자를 추가합니다. 이 숫자는 키샷 프로그램을 통해 렌더링되거나 네트워크 렌더링되는 모든 장면들 간에 공유됩니다. 출력 탭의 접두사 아래에서 시스템 렌더링 번호 스핀박스 메뉴를 통해 숫자를 초기화할 수 있습니다.
- **씬 렌더 #:** 현재 씬을 렌더링할 때마다 1씩 증가하는 숫자를 추가합니다. 이 숫자는 씬과 함께 저장되기 때문에 키샷 9.1 이상의 버전에서는 마지막 과정에서 이어갈 수 있습니다. 과정을 이어가려면 씬을 저장하는 것을 잊지 마십시오. 출력 탭의 접두사 아래에서 씬 렌더링 번호 스핀박스 메뉴를 통해 숫자를 초기화할 수 있습니다.
- **현재 날짜:** 현재 날짜 변수는 렌더링 이름에 날짜 스탬프를 추가합니다. 만약 작업을 대기열에 추가했다면, 렌더링 작업이 생성되었을 때/대기열에 추가했을 때/네트워크 렌더링에 추가했을 때의 날짜가 표시되며, 실제로 렌더링한 날짜를 가리키지는 않습니다. 날짜 표기 형식을 선택할 수 있으며, 설정 드롭다운 메뉴에서 날짜의 연월일 사이의 내부 표시를 설정할 수 있습니다.
- **해상도:** 출력 해상도를 이름에 추가합니다.
- **활성화된 모델 세트:** 렌더링 이름에 모든 활성화된 모델 세트를 추가합니다. 2개 이상의 모델 세트가 있다면, 설정 드롭다운 분리 표시 가능합니다.
- **활성화된 스튜디오:** 렌더링 이름에 활성화된 스튜디오를 추가합니다. 정지 이미지를 렌더링할 경우 스튜디오가 선택되어 있지 않을 수도 있으며, 이 경우 이 변수는 생략됨에 유의하십시오.
- **활성화된 카메라:** 렌더링 이름에 활성화된 카메라를 추가합니다.
- **활성화된 환경:** 렌더링 이름에 활성화된 환경을 추가합니다.
- **활성화된 이미지 스타일:** 렌더링 이름에 현재 활성화된 이미지 스타일을 추가합니다.

5. **분리 기호:** 분리 기호 드롭다운 메뉴에서는 각 변수 사이에 들어가는 분리 기호를 선택할 수 있습니다. 일부 변수(모델 세트와 R)의 경우 변수의 설정 드롭다운 메뉴에서 따로 제어할 수 있는 내부 분리 기호를 가진다는 점에 유의하십시오.

6. **+:** 템플릿에 변수를 추가합니다. 텍스트 변수를 제외한 각 변수는 씬에 한 번만 추가할 수 있음에 유의하십시오.

LESSON 04 : 스틸 이미지 출력

스틸 이미지 출력 옵션은 렌더링 레이어, 렌더링 패스 및 영역 렌더링에 대한 옵션 뿐만 아니라 단일 정적 이미지의 출력을 제공합니다.

01 | 출력 옵션

1. 이름

원하는 접두사와 이름 템플릿을 선택합니다. 템플릿이 시스템 또는 씬 #개정번호를 포함할 경우 여기서 초기화할 수 있습니다. 파일 이름은 접두사 및 활성화된 이름 템플릿을 조합하여 생성된 최종 렌더링 이름을 표시합니다.

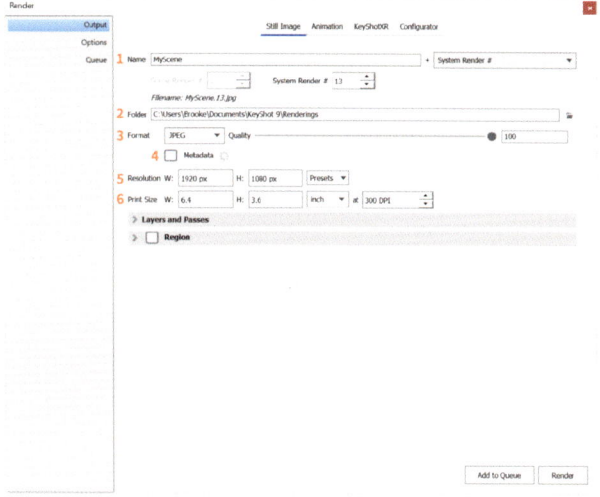

메모: 키샷은 다양한 형식으로 이미지 출력이 가능합니다.

정수 출력 형식	부동 소수점 형식
▫ PNG ▫ JPEG ▫ TIFF ▫ PSD ▫ PSD 16-비트	▫ EXR(16비트 반 정밀) ▫ TIFF 32비트 ▫ PSD 32비트

2. 폴더

렌더링을 저장할 위치를 선택합니다. 특정 폴더를 선택하지 않으면 키샷 랜더링 폴더에 저장됩니다.

3. 형식

PNG, JPEG, EXR, TIFF, TIFF 32비트, PSD 16비트 및 PSD 32비트 중에서 선택합니다. JPEG 이외의 모든 형식에는 알파 채널이 포함될 수 있습니다. PSD, PSD 16비트 또는 PSD 32비트를 선택하면 PSD에 추가할 계층 및 통과 섹션에 확인란이 표시됩니다. JPEG를 선택했을 경우 이미지 품질 슬라이더를 사용하여 최적화와 파일 크기를 제어할 수 있습니다.

- **알파(Alpha) 포함(투명도)**

선택한 형식이 투명성을 지원하는 경우 이미지에 포함되도록 선택할 수 있습니다.

4. 메타데이터(Metadata)

이 옵션을 실행하면 스틸 이미지로 파일이 출력됩니다. 메타데이터는 씬 이름, 카메라 이름 및 속성, 환경 이름 및 속성, 활성 모델 세트, 활성 스튜디오, 라이팅 설정, 재료 이름 및 렌더 품질 설정을 비롯한 유용한 참조 정보를 제공합니다. 메타데이터의 형식을 선택하려면 ⚙를 클릭하십시오.

- **.xmp:** 이 파일은 임의의 텍스트 편집기에서 읽을 수 있으며 아도베(Adobe) 애플리케이션으로도 가져올 수 있습니다.
- **Simple (.meta):** 이 파일은 읽기 쉽도록 포맷되었습니다.

5. 해상도(Resolution)

렌더링의 해상도를 설정합니다. 입력하거나 사전 설정에서 선택하십시오.

6. 인쇄 사이즈

인쇄 품질을 위한 최종 출력인 경우, 원하는 DPI뿐만 아니라 인쇄 크기의 치수를 입력합니다. 크기를 설정하면 해상도가 올바른 크기로 업데이트됩니다.

LESSON

05 애니메이션 출력

01 출력 옵션

1. 해상도

렌더링될 애니메이션용 해상도를 설정합니다. 프리셋 풀다운에서 선택하거나 사용자만의 커스텀 크기를 입력합니다. 높이 및 너비에 값을 입력하거나 프리셋을 선택했어도, 실시간 뷰의 현재 영상비가 유지됩니다. 프리셋은 뷰의 너비에 기반하여 계산됩니다.

2. 시간 범위

렌더링될 애니메이션의 범위를 지정합니다. 기본값은 "전체 시간" 입니다. 렌더링 될 특정 작업 영역과 프레임의 범위를 설정할 수도 있습니다. "시간" 과 "프레임"은 시간 범위가 바뀔 때 자동으로 업데이트 됩니다.

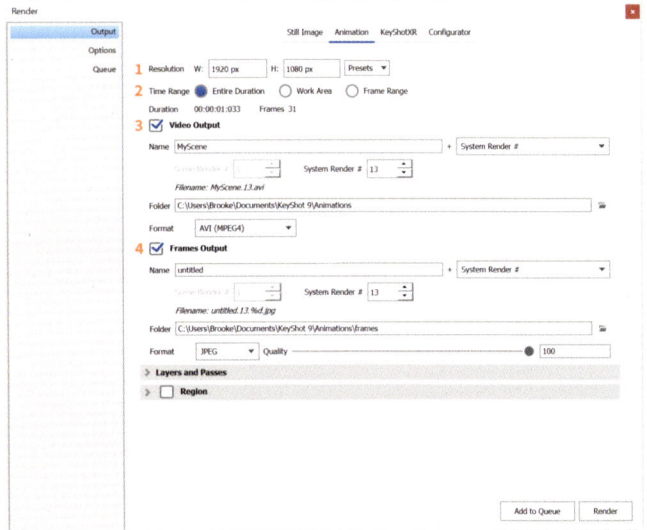

3. 비디오 출력

이름과 애니메이션이 저장될 폴더 위치를 설정합니다.

- **이름:** 원하는 접두사와 이름 템플릿을 선택합니다. 템플릿이 시스템 또는 씬 개정번호를 포함할 경우 여기서 초기화할 수 있습니다. 파일 이름은 접두사 및 활성화된 이름 템플릿을 조합하여 생성된 최종 렌더링 이름을 표시합니다.

- **폴더:** 영상을 저장할 폴더를 선택합니다. 특정 폴더를 선택하지 않는다면 키샷 애니메이션 폴더에 저장됩니다.

- **형식:** 아래 옵션 중에서 영상 파일 형식을 선택합니다.
    - MP4 (H.264)
    - AVI (MPEG4)
    - AVI (압축하지 않음)
    - MOV (H.264)
    - FLV (플래시 영상)
    - 애니메이션 GIF

4. 프레임 출력

애니메이션 생성에 사용된 모든 프레임을 출력할 수 있습니다.

- **이름:** 원하는 접두사와 이름 템플릿을 선택합니다. 이름이 겹치지 않도록 이미지 이름에는 1씩 증가하는 접미사가 추가됩니다. 템플릿이 시스템 또는 씬 개정번호를 포함할 경우 여기서 초기화할 수 있습니다. 파일 이름은 접두사 및 활성화된 이름 템플릿에 위 접미사를 조합하여 생성된 최종 렌더링 이름을 표시합니다.
- **폴더:** 영상을 저장할 폴더를 선택합니다. 특정 폴더를 선택하지 않는다면 키샷 애니메이션 폴더 하위의 프레임 폴더에 저장됩니다.
- **형식:** 아래 옵션 중에서 이미지 파일 형식을 선택합니다.
    - PNG
    - JPEG
    - TIFF
    - PSD
    - PSD 16bit floating point format
    - EXR (16bit half precision)
    - TIFF 32bit
    - PSD 32bit

주의사항:
애니메이션에 전환 이벤트가 포함되어 있으며, 이미지에 이름 템플릿을 사용할 경우, 비디오 생성에 문제가 발생할 수 있습니다.

해결 방법:
전환 이벤트로 전환되는 매개변수(활성화된 스튜디오, 카메라, 모델 세트 또는 환경)를 포함하지 않는 이름 템플릿을 사용하십시오.

LESSON

06 KeyShotXR 출력

KeyShotXR 출력 옵션은 키샷XR 애드온이 설치되어 있을 때만 사용 가능합니다. 이 옵션들은 렌더 레이어와 렌더 패스 뿐만 아니라 KeyShotXR 설정을 제공합니다. KeyShotXR 마법사 내의 모든 매개변수는 KeyShotXR Render 출력 옵션에서도 편집될 수 있습니다. 추가로 파일 형식, 파일 크기 그리고 iOS 기기에서 조회를 위한 iBooks 출력 옵션이 있습니다. KeyShotXR 컨트롤, 커스터마이제이션, FTP 로 웹사이트에 직접 업로드를 위한 고급 옵션도 있습니다. 이 섹션에서는 이 설정들을 상세히 다룹니다.

01 | 출력 옵션

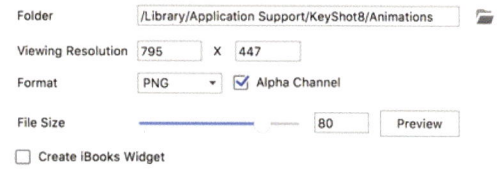

- **이름:** 원하는 접두사와 이름 템플릿을 선택합니다. 템플릿이 시스템 또는 씬 개정번호를 포함할 경우 여기서 초기화할 수 있습니다. 파일 이름은 접두사 및 활성화된 이름 템플릿에 위 접미사를 조합하여 생성된 최종 렌더링 이름을 표시합니다.

- **폴더:** 대상 폴더를 XR 파일로 설정합니다. 이 위치에서는 모든 이미지 파일 등을 포함하는 새 폴더와 함께 .html 파일이 추가됩니다.

- **해상도:** 해상도를 설정합니다.

- **형식:** 프레임에 대해 JPEG 또는 PNG를 선택합니다. .png 영상에서 투명성을 사용하려면 알파(Alpha)를 선택합니다.

- **파일 사이즈:** 미리 보기 버튼을 선택하면 키샷XR에서 프레임 하나가 렌더링 되고 영상 화질을 조정하고 실시간으로 업데이트할 수 있는 압축 슬라이더가 있습니다. 파일 크기가 클수록 브라우저에서 키샷XR을 로드 하는 시간이 늘어날 수 있습니다.

02 | KeyShotXR 컨트롤

회전 컨트롤

- **환경:** 이 옵션은 회전의 중심을 씬(scene) 중앙에 설정합니다.

- **오브젝트:** 씬에서 회전의 중심으로 객체를 선택합니다.

- **파노라마 카메라:** 현재 카메라 설정을 사용하여 회전 센터로 사용

- **카메라 대상:** 현재 "카메라 대상"을 회전 중심으로 사용합니다.

- **커스텀:** 이 옵션을 사용하면 씬(scene) 트리 항목에서 회전 중심을 선택할 수 있습니다.

- **수평 환경 회전:** 환경을 키샷XR로 회전하려면 이 옵션을 실행합니다.

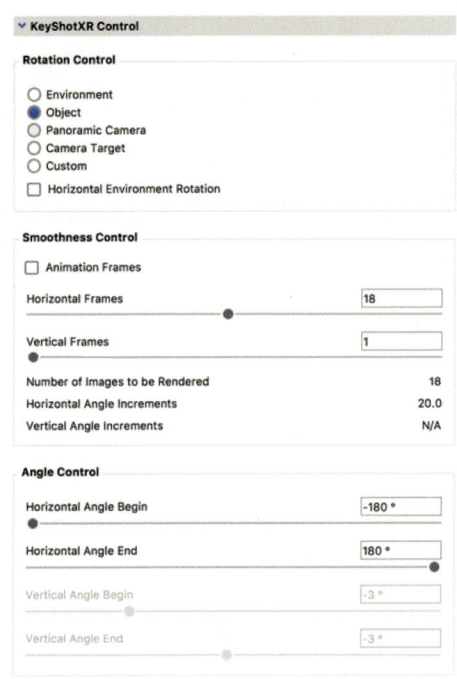

스무드니스 컨트롤

- **애니메이션 프레임:** 만일 씬에 애니메이션이 적용되면 이 애니메이션에서 KeyShotXR을 만들수 있습니다. 활성화되면 추가 매개변수가 보여집니다. 애니메이션 프레임 설정에 관한 이전 페이지를 참조하세요.

- **수평 프레임:** 이것은 "X" 방향의 프레임 수를 조정합니다. 높은 프레임 수 일수록 모델이 더 부드럽게 회전합니다.

- **수직 프레임:** 이것은 "Y" 방향의 프레임 수를 조정합니다. 높은 프레임 수 일수록 모델이 더 부드럽게 회전합니다.

- **렌더링된 이미지의 수:** 이것은 수평 수직 프레임 수에 기반하여 렌더링할 이미지 수를 보여줍니다.

- **수평 각도 증분 (Horizontal/vertical angle increments):** 이것은 각 프레임 간의 각도를 보여줍니다. 이 값은 수직 수평 프레임 수와 시작과 끝의 각도에 따라 변경됩니다.

각도 컨트롤

이는 마법사의 키샷XR 모드(Mode)의 사용자 정의 설정과 동일하며 키샷XR의 가능한 보기 각도를 제어합니다. 턴터블(Turntable), 구형(Spherical), 반구(Hemispherical), 또는 텀블(Tumble)과 같은 사전 설정을 사용하려면 마법사를 사용하십시오.

- **수평:** 이것은 "X" 평면 회전의 시작과 끝을 조정합니다.
- **수직:** 이것은 "Y" 평면 회전의 시작과 끝을 조정합니다.

03 | 고급

KeyShotXR 고급 설정은 커스텀 설정과 같은 윈도우의 드롭다운 메뉴에 있습니다. 이 메뉴는 KeyShotXR 이 브라우저에서 어떻게 작동하는지를 컨트롤합니다.

▪ 회전 감쇠(Rotation Dumping)
이 값을 증가시키면 웹 브라우저에서 패닝을 할 때 카메라 회전이 더 부드러워집니다.

▪ 마우스 감도
KeyShotXR 에서의 전체 마우스 감도를 조정합니다. 이 값을 증가시키면 마우스를 덜 움직여도 모델이 더 많이 움직입니다.

▪ 줌인
줌인을 켜면 브라우저 내에서 KeyShotXR 로 줌인할 수 있게 합니다. "최대 허용 줌인 퍼센트" 슬라이더를 사용하여 사용자가 KeyShotXR을 줌인 하는 정도를 조정합니다.

▪ 이미지 품질 유지
이 옵션을 켜면 줌인을 할 때 적합한 이미지 품질을 위해 더 높은 해상도에서 프레임을 렌더링합니다. 렌더링된 프레임 해상도를 확대하여 줌인을 할 때 이미지 품질은 그대로 보존됩니다. 이것은 각 프레임의 뷰포트 해상도 설정과는 별개입니다. 이것은 KeyShotXR 파일 크기를 증가시킵니다.

▪ 인터랙션 시 다운로드
이 옵션을 활성화하면 사용자가 KeyShotXR을 작동한 후 KeyShotXR 이 이미지만 브라우저로 로딩하도록 설정합니다.

▪ 더블 클릭 하여 전체 화면 모드 허용
왼쪽 마우스를 더블 클릭하여 전체화면 모드로 들어갑니다.

▪ 로딩 스크린 보이기
이 옵션을 활성화하면 KeyShotXR 이 브라우저에 로딩될 때 로딩 아이콘이 보여집니다. 이 이미지는 "탐색"를 선택하여 변경할 수 있고, 원하는 이미지 파일을 탐색할 수 있습니다.

▪ Div 이름
이는 HTML 코드에서 KeyShotXR 섹션을 정의합니다.

- **FTP 배치**

이 옵션을 활성화하면 키샷이 사용자의 FTP 주소에 바로 렌더링된 KeyShotXR을 로딩할 수 있게 합니다.

- **배포 전 확인**

KeyShotXR 의 렌더링이 끝나면, FTP 사이트로의 배포를 즉시 수락합니다.

- **포함된 HTML 코드 생성**

KeyShotXR 렌더링이 완료되면 FTP 사이트에 대한 배포를 수락하라는 메시지가 표시됩니다. 이는 iframe 태그를 사용하여 웹사이트 내 KeyShotXR을 실행하는 데에 필요한 코드를 만들어 줍니다.

- **BIP 파일에 포함된 FTP 설정**

이는 다른 사용자가 쉽게 배포할 수 있는 키샷 BIP 파일 내 모든 FTP 자격 증명을 저장합니다.

- **레이어 및 통과**

뒤의 레이어 및 통과 섹션 참고.

LESSON 07 구성기 출력

구성기(The Configurator) 출력 옵션은 구성기 마법사(Configurator Wizard)를 통해 설정된 일련의 정지 영상과 옵션 모델, 재료 및 스튜디오 변형 관련 메타데이터를 제공합니다.

• **이미지:** 구성기 위저드를 통해 설정된 모델, 재질 및 스튜디오 변형의 정적인 이미지와 관련된 메타데이터의 연속을 렌더링합니다.

• **웹 구성기:** KeyShotWeb 애드온이 있다면 웹에 사용하기 위해 웹페이지 또는 iBook 위젯으로 출력할 수 있습니다. 웹페이지/iBook 위젯은 모델, 재질, 스튜디오를 선택하는 데 있어 프리젠테이션 모드/키샷 뷰어와 같은 UI를 가지지만, 정적인 이미지에 기반하므로 카메라 이동은 불가능합니다.

01 이미지

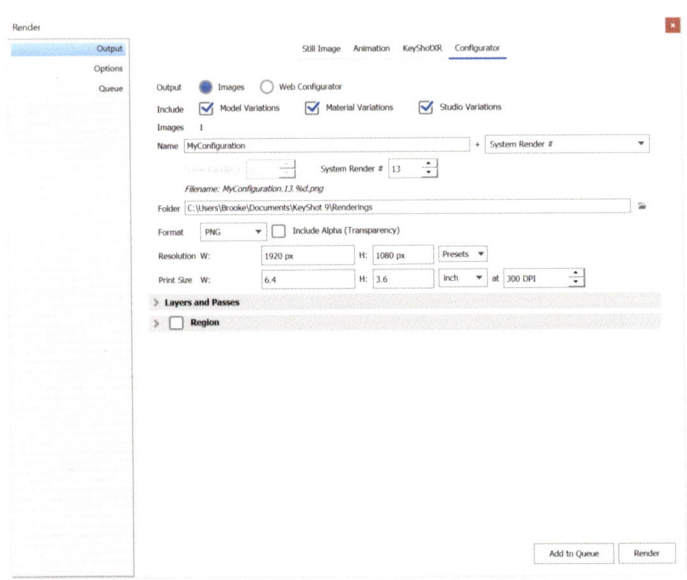

▪ **포함**
이 옵션을 사용하면 구성자 출력에 포함될 변형을 지정할 수 있습니다.

- **이미지**

이 값은 포함된 변형에 의해 결정되는 출력 이미지의 총 수를 표시합니다. **인클루드(Include)** 확인란이 표시되고 선택 해제되면 값이 동적으로 업데이트됩니다.

- **이름**

원하는 접두사와 이름 템플릿을 선택합니다. 이름이 겹치지 않도록 이름에는 하나씩 증가하는 접미사가 추가됩니다.

템플릿이 시스템 또는 씬 개정번호를 포함할 경우 여기서 초기화할 수 있습니다. 파일 이름은 접두사 및 활성화된 이름 템플릿에 위 접미사를 조합하여 생성된 최종 렌더링 이름을 표시합니다.

- **폴더**

렌더링을 저장할 위치를 선택합니다. 특정 폴더를 선택하지 않으면 기본 렌더링 폴더에 저장됩니다.

- **형식**

JPG, TIF, EXR, TIF 32비트, PNG, PSD 및 PSD 32비트 중에서 선택합니다. JPG 이외의 모든 형식에는 알파 채널이 포함될 수 있습니다.

- **해상도**

렌더의 해상도를 설정합니다. 이를 입력하거나 사전 설정에서 선택합니다.

- **인쇄 사이즈**

인쇄 품질을 위한 최종 출력인 경우, 원하는 DPI뿐만 아니라 인쇄 크기의 치수를 입력합니다. 크기를 설정하면 해상도가 올바른 크기로 업데이트됩니다.

02 | 웹 구성기

- **iBooks 위젯 생성하기**

활성화 시 키샷은 웹페이지를 출력하는 것과 동시에 iBook의 iPhone/iPad에서 사용할 수 있는 iBook 위젯을 생성합니다.

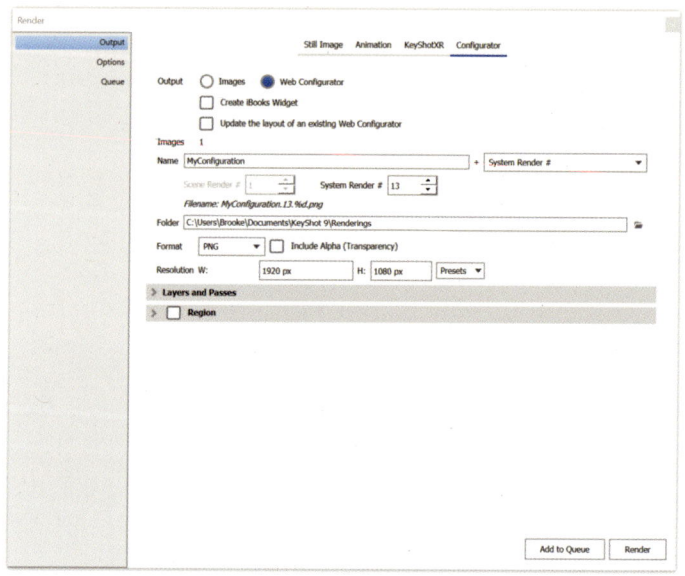

- **이미 존재하는 웹 구성기의 레이아웃 및 썸네일 갱신하기**

이미 구성을 렌더링했고 레이아웃이나 썸네일에 작은 변화를 주었을 뿐이라면 모든 것을 다시 렌더링할 필요는 없습니다. 이미 존재하는 웹 구성기의 레이아웃 및 썸네일 갱신하기를 활성화하고 웹 구성기를 포함하는 폴더를 선택한 뒤 웹 구성기 갱신하기를 누르면 됩니다. 당신이 갱신하고자 하는 구성기에 따라, 키샷은 .css/.js 파일 또는 iBook 위젯을 갱신할 것입니다.

> **주의사항:**
> 갱신 옵션은 재질, 모델 세트 또는 구성자 내 선택의 변화를 인식하지 못합니다. 이들에 변화를 주었다면 처음부터 다시 모든 것을 렌더링해야 합니다.

- **이미지**

이 값은 구성자가 사용하는 이미지의 총 개수를 표시합니다.

- **이름**

원하는 접두사와 이름 템플릿을 선택합니다. 이름이 겹치지 않도록 이름에는 하나씩 증가하는 접미사가 추가됩니다.
템플릿이 시스템 또는 씬 개정번호를 포함할 경우 여기서 초기화할 수 있습니다. 파일 이름은 접두사 및 활성화된 이름 템플릿에 위 접미사를 조합하여 생성된 최종 렌더링 이름을 표시합니다. 이 이름은 모든 파일을 포함하는 폴더와, 이미지에 모두 사용됩니다. iBooks 위젯으로도 출력하기를 선택했다면 이름에 .wdgt을 포함한 스스로의 폴더에 위젯을 생성합니다.

- **폴더**

웹페이지 또는 iBook을 위한 모든 이미지와 파일을 포함하는 폴더를 어디에 저장할지 선택합니다. 특정 폴더를 설정하지 않았다면 기존 설정된 렌더링 폴더에 생성됩니다.

- **형식**

JPG, TIF, EXR, TIF 32비트, PNG, PSD, PSD 32비트 중 선택합니다. JPG 외의 모든 확장자는 알파 채널을 포함할 수 있습니다.

- **해상도**

렌더링 해상도를 설정합니다. 직접 입력하거나 프리셋에서 선택합니다.

LESSON 08 : CMF

CMF(색상, 재질, 마감) 출력 옵션을 사용하면 **콜아웃**이 있는 이미지와 재질 정보가 담긴 테이블이 포함된 HTML 문서를 출력할 수 있습니다.

01 | CMF 출력 옵션

1. 출력 유형

드롭다운 메뉴에서 선호하는 출력을 선택할 수 있습니다.

2. 오리엔테이션

HTML에서 레이아웃의 방향을 선택할 수 있습니다. 가로는 이미지와 테이블을 나란히 표시합니다. 세로 모드에서는 이미지가 테이블 위에 있습니다.

3. 콜아웃 설정

⚙를 클릭하면 콜아웃 편집기가 열립니다.

4. 이름

필요에 맞는 접두사 및 이름 템플릿을 선택합니다. 템플릿에 시스템 또는 씬 개정 번호가 포함되어 있으면 여기에서 재설정할 수 있습니다. 파일명은 접두사와 활성화한 이름 템플릿에서 생성된 전체 렌더링 이름을 표시합니다.

5. 폴더

렌더를 저장할 위치를 선택합니다. 특정 폴더를 선택하지 않으면 KeyShot Renderings 폴더에 저장됩니다.

6. 형식

PNG 또는 JPEG 중에서 선택하세요. PNG에는 알파 채널이 포함될 수 있고, JPEG를 선택하면 이미지 품질 슬라이더가 제공됩니다. 이를 통해 최적화 및 파일용량을 제어할 수 있습니다.

7. 알파 포함(투명도)

선택한 형식이 투명도를 지원하는 경우 이미지에 포함하도록 선택할 수 있습니다.

8. 메타데이터

이 옵션이 활성화되면 파일이 정지 이미지와 함께 출력됩니다. 메타데이터는 씬 이름, 카메라 이름 및 속성, 환경 이름 및 속성, 활성 모델 세트, 활성 Studio, 조명 설정, 재질 이름 및 렌더 품질 설정을 비롯한 유용한 참고 정보를 제공합니다.

메타데이터 형식을 선택하려면 ⚙를 클릭합니다.

- **.xmp:** 이 파일은 모든 텍스트 편집기에서 읽을 수 있으며 Adobe 응용 프로그램으로 가져올 수도 있습니다.
- **단순(.meta):** 이 파일은 읽기 쉽도록 형식이 지정되었습니다.

> **주의사항:**
> 메타데이터는 위에서 언급한 참고 정보만 참조하며 재질 정보 관리자의 출력은 참조하지 않습니다.

9. 해상도

렌더의 해상도를 설정합니다. 입력하거나 사전 설정에서 선택합니다.

10. 인쇄 사이즈

최종 출력이 인쇄 품질을 위한 것이라면 인쇄 크기의 치수와 원하는 DPI를 입력하십시오. 크기가 설정되면 해상도가 올바른 크기로 업데이트됩니다.

02 | 콜아웃 편집기

콜아웃 편집기를 사용하면 재질 정보에 대한 콜아웃을 추가, 편집 및 관리할 수 있습니다.

씬 트리

오른쪽에 있는 씬 트리에서 콜아웃을 재질 또는 부품에 기반할지 여부와 콜아웃을 사용할 재질/부품을 선택할 수 있습니다.

카메라에 보이지 않는 개체 활성화

카메라에 표시되지 않는 **씬 트리**의 개체를 활성화/비활성화할 수 있습니다.

콜아웃 번호 생성

씬 트리에서 확인 표시가 있는 재질/부품에 **콜아웃** 번호가 다시 생성됩니다. 콜아웃 색
콜아웃 색상 옵션을 사용하면 콜아웃의 색상을 사용자 정의할 수 있습니다.

콜아웃 레이아웃

콜아웃 레이어 옵션을 사용하면 수직 및 수평 레이아웃 중에서 선택할 수 있습니다.

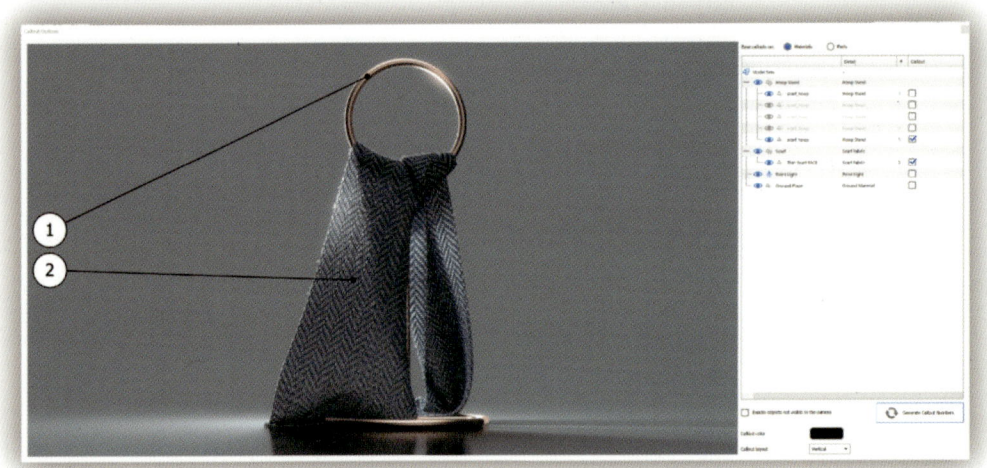

콜아웃 색

콜아웃 색상 옵션을 사용하면 콜아웃의 색상을 사용자 정의할 수 있습니다.

03 | 출력 문서

출력 문서는 콜아웃이 있는 정지 이미지와 재질 정보 관리자에서 지정한 재질 이미지가 있는 테이블을 포함하는 파일입니다. **KeyShot > Renderings** 내의 **출력 폴더**에서 출력 문서를 찾을 수 있습니다.

LESSON 09 : 레이어 및 통과

키샷은 렌더링 레이어와 렌더링 패스 출력을 지원합니다. 렌더링 레이어는 렌더링 패스가 자신의 레이어 씬의 구체적인 속성을 출력할 때, 레이어에 지정된 구체적인 부분과 모델을 출력합니다. 예를 들어, 라이팅 패스는 섀도우 패스가 싱글 레이어의 모든 섀도우를 출력하는 동안 싱글 레이어의 모든 라이팅을 출력합니다.

레이어와 패스의 출력은 후보정 작업의 더 많은 조절을 제공하기 위해 모든 씬의 다양한 비율을 따로 출력합니다. 예를 들어, 밝기 강도, 음영 또는 재질 색상을 조절하고 싶은 경우에 사용할 수 있습니다. 이런 것들이 분리된 레이어에 있는 경우 조절할 수 있습니다.

이 씬의 모델은 dk에 의해 작성되었으며 GrabCAD에서 제공되었습니다.

01 | 렌더 레이어 출력

이 옵션은 렌더 레이어에 부품과 모델을 할당한 경우에만 사용할 수 있습니다. 레이어 출력을 활성화하려면 올랜더레이어(All Render Layers) 확인란을 선택합니다. 기어 아이콘을 선택하여 렌더 레이어 설정 대화상자를 표시하고 레이어에 대한 알파(투명도) 모드를 선택합니다.

알파 모드

렌더 레이어 알파 모드에는 다음이 포함됩니다.

옆의 그림은 두 개의 링이 겹친 스틸 이미지 렌더링.
파란 링과 하얀 링의 렌더 레이어가 분리된 모습

- **스트레이트 알파-테두리없음 (Straight Alpha – Unmatted)**

 (Default) 이 알파 모드는 렌더 레이어(Render Layers)가장자리의 색상을 안티-앨리어드 엣지(anti-aliased edges)의 반투명 픽셀로 확장합니다. 이렇게 하면 후 처리에서 렌더 레이어를 합성할 때 검은색 테두리를 방지할 수 있습니다. 이 알파 유형은 대부분의 상황에서 최상의 결과를 제공하므로 기본값입니다.

- **미리곱한알파 -검은색으로 테두리연결(Premultiplied Alpha– Matted with Black)**

이 알파 모드는 앤티 앨리어싱(anti-aliasing) 때문에 반투명 픽셀을 검정색으로 혼합하거나 연결하여 렌더 레이어 이미지를 미리 곱합니다. 이 경우 렌더 레이어(Render Layer)를 합성할 때 이미지 편집 응용 프로그램이 검은색 매팅 색상을 지정하고 조정할 수 없는 경우 검은색 테두리가 발생할 수 있습니다. 포토 샵에서 이미지 > 매팅 아래에 있는 매팅 옵션 중 하나를 사용하여 문제를 해결할 수 있습니다.

- **앨리어싱 주변부 불투명(Aliased - Opaque Fringe)**

이 알파 모드는 렌더 레이어 가장자리의 색상을 확장하고 완전히 불투명(별칭)가장자리를 만듭니다. 이렇게 하면 후 처리에서 렌더 레이어를 구성할 때 인접한 렌더 레이어 사이에 투명한 간격이 생기지 않습니다. 별칭으로 된 가장자리의 부정적인 시각적 결과 때문에, 이 모드는 렌더 레이어 간의 간격이 거래 위반자인 경우에만 사용해야 합니다. 하지만 고해상도에서 렌더링하면 별칭이 덜 눈에 띄게 됩니다.

아래 예는 두 개의 연동 링의 스틸 이미지 렌더링을 보여줍니다.
외부(파란색) 및 내부(흰색) 링은 두 개의 별도 렌더 레이어에 배치되었습니다.
아래 예제는 단색 녹색 배경색에서 렌더 레이어를 합성할 때 다른 알파모드에 대한 결과를 보여줍니다.

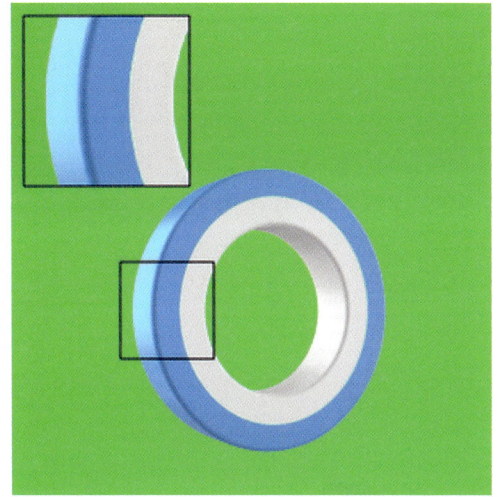

스트레이트 알파

"스트레이트 알파 - 테두리없음(Straight Alpha – Unmatted)"가 활성화된 상태에서, 렌더 레이어 가장자리는 주름(검은색 매팅)이 표시되지 않으며, 두 렌더 레이어간의 안티앨리어싱 된(anti-aliased) 간격을 통해 녹색 배경색이 흐릅니다.

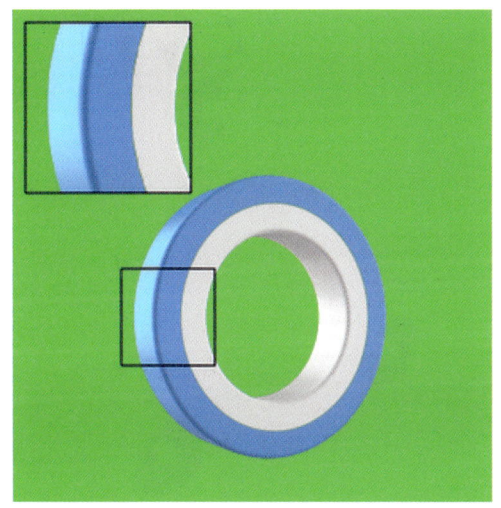

미리 곱한 알파

"미리곱한 알파-검은색테두리- 매티드 위드 블랙(Premultiplied Alpha - Matted with Black)"이 활성화 된 경우, 렌더 레이어 가장자리에는 검은 색 줄무늬를 나타내고, 녹색 배경색은 두 개의 렌더 레이어 사이의 앤티 앨리어싱 된(anti-aliased) 간격을 통해 흐릅니다.

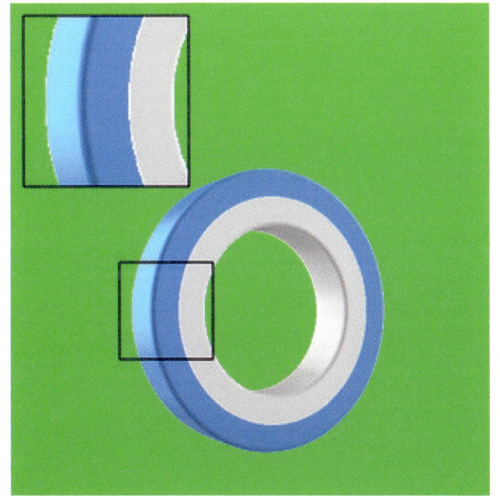

앨리어싱

"앨리어싱 주변부 불투명- 불투명 프린지(Aliased – Opaque Fringe)"가 활성화된 경우, 렌더 레이어 가장자리는 불투명 및 별칭의 가장자리로 표시되고 인접한 렌더 레이어 사이에는 간격이 없으므로 녹색 배경색이 흐려지지 않습니다.

> **주의사항:**
> 렌더 레이어 옵션을 사용하면 생성된 모든 렌더 레이어가 렌더링 됩니다. 렌더 레이어를 작성하려면 프로젝트 창의 화면 탭으로 이동합니다. 렌더 레이어를 작성하려면 속성(Properties), 렌더 레이어 (Render Layer)를 이동합니다. 부품 또는 부품 그룹을 선택하고 사용할 렌더 레이어를 선택합니다.

렌더 레이어 예

아래 예는 위의 씬의 여러 렌더 레이어를 보여줍니다.

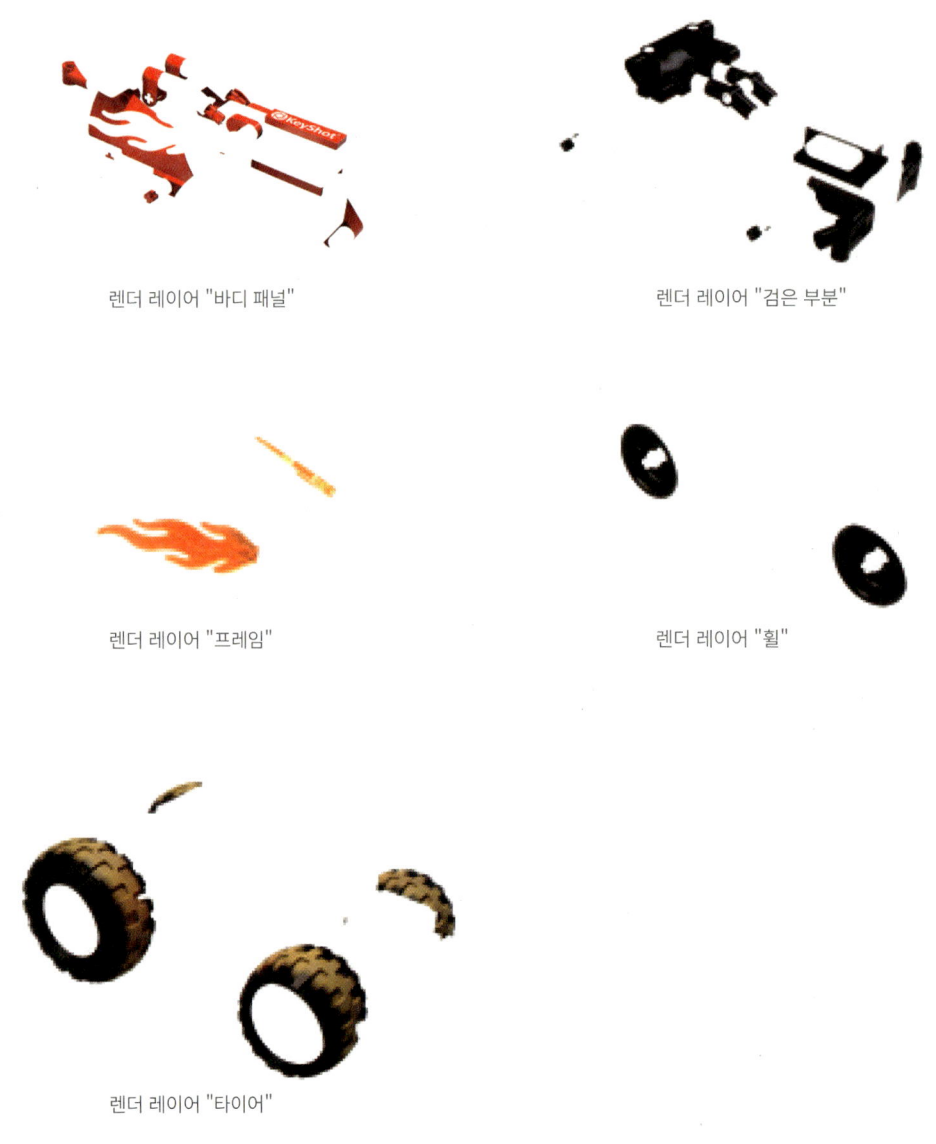

렌더 레이어 "바디 패널"

렌더 레이어 "검은 부분"

렌더 레이어 "프레임"

렌더 레이어 "휠"

렌더 레이어 "타이어"

> **주의사항:**
> 이미지 스타일 조정은 렌더링 레이어에 적용되나, 아래는 적용되지 않습니다.
> - 노이즈 제거
> - 블루밍
> - 비네트
> - 색 수차

02 | 렌더 통과 출력(Render pass output)

모든 렌더 출력 또는 각 패스 유형 옆의 체크박스를 선택하여 출력을 활성화합니다. 이렇게 하면 선택한 통과를 출력 탭에 나타난 오리지널 이미지 형식으로 렌더링합니다. 형식 드롭다운 메뉴에서 EXR 또는 PSD 옵션을 선택하여 Multi-Layer File에 추가 체크박스를 활성화합니다. 이는 모든 패스를 싱글 파일로 컴파일합니다.

> **주의사항:**
> "PSD에 추가"가 활성화된 상태에서 PSD(32비트 아님)로 렌더링하는 경우 모든 랜더 패스가 8비트 PSD 파일에 포함되어 있다는 것을 주목하세요. 그 결과 일부 정보가 손실됩니다. 최대의 유연성을 원하는 경우 PSD 32비트를 대신 사용해야 합니다.

키샷은 다음을 포함한 13가지 유형의 렌더 패스 출력을 지원합니다.

- **확산통과(Diffuse Pass)**

확산통과(Diffuse Pass)는 레이블을 포함하여 씬에서 모든 재료의 확산 색상을 포함하는 이미지를 생성합니다.

- **라이팅 통과 (Lighting Pass)**

라이팅 통과는 씬(scene)에서 직접 라이팅 구성 요소만 포함하는 영상을 생성합니다. 또한 이 패스는 재료의 확산 색상으로 곱해집니다.

- **글로벌 일루미네이션 통과 (Global Illumination Pass)**

글로벌 일루미네이션은 씬에서 라이팅의 간접 구성 요소만 포함하는 영상을 생성합니다. 또한 이 패스는 재료의 확산 색상으로 곱해집니다.

> **주의사항:**
> 라이팅탭(Lightingtab)에서 전역 라이팅(Global Lightning)이 비활성화되면 전역 라이팅 패스가 완전히 검은색 영상으로 바뀝니다.

- **커스틱스 통과(Caustics Pass)**

커스틱스 통과는 씬의 내부모형에 라이팅을 포함하는 이미지를 만듭니다.

> **주의사항:**
> Lighting 탭 에서 커스틱스가 비활성화되면 커스틱스패스는 완전히 검은 색 이미지가 됩니다.

▪ 원본 통과(Raw Pass)
원본 패스는 어떤 이미지 스타일도 포함하지 않은 이미지를 생성합니다. .exr 확장자로서 출력됩니다.

▪ 반사 통과(Reflection Pass)
반사 통과(Reflection pass)는 씬(scene)의 모든 반사 재료의 반사가 포함된 영상을 생성합니다.

▪ 굴절 통과(Refraction Pass)
굴절 통과는 씬에서 모든 굴절 물질이 굴절되는 이미지를 생성합니다.

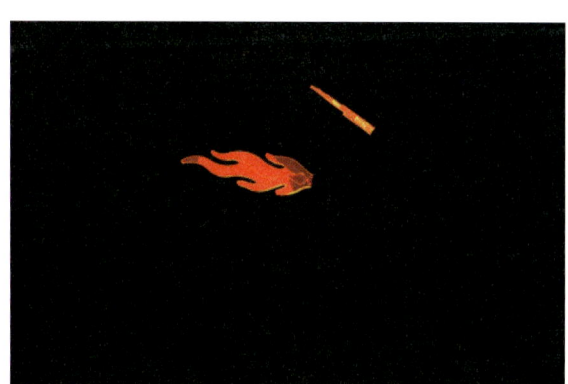

- **섀도우통과(Shadow Pass)**

섀도우통과는 HDRI 라이팅과 물리적 라이팅 (광원 재료) 모두를 사용하여 씬(scene)의 모든 광원의 그림자를 포함하는 이미지를 생성합니다.

- **엠비언트어클루전 통과
(Ambient Occlusion Pass)**

엠비언트어클루전 통과는 가려지지 않은 서페이스가 흰색이고 닫힌 서페이스가 검은색인 영상을 생성합니다. 이 패스는 합성 과정에서 틈과 내부 모델 엣지를 강조하기 위해 사용할 수 있습니다.

- **클라운 통과(Clown Pass)**

클라운 통과는 영상 편집기 또는 합성기에서 쉽게 선택하고 가릴 수 있도록 각 재료가 평평한 색으로 표시되는 영상을 생성합니다. 클라운 패스가 활성화되면 ⚙ 아이콘에서 액세스 할 수 있는 "세퍼릿 레이블즈 인 클라운 패스 (Separate Labels in Clown Pass)" 옵션이 나타납니다.

색 구분은 다음 규칙을 따릅니다.

  □ 순수한 기본 3원색상(rgb colors)이 먼저 할당 된 다음 보조 색상이 할당 되고, 다음 3차 색상이 할당됩니다.

  □ 색상은 현재 활성 모델 세트에 표시되도록 설정된 개체 간에만 배포됩니다.

  □ 이는 활동성이 있는 재료가 적을수록 클라운(광대) 결과가 더 좋다는 것을 의미합니다.

"클라우드 패스의 개별 레이블"이 비활성화 된 광대 패스 (기본값)

"클라우드 패스의 개별 레이블"이 활성화 된 광대 패스

- **깊이 통과(Depth Pass)**

깊이 통과(Depth Pass)는 카메라까지의 서페이스 거리와 관련된 정보가 포함된 이미지인 깊이 맵을 생성합니다. 깊이 맵은 아도베 포토샵 (Adobe Photoshop) 및 아도베 에프터 이펙츠(Adobe After effects)와 같은 다른 애플리케이션에서 필드 깊이와 같은 효과를 시뮬레이션 하는 데 사용됩니다.

> **TIP**
>
> Depth(깊이) 패스의 각 픽셀은 카메라에서 모델 서페이스까지의 실제 거리를 나타내므로 이 패스가 이미지 편집기에서 예기치 않은 결과로 표시될 수 있습니다. 일반적으로 깊이 패스는 완전히 흰색으로 표시됩니다. Photoshop에서 회색 톤 이미지를 표시하려면 다음 단계를 수행합니다.
> **이미지 > 조정 > HDR 토닝 > 방법: 히스토그램 표준화**

이미지 편집기에 표시된 심도 패스(미리보기는 흰색으로 표시됨)

히스토그램을 균일화 한 후 뎁스 패스

노르말통과(Normals Pass)

노르말통과는 씬의 지서페이스 정규 분포를 사용하여 각 픽셀이 지오메트리(geometry)의 방향을 나타내는 이미지를 생성합니다. 기본값으로 표준 단위는 세계 공간(씬에 상대적)에서 생성됩니다. 표준 통로가 활성화되면 ⚙ 아이콘에서 액세스할 수 있는 "카메라 공간 표준(Camera Space Normals) "을 활성화 할 수 있습니다.

노멀 패스는 씬을 다시 렌더링할 필요없이 게시물의 신속한 재라이팅(relighting)에 유용할 수 있습니다.

"카메라 공간 노르말"이 비활성화 된 노르말 통과 (기본값)-노르말은 월드 공간에 있습니다.

"카메라 공간 노르말"이 활성화 된 노르말 패스

> **TIP**
> 표준 패스인 "카메라 스페이스 노멀"은 재료에 대한 평범한 범프 맵으로 직접 사용될 수 있습니다.

라벨 통과(Labels Pass)

이 옵션을 선택하면 모든 라벨이 알파가 포함된 단일 영상에 출력됩니다.

> **TIP**
>
> 클라운 패스인 활성화된 "세퍼릿 레이블 인 클라운 패스(Separate Labels in Clown Pass)"는 개인의 라벨들을 선택하거나 가리는 데 사용 될 수 있습니다.

03 | 렌더 통과를 사용하여 합성 사례

렌더 통과는 후 처리 중에 다양한 방법으로 사용할 수 있습니다. 다음은 포토샵을 사용하여 개념을 설명하는 랜더 패스(Render Pass)를 사용한 합성 워크플로우의 두 가지 기본적인 예입니다.

> **주의사항:**
> 렌더된 스틸 이미지와 렌더 패스를 사용하는 합성물 사이에 일부 불일치가 존재할 수 있습니다. 또한, 렌더 통과는 반투명 재료(투명 재료)와 같은 더욱 복잡한 재료 효과를 일부 포착하지 못합니다.

통과에서 뷰티 이미지 재구성

통과는 합성 워크플로우에서 일반적으로 "뷰티 패스"라고 하는 렌더된 스틸 이미지를 재구성하는 데 사용할 수 있습니다. 라이팅, 글로벌 일루미네이션, 커스틱스(caustics), 반사 및 굴절 패스를 합치면 아름다운 이미지를 얻을 수 있습니다.

포토샵(Photoshop)에서 추가는 각 통과 층의 혼합 모드를 "Linear Dodge (Add)"로 설정하여 이루어집니다.

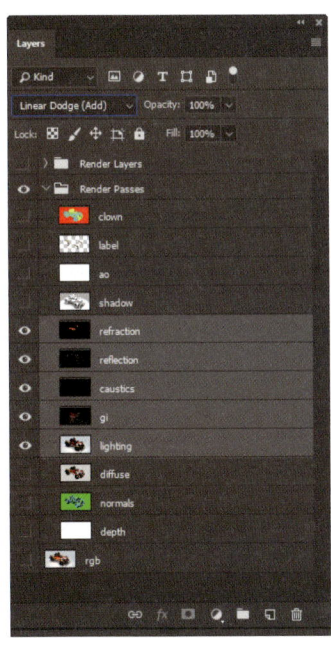

Photoshop에서 혼합 모드 "선형 닷지 (추가)"가있는 패스 레이어

위의 그림은 렌더된 뷰티패스를 참고하세요. 아래 그림은 합성된 결과물입니다.

위의 그림은 렌더된 뷰티패스 이고 아래 그림은 뷰티패스에 반사가 적용된 결과물입니다.

통과로 뷰티 이미지 조정

위의 워크플로우(workflow)에서 나온 동일한 통과(pass)를 사용하여 뷰티 이미지에 대한 효과를 강화하거나 약화시킬 수도 있습니다.

포토샵에서 패스효과 강화는 패스층의 혼합모드(the pass layer's blending mode)를 "Linear Dodge (Add)"로 설정하여 이루어집니다. 효과의 약화는 혼합 모드를 "감산"으로 설정하여 이루어집니다. 두 경우 모두 뷰티 이미지는 패스 아래에 위치하는 기본 레이어야 합니다.

아래의 예는 뷰티 이미지에 반사 패스를 추가하는 효과를 보여줍니다.

왼쪽의 그림은 렌더된 뷰티패스 이고 오른쪽 그림은 뷰티패스에 반사가 적용된 결과물입니다.

아래의 예는 뷰티 이미지에서 글로벌 일루미네이션을 빼는 효과를 보여줍니다.

왼쪽의 그림은 렌더된 이미지 이고 오른쪽 그림은 뷰티패스와 글로벌 일루미네이션이 적용된 결과 입니다.

04 | 렌더 레이어 및 통과의 형식

다음은 다양한 출력 형식에 대한 렌더 레이어 및 통과의 이미지 형식 개요입니다.

Output Format	Render Layer Format	Render Pass Format
PNG	PNG	EXR
JPEG	PNG	
EXR	EXR	
TIFF	TIFF	
TIFF 32-bit	TIFF 32-bit	
PSD	Last used format	
PSD 32-bit	Last used format	

주의사항:

1. 클라운 통과(Clown Pass)는 항상 별도의 PNG 파일로 저장됩니다.(PSD와 활성화된 EXR과 "멀티 레이어 파일 만들기" 제외)

2. 깊이 통과(Depth Pass)는 항상 별도의 EXR 파일로 저장됩니다.(PSD와 활성화된 EXR과 "멀티 레이어 파일 만들기" 제외)

3. PSD나 "멀티 레이어파일 만들기"과 EXR를 선택하여 렌더링하면 모든 렌더 레이어와 및 패스가 파일에 내장됩니다.

TIP

Photoshop은 다중 레이어 EXR 파일을 네이티브로 표시할 수 없습니다. 이를 올바르게 표시하려면 플러그인이 필요합니다.

LESSON

10 영역 렌더링

키샷에서 복잡한 라이팅 또는 재질을 가진 씬을 작업하며 특정 영역을 더 빠르게 렌더링하고 싶다면 영역 렌더링으로 효율적인 작업 흐름을 유지할 수 있습니다. 키샷에는 두 종류의 영역 렌더링이 존재합니다.

1. 실시간 렌더링 영역
2. 출력 렌더링 영역

둘 다 같은 렌더링 영역을 제어합니다. 실시간 영역과 출력 영역은 서로 동일합니다. 실시간 해상도(프로젝트 창, 이미지 탭에서 설정) 및 출력 렌더링 해상도(렌더링 창에서 설정)가 일치하는 것을 통해 직관적으로 알 수 있습니다. 한쪽이 다른 쪽보다 크거나 작으면 구역은 적절히 조정됩니다.

> **TIP**
>
> 실시간 뷰에서 렌더링하고 싶은 영역을 설정하고 조정하세요. 원하는 대로 되었다면 렌더링 창을 열어보세요. 영역 옵션이 자동으로 선택됩니다. 렌더링을 선택하여 영역의 완전한 렌더링을 할 수 있습니다.

Realtime Window
1 Sample at 10 seconds

Realtime Region Rendering
3 Samples at 10 seconds

실시간 영역 렌더링 활성화/비활성화 상태의 겹 유리 재질 비교.
이 예시에서 구역 렌더링 이미지는 300% 빠릅니다.

01 | 실시간 영역 렌더링

실시간 영역 렌더링을 활성화하려면 **리본**의 영역 렌더링 아이콘 🔲을 선택합니다.
리본에서 영역 렌더링 아이콘 🔲을 다시 선택하여 실시간 영역 렌더링을 비활성화합니다.

02 | 출력 영역 렌더링

영역 렌더링은 **정적 이미지** 및 **애니메이션** 탭 모두에서 사용되는 출력 옵션입니다.
출력 영역 렌더링을 활성화하려면 **렌더링** 창의 **출력** 옵션에서 **영역** 체크박스를 체크합니다. 영역 렌더링을 비활성화하려면 **렌더링** 창의 **출력** 옵션의 **영역** 체크박스의 체크를 해제합니다.

03 | 렌더링 영역 설정

영역이 더 작고, 재질과 라이팅이 덜 복잡할수록 렌더링이 더 빨라집니다. 두 종류의 영역 렌더링은 모두 같은 방식으로 설정됩니다. 영역 렌더링이 활성화되었을 때 두 가지 방법으로 영역 크기와 위치를 제어할 수 있습니다.

- **실시간 뷰**
  - **영역 크기 조정:** 구역 영역의 버텍스 또는 엣지 핸들을 클릭 후 끌어당깁니다.
  - **영역 이동:** 구역 안을 클릭한 후 끌어당겨 전체 영역을 이동합니다.
- **위치 패널**
  - **영역 크기 조정:** 렌더링 구역의 높이 및/또는 너비를 입력합니다.
  - **영역 이동:** 왼쪽 및/또는 위쪽을 입력합니다. (좌측 상단 구석으로부터의 거리)
  - **패널 이동:** 패널의 왼쪽을 끌어당겨 실시간 뷰 어디로든 위치를 바꿉니다.

둘 다 동시에 사용할 수도 있고 렌더링 구역을 둘러싼 검은 영역을 끌어당기는 것으로 카메라는 계속 조정됩니다.

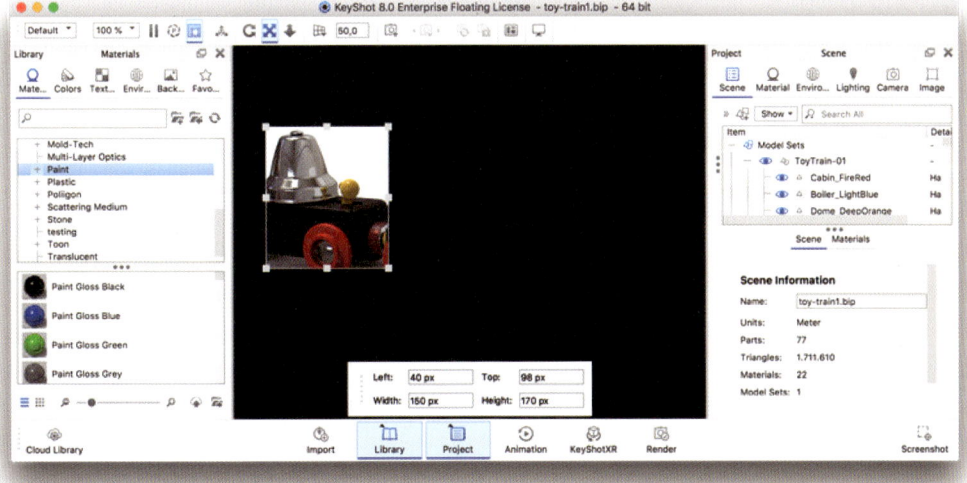

LESSON 11 : 렌더 옵션

렌더 옵션 창은 렌더 모드, CPU 사용 및 렌더 품질에 대한 모든 설정을 포함합니다. 이 옵션은 스틸 이미지, 애니메이션 및 KeyShotXR 출력의 상세입니다.

01 | 모드

- **디폴트**

디폴트 렌더 모드는 간단하게 렌더 출력 설정 조정 후 바로 렌더링할 수 있게 해주거나, 키샷 Pro를 사용하는 경우 렌더 큐로 사용자의 렌더를 보낼 수 있게 합니다.

- **백그라운드**

백그라운드 렌더 모드 옵션은 배경과 계속되는 작업의 렌더를 실행할 수 있게 해줍니다. 참고: 실시간 뷰는 렌더가 시작되면 기본값으로 일시 정지 됩니다. 렌더를 선택하고 실시간 렌더 일시정지를 체크 해제하여 실시간 뷰와 계속되는 작업을 일시 정지 해제합니다.

- **네트워크로 보내기**

키샷 네트워크 렌더링을 사용하는 경우, 네트워크로 보내기는 사용자의 렌더를 키샷 네트워크 렌더링 모니터로 전송할 수 있게 해줍니다. 반드시 모니터를 설치하고 네트워크 상에서 렌더링이 되도록 작업을 전송되도록 합니다. 더 자세한 사항은 키샷 네트워크 렌더링 개요를 참조하세요.

- **CPU/GPU 사용**

기본값 및 배경 렌더 모드의 경우, CPU 사용 설정은 사용자의 프로젝트에 몇 개의 CPU 코어를 사용할 것인지 지정할 수 있게 합니다. 실시간 CPU 설정 사용을 선택하면 키샷 리본에서 정의된 CPU 사용 설정을 사용합니다.

> **주의사항:**
> ▪ 적절한 사양의 GPU가 없는 사용자가 GPU 모드에서 작업을 대기열에 추가할 경우 이 작업은 렌더링할 수 없으며, 대기열에서 생략됩니다. 대기열의 작업 위에 마우스를 올리면 CPU/GPU 작업 여부와 같은 세부 내용을 확인할 수 있습니다.
> ▪ 네트워크 렌더링에 GPU 작업이 제출되었으나 관리자에 CPU 작업자들만 연결되어 있을 경우, GPU 작업자들이 작업 가능할 때까지 작업을 대기한다고 알리는 메시지를 받습니다. 대기열 모니터링의 모드 열에서 각 작업에 사용하려고 의도된 렌더링 엔진을 볼 수 있습니다. 작업자 상태 개요의 모드 열에서 각 작업자들이 사용할 수 있는 엔진을 보는 것과 같습니다.

02 | 품질

키샷은 필요에 따라 품질에 대한 3가지 출력 옵션이 있습니다.

최대 샘플

최대 샘플 옵션은 이미지나 애니메이션 프레임이 몇 번이나 계산되고 조정되는지를 컨트롤합니다. 각 추가 샘플은 이미지의 노이즈/입자를 더 부드럽게 만듭니다. 이 옵션은 실시간 뷰에서 작업할 때 보이는 것과 같은 렌더링 기술을 사용합니다. (이 기술은 최대 시간 옵션에서도 사용되지만 커스텀 컨트롤 옵션에서 사용되는 방법에 따라 다릅니다.)

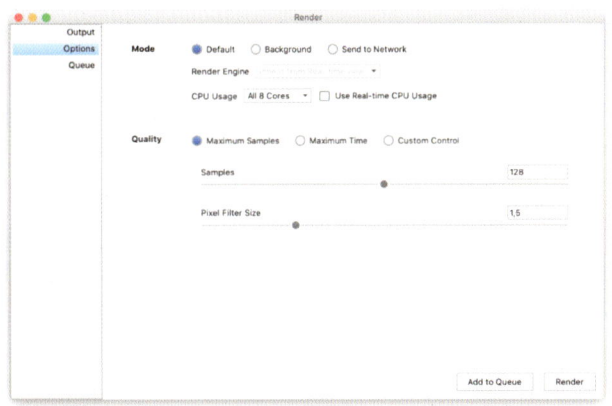

▪ **샘플**

이 컨트롤은 향상된 정확도를 위해 렌더링된 이미지에 각 픽셀이 몇 번이나 계산되는지를 컨트롤합니다. 너무 낮은 값은 과도한 노이즈가 있는 이미지를 생성합니다. 샘플 값을 올리면 노이즈는 줄어들지만, 너무 올리면 품질은 별로 향상되지 않고 렌더링시간만 오래걸립니다.

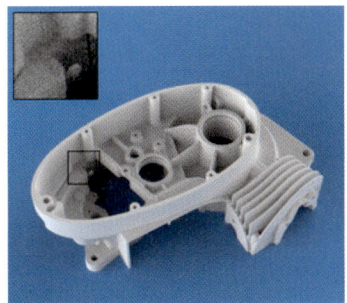
최대 샘플 = 32

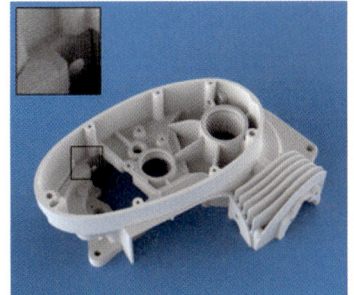
최대 샘플 = 128

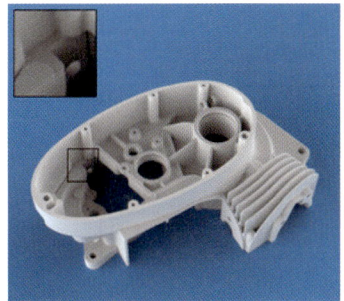
최대 샘플 = 512

> **TIP**
>
> **몇 개의 샘플을 써야 할까?**
> 일반적으로 단순한 씬은 샘플이 적게 필요하고 더 복잡한 라이팅이 있는 씬과 재질은 더 많은 샘플이 필요합니다. 계속 노이즈가 보이거나 렌더가 입자처럼 보이는 경우, 낮은 값에서 시작해서 샘플을 증가시킵니다. 최대 샘플을 사용해서 애니메이션 렌더링 출력을 하기 전에 먼저 샘플을 스틸 이미지 렌더링으로 테스트 해보세요.

- **프레임 당 샘플**

최대 샘플 옵션은 출력 섹션의 애니메이션 탭이 선택되면 프레임 당 샘플을 읽어옵니다. 이 옵션은 각 프레임이 같은 품질로 렌더링 되는 것을 보증하므로 애니메이션 출력에 이상적입니다. 애니메이션이 프레임을 통해 실행되므로 음영의 변화/깜빡임 또는 재질의 노이즈 패턴은 보이지 않습니다.

- **샘플과 해상도**

샘플은 색상 픽셀을 계산합니다. 이전에 품질을 높이려 샘플을 증가시켜 렌더링 시간만 길어지는 결과가 있었습니다.

가끔은 이미지나 애니메이션의 해상도를 높여서 각 픽셀이 상대적으로 이미지의 작은 영역을 커버할 수 있으므로 주의하십시오. 이는 높은 해상도로 렌더링할 때 낮은 샘플 설정을 사용할 수 있다는 의미입니다. 이러한 특징을 사용하면 품질은 계속 개선되고, 이것은 샘플을 증가시키는 영역 조명, 커스틱스 또는 인테리어 모드 렌더링에 적용되지 않는다는 점을 참고하세요.

일부 프레임은 사용자의 애니메이션 과정을 통해 변하는 디테일과 복잡도와 동일한 품질을 달성하기 위해 상당히 많은 시간을 필요로 하기 때문에 이 방법은 보통 애니메이션용 시간기반 출력에서 선호됩니다. 시간기반의 출력을 사용하면 복잡한 프레임에서 더 많은 노이즈가 나타납니다.

- **픽셀 필터 크기**

컴퓨터 생성 이미지가 지나치게 선명한 표현을 줄이기 위해 이미지에 적용되는 픽셀 흐리기의 양을 설정합니다. 값이 증가하면 더 강한 흐리기가 적용되지만 앨리어싱을 방지하고 선명함이 줄어듭니다. 렌더링 시간이 늘어나지 않습니다. 기본 설정값인 1.5로 유지할 것을 권합니다. 더 높은 값을 사용하면 저해상도 이미지가 지나치게 흐리게 보일 수 있지만, 고해상도 렌더링에 사용할 수 있습니다. 값이 1일 경우 픽셀 흐리기가 비활성화됩니다. 흐리기의 최대 양은 3픽셀입니다.

최대 시간

최대 시간 옵션은 렌더 품질이 시간 설정양만큼 꾸준히 개선되도록 하기 위한 것입니다. 이 옵션은 실시간 뷰에서 작업할 때 보이는 것과 같은 렌더링 기술을 사용합니다. 이 기술은 최대 샘플 옵션에서도 사용되지만 **커스텀 컨트롤** 옵션에서 사용되는 방법에 따라 다릅니다.

애니메이션을 렌더링할 때, 각 프레임을 렌더링 하는 최대 시간을 설정하거나 전체 애니메이션 렌더링을 위한 전체 시간을 설정할 수 있습니다.

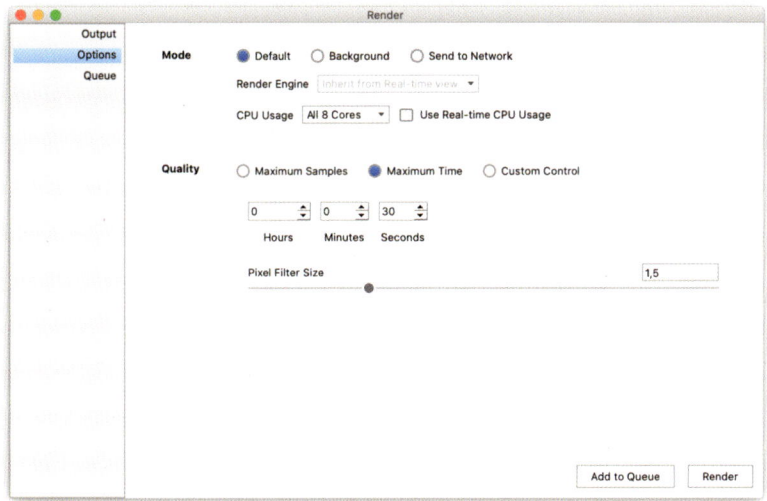

커스텀 제어

커스텀제어(Custom Control) 옵션은 키샷에서 사용할 수 있는 모든 품질 설정을 제어할 수 있습니다. 이 모드는 일반적으로 높은 소음 또는 그림자 영역에서 더 부드러운 결과를 산출합니다.

아래의 예는 파란색 플라스틱 재료를 사용한 커스텀 컨트롤 렌더링(Custom Control rendering)을 보여줍니다. 커스텀 컨트롤 렌더링은 플라스틱과 같은 확산된 재료를 사용하여 무소음 씬 이미지를 효율적으로 렌더링하기 위한 좋은 옵션이 될 수 있습니다.

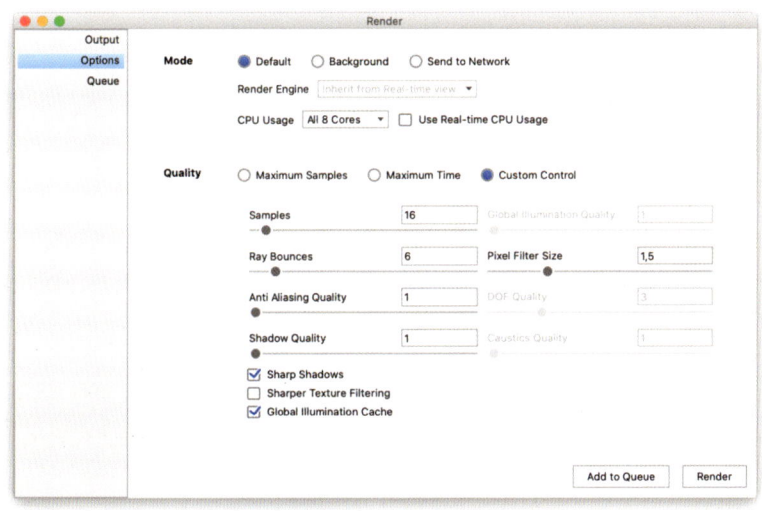

이 씬의 모델은 dk에 의해 작성되어 GrabCAD에서 다운로드되었습니다.

- 샘플

이것은 픽셀의 최종 음영을 결정하기 위한 정보를 모으기 위해 환경으로 보내질 픽셀당 주사선의 양을 컨트롤합니다. 이 설정을 컨트롤하는 가장 좋은 방법은 재질당 설정을 하고 렌더 설정은 8에서 16 사이의 값을 설정하는 것입니다. 샘플과 재질당 설정에 대한 더 자세한 사항은 거칠기와 광택 샘플 섹션을 참조하세요.

- 레이 바운스(Ray Bounces)

레이 바운스는 한 씬에서 반사될 때 빛의 광선이 계산되는 횟수를 의미합니다. 레이 바운스는 처음에 라이팅(lighting)탭에서 설정되며 여기에 입력된 모든 값은 렌더(Render) 대화 상자에 의해 포함됩니다. 그러나 렌더 대화 상자에서 설정한 값은 라이팅 탭에 상속 되지 않습니다. 이 방법으로 당신은 일반적인 설정에 영향을 주지 않고 특정 렌더에 대한 레이 바운스(광선 반경)의 양을 조정할 수 있습니다.
커스텀 라이팅 페이지(Custom Lighting Preset)페이지에서 레이 바운스에 대해 자세히 알아보십시오.

- 안티 앨리아싱

안티 앨리아싱은 픽셀로 만들어진 울퉁불퉁한 엣지를 부드럽게 만드는 방식입니다. 픽셀은 사각형으로 만들어져 있으므로 엣지가 만나는 부분은 울퉁불퉁하게 됩니다. 안티 앨리아싱은 이 엣지를 부드럽게 합니다. 대부분의 경우에 기본값으로 1 이면 충분합니다.

앨리어싱 방지 품질을 높이면 배경과 매우 유사한 색상의 물체를 알파(투명성)로 렌더링할 때 발생할 수 있는 아티팩트(인위구조물)를 피할 수 있습니다. 삽화를 위해 합성 예제가 사용될 것입니다.

옆의 예는 한 쪽의 배경과 색상이 일치하는 색 그라데이션 질감을 가진 평평한 재료 구의 스틸 이미지 렌더링을 보여줍니다.

아래의 예는 1과 5의 앨리어싱 방지(Anti Aliasing) 품질에 대한 검은색 바탕색의 투명 렌더링 합성물을 보여줍니다. 확대하려면 이미지를 클릭하십시오.

앨리어싱 방지값이 1이면 구의 파란색 면에 아티팩트가 표시됩니다. 앨리어싱 방지 품질이 5인 경우 이러한 아티팩트는 없습니다.

앤티 앨리어싱 품질 = 1

앤티 앨리어싱 품질 = 5

▪ 섀도우 품질(Shadow Quality)

섀도우 품질은 바닥과 물체 그림자의 그림자 질을 조절할 것입니다. 섀도 품질을 높이면 렌더 시간이 크게 증가한다는 점에 유의하십시오. 이 설정은 예를 들어 흰 플라스틱과 같은 밝은 확산 물질에 가장 큰 영향을 미칠 것입니다.

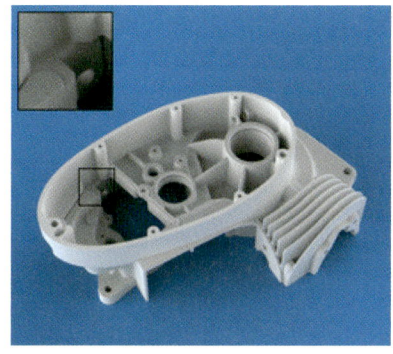 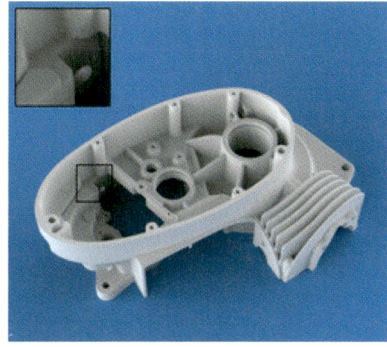

그림자 품질 = 1   그림자 품질 = 3

▪ 글로벌 일루미네이션

이것은 전체 간접 라이트의 품질을 조정합니다. 이 값을 증가시키면 렌더 타임이 매우 길어집니다. 기본값 1 이상을 설정하는 것은 매우 드문 경우입니다. 글로벌 일루미네이션이 꺼지면 이 매개변수는 회색으로 흐려집니다. 더 자세한 사항은 실시간 설정의 상세 간접 라이팅 섹션을 참조하세요.

글로벌 라이팅 품질 = 1   전역 라이팅 품질 = 2

전역 라이팅 품질 = 4

픽셀 흐림 효과(Pixel Blur)

컴퓨터 생성 이미지가 가질 수 있는 지나치게 날카로운 모양을 줄이기 위해 이미지에 약간의 흐려짐이 적용됩니다. 값이 높을수록 흐리게 처리됩니다. 이것은 렌더링 시간을 증가시키지 않습니다. 이 설정은 기본값 1.5로 두는 것이 좋습니다. 값이 높을수록 저해상도 이미지가 너무 흐리게 보이지만 고해상도 렌더링에는 사용할 수 있습니다. 값 1은 픽셀 흐림을 비활성화합니다.

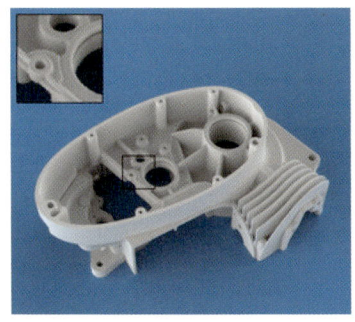
픽셀 블러 = 1
(픽셀 블러 링 없음)

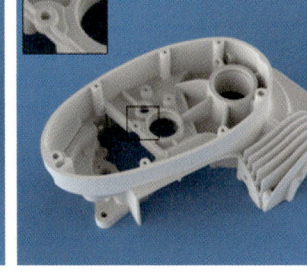
픽셀 블러 = 1.5

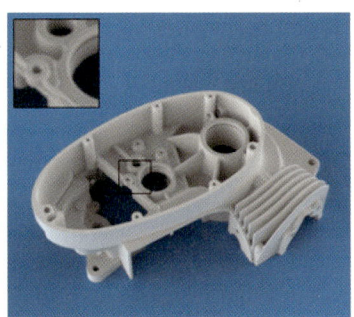
픽셀 블러 = 3

▪ DOF (피사계 심도) 품질

카메라 탭에서 심도 옵션이 켜져 있으면 심도의 품질을 조정합니다. 이 값을 증가시키면 렌더 시간에 영향을 미칩니다. 값을 3 ~ 5 로 설정하는 것을 추천합니다. 심도가 활성화되지 않으면 이 매개변수는 회색으로 흐려집니다. 심도에 대한 더 자세한 사항은 카메라 섹션을 참조하세요.

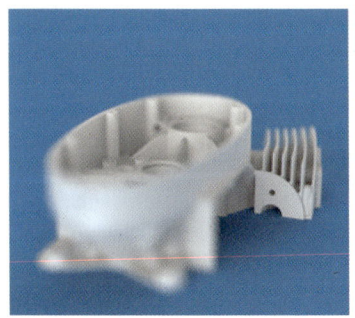
DOF 품질 = 1

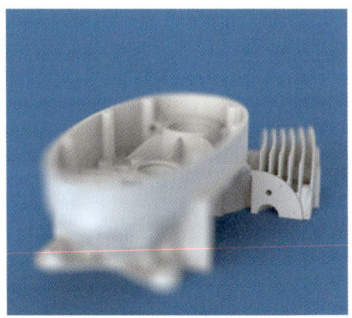
DOF 품질 = 3

▪ 커스틱스(Caustics) 품질

이 값을 증가시키면 커스틱스의 샘플과 품질이 향상될 것이다. 커스틱스가 활성화되지 않은 경우, 이 파라미터는 회색으로 표시됩니다. 프로젝트 패널의 라이팅 (Lighting) 탭에서 커스틱스를 활성화할 수 있습니다. 입력 될 수 있는 최대 값은 50입니다. 값을 늘리면 메모리 소비량이 증가하고, 높은 값은 많은 시스템 메모리를 필요로 할 것입니다.

커스틱스에 대한 자세한 내용은 굴절 인덱스(Refractive Index)페이지를 참조하십시오.

아래의 예는 스폿라이트(Spotlight)로 라이팅되는 솔리드 글래스(SolidGlass) 재료로 씬의 커스틱스 품질을 높이는 효과를 보여줍니다.

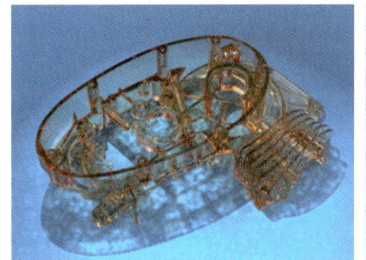 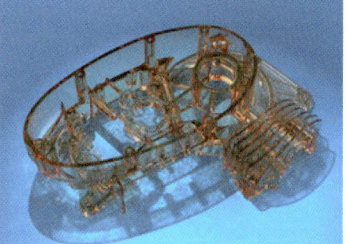 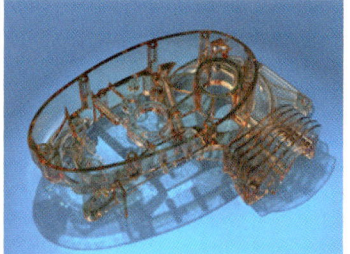

커스틱스 품질 = 1   커스틱스 품질 = 10   커스틱스 품질 = 25

- **날카로운 섀도우(Sharp Shadows)**
라이팅이 날카로운 섀도우를 만들면, 날카로운 섀도우가 3D 지오메트리에 그림자 효과를 줍니다. 이 옵션을 선택하는 것이 더 정확하고 기본으로 켜져 있습니다. 일반적으로 계속 활성화 하기를 추천합니다.

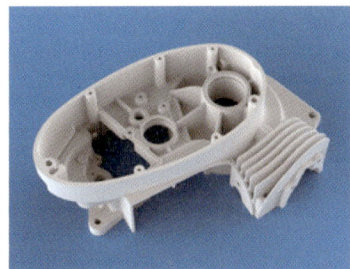 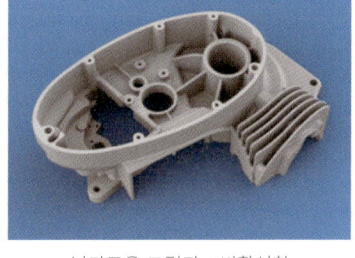

날카로운 그림자 = 활성화   날카로운 그림자 = 비활성화

- **날카로운 텍스처 필터링**
지표각에서 볼 때 텍스처에 디테일을 보존합니다. 예를 들면, 나무 테이블의 눈 높이로 나무결을 보는 것을 상상해 보세요. 압축된 영역에 디테일이 없어집니다. 이 설정은 디테일에 손실을 줄입니다. 이 기능은 렌더 시간을 늘리므로 지표각의 텍스처를 사용할 때만 활성화합니다.

- **글로벌 일루미네이션 캐시**
글로벌 일루미네이션 캐시를 비활성화하면 잠재적 지저분한 섀도우와 블랙 스팟을 노이즈로 교체합니다. 이 효과는 투명한 재질이 흐릿한 배경에 있는 씬에 잘 나타납니다. 글로벌 일루미네이션 품질을 높이면 노이즈를 감소시킵니다. 또한, 샘플을 증가시키면 노이즈 감소에 도움을 줍니다. 아래 예제는 클라우디 플라스틱(Cloudy Plastic)재질의 씬에 대한 글로벌 일루미네이션 캐시 전환 효과를 보여줍니다.

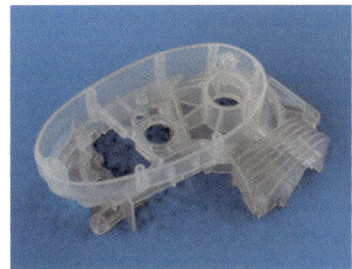 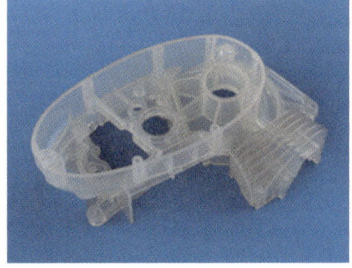

글로벌 일루미네이션 캐시 = 활성화   글로벌 일루미네이션 캐시 = 비활성화

> **주의사항:**
> 사용자 지정 컨트롤은 다른 노이즈 패턴을 사용하므로 노이즈 제거는 실시간보기에서 경험하는 이미지와 동일한 영향을 미치지 않습니다.

TIP

한계
커스텀제어에서 날카로운 그림자를 끄면 렌더시, 글로벌 일루미네이션이 비활성화 됩니다.

LESSON 12 : 렌더 큐

렌더링 큐는 스틸 이미지, 애니메이션, KeyShotXR 및 구성자 렌더링 작업을 일괄 처리하는 데 사용됩니다.

대기열 목록에는 작업 유형, 이름, 포맷, 해상도 및 프레임 수가 표시됩니다. 작업 위에 마우스를 올리면 더 큰 축소판 미리보기, 작업 추가시 렌더링 모드 및 샘플 수를 볼 수 있습니다.

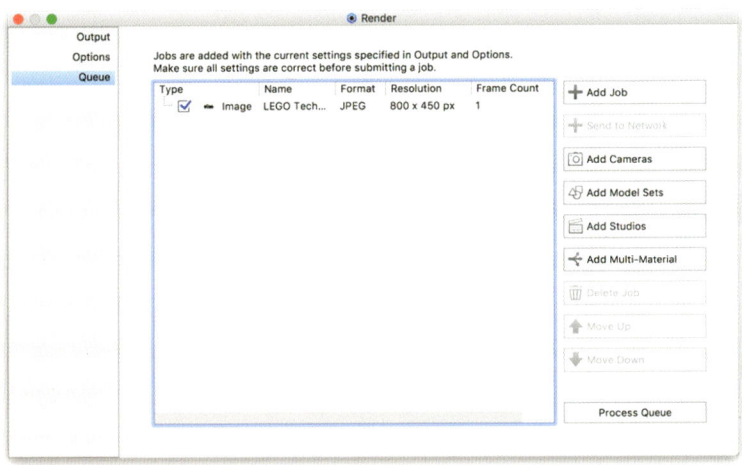

01 | 작업추가/작업삭제

이 버튼들은 큐 목록에 작업을 추가하거나 삭제할 때 사용합니다. 작업이 추가되면 사용자 씬의 정확한 상태를 레코딩 합니다. 이것은 모든 렌더 설정을 포함합니다. 각 작업은 독특한 설정을 가지고 있습니다.

02 | 네트워크로 보내기

키샷 네트워크 렌더링(KeyShotNetwork Rendering)을 설치한 경우 네트워크로 보내기(Send to Network)옵션을 사용할 수 있게 됩니다. 대기열에서 하나 이상의 작업을 선택/강조하고 네트워크로 보내기 (the Send to Network) 메뉴를 클릭하십시오.

03 | 큐에 추가하기

- **카메라 추가(Add Cameras)**

저장된 카메라를 렌더 큐로 보냅니다. 이 버튼은 하나 이상의 카메라가 존재할 때 활성화 됩니다. 카메라 추가 버튼을 클릭하여 카메라 큐 윈도우를 열고 큐에 추가하기 원하는 카메라를 클릭합니다.

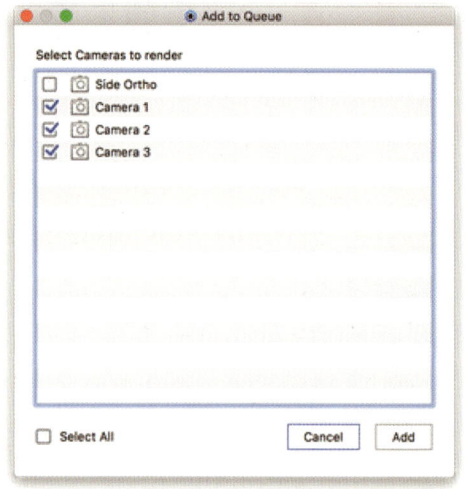

- **모델 세트 추가(Add Model Sets)**

저장된 모델세트를 렌더 큐로 보냅니다. 이 버튼은 하나 이상의 모델세트가 존재할 때 활성화 됩니다. 모델 세트 추가 버튼을 클릭하여 모델세트 큐 윈도우를 열고 큐에 추가하기 원하는 모델세트를 클릭합니다.

- **스튜디오 추가(Add Studios)**

저장된 스튜디오를 렌더 큐로 보냅니다. 이 버튼은 하나 이상의 스튜디오가 존재할 때 활성화 됩니다. 스튜디오 추가 버튼을 클릭하여 스튜디오 큐 윈도우를 열고 큐에 추가하기 원하는 스튜디오를 클릭합니다.

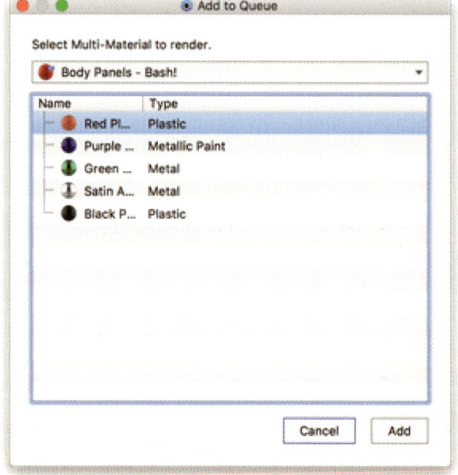

- **다중 재질 추가(Add Multi-Material)**

선택한 다중 재질의 모든 하위 자료를 렌더 대기열(the Render Queue)에 전송하십시오. 이 버튼은 한 씬(scene)에 하나 이상의 다중 재질이 있는 경우 활성화됩니다. 다중 재질추가(the Add Multi-Material button)버튼을 클릭하여 다중 재질 대기열(the Multi-Material Queue window)창을 열고 대기열(the Queue)에 추가할 다중재질을 선택하세요.

추가버튼을 누르면 렌더링할 씬은 선택된 다중 재질의 하위 재질이 대기열에 추가되는 것을 보여 줍니다. 씬의 나머지 다중재질은 활성화된 하위 재질과 함께 표시됩니다.

TIP

여러 다중재질에 대해 가능한 옵션의 조합을 만들려면, 구성기의 재질 항목을 이용하기 바랍니다.

04 | 위로 이동/아래로 이동

목록의 작업을 선택하고 위로 이동 또는 아래로 이동을 클릭하여 목록의 작업 순서를 변경합니다. 맨 위의 작업이 먼저 실행됩니다. 작업 옆의 체크 박스를 사용하여 작업을 끌 수 있습니다. 그러면 큐의 처리를 하는 동안 해당 작업이 생략됩니다.

05 | 프로세스 큐

큐를 시작할 준비가 되면 프로세스 큐 버튼을 클릭합니다.
파란색 체크 표시가 있는 모든 작업이 처리됩니다. 마우스 오른쪽 버튼 메뉴를 통해 여러 개의 작업을 실행/실행해제할 수 있습니다.

LESSON 13 : 렌더 출력 창 (이미지 편집기)

렌더 출력 창에는 선택한 렌더 설정에 따라 렌더링 진행률이 표시됩니다. 이 창에는 렌더링이 완료 될 때 저장할 수있는 이미지 렌더링 중에 이미지 조정을 적용하기위한 옵션도 제공됩니다.

닫기
렌더링이 진행되는 동안 빨간색 ✖을 클릭하여 중단할 수 있습니다. 그러면 렌더링을 현재 상태로 저장하거나 이미지를 삭제할 수 있는 옵션이 제공됩니다. 렌더링이 끝나면 이미지가 선택한 위치에 자동 저장됩니다. 녹색 확인 표시 ✔를 클릭하여 렌더 출력 창을 닫습니다.

⏸ ▶ 렌더링 일시 중지 / 다시 시작 렌더링
렌더링을 일시적으로 중지 하려면 클릭 합니다. ⏸▶을 클릭하여 다시 시작하십시오.

💾 이미지를 파일로
저장 아이콘 💾을 선택하여 렌더 출력 창에 나타나는 현재 렌더를 저장하십시오.

이미지 스타일 패널 숨기기 / 이미지 스타일 패널을 표시
토글합니다. 기존 이미지 스타일이 적용되거나 새 이미지 스타일이 생성 될 수 있습니다. 이미지 조정 생성 및 적용 방법에 대한 자세한 내용은 이미지 스타일을 참조하십시오.

확대 / 축소
이미지를 뷰포트 크기에 맞춥니다.

100 %로
확대 뷰포트의 크기에 관계없이 이미지를 전체 크기로 확대합니다.

확대 / 축소 슬라이더
뷰포트가 이미지의 전체 크기보다 작은 경우 슬라이더를 사용하면 뷰포트와 전체 크기를 맞추는 것 사이에서 이미지를 증분 줌할 수 있습니다.

LESSON 14 : GPU 모드

KeyShot에는 NVIDIA RTX와 OptiX의 GPU 가속 광선 추적 능력을 최대한 활용할 수 있는 기능이 추가되었습니다. 키샷의 GPU 모드는 한 번의 클릭으로 GPU 리소스를 사용하고 NVIDIA RTX 가능 GPU의 다중 GPU 성능 스케일링과 전용 광선 추적 가속 하드웨어의 이점을 이용할 수 있도록 합니다. GPU와 CPU 모드 사이에서 원하는 대로 전환할 수 있습니다. KeyShot의 GPU 광선 추적은 Quadro M6000 또는 GTX980 이상의 NVIDIA 맥스웰 마이크로아키텍쳐를 지원합니다.

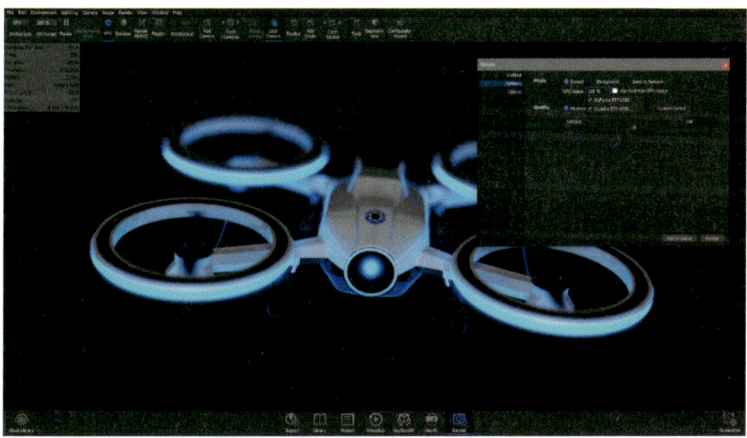

01 요구사항

KeyShot의 GPU 광선 추적은 맥스웰 마이크로아키텍처에 구축된 NVIDIA GPU를 지원하고 Quadro M6000 또는 GTX 980 이상에 있는 CUDA Compute Capability 5.2 이상을 지원합니다.

▫ **추천하는 사양은 아래와 같습니다.**
최소 8GB 메모리를 가진 NVIDIA RTX 플랫폼의 그래픽 카드

▫ **드라이버 버전:** Quadro와 GeForce 양측의 키샷 GPU를 위해 Windows에서는 535.98이상 버전을, Linux에서는 535.98이상 버전을 권합니다.

> **TIP**
>
> **드라이버 버전:**
> 그래픽 카드의 드라이버 버전이 최신이 아니라면 리본의 GPU 아이콘은 비활성화됩니다. NVIDIA 드라이버는 www.nvidia.com에서 찾을 수 있습니다.
>
> **NV링크 다중 GPU 메모리:**
> 키샷 GPU 모드는 NV링크를 통해 연결된 다중 GPU 설정을 위한 메모리 스케일링을 지원합니다. 그러나 성능 신장은 여전히 지원됩니다. 예를 들어, 두 개의 NVIDIA Quadro RTX 8000 GPU는 GPU 메모리 총합 96GB를 제공합니다. NVLink로 연결한 여러 개의 GPU를 가지고 있을 경우, 실시간 뷰의 헤드업 디스플레이에서 사용 가능한 GPU 메모리를 확인할 수 있습니다.

02 | GPU 모드 사용하기

- **실시간 뷰**

키샷 실시간 뷰에서 GPU 모드를 사용하려면 **리본**에서 GPU 모드를 선택하거나 **메인 메뉴**에서 **렌더링**, **GPU 모드**를 선택합니다.

GPU 모드가 활성화되면 **리본**의 **CPU 사용** 드롭다운 메뉴는 사용 가능한 GPU 목록을 표시하는 GPU 사용 드롭다운 메뉴로 대체됩니다. 여기서 키샷이 어떤 GPU를 사용할지 제한할 수 있습니다. 메인 메뉴의 렌더링, GPU 사용 아래에서도 GPU 사용을 제한할 수 있습니다. GPU 모드가 비활성화일 때도 이 옵션을 사용할 수 있기 때문에 GPU 모드에 들어가기 전 설정이 가능합니다.

> **TIP**
>
> GPU를 기본 렌더 엔진으로 만들려면 '환경 설정 > 일반'으로 이동하여 GPU 모드가 활성화된 새 시작 씬을 업로드합니다.

- **로컬 렌더링 출력**

GPU가 위 요구사항들을 모두 충족한다면 로컬 GPU 모드 렌더링(기본 설정과 배경 렌더링)은 물론, GPU 모드에서 네트워크 렌더링으로 작업을 보내는 것도 가능합니다. 렌더링 엔진이 실시간 뷰 모드를 따르게 하거나, 렌더링 대화창-옵션에서 렌더링 엔진 선택을 CPU 또는 GPU로 할 수 있습니다.

- **네트워크 렌더링**

GPU가 위 요구사항들을 충족하지 않는다면 GPU 모드에서 네트워크 렌더링으로 작업을 보낼 수 있습니다. 네트워크 렌더링 GPU 작업을 추가하려면 렌더링 대화창-옵션에서 렌더링 엔진 선택을 GPU 모드로 하면 됩니다.

주의사항:

노이즈 제거를 활성화했을 때 실시간 뷰와 렌더링의 결과물은 살짝 다를 수 있습니다. 이미지를 렌더링할 때는 일반 및 분산 맵이 반영되어 최고의 결과물을 생성하기 때문입니다. 이는 노이즈제거 기능의 가장 빠른 버전을 사용하는 실시간 노이즈제거 기능에는 포함되지 않았습니다.

TIP

GPU 메모리 사용을 제한하려면 텍스처를 잘 살펴봐야 합니다. GPU 메모리 요구량은 파일 형식이나 절대적인 파일 크기보다는, 해상도와 비트 깊이에 비례합니다. 이미지 해상도를 2배로 늘릴 경우(예: 4K에서 8K로) 텍스처 별 메모리 사용량이 4배로 늘어날 수 있습니다.

8비트 RGBA 텍스처의 경우
- 8비트 2K 텍스처: 16MB
- 8비트 4K 텍스처: 64MB
- 8비트 8K 텍스처: 256MB

32비트 텍스처의 경우 메모리 사용량이 4배로 늘어납니다.
- 8비트 2K 텍스처: 64MB
- 8비트 4K 텍스처: 256MB
- 8비트 8K 텍스처: 1024MB

16비트 텍스처는 불러올 때 32비트로 자동 변환되므로 32비트 텍스처와 동일한 메모리 사용량을 갖습니다.

> **TIP**
>
> **한계**
> GPU 모드의 출력은 몇 가지 한계점을 제외하면 키샷의 전통적인 CPU 렌더링 결과와 같습니다.
>
> - **NURBS:** NURBS 전용 물체는 GPU 모드에서 무시합니다. 삼각형과 NURBS 데이터를 모두 가진 물체의 경우 삼각형으로 표시합니다.
>
> - **커브 지오메트리:** GPU 모드는 커브 지오메트리를 한정적으로(예시: Alembic, Max, C4D, Maya) 지원합니다. 완전히 지원되지 않는 커브 지오메트리의 경우 무시되거나 잘못 나타납니다.
>
> - **ZSpheres:** GPU 모드는 ZBrush의 ZSphere 지오메트리를 지원하지 않습니다.
>
> 대부분의 한계점은 경고 아이콘 ⚠을 실시간 뷰의 우측 상단에 표시합니다. 씬의 어떤 파트가 무엇에 의해 영향을 받는지 더 자세한 정보를 얻으려면 아이콘을 클릭하십시오.

PART 17

스크립팅

LESSON 01 : 스크립팅

스크립팅 (Pro 기능)은 키샷의 자동화, 대량 처리 등의 기능을 자유롭게 사용할 수 있게 합니다.

▸_ 스크립팅은 리본을 통해서, 또는 메인 메뉴, 창, 코딩 콘솔을 통해서 열 수 있습니다.
코딩 콘솔을 통해 스크립트를 불러오거나 콘솔 탭 아래의 파이썬 인터프리터에 한 줄 단위의 명령을 입력할 수 있습니다. 키샷이 미리 정의한 스크립트를 사용하거나 스크립트 탭에 자신만의 커스텀 스크립트를 생성할 수도 있습니다.

또한 KeyShot은 헤드리스 스크립팅, 즉 그래픽 사용자 인터페이스 없이 터미널에서 직접 스크립트 실행을 지원합니다. 헤드레스 스크립팅에서 자세히 알아볼 수 있습니다.

> **주의사항:**
> KeyShot은 스크립팅 목적으로 Python 3.11 64비트를 사용합니다.

GUI 스크립팅에 대한 추가 문서는 키샷 2024 스크립팅 문서
(https://media.keyshot.com/scripting/doc/2024.1/index.html) 를 참고하세요.
헤드리스 스크립팅에 대한 추가문서는
(https://media.keyshot.com/scripting/headless_doc/2024.1/index.html) 를 참고하세요.

LESSON 02 : 빠른 시작 스크립팅

01 | 빠른 시작 가이드

스크립팅을 사용하는 세 가지 방법이 있습니다.

1. 라이브 스크립팅 콘솔

2. 스크립트 라이브러리의 스크립트

3. 명령줄에서 KeyShot 실행:

> keyshot.exe (optional file to open) -script <python script file> (optional script arguments..)

처음 두 가지는 "윈도우 > 스크립팅 콘솔" 메뉴를 통해 열리거나 리본에서 스크립팅 콘솔 버튼을 클릭하여 열리는 스크립팅 콘솔 대화 상자를 통해 액세스할 수 있습니다. 대화 상자에는 두 개의 탭이 있습니다. "콘솔" 및 "스크립트".

콘솔

콘솔은 평가할 파이썬 코드를 입력할 수 있는 라이브 파이썬 인터프리터입니다.

> **주의사항:**
> KeyShot은 스크립팅 목적으로 Python 3.11를 사용합니다.

스크립트 라이브러리

스크립트 라이브러리에는 직접적으로 유용하거나 특정 작업을 수행하는 방법에 대한 예제를 제공하는 KeyShot과 함께 번들로 제공되는 미리 만들어진 스크립트가 포함되어 있습니다. 자세한 내용은 해당 파일을 살펴보는 것이 좋습니다.

일반적인 도움말

도움을 받으려면 온라인 설명서를 참조하거나 도움말 기능을 사용할 수 있습니다.
또한 다음과 같은 줄이 나타날 때마다 :

```
>>> print("Hello, World!") # I am a comment
Hello, World!
```

">>>"는 입력으로 파이썬 코드를 의미하는 콘솔과의 상호 작용을 상징하고, 그렇지 않으면 콘솔에 기록되는 출력을 의미합니다. print 다음에 나타난 comment를 확인하세요. Comment는 항상 파이썬 인터프리터에서 무시됩니다.
KeyShot 스크립팅에는 두 가지 주요 모듈이 있습니다. **lux**와 **luxmath. lux** 모듈에 대한 도움말을 인쇄하려면 다음을 실행하세요.

```
>>> help(lux)
(several lines omitted..)
```

다음과 같이 함수에서 수행하는 작업을 이해하는 데 사용할 수도 있습니다:

```
>>> help(lux.pause)
Help on built-in function pause in module lux:
pause(...)
    Pauses renderer.
```

LESSON 03 : 스크립팅: 재질 그래프

01 | 재질 그래프 조작 (GUI 및 헤드리스)

스크립팅을 통한 재질 그래프 조작은 KeyShot 11에 추가된 고급 기능입니다.
재질 그래프를 조작하기 위한 기본 함수는 다음과 같습니다. 사용 가능한 전체 기능 목록을 보려면 스크립팅 콘솔에서 **help(lux)**를 입력하거나 GUI 또는 헤드리스 스크립팅에 대한 온라인 설명서를 보세요.

재질 그래프에 액세스

다음과 같이 재질 그래프에 액세스할 수 있습니다.

```
graph = lux.getMaterialGraph("name")
```

graph 는 상호 작용할 수 있는 **lux.MaterialGraph** 유형의 인스턴스입니다.

루트 노드에 액세스

다음을 사용하여 루트 노드에 액세스할 수 있습니다.

```
rootNode = graph.getRoot()
```

rootNode 는 상호 작용할 수 있는 **lux.ShaderNode** 유형의 인스턴스입니다.

노드의 입력 엣지 가져오기

node 인스턴스를 얻었지만 다음을 입력하여 재질 그래프에서 엣지를 얻을 수 있습니다.

```
edges = node.getInputEdges()
```

각 엣지 인스턴스는 상호 작용할 수 있는 **lux.ShaderEdge** 유형입니다.
특정 엣지는 다음을 통해 얻을 수 있습니다.

```
edge = node.getInputEdge("parameter name")
```

이렇게 **lux.ShaderEdge** 를 산출하거나 또는 이름을 알 수 없는 경우 오류가 발생합니다.

노드의 출력 엣지 가져오기

node 인스턴스를 얻었지만 다음을 입력하여 재질 그래프에서 엣지를 얻을 수 있습니다.

```
edges = node.getOutputEdges()
```

각 엣지 인스턴스는 상호 작용할 수 있는 **lux.ShaderEdge** 유형입니다.

노드의 파라미터 가져오기

node 인스턴스를 얻었지만 다음을 입력하여 머티리얼 그래프에서 파라미터를 가져올 수 있습니다.

```
parameters = node.getParameters()
```

각 파라미터 인스턴스는 상호작용할 수 있는 **lux.ShaderParameter** 유형입니다.
특정 파라미터는 다음을 통해 얻을 수 있습니다.

```
parameter = node.getParameter("parameter name")
```

이렇게 **lux.ShaderParameter** 를 산출하거나 또는 이름을 알 수 없는 경우 오류가 발생합니다.

매개변수 값 변경

lux.SceneNode.getParameter() 또는 **lux.SceneNode.getParameters()**를 통해 얻은 파라미터
parameter 는 **lux.ShaderParameter.setValue()**를 통해 값을 수정할 수 있습니다.
예를 들어 파라미터의 유형이 불리한 값(참 또는 거짓)인 경우 다음을 통해 값을 변경할 수 있습니다.

```
parameter.setValue(True)
```

는 입력으로 지원되는 값이지만 잘못 입력하면 파이썬 예외에 표시됩니다.
예를 들어 파라미터가 RGB 색상이고 불리한 값을 적용한 경우,

Color parameter only accepts values of type tuple or list of size 3 containing floats or ints within range [0.0,1.0], or a color name!

따라서 다음은 색상 파라미터에 대한 올바른 입력은 다음과 같습니다.

```
parameter.setValue((0.5, 0, 0)) # Red, (0x7F, 0x00, 0x00)
parameter.setValue("Amber")     # Color known by the color library in KeyShot
```

지원되는 내용을 이해하기 위해 **lux.ShaderParameter.getValue()**를 통해 **Python** 값을 얻거나 인스턴스(str() 또는 repr())의 표현을 인쇄할 수 있습니다.

노드 제거

다음 인스턴스

```
graph.removeNode(node)
```

또는 해당ID

```
graph.removeNode(node)
```

를 통해 노드를 제거할 수 있습니다.

새 노드 만들기

예를 들어 다음과 같이 금속 노드를 생성할 수 있습니다.

```
metalNode = graph.newNode(lux.SHADER_TYPE_METAL)
```

엣지 제거

다음 인스턴스

```
graph.removeEdge(edge)
```

또는 해당 ID

```
graph.removeEdge(edge)
```

를 통해 엣지를 제거할 수 있습니다.

두 노드 사이에 엣지 생성

예를 들어 표면 파라미터에서 node1과 node2 사이에 다음과 같은 엣지를 생성할 수 있습니다.

```
edge = graph.newEdge(source=node1, target=node2, param="surface")
```

LESSON 04 : 스크립팅: Import 파일

01 | Import 파일(GUI 및 헤드리스)

스크립팅으로 모델을 가져오는 것은 쉽습니다.

```
>>> lux.importFile("/path/to/your/file.obj")
```

이 경우 OBJ 파일을 가져왔습니다.
기본적으로 가져오기 옵션과 함께 대화 상자가 표시되지 않지만 showOpts 옵션을 사용하여 수행할 수 있습니다.

```
>>> lux.importFile("/path/to/your/file.obj", showOpts = True)
```

고급 가져오기를 위해 opts 옵션을 사용하여 Python 사전을 제공할 수 있습니다. 예를 들어 지면에 맞추기를 비활성화하고 가져올 때 환경 및 카메라 보기를 조정하지 않을 수 있습니다.

```
>>> opts = lux.getImportOptions()
>>> opts["snap_to_ground"] = False
>>> opts["adjust_environment"] = False
>>> opts["adjust_camera_look_at"] = False
>>> lux.importFile("/path/to/your/file.obj", opts = opts)
```

지오메트리를 업데이트할 때 가져오기 전에 다음 옵션을 설정해야 합니다.

```
>>> opts["import_type"] = 1
>>> opts["merge"] = True
```

LESSON 05 : 스크립팅: 이미지 렌더

01 | 이미지 렌더링(GUI 및 헤드리스)

이미 BIP 파일을 로드했거나 일부 지오메트리를 가져왔고 스크립팅을 사용하여 이미지로 렌더링하려는 경우 다음을 수행합니다.

```
>>> lux.renderImage("/path/to/save/image.png", width = 1200, height = 1000)
```

이 경우 이미지를 "/path/to/save/image.png"에 1200×1000픽셀 크기의 PNG 파일로 렌더링합니다. 이미지 형식은 파일 확장자에 따라 결정됩니다.
가져오기와 마찬가지로 opts 옵션을 사용하여 고급 옵션을 수행할 수 있습니다. 예를 들어 최대 시간이 10초인 렌더링을 설정할 수 있습니다.

```
>>> opts = lux.getRenderOptions()
>>> opts.setMaxTimeRendering(10)
>>> lux.renderImage("/path/to/save/image.png", width = 1200, height = 1000, opts = opts)
```

또 다른 예는 64개의 샘플, 8개의 스레드 및 64개의 레이 바운스가 있는 고급 렌더링 방법을 사용하여 렌더링하는 것입니다.

```
>>> opts = lux.getRenderOptions()
>>> opts.setAdvancedRendering(64)
>>> opts.setThreads(8)
>>> opts.setRayBounces(64)
>>> lux.renderImage("/path/to/save/image.png", width = 1200, height = 1000, opts = opts)
```

LESSON 06 : 스크립팅: 스크립트 취소

01 | 스크립트 취소(GUI만 해당)

일반적으로 스크립트를 취소할 수 없지만 파일 가져오기 또는 이미지, 애니메이션 또는 XR 렌더링과 같은 특정 작업은 취소할 수 있습니다. 이러한 상황에서 취소한다는 것은 렌더링 출력 창이나 가져오기 진행 대화 상자와 같이 연결된 대화 상자를
취소하는 것을 의미합니다.

취소할 수 있는 작업은 다음과 같습니다.

- **lux.importFile()**
- **lux.renderImage()**
- **lux.renderFrames()**
- **lux.renderAnimation()**
- **lux.renderXR()**
- **lux.encodeVideo()**

단순히 반환 값을 확인하여 False여서 취소되었거나 실패했는지 확인하십시오.
특히 루프 구조를 사용하는 경우 다음을 수행할 수 있습니다.

```
>>> frames = 10
>>> for frame in range(1, frames + 1):
        lux.setAnimationFrame(frame)
        if not lux.renderImage("/path/to/output.{}.png".format(frame)):
            break
```

LESSON 07 : 스크립팅: 카메라 조작

01 | 카메라 조작(GUI 및 헤드리스)

스크립팅에서 카메라 작업은 프로젝트 → 카메라의 카메라 탭을 사용하는 것과 같습니다. 카메라를 만들고 필요에 맞게 조작하고 저장할 수 있습니다.

```
>>> lux.newCamera("New")
True
>>> lux.setCameraLookAt(pt = (1, 1, 1)) # Example manipulation.
>>> lux.saveCamera()
```

사용 가능한 카메라 검사:

```
>>> lux.getCameras()
['New', 'last_active', 'default']
```

다른 카메라 선택:

```
>>> lux.setCamera("default")
```

방금 만든 카메라를 제거합니다.

```
>>> lux.removeCamera("New")
True
>>> lux.getCamera()
['last_active', 'default']
```

> **주의사항:**
> 활성 카메라를 제거하면 "무료 카메라"가 선택됩니다.
> 표준 보기를 설정할 수도 있습니다.

>>> lux.setStandardView(lux.VIEW_TOP)

다음 7가지 표준 보기를 사용할 수 있습니다.

- **lux.VIEW_FRONT**
- **lux.VIEW_BACK**
- **lux.VIEW_TOP**
- **lux.VIEW_BOTTOM**
- **lux.VIEW_LEFT**
- **lux.VIEW_RIGHT**
- **lux.VIEW_ISOMETRIC**

표준 보기를 설정하면 활성 카메라가 조작되므로 각 표준 보기에 대한 카메라를 만들 수 있지만 저장하는 것을 잊지 마세요.

LESSON 08 : 스크립팅: 사용자 정의 대화 상자

01 | 사용자 정의 입력 대화 상자(GUI 전용)

스크립트에서는 다중 입력이 필요할 때 단일 대화 상자를 표시하는 것이 특히 바람직합니다. 이를 위해 **lux.getInputDialog()**를 사용할 수 있습니다. Luxion에서 제공하는 스크립트는 이것을 사용합니다.
예를 들어 비디오 인코딩 스크립트를 작성하려는 경우 다음 대화 상자로 충분할 수 있습니다.

```
>>> values = [("folder", lux.DIALOG_FOLDER, "Folder with frames:", None), /
        ("fmt", lux.DIALOG_TEXT, "Frame file format:", "frame.%d.jpg"), /
        ("start", lux.DIALOG_INTEGER, "Start frame:", 1, (1, 4096)), /
        ("end", lux.DIALOG_INTEGER, "End frame:", 10, (1, 4096)), /
        ("fps", lux.DIALOG_INTEGER, "FPS:", 10, (1, 1024)), /
        ("name", lux.DIALOG_TEXT, "Video name:", "video.mp4")]
>>> opts = lux.getInputDialog(title = "Encode Video", / # Shows the dialog.
        desc = "Put a description here.", /
        values = values)
>>> opts
{'end': 10, 'fps': 10, 'fmt': 'frame.%d.jpg', 'name': 'video.mp4', 'start': 1, 'folder': ''}
```

값을 변경하지 않고 "확인"을 클릭하면 위의 Python 사전이 표시됩니다. 각 키는 대화 상자의 값과 연결됩니다.

> **주의사항:**
> 위의 "/" 문자는 행의 연속을 나타내므로 여러 행으로 분할되지 않고 한 행으로 이해됩니다.

자주 실행되는 스크립트의 경우 대화 상자가 다시 표시될 때 KeyShot이 마지막 값을 기억하도록 하는 것이 편리하며 이는 id 옵션에 고유한 값을 사용하여 수행됩니다.

```
>>> opts = lux.getInputDialog(title = "Encode Video", /
                desc = "Put a description here.", /
                values = values, /
                id = "something_unique_goes_here")
```

고유 값이 이미 다른 스크립트에서 사용 중인 경우 원하지 않는 결과를 얻게 됩니다. 그러나 스크립트는 값을 검색할 때마다 동일한 고유 값을 사용해야 합니다.

LESSON 09 : 스크립팅: 씬 노드 엑세스

01 | 씬 노드 액세스(GUI 및 헤드리스)

씬의 요소는 **lux.getSceneTree()** 를 통해 액세스할 수 있으며 각 씬 트리 노드는 **lux.SceneNode** 유형입니다. 각 노드에 대해 숨기기/표시, 잠금/잠금 해제, 선택/선택 해제, 재질 변경, 변형 적용, 복제, 이동 등을 할 수 있기 때문에 유용합니다. 자세한 내용은 **help(lux.SceneNode)**를 참조하세요.
이름의 일부로 "Cord"가 포함된 모든 노드를 숨기고 싶다고 가정해 보겠습니다.

```
>>> root = lux.getSceneTree()
>>> for node in root.find(name = "Cord"):
        node.hide()
```

또 다른 예는 "Padding"이라는 모든 그룹에 액세스하고 이름이 "Ear Pad"인 모든 child 노드(윤곽선이 있는 씬에서)를 선택하려는 경우일 수 있습니다.

```
>>> for node in root.find(name = "Padding", types = lux.NODE_TYPE_GROUP):
        for ch in node.getChildren():
            if ch.getName() == "Ear Pad":
                ch.select()
```

일부 부분을 숨겼고 모든 것을 다시 표시하려는 경우:

```
>>> root.show()
```

> **주의사항:**
> 루트 노드 자체는 lux.SceneNode이므로 child 노드에서와 동일한 기능을 호출할 수 있습니다.

재질 변경도 가능합니다. 앰비언트 오클루전을 시뮬레이션하기 위해 다음을 수행할 수 있습니다.

>>> for node in root.find(""):
    node.setMaterial("Matte White")

TIP

모든 것을 찾으려면 lux.SceneNode.find("") 를 사용하세요.

노드는 drag-and-drop으로 씬 트리에서와 같이 다른 그룹으로 이동할 수 있습니다.
다음에서 "Headphone #1" 그룹을 찾고 "Padding"이 포함된 재질을 사용하는 모든 노드를 해당 그룹으로 이동합니다.

>>> grp = root.find(name = "Headphone #1")[0] # Take first node of set.
>>> for node in root.find(mat = "Padding"):
    node.moveToGroup(grp)
True

LESSON 10 : 스크립팅: 씬 노드 변환

01 | 씬 노드 변환(GUI 및 헤드리스)

노드는 스크립팅을 통해 평행이동, 크기 조정, 회전 등을 할 수 있습니다. **luxmath.Matrix** 유형의 4x4 변환 행렬을 사용하면 가능합니다. 변환 방법에는 상대 또는 절대의 두 가지가 있습니다. 상대 변환은 변환을 로컬로 적용하는 것을 의미합니다. 즉, 기존 변환 체인에서 마지막으로 곱해집니다. 즉, (1,0,0)만큼 상대적으로 이동하면 위치에 따라 노드를 x축으로 1만큼 간단히 이동합니다. 반면, 절대 변환은 동일한 방식으로 연결되지 않으며 (1,0,0)으로 절대 변환하면 노드가 항상 (1,0,0)에 배치됩니다.

변환을 수행할 때 단위 행렬(대각선에 1)을 기본 행렬로 사용하는 것이 중요합니다. 다음과 같은 방법으로 얻습니다.

```
>>> M = luxmath.Matrix().makeIdentity()
>>> print(M.dump())
| 1.00  0.00  0.00  0.00 |
| 0.00  1.00  0.00  0.00 |
| 0.00  0.00  1.00  0.00 |
| 0.00  0.00  0.00  1.00 |
```

노드를 (5,0,1)로 평행이동하려면:

```
>>> M = luxmath.Matrix().makeIdentity().translate(luxmath.Vector((5, 0, 3)))
>>> node.applyTransform(M)
>>> print(M.dump()) # Let's have a look at the matrix.
| 1.00  0.00  0.00  0.00 |
| 0.00  1.00  0.00  0.00 |
| 0.00  0.00  1.00  0.00 |
| 5.00  0.00  3.00  1.00 |
```

절대 위치 조정을 하려면 다음을 수행하세요.

```
>>> M = luxmath.Matrix().makeIdentity().translate(luxmath.Vector((5, 0, 3)))
>>> node.applyTransform(M, absolute = True)
```

주의사항:
객체 노드에만 절대 변환을 적용할 수 있습니다!
가능한 변환에 대한 추가 정보는 **luxmath.Matrix.**에 대한 문서를 참조하십시오.

LESSON 11 : 스크립팅 콘솔

01 | 콘솔

키샷 코딩은 파이썬 3.11를 사용합니다. 코딩 기능은 다음을 포함합니다.

- **파일 열기, 저장하기, 불러오기**
- **카메라 제어:** 카메라 추가하기, 불러오기, 목록, 제어하기
- **조명 프리셋:** 불러오기, 설정하기
- **재질:** 불러오기, 설정하기, 삭제하기, mtl로부터 열기/불러오기
- **다중 재질:** 불러오기, 설정하기, 생성하기, 제어하기
- **메타데이터:** 취득
- **환경:** 목록, 설정하기, 제어하기
- **내보내기:** gltf, 3mf, usd로 내보내기
- **지오메트리:** 이동하기, 크기 조정하기, 복제하기, 표시하기/숨기기, 잠그기/잠금 해제하기
- **모델 세트:** 생성하기, 불러오기, 설정하기, 제거하기
- **스튜디오:** 목록, 불러오기, 설정하기
- **이미지 스타일:** 목록, 불러오기, 설정하기, 제어하기 (높은 레벨 한정)
- **렌더링:** 렌더링 설정 제어하기, 렌더링 패스 추가하기, 잡 추가하기
    - 애니메이션
    - 구성기
    - 프레임
    - 이미지
    - 다중 재질
    - XR

> **TIP**
>
> 스크립팅 콘솔에 hints() 를 입력하면 스크립팅 및 콘솔 작업에 대한 팁 목록이 제공됩니다.

02 | 스크립트

스크립트 탭은 몇 가지 코딩 예시(다음 페이지)를 제공하며 씬에서 돌려볼 수 있습니다.

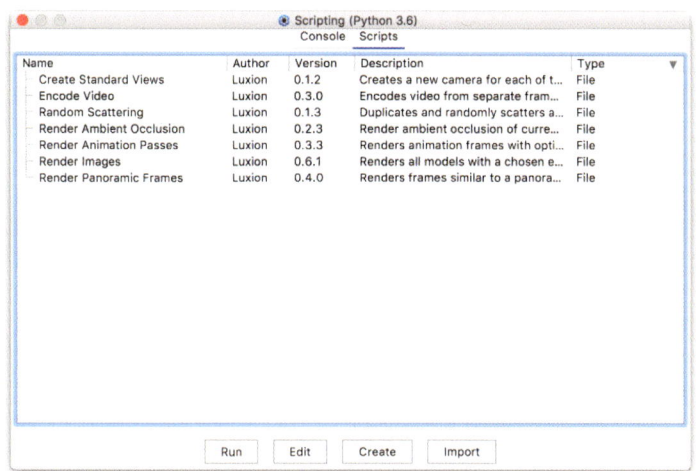

스크립트 위치

스크립트는 키샷 리소스 폴더에 위치합니다. 예. \KeyShot 8\Scripts 이 위치를 변경하거나 다른 위치를 추가하려면, 편집, 환경설정, 폴더를 선택하고 스크립트 폴더의 경로를 변경합니다. 폴더의 스크립트는 스크립팅 윈도우의 스크립트 탭에서 볼수 있습니다.

스크립트 만들기

스크립트를 생성하려면, 스크립트 탭에서 생성하기를 선택하십시오. 스크립트와 작성자 이름을 입력하십시오. python 3.11(64 bit) 이 컴퓨터에 설치되어 있을 경우, 키샷이 Python 과 NumPy, SciPy, PIL, 등과 같이 키샷의 스크립팅에 자유롭게 사용될 수 있는 모든 설치된 모듈을 검출합니다. (일반 환경 설정 섹션에서 비활성화가 가능합니다). 사용자는 스트렙트 탭의 해당 버튼을 클릭하여 스크립트를 가져오거나, 기존의 스크립트를 수정할 수 있습니다.
벡터와 매트릭스 클래스는 luxmath 모듈에서 계산을 돕기 위해 사용되도록 만들어져 있습니다. 그 이름은 각각 luxmath.Vector 와 luxmath.Matrix 입니다.

스크립트 불러오기/편집하기

스크립트 탭의 대응하는 버튼을 사용하여 스크립트를 불러오거나 기존의 스크립트를 편집할 수 있습니다.

LESSON 12 : 스크립트 예문

이 페이지에서는 키샷의 사전정의 스크립트와 사용하는 방법에 대한 안내에 대해 다루고 있습니다. 이 스크립트들은 스크립트 윈도우 내의 스크립트 탭 아래에 목록으로 나타나 있습니다.

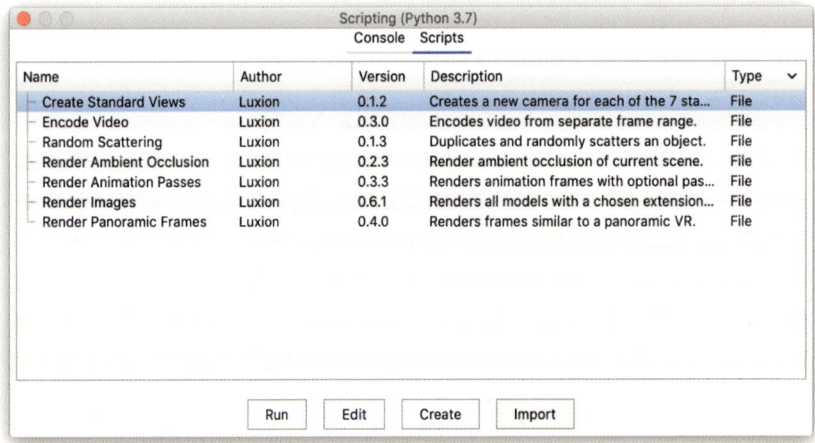

01 | 표준뷰 만들기(Create Standard Views)

일곱 개의 표준 뷰 카메라를 만듭니다: 전, 후, 상, 하, 좌, 우 그리고 이방성

사용 방법:
- 스크립트를 선택하고 실행을 누릅니다. 확인 메시지를 수신합니다: **성공!**
- OK를 클릭합니다.
- **프로젝트 > 카메라**에서 일곱개의 표준 뷰를 찾을 수 있습니다.

02 | 비디오 인코딩하기(Encode Video)

프레임의 지정된 범위에 걸친 이미지 시퀀스를 이용하여 비디오를 인코딩합니다.

사용 방법:
- 스크립트를 선택하고 실행을 누릅니다. 사용자 프롬프트가 나타납니다.

- 탐색 버튼을 클릭하고 이미지 프레임 폴더를 선택합니다.
- 프레임 형식을 위해 파일의 이름을 복사하고 프레임 번호를 %d, e.g. my_new_animation.%d.jpg 형식으로 넣어서 교체합니다.
- 시작 프레임을 입력합니다. - 첫 이미지의 이름에 있는 숫자, 예:1 on my_new_animation.0001.jpg.
- 마지막 프레임을 입력합니다. - 마지막 이미지의 이름에 있는 숫자, 예:60 on my_new_animation.0060.jpg.
- 비디오의 FPS를 입력합니다.
- 비디오 이름을 입력합니다.
- 처리를 시작하려면 OK를 누릅니다.

03 | 무작위 분산

선택한 모델을 복제하고 무작위로 분산합니다.

사용 방법:
- 스크립트 선택 후 실행을 누릅니다. 사용자 프롬프트가 나타납니다.
- 어느 모델을 복제하고 분산할지 선택합니다.
- 복제 횟수를 선택합니다.
- 분산 기준 축을 체크합니다.
- 물체도 회전시키는지 체크합니다.
- OK를 클릭하여 시작합니다.

04 | 주변 폐색 렌더링(Render Ambient Occlusion)

장면의 주변 폐색 패스를 렌더링합니다.

사용 방법:
- 스크립트를 선택하고 실행을 누릅니다. 사용자 프롬프트가 나타납니다.
- 출력 폴더의 변경을 원하면 탐색버튼을 클릭합니다.
- 출력 이미지 이름을 설정합니다.
- 출력 너비와 높이를 설정합니다.
- 렌더 시간을 설정합니다. 기본값은 20초 입니다. 더 나은 품질을 위해 렌더 시간을 증가시킵니다.
- 만일 작업을 로컬 렌더 큐에 추가하기를 원하면 Add to queue 가 활성화되어야 합니다. 그렇지 않으면 작업이 렌더 모드 옵션에 따라 렌더링됩니다:기본, 백그라운드, 또는 네트워크
- 작업을 추가한 후에 로컬 큐를 처리할 것인지 결정하세요. "Add to queue" 체크박스를 비활성화하면 이 박스도 비활성화 됩니다.
- 처리를 시작하려면 OK를 누릅니다.

05 | 애니메이션 패스 렌더(Render Animation Passes)

"ambient occlusion" 이나 "toon outline shading" 패스 출력 옵션으로 애니메이션 프레임을 렌더링합니다. 이 스크립트를 실행하기 위해서는 사용자 씬에 애니메이션을 먼저 적용해야만 한다는 것을 명심하세요.

사용 방법:

- 스크립트를 선택하고 실행을 누릅니다. 사용자 프롬프트가 나타납니다.
- 출력 폴더의 변경을 원하면 탐색버튼을 클릭합니다.
- 출력 파일 형식을 설정합니다. 키샷이 프레임 숫자의 트랙을 유지하기 위해 %d를 사용하고 사용자는 이 기호를 이름으로 그대로 두어야 합니다.(예. my_new_animation.%d.jpg).
- 출력 너비와 높이를 설정합니다.
- 시작 프레임을 입력합니다. - 첫 이미지의 이름에 있는 숫자, 예:1 on my_new_animation.0001.jpg.
- 마지막 프레임을 입력합니다. - 마지막 이미지의 이름에 있는 숫자, 예:60 on my_new_animation.0060.jpg.
- 렌더링하기 원하는 패스를 선택하세요.
- 만일 작업을 로컬 렌더 큐에 추가하기를 원하면 Add to queue 가 활성화되어야 합니다. 그렇지 않으면 작업이 렌더 모드 옵션에 따라 렌더링됩니다.:기본, 백그라운드, 또는 네트워크
- 작업을 추가한 후에 로컬 큐를 처리할 것인지 결정하세요. "Add to queue" 체크박스를 비활성화하면 이 박스도 비활성화 됩니다.
- 처리를 시작하려면 OK를 누릅니다.

06 | 이미지 렌더

폴더내에 모든 CAD 파일을 가져오기하고 그것들을 모두 한번에 렌더링합니다. 이 스크립트는 obj file 시퀀스에서 애니메이션을 렌더링하는데 사용될 수 있습니다. 이미지가 렌더링되면 이미지를 붙이고 위의 Encode Video 스크립트로 비디오를 컴파일할 수 있습니다.

사용 방법:

- 스크립트를 선택하고 실행을 누릅니다. 사용자 프롬프트가 나타납니다.
- 탐색 버튼을 클릭하고 지오메트리 (.obj) 시퀀스 폴더를 선택합니다.
- 입력을 할 때는 점을 빼고 지오메트리의 확장자를 입력하세요. (obj).
- 출력을 할 때는 점을 빼고 이미지 형식의 확장자를 입력하세요. (png).
- 출력 이미지의 너비와 높이를 픽셀단위로 입력하세요.
- 만일 재질 템플릿을 자동 재질 배정으로 만들었다면 템플릿을 선택하세요. 그렇지 않으면 "None"을 사용합니다.
- 처리를 시작하려면 확인을 누릅니다.

07 | 파노라마 프레임 렌더(Render Panoramic Frames)

제품의 파노라마 뷰 (Y축을 따라 360도)를 만들기 위한 연속 프레임을 렌더링합니다. 이미지가 렌더링되면 이미지를 붙이고 위의 Encode Video 스크립트로 비디오를 컴파일할 수 있습니다.

사용 방법:

- 스크립트를 선택하고 실행을 누릅니다. 사용자 프롬프트가 나타납니다.
- 사용하고 싶은 카메라를 선택합니다. 카메라의 중심이 회전의 피벗 포인트가 됩니다.
- 렌더링할 프레임의 수를 설정합니다. 기본 프레임 수는 50입니다. 카메라가 360도로 완전히 돌기 때문에 이것은 프레임당 약 7정도로 나옵니다. (360 / 50)
- 출력 파일 형식을 설정합니다. 키샷이 프레임 숫자의 트랙을 유지하기 위해 %d를 사용하고 사용자는 이 기호를 이름으로 그대로 두어야 합니다.(예. my_new_animation.%d.jpg).
- 출력 폴더의 변경을 원하면 탐색버튼을 클릭합니다.
- 출력 너비와 높이를 설정합니다.
- 만일 작업을 로컬 렌더 큐에 추가하기를 원하면 Add to queue 가 활성화되어야 합니다. 그렇지 않으면 작업이 렌더 모드 옵션에 따라 렌더링됩니다.:기본, 백그라운드, 또는 네트워크
- 작업을 추가한 후에 로컬 큐를 처리할 것인지 결정하세요. "Add to queue" 체크박스를 비활성화하면 이 박스도 비활성화 됩니다.
- 회전 방향을 선택합니다: 시계방향 (체크박스 ON) 또는 반시계방향 (체크박스 OFF)
- 처리를 시작하려면 확인을 누릅니다.

*애니메이션은 키샷 Pro 버전에서만 사용 가능합니다.

LESSON 13 : 헤드리스 스크립팅

헤드리스 코딩은 **Pro** 기능으로, 키샷 9.3 이상 버전에서만 지원됩니다.
이 페이지에서는 헤드리스 모드에서 키샷을 실행할 때 노출되는 다양한 기능, 클래스 및 상수에 대해 설명합니다. 현재 KeyShot의 스크립팅 기능 중 일부만 헤드리스 스크립팅을 통해 사용할 수 있습니다.

01 | 헤드레스

macOS에서 헤드리스를 사용할 경우 다음 실행 파일을 사용하세요.
keyshot -headless [options] [scene path] -script <script path> [script arguments]

이 실행 파일은 이전 버전과의 호환성을 위해 Windows에서도 여전히 사용됩니다.

Windows의 stdin(표준 입력) 및 stdout(표준 출력)의 경우 새로운 KeyShot 헤드리스 실행 파일을 사용하세요.
keyshot_headless [options] [scene path] -script <script path> [script arguments]

예를 들어 stdout을 사용하여 redirect 연산자 ">" 또는 ">>"를 사용하여 스크립트를 파일로 출력할 수 있습니다. 실행 파일은 다음과 같습니다.
keyshot_headless -script <script path> [script arguments] > logfile.txt

02 | 옵션

keyshot -help –headless 를 입력하여 옵션을 열 수 있습니다.
그러면 단말기에 다음이 표시됩니다.

-xlic <external license folder>
-floating_license_server <FlexLM server>

> **주의사항:**
> 서버는 기본 설정 포트 사용 시 "@"가 앞에 붙어야 하고, 사용하지 않을 시 "port@"가 앞에 붙어야 합니다.

- **floating_feature <FlexLM feature> (<NR cores>)**

허용된 FlexLM 기능:
- keyshot2 (Pro 한정)
- keyshot_enterprise
- keyshot_network_rendering (NR, <NR cores>를 명시하지 않았을 경우 모든 코어 확인)

-subscription <email> <password> <product code>
구독을 사용합니다. 이메일, 비밀번호, 상품코드는 '-'를 이용하여 개별적으로 생략 가능합니다. 이전 로그인의 설정 파일에 이미 알려진 경우가 아니면 CLI에서 지정되지 않은 정보를 요청합니다. 제품 코드는 사용 가능한 제품 목록에서 선택하지 않고 특정 제품을 선택하는 데 사용할 수 있습니다.

-deactivate-on-exit
프로그램을 종료할 때 구독 시트를 비활성화합니다. 그렇지 않으면 향후 호출을 위해 시트가 유지됩니다.

-generateconfig [no cloud] [no auto-update] [FlexLM server] [FlexLM feature]
키샷 리소스 폴더에 config 파일을 생성합니다. 헤드리스와 관련 없이, [no cloud]가 '1'일 경우 키샷 클라우드는 비활성화 상태이고, [no auto-update]가 '1'일 경우 자동 업데이트 확인은 비활성화 상태입니다. [FlexLM server] 및 [FlexLM feature]은 '-'를 사용하여 건너뛸 수 있습니다.

-progress
stdout에 렌더링 과정을 작성합니다. 예시: '렌더링: xxx.x%'

설정 파일에서 지역적으로 구성된 노드 잠금 또는 플로팅 라이선스는 기각하기 위한 함수가 없을 경우 자동으로 사용됩니다.

03 | 헤드리스 스크립팅 문서

키샷 코딩 문서의 일부인 함수, 클래스, 정수 전체 문서는
https://media.keyshot.com/scripting/headless_doc/2024.1/index.html에서 찾을 수 있습니다.

PART 18

애니메이션

키샷 애니메이션은 모델과 카메라를 빠르게 애니메이션으로 만들어 줍니다. 씬의 파트를 이동하기 위해서는 씬 트리의 파트에서 마우스 오른쪽 버튼을 클릭하고 애니메이션 > 이동을 선택하고 애니메이션 설정을 조정하세요. 마찬가지로, 카메라를 애니메이션 하려면: 씬 트리의 카메라에서 마우스 오른쪽 클릭을 하고 애니메이션 유형을 선택하고 원하는 변경을 합니다. 애니메이션 마법사를 실행하고 (애니메이션 > 애니메이션 마법사) 화면의 안내에 따릅니다. 재질 그래프의 애니메이션 노드기능으로 재질 애니메이션을 할 수 있습니다.
CAD 프로그램에서 만든 변형 애니메이션 등의 움직이는 지오메트리 역시 불러올 수 있습니다.

LESSON 01 : 애니메이션

01 | 타임라인

재질 애니메이션은 재질 그래프를 통해 추가할 수 있습니다.
키샷의 타임라인에서 사각형 노드로 표시됩니다. 각 노드는 시작 시간(왼쪽 사이드), 끝 시간(오른쪽 사이드)와 기간(사각형의 길이)으로 구성되어 있습니다. 이것들을 옮기고, 스케일을 변경하고, 쌓고, 순차로 배열하여 서로 다른 효과를 만들어냅니다.

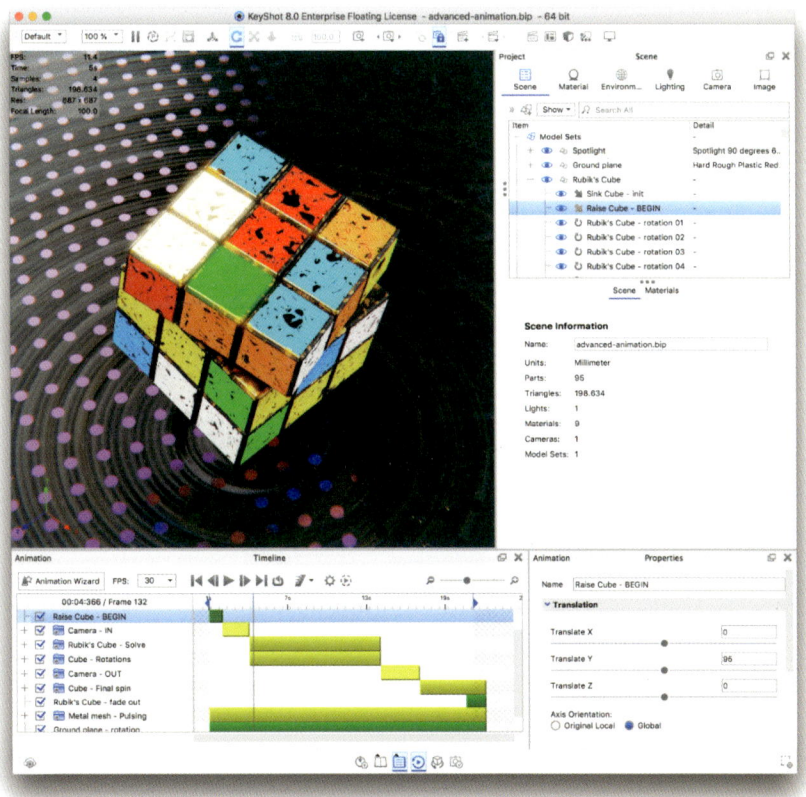

LESSON 02 : 애니메이션 유형

01 | 유형

▪ 부분 애니메이션 (Part Animations)
부분 애니메이션은 씬에서 모델의 위치, 방향 및 가시성에 영향을 미칩니다.

▪ 환경 애니메이션 (Environment Animations)
환경 애니메이션을 사용하여 환경 회전 및 태양과 하늘 일 경로를 생성할 수 있습니다.

▪ 재질 애니메이션(Material Animations)
재질 애니메이션을 사용하면 재질의 가치를 바탕으로 애니메이션 또는 색상 속성의 애니메이션을 만들 수 있습니다.

▪ 카메라 애니메이션(Camera Animation)
카메라 애니메이션을 사용하면 카메라 사이를 전환하는 것뿐만 아니라 애니메이션을 만들 수 도 있습니다.

▪ 변형 애니메이션 (Deformation Animations)
키샷은 변형 애니메이션 생성 기능을 제공하지 않으나, CAD에서 생성하고 Alembic(.ABC) 파일 형식으로 불러온 변형을 지원합니다.

▪ 스튜디오 전환 이벤트(Studio Switch events)
스튜디오 전환 이벤트를 사용해 여러 스튜디오 사이에서 전환함으로써 활성화된 환경, 모델 세트 등을 변경할 수 있습니다.

02 | 타임 라인 모양

각 애니메이션 유형은 애니메이션 타임라인에 색상과 함께 나타납니다.

- 부분 애니메이션은 녹색입니다
- 키프레임 애니메이션은 선택 상태에 따라 초록색 또는 주황색입니다.
- 환경 애니메이션은 분홍색입니다

- 재질애니메이션은 빨간색입니다.
- 카메라 애니메이션 및 스위치 이벤트는 파란색입니다.
- 폴더는 노란색입니다.
- 스튜디오 전환 이벤트는 보라색입니다.

또한 애니메이션을 만들기 위해 폴더를 추가할 수 있으며, 그것들은 타임라인의 노란색입니다. 더 나아가 키 프레임 애니메이션과 변형 메쉬를 포함한 모델을 불러들일 수 있습니다. 이 모델은 보라색과 오렌지색 노드로 표시됩니다.

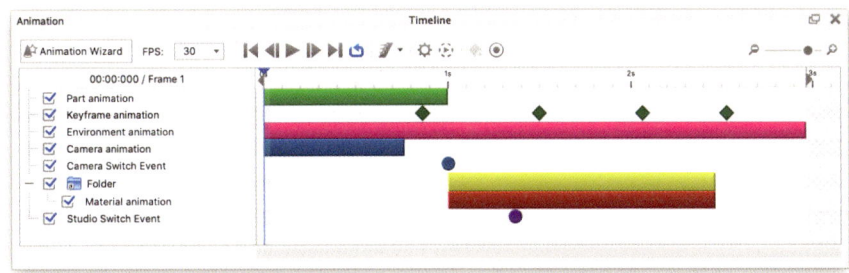

03 | 시간 설정

모든 애니메이션 유형에 공통적인 것은 시간 설정으로, 애니메이션의 타이밍과 지속 시간을 제어할 수 있습니다.

▪ 동작의 용이성
애니메이션에 동작의 용이성을 추가하려면, 동작의 용이성(Motion Ease)유형을 선택하십시오.

▪ 시작
애니메이션에 시작 시간을 설정하십시오.

▪ 종료
애니메이션에 종료 시간을 설정하십시오.

▪ 지속시간
지속시간은 시작 시간과 종료 시간으로부터 자동으로 계산됩니다. 또는 지속시간 및 시작 시간(Duration and Start time)을 입력할 수 있습니다. 이렇게 하면 자동으로 End time(종료 시간)이 채워집니다.

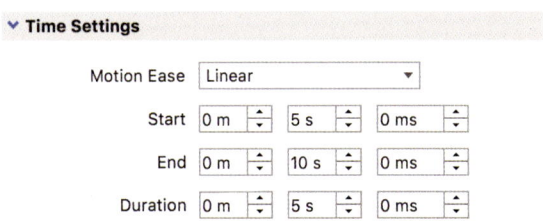

LESSON 03
부분 애니메이션 (Part Animations)

파트 애니메이션 효과는 씬에서 모델의 위치, 방향, 가시성에 영향을 미칩니다. 이것들은 모델의 계층구조를 유지하면서 이동, 회전, 페이드를 할 수 있게 합니다. 그러므로, 애니메이션은 모델의 가장 상위 조립체에 적용이 되며 이것은 조립체 하부의 각 파트에 역시 영향을 미칩니다.

01 | 부분 애니메이션 추가

부분 애니메이션을 추가하려면 애니메이션으로 만들 부분 또는 그룹을 마우스 오른쪽 버튼으로 누르고 애니메이션 및 원하는 애니메이션 유형을 선택하십시오. 또는 **애니메이션 마법사**를 사용하여 애니메이션을 설정하십시오.

부분 애니메이션은 타임라인에서 녹색 노드로 표시됩니다.

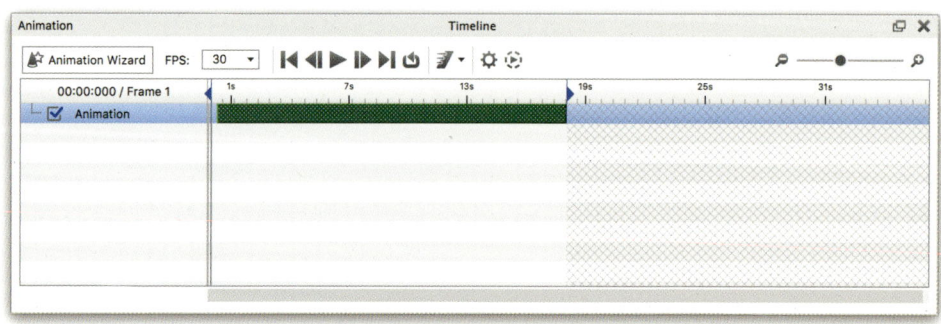

애니메이션의 속성을 조정하십시오. 타임라인의 옵션에 대한 자세한 내용은 애니메이션 타임라인 페이지를 참조하십시오.
또는 씬 트리의 상황에 맞는 메뉴에서 기존 애니메이션을 한 파트/그룹에서 다른 파트/그룹으로 복사할 수 있습니다. 애니메이션을 붙여넣을 때, 독립 애니메이션으로 추가할지 **연결된 애니메이션**으로 추가할지 선택할 수 있습니다.

02 | 이동

이동은 모델 또는 그 일부분이 X Y Z축을 따라 이동하고 위치를 바꾸는 애니메이션 입니다.

▪ 이동 X Y Z
이동 슬라이더는 다음 항목을 포함하고 있습니다: 이동 X, 이동 Y, 이동 Z

▪ 축 방향
모델에 회전을 적용할 때는 회전 축을 X, Y 또는 Z 축으로 선택해야합니다. 그러나 이러한 축에는 고유 로컬과 전역이라는 두 가지 상태가 있습니다.

□ 고유 로컬
고유 로컬 상태는 파트의 로컬 축 회전을 사용합니다. 만일 Y축이 원래 위를 향하고 있는 경우, 파트를 45도 회전함은 Y축이 이제 45도 기울어져 있음을 의미합니다. 사용자 모델의 축 방향이 키샷의 글로벌 축과 일치하지 않을 (살짝 기울어짐) 때 이 축을 사용합니다. 전역 축을 보이게 하려면 Z 키를 누르세요.

□ 전역
이것은 키샷의 전역 축입니다. 전역 축을 보이게 하려면 Z 키를 누르세요. Y 축이 언제나 위를 향하고 있습니다. 모델링 소프트웨어에서 파트를 회전한다고 해도 늘 위를 향합니다.

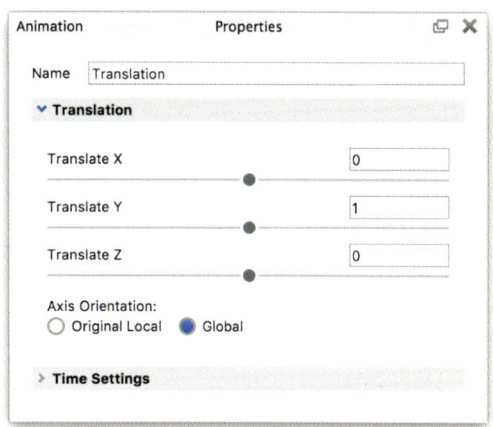

03 | 회전

회전 (Rotation)은 모델 또는 모델의 부품 중 하나가 다른 부품의 피벗 포인트를 중심으로 회전하는 애니메이션입니다.

회전

▪ 각도
회전각을 각도 단위로 컨트롤 합니다.

▪ 축
회전의 참조 축을 결정합니다. 여기에는 상호 배타적인 세개의 옵션이 있습니다. X, Y, Z 축

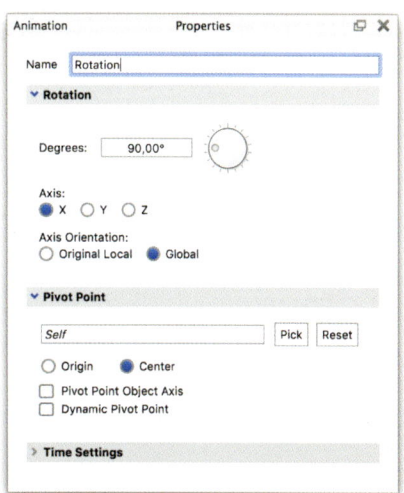

- **축 방향**

모델에 회전을 적용할 때, 회전 축을 반드시 선택해야 합니다: X, Y, Z 축 그러나 이 축들은 두 가지 상태를 가지고 있습니다(고유 로컬, 전역).

- **고유 로컬**

고유 로컬 상태는 파트의 로컬 축 회전을 사용합니다. 만일 Y축이 원래 위를 향하고 있는 경우, 파트를 45도 회전함은 Y축이 이제 45도 기울어져 있음을 의미합니다. 사용자 모델의 축 방향이 키샷의 글로벌 축과 일치하지 않을 (살짝 기울어짐) 때 이 축을 사용합니다. 전역 축을 보이게 하려면 Z 키를 누르세요.

- **전역**

이것은 키샷의 전역 축입니다. 전역 축을 보이게 하려면 Z 키를 누르세요. Y 축이 언제나 위를 향하고 있습니다. 모델링 소프트웨어에서 파트를 회전한다고 해도 늘 위를 향합니다.

피벗 포인트

피벗 포인트는 파트/모델이 회전하는 중심점입니다. 회전 애니메이션을 적용하면 피벗 포인트는 기본으로 "자신"으로 설정됩니다. 씬 트리나 씬에서 다른 피벗 포인트를 선택하려면 픽 버튼을 클릭하세요.

- **중심과 원점**

기본으로, 피벗 포인트는 항상 모델의 중심입니다. 모델의 원점을 대신으로 사용하고 싶으면 이것을 원점으로 변경합니다. 예를 들어 큐브의 원점이 자신의 여덟개 꼭지점의 하나에 있다고 볼 수 있습니다.

> **TIP**
>
> 피벗 포인트를 상세히 컨트롤 하려면 헬퍼 오브젝트를 사용할 수 있습니다. (편집 > 지오메트리 추가 아래에서 유용한 프리미티브를 찾아볼 수 있습니다.) 그 다음, 프리미티브의 위치를 잡고 씬이나 씬트리에서 **픽** 버튼을 클릭하여 선택합니다.

다이나믹 피벗 포인트

이 설정은 회전 파트나 모델이 움직이는 헬퍼 오브젝트를 따르게 합니다. 두개 이상의 회전 (각기 다른 헬퍼 오브젝트) 이 같은 파트 혹은 모델에 적용될 때 다이나믹 피벗 포인트가 활성화되어야 합니다. 움직이는 헬퍼 오브젝트가 모두 다이나믹 피벗 포인트는 아니라는 것을 주의하세요. 예를 들어, 파트가 움직이는 헬퍼 오브젝트 주위를 도는 애니메이션을 만든다고 합시다. 이런 경우, 다이나믹 피벗 포인트를 활성화하면 원하는 결과가 나오지 않습니다. 대신, 궤도를 도는 오브젝트는 반드시 씬 트리 계층구조에서 헬퍼 오브젝트의 하부 계층이어야 합니다.

> **TIP**
>
> 여러 개의 피벗 포인트로 구성된 복잡한 애니메이션을 다룰 때는, "다이나믹 피벗 포인트"를 사용하는 대신 씬 트리에 탑-다운 계층구조를 추천합니다. 여기를 클릭하면 힌지와 다중 피벗 포인트를 애니메이션하는 방법에 대해 전체적인 설명이 나와있습니다.

04 | 페이드

페이드 애니메이션은 두 가지 불투명 값 사이를 부드럽게 전환합니다.

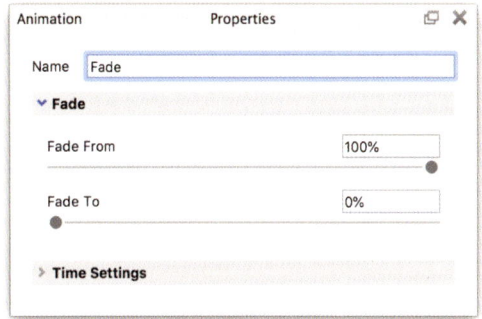

▪ **페이드 시작점**

이것은 모델의 불투명도 수분의 시작점입니다. 0% 부터 100% 까지의 값을 입력하며 0%는 모델이 보이지 않고 100%는 모델이 완전히 보이는 것을 의미합니다.

▪ **페이드 끝점**

이것은 애니메이션 끝의 모델 불투명도 값입니다. 0% 부터 100% 까지의 값을 입력하며 0% 는 모델이 보이지 않고 100%는 모델이 완전히 보이는 것을 의미합니다.

> **주의사항:**
> 페이드 애니메이션은 씬 전환 자료에서 지원되지 않습니다.

▪ **동일 평면인 표면**

동일 평면인 표면과 투명 재질 또는 **불투명 맵**이 있는 부품이 있거나 **부품 페이드** 애니메이션 또는 **곡선/색상 페이드** 애니메이션을 사용하여 불투명도를 조작하는 경우 두 부품이 교차하는 곳에서 표면 영역이 예상대로 렌더링되지 않을 수 있습니다.

해결 방법은 표면이 동일 평면에 있도록 하되 대신 부품 사이에 약간의 간격이 있도록 부품 을 배치하는 것입니다.

05 | 턴테이블(모델/그룹만 해당)

모델/그룹에 애니메이션을 추가할 때 또한 턴테이블 애니메이션(a Turntable animation)을 선택할 수 있습니다. 이것은 **회전 (Rotation)** 애니메이션과 유사하지만 상향 축 주변의 회전으로 제한됩니다.

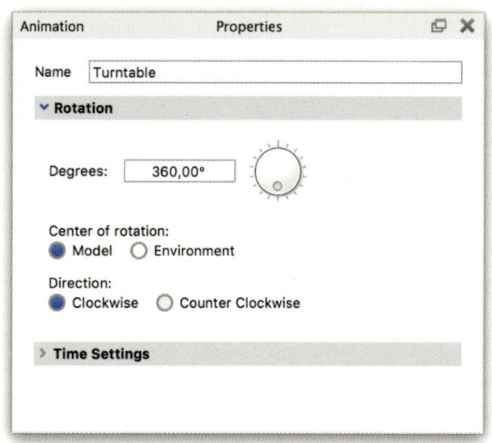

- **회전 중심**
모델 / 그룹을 모델 / 그룹의 중심이나 환경의 중심을 중심으로 회전 시키려면 선택하십시오.

- **방향**
시계 방향 또는 시계 반대 방향으로 회전 설정이 가능합니다.

06 | ◆ 키프레임

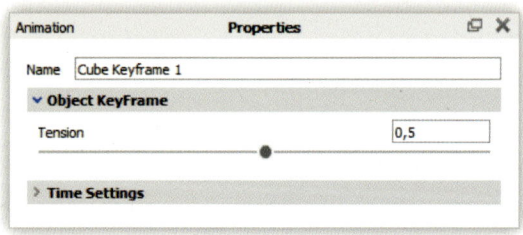

키프레임 애니메이션은 위와는 다른 유형의 애니메이션입니다. 물체를 이동하거나 회전하는 대신 물체의 위치, 회전, 비율을 키프레임으로 기록합니다.

- **장력**
장력 매개변수는 물체가 지정된 키프레임 경로를 얼마나 정확히 따라갈지 조정하는 기능입니다.

LESSON

04 환경 애니메이션

환경 애니메이션을 사용하여 환경을 회전시키거나 태양&하늘 환경의 태양 위치를 움직일 수 있습니다.

01 | 환경 애니메이션 추가

환경 애니메이션을 추가하려면 움직이려는 환경을 오른쪽 클릭한 후 애니메이션을 선택하여 원하는 애니메이션 유형을 선택합니다. 또는 **애니메이션 마법사**를 사용하여 애니메이션 설정을 진행합니다.

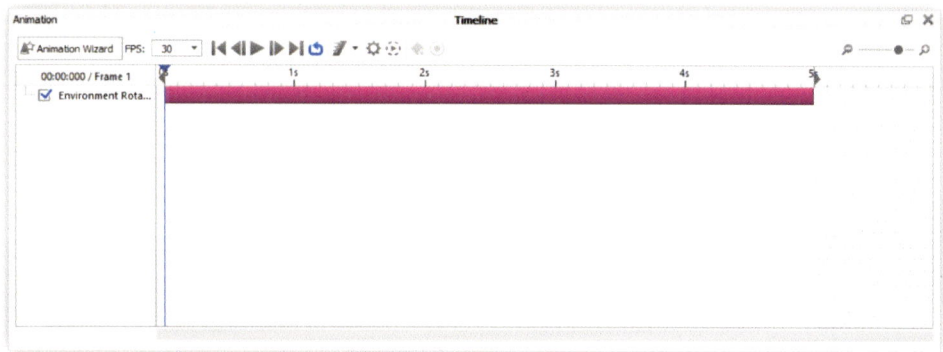

환경 애니메이션은 타임라인에서 분홍색 노드로 표시됩니다.

02 | 환경 회전

환경을 회전시킬 수 있는 애니메이션입니다.

- **기본/고급**

기본 회전 또는 고급 회전 중 하나를 생성하도록 선택합니다. 기본 회전에서는 시작 각도와 종료 각도 매개변수를 가지며, 고급 회전에서는 곡선 편집기를 가집니다.

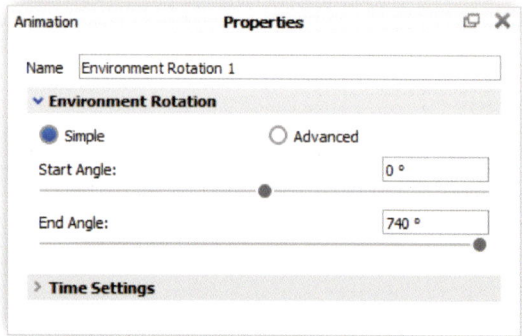

- **시작 각도**

환경 회전이 시작하는 각도를 설정합니다. 종료 각도 환경 회전이 종료하는 각도를 설정합니다. 여러 번 회전시키고자 한다면 360도 이상 설정할 수 있습니다.

- **종료 각도**

환경 회전이 종료하는 각도를 설정합니다. 여러 번 회전시키고자 한다면 360도 이상 설정할 수 있습니다.

- **곡선 편집기**

고급 모드를 선택했을 때 곡선 편집기가 표시됩니다. 곡선 편집기로 더 정교한 환경 회전을 생성할 수 있습니다. 각 키 사이에 여러 가지 형태의 보간을 선택할 수 있습니다. 새로운 키를 삽입하려면 곡선 에디터를 오른쪽 클릭한 후 "키 추가"를 클릭하십시오.

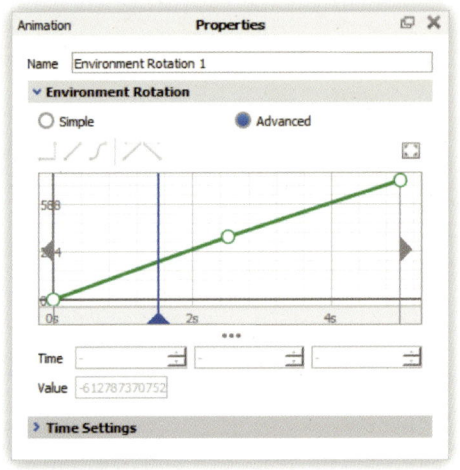

03 | 태양과 하늘의 경로

태양과 하늘의 경로 애니메이션은 하루 중 태양의 회전을 시뮬레이션 하는 애니메이션을 생성하는 기능입니다.

- **날짜**

이 매개변수는 시뮬레이터가 태양의 위치를 애니메이션으로 만들기 위해 사용하는 날짜를 결정합니다.

- **간단/고급**

기본적인 태양 경로 또는 고급 태양 경로 중 어느 것을 생성할지 선택할 수 있습니다. 기본 태양 경로에서는 시작 시간과 종료 시간 매개변수를 가지고, 고급 태양 경로에서는 곡선 편집기를 가집니다.

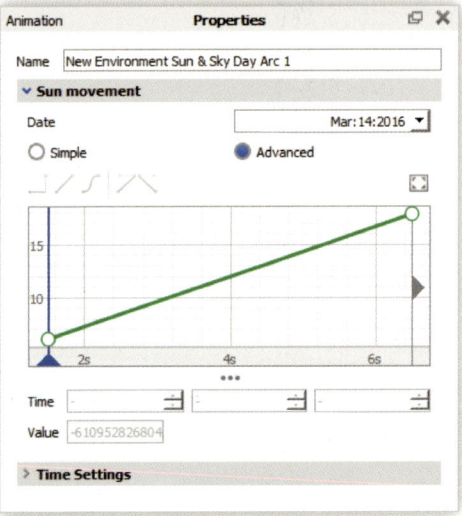

- **시작 시간**

애니메이션이 시작하는 하루 중 시각을 설정하는 매개변수입니다.

- **종료 시간**

애니메이션이 종료되는 하루 중 시각을 설정하는 매개변수입니다.

- **곡선 편집기**

고급 모드를 선택했을 때 곡선 편집기가 표시됩니다. 곡선 편집기로 더 정교한 환경 태양 경로 애니메이션을 생성할 수 있습니다. 각 키 사이에 여러 가지 형태의 보간을 선택할 수 있습니다. 새로운 키를 삽입하려면 곡선 에디터를 오른쪽 클릭한 후 "키 추가"를 클릭하십시오.

04 | 환경 밝기 애니메이션

이 애니메이션을 사용하면 환경의 밝기를 애니메이션할 수 있습니다.

- **주의사항**

이것은 HDRI에 적용되지 않습니다.

- **Simple/고급**

간단한 밝기 애니메이션 생성 또는 고급 밝기 애니메이션 생성 중에서 선택할 수 있습니다. 간단한 밝기 애니메이션 생성에는 시작 이득 과 종료 이득 파라미터가 있고 고급 섹션에는 곡선 편집기가 있습니다.

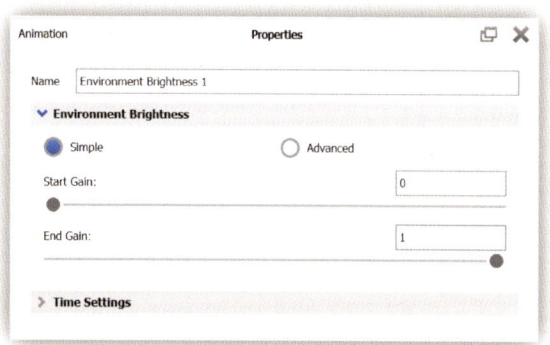

- **시작 이득**

시작 이득 파라미터는 환경의 시작 밝기를 설정합니다.

- **종료 이득**

종료 이득 파라미터는 환경의 끝 밝기를 설정합니다.

- **곡선 편집기**

고급 모드를 선택하면 곡선 편집기가 표시됩니다. 곡선 편집기를 사용하면 보다 고급인 환경 밝기 애니메이션을 만들 수 있습니다. 곡선 편집기 위에서 각 키 사이의 다양한 보간 형식을 선택할 수 있습니다. 새 키를 삽입하려면 곡선 편집기에서 마우스 우 클릭하고 "키 추가"를 누릅니다.

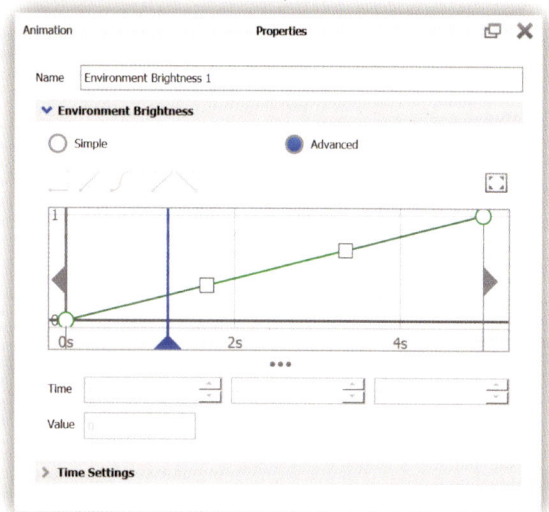

LESSON 05 : 재질 애니메이션

재질 애니메이션을 사용하면 재질의 가치를 바탕으로 애니메이션 또는 색상 속성의 애니메이션을 만들 수 있습니다.

01 | 재질 애니메이션 추가

재질 애니메이션은 현재 재질 그래프(Material Graph)를 통해서만 추가할 수 있습니다.

1. 실시간 보기 또는 **프로젝트 라이브러리 인(In-Project Library)**에서 애니메이션을 원하는 재료를 마우스 오른쪽 버튼으로 누르고 **재료 편집 그래프(Edit Material Graph)**을 선택하십시오.
2. **재료 그래프(Material Graph)**에서 노드 > 애니메이션으로 이동하여 추가할 애니메이션 유형을 선택하십시오.

이렇게 하면 모든 재질의 애니메이션을 포함하는 타임 라인에 폴더(노란색 노드)를 추가할 수 있습니다. 재료 애니메이션 노드는 타임라인에서 빨간색 노드로 표시됩니다.

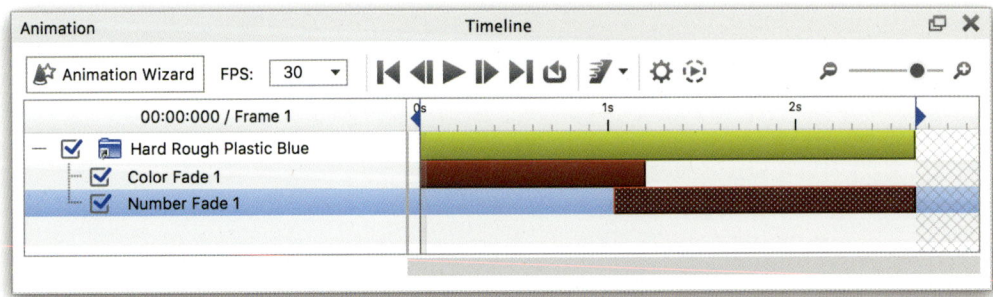

02 | 재질 애니메이션 유형

- **색상 페이드**

색상 페이드 애니메이션은 두 개 또는 그 이상의 색상 값 간에 부드러운 변형을 만듭니다. 재질의 확산, 반사, 불투명도 맵에 색상 페이드를 적용할 수 있습니다. 또한 색상 페이드를 거칠기, 굴절률, 파워, 윤곽 너비 등 모든 재질 값에 적용할 수 있습니다.

▪ 커브 페이드

커브 페이드 애니메이션은 숫자 값 사이의 커스텀 전환을 제공합니다. 재질의 분산, 반사 및 투명도 맵에 커브 페이드를 적용할 수 있습니다. 거칠기, 굴절률, 힘, 윤곽 두께 등의 어떤 재질 값에도 커브 페이드를 적용할 수 있습니다.

> **주의사항:**
> 재질 애니메이션(The material animation)은 재질과 연결되어 있으므로 해당 재질이 있는 모든 부분에 적용됩니다. 특정 부분의 재료에만 영향을 미치려면 연결을 해제해야 합니다.
>
> 다른 애니메이션 유형과 달리 재질 애짛니메이션은 그룹 또는 부분 아래의 씬 트리에 나열되지 않습니다. 오히려 재료 그래표(the Material Graph)안에 재질 애니메이션이 "머물러 있습니다"

▪ 동일 평면인 표면

동일 평면인 표면과 투명 재질 또는 **불투명 맵**이 있는 부품이 있거나 **부품 페이드** 애니메이션 또는 **곡선/색상 페이드** 애니메이션을 사용하여 불투명도를 조작하는 경우 두 부품이 교차하는 곳에서 표면 영역이 예상대로 렌더링되지 않을 수 있습니다.
해결 방법은 표면이 동일 평면에 있도록 하되 대신 부품 사이에 약간의 간격이 있도록 부품을 배치하는 것입니다.

LESSON 06 : 카메라 애니메이션

카메라 애니메이션을 통해 카메라 이동, 회전, 초점 길이 등을 애니메이션화할 수 있을 뿐만 아니라 카메라 간에 전환도 할 수 있습니다.
아래 지침에서는 이미 장면에 카메라를 만들고 대상을 설정했다고 가정합니다.

01 | 카메라 애니메이션 추가하기

카메라 애니메이션을 아래와 같이 추가할 수 있습니다.

- **씬 트리:** 씬 트리(프로젝트 > 씬)에서 카메라를 우측 클릭하고 원하는 애니메이션 종류를 선택합니다.
- **카메라 목록:** 목록에서 카메라를 우측 클릭하고 원하는 애니메이션 종류를 선택합니다.
- **애니메이션 마법사:** 490쪽의 애니메이션 마법사를 참고하세요.

타임라인에서 카메라 애니메이션은 파란색 노드로, 전환 이벤트는 파란색 점으로 표시됩니다.

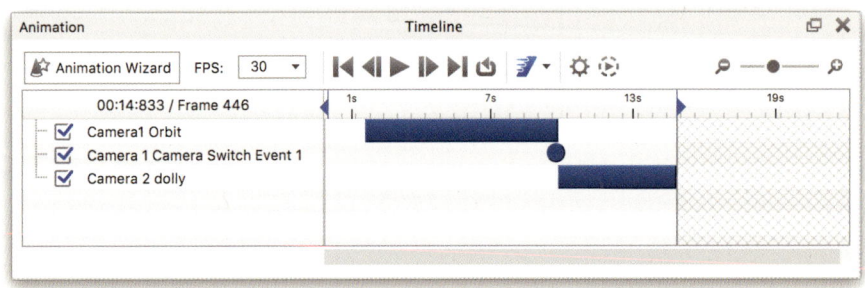

애니메이션 속성을 조정하면 끝입니다. 타임라인 옵션에 대한 더 자세한 정보는 애니메이션 타임라인 페이지를 참조하세요.
또는 씬 트리의 상황에 맞는 메뉴에서 기존 애니메이션을 한 카메라에서 다른 카메라로 복사할 수 있습니다. 애니메이션을 붙여넣을 때, 독립 애니메이션으로 추가할지 연결된 애니메이션으로 추가할지 선택할 수 있습니다.

02 | 카메라 애니메이션 유형

1. 궤도(Orbit)

카메라 궤도는 카메라를 목적물 주위로 회전시킵니다.

속성(Properties)

- **각도(Degrees)**

당신의 궤도 범위를 도단위로 조절하십시오.

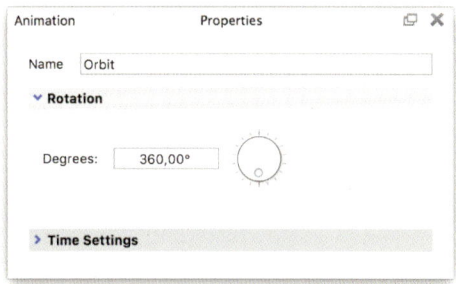

2. 파노라마(Panoram)

카메라 파노라마는 전체 파노라마보기를 시뮬레이션하기 위해 자체 축을 중심으로 카메라를 회전합니다. 자동차 인테리어 또는 건축 인테리어를 표시할 때 이 유형의 애니메이션을 사용할 수 있습니다.

속성(Properties)

- **각도(Degrees)**

파노라마의 범위를 도 단위로 조절하십시오.

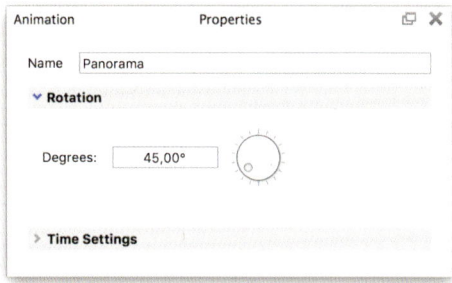

3. 돌리

줌 애니메이션이 효과를 위해 카메라 초점 거리를 변경하면, 돌리 애니메이션은 물리적으로 카메라를 대상에 더 가깝게 움직입니다. 카메라 위치를 동적으로 변경하기를 원할 때 이 카메라 애니메이션을 사용합니다. 아래의 설명은 사용자가 이미 카메라를 씬에 만들고 대상을 설정한 것으로 가정한 것입니다.

속성(Properties)

- **돌리**

돌리 거리를 조정합니다.(거리 조정은 씬 단위에 맞춰 조정됩니다.)

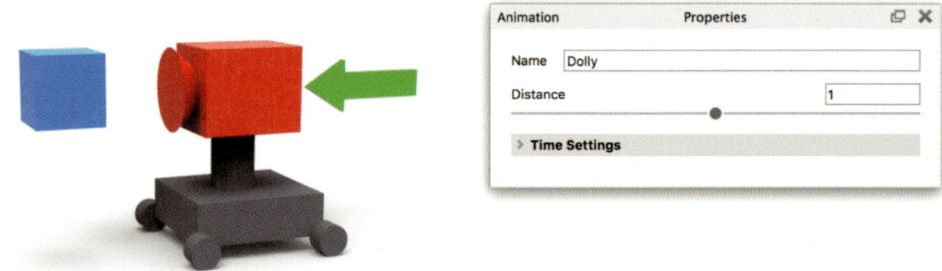

4. 이동 (카메라)

카메라 이동은 카메라를 X,Y,Z 축 상에서 움직이게 합니다. 아래의 설명은 사용자가 이미 카메라를 씬에 만들고 대상을 설정한 것으로 가정한 것입니다.

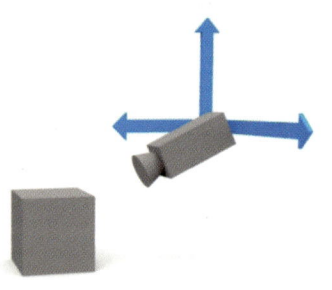
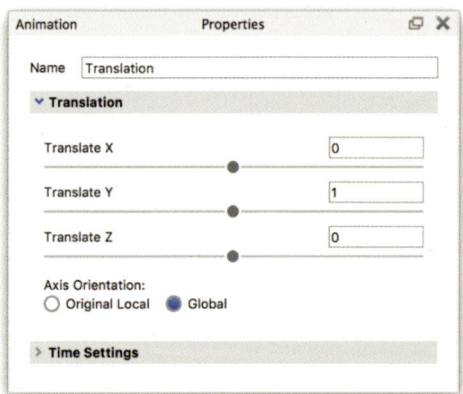

속성(Properties)

- **X, Y, Z로 이동**

X/Y/Z 축을 따라 이동 제어합니다.

- **축 방향(Axis Orientation)**

모델을 회전시킬 때 회전축을 X, Y, Z축 중에서 선택해야 합니다. 이 축들은 고유 로칼과 전역의 두 상태를 가집니다.

   □ **고유 로칼:** 고유 로칼 상태는 회전 파트의 지역 축을 사용합니다. Y가 원래 위를 향하고 있었다면 파트를 45도 이상 회전시키는 건 Y축 역시 45도 기울었다는 것을 뜻합니다. 키샷 전역 축과 모델 축 방향이 평행이거나 수직이지 않을 때 (살짝 기울어졌을 때) 주로 사용합니다. 전역 축을 표시하려면 키보드 Z키를 누릅니다.

   □ **전역:** 키샷의 전역 축입니다. 전역 축을 표시하려면 키보드 Z키를 누릅니다. Y축은 항상 위를 향합니다. 파트를 모델링 소프트웨어에서 회전시켜도 똑같습니다.

5. 피사계 심도(Depth Of Field)

카메라의 피사계 심도애니메이션(The camera Depth of Field animation)은 카메라의 초점을 움직입니다. 이러한 유형의 애니메이션을 카메라에 추가하려면 먼저 카메라 설정에서 피사계 심도를 활성화 해야 합니다.

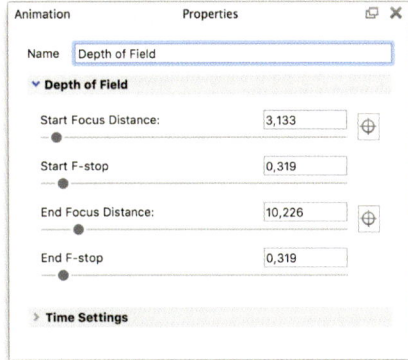

속성(Properties)

- **시작/종료 포커스 거리**

카메라에서 이미지가 가장 선명한 위치로 거리를 설정하십시오.
포커스 포인트 선택기⊕ (The focus point picker)를 사용하면 초점을 맞출 부품을 선택할 수 있습니다.

- **시작/종료 F-스톱**

카메라의 가상 조리개를 조정합니다. 이것은 "초점 안에(in focus)"있는 영역의 범위를 결정합니다.

6. 줌

카메라 줌은 카메라의 초점 거리를 바꿉니다. 카메라가 시점으로 설정되어 있을 경우 초점 거리는 실시간 뷰에서 보이는 왜곡(집합)의 양 역시 제어합니다. 카메라, 시점 섹션에서 초점 거리에 대해 읽어봅시다.

속성(Properties)

- **초점 거리 시작/끝**

확대축소를 조정하여 시작 및 끝 초점 거리를 설정합니다.

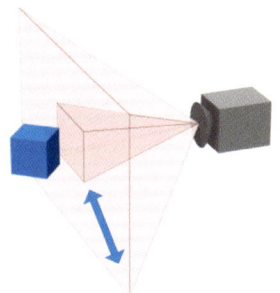
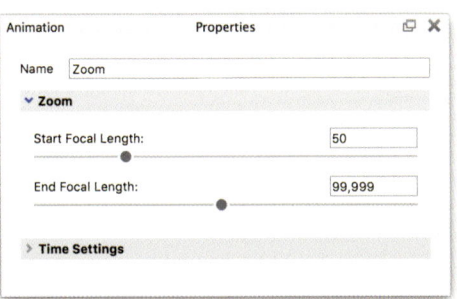

7. 카메라 전환 이벤트

카메라 전환 애니메이션은 현재 카메라 뷰와 씬에 있는 다른 카메라 사이에서 즉시 전환하는 것입니다.

속성(Properties)

- **출발 카메라**

전환 이벤트를 추가한 카메라로 고정됩니다.

- **도착 카메라**

어느 카메라로 전환할지 선택합니다.

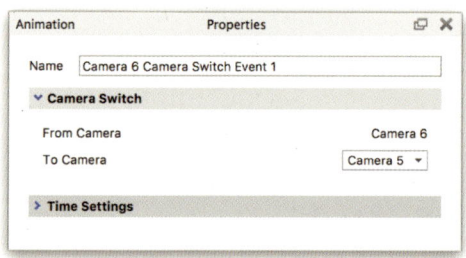

8. 비틀기

카메라 비틀기 애니메이션을 사용하여 카메라의 비틀기 속성을 애니메이션으로 구현할 수 있습니다

속성(Properties)

- **각도**

애니메이션 도중 카메라 비틀기의 각도를 설정합니다.
시작점은 카메라에 설정된 비틀기 속성을 사용합니다.

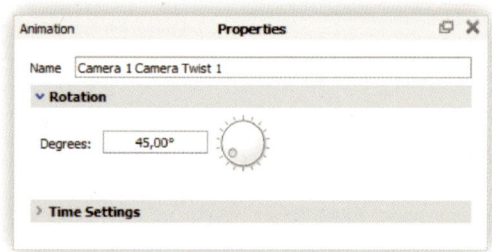

LESSON 07 : 카메라 키프레임 애니메이션

카메라 키프레임 애니메이션은 KeyShot의 새로운 키프레임 애니메이션 유형 중 하나입니다. 이를 통해 키프레임에 카메라 이동을 기록하여 복잡한 카메라 경로 애니메이션을 쉽게 생성할 수 있습니다.

아래의 지침은 이미 씬에서 카메라를 생성한 것으로 가정합니다. 카메라 및 해당 설정에 대해 여기를 눌러 더 알아보기

> **주의사항:**
> 다음을 제외하고 입력 필드가 있는 모든 카메라 설정은 키프레임에 기록할 수 있습니다.
> - Stereo
> - 카메라 블레이드 수 설정

카메라 키프레임 애니메이션 추가

다른 카메라 애니메이션과 마찬가지로 카메라 키프레임은 세 가지 다른 방법으로 추가할 수 있습니다.

- **씬 트리:** 씬 트리(Project > Scene)에서 카메라를 마우스 오른쪽 버튼으로 클릭하고 원하는 애니메이션 유형을 선택하십시오.
- **카메라 목록:** 목록에서 카메라를 마우스 오른쪽 버튼으로 클릭하고 원하는 애니메이션 유형을 선택하십시오.
- **애니메이션 마법사:** 애니메이션 마법사에 대해 더 알아보기

> **TIP**
> 지오메트리 뷰를 사용하면 추가한 카메라 위치를 추적할 수 있습니다.

속성(Properties)

- **키프레임 설정**

이 설정은 애니메이션 타임라인의 각 키프레임에 개별적으로 저장됩니다. 이를 통해 각 키프레임에 서로 다른 설정을 할 수 있습니다.

- **보간 방법**

보간 방법은 두 가지 다른 키프레임 사이에서 카메라의 동작을 정의합니다. 경로 방법은 카메라를 직선으로 이동시키고, 궤도 방법은 대상까지의 거리를 유지하여 궤도를 생성합니다.

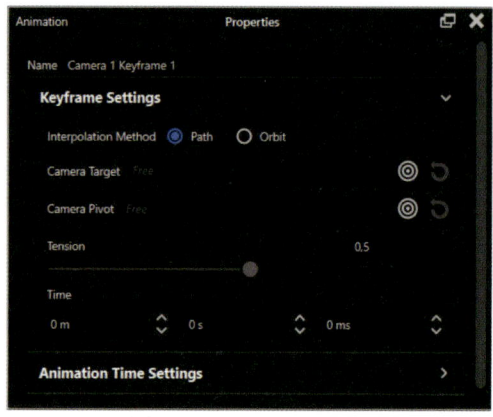

- **카메라 타겟**

물체를 카메라 타겟으로 설정하여, 타겟이 유지되도록 합니다.

- **카메라 피봇**

물체를 카메라 피봇으로 설정하여 카메라가 그 주위를 회전하도록 합니다.

- **텐션**

이를 통해 경로의 선명도를 조절할 수 있습니다. 값을 증가시키면 키프레임에서 방향 변경이 더 선명해지고 값을 낮추면 더 부드러운 경로가 생성됩니다.

- **시간**

시간 설정을 통해 타임라인에서 키프레임의 정확한 시간을 설정할 수 있습니다.

LESSON 08 : 변형 애니메이션

모델 변형은 비틀림, 확장, 수축 및 캐릭터 조작과 같은 모든 모델 모양의 변경입니다. 이러한 유형의 애니메이션에는 Maya 및 3DS Max와 같은 CAD 패키지에서 사용할 수 있는 고급 기술이 필요했습니다. KeyShot은 "변형" 애니메이션을 제공하지 않지만 CAD에서 설정하고 Alembic(.ABC) 또는 FBX1 파일로 내보내는 변형을 계속 지원합니다.

변형 애니메이션을 가져오는 방법

1. KeyShot에서 가져오기 버튼(또는 파일 > 가져오기)을 클릭합니다.

2. Alembic(.ABC) 또는 FBX 파일을 찾아 열기를 클릭합니다.

3. KeyShot 가져오기 대화 상자 > **애니메이션**에서 전체 애니메이션을 활성화하고 **가져오기**를 확인합니다.

4. 애니메이션 타임라인에서 **재생**을 클릭하여 실시간으로 미리보기를 재생합니다. 타임라인에서 시간 스크러버를 잡아서 끌 수도 있습니다.

파일을 가져와서 **애니메이션** 타임라인에 애니메이션 노드로 표시하고 위치를 지정하고 크기를 조정할 수 있습니다.

가져오기가 완료된 후 KeyShot은 더 빠르게 로딩하고 파일용량을 줄이기 위해 애니메이션을 .luxT 파일로 캐시에 저장합니다. 캐시 파일은 **리소스 폴더 > 애니메이션**에 있습니다. .bip 파일은 애니메이션을 로드하기 위해 이러한 .luxT 파일이 필요합니다. 씬을 .ksp로 저장하면 패키지에 .luxT 파일이 포함됩니다.

KeyShot은 .mc 또는 .mcx 파일로 캐시된 FBX 파일 또는 조작을 사용하는 애니메이션에서 변형 가능 애니메이션을 지원합니다.

LESSON 09 : 스튜디오 전환 이벤트

스튜디오 전환 이벤트는 활성화된 스튜디오를 애니메이션 도중 변경할 수 있는 기능입니다. 활성화된 환경, 이미지 스타일, 모델 세트 등을 영상 편집 없이 손쉽게 변경할 수 있습니다.

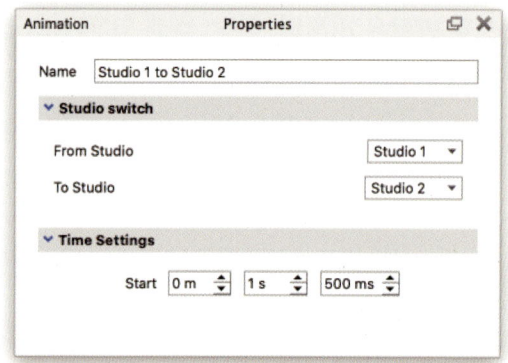

01 | 스튜디오 전환 이벤트 추가 방법

- 전환할 스튜디오를 오른쪽 클릭합니다.
- **스튜디오 전환 이벤트**를 선택합니다.
- 메뉴에서 전환 후 스튜디오를 선택합니다.

이제 **애니메이션 타임라인**에서 전환 이벤트를 확인할 수 있으며, 보라색 점이 스튜디오 전환 시점을 가리킵니다. 보라색 점을 이동하여 시간을 조정하거나, 애니메이션 속성에서 정확히 제어할 수 있습니다.

02 | 속성

- **이름:** 전환 이벤트가 애니메이션 타임라인에서 가지는 이름입니다. 노드를 오른쪽 클릭하여 이름 수정을 선택하는 것으로 변경할 수 있습니다.

스튜디오 전환

- **스튜디오에서:** 전환 전 활성화된 스튜디오를 제어합니다.
- **스튜디오로:** 전환 후 활성화될 스튜디오를 설정합니다.

시간 설정

전환하는 정확한 시간을 설정할 수 있습니다.

주의사항:
스튜디오 전환은 **전 스튜디오**가 활성화되어 있을 때만 작동합니다.

주의사항:
스튜디오가 카메라를 포함할 경우, 스튜디오 전환 이벤트와 카메라 스위치 이벤트를 동시에 사용하면 충돌할 수 있으므로 동시 사용을 권하지 않습니다.

LESSON

10 : 애니메이션 마법사

애니메이션 마법사는 애니메이션을 단계적으로 만드는 가장 쉬운 방법입니다. 애니메이션 유형을 선택하여 시작 단계로 들어서면 마법사는 애니메이션 설정과 똑같은 설정 단계를 거치게 합니다. 아래의 설명은 사용자의 키샷 버전이 애니메이션을 포함하고 있는 것으로 가정한 것입니다.

01 | 애니메이션 마법사를 실행하는 방법

1. 툴바에서 애니메이션 버튼을 클릭합니다.

2. 애니메이션 타임라인에서 애니메이션 마법사 버튼을 클릭합니다.

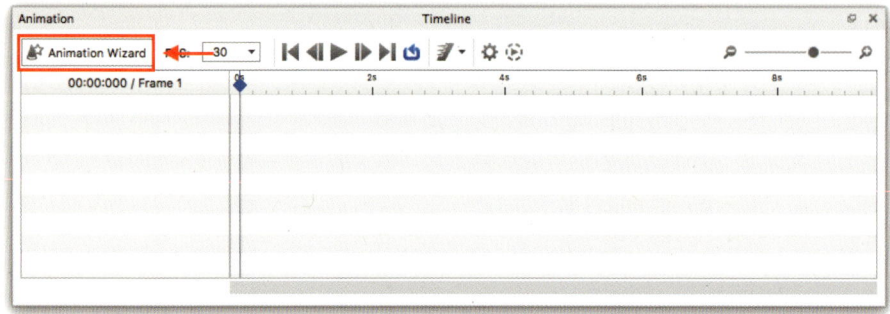

02 | 애니메이션 설정하기

위저드는 어떤 종류의 애니메이션을 추가하든 간에 3단계로 나뉩니다.

1. 애니메이션 종류 선택

2. 애니메이션 대상 선택

3. 애니메이션 설정 조정. 각 종류의 자세한 설명은 애니메이션 종류 섹션에서 읽을 수 있습니다.

한 번 애니메이션을 설정하면 타임라인에 나타납니다. 위저드에서 선택한 설정 중 어느 것이든 조정하고 싶다면 타임라인의 애니메이션 노드를 선택하기만 하면 속성 편집이 가능하게 됩니다.

타임라인 옵션에 대한 더 자세한 정보는 애니메이션 타임라인 페이지에서 읽을 수 있습니다.

현재 애니메이션 마법사에는 **재질 애니메이션**이 포함되어 있지 않습니다.

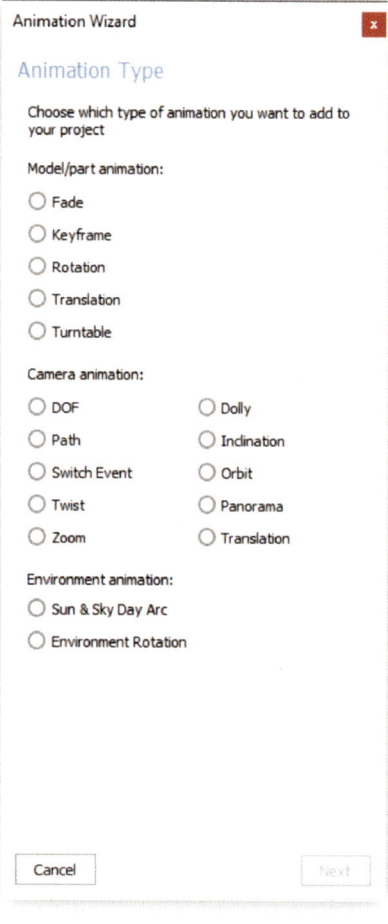

LESSON 11
애니메이션 작업 (Working with Animations)

애니메이션 패널은 두 가지 요소로 구성되어 있습니다. 타임라인 및 애니메이션 속성입니다. 툴바의 ⏵ 애니메이션 옵션 또는 단축키 A로 서로 전환할 수 있습니다.

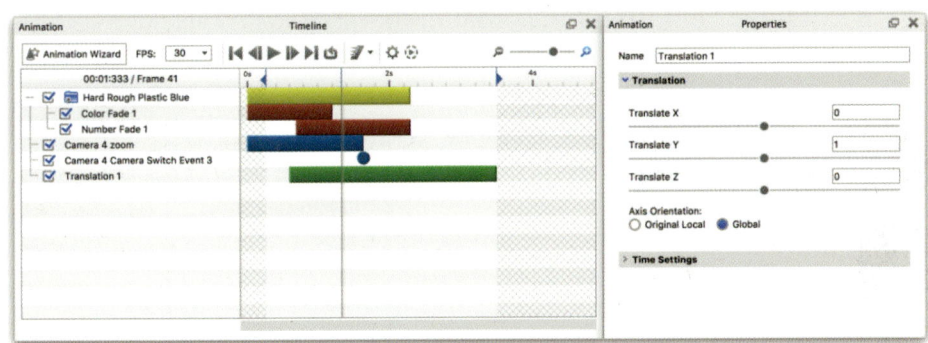

애니메이션은 타임라인 안에 표시되며 이동, 회전, 카메라 애니메이션을 위한 애니메이션 속성에 설정된 이름에 따라 라벨링됩니다. 타임라인에서 애니메이션 노드가 클릭되면 속성이 표시됩니다. 애니메이션은 시간에 따라 이동할 수있고 시간과 지속 시간을 제어하기 위해 서로 조정됩니다.

01 | 타임라인

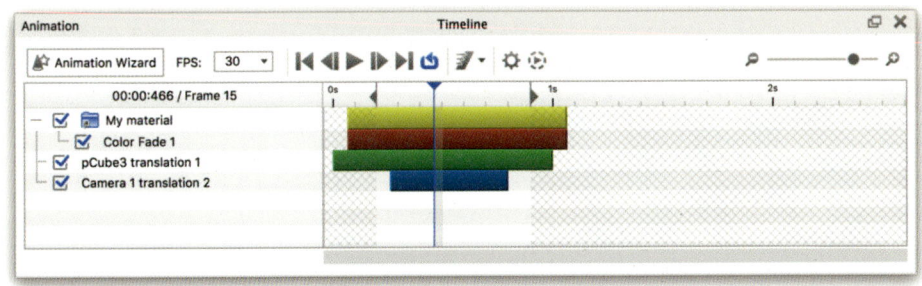

타임라인은 실시간 뷰의 현재 상태와 관련된 모든 애니메이션을 표시합니다. 움직이는 파트, 카메라 등이 숨겨져 있으면 애니메이션 노드가 타임라인에서 표시되지 않습니다.
여러 개의 애니메이션을 정리하기 위해 하나의 폴더로 통합할 수 있습니다. 이 폴더들 역시 크기를 조정하거나 움직여 타이밍과 지속시간을 제어할 수 있습니다.

시간 지표

보고 싶은 애니메이션의 위치로 현재 시간 지표를 끌어올 수 있습니다.

작업 영역

작업 영역은 애니메이션의 시간을 제한합니다. 좌우를 가리키는 삼각형 핸들 2개를 사용하여 작업 영역을 제한할 수 있습니다. 작업 영역의 시작/종료 시간은 타임라인 자를 오른쪽 클릭하는 것으로 설정하거나, 애니메이션 렌더링 전 렌더링 대화창에서 설정할 수 있습니다.

애니메이션 노드 관리

애니메이션 리스트의 애니메이션 노드를 오른쪽 마우스 클릭하는 것으로 애니메이션 관리도구가 열립니다. 애니메이션의 순서를 바꾸거나 애니메이션을 기존의폴더로 이동하려면 마우스 클릭하여 드래그합니다. 애니메이션을 여러 개 선택하려면 CTRL 키로 (mac에서는 커맨드키)여러 개의 노드를 선택합니다.

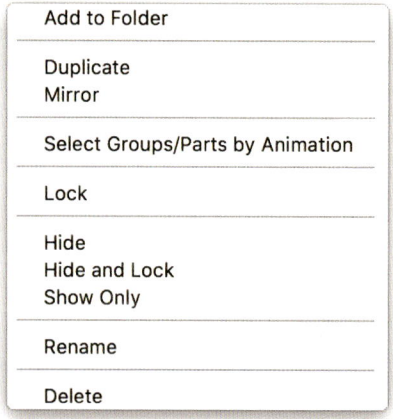

- **폴더 추가:** 애니메이션 목록의 빈 영역에서 마우스 오른쪽 클릭을 하여 이 옵션을 표시합니다.

- **복제:** 하나 또는 여러 개의 애니메이션을 복제하려면, 복사하고 싶은 애니메이션에서 마우스 오른쪽 클릭을 하고 복제를 선택하세요.

- **미러:** 반전 복제 애니메이션을 만들고 싶은 애니메이션에서 오른쪽 마우스를 클릭하세요. 이것은 루핑 비디오 처럼 끝나는 곳에서 다시 시작하는 애니메이션을 만들거나 분해 조립도 애니메이션을 만들 때 유용합니다.

- **잠금(Lock):** 현재 애니메이션 노드를 잠그거나 잠금 해제합니다. 애니메이션이 계속 보이지만 편집할 수 없습니다. 잠긴 노드는 잠기지 않은 노드보다 한층 옅은 색깔로 표시됩니다.

- **숨기기:** 현재 노드를 비활성화/활성화합니다. 노드 이름 앞의 체크박스를 전환하는 것과 같은 효과입니다.

- **숨기기와 잠금:** 현재 노드를 비활성화하고 잠급니다.

- **다음만 보이기:** 모든 다른 카메라 또는 파트 애니메이션을 비활성화합니다.

- **이름 바꾸기:** 현재 노드 이름을 속성까지 가지 않고도 고칠 수 있습니다.

- **정렬기준:** 애니메이션 목록을 이름, 종류, 또는 시작 시간에 따라 정렬할 수 있습니다. 끌어오는 것으로 순서를 바꾸면 정렬은 없음으로 바뀝니다.

- **삭제:** 이 옵션을 선택하여 타임라인에서 하나 이상의 애니메이션을 삭제할 수 있습니다.

02 | 애니메이션 속성 (Animation Properties)

애니메이션을 선택하면 애니메이션 윈도우의 오른편에 속성이 표시됩니다. 이 설정들은 애니메이션 마법사를 통해 애니메이션을 만들 때 사용되는 것과 동일합니다. 모든 기존 애니메이션 설정을 변경할 수 있으며 또한 애니메이션 속성 내의 애니메이션 이름도 바꿀 수 있습니다. 만일 애니메이션 윈도우가 도킹되어 있거나 윈도우가 짧은 경우, 가장 유용한 매개변수를 보기 위한 속성 섹션을 압축할 수 있습니다.

연결된 애니메이션

연결된 애니메이션은 파트/그룹/모델 세트 등에 포함된 동일한 애니메이션 입니다. 한 개를 수정하면 전체에 영향을 줍니다. 한 애니메이션이 씬트리의 애니메이션 아이콘에 연결되어 있으면 파란색 + 로 표시됩니다.

애니메이션 연결

애니메이션이 있는 파트/그룹을 복제하면 기본 설정에 의해 연결됩니다. 서로 다른 파트에 같은 애니메이션을 사용하고 싶다면 애니메이션 자체를 복사하여 다른 파트/그룹에 붙여넣어 연결할 수 있습니다. 애니메이션은 모델 세트 사이에서도 연결될 수 있습니다. 새로운 모델 세트를 생성할 때 복사하기로 한 지오메트리의 애니메이션을 연결할지 여부를 선택할 수 있습니다.

애니메이션 연결 해제

애니메이션 연결을 해제하려면 씬 트리에서 애니메이션을 오른쪽 클릭한 후 애니메이션 연결 해제를 선택합니다.

> **TIP**
>
> **연결된 애니메이션의 회전축 지점**
> 파트 회전 시 회전축 지점은 기본 설정에 의해 자신으로 설정되어 회전의 중심이 파트 자신이 됩니다. 연결된 애니메이션의 맥락에서 이를 사용한다면, 예를 들어 케이스에서 한번에 여러 개의 나사를 제거하고 싶을 때 유용할 것입니다. 하지만 같은 중심을 회전축으로 여러 개의 파트를 회전하고 싶다면, 연결된 애니메이션의 회전축 지점에는 특정 파트를 선택해야 합니다.

03 | 키프레임 애니메이션

키프레임 애니메이션은 특정 시점에서의 물체의 위치, 회전, 비율을 기록하는 키프레임 시점에 의해 정의됩니다. 키프레임 애니메이션을 생성한 후 추가 키프레임 시점을 생성하여 이어나갈 수 있습니다.

키프레임 시점 생성

키프레임 생성을 현재 시점에 삽입하려면 애니메이션 타임라인에서 ◆를 클릭하십시오. 물체의 현재 위치 값을 기록합니다. 버튼을 클릭하여 새로운 키프레임의 이동 도구를 자동으로 실행할 수 있으며, 필요할 경우 위치를 편집할 수 있습니다.

키프레임 시점 편집

이미 삽입된 키프레임 시점을 편집하려면 타임라인에서 키프레임을 클릭합니다. 물체의 이동 도구가 실행되며, 물체를 이동함으로써 물체 및 기록된 키프레임의 위치를 자동으로 기록합니다.

키프레임 기록 모드

기록 모드는 위 작업 흐름을 대체할 수 있는 모드입니다. ⦿를 클릭하여 기록 모드에 들어갑니다. 이 모드가 활성화되었을 때 키프레임 애니메이션이 있는 물체를 움직이면 자동으로 키프레임을 생성하고 편집합니다. 여러 개의 키프레임을 가지고 있거나 복잡한 애니메이션을 생성할 때 작업을 더욱 빠르게 진행할 수 있습니다.

키프레임 애니메이션 조합

여러 개의 키프레임 애니메이션을 조합해야 하거나, 다른 애니메이션 유형과 조합해야 한다면 애니메이션을 서로 다른 물체 수준으로 두어야 합니다. 씬 트리의 체계 수준이 같은 두 애니메이션이 있을 경우, 애니메이션으로 첫번째 애니메이션만 사용됩니다.

> **주의사항:**
> 동일한 개체 계층 수준에서 키프레임 애니메이션을 다른 애니메이션 유형과 결합할 수 없습니다.

04 | 애니메이션 설정

✲를 클릭하여 애니메이션 설정 대화창을 실행합니다.

애니메이션 미리보기 품질

대화창의 첫번째 옵션으로, 애니메이션 미리보기의 각 프레임마다 렌더링하는 샘플 수를 제어합니다. 프레임마다 최대 시간을 설정하거나, 프레임마다 특정 샘플 수를 지정할 수 있습니다.

끝 프레임 렌더링

이 세팅을 사용하면 애니메이션의 마지막 프레임을 렌더링에 포함할지 여부를 선택할 수 있습니다.

지오메트리 노드 실행

지오메트리 노드는 실행하기에 느릴 수 있으므로, 이 기능을 사용하여 실시간 뷰에서 애니메이션을 재생할 때 각 프레임의 지오메트리 노드 실행을 비활성화할 수 있습니다.

씬 트리 애니메이션 순서 준수

하나의 파트/그룹에 여러 개의 애니메이션을 실행할 경우, 모든 위치 이동은 회전축 지점을 이동시키므로 기본 설정에 의해 마지막으로 실행됩니다. 이 설정을 사용하면 애니메이션이 씬 트리 설정 순서(위에서 아래로)를 준수하도록 강제할 수 있습니다.

LESSON 12 : 애니메이션 효과

애니메이션 효과는 사용자 애니메이션에 실제감을 더해 줍니다. 이 효과들은 다음을 포함하고 있습니다.

01 | 모션 블러

키샷 "모션 블러" 는 움직임 부분이 블러되는 씬에 적용되는 모션의 실시간 미리보기를 제공합니다. 사용자가 애니메이션을 재생하거나 이미지를 렌더링하기 전에 오브젝트의 모션 또는 회전하거나 화면을 따라 움직이는 카메라의 모션을 캡처합니다.

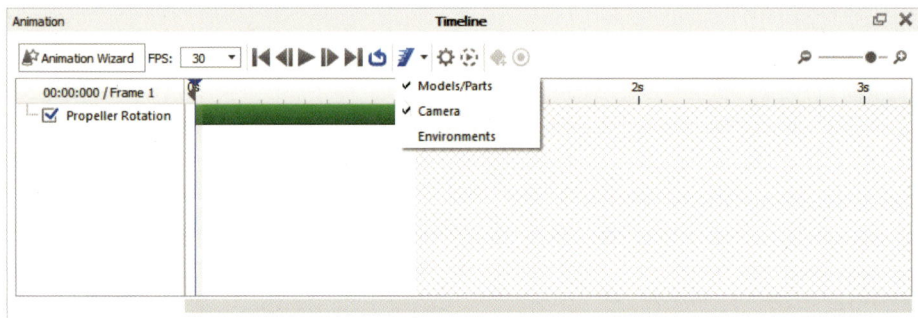

"모션 블러"를 움직이고 있는 오브젝트에 적용하려면 애니메이션 윈도우 툴바의 "모션 블러" 버튼을 체크합니다. 모델/파트 또는 카메라 애니메이션에 모션 블러를 토글하려면 화살표를 클릭하세요. 만일 애니메이션이 적용된 오브젝트나 카메라를 이미 가지고 있다면 실시간 뷰가 움직이는 오브젝트를 보여주기 위해 업데이트 됩니다.

"이동" 애니메이션을 오브젝트에 추가하거나 "궤도" 애니메이션을 카메라에 적용하여 이 옵션이 켜진 후 "모션 블러"를 즉시 볼 수 있습니다. 모션 블러의 양은 얼마나 빨리 얼마나 멀리 오브젝트나 카메라가 움직이는지를 "애니메이션" 설정에서 조절하여 컨트롤됩니다. "모션 블러"가 켜지면 모션의 실시간 미리 보기는 FPS 설정에서 따라 다릅니다.

02 | 모션 완화

모션 블러 완화가 회전, 이동, 카메라 애니메이션에 적용되면 더 자연스러운 모양을 만듭니다. 이것은 모션에 가속과 감속을 줍니다. 예를 들면, 자동차가 정지신호에서 다른 곳으로 이동하고 최고 속도가 35마일/h 까지 도달한다면 전체 시간동안 그 속도로 이동하는 것이 아닙니다. 자동차가 움직이기 시작하여 최고 속도까지 가속하고 다음 정지 신호에 도달하면 속도를 줄입니다. 모션 완화 없이는 자동차가 갑자기 출발하고 정지하며, 움직이는 전체 시간동안 35 마일/hour 로 움직입니다.

Presets

- **Linear**
- **Ease In**
- **Ease Out**
- **Ease in/Ease Out**

03 | 커스텀 완화 커브

커스텀 완화를 통해 완화 커브를 완전히 제어할 수 있습니다. 커스텀 완화 커브를 선택했을 때 처음에는 시작부터 끝까지 선형으로 진행됩니다. 사각형 핸들 중 하나를 선택하고 끌어당겨 완화 정도를 바꿀 수 있습니다.

각 키프레임은 해당 키프레임부터 그 다음 키프레임까지의 간격을 결정합니다. 기본적으로 모든 키프레임은 추가되었을 때부터 커브 포인트지만 쉽게 종류를 바꿀 수 있습니다.

키프레임 종류

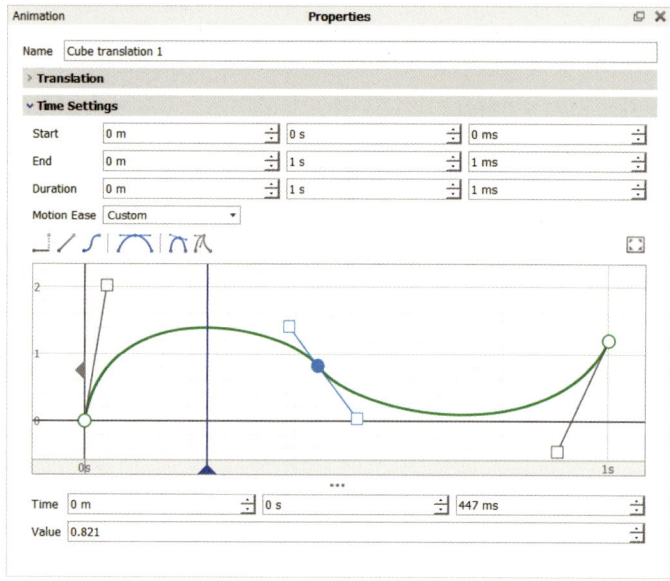

- ⌐ **계단:** 타임라인의 다음 키프레임이 올 때까지 고정된 값을 가집니다.

  ⋀ 계단 키프레임은 기본적으로 계단 섹션 반대편에 탄젠트 핸들을 가지지 않으나 탄젠트 핸들 아이콘으로 추가할 수 있습니다. 이를 통해 계단 값에 부드럽게 들어가거나 나올 수 있습니다.

  ⌐ 간격 시작의 값을 사용합니다.

  ⌐ 간격 끝의 값을 사용합니다.

- ∫ **커브:** 커브 키프레임은 전환을 부드럽게 이어주기 위한 탄젠트 핸들을 가집니다.

  ⋀ 좌/우 탄젠트 핸들을 활성화 및 비활성화할 수 있습니다.

  ⋀ 탄젠트 핸들을 반대편에 서로 묶습니다.

  ⋀ 탄젠트 핸들의 묶임을 해제합니다.

- ╱ **직선:** 커브 포인트의 일종으로 두 개의 탄젠트 핸들이 기본적으로 해제되어 있습니다. 탄젠트 핸들 아이콘을 클릭하는 것으로 일반적인 커브 포인트로 바꿀 수 있습니다.

완화 커브 커스터마이징

- **키프레임 추가하기:** 키프레임을 추가하기 위해서 그리드를 더블 클릭하거나 우측 클릭한 뒤 **키 더하기**를 선택합니다.
- **값 설정하기:** 커브의 키프레임을 선택하고 시간과 그 값을 그리드 밑에 추가하거나 커브 편집기에 끌어옵니다. Shift 키를 눌러 수평으로만 움직이게 합니다.(시간 조정 한정)
- **커브 조정하기:** 탄젠트 핸들을 끌어당겨 키의 완화를 조정합니다. Shift 키를 눌러 수평으로만 움직이게 합니다.

- **키프레임 삭제하기:** 키프레임을 선택하고 Delete 키를 누르거나 키프레임을 우측 클릭하고 **삭제하기**를 선택합니다.
- **시간 지표 및 작업 영역:** 커브 편집기는 일반적인 애니메이션 타임라인과 동일한 시간 및 작업 영역 지표를 가지고 있기 때문에 커브 편집기를 통해 타임라인을 따라가고 애니메이션을 제한할 수 있습니다.
- **그리드 이동하기:** 그리드 안을 클릭하고 끌어당겨 타임라인을 이동합니다.
- **그리드 확대 및 축소하기:** 그리드를 클릭하고 스크롤 휠을 사용하거나 윈도우 Ctrl +/-, 맥 Cmd +/- 키를 눌러 확대 및 축소합니다.
- **화면에 맞추기:** 현재 커브를 커브 편집기에 맞추기 위해 그리드 위의 화면에 맞추기 버튼을 클릭합니다.

커브 복사하기

커스텀 커브를 한 애니메이션에서 다른 애니메이션으로 복사할 수 있습니다. 커브 에디터 아무데나 우측 클릭한 뒤 **커브 복사하기**를 선택합니다. 그 다음, "목적지" 애니메이션의 커브 에디터를 우측 클릭한 뒤 **커브 붙여넣기**를 선택합니다. 이를 통해 두번째 애니메이션의 길이가 변화할 수 있음을 유의하십시오.

키샷 사용 사례

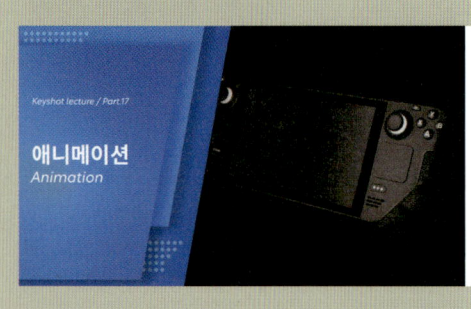 

PART 18. 애니메이션

애니메이션 적용 예시

1. 모델/파트 애니메이션 예시
2. 카메라 애니메이션 예시

PART 19

KeyShotWeb

KeyShotWeb은 상호 작용 가능한 웹 기반 컨텐츠를 온라인에서, 파워포인트에서, 키노트에서, iBook에서 사용할 수 있도록 생성하는 애드온입니다.

KeyShotWeb은 KeyShotXR과 키샷 웹 구성기를 포함합니다. KeyShotWeb에서 생성된 모든 컨텐츠는 어떤 터치 가능 기기 및 화면에서도 볼 수 있고, 마우스나 손가락을 이용하여 상호 작용 가능하며, 브라우저 플러그인이 없어도 작동합니다.

LESSON 01 | KeyShotWeb

01 | KeyShotXR

KeyShotXR을 사용하면 키샷 씬을 상호 작용 가능한 360도 비주얼로 바꿀 수 있습니다. KeyShotXR로 고품질 터치 가능 3D 컨텐츠를 어떤 웹 브라우저나 프리젠테이션 소프트웨어에서도 다루도록 생성하고 프리젠테이션할 수 있습니다.

02 | 키샷 웹 구성기

키샷 웹 구성기는 KeyShot Pro로 만든 구성기를 상호작용 가능한 제품 구성기로 바꿀 수 있게 합니다. KeyShotXR처럼 웹 구성기 역시 고품질 터치 가능 3D 컨텐츠를 어떤 웹 브라우저나 프리젠테이션 소프트웨어에서도 사용할 수 있도록 만듭니다.

> **주의사항:**
> 제품의 최초 구성기를 생성하기 위해서는 KeyShot Pro가 필요합니다. KeyShot Pro에서는 스튜디오, 모델 세트, 다중 재질과 같은 Pro 버전만의 기능을 사용하여 구성기가 생성됩니다. 구성기는 프리젠테이션 모드에서도 무료 KeyShot Viewer를 사용할 수 있습니다.

03 | 내장

KeyShotXR 또는 웹 구성기를 렌더링할 때 내장에 필요한 모든 파일과 이미지가 포함된 폴더가 생성됩니다. 이 출력물은 지역 인트라넷에 저장 및 공유할 수도 있고, 압축하여 안전하게 공유될 수도 있고, 온라인 웹사이트에 호스팅하거나 프리젠테이션 소프트웨어에 내장할 수도 있습니다. 파일을 보고 내장하기 위해서는 웹서버 호스팅이 필요합니다.

LESSON 02 : 키샷XR

KeyShotXR은 3D 렌더링을 대화형 시각적 개체로 전환하는 기능을 제공합니다. KeyShotXR을 사용하면 모든 웹 브라우저에서 고품질의 터치 지원 3D 콘텐츠를 만들고 표시할 수 있습니다. 콘텐츠는 터치 지원 장치(또는 마우스)를 사용하여 볼 수 있으며 작동하기 위해 브라우저 플러그인이 필요하지 않습니다.

01 | 키샷XR이 다른 360° 뷰어와 다른 점이 무엇인가요?

키샷XR은 일반적 뷰어의 360° 회전식 보기 능력을 뛰어넘습니다.

키샷XR으로 당신은:

- 돌려보거나 애니메이션화할 수 있는 회전체, 구형, 반구형 상호대화식 비쥬얼을 만들 수 있습니다.
- 카메라를 중심축으로 사용해 1인칭 시점이나 파노라마 샷을 생성할 수 있습니다.
- 고품질의 과학적이고 정확한 재질과 라이팅을 시각적으로 표현할 수 있습니다.
- 고급 기능과 사용자 정의로 당신의 시각 자료에 대한 완벽한 통제를 할 수 있습니다.

LESSON 03 : KeyShotXR 마법사

키샷 마법사를 통해 KeyShotXR을 설정할 수 있습니다. 키샷XR 마법사는 윈도우 메인 메뉴 키샷 툴바에 있는 ⬡ **KeyShotXR 버튼을 누름으로써, 혹은 X키를 누름으로써 실행 가능합니다.**

01 | KeyShotXR 모드 선택

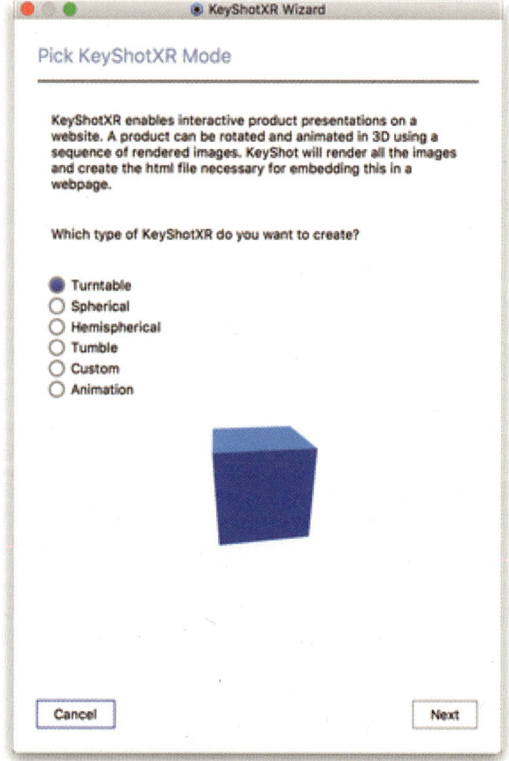

선택할 수 있는 6 개의 KeyShotXR 모드가 있습니다. 6 개의 모드 중 하나를 선택하면 KeyShotXR 뷰 회전의 미리보기를 볼 수 있습니다. 모드를 선택한 후 다음을 클릭하세요.

- **턴테이블:** 표준 턴테이블 뷰를 만들어 모델을 360도까지 회전합니다.

- **구형:** 완전한 구형 뷰를 만들어 모델을 모든 방향에서 보게 됩니다.

- **반구형:** 반구형 뷰를 만들어 모델의 부분영역만을 회전합니다.

- **텀블:** 모델 중심을 기준으로 회전합니다.

- **커스텀:** 이는 당신이 시점 설정을 설정할 수 있게 합니다. 다음의 단계 중 하나에서 설정을 알 수 있습니다.

- **애니메이션:** 애니메이션 작동 중, 키샷XR을 애니메이션에 기반해서 생성할 수 있습니다. 이것은 카메라가 모델을 도는 다른 옵션과는 다른 특징입니다. KeyShotXR Animation.을 참조해 주세요.

02 | KeyShotXR 회전 중심 선택

다음으로, KeyShotXR의 회전 중심을 선택할 수 있습니다. 회전 중심을 선택한 후 다음을 클릭하세요.

- **환경:** 이 옵션은 씬의 중심에 회전 중심을 설정합니다.
- **오브젝트 파노라마 카메라:** 현재 카메라 위치를 회전 축으로 사용하십시오. 이것은 내부를 보여주는 씬에서 유용합니다. 씬의 오브젝트를 회전 중심으로 선택합니다.
- **카메라 대상:** 현재 "보기"를 회전 중심으로 사용합니다.
- **커스텀:** 이 옵션은 씬 트리 항목에서 회전의 중심을 선택하게 합니다.
- **수평 환경 회전:** KeyShotXR로 환경 회전을 하려면 이 옵션을 활성화합니다.

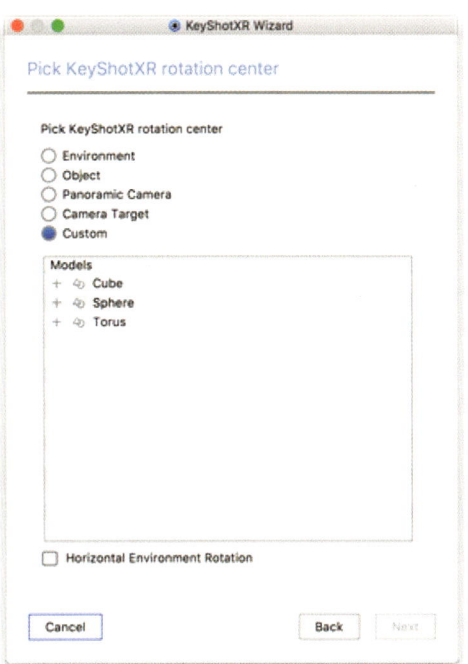

03 | 초기 KeyShotXR 뷰 선택

다음으로 KeyShotXR 의 초기 카메라 뷰를 미세 조정할 수 있습니다. 카메라 탭에서 원하는 거리, 방위각, 경사 및 원근감을 설정합니다. 그리드 옵션을 사용하면 최적의 회전을 위해 모델의 센터를 잡는데 도움을 줍니다. 마우스, 펜 혹은 실시간 보기를 터치하거나, 슬라이더를 사용해 조정할 수 있습니다. 초기 카메라 각도 선택을 완료하고 다음을 클릭합니다.

- **거리:** 씬에서 피사체와 카메라의 거리를 말합니다. 이 값을 너무 낮게 설정하면 카메라가 3D 모델 안에 있는 출력을 초래합니다. 이는 마우스 스크롤 휠로 조정할 수 있습니다. 방향은 선호에 따라 반전될 수 있습니다.
- **방위각:** 키샷의 Y축 위 각에 따른 회전입니다.
- **경사:** 카메라의 기울기, 수평면에서의 수직 회전을 나타냅니다.

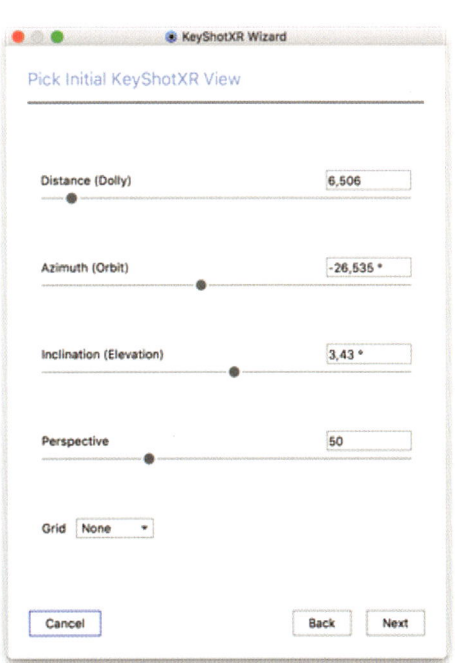

- **원근감:** 실시간 뷰에서의 왜곡된 정도(집합점)를 조정합니다. 카메라 렌즈 초점 길이를 모사하기 위해 실상에서의 값이 쓰일 수 있습니다.
- **격자:** 실시간 뷰를 이등분, 삼등분, 사등분한 그리드와 오버레이할 옵션을 제공합니다. 이는 대화식이나 회전에 최적화된 시점에 물체를 위치할 때 유용합니다.

> **TIP**
>
> 카메라의 위치를 수정한 적이 있다면 카메라를 보호하는 것을 추천합니다. 그렇지 않다면, 렌더링시 키샷이 최근 저장한 카메라 상태를 리셋할 용의를 물을 것이고, 이는 마법사에서 튜닝한 점을 무효로 만들 것입니다.

04 | KeyShotXR 스무드니스 설정

이 단계에서 KeyShotXR의 스무드니스를 조정할 수 있습니다. 프레임 수를 설정하고 **다음**을 클릭합니다. 아래에서 보실 옵션은 설정된 키샷XR모드에 따라 달라집니다. 등록한 옵션에 따른 키샷XR의 부드러운 정도를 실시간 보기에서의 키샷XR 미리보기가 가능합니다. 프레임 수가 정해졌으면, 다음을 클릭하세요.

- **스무드니스 컨트롤**

키샷XR 회전의 부드러운 정도를 설정할 수 있습니다. 또한 렌더링될 프레임 수의 세부사항과 수평, 수직 각도 증분을 확인할 수 있습니다.

- **수평**

렌더링될 수평 회전 프레임의 수를 설정합니다. 예) 18이란 값은 회전을 캡쳐하기 위해 18개의 프레임을 렌더할 것입니다.

- **수직**

렌더링될 수직 회전 프레임의 수를 정하고 입력한 값에 의해 렌더링된 수평 프레임의 값과 곱셈합니다. 예) 18개의 수평 프레임과 3개의 수직 프레임은 총 54개의 프레임을 렌더합니다. 이 옵션은 턴테이블 키샷XR모드에서 보이지 않습니다.

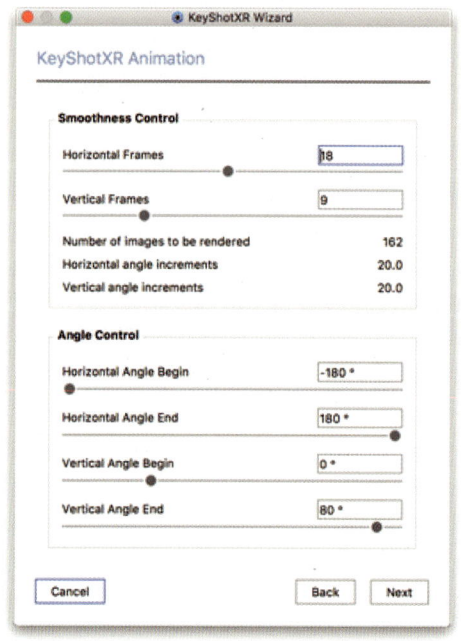

> **TIP**
>
> 수평 그리고/또는 수직 프레임의 증가한 값은 웹 브라우저에서의 모델 회전의 스무드니스 정도를 증가시키지만, 렌더링될 총 프레임의 수를 증가시켜 브라우저에서의 키샷XR의 로딩 시간에 영향을 줄 수 있습니다.

각도 컨트롤

커스텀 KeyShotXR을 선택하면, 각도 컨트롤 옵션이 나타납니다. 각도 컨트롤은 수평 및 수직 회전 모두의 시작 및 끝 각도를 입력할 수 있게 합니다.

- **수평 각도 시작:** 수평 움직임을 위해 각도를 시작하십시오. 디폴트값은 -180도입니다.
- **수평 각도 끝:** 수평 움직임을 위해 각도를 끝내십시오. 디폴트값은 180도입니다.
- **수직 각도 시작:** 수직 움직임을 위해 각도를 시작하십시오. 디폴트값은 -90도입니다.
- **수직 각도 끝:** 수직 움직임을 위해 각도를 끝내십시오. 디폴트값은 90도입니다.

05 | 키샷XR 출력 설정

최종단계에서 키샷XR의 출력과와 키샷XR의 해상도를 설정할 수 있습니다.

키샷XR 출력

- **이름:** 키샷XR파일의 이름을 입력해주세요.
- **폴더:** 컴퓨터에 저장될 위치를 고르세요.

뷰 해상도

- **너비/높이:** 키샷XR의 해상도를 설정하거나 풀다운 메뉴에서 사전 설정을 고르세요.
- **사전 설정:** 실시간 보기 해상도에 기반한 존재하는 해상도 세트를 보여줍니다. (프로젝트, 이미지 탭에서 설정됨)

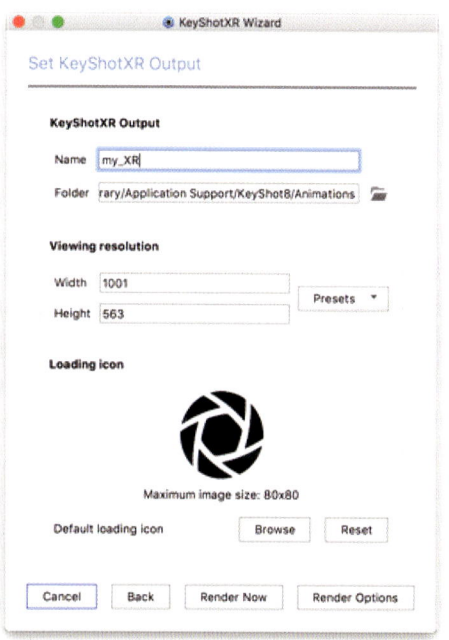

> **TIP**
>
> 온라인에서 사용할 콘텐츠를 만들 때 해상도가 중요하다는 것을 명심하세요.
> 해상도가 필요한 정도만큼 큰지 확인하세요. 이미지가 클수록 성능에 영향을 미칩니다.

- **아이콘 로딩:** 모든 키샷XR은 아이콘 로딩을 위해 디폴트 이미지가 있습니다. 아이콘을 바꾸기 위해, 탐색을 클릭한 뒤 새로운 이미지 파일을 선택하십시오. 제일 큰 사이즈는 80px x 80px입니다.

06 | 렌더링할 시간입니다!

각 단계를 모두 거친 뒤, 3가지 옵션이 있습니다.

1. 앞선 과정에서의 어떤 설정이라도 바꾸기 위해서 **뒤로**를 선택하세요.
2. 키샷XR을 렌더링하기 위해 **지금 렌더**를 선택하세요.
3. 추가적인 KeyShotXR 출력 옵션 조정을 위한 렌더창을 열기 위해 **렌더 옵션**을 선택하세요.

> **TIP**
>
> 다른 키샷XR 옵션은 어떻게 열 수 있나요?
> 키샷XR 마법사를 마친 뒤 **렌더 옵션**을 선택하면 키샷XR에 대한 더 많은 옵션을 가진 키샷 렌더링 창이 열립니다. 추가적 옵션은 iBooks 위젯 생성, 뎀핑력 제어와 마우스 민감도 조정, FTP에 직접적으로 배치하기, 그리고/또는 레이어나 렌더 패스 생성을 포함합니다.

LESSON 04 : KeyShotXR 애니메이션

애니메이션이 씬에 적용되면, **애니메이션** 옵션이 가능한 키샷XR 모드로 보여집니다. 모든 애니메이션 형식은 키샷XR로 포함될 수 있습니다. **KeyShotXR 마법사**에서 **애니메이션**을 선택합니다.

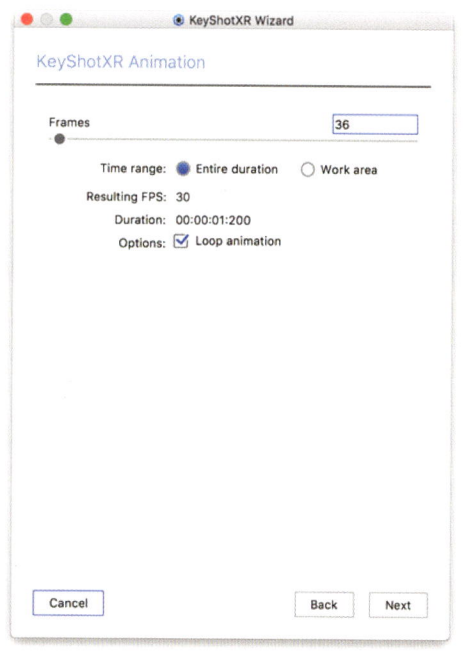

- **프레임**

슬라이더를 사용하거나 필드에 입력하여 KeyShotXR에서 렌더링할 프레임 수를 설정합니다. 사용자가 사용하고 싶은 타임라인의 구체적인 섹션을 가지고 있다면 **작업 영역**을 선택합니다.

- **시간 범위**

전체 에니메이션에 적용하거나 에니메이션 타임라인에서 선택된 현재 **작업 위치**에만 적용하고 싶을 때 선택하세요.

- **출력 FPS**

이것은 KeyShotXR이 브라우저에서 사용될 때 전체적인 매끄러움을 결정합니다. 프레임 슬라이더를 높이면 프레임 속도가 증가합니다. 값이 높을수록 전환이 더 원활해지지만, 인터넷 속도도 프레임 속도에 영향을 줄 수 있음에 주의하세요.

- **루프 애니메이션**

이 옵션은 KeyShotXR 애니메이션용 무한 반복을 제공합니다. 추가 옵션은 KeyShotXR 마법사의 마지막 단계에서 **렌더 옵션**을 선택하여 접속할 수 있습니다.

LESSON 05 : KeyShotXR 변수

아래는 KeyShotXR 변수 목록입니다. 이 변수들은 KeyShotXR이 렌더링될 때 키샷에서 생성된 .html 파일에서 설정됩니다. 간단한 편집이 필요한 경우 이 변수들은 키샷을 다시 재생성 하지 않고 키샷 생성 후 편집할 수 있습니다. .html 파일은 기본 텍스트 편집기를 사용하여 편집할 수 있습니다.

01 | Variable Location

모든 키샷 변수들은 <스크립트> 태그 내 KeyShotXR .html 파일 <헤드> 섹션에 위치하며, initKeyShotXR() 기능으로 불러올 수 있습니다.

사용 예:

```
<head>
 <script type="text/javascript">
  var keyshotXR;
  function initKeyShotXR() {
   var nameOfDiv = "KeyShotXR";
   // Other variables follow here..
   keyshotXR = new keyshotXR(nameOfDiv, /* The other variables ... */);
  }
  window.onload = initKeyShotXR;
 </script>
</head>
```

nameOfDiv
KeyShotXR의 div 아이디입니다. KeyShotXR 내용 위치입니다.

사용 예:

```
<body oncontextmenu="return false;">
<div id="KeyShotXR"></div>
</body>
```

02 | Variables

General Settings

- **Folder Name – folderName**

KeyShotXR 의 모든 파일을 포함하고 있는 폴더 이름입니다. 이는 **KeyShotXR 탭**, 이름 엔트리 내의 **렌더**, **출력** 옵션에서 설정됩니다.

사용 예:

    var folderName = "material_ball_XR.10";

- **Download only on click – downloadOnInteraction**

이 변수는 KeyShotXR이 클릭된 후에만 로딩할 수 있게 합니다. 이 옵션은 **KeyShotXR 탭** 내 **렌더**, **출력** 옵션 아래의 **고급** 아래의 KeyShotXR 설정에서 설정할 수 있습니다.

사용 예:

    var downloadOnInteraction = false;

- **Image type - imageExtension**

이 변수는 KeyShotXR용으로 생성된 프레임을 위한 이미지 확장입니다. 한가지 확장 형식만 사용할 수 있습니다. 이는 **KeyShotXR 탭** 내 **렌더**, **출력** 옵션 아래의 **KeyShotXR 컨트롤**, **포맷** 아래 KeyShotXR 설정에서 설정할 수 있습니다.

사용 예:

    var imageExtension = "jpg";

- **Background color – backgroundColor**

hexidecimal 표기법으로 표시된 .html 페이지의 배경 색상입니다. 이는 KeyShotXR 뒤/주변 색상이 됩니다. 기본값은 흰색입니다. (#FFFFFF) 이 옵션은 .html 파일에서만 설정할 수 있습니다.

사용 예:

    var backgroundColor = "#FFFFFF";

03 | Frame number

• Horizontal – uCount

이는 키샷XR의 수평 프레임의 수입니다. 키샷XR탭>키샷XR컨트롤>부드러움 정도>렌더>출력에서 설정할 수 있습니다.

사용 예:

```
var uCount = 18;
```

• Vertical - vCount

키샷XR의 수직 프레임의 수입니다. 이는 키샷XR탭>키샷XR컨트롤>부드러움 정도>렌더>출력에서 설정할 수 있습니다.

사용 예:

```
var vCount = 18;
```

04 | Start Frame

• Horizontal - uStartIndex

키샷XR의 수평 시작 프레임을 조정합니다. 키샷XR탭>키샷XR컨트롤>각도 조절>키샷XR 설정>렌더>출력에서 설정할 수 있습니다.

사용 예:

```
var uStartIndex = 1;
```

• Vertical - vStartIndex

키샷XR의 수직 시작 프레임을 조정합니다. 키샷XR탭>키샷XR컨트롤>각도 조절>키샷XR 설정>렌더>출력에서 설정할 수 있습니다.

사용 예:

```
var uStartIndex = 0;
```

05 | ViewPort Size

• Width - viewPortWidth

KeyShotXR 너비의 픽셀입니다. 이는 KeyShotXR 탭, 해상도 보기, 첫 번째 텍스트 필드 엔트리 내 렌더, 출력 옵션에서 설정됩니다.

사용 예:

```
var viewPortWidth = 640;
```

• Height - viewPortHeight

KeyShotXR 높이의 픽셀입니다. 이는 KeyShotXR 탭, 해상도 보기, 두 번째 텍스트 필드 엔트리 내 렌더, 출력 옵션에서 설정됩니다.

사용 예:

```
var viewPortHeight = 640;
```

06 | Rotation settings

• Continuous horizontal rotation – uWrap

이는 KeyShotXR이 true로 설정될 때 수평 방향으로 계속 회전할 수 있게 합니다.

사용 예:

```
var uWrap = true;
```

• Continuous vertical rotation – vWrap

이는 KeyShotXR이 true로 설정될 때 수직 방향으로 계속 회전할 수 있게 합니다.

사용 예:

```
var vWrap = true;
```

- **Rotation damping – rotationDamping**

이는 KeyShotXR이 회전할 때 회전이 느려지는 속도를 컨트롤합니다. 이 값을 증가시키면 정지하기 전의 회전 시간을 증가시킵니다. 이는 **KeyShotXR** 탭 내 **렌더**, **출력** 옵션에서 **고급** 아래의 **KeyShotXR 설정**에서 설정할 수 있습니다.

사용 예:

> var rotationDamping = 0.96;

07 | Mouse Sensitivity

- **Horizontal – uMouseSensitivity**

이는 KeyShotXR용 수평 마우스/터치 민감도를 컨트롤합니다. 값을 음수값에서/으로 변경하면 KeyShotXR 회전 방향이 변경됩니다. 이는 **KeyShotXR** 탭 내 **렌더**, **출력** 옵션의 **고급** 아래에서 설정할 수 있습니다.

사용 예:

> var uMouseSensitivity = -0.0055;

- **Vertical – vMouseSensitivity**

이는 KeyShotXR용 수직 마우스/터치 민감도를 컨트롤합니다. 값을 음수값에서/으로 변경하면 KeyShotXR 회전 방향이 변경됩니다. 이는 **KeyShotXR** 탭 내 **렌더**, **출력** 옵션의 **고급** 아래에서 설정할 수 있습니다.

사용 예:

> var vMouseSensitivity = 1;

08 | Zoom levels

- **Minimum – minZoom**

이는 KeyShotXR용 최소 줌 레벨을 컨트롤합니다. 음수값으로 설정하면 축소 기능을 사용할 수 있습니다. 1 이상 값을 증가시키면 로딩 시 KeyShotXR의 줌 레벨이 변경됩니다. 이는 **고급** 하위 **KeyShotXR** 탭 내 렌더, **출력** 옵션 하위 KeyShotXR 설정에서 줌 인 체크박스를 체크하여 설정할 수 있습니다.

참고: '이미지 품질 유지' 옵션이 활성화 되어 있을 때 이 설정을 기반으로 KeyShotXR을 렌더링하면 키샷은 자동으로 해상도를 계산합니다. 추후 변경된 경우, 입자 이미지가 표시될 수 있습니다.

사용 예:

```
var minZoom = 1;
```

> **주의사항:**
> KeyShot은 '이미지 품질 유지'옵션을 사용하는 경우이 설정에 따라 KeyShotXR을 렌더링할 때 자동으로 해상도를 계산합니다. 나중에 변경하면 낟알 모양의 이미지가 나타날 수 있습니다.

- **Maximum – maxZoom**

이는 KeyShotXR용 최대 줌 레벨을 컨트롤합니다. 이 수를 증가시키면 KeyShotVR 양을 증가시켜 확대할 수 있습니다. 이는 **고급** 하위 **KeyShotXR** 탭 내 **렌더**, **출력** 옵션 하위 KeyShotXR 설정에서 줌 인 체크박스를 체크하여 설정할 수 있습니다.

참고: '이미지 품질 유지' 옵션이 활성화 되어 있을 때 이 설정을 기반으로 KeyShotXR을 렌더링하면 키샷은 자동으로 해상도를 계산합니다. 추후 변경된 경우, 입자 이미지가 표시될 수 있습니다.

사용 예:

```
var maxZoom = 1;
```

> **주의사항:**
> KeyShot은 '이미지 품질 유지'옵션을 사용하는 경우이 설정에 따라 KeyShotXR을 렌더링할 때 자동으로 해상도를 계산합니다. 나중에 변경하면 낟알 모양의 이미지가 나타날 수 있습니다.

09 | Loading icon

- **Show loading icon – showLoading**

이 변수가 true 로 설정된 경우, 로딩 아이콘이 보여집니다. false 로 설정된 경우에는 보여지지 않습니다. 이 옵션은 **KeyShotXR** 탭 내 **렌더**, **출력** 옵션 아래의 **고급** 아래 KeyShotXR 설정에서 **로딩 화면 보이기** 옵션을 선택하여 설정합니다.

사용 예:

```
var showLoading = true;
```

- **Set loading icon – loadingIcon**

다른 로딩 아이콘을 사용할 수 있게 합니다. 변수는 KeyShotXR 파일 폴더에 위치한 아이콘의 파일명입니다. 이 옵션은 **KeyShotXR** 탭 내 **렌더, 출력** 옵션 아래 **고급** 아래의 KeyShotXR 설정에서 **기본 로딩 아이콘**을 선택하여 설정합니다.

사용 예:

```
var loadingIcon = "ks_logo.png";
```

10 | Screen size

- **Automatic resizing (responsive size) - downScaleToBrowser**

이 변수는 브라우저 크기 변동 시 자동적으로 키샷XR의 자동 화면 크기 조절을 가능케합니다. 디폴트로써 참으로 설정될 수 있고 .html 파일에서만 변경될 수 있습니다.

사용 예:

```
var downScaleToBrowser = true;
```

- **Allow Full screen - allowFullscreen**

이 변수는 데스크탑 브라우저에서 더블 클릭했을 때 KeyShotXR가 전체 화면으로 보일 수 있게 합니다. 이 옵션은 **KeyShotXR** 탭 내 **렌더, 출력** 옵션 아래의 **고급** 아래 KeyShotXR 설정에서 **더블 클릭으로 전체 화면 모드 허용하기**를 선택하여 설정합니다.

사용 예:

```
var uReverse = false;
```

11 | Move Direction

- **Reverse horizontal direction - uReverse**

이 변수는 **참**으로 설정 됐을 때 회전의 반대 수평 방향을 가능케합니다.

사용 예:

```
var uReverse = false;
```

- **Reverse vertical direction - vReverse**

이 변수는 **참**으로 설정 됐을 때 회전의 반대 수직 방향을 가능케합니다.

사용 예:

    var vReverse = false;

12 | Deprecated variables

- **addDownScaleGUIButton - 사용되지 않음**

키샷 6에서 이 옵션은 사용되지 않습니다. 이 옵션은 .html 파일 내에서 이를 요구하는 레거시 KeyShotXR용으로 계속 제공됩니다.

사용 예:

    var addDownScaleGUIButton = false;

LESSON

06 | 웹 구성기

키샷 웹 구성기는 KeyShot Pro로 만든 구성기를 상호작용 가능한 제품 구성기로 바꿀 수 있게 합니다. KeyShotXR처럼 웹 구성기 역시 고품질 터치 가능 3D 컨텐츠를 어떤 웹 브라우저나 프리젠테이션 소프트웨어에서도 다루도록 생성합니다.

웹 구성기는 각 구성에 따른 정적 이미지를 포함합니다. 온라인 웹 구성기는 프리젠테이션 모드 또는 키샷 뷰어에서 보는 것과 동일한 사용자 인터페이스를 가지고 있으나, 360도 카메라 회전을 지원하지는 않습니다.

01 | 웹을 위해 구성기 렌더링하기

1. 구성기 위저드 페이지에 설명된 것과 같이 구성기 옵션을 설정합니다.
2. 렌더링 대화 창을 실행합니다. 렌더링 대화 창은 툴바, 윈도우 Ctrl+P 또는 맥OS Cmd+P 단축키, 메인 메뉴 > 렌더링 > 렌더링…을 통해 실행할 수 있습니다.
3. 구성기 탭을 선택합니다.
4. 출력 종류에서 웹 구성을 선택합니다.
5. 구성기에 이름을 붙이고, 저장 경로 폴더를 선택하고, 확장자와 크기를 설정합니다.
6. 렌더링합니다.

렌더링이 끝나면 브라우저에 구성기를 발행하기 위해 필요한 모든 이미지와 파일을 포함한 폴더를 찾을 수 있습니다. 폴더에서 .html 파일을 열면 씬을 구성하기 시작합니다.

02 | 이미 존재하는 웹 구성기 갱신하기

이미 웹 구성을 렌더링했고 레이아웃이나 모델 세트/재질 연결 방식, 썸네일 등에 작은 변화를 주었을 뿐이라면 모든 것을 다시 렌더링할 필요는 없습니다. **이미 존재하는 웹 구성기의 레이아웃 및 썸네일 갱신하기**를 활성화하고 웹 구성기를 포함하는 폴더를 선택한 뒤 **웹 구성기 갱신하기**를 누르면 됩니다. 당신이 갱신하고자 하는 구성기에 따라, 키샷은 .css/.js 파일 또는 iBook 위젯을 갱신할 것입니다.

> **주의사항:**
> 웹 구성기 갱신은 재질 매개 변수, 지오메트리의 변화를 인식하지 못합니다. 재질이나 지오메트리와 관련된 변화를 주었다면 처음부터 다시 웹 구성기를 렌더링해야 합니다.

LESSON 07 웹 뷰어

웹 뷰어를 사용하면 데스크탑과 모바일 장치 모두의 브라우저에서 KeyShot 씬을 보고 구성할 수 있습니다. **File > Upload to KeyShot Web Viewer…**로 이동하여 씬을 업로드할 수 있습니다. 가능한 보기 및 업로드의 양은 계정에서 사용할 수 있는 전송 및 저장 용량에 따라 다릅니다. **KeyShot Drive > 나의 씬**에서 남은 데이터를 보고 관리할 수 있습니다.

01 업로드 대화 상자

씬 정보

- **이름**

씬 이름을 설정해야 합니다.

- **비밀번호**

씬에 비밀번호 보호를 추가할 수 있습니다.

품질

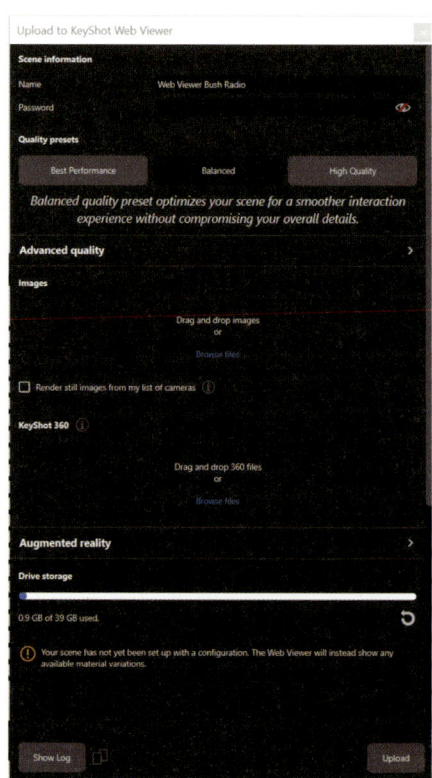

- **텍스처 품질**

텍스처의 전반적인 품질을 제어할 수 있습니다.
빠르고 쉬운 업로드를 위해 세 가지 품질 프리셋 중 하나를 선택할 수 있습니다. 모든 품질 프리셋에 대해 기본적으로 Baking이 활성화됩니다. 또한 고급 품질 아코디언을 열어 다음 옵션에 액세스할 수 있습니다.

- **최대 환경 해상도**

환경 해상도가 조정되는 최대 크기를 설정할 수 있습니다.

- **최대 텍스처 해상도**

텍스처가 조정되는 최대 크기를 설정할 수 있습니다.

- **텍스처 압축 품질**

텍스처의 압축 품질을 제어할 수 있습니다.

- **텍스처 베이킹**

텍스처를 베이킹하면 Web Viewer가 레이블과 같은 고급 재질 및 기능을 지원할 수 있습니다.

이미지

이를 통해 웹 뷰어 씬에 추가할 이미지를 드래그하여 놓을 수 있습니다. 카메라 목록에서 이미지를 렌더링할 수도 있습니다.

KeyShot 360

KeyShotXR을 렌더링할 때 .360 출력 파일을 받게 됩니다. 이러한 파일 중 하나 또는 여러 개를 웹 뷰어 업로드에 추가할 수 있습니다.

증강 현실

Android에서는 Chrome에서 AR을 사용할 수 있습니다. iOS에서는 iOS용으로 활성화 확인란을 선택하고 Safari에서 씬을 열면 됩니다.

드라이브 저장소

- **링크**

웹 뷰어에 씬을 업로드하면 보기 및 공유하기를 할 수 있는 링크가 제공됩니다. 이전에 업로드한 씬에 대한 링크는 '나의 presentation' 아래의 Keyshot Drive에서 찾을 수 있습니다.

> **알려진 제한사항:**
> - 재질 표현은 제한적이며 KeyVR과 유사합니다. 비교하려면 keyshot.com 의 KeyVR 매뉴얼을 참조하세요
> - UV 매핑되지 않은 텍스처가 잘못 정렬될 수 있습니다.
> - 모든 텍스처에 대한 이미지 형식이 웹에서 지원되는 것은 아닙니다. 안전하게 .jpeg(8bpc) 또는 .png(16 또는 24-bit)을 사용하십시오.

02 | 구성기 마법사

웹 뷰어는 프레젠테이션 모드에서도 사용할 수 있는 터치 친화적인 레이아웃 스타일을 사용하고 있습니다. **구성기 마법사**의 레이아웃 탭에서 웹 뷰어 씬의 인터페이스 및 스타일을 사용자 지정할 수 있습니다.

> **주의사항:**
> 레이아웃 탭의 Override 아이콘 및 스크립팅 옵션은 웹 뷰어로 변환되지 않습니다.

LESSON 08 : 워드프레스 내장하기

KeyShotXR을 생성한 뒤 애니메이션 아래 키샷 리소스 폴더 또는 KeyShotXR 위저드에서 선택한 경로에서 파일들을 찾을 수 있습니다.

KeyShotXR을 워드프레스 웹사이트에 게시하는 것은 다른 정적 페이지 웹사이트에 KeyShotXR을 게시하는 것과 비슷합니다. 워드프레스 사이트에 KeyShotXR 또는 웹 구성기를 포함하고 싶다면 워드프레스 플러그인을 사용하여 내장하거나 간단하게 iframe, . a html block in the Gutenberg editor.사용하여 추가할 수 있습니다.

01 | 사전준비

- **위치:** KeyShotXR 또는 웹 구성기를 워드프레스 사이트에 내장하기 전에 온라인에서 접근 가능하도록 해야 합니다. KeyShotXR 또는 웹 구성기 폴더 전체를 웹서버에 업로드합니다. (예를 들어 my_keyshotxr 폴더를 /srv/www/wordpress/xr/에 업로드하면 KeyShotXR을 yourwebsite.com/xr/my_keyshotxr/에서 볼 수 있습니다.)

> **주의사항:**
> 웹서버를 사용하기 위해서는 FTP/SFTP를 사용하거나 사이트 관리자가 대신 업로드해주어야 합니다.

02 | iframe에 KeyShotXR 내장하기

KeyShotXR을 렌더링할 때 폴더는 instructions.html 파일 역시 포함합니다. 여기서 내장하고자 하는 페이지/포스트에서 직접 워드프레스 편집기에 복사 후 붙여넣기 가능한 코드를 찾을 수 있습니다. 필요한 것은 src URL을 편집하여 웹서버의 위치를 가리키는 것뿐입니다.

1. KeyshotXR 폴더를 웹서버에 업로드합니다.
2. instructions.html 파일에서 찾은 KeyShotXR 코드를 복사합니다.

3. 워드프레스 사이트의 관리자 패널에 로그인 후 KeyShotXR을 표시하고자 하는 페이지/포스트를 선택/생성합니다.
4. 워드프레스 포스트/페이지 편집 화면에서 비주얼 탭이 아닌 텍스트 탭을 선택하도록 합니다.
5. 안내 파일의 코드를 편집기에 붙여넣기 합니다.

```html
<div style="max-width: 1600px; max-height: 900px;">
   <div style="left: 0px; width: 100%; height: 0px; position: relative; padding-bottom: 56.25%; overflow: hidden;">
      <iframe src="my_keyshotxr.html"
              allowfullscreen
              style="position: absolute; top: 0px; left: 0px; height: 100%; width: 1px; min-width: 100%; *width: 100%;"
              frameborder="0"
              scrolling="no">
      </iframe>
   </div>
</div>
```

- Html 파일 코드의 src URL 위치가 업로드 위치와 맞는지 확인합니다.
- SSL 보안 웹사이트에 업로드 하는 경우 src URL의 http 대신 https를 쓸 수 있도록 합니다.

03 | 디테일

Iframe 주위 스타일과 div는 해당 요소가 반응형 레이아웃으로 나타나도록 합니다. 가로세로 화면비를 왜곡하지 않으면서 컨테이너의 너비에 맞추어 표시됩니다.

div style="**max-width**: 1000px; **max-height**: 1000px">
  <**div style**="**left**: 0px; **width**: 100%; **height**: 0px; **position**: relative; **padding-bottom**: 100%; **overflow**: hidden;">

다음 값들을 교체합니다.

- **max-height(최대 높이)/max-width(최대 너비):** 키샷XR을 렌더링한 크기를 입력합니다.
- **padding-bottom(패딩 하단):** 높이와 너비의 퍼센트 비율을 입력합니다. 현재 예시에서는 그 비율이 1:1이므로 100%이지만, 예를 들어 16:9 비율이라면 56.25%를 입력합니다.

src(주소): 키샷XR의 웹 서버 위치를 입력합니다.

예시

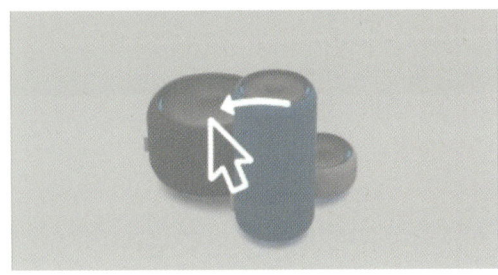

04 | Iframe으로 웹 구성기 내장하기

1. 웹 구성기 폴더를 웹서버에 업로드합니다.
2. 워드프레스 사이트의 관리자 패널에 로그인 후 웹 구성기를 표시하고자 하는 페이지/포스트를 선택/생성합니다.
3. 워드프레스 포스트/페이지 편집 화면에서 비주얼 탭이 아닌 텍스트 탭을 선택하도록 합니다.
4. 아래 코드를 이 영역에 붙여넣기 합니다. 아래 언급된 값을 웹 구성기에 맞게 대체하도록 합니다.

```
<iframe src="https://mywebserver.com/my_webconfigurator.html" frameborder="0" scrolling="no" style="max-width: 1600px; max-height: 900px; height: 100%; width: 100%;">
</iframe>
```

다음 값들을 교체합니다.

- **max-height(최대 높이)/max-width(최대 너비):** 웹 구성기의 렌더링된 크기를 입력합니다.
- **src(주소):** 웹 구성기의 웹 서버 위치를 입력합니다.

PART 20

구성기

LESSON 01 구성기

KeyShot 구성기는 키샷 Pro 에서 사용가능한 툴로서, 디자인 리뷰 및 인터랙티브 point-of-sale 디스플레이용 모델 및 재질의 변형을 실시간으로 보여줍니다.

01 | 키샷 구성기 마법사

구성기 마법사는 리본에서 실행 가능합니다. 바로 보이지 않는다면 리본을 우측 클릭한 후 활성화합니다.

마법사는 부모 모델, 요소 및 그 관계의 설정을 안내합니다. 재질 변형과 재질 경로 등을 정의하여 다중 재질 내 재질 사이의 관계를 설정할 수도 있습니다. 스튜디오를 추가하여 프리셋 카메라 각도와 환경을 설정할 수도 있고, 레이아웃을 커스터마이징 하는 것도 가능합니다.

> **TIP**
> 가장 빠른 결과를 얻으려면 CPU 모드에서 프레젠테이션 모드를 사용하십시오.

02 | 구성기 출력

구성기를 설정한 뒤 할 수 있는 것

- 키샷 내 **프리젠테이션 모드**에서 봅니다. 툴바에서 프리젠테이션 모드 버튼을 누르거나 Shift+F 단축키로 프리젠테이션 모드에 들어갑니다.

- **키샷 뷰어**로 공유합니다. 일반적인 **메인 메뉴**의 **패키지 저장하기**를 통해서, 또는 키샷 뷰어의 저장하기를 통해서 .ksp 파일로 저장합니다. 파일을 비밀번호로 보호하거나 로고/워터마크를 추가하고 싶을 때는 키샷 뷰어에 대해 더 알아보세요.

- **웹페이지**를 생성하여 사이트에 추가합니다. **구성기 > 웹 구성**을 **렌더링** 대화 창에서 선택합니다.

- 모든 가능한 구성을 위해 **이미지**를 렌더링합니다. **구성기 > 이미지를 렌더링** 대화 창에서 선택합니다.

웹페이지/iBook 위젯은 프리젠테이션 모드/키샷 뷰어와 동일한 모델 변형 선택 등의 UI를 가지지만 카메라를 움직일 수 없습니다.

LESSON 02 : 구성기 마법사

구성기 마법사는 제품을 위한 모델과 재질을 설정할 수 있게 합니다. 모델을 볼 수 있는 여러 개의 스튜디오를 선택할 수도 있습니다.

구성기를 구성하는 것은 모델 세트와 다중 재질입니다. 모델 세트는 베이스 모델(부모 모델) 및 가능한 제품 변형(요소)을 포함하며 다중 재질은 재질 변형을 만들어냅니다. 재질 세트/재질 경로를 통해 한 번의 클릭으로 여러 개의 재질 사이에서 간편하게 전환할 수 있게 해줍니다.

구성기 마법사를 완료한 뒤 여러 개의 정적 이미지로 렌더링하여 키샷 뷰어를 위해 구성기를 공유하거나 웹 구성기로 설정할 수 있습니다.

구성기에서 각 모델/모델 요소 간에 전환하기 위해서는 자신의 모델 세트 안에 들어있어야 합니다. 부모 모델은 사용자들이 구성기에서 처음으로 내리는 선택의 선택지가 됩니다.
요소를 위해 사용할 모델 세트를 선택하고 다음 단계로 넘어갑니다.

모델 세트의 이름은 구성기 UI에서 노출됩니다.

01 | 개요

구성기 마법사의 첫번째 단계는 표시하고 싶은 것을 선택하는 것 입니다.(모델 변수, 재질 변수 또는 두가지 모두)

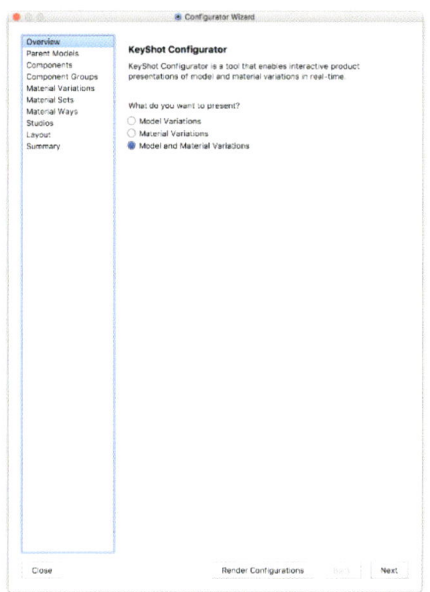

- **모델 변형**
다른 모델의 구성기들을 보여주기 위한 구성기 설정에 쓰입니다.

- **재질 변형**
모델에 다른 재질을 입히기 위한 구성기 설정에 쓰입니다.

- **모델 및 재질 변형**
다른 모델로의 교체와 어느 모델에서나 사용 가능한 재질 변형을 위한 구성기 설정에 쓰입니다.

02 | 부모 모델

두번째 단계는 부모 모델을 정의하는 것이며, 부모 모델은 사용자가 표시하기 원하는 최상위 레벨의 제품 변형을 의미합니다. 사용자가 오직 재질 변형을 표현하고자 할 경우에도 이 과정이 요구됩니다. 이 경우 기본 모델 설정을 부모 모델로 간단하게 선택할 수 있습니다.

- **기존 모델세트 선택**
사용자가 이미 모델 설정에 부모 모델과 구성 요소를 분리하였다면, 부모 모델로 설정할 모델을 선택하십시오.

- **씬에서 지오메트리 선택**
각각의 모델 설정에 부모 모델 및 구성 요소를 설정하지 않았을 경우, 사용자는 이곳에서 옵션을 사용하여 두 가지를 생성하고, 씬 내 지오메트리를 선택할 수 있습니다. 모델 옆의 박스를 체크하거나 부모 모델로 정의하고 싶은 파트를 체크하고, 부모 모델 목록 위의 모델 세트 추가 버튼을 클릭합니다. 이는 프로젝트 윈도우에 자동으로 모델 세트를 생성합니다. 구성기 마법사에서 1개 이상의 부모 모델이 추가된 경우, 목록에서 선택하고 미리보기 버튼을 클릭하여 실시간으로 확인할 수 있습니다.

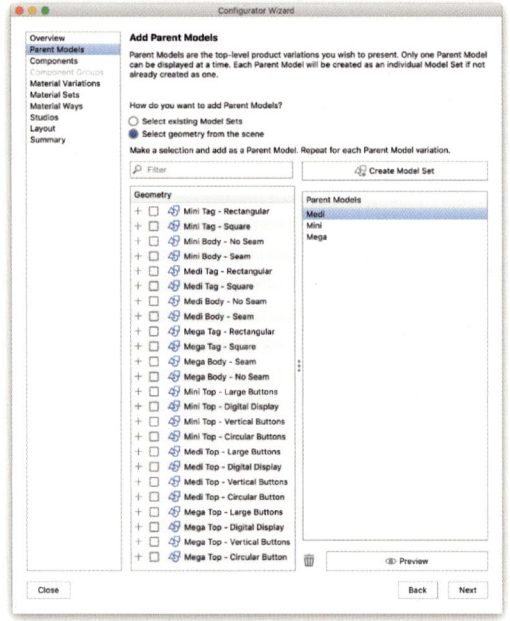 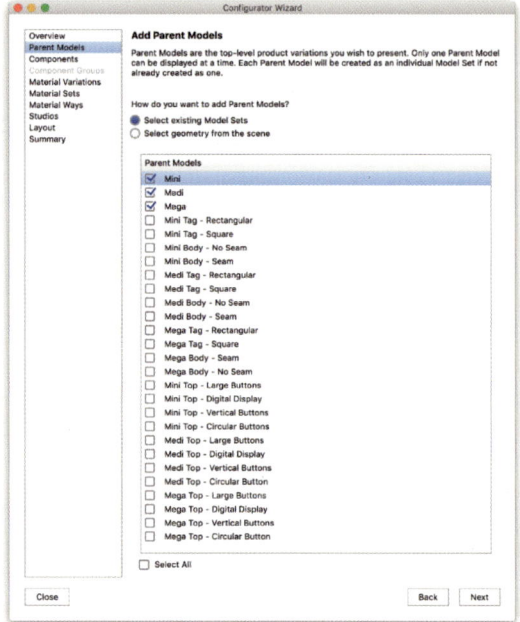

03 | 구성 요소

만약 부품이나 액세서리의 변형을 표현하려고 한다면, 구성요소 모델세트를 추가해야 합니다.
특히 사용자가 구성기에서 부모모델을 선택한 경우에는 그렇게 해야 합니다.

이미 씬탭에서 구성요서를 분리했거나, 씬에서 수동으로 지오메트리를 선택한 경우 다시한번 기존 모델세트를 선택할 수 있습니다.

구성요서에서 사용할 모델세트를 선택한 다음 단계로 나아갑니다. 구성기에 모델세트의 이름이 노출되는 것에 주의 하시기 바랍니다.

구성 요소 그룹

어느 모델 세트가 구성기의 요소가 될지 선택한 뒤 부모와 요소 관계를 요소 그룹과 서브 요소 그룹에

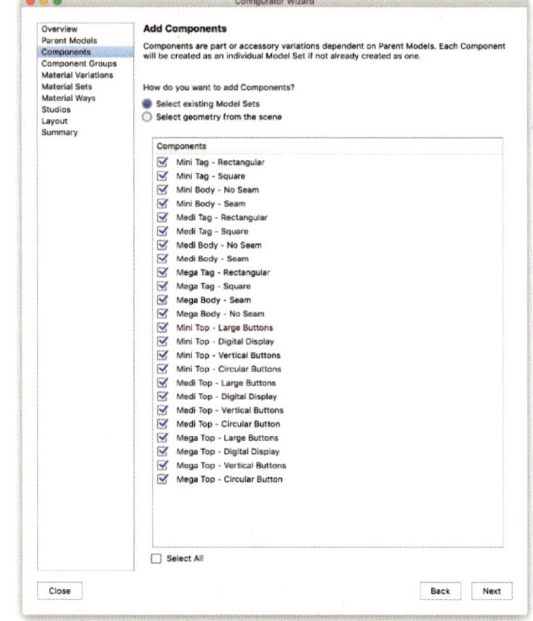

서 설정해야 합니다. 요소 그룹 또는 서브 요소 그룹은 사용자가 선택할 수 있는 요소의 그룹입니다. 요소 그룹은 특정 부모의 선택지로 묶여 있고 서브 요소 그룹은 특정 요소의 선택지로 묶여 있습니다.

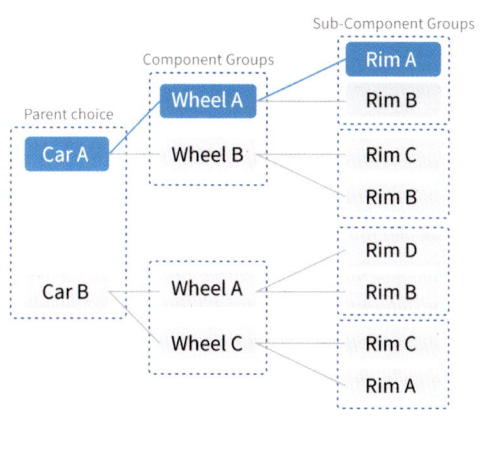
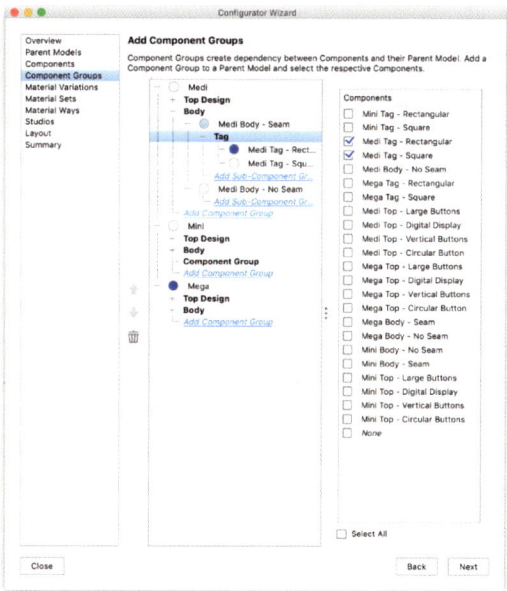

- **구성 요소 그룹 추가하기**

간단하게 인라인 링크를 클릭하여구성 요소 그룹 추가하기를 선택하고 우측 리스트의 각각의 구성 요소에 체크하십시오. 관계가 정의될 때까지 체크를 반복하십시오. . 사용자는 구성 요소가 없는 부모 모델을 표시하고 싶을 경우, 옵션으로 없음을 선택할 수 있습니다. 바퀴를 가진 자동차의 경우는 불가능합니다.

- **구성 요소 그룹 제거**

요소 그룹에서 요소를 제거하고 싶다면 요소 목록에서 체크를 해제합니다. 요소 그룹을 제거하려면 그룹을 우측 클릭하고 삭제를 선택합니다. 이는 모델 세트에 영향을 주지 않으며 설정한 관계에만 영향이 있습니다.

- **기본 선택 설정**

각 요소 앞의 라디오 버튼은 해당 선택의 기본 옵션을 결정합니다.

- **순서**

옵션을 특정 순서로 나열하고 싶다면 트리 뷰 좌측 버튼으로 위아래로 움직일 수 있습니다.

재질 변형

본 단계에서 더 다양한 재질로 다중 재질을 추가하거나, "간단한" 재질을 다중 재질로 전환시킬 수 있습니다. 리스트는 현재 씬에 존재하는 모든 다중 재질을 표시합니다. 사용자가 다중 재질 중 하나를 클릭하면, 하위 리스트(예시 그림의 우측)가 해당 재질이 포함하는 모든 재질을 표시합니다.

- **존재하는 재질 변형 추가하기**

존재하는 다중 재질에 더 추가하려면, 리스트의 재질을 클릭한 뒤 라이브러리에서 새로운 재질을 드래그하여 하위 리스트에 드롭하십시오.

- **새로운 다중 재질 추가하기**

실시간 뷰에 원하는 재질/물체를 선택하고, 재질을 하위 리스트로 드래그 앤 드롭 함으로써 새로운 다중 재질이 추가됩니다. 그러면 재질 구형이 선택 및 미리보기할 수 있게끔 목록에 나타나는 것을 볼 수 있습니다.

재질이 리스트에 추가되고 나면, 사용자는 재질 변형에 이름 (즉, 휠 액센트)을 부여할 수 있습니다. 이 재질은 사용자 씬의 다중 재질이 되며, 재질 탭에서 접근 및 수정이 가능합니다.

- **재질 변형 제거**

다중 재질의 변형을 제거하려면 리스트의 다중 재질을 선택하거나 실시간 뷰의 부분(재질과와 함께)을 택하십시오. 그러면 맨 밑의 리스트에 다중 재질 변형이 뜰 것입니다. 제거하고 싶은 변형을 택하고 🗑 아이콘을 클릭하십시오. 한 개의 변형만이 남았을 때까지 이를 반복해서 다중 재질을 단일 재질로 변환할 수 있습니다.

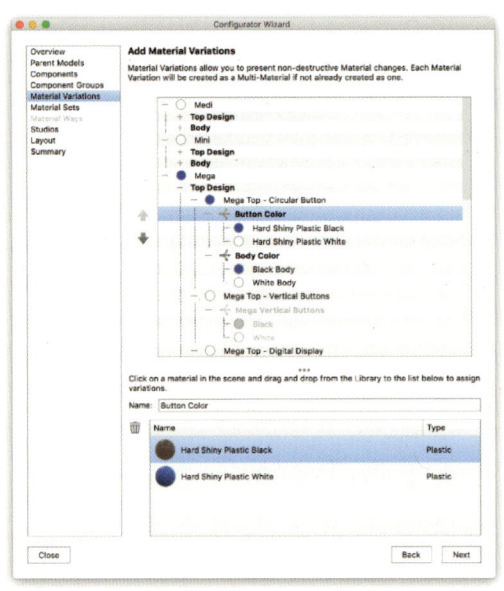

재질 세트

재질 세트에서, 사용자는 다중 재질을 그룹화하여 재질 방식들을 동시 변경할 수 있습니다.

- **제질 세트 만들기**

새 재질 세트 생성을 클릭한 뒤, 그룹화할 다중 재질을 체크하십시오.

재질 설정이 리스트에 추가되면, 사용자가 이름을 재설정할 수 있습니다.

그 이름은 구성기 내에 표시 됩니다.

사용자는 다중 재질 설정을 만들 수 있으나, 다중 재질은 하나의 재질 설정에만 속할 수 있습니다. 재질 설정에 속하는 모든 다중 재질은 리스트에서 비활성화 됩니다.

- **삭제**

재질 세트를 삭제하려면 리스트에서 선택하고를 클릭하십시오. 이렇게 하면 다중재질을 다시 선택할 수 있습니다.

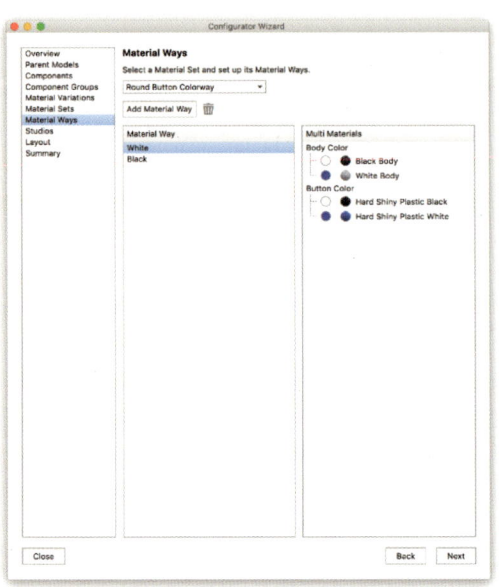

재질 방법

재질 방식은 재질 설정 내 옵션입니다.

드롭-다운 메뉴에서 재질 설정을 선택한 뒤 '재질 방법 추가'를 클릭하십시오. 그 후, 청색 마크로 표시하여 현재 재질 방식에서 원하는 재질 조합을 선택하십시오.

각각의 재질 방식에 유용한 이름을 부여하는 것을 잊지 마십시오. 프레젠테이션 모드/키샷 뷰어에서 사용될 수 있습니다.

스튜디오

스튜디오는 모델 설정에서 생성된 프리셋 카메라, 환경, 이미지 스타일, prop/씬 지오메트리를 변경하기 위해 활성화될 수 있습니다. 체크박스 체크/해체 또는 필요한 경우 스튜디오 추가를 통해 프레젠테이션에 포함하려는 스튜디오를 선택하십시오.

스튜디오가 선택되지 않은 경우, 프레젠테이션 모드의 스튜디오 탭이 표시되지 않고, 프레젠테이션은 현재 환경 및 카메라 위치를 사용합니다.

- **카메라**

카메라 드롭-다운 옆의 잠금 아이콘을 클릭하여 카메라를 잠금/해제할 수 있습니다. 스튜디오가 잠긴 카메라를 포함하는 경우, 프레젠테이션 모드에서도 잠기게 되며, 사용자는 텀블/팬/돌리 기능을 사용할 수 없습니다. 프레젠테이션 모드에서 이 상태는 상단 우측 코너에서 작은 잠금 아이콘으로 표시됩니다.

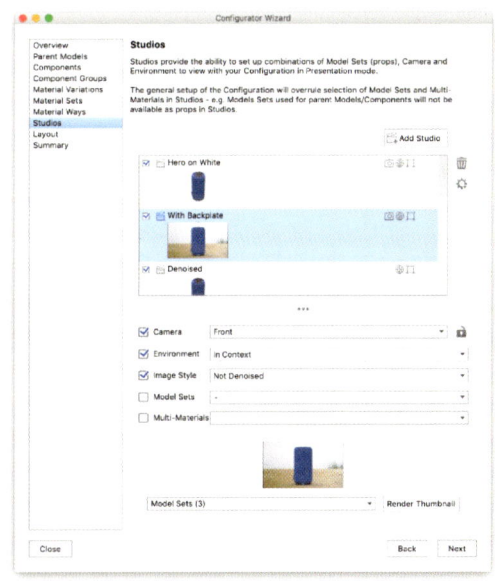

- **모델 세트 및 다중 재질**

스튜디오를 프레젠테이션으로 전환할 시 스튜디오에 속하는 설정일지라도 구성기의 한 부분으로 설정될 수 있는 모든 모델 설정/다중 재질은 모두 무시됩니다. 즉 "prop" 모델 설정/다중 재질만이 스튜디오 전환에 따라 표시/숨김/변경될 수 있습니다.

- **썸네일**

생성된 기본 썸네일이 사용자가 표시하길 원하는 구성 요소를 포함하지 않았다면, 사용자는 페이지 하단의 드롭-다운에서 어느 모델 설정을 포함할 것인지 선택 가능하고, 썸네일을 다시 렌더링할 수 있습니다.

레이아웃

레이아웃 섹션에서는 각 구성기 씬의 프레젠테이션 모드 스타일을 정의할 수 있습니다. 압축형 툴바와 터치 친화적 썸네일 인터페이스 중 하나를 선택할 수 있습니다.

터치 친화적 모드를 사용하면 수평 또는 수직 레이아웃 중 선택합니다. 또한 모드에서 패널 크기를 설정하거나 썸네일 크기를 조정할 수 있습니다.

- **미리보기**

레이아웃 선택을 즉시 볼 수 있게 합니다.

- **레이아웃 스타일**

  - **간편한 터치:** 썸네일 등을 가진 레이아웃. 웹 구성기에 사용되는 레이아웃 모드입니다.

  - **수평 흐름:** 옵션이 화면 하단에 수평으로 표시됩니다.

  - **수직 흐름:** 옵션이 화면 우측에 수직 패널로 표시됩니다.

  - **압축 모드:** 일반 드롭다운 메뉴를 사용하여 선택지를 선택합니다. 압축 모드 활성화 시 아래 옵션 중 몇 개만이 표시됩니다.

- **인터페이스및 썸네일 크기**

  - **사용자 인터페이스 크기:** 구성기 UI의 높이/너비를 선택합니다. 창 크기의 백분율로 설정합니다.

  - **썸네일 크기:** 썸네일 크기는 UI 높이/너비에 맞춰 들어가는 행/열의 숫자에 따라 결정됩니다.

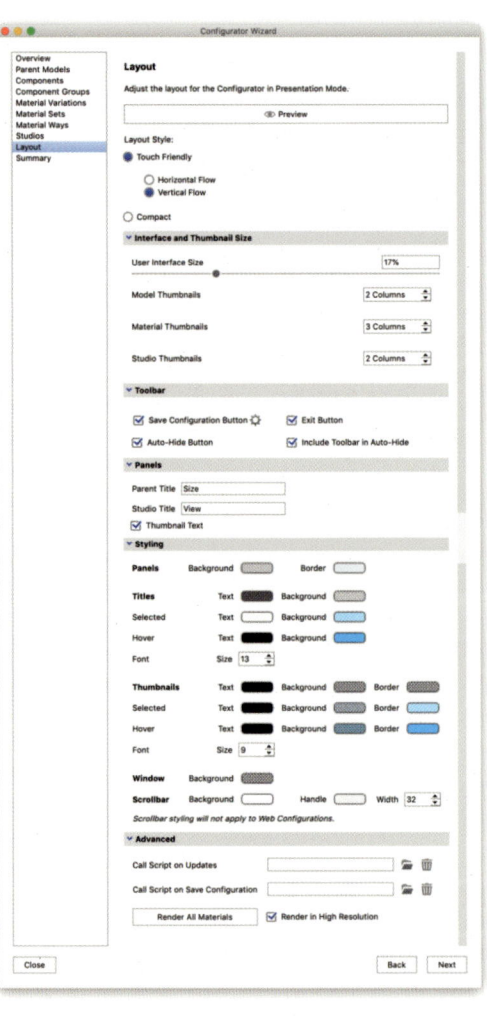

- **툴바**

이 섹션에서는 일반적인 내비게이션 버튼 외 구성기 툴바에 어떤 버튼을 표시할지 선택합니다. **'자동숨기기버튼'**이 활성화되었을 때 유저가 상호작용하지 않는 동안 UI를 숨깁니다. 스크린을 터치하거나 마우스를 움직였을 때 UI가 돌아옵니다.

- **판넬**

구성기를 이루는 선택의 연속에서 첫번째 선택이 되는 부모 모델의 이름을 붙입니다. 또한 유저가 스튜디오를 선택하는 섹션에도 이름을 붙입니다.

- **스타일 지정**

  - **판넬:** UI 자체 색상을 설정합니다.

  - **제목:** 선택된 제목의 외형을 제어합니다. 텍스트 색상은 웹 구성기의 화살표 등에도 적용됩니다.

  - **썸네일:** 썸네일 외형을 제어합니다.

  - **윈도우:** 창의 배경 색을 설정합니다. 웹 구성기에만 관련되어 있거나 이미지 크기가 잠금 상태일 때 적용됩니다.

  - **스크롤 막대:** 프리젠테이션 모드/키샷 뷰어에서 스크롤 막대의 외형을 제어합니다. 웹 구성기와는 관련이 없습니다.

- **고급**
  - **스크립트 불러오기:** 구성기에서 코딩을 사용하는 옵션을 제공합니다.
  - **모든 재질 렌더링하기:** 구성기에서 처음 재질을 선보일 때 썸네일이 자동으로 렌더링 되지만 재질에 변화를 주었을 때는 렌더링을 다시 해야할지도 모릅니다. 구성기 레이아웃에 큰 썸네일을 사용한다면 고해상도로 재질을 다시 렌더링하는 것도 좋은 생각입니다. 각 패널에서 모델 세트 및 스튜디오 썸네일이 고해상도로 설정될 수 있습니다.

- **스타일**

KeyShot 8.2에서 쉽게 구성기 메뉴 색상을 커스터마이징할 수 있는 스타일 섹션을 소개했습니다. 이전 버전에서 이는 스타일 시트를 통해 가능했습니다.

KeyShot 8.2 또는 KeyShot 9에서 예전 버전의 씬을 열 때 스타일 시트의 색상 값은 자동으로 스타일 섹션의 관련된 색상으로 매핑 됩니다. 그러나 몇 가지 값은 직접 갱신해야 할 수 있습니다.

요약

요약 섹션에서는 구성기에서 변형의 종류 개수를 살펴볼 수 있고, 프리젠테이션 모드에 들어가기 전에 실시간 뷰에서 각 변형을 미리 볼 수 있습니다.

- **이름**

모델 세트, 구성요소 및 서브 구성요소 그룹, 다중 재질 및 재질, 재질 세트와 경로의 이름은 모두 구성기 UI에서 노출됩니다. 선택한 뒤 다시 클릭하거나, 컨텍스트 메뉴에서 이름 바꾸기를 선택하여 이름을 바꿉니다.

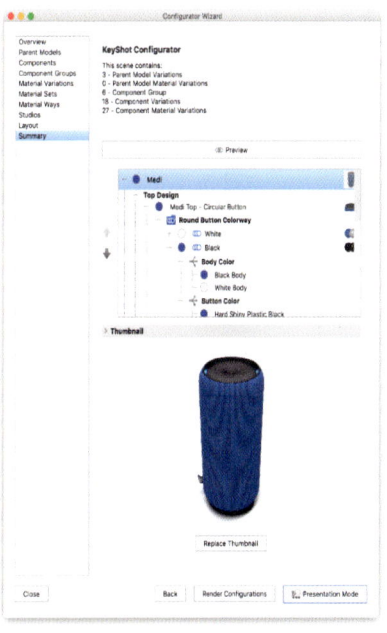

- **정렬**

구성기 UI에서 볼 수 있는 항목 순서와 같습니다. 움직이려는 항목을 선택한 후 목록 좌측의 화살표를 사용하여 순서를 바꿀 수 있습니다.

- **기본 옵션**

옵션 앞의 파란 버튼을 켜는 것으로 구성기가 처음 시작하는 옵션을 선택하고 선택지(요소 그룹, 서브 요소 그룹, 재질 세트, 다중 재질) 중에 어떤 옵션이 기본 옵션인지 선택할 수 있습니다. 활성화된 모델 및 재질 구성을 가진 요소가 활성화되며 나머지는 회색으로 표시됩니다.

- **썸네일**

구성기 위저드의 요약 단계는 모델 세트, 재질, 재질 경로의 썸네일을 다시 렌더링하거나 커스텀 썸네일을 추가하는 옵션을 제공합니다. 요약에서 모든 아이템의 작은 썸네일을 표시하므로 이 위에 마우스를 올리거나 선택하여 썸네일을 미리 볼 수 있습니다. 자신만의 이미지로 대체하거나 새로운 썸네일을 렌더링하고 싶을 경우 항목을 선택한 뒤 **썸네일 교체**를 클릭합니다. 대화 창이 나타나며 아래 옵션이 표시됩니다.

- **모델 세트**
    - **모델 세트에서 상속:** 모델 세트 패널에서 생성된 썸네일을 사용합니다.
    - **커스텀 이미지:** 디스크에서 이미지를 선택할 수 있게 합니다. 다른 썸네일들의 크기에 맞추어 축소되지만, 현재 그룹/세트의 다른 썸네일과 맞추려면 가로세로 화면비를 고려해야 합니다.
    - **렌더:** 이 옵션은 어떤 스튜디오를 사용할지 선택하게 합니다. 모델을 단독으로 보여줄지, 항목과 관련된 기본 옵션이 선택된 맥락 상에서 보여줄지를 고릅니다. 썸네일의 화면비를 설정하고, 썸네일 이미지의 크기와 품질, 위치 등을 조정합니다.

- **재질**

기본 썸네일은 현재 재질을 원형으로 표시합니다. 이는 커스텀 이미지로 대체할 수 있습니다.

- **재질 경로**

기본 썸네일은 처음 세 개의 재질을 세 개의 원형으로 표시합니다. 이는 커스텀 이미지로 대체할 수 있습니다.

PART. 20 구성기

구성기 마법사 세팅 방법

PART 21

키샷 뷰어

LESSON

01 키샷 뷰어

키샷 뷰어는 다른 사람들과 키샷으로 만든 모델을 안전하게 공유하고 보고, 보여줄 수 있게 하는 무료이며 터치 가능한 맥과 윈도우용 데스크탑 어플리케이션입니다. 키샷 뷰어는 실시간으로 멋진 진짜 같은 비쥬얼을 만들기 위해 CPU로 작동하는 광선 추적 렌더 엔진을 사용합니다.

01 사용 방법

키샷 뷰어를 위해 저장하기

키샷 뷰어는 키샷을 가지지 않은 사람과 씬을 공유할 수 있게 해줍니다. 구성기 씬은 물론 일반적인 씬 역시 공유 가능합니다. 뷰어는 평범한 KSP 파일을 열 수는 없지만 키샷 뷰어를 위해 저장하기를 선택하여 씬에 비밀번호를 걸거나 씬에 오버레이 표시될 로고 및 워터마크를 추가할 수 있습니다.

다운로드, 설치 및 파일 열기

키샷 뷰어 프로그램 창 또는 스플래시 화면으로 드래그 앤 드롭하여 .ksp 파일을 열거나, 씬이 현재 열려 있다면 파일 메뉴에서 열 수도 있습니다.

파일 메뉴는 프로그램이 창으로 실행 중일 때 접근 가능하며, 전체 화면 프레젠테이션 모드에서도 Esc 키를 누르거나 종료 아이콘을 클릭하여 열 수 있습니다. 전체 화면 프레젠테이션 모드로 다시 들어가려면 창을 최대화하거나 프레젠테이션 모드 아이콘을 클릭하십시오. 키샷 뷰어는 여러개의 데모 씬을 포함합니다. 추가 구성기 씬은 www.keyshot.com/resources/downloads/scenes/에서 다운로드할 수 있습니다.

Depending on how the scene was saved from KeyShot Pro, you may be prompted to enter a password.

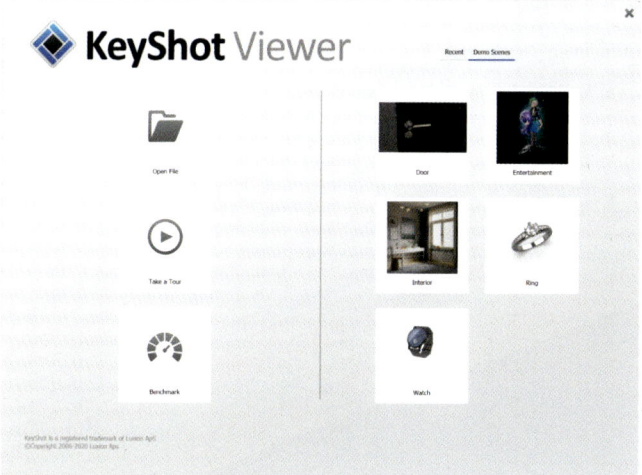

벤치마크 모드

키샷 뷰어는 벤치마크 씬을 실행하고 독립 CPU 및 GPU 테스트, 그리고 결합 CPU 및 GPU 테스트에 대한 피드백을 보고하는 기능을 갖추었습니다. 벤치마크 씬은 키샷 뷰어에 포함되어 있지 않으나, 스플래시 화면에서 벤치마크를 선택하면 즉시 다운로드할 수 있습니다. 다운로드가 끝나면 키샷 뷰어 벤치마크 창이 실행됩니다.

> **주의사항:**
> 벤치마크 실행 전 실행중인 모든 다른 어플리케이션을 닫아야 합니다.

벤치마크 실행

벤치마크 테스트를 CPU와 GPU 중 하나를, 또는 동시에 사용하여 실행할 수 있습니다. 옵션 중 하나를 선택한 후 **벤치마크 실행**을 선택하면 벤치마크 테스트 과정을 보여주는 창이 실행됩니다.

결과 비교

키샷 뷰어 버전이 동일해야 벤치마크 점수를 정확하게 비교할 수 있습니다. 어떤 테스트를 실행했느냐에 따라 키샷 뷰어 벤치마크 창의 CPU, GPU 중 하나, 또는 동시 사용 아래에 표시됩니다. 결과 점수는 렌더링 시간에 기반한 배수입니다. 점수 1.0은 Intel(R) Core(TM) i7-6700K CPU @3.20GHz, 2601 Mhz, 8 Core(s) 기준입니다.

예를 들어, 위 기기와 같은 렌더링 속도를 가진 시스템의 인수는 1.0입니다.

두 배의 속도로 실행한 CPU의 인수는 2.0입니다.

GPU 벤치마크는 CPU와 동일한 방식을 따릅니다. CPU와 GPU 기술은 확연한 차이가 있기 때문에 비교가 어려우므로, 가볍게 받아들이는 것이 좋습니다.

여러 번의 벤치마크 테스트의 결과 점수의 변화는 백그라운드 실행 중인 다른 어플리케이션과 같은, 컴퓨터의 성능에 영향을 주는 요인으로 인한 것일 확률이 높습니다.

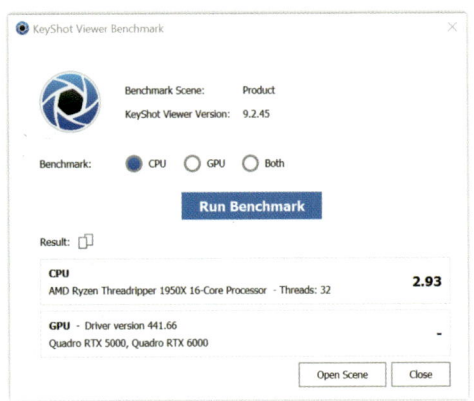

키샷 뷰어 벤치마크 윈도우

카메라 뷰 이동

카메라 뷰를 이동하거나 씬을 변경하면 곧바로 업데이트 됩니다.(샘플이 256개가 될 때까지 대기할 시 이미지 품질이 향상됩니다.)

뷰를 이동하려면, 마우스를 사용하거나 터치 가능한 장치에서 손가락을 사용하십시오. **툴바**는 세가지 아이콘이 있으며, 텀블, 팬, 돌리 가 활성화 되어있을 경우, 마우스 좌측 버튼 또는 하나의 손가락으로 사용 가능합니다.

마우스 사용 시, 사용자는 마우스 가운데 버튼으로 팬을 실행하고, 마우스 휠로 또는 터치 패드에 스크롤링하여 돌리를 실행할 수 있습니다. 뷰를 리셋하고 싶다면, **툴바의 카메라 리셋 아이콘**을 클릭하십시오. 키샷 워치 구성기 데모 씬 이 키샷 뷰어 설치에 포함됩니다.

키샷 씬과 구성기 씬을 모두 뷰어에서 열어 볼 수 있습니다.

스튜디오, 모델 및 재질 변형

키샷 프로의 사용자는 구성기를 사용하여 키샷 뷰어가 전체 화면 프레젠테이션 모드에 있을 때 사용할 수 있는, 스튜디오, 모델 및 재질을 포함시킬 수 있습니다. 이러한 변형 중 하나를 클릭 또는 탭 하면 간단히 실시간 뷰를 업데이트할 수 있습니다. 탭을 사용하여 씬에 설정된 다양한 옵션을 탐색하십시오.

키샷 프로의 구성기를 사용 시 스튜디오, 모델 및 재질 변형을 설정하여 키샷 뷰어에 출력하는 방법에 대한 정보를 보려면 구성기를 참고하세요.

키샷 프로 구성기로 스튜디오, 모델, 재질 변형을 제한 없이 표현할 수 있습니다.

👁 **자동 숨김** 아이콘을 사용하면 10 초 간 동작이 없을 시 스튜디오, 모델 및 재질 변형 패널을 숨길 수 있습니다. 다시 표시하려면 패널이 차지하고 있는 영역에 마우스를 가져가거나 탭하십시오.

스크린샷 찍기

씬에 포함되어 있는 경우, **툴바**에서 스크린샷 아이콘을 클릭하거나 탭하여 이미지를 저장하십시오. 씬에 워터 마크가 포함되어 있으면 씬에도 출력됩니다; UI 패널은 그렇지 않습니다.

스크린 샷은 기본적으로 문서 폴더에 저장됩니다. **환경 설정**에서 기타 대상 폴더를 선택하거나 스크린 샷을 찍을 때마다 대상 폴더을 물어 보아 선택할 수 있습니다. 윈도우에서 환경 설정을 찾으려면 편집, 환경 설정...을 클릭하고 Mac의 경우, 키샷, 환경 설정… 에서 찾을 수 있습니다.

뷰어는 또한 메타데이터 파일을 XMP 또는 .meta 형식으로 출력할 수 있습니다. 메타 데이터 파일은 카메라 정보와 함께 어떤 변형이 활성화되어 있는지를 표시하며, 키샷의 기존 씬을 변경하기 위해 참조될 수 있습니다. 환경 설정에서 메타 데이터 출력을 활성화/비활성화할 수 있습니다. 기어 아이콘을 클릭하여 형식을 선택할 수도 있습니다.

자주 묻는 질문과 답변

1. 워터마크 로고 패턴은 어떻게 지우나요?
키샷 워터마크 로고 패턴은 키샷 뷰어를 키샷 프로로 저장할 때 나타납니다. 이를 지우기 위해선 파일 만든 사람에게 삭제 요청을 해야합니다.

2. 오른쪽 상단에 있는 "Power by Keyshot" 로고를 어떻게 하면 지울 수 있나요?
"Power by Keshot"로고는 키샷 뷰어를 키샷 프로로 저장할 때 나타납니다. 이를 지우기 위해선 파일 만든 사람에게 삭제 요청을 해야합니다.

3. "카메라가 잠겨있습니다" 메시지가 보입니다. 어떻게 풀 수 있나요?
카메라 상태는 키샷 프로에서 나타납니다. 씬 만든 사람에게 연락을 해 카메라가 잠겨 있지 않은 상태의 씬의 버전을 구해야합니다.

4. 씬을 열기 위한 비밀번호를 모를 시엔 어떻게 해야 하나요?
씬 만든 사람에게 연락해야 합니다.

5. 왜 실시간뷰가 전체 스크린 공간을 쓰지 않는 걸까요?
CPU 사용을 효과적으로 하기 위해 키샷 뷰어의 실시간뷰는 1920x1080 해상도로 제한됩니다. 고화질에서 전체 화면을 쓰길 바란다면 키샷 프로에서 프레젠테이션 모드를 사용해야 합니다.

6. 키샷뷰어의 최신 버전을 쓰고 있는지 어떻게 알 수 있나요?
키샷 뷰어에 대한 업데이트가 있다면 스플래시 스크린에 알림이 뜰 것입니다.

7. 워치 앤 링 데모 씬들은 어디에 있나요?
Windows: C:\Users\Username\AppData\Local\Luxion\KeyShot Viewer2023
Mac: Library/Application Support/KeyShot Viewer2023

8. 스크린 상단에 "렌더링 완료"라고 뜨는 이유가 무엇인가요?
실시간뷰는 256개를 초과하는 샘플은 렌더하지 않습니다. 따라서 키샷 뷰어가 쉬고있는 동안 CPU가 계속해서 작동되진 않습니다.

9. 키샷 뷰어는 애니메이션을 지원하나요?
아니오. 애니메이션과 함께 로딩된 파일은 씬을 0초만 보여주며 어떠한 애니메이션도 재생할 수 없습니다.

키샷 사용 사례

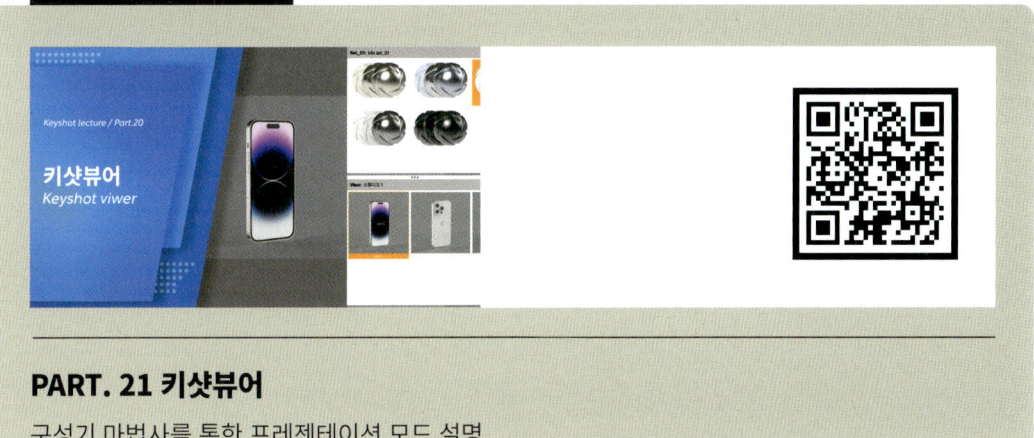

PART. 21 키샷뷰어
구성기 마법사를 통한 프레젠테이션 모드 설명

Keyshot 2024 Pro

PART 22

키샷 클라우드

키샷 클라우드는 사용자가 다른 키샷 사용자가 업로드한 리소스에 접근 및 자신의 커스텀 재질 및 리소스를 공유할 수 있는 온라인 라이브러리입니다.
키샷 클라우드는 여기서 접속 가능합니다: https://cloud.keyshot.com – 또는 키샷 내에서 툴바의 하단 좌측 코너에 위치한 키샷 클라우드 아이콘을 통하여 접속하십시오.

LESSON 01 : 키샷 클라우드 사용자 인터페이스

01 | 키샷 클라우드

1. 카테고리 탭
2. 사용자 계정/설정
3. 검색 필드
4. 레이 아웃 옵션
5. 카테고리 내 검색 결과의 수를 나타냅니다.
6. 결과 검색
7. "라이크" 버튼
8. "다운로드" 버튼

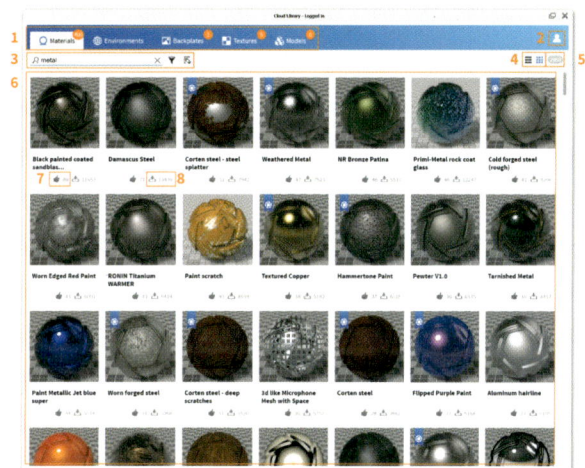

02 | 상세정보

1. 크기
2. 룩시온 검증확인
3. 좋아요 버튼
4. 다운로드 아이콘
5. 문제 보고
6. 생성일자
7. 만든사람
8. 호환버전
9. 태그

LESSON 02 : 키샷 클라우드 검색

키샷 클라우드는 강력한 검색 능력을 제공합니다. 필터를 사용하거나, 검색 구문을 활용하여 고급 검색을 하실 수 있습니다.

01 | 정렬 및 필터

검색 결과는 필터 및 정렬 기준 드롭다운 메뉴를 사용하여 정렬할 수 있습니다.

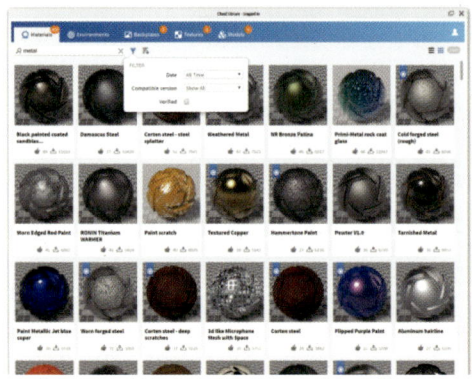
필터 드롭다운 메뉴

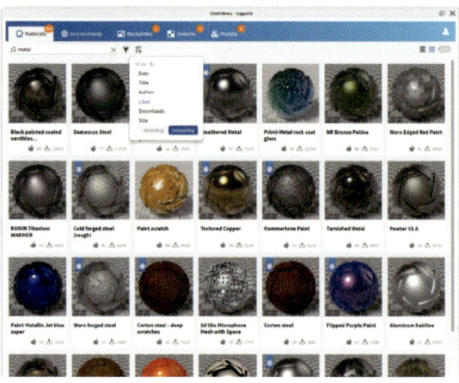
정렬 기준 드롭다운 메뉴

02 | 검색 구문

더 구체적인 검색을 수행하고 싶을 경우, 검색 커맨드를 사용하십시오. 검색창의 작은 물음표를 클릭하여 검색 커맨드의 예시를 찾을 수 있습니다.

- **기본 검색:** 용어
- **포함:** +용어
- **제외:** -용어
- **태그 검색**
- **리소스 ID 검색:** #리소스 ID
- **사용자 검색:** @사용자 이름
- **사용자의 좋아요:** L@<사용자명/이메일/이름> 또는 L@"<이름> <성>"
- **사용자 다운로드:** D@이메일/사용자 이름

최근 검색 목록을 보려면 검색 필드에서 돋보기 아이콘을 클릭하십시오 .

03 | 리소스 상세 정보

리소스 엔트리를 클릭하여 해당 리소스의 상세 정보(크기, 설명, 태그, 제작자 등)를 확인하십시오. 상세 정보 섹션은 **다운로드** 버튼을 포함하여 키샷 라이브러리에서 사용자의 라이브러리로 리소스를 다운로드 받을 수 있으며, 불쾌하거나 저작권을 위반한 재질 등의 리소스에 대해 **보고하기** 버튼을 눌러 신고할 수 있습니다.

호환 버전

키샷에서 키샷 클라우드에 접근하면, 키샷의 최신 버전과 호환되는 경우에만 해당 리소스가 표시됩니다. 사이트에서 직접 탐색하는 경우, 호환 버전에 대한 자세한 정보는 리소스 상세 정보에서 찾을 수 있습니다.

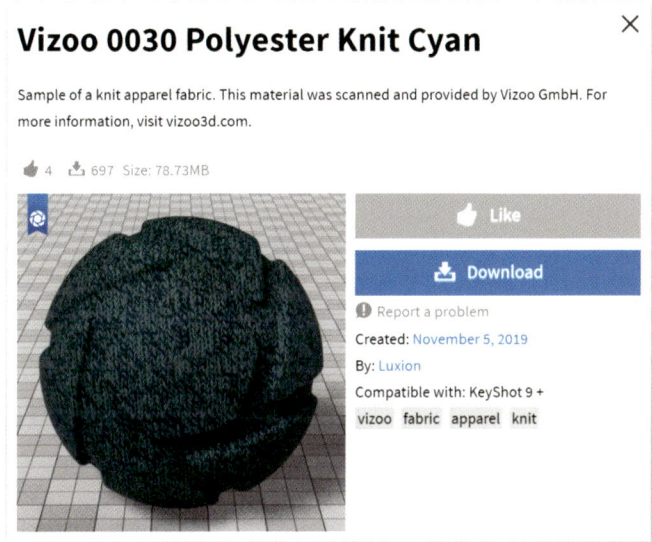

LESSON 03 : 리소스 업로드/다운로드

01 | 리소스 업로드

커스텀 리소스를 클라우드 라이브러리에 등록하기

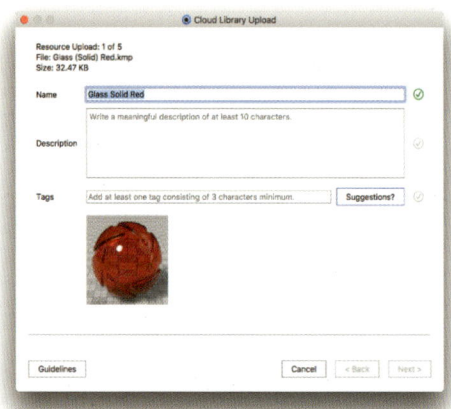

- 업로드할 리소스를 선택하고 키샷 라이브러리 패널의 오른쪽 하단에 있는 업로드하기 버튼을 클릭하십시오. 또는 해당 리소스를 마우스 오른쪽 버튼으로 클릭하고 클라우드 라이브러리에 업로드 하기를 선택할 수도 있습니다.

- 아직 로그인하지 않은 경우, 로그인이 요구됩니다.

- 리소스를 설명하고, 필요한 경우 이름을 편집하고 다른 사용자의 검색에 도움이 될 태그를 추가하십시오. 사용할 태그를 모를 경우, 제안을 클릭하면 키샷이 자동으로 태그를 생성합니다. 입력 칸 옆에 있는 체크 표시 아이콘은 입력이 적절한지를 알려줍니다.

- 다음 리소스를 등록하려할 경우, 다음을 클릭하여 다음 리소스에 대한 정보를 입력합니다.

- 최종 단계에서 업로드할 리소스에 대한 확인 과정을 표시합니다. - 업로드하기를 클 릭하여 리소스를 클라우드에 보냅니다.

TIP

제목은 특수문자를 포함할 수 없으며 입력 시 무시됩니다.

업로드 사용설명

키샷 클라우드에 있는 리소스 양질의 품질을 보장하기 위해, Luxion 직원이 클라우드에서 사용되기 전 모든 리소스를 우선 승인하는 절차를 가집니다. 이 절차는 48 시간 이내에 완료됩니다. 승인 절차는 리소스의 품질과 이름 및 설명을 모두 고려합니다. 지침 열람은 업로드 다이얼로그의 하단 좌측 코너에서 언제나 가능합니다. 키샷 스톡 리소스, 프로시저 환경, 멀티 재질을 키샷 클라우드에 업로드하는 것은 불가능합니다.

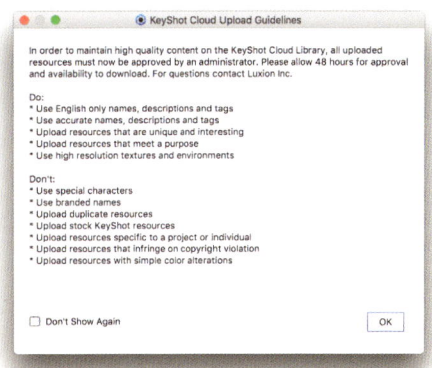

02 | 리소스 다운로드

리소스를 다운 받으려면, 개요 내 리소스 또는 리소스 상세정보의 청색 다운로드 버튼을 클릭하십시오. 또는 실시간 뷰에서 리소스를 드래그 앤 드롭할 수 있습니다.

키샷 외부에서 키샷 클라우드에 접속할 경우, 키샷이 시작되며, 다운로드 받은 리소스는 다운로드 폴더에서 확인할 수 있습니다

리소스는 자동적으로 해당되는 탭 내 다운로드 폴더에 다운로드 되며, 기타 폴더 또는 커스텀 폴더로 리소스를 이동할 수 있습니다.

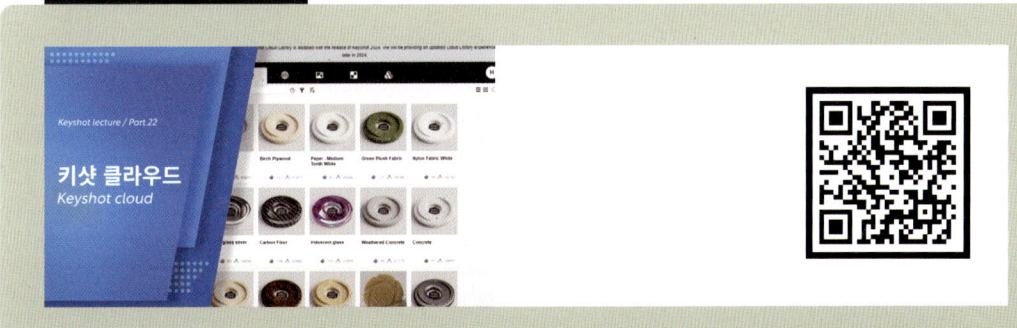

PART. 22 키샷 클라우드

KeyShot Cloud는 자신만의 맞춤형 자료와 리소스를 공유할 수 있을 뿐만 아니라 다른 KeyShot 사용자가 업로드한 리소스에 액세스할 수 있는 온라인 라이브러리입니다.

PART 23

네트워크 렌더링

키샷 네트워크 렌더링은 사무실 네트워크 컴퓨터 시스템에 연결하고 렌더링 시간을 현저히 줄이기 위해 이용 가능한 하드웨어를 사용할 수 있게끔 합니다. 사실, 렌더링 시간과 네트워크 코어의 수는 거의 순차적이고 반비례합니다. 즉, 코어의 수를 2배 늘리면 렌더 시간을 1/2 정도 줄일 수 있습니다.* 나아가, 네트워크 상으로 렌더링하는 것이 편리합니다. 렌더링이 정상적으로 실행되면서도 시스템 속도가 느려지지 않은 채 키샷이나 다른 어플리케이션 작업을 수행할 수 있기 때문입니다.

LESSON 01 : 네트워크 렌더링

키샷 네트워크 렌더링 소프트웨어는 맥, PC 시스템과 호환 가능합니다. 코어의 수가 늘어날수록 이미지와 애니메이션 렌더링 속도는 빨라집니다.

01 | CPU 작업

CPU 작업에서 렌더링 타임과 네트워크의 코어 수 사이의 관계는 선형이며 반비례합니다. 즉, 코어 수가 2배로 늘면 렌더링 시간이 사실상 절반으로 줄어듭니다.

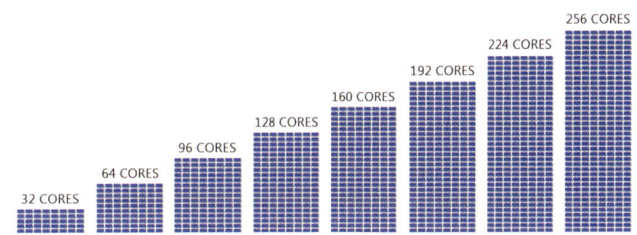

*이는 최적화된 상황에서의 근사치입니다. 렌더링 시간은 하드웨어 스펙, 종속 장치간의 코어 카운트 차이, 씬 복합도, 시간 단위, 멀티태스킹, 그리고 네트워크 트래픽에 달려 있습니다.

02 | GPU 작업

- GPU 렌더링에서는 렌더링 시간이 더욱 줄어듭니다. 예를 들어 i7에서 렌더링하는 것보다 RTX에서 렌더링하는 편이 4~6배 빠릅니다.

- GPU 렌더링을 위해 특정 라이선스가 필요하지 않습니다. 각 GPU는 라이선스에 포함된 코어의 16만큼 가져갑니다.

- GPU 모드 페이지를 방문하여 요구사항 및 한계에 대한 더 자세한 정보를 확인하십시오.

- 키샷 네트워크 렌더링 및 네트워크 렌더링 설치에 대한 더 자세한 정보는 키샷 9 네트워크 렌더링 매뉴얼에서 찾을 수 있습니다.

    1. 키샷 네트워크 렌더링과 네트워크 렌더링 설치에 대한 추가 정보는 네트워크 렌더링 매뉴얼에서 확인할 수 있습니다.

    2. Luxion은 코어를 팔거나 대여하지 않습니다. 모든 컴퓨터 하드웨어 (즉, 프로세서 코어) 는 고객이 직접 준비해야 합니다.

PART 24

실습 예시

키샷 사용 사례

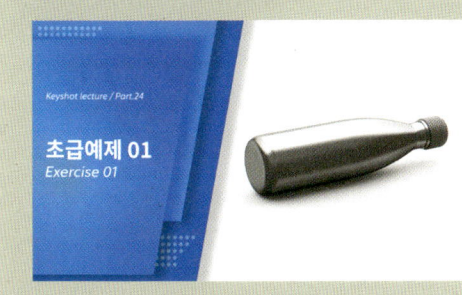 

PART. 24 실습 예시 : 초급편(1)

초급예시 1편에서는 기본적인 재질을 활용한 렌더링 방법과 환경을 활용한 빛 제작을 이용한 렌더링 방법에 대해 배웁니다.

키샷 사용 사례

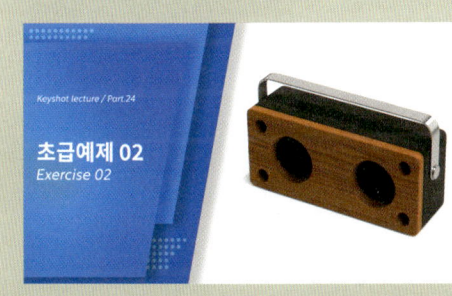 

PART. 24 실습 예시 : 초급편(2)

초급예시 2편에서는 우드재질, 패브릭, 메탈 재질, 지오메트리 빛 활용 및 외부광선 사용방법에 대해 배웁니다.

키샷 사용 사례

PART. 24 실습 예시 : 초급편(3)

초급예시 3편에서는 페인트 메탈릭 재질 및 빛 제작을 이용하여 아이패드 렌더링을 진행합니다.